第五卷

大韓每日申報
대한매일신보

月曜及慶節
歲時休刊日刊

隆熙元年
大韓開國五百十六年
日本明治四十年
開國光緒三十三年
◉陰曆丁未正月小十四日壬午

論說

日本及韓國

（日本크로늬클新報에 記載된 論非之書가 到達되믈 合中國官을 論호실새 今日當行之務는 華盛頓에……）

……

官報

三千六百九十八號 光武十一年二月二十五日

敍任及辭令

●命官內府特進官敍勅任官三等
懿孝殿提調金德漢
懿孝殿提調敍勅任官三等
宗簿司長李載德

●命宗簿司長敍勅任官三等
從二品李達鎔

江原道觀察道參書官鄭海運
延日郡守리圭容

外報

●日人의 舊賣軍機 長春通信……

●海軍豫算 倫敦電을 據호즉……
米國元老院은 一億七萬弗에 海軍豫算案을 可決호야마러

●張之洞 北京電을 據호則 張之洞은 司法權獨立이目으로……

●日人捕縛 合爾賓에셔 日本人二名이 爆物을 持호者가 發覺되야……

雜報

●醫島明 廣濟院外科醫師로……

●三部遺漏 今番奏本에 各部……

뎨일권
독 닙 신 문
뎨일호

조선 셔울 건양 원년 ᄉᆞ월 초칠일 금요일

광고

독닙신문이 본국과 외국 ᄉᆞ졍을 자셰이 긔록ᄒᆞ터이요 졍부속과 민간 소문을 다보고 ᄯᅩ 홀터이라 경향간에 무론 누구든지

우리가 독닙신문을 오늘 처음으로 출판ᄒᆞ는ᄃᆡ 죠션속에 잇는 ᄂᆡ외국 인민의게 우리 쥬의를 미리 말ᄉᆞᆷᄒᆞ여 아시게 ᄒᆞ노라

논 셜

우리는 첫지 편벽 되지 아니ᄒᆞᆫ고로 무슴 당에도 상관이 업고 상하귀쳔을 달니 ᄃᆡ졉 아니ᄒᆞᆷ고 모도 죠션 사ᄅᆞᆷ으로만 알고 죠션만 위ᄒᆞ며 공평이 인민의게 말 홀터인ᄃᆡ 우리가 셔울 ᄇᆡᆨ셩만 위홀게 아니라 죠션 젼국 인민을 위ᄒᆞ여 무슴일이든지 ᄃᆡ언ᄒᆞ여 주랴홈 졍부에셔 ᄒᆞ시는 일을 ᄇᆡᆨ셩의게 젼홀터이요 ᄇᆡᆨ셩의 졍셰을 졍부에 젼홀터이니 만일 ᄇᆡᆨ셩이 졍부 일을 자셰이 알고 졍부에셔 ᄇᆡᆨ셩의 일을 자셰이 아시면 피ᄎᆞ에 유익ᄒᆞᆫ 일만히 잇슬터이요 불평ᄒᆞᆫ ᄆᆞ음과 의심ᄒᆞᆫ 성각이 업서질 터이옴

우리 신문이 한문은 아니쓰고 다만 국문으로만 쓰는거슨 샹하귀쳔이 다보게 홈이라 ᄯᅩ 국문을 이러케 귀졀을 ᄯᅦᆼ여 쓴즉 아모라도 이 신문 보기가 쉽고 신문속에 잇는말을 자셰이 알어 보게 홈이라 각국에셔는 사ᄅᆞᆷ들이 남녀 무론ᄒᆞ고 본국 국문을 몬저 ᄇᆡ화 능통ᄒᆞᆫ 후에야 외국 글을 ᄇᆡ오는 법인ᄃᆡ 죠션셔는 죠션 국문은 아니 ᄇᆡ오드리도 한문만 공부 ᄒᆞᄂᆞᆫ 신문을 ᄒᆞᆯ터인고로 졍부 관원이라도 국문을 잘 아는 사ᄅᆞᆷ이 드물미라 죠션국문ᄒᆞ고 한문ᄒᆞ고 비교ᄒᆞ여 보면 죠션국문이 한문

그럼으로 졍부에셔 ᄂᆡ시는 명녕과 국가 문젹을 한문으로만 쓴즉 한문 못ᄒᆞᄂᆞᆫ 인민은 나모 말만 듯고 무숨 명녕인줄 알고 이편이 친이 그글을 못 보니 그사ᄅᆞᆷ은 무단이 병신이 됨이라 한문 못 ᄒᆞᆫ다고 그사ᄅᆞᆷ이 무식ᄒᆞᆫ 사ᄅᆞᆷ이 아니라 국문만 잘ᄒᆞ고 다른 물졍과 학문이 잇스면 그사ᄅᆞᆷ은 한문만 ᄒᆞ고 다른 물졍과 학문이 업는 사ᄅᆞᆷ 보다 유식ᄒᆞᆯ고 놉흔 사ᄅᆞᆷ이 되는 법이라 죠션 부인네도 국문을 잘ᄒᆞ고 각색 물졍과 학문을 ᄇᆡ화 소견이 놉고 ᄒᆡᆼ실이 졍직ᄒᆞ면 무론 빈부귀쳔 간에 그부인이 한문은 잘ᄒᆞ고도 다른것 몰으는 귀죡 남자 보다 놉흔 사ᄅᆞᆷ이 되는 법이라 우리 신문은 빈부귀쳔을 다름업시 이신문을 보고 외국 물졍과 ᄂᆡ지 ᄉᆞ졍을 알게 ᄒᆞ랴는 뜻시니 남녀 노소 샹하 귀쳔 간에 우리 신문을 ᄒᆞᆯ날 걸너 몃달간 보면 새 지각과 새 학문이 성길걸 미리 아노라

역사신문

신문으로 엮은 한국 역사

개화기(1876년 ~ 1910년)

사계절

이 책을 만든 사람들

검토위원	조동근(혜화여고 교사)
	박주현(한국교육과정평가원 연구원)
	박진동(한국교육과정평가원 연구원)
	남궁원(서울고 교사)
	신선호(교육과학기술부 연구원)
집 필	이화연(경서중 교사)
	정숭교(서울대 강사, 한국사)
	김상태(서울대 병원 병원역사문화센터 교수)
시사만평	이은홍
삽 화	전기윤, 김병하, 김종범, 김영민
만 화	이바구
지 도	전 크리에이티브
표 지	박현숙디자인
교 정	강윤재, 최옥미, 조경숙
제 작	조영준
미 술	이은홍, 전세영
연 구	김성환
기 획	우지향
편 집	최영재
편 집 인	김경택

역사신문 발간에 부쳐

우리는 흔히 '역사'에 대해 서로 다른 두 가지 상을 갖게 됩니다. 역사란 오늘의 우리 모습을 비춰 주고, 내일의 삶에 방향을 제시해 주는 거울 같은 것이라는 거창한 명제가 우리들 의식 한 켠에 늘 자리잡고 있습니다. 그러나 다른 한편, 역사를 단순히 흘러간 옛날 이야기로 치부하거나 골치 아픈 연대기를 외우는 지겨운 과목쯤으로 생각하는 경우도 적지 않습니다. 이처럼 역사에 대해 상반된 상을 갖게 되는 것은 역사를 역사답게 배우지 못했던 교육 여건의 결과이기도 하지만, 역사를 올바로 이해할 수 있도록 도와 주는 자료나 매체가 풍부하지 못한 데에도 원인이 있습니다.

역사란 결코 박제화된 먼 과거의 연대기가 아닐 것입니다. 인류는 유사 이래 서로 이해관계를 다투며 각 시대마다 그 시대의 사회체제와 생활양식을 만들고, 또 이것을 떠받쳐 주는 사상을 엮어왔는 바, 그 총체가 바로 역사라고 할 수 있습니다. 또한 오늘 우리들의 삶도 바로 이 역사의 연속선상에서 이루어지고 있습니다. 그러기에 우리는 과거의 태반 속에서 태어난 역사의 자식인 것입니다.

그러나 이 점을 확연하게 깨닫게 해주는 책은 그리 많지 않은 것 같습니다. 통사류의 개설서나 교과서는 역사의 전 시기를 체계적으로 서술하는 것이 목표이다 보니 너무 추상적이고 어려워, 지식대중들이나 학생들이 역사를 자신의 삶과 관련하여 생생하게 이해하는 데에는 큰 도움을 주지 못하고 있습니다. 그런 반면 이야기 형식으로 꾸며진 역사책들은 흔히 흥미 위주의 이야기들을 모아놓은 데 그치는 경우가 많아 과거 사람들의 삶에 흥미를 갖게 하지만, 각 시대의 실상을 체계적이고 객관적으로 파악하게 하는 데에는 미흡할 수밖에 없다고 생각합니다.

우리가 역사를 신문형식으로 편찬하기로 한 것은 이처럼 비어 있지만 가장 중요한 자리를 채우는 좋은 방법이 아닐까 하는 생각에서 입니다. 먼 과거의 역사를 마치 우리가 날마다 주위에서 일어나는 사건을 신문을 통해서 보는 것처럼 쉽고 생생하게 이해할 수 있을 거라는 생각입니다. 말하자면 우리가 신문보도를 통해서 그날 그날 일어난 사건을 접하고, 해설기사를 보면서 그 사건의 성격을 이해하며, 사설을 읽고 그 시시비비를 가릴 수 있듯이, 역사신문을 봄으로써 과거 역사를 생생한 오늘의 일로 느끼면서도 깊이 있게 이해하도록 하자는 것입니다.

우리 역사신문편찬위원회는 이런 목표를 이루기 위해 지난 3년여 동안 함께 모여 수많은 논의를 거치며 집필과 편집작업을 거듭하여 우리 역사를 모두 130여 호의 신문으로 편찬하게 되었습니다. 선례가 없이 처음 만드는 신문이라서 기사의 내용이나 편집체제가 애초의 의도를 살리기에 미흡한 점이 적지 않으리라 생각되어 걱정이 앞서기도 합니다.

그러나 그런 가운데서도 우리 역사를 자기 것으로 이해하고자 하는 지식대중들이나 역사를 가르치고 배우는 교사와 학생 모두에게 바른 역사이해의 길잡이가 되었으면 하는 마음 간절합니다.

역사신문편찬위원 일동

우리가 신문보도를 통해서
그날 그날 일어난 사건을 접하고,
해설기사를 보면서
그 사건의 성격을 이해하며,
사설을 읽고 그 시시비비를 가릴 수 있듯이,
역사신문을 봄으로써 과거의 역사를
생생한 오늘의 일로 느끼면서도 깊이 있게
이해하도록 하자는 것입니다.

역사신문 읽는 법

(1) 역사신문은 중요한 역사적 사건을 중심으로 전후 몇십 년, 간혹 몇백 년을
한 호의 신문에 포괄하고 있습니다. 그래서 어쩔 수 없이 수십년 동안 일어난 일을 한 호의 신문에
실었고 기사 내용도 몇십 년을 한 시간대로 간주하고 쓰여진 경우가 있습니다.

(2) 역사신문 기본호는 4면으로 구성되어 있습니다.

4면의 예

1면 에는 해당 시기의 주요 사건의 보도기사들을
역사적 중요도에 따라 크기를 달리하여 실었습니다.

2면 에는 1면 기사 가운데 중요한 비중을 갖는 사건의 배경과
역사적 맥락 등을 이해하도록 하는 해설성 기사와 사설,
만평 등을 실었습니다.

3면 에는 1면의 관련기사나 생활, 경제기사를 주로 실었습니다.

4면 에는 문화 관련기사와 해외소식 을 주로 실었습니다.

(3) 역사신문의 기사들은 이런 성격을 갖고 있습니다.

기사제목 : 기사제목은 역사의 사실을 전달하면서도
이를 당시 살았던 사람들의 생각을 통해 이해하도록 뽑았습니다.
주요 기사의 제목만을 쭉 읽어 보아도 한 시대의 흐름을
알 수 있을 것입니다. 물론 기억에도 오래 남습니다.

연표 : 1면 제호 옆의 연표를 보면 해당 호에 주로 어떤 사건들이
일어났는가를 파악할 수 있습니다. 또 주요 사건의 관련기사가 몇 면에
실려있는가가 표기되어 있어 신문의 목차 역할도 합니다.

연대표 : 1면 하단의 간단한 연대표를 보면 해당 호의 주요 사건이
각 시대의 전체 흐름 가운데 어떤 위치와 맥락에 있는지
참조할 수 있습니다.

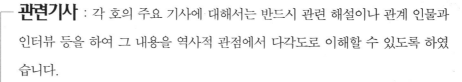

관련기사 : 각 호의 주요 기사에 대해서는 반드시 관련 해설이나 관계 인물과 인터뷰 등을 하여 그 내용을 역사적 관점에서 다각도로 이해할 수 있도록 하였습니다.

참조기사 : 앞뒤 호로 연결되는 사건이나 정책 등에 대해서는 참조기사 표시를 하여 역사적 흐름의 이해를 돕고 있습니다.

사설 : 사설에서는 각 시대의 주요 사건을 오늘의 관점에서가 아니라, 그 시대를 살았던 사람들의 관점에서 시비를 가려 평가하였습니다. 오늘날 흔히 논란이 되고 있는 역사적 쟁점을 그 시대인의 눈으로 보는 데에 도움이 될 것입니다.

찾아보기 : 책 말미의 찾아보기는 신문에 실린 각 시대의 주요 사건, 인물, 제도, 정책 유물 등의 내용을 사전처럼 쉽게 찾아볼 수 있도록 그 게재 위치를 표시한 것입니다. 필요할 때마다 여러 가지 용도로 활용하세요.

(4)역사신문을 읽고 이렇게 해 보세요.

(1) 역사신문의 사설을 읽고 논평이나 비판을 써 보면 그 주제에 대한 자신의 생각을 정리하는 데에 도움이 됩니다.

(2) 관심 있게 읽은 기사에 대해 독자투고를 써 보면 역사적 사실이 먼 과거에 일어났던 남의 일이 아니라 바로 자신의 일임을 느끼게 됩니다.

(3) 만평을 보고 자신의 소감을 써 보거나 자신이 직접 만평을 그려봐도 재미있습니다.

(4)특정기사를 광고문으로 만들어보는 것도 흥미로운 일입니다.

┤ 일러두기 ├

1. 역사적 사실에 대한 고증이나 평가 가운데 역사학계에서 이론(異論)이 있는 경우, 고등학교 국사 교과서를 기준으로 삼았으며, 국사 교과서와는 다르지만 중요하다고 생각되는 견해에 대해서는 독자투고 등의 형식으로 소개하고자 했다.
2. '역사신문'의 기사는 모두 사실(史實)에 기초하여 집필하였으나, 신문의 형식상 필요한 경우 사실의 범위 내에서 가공한 부분도 있다.
3. 사설은 기본적으로 역사적 입장을 견지하였으며, 구체적인 사항에 대한 평가는 '역사신문'의 견해에 입각한 것임을 밝힌다.
4. 용어나 지명은 가능한 한 해당 시기의 명칭을 사용하는 것을 원칙으로 하였으나, 현재 확인할 수 없는 경우는 현재의 명칭을 그대로 썼다.
5. 역사상의 인물 모습은 가능한 한 초상화나 인물화를 사용하였다. 그런 자료가 남아 있지 않은 경우에는 임의로 그렸음을 밝혀둔다.
6. 역대 국왕의 명칭은 원래 사후에 정해지는 것(영조, 정조 …)이나 편의상 당대에 쓰여진 것처럼 표기하였다.
7. 꼭 필요한 경우 외에는 한자를 생략하였다. 중요한 용어나 인명 등에 대해서는 책 말미의 '찾아보기'에 한자를 병기하였다.
8. '찾아보기'는 신문의 각 면을 4등분하여 좌·우, 상·하의 차례대로 가, 나, 다, 라로 세분하여 표시하였다.

역사신문 5권 차례

역사신문

전격 문호개방 '역사적 전환'

일본과 불평등 강화도조약 체결, "자본주의 세계에 편입되다"

서양 각국과 국교 맺게 될 듯 … 대외교류 크게 늘어 사회 격변 예상돼

세상이 바뀌게 됐다. 바야흐로 역사적 전환의 시점이다. 1876년 2월 27일 일본과 조·일수호조규를 체결함으로써 우리는 좋든 싫든 새로운 시대를 향하게 됐다. 이번 조·일수호조규는 단순히 일본과의 통상조약이라는 의미를 넘어, 그동안 굳게 닫아왔던 문호를 열고 국교를 확대하여 자본주의 세계 속으로 들어가는 출발점이 될 것으로 보인다. 따라서 우리가 일찍이 겪어보지 못한 거대한 변화의 물결이 몰려올 것으로 예상된다.

이번 국교확대는 1873년 그동안 집권했던 대원군이 밀려나고 고종이 친정을 시작, 민씨일족이 집권세력으로 부상하면서 내놓은 작품인만큼 당장 대외정책을 둘러싸고 정계에 격렬한 논쟁을 몰고올 것으로 점쳐진다.

조·일수호조규 체결은 조·일 양국 대표가 강화도 연무당에서 조약문에 조인하고 비준서를 교환함으로써 이루어졌다. 전문 12개조의 조·일수호조규는 부산 외에 두 개의 항구를 개방하여 통상을 허용할

것, 일본인의 치외법권을 인정할 것, 조선에서 일본화폐를 통용시키고 관세를 없앨 것, 일본의 조선해안 측량을 허용할 것 등을 골자로 하는, 일본에 일방적으로 유리한 불평등조약이다. 또 6개월 이내에 통상장정을 별도로 설정할 것을 규정하여, 앞으로 우리 정부의 대처 여하에 따라서는 불평등성이 더욱 구체화될 전망이다. 일본과 이처럼 불평등조약이 맺어진 데에는 일본의 무력시위와 조선 정부의 준비부족이 크게 작용한 것으로 분석된

다. 지난해 9월 운요호를 인천 앞바다에 보내 함포사격을 하는 등 무력시위를 한 바 있는 일본은 올 초 8척의 군함에 다수 병력을 태우고 강화도에 나타나 수호조약을 강요해왔다. 결국 우리측 대표 신헌 등과 일본측 대표 구로다 등이 3차에 걸친 회담을 전개한 끝에 조약이 체결됐다.

이번 수호조약 체결을 계기로 정부의 국교확대정책이 본격화되어 서양 국가들과도 연달아 수호조약이 체결될 가능성이 크며 서구문물

을 수용하는 개화정책도 추진될 것으로 전망된다.

한편 이번 조·일수호조규는 '척사'를 내세워 서양과의 수교를 배격해왔던 기존의 대외정책을 뒤엎는 것이어서 국내 보수유생들의 대대적인 반대에 부딪칠 것으로 보인다. 또 대외강경정책을 펴왔던 대원군이 비록 하야는 했지만 그의 정치적 영향력이 만만치 않아 정국의 앞날은 극히 불투명하다.

관련기사 2, 3, 4, 5면

'개항시대'
부산·원산항 개항

강화도조약으로 경제 개방 물꼬 트여

강화도조약에 따라 부산에 개항장이 설치된 데 이어 1879년에는 원산이 개항됐다. 강화도조약에 따르면 부산을 비롯해 그밖에 두 곳을 추가로 개항한다고 규정하고 있다. 이번 부산과 원산 개항은 이 규정에 따른 것인데, 일본은 추가로 인천의 개항을 요구하고 있지만 우리 정부는 이곳이 서울과 가깝다는 이유로 난색을 표명하고 있는 것으로 알려지고 있다.

이번 개항에 따라 부산과 원산에는 일본인 거류지가 형성되고 있다. 이들은 조약규정에 따라 개항장에서 50리 이내의 지역에서만 영업을 할 수 있기 때문에 우리 상인의 중개를 받아 거래를 하고 있다.

관련기사 6면

대원군 하야
국왕 친정

1873년 대원군이 하야하고 국왕 고종의 직접통치가 선포됐다. 이로써 10년간에 걸친 대원군 집권은 끝나고 왕후 민씨 일파가 정국의 전면에 등장하게 됐다.

이번 국왕 친정선포는 최익현의 상소가 계기가 됐지만 실제로는 왕후 일파인 민씨세력이 개입한 것으로 밝혀졌다. 집권 민씨세력은 앞으로 대외정책에 있어서 대원군과는 다른 정책을 펼 것으로 예측된다.

참조기사 4권 20호 1, 2면

일본에 수신사 파견

일본의 선진 문물 시찰

1876년 4월 4일 김기수를 단장으로 하는 사절단 76명이 일본으로 파견되어 일본의 문물을 시찰하였다. 이 사절단의 파견은 이번에 체결된 강화도조약에 따른 것인데, 통신사(通信使)라고 하던 일본에 파견되는 사절단의 명칭을 이번에는 수신사(修信使)로 바꿨다.

이들 사절단은 약 20일간 일본에 머물면서 원로원과 의사당을 비롯하여 육군, 해군, 내무, 공무, 문부 등 각 행정부처와 경찰청, 육해군의 군사시설과 훈련, 공장, 박물관 등 여러 문물을 시찰했다. 이들은 귀국 후 일본에서 살펴본 내용을 「일동기유(日東記遊)」와 「수신사일기(修信使日記)」에 기록하여 보고했는데, 이 보고는 국내에 큰 충격을 주어 일본의 새로운 문물을 도입할 필요성이 크다는 의견이 제기되고 있다. 이러한 점을 미루어볼 때 이번 수신사 파견은 앞으로의 정부 정책방향을 가늠하는 계기가 될 것으로 보인다. **관련기사 3면**

수호조규부록 및 통상장정 조인
일본, 경제 침략 교두보 마련

1876년 8월 24일 조선대표 강수관과 일본대표 미야모토 사이에 전문 11조의 조·일수호조규부록 및 전문 11칙의 조·일통상장정이 조인됐다. 이로써 일본은 조선 경제침략의 교두보를 마련한 것으로 평가되고 있다. 특히 우리측 대표단은 일본에 무관세권과 일본화폐 유통권을 허용함으로써 큰 충격을 던져주었다.

이번 조·일수호조규부록의 조인은, 일본이 지난 2월에 체결된 조·일수호조규(강화도조약) 제11조에서 통상장정을 체결할 것과 조·일수호조규 각 조항의 세목을 보완·첨가하기로 합의했던 사실을 거론하며 계속해서 협상을 밀어붙인 결과 이루어졌으며, 일본측의 주장이 대부분 관철된 것으로 알려졌다. 이번에 조인된 내용을 분석한 관계전문가들은 한결같이 일본이 조선에 세력을 침투시킬 수 있는 확고한 기반을 마련했다고 평가했다.

역사신문

'국교확대 시대', 그에 걸맞게 생각을 바꿔라

자본주의체제의 사고와 제도를 연구해야

마침내 문호가 개방되면서 우리나라는 중국 중심의 동북아 질서를 뛰어넘어 일본과 근대적 외교관계를 수립하게 되었고, 앞으로 서구사회에까지 국교를 확대할 것으로 보인다. 우리나라가 대외적으로 문호개방을 취하게 된 것은 자의든 타의든 역사적으로 필연적 과정이라 생각된다. 세계정세의 객관적 흐름을 볼 때, 우리나라가 장기간 쇄국의 빗장을 걸어 잠그는 것은 분명 무모한 일이라 할 수 있다. 대원군이 프랑스와 미국의 침투를 막아내고 의연히 대처해 국민들의 사기를 북돋운 것은 사실이지만, 그것이 근본적인 치유책이 될 수는 없는 노릇이었다.

그렇다고 해서 민씨세력이 중심이 된 현 정권의 문호개방을 무조건 옹호할 수만도 없는 것이 오늘의 실정이다. 우선 이번 일본과의 수교가 일본의 무력시위에 의해 강압적으로 이뤄진 것부터가 문제다. 더욱이 강화도조약 및 그 부록과 통상장정의 체결내용을 구체적으로 살펴보면 과거 미국이 일본에게 강요했던 불평등조약보다 더 심각한 불평등성을 내포하고 있다. 일본측은 조약으로 조선의 자주권을 인정해주었다고 강변하고 있지만, 그것이 우리와 중국간의 전통적인 관계를 끊고 우리나라에 대해 우위를 차지하려는 속셈에서 비롯된 것임은 틀림없는 사실이다.

다음으로 일본은 조·일수호조규부록과 통상장정을 통해 개항장에서의 일본화폐 유통권과 수출입상품에 대한 무관세권을 얻어냄으로써 우리나라에 대한 경제침략의 중요한 '무기'를 갖추게 되었다. 따라서 화폐체계의 이원화를 통한 우리 경제의 혼란은 불보듯 뻔하게 되었고, 일본의 저렴한 상품들이 관세없이 우리나라에 들어오고 그 대가로 우리의 미곡과 대두가 일본으로 방출될 것이 틀림없다.

이러한 불평등조약을 체결할 수밖에 없었던 것은 우리의 시각이 아직도 과거와 같은 중화 대 오랑캐 무역관에 사로잡혀 있기 때문이다. 일본도 오랑캐 나라로 보고 조약문구가 가지는 위험성은 대단치 않게 보아넘겼다는 의혹이 짙다. 우리가 세계자본주의 속에 당당한 일원으로 참여하고자 한다면 이러한 과거의 유산으로부터 하루빨리 벗어나야 한다.

한편 개항과 함께 서구의 근대문물이 밀물처럼 밀려 들어오고 이것은 우리 사회를 그 뿌리부터 흔들 것이다. 이에 대해서도 과거와 같은 중화·오랑캐관으로 가볍게 대한다면 크게 낭패를 보게 될 것이 틀림없다.

정부나 정치인들은 오늘날 우리가 처한 시점이 중대한 역사적 전환기라는 점을 인식하여 생각을 새롭게 다져야 할 것이다.

그림마당
이은홍

국교확대의 역사적 배경

중국 중심의 세계 벗어나 전지구적 서구자본주의 질서에 편입
제국주의 침략 막기 위해 세계정세 파악하고 근대 개혁 서둘러야

일본과 수호조약이 체결됨으로써 조선은 이제 중국 중심의 중세적 세계질서에서 벗어나 근대자본주의 세계질서 속에 들어가게 되었다. 일본에 대한 문호개방은 비단 일본 한 나라에 대한 개방이 아니라, 일본을 창구로 자본주의 세계에 문호를 개방한 것을 뜻하기 때문이다.

지금까지 우리와 동아시아 각국은 중국을 형식상의 종주국으로 삼아 조공무역을 통해 경제·문화 교류를 하는 중세적인 국제관계 속에 살아왔다. 이런 관계에서 국제정세의 영향력이란 우리 사회를 근본적으로 바꿀 만큼 큰 것이 아니었다. 그러나 이번 국교확대는 우리 사회에 엄청난 변화를 몰고올 전망이다. 지금 유럽의 강대국은 산업혁명을 완수하고 이제 전세계의 약소국가를 정치·경제·군사적으로 침략하려 들고 있다. 우리도 여기에서 예외일 수 없게 되었고, 살아남기 위해서는 서구의 근대문물을 도입하여 국가체제 전반을 근대적으로 개혁하지 않으면 안되는 시점에 왔다. 이에 따라 국가체제는 물론 개인의 의식이나 생활양식까지도 일찍이 겪어보지 못한 대변화를 맞게 될 전망이다.

이처럼 대변화를 몰고올 서구자본주의세력의 물결은 이미 지난 1860년대부터 빈번한 이양선의 출몰로 전조를 보였다. 1866년에는 프랑스함대가, 1871년에는 미국함대가 강화도를 무력침공하면서 개항을 요구했으나, 대원군이 격퇴했다. 그는 서구의 근대문물을 받아들이려는 노력을 기울이지 않았다. 이후 민씨정권이 들어서면서 결국 일본의 무력시위에 굴복, 문호를 개방했다. 이는 정권안정을 위해 외세와 분쟁을 피해야 한다는 정치적 고려와, 우리도 문호개방을 통해 서구문물을 받아들여야 한다는 개국론이 작용하면서 이루어졌다. 그러나 강화도조약이 불평등조약인 데서 드러나듯이 향후 우리의 대외관계는 제국주의침략이라는 험난한 파고를 피할 수 없을 것이다.

강화도조약, 왜 불평등조약인가

일본 권리만 규정 … 기간, 폐기 관련 조항 없어
무관세, 치외법권 허용으로 조선 땅 '일본 안방'

강화도조약은 조선이 최초로 체결한 근대적 조약이다. 그러나 이 조약은 일본의 군사력에 의해 타율적으로 맺어졌으며, 그 내용이 우리측에 일방적으로 불리하게 짜여진 불평등조약이다. 게다가 이 조약은 추가로 조인된 조약부록과 통상장정에 의해 더욱 불평등성이 구체화되었다. 그 점을 하나씩 짚어보자.

우선 조약 내용에 나타난 편무성(片務性)이 문제다. 모든 내용이 우리측에 대한 일본의 권리만을 규정하고 있다. 게다가 조약의 유효기간 및 폐기에 관한 조항이 없어 일본이 무기한 존속을 꾀해도 할 말이 없게 돼 있다. 조약 제1조는 조선의 자주권을 거론하고 있지만, 이것은 일본이 조선과 청국간의 전통적인 관계를 끊음으로써 조선을 맘대로 요리하겠다는 속셈에서 비롯된 것이라는 게 일반적 분석이다.

일본은 또 조약부록과 통상장정을 통해 개항장에서의 일본화폐 유통권과 수출입 상품에 대한 무관세를 명문화함으로써 경제침략의 교두보를 마련했다. 관세권은 국내시장을 보호하고 재정수입을 확보할 수 있는 유력한 수단임에도 불구하고 이에 대한 규정이 없다. 또 일본은 자국화폐의 유통권과 조선화폐의 반출권을 얻어냄으로써 우리 조폐주권을 제약하고 금융침투를 쉽게 획책할 수 있게 되었다.

그밖에도 일본은 영사재판권을 따내 개항장에서의 일본인 범죄행위에 대한 우리의 사법권 행사를 원천적으로 봉쇄하는 치외법권을 인정받았다. 또 일본은 해안측량권을 얻어냈다. 이는 일본이 유사시의 군사작전 때 우리 해안에서 아무 제지도 받지 않고 상륙지점을 정탐할 수 있다는 것을 뜻한다.

결국 일본은 군사력을 앞세운 이번 조약으로 조선에서 청국의 영향력을 배제하는 한편, 각종 경제침략을 통해 조선을 자국의 자본주의 발전의 '자양분'으로 삼을 수 있는 채비를 갖추게 된 것이다.

미니 해설

운요호사건이란

1875년 9월 20일 일본군함 운요호가 강화해협에 불법침입하여 포격을 가하고 살육·방화·약탈을 자행했던 사건. 1875년 4월부터 부산을 중심으로 남해안과 동해안을 돌며 무력시위를 벌이던 운요호는 이날 강화도 동남쪽 난지도에 정박한 후, 함장 이노우에 가오루가 직접 수십 명의 해병을 이끌고 초지진에 침입했다. 우리측의 완강한 항전으로 상륙이 어려워지자, 별다른 방어시설이 없는 제물포해안의 영종진에 상륙하여 살육·방화·약탈을 자행한 후 약탈품을 싣고 나가사키로 돌아갔다. 이는 무력을 앞세워 조선의 문호개방을 강요하려는 일종의 무력시위였다.

강화도조약에 대한 각국 입장

서구 각국 환영 일색, 조선 진출 호기로 인식

이번 강화도조약 체결에 대해 주변 각국들은 대체로 긍정적 입장을 보이고 있다. 서방 각국은 모두 일본의 입장을 적극 지지하고 나선 것으로 알려지고 있으며, 중국은 조선 정부에 일본과 조약을 체결할 것을 권고한 것으로 전해지고 있다.

이번 강화도조약 체결에 대해 일본에 주재하는 미국, 프랑스, 러시아, 이탈리아, 독일 등 서방 각국의 공사들은 일제히 환영의 뜻을 표하고 나섰다. 이번 강화도조약이 자국과의 외교관계 수립의 디딤돌이 될 것이라는 판단에 따른 것으로, 특히 미국과 프랑스는 이미 무력으로 조선을 개항시키려 했다가 실패한 경험이 있어 특히 환영하고 있다.

일본 주재 미국공사 빙햄은 일본측 교섭단 부대표인 이노우에에게 「페리의 일본 원정 소사」라는 책을 주어 일본을 강제 개항시킨 미국의 경험을 참고하도록 했다고 전해진다. 서방 열강이 일본을 적극 지지하고 나선 것은 일본이 세계 자본주의 진영의 대리인으로 조선을 개항시킨 것으로 생각하기 때문이다.

한편 이번 조약 체결에 대한 중국의 입장은 대단히 미묘한 것으로 알려지고 있다. 이번 조약문에서 조선에 대한 중국의 종주권을 부인하는 내용이 들어 있어 중국의 비위를 거스르고 있지만 중국은 조약 체결 자체에는 반대하지 않는다. 이것은 중국이 조선에서 분쟁에 말려드는 것을 원치 않기 때문이다. 조선과 일본간에 분쟁이 발생하면 중국이 말려들지 않을 수 없으며, 일본의 배후에 있는 서방 각국까지 개입하게 되면 사태는 일파만파로 확대될 수밖에 없는데, 이미 서방 각국과 몇 차례 전쟁을 치른 중국으로서는 이러한 사태를 가급적 회피하고 싶은 것이다.

그러나 중국은 조선에서 일본의 영향력이 확대되는 사태를 매우 우려하고 있으며 이에 대한 대응방안을 신중히 모색하고 있다고 알려지고 있다.

부산에서 일본군 유혈난동

세관 설치에 항의 … 정부 굴복

1878년 11월 일본대리공사 하나부사가 이끄는 일본 육전대(陸戰隊)가 군함을 타고 와서 동래부에 상륙, 무력시위를 하는 한편 동래부사 윤치화를 협박하는 만행을 저질렀다. 이들이 부산시내를 행진하며 공포를 발사하는 등 안하무인의 만행을 저지르자 우리 부산 주민들이 흥분, 양측간에 유혈충돌이 우려되고 있다. 이들은 얼마전 동래부가 두모포에 세관을 설치, 국내상인들의 대일 수출입 물품에 대한 관세를 거두는 것에 대해 항의하기 위한 것이라고 밝혔다. 동래부 관계자에 따르면 우리가 수호조약 이후 체결한 부록과 통상장정에서 양국간 수출입에 대해 일정기간 면세조치를 취하기로 한 것은 크게 잘못된 것이라는 사실을 뒤늦게 깨달았다고 한다. 실제 청국 등 다른 나라와의 무역에서는 으레 관세를 부과하고 있어 이는 지나친 특혜이고, 이를 보고 다른 나라도 같은 요구를 해올 경우 우리는 상당히 곤란해질 것이 우려됐다는 것이다. 그래서 동래부에서는 궁여지책으로 두모포에 세관을 설치하고 일단 우리나라 상인들에 대해서만 관세를 부과하게 된 것이다.

이에 대해 일본상인들은 이것은 간접적으로 자신들에게도 관세를 거두는 효과를 미친다며 강력하게 항의했고 급기야 이번 사태로 이어진 것이다. 일본측이 무역규칙 원문을 들이대며 항의하자, 결국 동래부는 세관을 철폐하기로 해 사태는 일단 락됐다. 그러나 사정이 어떠하든 일본군이 무단 침입해와 난동을 부린 것은 용납될 수 없는 일로 이를 문제삼지 않는 우리 정부에 대해 부산주민들의 불만이 거센 상황이다. 더구나 이번 사태 때 일본군들이 콜레라균을 묻혀들어와 부산에 콜레라가 만연돼 일본에 대한 반감이 더욱 고조되고 있다.

경복궁에 큰 불

왕실 창덕궁으로 이전

1876년 11월 경복궁에 큰 불이 일어나 왕비의 침전인 교태전을 비롯해 전각 등 830여 간이 소실되었다. 많은 사람이 동원되어 간신히 불길을 잡았으나 왕비의 침전이 불타는 큰 손실을 남겼다. 따라서 왕실과 조정은 일단 임시로 창덕궁으로 거처를 옮기기로 결정하였다.

경복궁은 태종 12년(1412년)에 창건된 이래 계속 부속 건물을 지어 왕조의 궁성으로서 손색이 없는 모습을 갖췄으나 1592년 임진왜란 때 대소 전각들이 소실돼 주춧돌만 남은 채 폐허로 내려오다가 그로부터 270년이 지난 고종 2년(1865년)에 대원군이 많은 반대를 무릅쓰고 떨어져가는 왕가의 권위를 되찾고자 7년여의 공사 끝에 창건 당시보다 규모가 더 큰 9225간으로 중건했으나 이번에 또 일부가 불탔다.

르포 개항장, 부산 거리를 가보다

조선에 개항 강요하는 일본측 사정

몰락 무사층 불만 바깥으로 돌리려 국내 시장 협소하여 해외 진출 필연적

일본이 강화도조약을 밀어붙이는 식으로 적극적인 대외팽창정책에 나서게 된 것은 일본의 국내정치 사정에서 연유한 바 크다는 것이 국제정치 전문가들의 공통된 지적이다. 일본은 메이지유신 이후 급속한 산업화를 추진해왔는데, 국내시장이 협소하기 때문에 산업화가 진전될수록 해외진출은 필연적인 사항으로 대두돼왔다. 특히 현재 일본 국내는 정치적 격동에 휩싸여 있다. 1874년 전국 각지에서 반란이 잇달아 정부의 붕괴 가능성까지도 거론되는 어려운 상황이다.

이러한 지방 반란은 메이지유신 이후 근대화추진으로 봉건적 특권을 박탈당한 봉건무사(사무라이)들의 불만이 근본원인인 것으로 분석되고 있다. 이들은 세력을 규합하여 반정부운동에 나서고 있으며, 메이지유신의 주역 중의 하나였던 사이고 다까모리를 중심으로 장차 중앙정부에 대한 일대 전쟁을 준비하고 있다고 한다. 일본 정부는 이러한 반발을 무마하기 위한 방법으로 적극적인 대외팽창정책을 추진하게 된 것이다. 이것은 과거 도요토미 히데요시가 전국을 통일한 후 지방영주들의 힘을 바깥으로 향하게 하여 이를 다스리기 위해 임진왜란을 일으킨 것과 마찬가지이다. 일본에서는 1873년에도 한국정벌론이 제기된 바 있다.

이는 일본이 보낸 외교문서를 조선이 거부하면서 비롯된 것인데 이때에도 무사층의 불만을 바깥으로 돌리기 위해서였다. 이번 운요호사건과 강화도조약 체결에도 일본의 국내적 정치불안을 대외팽창으로 해소하려는 일본의 내부 사정이 작용하고 있는 것이다.

임진왜란 이후 한일관계 약사

이번 체결된 강화도조약은 한편에서는 양국간에 근대적 외교관계를 수립하는 것을 뜻하지만 다른 한편에서는 전통적인 외교관계를 재개하는 의미를 지니고 있다. 임란 이후 각 시기별 양국관계를 점검해본다.

17·18세기 우호 관계 속에 조선이 중, 일간 무역 중계

임진왜란으로 국교가 단절된 후 국교재개를 위한 외교교섭은 1607년부터 시작되었다. 조선측으로서는 청의 등장으로 점차 불안해지는 북방 방위문제 때문에 일본과 화의를 맺는 것이 무엇보다 중요한 과제였고, 일본측 입장에서는 새로 수립된 도쿠가와정권의 안정을 위해서는 조선과의 평화가 필요했기 때문이었다. 양국의 이해일치로 양국의 국교는 재개됐다. 이러한 양국관계는 경제적 요인 때문에 17·18세기에 걸쳐 꾸준히 유지되었다. 중국이 엄격한 해안봉쇄정책을 펴자 일본은 중국과 직접 거래할 수 없게 되어 조선을 통해서 중국 선진 물품을 도입하게 됐다. 일본으로서는 조선과의 외교관계가 중국의 선진문물을 수입하기 위한 절대적인 통로였고, 조선은 중국과 일본 사이에서 중계무역을 통해 막대한 부를 누릴 수 있었다.

19세기 먼저 개항한 일본, 서구 상품 중계 나서

19세기 들어 상황은 바뀌기 시작했다. 18세기 중엽 이후 일본이 중국과 직역을 시작하면서 조선을 통한 중계무역도 중단되었다. 이에 따라 한일간의 외교관계도 소원하게 되었지만 이것은 국교의 단절을 뜻하는 것은 아니었다. 그런데 일본이 개항을 하고 근대화정책을 추진하면서 양국간 관계의 기본축이 기본적으로 바뀌게 되었다. 일본이 자본주의 세계의 일원으로 참여하면서 경제적 흐름이 과거 중국에서 조선을 거쳐 일본으로 향하던 것이 정반대로 서양자본주의국에서 일본을 거쳐 조선으로 향하는 것으로 바뀌게 된 것이다. 이에 따라 일본이 적극적으로 조선에 대한 국교재개에 나서게 되었고 그것이 이번 강화도조약의 체결로 나타난 것이다.

일본인 거류자 2천명 … '이곳이 일본인가, 조선인가?' 구분 안될 정도

부산은 강화도조약에 의해 맨 먼저 일본의 개항장이 설치된 곳이다. 설치된 지역은 부산 동남부로 동쪽이 바다에 연해 있고 안쪽으로 중앙에 용두산을 두고 사각형 모양을 이루고 있다. 총면적은 11만평에 달한다. 이는 조약규정의 부두로부터 10리 이내로 활동지역을 한정한다는 규정을 최대로 확보한 것이다.

현재 이곳에는 일본인 거류자가 2천 명에 육박하고 있어 어디를 가나 일본인들이 바글바글하다. 개항 당시 일본인 거류자가 80여 명이었던 것에 비하면 엄청난 증가인 셈인데 이는 일본인들이 최근 가족을 모두 데려오는 경향이 있기 때문이다.

이에 따라 이곳 거류지에는 일본식 가옥이 속속 들어서고 있어 마치 일본의 어느 거리를 연상케 하고 있으며 우체국과 병원이 이미 건설됐다. 일본인들이 가족들을 데려오는 바람에 수제(修齊)학교라는 여학교도 세워졌고 최근에는 일본의 다이이치(第一)은행 지점도 들어섰다. 뿐만 아니라 일본식 요리점도 영업을 개시했고 일본식 기생집인 유곽(遊廓)도 들어섰다는 소문이다. 앞으로 경찰서도 설치될 예정이라고 한다. 눈이 휘둥그레지는 우리 조선인들에게 이곳 일본인들은 이 정도는 아무것도 아니며 앞으로 일본에서 성업 중인 전당포, 공중목욕탕, 이발소, 극장, 당구장 등 우리가 종래에 못보던 업종이 속속 들어설 것이라고 했다.

현재 개항장에는 일본영사가 주재하면서 부산거주 일본인들에 대한 편의를 제공하고 있는데 마치 자기 나라에서 지방행정사무를 보듯 일을 처리하고 있다. 일본영사관은 자국민의 영업과 상업은 물론 토지, 가옥, 교육, 경찰, 위생 등 거의 모든 일에 대해 자신들 나름의 규칙을 제정한 상태다. 개항장 한 귀퉁이에서 여각을 열고 있는 김서방은 "이곳 일본상업회의소에는 상황조사위원 3명을 두고 있는데 이들은 우리 조선의 상황을 치밀하게 조사해 정기적으로 복국에 보고하는 사실상 정보원"이라고 귀띔해줬다.

한참을 돌아다니다보면 이곳이 일본인지 조선인지 구별이 안될 정도로 일본인들의 침투는 놀라운 속도로 진행되고 있다.

홍수·가뭄 극심 … '명화적' 급증

최근 경기·삼남지방에 가뭄이 극심한데다가 때이른 서리가 내려 막대한 피해가 발생했다. 또 황해도 일대에서는 폭우가 내려 민가 8백여 호가 유실되는 등 자연재해가 잇따르고 있다. 이에 따라 정부는 곡식을 절약하기 위해 술 빚는 것을 금지하고 금주령을 내리는 한편, 흉작이 심한 경기와 삼남지방에 내탕금을 각 1만 냥씩 지급했다. 그러나 이 정도 조치로는 피해를 복구하기에 턱도 없어 민심이 날로 흉흉해지고 있다. 또한 이들 지역에서는 명화적(明火賊)이 자주 출몰, 민심을 더욱 불안하게 하고 있다. 특히 경기도 파주읍에서는 명화적이 이 지역을 통과하여 한양으로 향하던 금천군 상납전을 약탈하는 일이 발생하기도 했다. 명화적이란 임진왜란 이후 농촌이 피폐해지자 땅을 버리고 유랑하며 도적질을 일삼게 된 농민들을 가리키는 말로, 수십 명씩 작당하여 밤에 횃불을 밝혀들고 습격하는 데서 비롯된 명칭이다.

1839년 아편전쟁 당시 청국 군함이 영국의 함포 사격을 받고 있다.

서양제국의 동양 진출 상황

경제발전단계에 따라 대외진출 모습 달라

영국을 선두주자로 프랑스·독일 뒤따라
러시아는 시베리아 통해 동양으로 남하
미국 뒤늦게 태평양 건너 극동 넘봐

19세기 들어 서양 각국이 경쟁적으로 동양진출에 나서고 있다. 이들 여러 나라의 동양진출이 제국주의적 침략이라는 측면에서는 동일하지만 경제적 발전단계의 차이로 인해 대외진출의 양상은 각국마다 다르다. 동양에 진출하고 있는 주요한 나라는 영국, 프랑스, 독일, 러시아, 미국 등이다.

영국 세계에서 자본주의가 가장 먼저 시작된 나라로 18세기 전반 산업혁명을 완수하여 명실공히 세계자본주의의 맹주로 자리잡았다. 따라서 제국주의적 세계침략에도 가장 먼저 나서 그간 세계의 바다를 누비던 스페인, 포르투갈, 네덜란드를 제치고 세계의 지배자를 자처하고 있다. 남아프리카와 이집트를 거점으로 아프리카를 남북으로 꿰려 하고 있으며 동인도회사를 통해 거대한 대륙 인도를 이미 집어삼켰다. 수에즈운하를 건설하여 동양으로의 진출을 가속화하고 있는데 홍콩과 싱가포르가 그 거점이라

고 한다. 이미 중국과 아편전쟁을 치러 콧대높던 중국인들을 굴복시켜 서양세력의 힘을 동양에 과시한 바 있는데, 이때 전쟁발발 원인 가운데 하나가 저 악명높은 아편무역이 문제였기 때문에 서양세력은 돈만 되는 일이라면 못하는 짓이 없다는 인상을 동양에 깊이 남겼다. 최근에는 러시아의 남하정책 저지를 대외정책의 주요기조로 설정하고 있다.

프랑스 경제적 발달은 영국에 비해서 약간 늦었지만 정치적으로나 문화적으로는 유럽 최고의 선진국임을 자처하고 있다. 영국에 바로 뒤이어 세계로 진출하여 가는 곳마다 영국과 맞부딪치고 있다. 이미 아메리카와 인도에서 영국과 전쟁을 치른 바 있지만 그럴 때마다 영국에게 패하여 영원한 2인자라는 비아냥도 듣고 있다. 현재도 두 나라는 버마와 인도차이나에서 팽팽하게 맞서고 있다. 이렇게 서로 앙숙이지만 제국주의적 침략이라는

공동전선에서는 협력할 때도 있어 아편전쟁 때 영국과 연합군을 편성한 바 있다. 영국과는 달리 가톨릭을 믿는 나라로 가톨릭교회의 세계진출에 각별히 관심을 갖고 있어서 동양 각국과 통상조약을 맺을 때 유독 포교의 자유를 포함할 것을 완강하게 고집하고 있으며 우리와도 병인양요 때 가톨릭 박해문제로 충돌한 바 있다.

독일 학문적으로나 예술적으로는 상당한 발전을 하였지만 정치·경제적으로는 유럽에서 상대적으로 뒤쳐진 나라이다. 이렇게 뒤쳐진 것은 오랫동안 수많은 연방국가로 나뉘어져 있었기 때문인데, 근래 통일운동이 활발하게 전개되어 프러시아를 중심으로 통일되었으며 여기에는 재상 비스마르크의 철혈정책이 큰 역할을 한 것으로 알려지고 있다. 이후 독일은 강력하게 부국강병정책을 추진하여 세계로의 진출을 꾀하고 있다. 그러나 지리적으로 유럽대륙 한가운데 위치해 있어서

해양으로의 진출에 어려움이 있고 자본주의적 발달이 상대적으로 늦었기 때문에 후발주자로서의 핸디캡을 뼈저리게 겪고 있다.

러시아 유럽과 아시아 두 대륙에 걸쳐 있는 대제국. 유럽에서는 가장 후진국이라고 할 수 있다. 그러나 나라가 워낙 크기 때문에 누구도 호락호락하게 대하지는 못한다고 한다. 피요트르황제 시절부터 근대화를 추진하여 페테르부르크를 건설하고 해양으로의 진출을 시도하고 있지만 여의치는 않은 상황이다. 지리적으로 아시아에 영토를 갖고 있기 때문에, 해양을 통한 동양진출보다는 시베리아를 거쳐 동남쪽으로 영토를 확장하면서 남하하여 극동지역으로 진출하고 있으며 이 과정에서 중국과 마찰을 빚고 있다. 또한 남하정책의 추진과정에서 영국과 곳곳에서 충돌하고 있다. 이 나라의 산업화가 대부분 프랑스 자본에 의해 이루어진 것이기 때문에 이 나라의 대외팽창이 순수히

자력에 의한 것이라기보다는 프랑스자본의 논리를 대행하는 것이 아니냐는 분석도 있다.

미국 유럽 밖에서는 유일하게 자본주의적 발달을 이룬 나라이다. 원래는 영국의 식민지로 출발했지만 영국으로부터 독립하여 독자적으로 성장했다. 산업화과정에서 내부의 의견차로 남북전쟁을 치렀다. 또 그동안은 방대한 영토와 인구를 갖고 있기 때문에 대외진출의 필요를 별로 느끼지 못하고 있었으나 최근 서부개척으로 태평양연안까지 진출해 이를 근거지로 새로이 해외진출의 필요를 느끼고 있다. 한때 몬로주의를 표방하여 고립정책을 펴기도 하였지만 필요에 따라 대외정책의 기조가 바뀌었다. 대외진출의 방향은 주로 중남미로 향하고 있지만 태평양연안개척이 완료된 시점부터는 극동을 새로운 대외진출 방향으로 주목하고 있다. 우리와는 이미 제네럴셔먼호사건과 신미양요로 충돌한 바 있다.

최근 서양세력 해외진출의 성격

자본주의 경제의 팽창에 따른 제국주의적 침략
아시아, 아프리카 각지에서 식민지 분할 경쟁 치열

서세동점(西勢東漸)이라는 말이 표현하듯이 최근 서양세력의 동양진출이 매우 활발하게 진행되고 있다. 그리고 그 물결은 중국, 일본을 거쳐 조선에까지 미치고 있다.

그런데 이들의 성격이 이전 우리에게 다가왔던 외세와는 사뭇 다른 것으로 보이고 있어 지식인들은 깊은 우려를 하고 있다. 그러면 서양세력은 왜 이역만리 우리나라까지 진출하고 있으며 그 진정한 의도는 무엇일까?

최근 서양세력의 동양진출이 활발해졌지만 서양의 배들이 동양에 나타난 것은 어제 오늘의 일이 아니며 멀리 16세기 때까지 소급된다. 이때는 주로 스페인과 포르투갈의 상선들이 지리상의 발견과 함께 동양에 나타났다. 이때 이들은 단순히 장사를 하기 위해서 동양으로 온 것이었다. 당시 동서양의 길목을 회교세력이 차지하고 있었기 때문에 이것을 피하여 한편에서는 아프리카를 돌아서, 한편에서는 아메리카를 거쳐서 동양으로 진출했다. 이들

덕택에 임진왜란 때 일본군이 조총으로 무장할 수 있었고 우리나라에 담배와 고추가 들어올 수 있었다. 당시 동양에서는 이들의 활동을 큰 위협으로 여기지 않았다.

그러나 19세기 들어서는 그 양상이 달라지기 시작했다. 동양으로 진출한 서양세력이 스페인과 포르투갈에서 영국으로 바뀌었을 뿐더러, 이웃 중국은 이들 서양세력들과 전쟁까지 치를 정도로 이들의 동양진출은 적극적이다.

이러한 변화의 이유는 무엇일까? 그것은 경제적인 이유 때문이다. 영국에서 시작된 자본주의는 산업혁명을 거치면서 더욱 힘을 얻어 18세기에 이르면서 유럽을 자본주의 시장경제의 틀로 통합하였다. 그런데 자본은 그 속성상 끝없는 팽창을 요구하므로 19세기에 이르면 자본주의는 유럽을 넘어서 세계로 진출할 수밖에 없게 되었다. 이러한 자본주의의 팽창은 유럽을 중심으로하여 세계를 원료공급지이면서 동시에 상품시장으로 예속하는 것

이었다. 그리고 이러한 경제적 예속관계를 얻어내기 위해 이들 지역을 정치적으로 식민지로 만들어버리게 된다. 이러한 것을 일컬어 제국주의라고 한다. 즉 19세기에 이르면 서양 각국은 제국주의적 세계침략에 나서게 되며 이것이 동양 각국에 큰 위협으로 다가오게 된 것이다.

그런데 서양 각국 가운데도 자본주의 발달 정도가 한결같은 것은 아니며, 나라마다 이해관계의 대립이 해외로의 진출과정에서 종종 분쟁이 빚어지기도 한다.

이들은 이렇게 서로 경쟁을 벌이면서 식민지 쟁탈에 나서 세계를 유럽의 식민지로 분할하고 있다. 아프리카와 남아메리카와 태평양, 인도와 동남아시아는 이미 이들 서양 각국의 식민지로 분할이 완료됐으며 이제 남은 것은 극동밖에 없는 형세다. 따라서 앞으로 국제정치의 초점은 극동에 맞추어지게 될 것이라는 것이 외교전문가들의 한결같은 지적이다.

동아시아 각국의 개항 사례

서구 열강이 동아시아로 몰려오고 있는 가운데 중국은 영국, 일본은 미국, 베트남은 프랑스에 의해 전통적인 동아시아 국제질서 속에서 벗어나 세계 자본주의체제에 편입되었다. 동아시아 삼국의 개항 약사를 소개한다.

중국 1842년 아편전쟁으로 영국에 무릎 꿇어
중국은 세계최강 영국과 전쟁을 치르는 최악의 상황을 통해 문호를 개방했다. 19세기 들어 중국으로 영향력을 확대하려는 영국에게 가장 큰 장애는 광동(廣東)에 제한돼 있는 무역체제였다. 게다가 양국의 무역수지가 중국의 일방적 흑자로 기울자 영국은 아편수출이라는 비인도적 상거래로 이를 만회하려 했고, 이 때문에 급기야 1839년 이른바 아편전쟁이 일어났다. 전쟁은 영국의 승리로 끝나 1842년의 난징조약으로 영국은 홍콩의 할양과 광저우, 상하이 등 5개항의 개항을 얻어냈다. 이어 치외법권인 영사재판권과 최혜국대우조약이 추가됐다.

일본 1854년 미국 페리 제독의 함포 위협에 문 열어
영국이 중국침략에 열중하고 있는 사이에 태평양을 넘어 동아시아 진출을 기도하던 미국이 마침내 1854년에 일본을 개항시켰다. 동양함대 사령관 페리제독이 군함을 이끌고와 이른바 '함포외교'의 위력으로 미·일화친조약을 체결했고 이에 따라 시모다와 하코다테 두 항구가 개항됐다. 미국은 단순한 개항에 만족하지 않고 1858년 미·일수호통상조약을 체결함으로써 영사재판권, 협정관세, 최혜국 조항 등을 얻어냈다.

베트남 1862년 프랑스 군사 침략에 세 항구 개항
19세기 후반 베트남은 프랑스의 군사적 침략에 굴복해 문호개방을 단행하게 되었다. 프랑스는 1857년의 선교사 살해사건을 트집잡아 다낭을 공격하고 사이공을 비롯한 남부일대를 점령해 구엔(阮)왕조로부터 항복을 받아내고, 1862년에 사이공조약을 체결해 다낭 등 3개 항구를 개항시켰다. 또 프랑스에게 남부 코친차이나의 3성이 할양되었고, 메콩강항행권이 부여되었다. 1873년 프랑스는 제2차 사이공조약을 체결해 베트남의 주권과 독립을 인정하는 대신, 하노이 등 여러 항구의 개항과 통상을 위한 홍하(紅河)개방, 영사관 개설권 등을 얻어냈다.

특별 대담　최익현과 박규수　개항 통한 국교확대, 어떻게 볼 것인가

"과거에 집착 말고 국제정세 보는 안목 넓혀야"

최근 우리는 일본과 강화도조약을 맺어 국교를 개방한 것을 시발로 서양 각국과 국교를 확대하고 있다. 이러한 일련의 사건들은 우리 역사상 일찍이 경험하지 못했던 일로 그 여파는 국내 정치는 물론 백성들의 일상생활에도 엄청난 충격을 줄 것으로 보인다. 그만큼 이에 대한 찬반양론도 뜨겁게 달아오르고 있다. 강화도조약을 막후에서 실질적으로 지휘한 것으로 알려진 박규수씨와, 재야 유림의 대표로서 얼마전 도끼를 들고 대궐 앞에 엎드려 국교확대 반대상소를 올려 주목을 받은 최익현선생을 모시고 국교확대의 과정과 전망에 대해 의견을 듣는 자리를 마련했다.

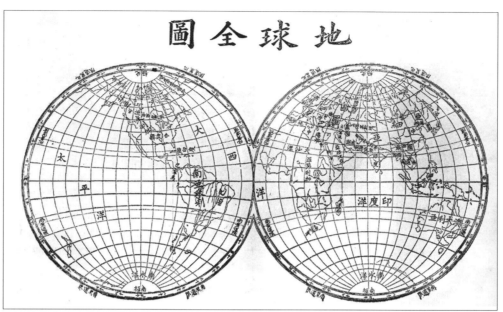

圖全球地

사회 … 우선 일본과 맺은 강화도조약의 체결과정부터 살펴보도록 하지요.

최익현 … 제 걱정이 어느 정도인가는 제가 도끼를 앞에 놓고 제 목을 치라며 상소를 올린 데서 알 수 있을 것입니다. 나라와 나라 사이에 강화조약을 맺는 것 자체야 흔히 있어온 일이고 그 자체를 문제삼는 것이 아닙니다. 무릇 국가 사이에는 강자와 약자가 있게 마련인데, 약자는 조약문구가 아무리 공손해도 결국은 강자에게 몹쓸 짓을 당해온 게 역사가 보여주는 진리입니다. 우리가 지금 강자의 입장에서 일본과 조약을 체결했습니까? 군함을 몰고와서 협박하는 바람에 마지못해 저들의 요구를 들어준 것입니다. 이런 식이라면 우리는 장차 반드시 일본에게 당할 것이라고 생각합니다.

박규수 … 최선생님의 주장을 부인하지 않습니다. 그러나 우리는 더 큰 불행을 방지하기 위해 조약을 체결한 것입니다. 저는 지난 1861년 청에 가서, 청이 서양 군대의 공격을 받아 수도 북경이 함락되는 것을 두 눈으로 똑똑히 봤습니다. 우리 내부에는 아직도 청을 세계 제일의 강국으로 아는 분들이 많습니다. 그러나 지금 국제정세는 그렇지가 않습니다. 우리가 계속 문을 굳게 닫고 저들을 상대하지 않으려고 한다면 우리도 청과 같이 치욕을 당할 것이 뻔합니다. 그런데 가만히 앉아서 당하는 것만큼 바보같은 일은 없을 것입니다. 우리는 주체적으로 대응해야 한다고 봅니다. 이번 강화도조약을 그런 시각으로 봐줬으면 합니다.

사회 … 두 분 말씀이 다 일리가 있습니다만 구체적으로 강화도조약 내용을 보면, 일본이 우리 해안을 마음대로 측량하도록 허용하고 일본인 범죄자들을 우리가 처벌하지 못하는 등 사실상 불평등한 조항이 많이 들어 있습니다. 이것은 우리가

구하겠지만 그것을 들어주지 않으면 그들이 가만히 있을 리 없습니다. 또 그들이 우리 땅에 들어와 우리 재화를 빼앗고 부녀자를 겁탈할 것은 뻔한 일입니다. 우리가 그런 무례한 행동을 제지하려고 한다면 충돌은 불가피합니다.

박규수 … 그러니까 우리 힘을 키워야 합니다. 최근 청에서는 서양의 대표를 들여와 연구한 끝에 자체적으로 공장을 세워 만들어내고 있습니다. 서양의 우수한 문물을 들여와 우리가 부국강병을 이루어야 합니다.

사회 … 그래서 박규수선생님께서는 지난 1866년 평안도관찰사로 제네럴셔먼호사건을 처리할 때 그 선박을 부수지 말고 서울로 호송하여 그 제작법과 운전법을 연구해야 한다고 하셨군요. 그런데 우리는 최근의 국교확대를 통해 동아시아에 국한된 국제관계 틀에서 벗어나 전세계적 규모의 국제정세에 편입해 들어가게 된 듯합니다. 그리고 서양 세력이 우리나라를 향해 몰려오고 있습니다. 물론 그들 자신의 이익을 위해서지요. 이런 와중에서 우리가 그들을 적절히 제어하고 우리의 실리를 챙겨 부국강병을 이루는 일이 쉽지만은 않을 것 같군요.

최익현 … 구조적으로 우리는 불리한 입장에 처해 있습니다. 그들은 교역을 요구하고 있는데 주로 공업제품들입니다. 공업제품은 양에 제한을 받지 않고 얼마든지 만들어낼 수 있습니다. 그에 비해 우리의 주산물은 토지생산물입니다. 이것은 생산에 한도가 정해져 있습니다. 결국 이 둘을 계속 교역하다 보면 우리 백성들은 먹을 것조차 없어지게 될 것입니다.

박규수 … 그래서 우리는 그들의 무제한적인 요구를 제어할 수 있을 정도로 우리 국력을 키워야 하는 것입니다.

사회 … 국력을 키워야 한다는 데는 아무도 이견이 없을 줄 압니

최근 국제관계에서 통용되는 관례에 무지한 탓도 있고, 실제로 일본의 힘에 굴복한 측면도 있다고 봅니다. 주체적으로 국교를 확대한다고 해도 좀더 시간을 두고 최근 국제정세를 면밀하게 연구한 다음에, 우리가 주도권을 행사하는 방향으로 일이 처리되었으면 하는 아쉬움이 있습니다.

여하튼 앞으로 파란 눈에 노랑머리를 한 서양인들을 흔히 보게 될 전망인데 그들이 우리에게 요구하는 것은 무엇입니까.

박규수 … 서양인들이 동아시아로 몰려오는 것은 한마디로 침략과 교역 두 가지 목적 때문이라고 할 수 있습니다. 이 두가지는 그들 내부의 정세에 따라 어느 한쪽이 더 우세하게 표출되는 것을 볼 수 있는데 저는 최근의 서양세력은 교역에 중점을 두고 있다고 봅니다. 왜냐하면 최근 유럽에서는 프랑스와 프로이센 사이에 전쟁이 있었고 거기에 유럽 각국이 연루돼 있어 해외에서 전쟁을 치를 여력이 없기 때문입니다. 최근 청에 들어와 있는 서양인들이 주로 상인들인 것도 이 때문입니다.

최익현 … 너무 근시안적으로 보는 것입니다. 처음에는 교역을 요

박규수 1807년생. 보수적 관료였으나 청에 다녀온 뒤 개항을 주장. 현재는 관직에서 은퇴했으나 강화도 조약을 막후에서 성사시킨 것으로 알려졌다.

다. 최근 우리 사회는 민란이 수시로, 그것도 전국적 규모로 발생하는 등 국정이 허약한 기색을 역력히 드러내고 있습니다. 어떻게 해야 하겠습니까.

박규수 … 제가 지난 1860년대 진주민란 때 안핵사로 현지에서 사건을 처리한 적이 있습니다만, 세금 문제가 우리나라의 고질적인 병폐입니다. 농민들의 생계가 안정돼야 나라가 강해질 수 있습니다. 지방관들의 부정부패를 척결해야 하고 농민들의 세금부담을 덜어주는 획기적 조치를 취해야 합니다. 이를 위해서는 중앙정부가 강한 힘을 가지고 개혁을 추진해야 할 것입니다.

최익현 … 정부는 부국강병을 말하면서 이런저런 기구를 만든다, 제도를 개편한다 하는데, 무엇보다 중요한 것은 군사력이고 군사력을 키우기 위해서는 군인들의 사기를 올려줘야 합니다. 군인 봉급을 획기적으로 올려줘야 합니다. 또 술마시고 노는 풍습을 위에서부터 솔선수범하여 근절해야 합니다. 요즘 무당이나 부처를 찾는 사람들이 많은데 이런 것들을 모두 금지시켜야 합니다. 정부부터 시작해서 모두 근검절약하고 올바른 정신상태를 가져야 합니다.

최익현 1833년생. 유림의 거두로 제자가 수천 명에 이름. 대원군의 서원철폐에 항의하다 제주도에 유배된 경력이 있으며, 현재 개항 반대 여론을 선도하고 있다.

사회 … 모두 좋은 말씀들입니다. 그런데 우리 농민들이 들고 일어나는 것은 단지 중간관리들의 부정부패 때문만은 아니라고 생각합니다. 구조적인 모순이 근본원인일 것입니다. 사회 저변은 이미 이전과 달리 변화돼 있는데, 예전의 세금제도와 신분제도와 사상체계를 고집하려다보니 혼란이 오고 있는 것입니다. 이런 상태에서 국교확대만 한다고 저절로 부국강병이 이루어질 수는 없는 일입니다. 무엇보다도 정책입안자들이 새로운 사회를 위한 새로운 전망을 제시해야 한다고 봅니다.

마지막으로 우리 백성들에게 한 말씀씩 해주시죠.

최익현 … 혼란한 시대를 맞이해 무엇보다도 사상적 흔들림이 없어야 하겠습니다. 서양인들이 들어오면 반드시 자신들의 학문과 교리를 가지고 들어오게 돼 있습니다. 천주교 같은 것이 그런 것이지요. 이런 것들에 현혹되다보면 우리의 중심을 잃게 되고 그들이 우리를 잡아먹으려 해도 저항할 힘을 잃게 됩니다. 우리를 지키기 위한 일대 정신운동을 벌여야 할 때입니다.

박규수 … 저는 우리의 시야를 넓혀야 한다고 부탁드리겠습니다. 중국과 일본 정도만 상대하던 시각으로 오늘날의 세계를 봐서는 안됩니다. 다행히도 요즘 「영환지략」이나 「해국도지」같이 서양을 소개하는 책들이 많이 소개돼 있습니다. 정부는 이런 책들을 널리 보급해야 할 것이고 우리 백성들은 이런 책들을 통해서나마 오늘날의 세계를 직시하는 안목을 길러야 합니다.

사회 … 앞으로 우리 사회는 국교확대의 여파로 심하게 요동칠 것으로 보입니다. 그 요동이 죽어가는 자의 경련과 발작의 요동이 아니라 새로 태어나는 새생명의 힘찬 용트림이 되도록 우리 모두 자세를 가다듬어야 하겠습니다. 감사합니다.

편리한 외래품 수입 폭증

·옷감, 석유, 성냥 등

개항 후 서구문물이 들어오기 시작하면서 우리 생활 주변에도 여러 가지 편리한 서양 물품이 등장하고 있다. 서양 옷감이나 석유, 성냥 등은 이제 서울의 웬만한 가게에서 쉽게 살 수 있다.

옷감 수입 1위를 기록하고 있다. 주로 일본이 영국산이나 미국산을 중개무역 형태로 거래하고 있다. 특히 영국 맨체스터 제품이 주종을 이루는데 옷감이 부드럽고 섬세해 주로 양반층 사이에서 수요가 폭증하고 있다.

석유 주로 등불을 밝히는 데 사용하는 등유가 수입되고 있다. 종래에는 들기름이나 콩기름과 같은 식물유를 사용해왔으나, 1880년 봉원사의 개화승 이동인이 등유 램프를 일본에서 가지고 들어온 이후 일제 램프와 석유가 점차 퍼지고 있다. 그러나 현재 대중을 이루고 있는 일제 〈에쓰고(越後)〉 등유는 그을음이 많이 생겨 방안에 오래 켜두면 특히나 흰옷을 많이 입는 우리네로서는 옷이 그을음에 더럽혀져 크게 인기를 끌지는 못하고 있다. 미국산 〈스탠다드〉 석유는 이에 비해 품질이 월등해 앞으로 이 제품이 수입될 전망이다.

성냥 역시 이동인이 일본에서 가지고와 선풍적인 인기를 끈 바 있다. 이쑤시개만한 작은 막대 끝에 황과 인이 동그랗게 뭉쳐 있는 것을 돌이나 벽에 그으면 불이 확 붙는다. 이동인이 처음 이것을 왕실과 양반들 앞에서 시범을 보이자 모두 유별난 호기심을 보였다고 한다.

이밖에도 못, 망치, 자물쇠, 톱, 칼, 철사 등 철물제품과 솥, 냄비, 주전자 등 양철제품이 많이 수입되고 있다. 특히 철물로 만들어진 쥐덫도 많이 수입되고 있어 눈길을 끄는데, 그 용도는 쥐를 잡기 위한 것이 아니라 밤을 구워먹기 위한 것이다.

유교정신의 화신, 유림의 대쪽선비

형형한 눈빛, 카랑카랑한 목소리, 우리는 도끼를 앞에 놓고 대궐 문앞에서 상소를 올리는 최익현의 모습에서 조선시대 전통적인 선비의 꼿꼿한 풍모를 느낄 수 있다. 그는 이제 막 40대에 들어선 중견관료에 불과하지만 그가 차지하고 있는 비중은 이보다는 훨씬 크게 느껴진다. 그래서 그의 강화도조약에 대한 반대상소에 사람들이 더욱 마음을 쓰게 되는지도 모르겠다.

그가 정부의 개항에 맹렬히 반대하고 있지만 불과 3년전에는 같이 개항에 반대한 대원군을 실각시키는데 결정적인 역할을 했다. 대원군이 실각하면 정부 대외정책의 기조가 바뀌리라는 것을 예견하지 못했던 것일까?

그는 정통 노론 사림을 자처하는 화서 이항로의 제자이다. 이항로의 문인들은 대부분 지방유생들로 중앙관료들과는 분위기가 전혀 다른 인물들이다. 최익현은 이항로의 문인들 가운데 거의 유일하게 관직에 나선 인물이며 이들의 입장을 중앙정계에서 대변해왔다. 이들은 대원군의 개혁정책을 일정하게 수긍하였지만 유림의 입지를 압박하는 서원철폐정책에 대해서는 완강히 반대하였으며 최익현은 이러한 입장에서 대원군을 공격하여 실각하도록 한 것이다.

그러나 그럼에도 대원군실각 이후 개항을 추진하는 민씨세력과는 계속 한배를 탈 수는 없는 일이었다. 최익현의 강화도조약 반대상소는 그의 개인적인 입장이라기보다는 그와 같은 부류의 지방유생들 사이에 광범하게 퍼져 있는 여론을 대변한 것이라고 볼 수 있다. 그러나 바다를 건너 우리에게 몰려오는 서구문물의 파도는 더욱 거세질텐데 이러한 와중에 그가 과연 어떻게 처신할지 매우 주목된다 할 수 있다.

본관은 경주, 호는 면암, 1833년 생. 저서로는 「면암집」이 있다.

개항, 이렇게 생각한다

최근의 잇단 개항을 보면서 한마디 하지 않을 수 없다. 시대의 대세가 개항과 개방이라고 한다면 굳이 반대할 생각은 없다. 물론 우리 원산 지역에도 유생들을 중심으로 개항에 극력 반대하는 층들이 있기는 하지만 본인은 그런 축은 아니다. 그런데 정부 처사를 보면 개항은 시대의 대세이기 때문이 아니라 마지못해 따라가는 식이어서 보기에 좋지 않다.

얼마전에 일본 군함이 이곳 원산 근해에 와 측량을 해가기에 우리는 일본이 이곳의 개항을 원한다는 것을 눈치챘고 우리 고장 유림이 대대적으로 항의상소를 정부에 올린 바 있다. 그래서인지 일본과의 협상 때 정부는 원산이 아니라 북평을 제시했다. 그런데 일본측이 극구 원산을 주장하자 맥없이 원산으로 낙착을 봤다. 정부가 개항에 대해 확고한 신념과 계획을 가지고 있다면 이런 식으로 처리하지는 않았을 것이다.

또 최근 우리 원산 개항장이 설치되고 일본인들이 들어오면서 이들의 행패가 날이 갈수록 심해지고 있다. 단순히 상거래 관행의 차이라고 보기 힘든 간사한 수법을 써서 우리 상인들을 속이고 있다. 게다가 그들의 품행은 도저히 우리의 전통 예절로서는 이해할 수 없는 것이어서 미풍양속에도 좋지 않은 영향을 미치고 있다. 그럼에도 정부는 속수무책이다.

정부에 간곡히 충언한다. 개항을 하지 않는 것이 옳다고 믿는다면 절대로 개항을 하지 말라. 그것이 아니고 개항이 시대의 대세이고 따라야만 한다면 주체적으로 준비를 해서 당당하게 하라. 지금과 같이 일본에게 따라다니기만 하는 식으로 마지못해 하는 개항은 그것이 비록 시대의 대세라 하더라도 차라리 안하는 것만 백배 천배 못하다는 것을 알아주기 바란다.
— 원산에서 안아무개

박규수 타계

박지원의 손자로 문호 개방 역설

1877년 원로대신 박규수가 71세의 나이로 재동 자택에서 조용히 타계하였다. 그는 연암 박지원의 손자로 1807년 서울 계동에서 출생, 뒤늦게 42세에 증광시에 병과로 급제해 관직에 몸담았다. 관직진출은 늦었으나 진주민란, 경복궁 중건, 제네럴셔먼호사건, 개항 등 굵직한 사건들을 직접 겪고 처리했다. 또 두 차례에 걸쳐 연행사절로 중국에 다녀와 중국이 영국과 프랑스 군대에게 무참히 점령당하는 광경을 목격했고, 그러한 서양의 충격에 대한 중국인들의 대응인 양무운동도 현지에서 체험했다.

그의 정치노선은 이 양무운동 목격을 계기로 개화노선으로 급선회했다. 이전의 진주민란과 제네럴셔먼호사건 때만 해도 그는 보수적인 기존체제 내에서 관료로서의 직분을 다하려는 자세를 보였다. 일단 개화로 방향을 튼 그는 문호개방은 필수적이라는 생각을 피력해왔다. 최근의 강화도조약과 개항도 그가 오경석 등과 함께 정부를 강력하게 설득한 결과라는 것은 널리 알려진 사실이다.

1807	서울출생
1861	연행사절로 중국에 가서 에로우호사건 목격
1862	안핵사로 진주민란 수습
1866	평안도 관찰사로 재직 중 제네럴셔먼호 격퇴
1872	두번째 중국사행에서 양무운동 목격, 개화파로 변신
1874	우의정으로서 대원군에게 개항 역설
1875	운양호사건 나자 오경석 등과 함께 정부에게 개항 설득

영국, '인도제국' 수립

세포이 반란 진압하고 인도 직접통치 법적 마무리

1876년 영국이 '인도제국'을 공식 수립하고 영국 정부의 인도 직접통치를 제도적으로 확정했다. 이는 지난 1857~58년 세포이반란 이후 영국이 인도에 취한 정책변화의 완결관으로 해석되고 있다.

세포이반란으로 큰 충격을 받고 대책마련에 고심하던 영국 정부는 1858년 '인도통치 개선법'을 제정, 그동안 인도 통치기구로서 군림해온 동인도회사를 해체하고 영국 국왕에 의한 직접통치를 시작했다. 이후 영국은 인도에 대한 회유책으로서 인도의 권리·제도·습관 등을 업신여기지 않고, 새로운 영토의 병합과 확대 및 종교상의 강요를 삼가자, 자격이 있는 인도인이라면 누구나 인종과 종교의 차별없이 관직에 채용하겠다고 선언했다. 그러나 영국은 실제로는 직접통치의 편의를 위한 제도상의 개혁에 무게중심을 두었으며, 특히 군대 재편성에 주력하여 반란의 재발방지에 만전을 기했다. 영국은 이러한 모든 사전 정리 작업을 끝맺음하면서 이번에 '국왕 칭호법'을 제정, 빅토리아여왕이 인도 황제의 칭호를 갖도록 함으로써 공식적인 '인도제국'의 수립을 보게 된 것이다.

러시아–청 이리조약 체결

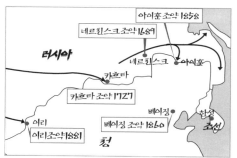

1879년 러시아가 '이리(伊犁)사건'의 뒷마무리 작업으로 중국과 '이리조약'을 체결함으로써, 이리 서부지방을 할양받게 되었으나 중국 정부가 이 조약의 비준을 거부하고 나서 파문이 일고 있다. 러시아는 지난 1864년 중국 신장지방에서 이슬람교도들이 반란을 일으키자, 러시아인과 자국민 재산을 보호한다는 구실로 이리지방을 점령하고 청나라의 철수요구에 응하지 않았다. 이에 1878년 청나라는 러시아에 이리의 반환을 요구하기 위해 숭후(崇厚)를 대사로 파견했다. 숭후는 러시아측과 이리조약을 체결하고, 러시아가 이리를 반환하는 대가로 이리 서부지방을 할양한다는 데 합의했다. 그런데 청나라 정부는 숭후의 굴욕적인 조약 체결에 분노해 그에게 사형을 선고하고 조약의 비준을 거부해버렸다. 이에 따라 양국 관계가 급속도로 냉각되어 귀추가 주목된다.

역사신문

개화정책 적극 추진

통리기무아문 설치, 신사유람단 등 파견

개항 이후 정부는 통리기무아문을 설치하고 영선사와 신사유람단을 중국과 일본에 파견하는 등 적극적인 개화정책을 추진하여 개항에 대한 적극적인 대응이라는 측면에서 주목을 받고 있다. 정부가 추진하고 있는 개화정책에는 이밖에도 세관의 설치, 외국어 교육기관인 동문학의 설치, 「한성순보」 발간 등이 계획되고 있는 것으로 알려져 있다.

통리기무아문은 개화정책을 추진하기 위한 정부기구로서 1880년 12월에 설치되었다. 이 기구는 기존의 의정부 6조 중심의 정부기구와는 별도로 설치되었으며 산하에 12개 부서를 두어 사무를 관장하도록 하고 있다. 이러한 특별기구를 설치하는 것은 조선후기에 유지되었다가 대원군에 의해 혁파된 비변사의 경험에 따른 것으로 보이는데, 이 기구는 개화업무를 주로 다룬다는 점에서

미국과 수교후 보빙사로 미국을 방문했던 관리들

비변사와 차이가 있다.

정부는 기구개편과 아울러 해외의 발달된 문물을 도입하기 위하여 영선사와 신사유람단을 중국과 일본에 파견했다. 영선사는 중국의 무기제조법을 배우기 위한 유학생으로, 군비증강을 위한 것이다. 신사유람단은 일본의 문물제도를 시찰하기

위한 사절단으로 앞으로 정부의 개화정책에 큰 영향을 미칠 것으로 예측된다.

정부 개화정책 추진에 지방 유생을 비롯하여 많은 반발이 일어나고 있다. 그러나 정부의 정책기조에 큰 영향을 미치지는 못할 것으로 분석하고 있다.
관련기사 2, 3면

미국과 수호조약 체결

영국·독일과도 잇달아 국교수립

1882년 5월 22일 정부는 제물포에서 미국과 통상수호조약을 체결하였으며 영국·독일과도 잇달아 국교를 수립하였다. 이는 1876년 일본과의 강화도조약에 뒤이은 조치이며, 이로써 우리나라는 서양 각국과도 국교를 확대하게 됐다. 이번 미국과의 조약체결에는 중국의 실력자 이홍장의 주선이 결정적인 역할을 한 것으로 전해진다.

우리 정부는 강화도조약의 체결 이후 서양 각국과의 수교를 긍정적으로 검토해왔다. 이러한 가운데 조선에서 일본의 세력팽창을 우려한 중국의 실력자 이홍장이 우리 정부에게 미국과의 수교를 강력하게 권고하는 한편 직접 미국과의 접촉에 나섰다. 이홍장은 1880년 8월 26일 당시 조선과의 수교 임무를 띠고 극동에 파견된 미국 태평양함대 사령관 슈펠트제독과 회담을 갖는 한편, 영선사로 중국에 온 김윤식과 접촉하여 양국간의 수교를 성사시킨 것으로 알려지고 있다.

이 조약은 영사의 교환, 해난자 보호, 치외법권, 관세, 미곡 및 홍삼수출 금지, 문화교류를 내용으로 하는 등 대체적으로 당시 중국이나 일본이 서양 각국과 맺은 통상조약의 틀을 갖고 있다. 4조에서 치외법권을 잠정적인 것으로 하고 있고, 5조에서 물품에 따라 수입세에 차등을 둘 수 있도록 한 점 등은 강화도조약보다 나은 것이지만 최혜국 조항을 포함하고 있기 때문에 조약이 실질적으로 어떻게 적용될지는 좀더 두고보아야 한다는 것이 외교전문가들의 지적이다.
관련기사 2면

「조선책략」 파문, 반개화 여론 폭발

영남 만인소 등 척사상소 줄이어, '개화정책 주춤'

1881년 정부의 본격적인 개화정책 추진 속에 수신사로 일본에 갔던 김홍집이 황준헌이 쓴 「조선책략」을 들여와 그 내용이 알려지자 유생들의 대대적인 척사상소가 줄을 잇는 등 정국에 파란이 일고 있다.

이번 파란의 계기가 된 「조선책략」은 일본주재 청국공사관 참찬관인 황준헌이 쓴 것으로, 조선이 부강하기 위해서는 개화를 서둘러야 하며, 러시아의 침략을 막기 위해 중국·일본·미국과 결합해야 한다는 것이 주요 골자인 것으로 알려졌다.

이에 대해 전국 각지의 유생들이 반발하고 있는데, 영남지역의 유생 만여 명이 퇴계의 종손 이만손을 대표로 하여 강진규가 작성한 〈만인소〉를 올려 전국의 척사여론을 선도하고 있다.

영남 유생들은 이 상소에서 「조선책략」을 비난하고 그것을 들여온 김홍집의 처벌을 요구했는데, 정부는 이에 대해 이만손과 강진규를 유배에 처하는 강경책으로 맞섰다.

그러나 이런 척사상소가 수그러들지 않자, 정부는 5월에 들어 국왕이 척사의 자세를 천명하는 윤음을 발표해 유생들의 척사여론 무마에 나섰다.

그러나 척사상소운동은 상소에 대한 탄압과 척사윤음의 기만성에 대한 반발로 인해 더욱 가속화되고 있다.

특히 1881년 7월 강원도 유생 홍재학이, 고종이 척사위정에 대해 애매한 태도를 취하고 일본과의 수교를 이룸으로써 서양문물과 양학(洋學)이 만연해 종묘와 사직이 위기에 빠졌다고 주장하고, 이러한 상황이 윤음 발표 후에도 하나도 달라진 것이 없다며 강도 높은 비판을 가했다가 마침내 처형되어 정국을 긴장시키고 있다.

그러나 이러한 척사상소운동의 파동은 8월에 대원군 지지세력과 척사 유생들이 주도한 국왕폐위 쿠데타 미수사건을 고비로 소강상태에 접어들고 있어 귀추가 주목된다.
관련 기사 2, 3면

고종, 전국에 척사윤음 반포

개신교 국내 전파 금지 … 천주교를 '사교'로 규정

1881년 5월 고종이 전국에 개신교의 국내 전파를 금하는 척사윤음을 반포했다.

고종은 이 윤음의 첫머리에서 우리나라는 예부터 공자·맹자를 성현으로 알아온 백성이 그들의 가르침을 받들어온 점을 전제하고, 이어서 천주교는 하늘을 모독하고 인륜을 벗어난 사교로서 국내에 들어온 이래 백년 동안 백성들을 현혹했다고 단죄했다.

고종은 이어서 사학(邪學)을 박멸하려면 유도(儒道)를 더욱 닦고 학술을 더욱 연마하는 길밖에 없다며 자성론을 폈으며, 다시 사교에 물드는 자가 있으면 온 집안을 멸하고 일족을 처단할 것이라고 경고했다.

전문가들은 고종이 척사윤음을 반포한 배경을 분석하기를, 유생들이 격렬하게 척사론을 주장하며 개신교의 이입 가능성에 대해 반대하고 있는 상황에서 유생들을 진정시켜 정국의 안정을 꾀하기 위한 것이라 했다.

그러나 이번 윤음이 1839년 헌종이 천주교를 겨냥해 반포했던 윤음에 비해 길이도 짧고 내용도 대체로 온건하며 성리학에 대한 호교적 변증도 약한 편이어서, 개신교에 대한 제지 의지가 그리 강하지 않으며 특히 현재 추진되고 있는 개화정책이 중단될 가능성은 희박하다는 전망이 우세한 편이다.

대원군 지지 쿠데타 기도

척사론자들과 함께 이재선 옹립하려다

1881년 8월 대원군을 지지하는 인사들이 척사론자들과 제휴해 고종을 폐위하고 대원군의 서자 가운데 맏아들인 이재선을 왕으로 추대하기 위해 쿠데타를 기도했으나 사전에 발각되어 정국에 큰 파문을 일으켰다. 정통한 소식통에 따르면 대원군계열의 승지 안기영·권정호, 영남만인소를 올릴 때 활약했던 강달선, 강화출신의 유생 이철구, 서리출신의 이두영·이종학 등이 쿠데타 주도세력으로서, 이들은 지방 유림과의 연결을 꾀하는 한편 거사자금과 무기 등을 마련해 국왕을 폐위하고 외척과 상신(相臣)을 살해하며 일본 공사관과 별기군 교련장을 습격해 무기를 탈취한다는 계획을 세웠던 것으로 전해졌다. 그러나 거사계획에 참가했던 장교 이풍래가 이 사실을 밀고함에 따라 이재선을 비롯한 관련자 30여 명이 모두 체포된 것으로 확인됐다. 이 사건으로 향후 대원군의 정치적 운신의 폭이 더욱 좁아질 것으로 관계자들은 내다보고 있다.

역사신문

국교확대와 개화, 우리 필요에 따라 우리 힘으로

「조선책략」에 따른 개화, 문제 있다

요즈음 개화와 수구의 '줄다리기'가 한창인 가운데 「조선책략」의 내용을 둘러싸고 큰 파문이 일고 있다. 개화정책과 서구사회와의 국교수립은 현 국제정세에서 피할 수 없는 시대의 대세라고 할 수 있다. 그러나 「조선책략」에 제시된 바와 같이 러시아를 고립시키는 방식으로 대외관계를 진행하는 것이 올바른 것인지 따져볼 필요가 있다.

이미 대원군 집권기부터 제기된 바 있는 개화정책은 이제 시대적 추세임이 분명하다. 물론 아직도 지방유생들을 중심으로 개화정책에 대한 반발이 만만치 않은 실정이지만, 중앙정계에서는 대부분 그 필요성에 대해 동의하고 있는 것도 사실이다. 무엇보다도 외국의 선진문물을 주체적 견지에서 받아들여 우리가 뒤처진 분야에 활력소로 삼을 수만 있다면 더 바랄 것이 없다. 또 미국을 비롯한 서구사회와의 외교관계 수립을 통해 중국이나 일본을 거치지 않고 직접 교류하면서 그들의 제도와 문화를 주체적으로 수용할 수 있다면, 그들과의 교류를 통해 우리의 봉건성을 씻어내고 자주적 근대화를 추진할 수만 있다면 금상첨화일 것이다.

그러나 중국의 황준헌이 「조선책략」에서 제시한 우리의 대외전략은 문제의 해결이 아니라 또다른 문제의 시작일 수도 있다. 무엇보다도 "조선이 러시아의 남진을 방어하기 위해서는 중국과 가까이 하고 일본과 손을 잡으며 미국과 연대해 자강을 도모해야 한다"는 대목이 큰 논쟁거리가 되고 있다. 우선 전통적으로 우리에게 영향력을 행사해온 중국이나 강화도조약 체결을 바탕으로 중국을 대신하고자 혈안이 되어 있는 일본과의 제휴를 들먹이는 대목이 심상치 않다. 게다가 태평양 건너 멀고 먼 나라 미국과의 제휴를 거론하면서 국경을 맞대고 있는 이웃나라 러시아를 견제하자는 것은 웬 말인가.

이것은 우리나라에 대한 진심어린 조언이라기보다는 바로 황준헌의 조국 청의 대외관계 노선을 우리에게 강요하는 것에 다름아니다. 우리나라를 엿보는 침략세력으로 치자면 청이나 일본이나 미국이나 다 마찬가지라는 것은 최근의 역사가 웅변으로 증명해주고 있는 바이다. 유독 러시아만 경계해야 된다는 논리는 성립하지 않는다.

또 개화라는 것도 우리 자신의 필요에 의해 우리의 선택으로 하는 것이지 누가 하라고 해서 하는 것은 아닐 것이다. 정부는 비록 정세가 어지럽다고는 하지만 주체성을 잃지 말고 올바른 대응책을 세워나가야 할 것이다.

그림마당
이은홍

정부에서 추진하는 개화정책의 성격

'동도서기론'을 대원칙으로 서구의 근대 문물을 수용
유생들의 반개화 여론과 일반 민중의 반일감정 등이 걸림돌

정부는 최근 본격적인 개화정책을 추진하고 있다. 이에 정가에서는 과연 정부의 개화정책이 무엇을 어떻게 개화할 것인가 하는 데 관심이 쏠리고 있다. 말하자면 정부의 개화정책방향이 무엇인가 하는 것이다.

정부 개화정책의 원칙은 동도서기론(東道西器論)이라는 것이 정가의 일치된 견해다. 정치체제나 통치이념, 즉 기왕의 지배체제는 그대로 고수하되 무기나 산업기술 등 실용적인 분야에서는 서구의 근대문물을 수용한다는 것이다. 이런 사정은 중국이 서양문물을 수용하기 위해 벌이고 있는 양무운동이 그런방향에서 이루어지는 데서도 살필 수 있다.

또 정부의 개화정책은 현 집권세력의 집권기반강화와도 관련돼 있다는 것이 정가의 지적이다. 통리기무아문의 설치가 대표적인 예로 지적되고 있다. 통리기무아문은 기존 정부기구와 별도로 설치되어 개화정책을 총괄하고 있는데, 이는 과거 비변사와 흡사한 성격을 갖고 있다. 비변사가 19세기에 세도정치의 주요한 권력기반이었던 점을 상기한다면, 민씨세력이 개화정책을 표방하면서 별도로 통리기무아문을 설치하여 이곳에서 국정을 결정하는 것은 이를 중심으로 권력기반을 강화하고자 한 것이라는 분석이다. 이런 점에서 본다면 별기군의 설치도 군대의 근대적 개편이라는 측면은 있지만 이와 함께 민씨세력이 이를 통해 독자적인 무력기반을 마련하려 하는 게 아니냐는 지적이다.

정부의 이런 개화정책은 유생들의 개화반대 여론에 직면해 있고, 또 일본과의 통상이 본격화됨에 따라 민중들의 불만이 고조되는 실정이어서 앞날이 순탄한 것만은 아니라는 게 정가의 공통된 지적이다.

한·미수교의 배경과 전망

중국 중재로 그간의 대립 관계 청산
이후 서구 열강들과 수교 줄이을 듯

이번에 체결된 조·미수호통상조약은 이미 무력대결까지 벌인 바 있는 양국간의 관계에서 본다면 매우 획기적인 일이다. 이로써 양국은 그간의 대립관계를 청산하고 외교관계를 갖게 되었다. 이렇게 양국간의 조약이 극적으로 타결될 수 있었던 것은 강화도조약 이후 정부가 세계 각국과 국교를 확대하기로 외교정책을 전환했기 때문이기도 하지만, 중국의 정치적 입김이 크게 작용한 것으로 보인다.

메이지유신 이후 유구를 병합하는 등 활발한 대외팽창을 추진하고 있는 일본의 움직임에 깊은 우려의 눈길을 보내고 있던 중국이 일본을 견제하려는 목적으로 조선의 대미수교를 강력하게 권고하고 나선 것이다. 당시 서부개척을 마치고 태평양으로의 진출에 적극적으로 나서고 있던 미국은 조선과의 수교를 서두르고 있었다. 이렇게 강화도조약 이후 상황의 변화로 조·미 양국과 중국의 이해가 맞아떨어져 이번 조약이 성사를 보게 되었다.

이 조약의 체결은 영국, 독일을 비롯한 서양 각국과의 수교로 이어질 것으로 보인다. 이로써 우리나라는 본격적인 다원외교의 길로 접어들었으며 이들의 제국주의적 침략에 대응해야 하는 과제를 안게 되었다.

최혜국 조항이란

최근 서양 각국과 통상조약이 맺어지는 가운데 약방의 감초같이 항상 끼여드는 것이 바로 최혜국 조항이다. 최혜국 조항이란 말 그대로 상대국을 가장 가까운 나라로 대접한다는 뜻이다. 구체적으로 말하면 이는 양국간의 조약에 포함되지 않은 내용이라도 제3국과의 조약에서 보다 유리한 내용이 합의되면 이것이 자동적으로 양국 간에도 적용된다는 것이다.

한·미관계 일지

1855년	미국인 4명 강원도 통천에 표류, 중국으로 호송
1866년 6월	서프라이즈호 난파되어 평안도 철산에 표류, 선원 중국으로 호송
8월	제네럴셔먼호 평양에 침입 약탈행위, 이를 공격하여 소각시킴
1867년 1월	워츄세트호 서해안에 파견, 제네럴셔먼호 탐색
5월	셰난도아호 파견 서해안 탐색
1871년 5월	로저스제독 지휘하의 미국 함대 강화도 침입, 양국간 무력충돌
1880년 4월	미국, 일본에게 조선에 대한 수교교섭을 알선할 것 요청, 거절당함
5월	슈펠트제독 부산에 도착, 동래부사에게 수교요청, 거절당함
8월	슈펠트, 이홍장과 회담
1882년 5월	양국간 수호통상조약 체결

「조선책략」의 내용과 정치적 의미

"중국, 일본, 미국과 손잡고 러시아 막자"
러시아 남진 위협받는 중국 입장 반영

「조선책략」의 주요골자는 중국이나 일본도 선진국세력에 적대하고서는 국가의 안위가 위태롭기 때문에 개국한 것이므로, 조선도 대외강경책을 끝까지 고수하기는 어려우며 대외세력의 방어를 위해 개국을 해야 한다는 것이다. 그런데 조선이 러시아의 남진을 방어하기 위해서는 중국과 가까이 하고 일본과 손을 잡으며 미국과 연대하여 자강을 도모해야 한다는 대목이 '불씨'가 됐다.

그는 중국이 조선과 천년이라는 세월을 함께 지냈기 때문에 오늘날에도 더욱 우호관계를 증진하여 러시아를 공동방어해야 한다고 주장했다. 또 일본은 조선이 중국 이외에 수교한 유일한 국가이기 때문에 서로 결합해야 하며, 미국은 독립정신이 남아 있는 민주국가로서 약소국을 돕고 있으니 멀리 떨어져 있지만 조선이 미국과 연합하면 화를 면할 수 있을 것이라고 주장했다.

전문가들은, 이 책에는 러시아의 남진에 직접 위협을 받고 있으며 다른 한편으로는 조선에서 일본세력을 견제할 필요가 있던 청국의 입장이 반영된 것으로 파악하고 있다. 아울러 영국, 독일 등 유럽세력의 집중적인 침략 속에 위기를 맞고 있는 청국이 미국의 위치를 부각시켜, 자국은 물론 동아시아 전체를 둘러싸고 자본주의 열강간의 세력균형을 유지함으로써 총체적인 난국을 타개하려는 의도가 전제되어 있다는 분석이 지배적이다.

황준헌, 어떤 인물인가

황준헌은 청나라 외교관으로 현재 청국의 실권자인 이홍장의 막하 인물이다. 1848년 광동성에서 태어나 향시(鄕試)에 합격했으며, 다음해에 초대 주일공사 하여장(何如璋)을 수행하여 일본 주재 청국공사관 참찬관으로서 외교관 생활을 시작했다. 일본에 수신사로 파견된 김홍집과 여러 차례 접촉하여 당시 동아시아의 국제관계와 일본의 국내사정 그리고 외교 및 통상의 실무적인 문제와 조선의 대응책 등에 관해서 의견을 교환했다. 1882년 조·미수호조약의 조약문을 초안하여 우리 정부에 보냄으로써 조약 체결에 참고가 되도록 하였다. 한편 일찍부터 시를 잘 지었는데, 특히 전통형식 속에 속어와 새로운 사물을 삽입시킨 신파시로 이름이 높았다.

「조선책략」

개화를 보는 두 가지 시각

〈영남만인소〉

"일본, 미국
조선 침략 이유없어 …
함께 러시아 막아야"

"열강들, '다같은 오랑캐'
… 국경 접한 러시아와
적대 안될 말"

「조선책략」의 주내용은 조선이 청, 일본, 중국과 연합해 러시아의 침략을 막아야 한다는 것이다. 황준헌은 청에 대해서는 조선에서도 걱정을 않겠지만 일본과 미국에 대해서는 일말의 우려가 있을 것으로 보고 문답식으로 자신의 의견을 진술하고 있다.

일본은 임진왜란의 장본인이고 최근에도 무력으로 위협하고 있는데 어찌 그들과 손잡을 수 있는가.

일본이 설사 조선을 공격한다 해도 수백년 역사를 가진 조선을 이긴다는 보장은 없다. 게다가 중국이 반드시 가세하여 막아줄 것이니 문제될 것이 없다. 사실 일본은 겉으로는 강대한 듯하나 내부분열이 심하고 재정이 허약하여 섣불리 침략에 나설 형편이 아니다.

일본인이 조선 연안을 측량하고 인천까지 왕래하는데 침략 못한다고 할 수 있나.

옛날과 요즘은 다르다는 것을 알아야 한다. 영국 백성이 페테르부르크에 가서 살고, 러시아 백성이 런던에 가서 살고 있어도 아무 문제 없다. 교역의 시대에 이는 당연한 것이다. 나라의 안전은 오로지 힘에 달려 있다.

미국은 수만리 떨어져 있고 문화도 다른데 우리와 맺으려 하는 것은 저들의 이익을 취하기 위한 것이 아닌가.

미국은 자원과 물산이 풍부한 나라다. 미국이 아시아에 개입하는 것은 이른바 '세력균형' 때문이다. 어느 한 나라 특히, 러시아가 패권을 잡는 것을 막자는 것이다. 또 '만국공법'이 있어 함부로 침략할 수 없다.

조선이 땅도 좁고 물산도 적은데 여러 나라에 뜯기다보면 불상사가 일어날 수 있지 않겠는가.

유럽의 벨기에, 스위스, 네덜란드는 나라가 작아도 교역을 해 오히려 부자가 되고 있다. 옛날식 조공과는 달라서 뛸 갖다 바쳐야 하는 것은 아니다. 하물며 조선에 물산이 별로 없다면 그들은 교역하러 오지도 않을 것이다.

선교사들이 철없는 백성들을 유혹하다 정부와 마찰을 빚는 일은 없겠는가.

미국의 예수교는 천주교와 파가 다른데 정치에는 관여하지 않는다.

미국과 맺으면 영·불·독 등이 모두 몰려와 똑같은 것을 요구할텐데.

러시아를 막기 위해서는 그들과도 맺는 것이 오히려 유리하다.

영남지역 유생들이 이만손을 대표로 하여 「조선책략」 내용을 정면으로 반박하는 상소를 국왕에게 올렸다. 그 내용을 간추려 소개한다.

「조선책략」을 정부가 나서서 유포하고 있으니 머리카락이 곤두서고 쓸개가 흔들리며, 통곡하지 않을 수 없습니다.

이 책은 '친(親)중국, 결(結)일본, 연(聯)미국'을 주장하고 있으나 가당치 않습니다. 중국은 우리가 2백년 동안이나 신하로서 섬기는 나라입니다. 일본 천황이 무엄하게도 '짐'이니 하는 칭호를 붙인 국서를 보내오고 우리가 그것을 받아들였을 때 중국이 문제삼고 나온다면 어떻게 할 것입니까. 일본은 임진왜란 이래로 우리와 원수지간입니다. 그들을 믿고 있다가 갑자기 침략해온다면 어떻게 할 것입니까. 미국은 우리가 잘 모르는 나라입니다. 만일 우리의 허점을 엿보고 어려운 청을 강요하거나 부담을 떠맡긴다면 어떻게 대응할 것입니까. 러시아 오랑캐는 본래 우리가 미워할 이유가 없는 나라입니다. 먼 나라와 외교하여 가까운 나라를 배척하는 것은 사리에 맞지 않습니다. 만약 러시아가 앙심을 품고 침입해 들어오면 어쩔 것입니까. 러시아, 미국, 일본은 모두 같은 오랑캐입니다. 우리와 국경을 접하고 있는 러시아가 미국, 일본의 예를 따라 조약을 요구해온다면 곤란해질 것입니다.

세상에는 미국이나 일본 같은 나라가 수없이 많습니다. 이들이 비뚤어진 마음을 먹고 일본과 같이 토지와 재화를 요구하러 온다면 어떻게 하겠습니까. 막는다면 그들 마음에 원한이 쌓일 것입니다. 또 오랑캐는 한결같이 성질이 탐욕스럽습니다. 서로 몰려와 우리나라에서 어부지리를 얻으려고 한다면 막을 길이 있겠습니까.

이번 사태로 무식한 백성들은 임금을 원망하고 있고, 유식한 이들은 가슴을 치며 애통해하고 있습니다. 황준헌의 말대로 러시아가 힘으로 능히 우리를 병탄할 수 있다고 한다면 그들이 쳐들어왔을 때 만리 밖에서 오는 원병을 기다리면서 어떻게 우리 병사만으로 막아낼 수 있겠습니까.

이처럼 백해무익하고 긁어 부스럼 만드는 일을 굳이 강행할 필요는 없을 줄로 압니다.

개화군대 별기군 창설
무기, 급료, 보급품 월등히 우월

1881년 별기군이 창설됐다. 이 부대는 기존 5군영으로부터 신체 강건한 무관 80명을 선출하여 구성됐는데 기존 군영과 달리 일본에서 들여온 최신식 소총으로 무장한데다 훈련도 일본인 교관이 맡는 우리나라 최초의 근대식 군대이다. 이 별기군은 강화도조약 이후 서양세력과의 접촉이 빈번해지면서 정부가 국방 근대화의 중요성을 인식, 창설하게 된 것이다. 별기군의 구성을 지난 1880년 수신사의 일행으로 일본에 다녀온 윤웅렬이 담당하고 총책임자를 민씨정권의 실력자 민영익이 맡게 된 것도 이러한 배경에서 이루어진 것으로 보인다.

별기군은 일단 소부대로서 구군대를

완전히 대치할 만큼 대규모는 아니지만 무장과 편제가 이제까지와 다른데다 제복과 급료 등 처우도 기존 군영보다 월등

히 좋다. 따라서 기존 5군영에서는 이들을 왜별기(倭別技)라 부르며 이들에 대해 위화감을 느끼고 있다는 소식이다.

탐방　신식군대 별기군 훈련현장을 가다

별기군이 훈련을 받고 있다는 서대문 밖 임시훈련장을 찾아가보았다. 영은문 옆 모화관 앞의 공터에서 80명의 병사들이 일본군 소위 호리모토의 지휘 아래 비지땀을 흘리고 있었다.

병사들은 머리에는 상투와 갓을, 몸에는 초록색 일본식 군복을 입고 일본 총을 메고 훈련을 받고 있어 좀 어색해보였다. 호리모토 교관은 아직 우리말을 몰라 그가 "가께아시" 하면 통역관이 "구보"라고 통역하는 식으로 훈련하고 있었다. 제식훈련을 받고 있는 한 별기군 병사에게 가장 좋은 점이 무엇이냐고 물었더니 "상투 머리와 조선 속옷 위에 외제 옷을 걸칠래니 뭔가 어색한 점이 없지 않지만, 현대식 소총인 일본제 장총을 사용하기 때문에 예전 구식군대 시절에 사용하던 화승총(심지에 불을 붙여 쏘던 '불댕겨' 총을) 던져버려 속이 다 시원하다"고 답변했다. 그러나 이들 별기군의 대우가 기존 군영의 대우보다 월등히 좋은 것은 다 아는 일이다. 따라서 기존 군영에서 80명을 선발할 때 대부분 배경이 있는 양반 자제들이 선발돼 기존 군영 병사들의 불만이 대단하다고 한다.

총책임자이자 민씨정권의 거물급인 민영익씨에게 "기존의 군대를 보강하지 않고 굳이 새로 별기군을 창설한 이유는 무엇입니까"라고 물었더니 "사실 대외적인 자주성의 강도가 국가무력의 강약에 의하여 크게 좌우되고 있으며, 일본을 비롯한 인접국가들이 모두 무력을 대대적으로 강화하고 최신식 무기로 장비를 갖추고 있으므로 군대를 하루속히 강화하여 국가방위의 무력을 기르는 것이 매우 시급한 과제다. 이럴진대 기존의 군대에 손을 대서 잡음을 일으키느니보다는 최신식 군대를 새롭게 설치하는 것이 편하다"고 했다.

취재 수첩

난데없는 동래부 암행어사

1881년 1월 어느날 12명의 젊은 관리들은 각각 비밀지령을 하달받았다. 이 비밀지령은 봉투 속에 들어있었는데 봉투의 겉면에는 아무날 서울을 벗어나서 개봉하라고 쓰여 있었다. 이들은 각자 길을 떠나 서울을 벗어나서 봉투를 열어보았다. 봉투 안에는 동래부 암행어사 임명장과 함께 아무날까지 부산에 도착하라는 지시가 들어 있었다. 이들은 각자 암행어사의 행색으로 연도의 민정을 살피면서 부산으로 향했는데 이들이 모두 부산에 모인 것은 3월 하순경이었다. 이들은 부산에 도착해서야 비로소 자신들의 임무가 일본을 시찰하는 것이라는 사실을 들을 수 있었다. 이들이 바로 일본에 파견하는 신사유람단인데 이들은 4월 10일 일본 상선 안네이마루를 타고 일본으로 향했다.

그러면 이들 신사유람단은 왜 이렇게 비밀공작을 하듯 은밀하게 출발할 수밖에 없었을까? 이는 정부가 추진하고 있는 개화정책에 대한 반대여론이 들끓고 있었기 때문이다. 이러한 와중이었기 때문에 정부는 이번 시찰단파견을 극비리에 추진할 수밖에 없었던 것이다.

외국의 문물을 시찰하는 것은 바람직하고 마땅히 해야 하는 일이다. 그런데 이러한 일조차 극비리에 추진할 수밖에 없는 현실은 비극이다. 이에 반대하는 사람들을 완고파라고 매도할 수 있을지도 모른다. 그러나 정부의 개화정책에 반대한다고 밝히고 있는 한 유생은 "개화가 과연 나라를 살리는 것일까? 나에게는 오히려 민씨세력들이 이를 이용해서 자신의 사리사욕을 채우기 위한 수단으로만 보입니다. 개항 이후 쌀값이 폭등하여 서민들 살림살이는 더 팍팍해지기만 한 게 현실 아닙니까?"라고 말하고 있다. 개화를 무조건 반대만 할 것은 아니겠지만 '개화만이 살길이다'라는 구호도 다시 한번 생각해보아야 할 것 같다.

역사신문

이번 호의 인물　　민영익

민씨가문의 차세대 유망주

약관 20대의 나이에 현재 통리기무아문의 군무사(軍務司) 당상과 별기군의 교련소 당상을 맡는 등 현 정부의 개화정책에 핵심적인 역할을 하고 있는 '떠오르는 태양'. 차세대의 대표주자라고 할만큼 정치적 비중이 큰 인물이다.

그의 이러한 정치적 힘은 어디서 나오는 것일까. 물론 그의 가문에서 나온다. 그의 생부는 민태호이지만 민비의 오라버니인 민승호의 양자로 입양돼 자랐기 때문에 민비에게는 친정조카뻘 되는 셈이다. 현재 정국을 좌우하고 있는 자는 민겸호지만 그를 뒤이을 주요인물로는 그가 단연 선두주자로 주목받고 있다. 특히 민비는 친정조카인 그를 매우 총애하여 자주 궁중으로 불러들여 독대하고 있다는 풍문.

때문에 그의 사랑방에 모여드는 젊은이들이 많은데 그중에는 김옥균, 박영효 등 개화파들도 포함되어 있다. 이들이 자신들이 수구파로 비판해 마지 않는 민씨 가문에 머리를 기웃거리고 있는 것은 민영익을 통해서 자신들의 개화노선을 현실정치에 관철시키려는 의도를 갖고 있기 때문이라는 얘기가 돌고 있다.

어쨌든 그는 요즘 정부가 추진하는 일련의 개화정책에서 핵심적 역할을 맡고 있다. 그가 이렇게 개화의 핵심으로 자처하고 있는 것이 그 자신의 생각에서 인지 아니면 김옥균, 박영효 등 그의 주변에 몰려들고 있는 개화파의 영향을 받고 있어서 인지는 그 속내를 속시원히 알 수는 없다. 그러나 그의 가문이 노론 북학파의 영향을 다분히 받고 있었기 때문에 역시 노론 가문 출신들인 김옥균, 박영효 등과 어울리는 것이 별로 어색할 것은 없다는 평이다.

그러나 지금은 김옥균 등과 짝자꿍이 잘맞고 있지만 그는 어디까지나 민씨세력의 정치적 행보에 구속을 받고 있기때문에 이들 개화파들과 동지적 관계를 계속 유지하게 될지는 장담할 수 없다. 오히려 개화파들로부터 그가 등을 돌리게 될 경우, 개화파들로부터 공격대상 1호로 지목될 가능성도 있다는 분석이 있다.

1860년생으로 민비 척족 여흥 민씨 출신.

"되살아나는 동학"

접조직 활동 활발 … 「동경대전」, 「용담유사」 간행

최근 동학이 충청도지방을 근거지로 급속하게 교세를 확장하고 있다. 동학은 지난 1860년 교주 최제우가 창도해 일시에 크게 교세를 떨쳤으나 최제우가 관에 체포, 처형되고 민중을 현혹하는 사교(邪敎)로 규정됨으로써 지하로 숨어들었었다. 그러나 최근 제2대 교주 최시형이 충청도일대를 근거로 교세를 확장하는 한편, 경전인 「동경대전」과 「용담유사」를 간행해 포교활동에 박차를 가하고 있다.

최시형은 최제우 처형 뒤 강원도

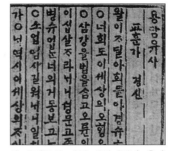

와 충청도의 내륙 산악지방에 은거하며 비밀리에 수도와 포교활동을 해온 것으로 알려졌는데, 지난 1878년경에는 각지에 접(接)이라는 포교조직을 설치할 정도로 교세가 확장됐다. 이에 힘입어 1880년에는 강원도 인제에서 경전 「동경대전」을 간행한 데 이어, 1881년에는 충청도 단양에서 한글로 쓰여진 가사체로 대중들이 훨씬 읽기 쉽도록 한 경전 「용담유사」를 간행했다.

한 동학교도에 의하면 최시형의 가르침은 "사람 섬기기를 하늘같이 하라(事人如天)"는 것에 중점이 맞춰져 있어 신분차별과 생활고에 시달리는 농민들이 많이 몰려들고 있다고 한다.

대원군의 석파란(石坡蘭)

조선 후기 묵란화중 가장 개성이 강한 대원군의 난초화.

난잎이 가늘고 날카로우며 열정적인 동적 구도를 보여준다. 특히, 난잎이 바위를 뚫고 무성하게 피어나 강한 생명력을 발산하고 있다.

지석영, 일본에서
종두균 배양법 배워

1880년 일본인에게 종두법을 배워 그동안 종두실시로 호평을 받고 있던 지석영이 일본에서 종두균 배양법을 배워와 천연두 퇴치에 개가를 올리게 됐다. 지석영은 수신사 김홍집을 따라 일본 동경으로 건너가 그곳 위생국 우두종계소장 기구치에게서 종두기술을 익히고 종두균의 제조·저장법 등을 배운 것으로 알려졌다. 그는 1879년 일본해군이 부산에 세운 제생의원에 가서 원장 마쓰마에로부터 2개월간 종두법을 배워, 처가가 있는 충주에서 40여 명에게 우두를 놓아주는 등 조선인에 의한 최초의 종두를 실시한 바 있다.

한불자전 간행
천주교 포교 강화 위해

1880년 일본에서 「한불자전(韓佛字典)」이 간행됐다. 이번 「한불자전」은 프랑스 신부 리델이 일본 요코하마의 천주교회에서 간행한 것으로 알려졌는데, 리델 신부는 조선에서의 포교를 활성화시키기 위한 방안의 하나로 자전을 간행했다고 한다. 리델 신부는 그동안 조선에 잠입하여 천주교를 포교해왔는데, 지난 1877년에 체포되기도 했다.

러시아, 알렉산더 2세 암살

'인민의 의지'당 소속 대학생이 폭탄테러

1881년 3월 러시아 황제 알렉산더 2세가 폭탄테러로 사망했다. 소식통에 따르면 황제가 탄 마차가 기마 경찰대의 호위를 받으며 예까쩨리나가 운하를 따라 질주하던 중 '인민의 의지'당 소속의 한 대학생이 폭탄을 투척했다. '인민의 의지'당은 1879년 6월에 결성되었는데, 황제에 대한 농민들의 충성심이 강해 자신들의 혁명활동에 장애가 되자, 황제를 제거하고 정권을 장악한 후 혁명을 완수하는 것을 목표로 삼았다. 이 당은 1879년 8월 황제에 대한 사형선고를 내린 후 '황제 사냥'에 나서 여러 차례 암살을 기도했다.

알렉산더 2세는 1855년 크림전쟁의 종결과 함께 황제에 올라 러시아를 서방 선진국과 같은 대열

에 올려놓기 위한 근대화 개혁에 착수하였다. 농노해방, 군대개편, 사법제도 개혁, 철도 건설 등이 그 대표적인 예로, 그는 서구의 문화와 기술을 수용하고 계급적 특권의 축소와 경제발전을 꾀하였다. 그러나 그는 본질적으로 '전제군주'의 신봉자일 뿐만 아니라 1866년경부터 비판세력에 대한 극심한 탄압정책을 벌인 끝에, 테러리즘의 부활과 자신의 암살을 초래했던 것이 러시아 문제 전문가들의 일치된 분석이다.

"서양문물 배워 서양을 막는다"
청, 양무운동 한창

아편전쟁에서의 무기력한 패배로 서양에게 '종이 호랑이'라는 조롱을 당한 청에서 일부 관료 및 지방세력들을 중심으로 〈양무운동〉이라는 개혁운동이 일고 있어 주목을 끌고 있다.

양무(洋務:서양과의 교섭업무 전반을 가리킴)라는 말에서 알 수 있듯 이들은 국방, 산업, 교육 등 부문을 서양식으로 개편하여 부국강병을 이뤄 중국이 처한 현 난국을 헤쳐나가야 한다고 주장하고 있다.

양무운동을 주도하고 있는 이는 직예(直隷) 총독 이홍장으로 현재 막강한 실력자로 부상하고 있다. 그는 20여 년 전, 상해에 강남기기총국을, 남경에 금릉기기국을 세워 화약과 총포 등 무기류의 근대화에 앞장서왔다. 또 최근에는 상해에 기기직포국을 설치, 섬유산업의 근대화에

도 의욕을 보이고 있고 수선초상국(輪船招商局)을 설립해 영·미의 기선을 이용한 해운업 독점에 대항하고 있다. 한편 일찍이 외국어학교인 동문관을 설치하고 이어 복건에 상정학당, 상해에 기기학당, 천진에 무비학당을 세워 근대적 교육에도 총력을 기울이고 있다.

이홍장의 양무운동은 역시 지방세력출신 증국번의 노선을 이어받은 것인데 이들은 한결같이 태평천국의 난 진압에 동원됐던 지방세력가라는 공통점을 지니고 있다. 이들이 최우선 과제로 국방력 강화를 들고나온 것도 바로 태평천국의 난과 같은 내부반란에 무력한 중앙정부에 대한 반성에서 나온 것이라는 분석이 일반적이다. 바꿔 말하면 이들은 서양의 문물을 적극 받아들여 부국강병

을 꾀해야 한다고 주장하지만 정치체제까지도 서양의 것을 받아들이겠다는 것은 아니라는 것이다. 특히 이들이 청의 지배세력인 만주족출신이 아니라 전통적 한족출신이라는 점에서 이들이 노리는 것은 결국 명대 이래의 한족 중심 중화체제를 복구하려는 것이 아닌가 여겨진다.

한편 청의 정치정세에 직접적인 영향을 받지 않을 수 없는 우리로서 이러한 양무운동의 여파가 국내 각 정파에게 어떤 파장을 일으킬지 주목되고 있다.

역사신문

'임오군란' 구식군대 폭동

생활곤궁으로 '반개화' 폭발 … 대원군 복귀

1882년 6월 9일 구식군인들이 폭동을 일으켜 대원군이 재집권하고 그간 민씨세력이 추진한 개화정책이 모두 백지화되는 등 중대한 정치적 변화를 불러일으켰다. 이번 사태는 민씨세력의 개화정책에 대한 민중들의 총체적 반발을 의미하며 앞으로 국내외에 큰 파란을 불러일으킬 것으로 예상된다.

이번 사태는 오랫동안 급료를 받지 못하다가 그나마 썩은 쌀을 받게 된 데에 불만을 품은 구식군인들이 급료지급을 담당하고 있는 선혜청 당상 민겸호의 집을 습격하면서 촉발된 것으로 알려지고 있다. 이후 사태는 보다 심각하게 전개되어, 이들 군인들은 동별영(東別營)과 경기 감영(京畿監營)의 무기고를 습격하고 민씨일족을 비롯한 고위관료들의 집을 습격하였으며, 일본공사관을 포위, 공격하였다. 다음날에는 사태가 더욱 확대되어 대궐로 난입하여 민겸호와 김보현을 살해하였으며, 민씨척족의 최고권력자인 민비를 제거하려고 하였다.

군민(軍民)이 궁궐에 침입하자 민비는 종적을 감췄고 국왕은 대원군에게 사태수습을 맡겼다. 대원군은 재차 정권을 장악하게 되었는데, 일부에서는 이번 사태의 전개과정에 대원군이 개입하고 있다는 풍문이 나돌고 있다. 대원군은 정권을 잡은 후 서둘러 민비의 사망을 발표, 봉기 군중들을 무마시키는 한편 군제개혁을 단행하여 5군영의 복설을 명하였다. 이어 통리기무아문을 혁파하고 삼군부(三軍府)를 복설하는 등 민씨세력의 개화정책을 모두 백지화시키고 있다. 관련기사 2, 3면

청군, 군란 진압 '대원군 납치'

1882년 7월 12일 청군이 서울에 진주하고 다음날 대원군을 전격 납치하여 큰 충격을 주고 있다. 청군은 이어 왕십리, 이태원 등 구식군인들 주거지를 공격하여 서울에 대한 통제권을 장악했다. 청군이 서울에 진주하게 된 것은 장호원에 피신 중인 민비의 요청에 따른 것으로 알려지고 있다.

조선에서 임오군란이 일어나자 이를 둘러싸고 청과 일본은 촉각을 곤두세우고 있었다. 청은 당시 영선사로 청에 머물고 있던 김윤식, 어윤중과의 연결을 통해 조선에 개입할 구실을 찾기 시작하였다. 이때 장호원에 머물고 있던 민비를 통해 개입 요청이 왔으며, 이에 즉각 조선에 군대를 파견하였다.

7월 12일 마건충이 지휘하는 청군 4000명은 서울에 진주한 다음 대원군을 청군 병영으로 초대하였다. 대원군은 이 초대에 응해 청군 병영으로 갔다가 바로 중국으로 납치되고 말았다. 이때 이번 사태를 일으킨 구식군인들과 일부 시민들은 대원군 납치에 항의하여 청군에 대해 무력항쟁을 꾀했으며, 청군은 이들의 근거지인 왕십리, 이태원일대를 초토화시켰다. 이로써 청의 정치적 영향력은 확고하게 되었으며, 앞으로 청의 강력한 간섭이 예상된다.

민비 환궁, 민씨세력 재집권 청나라 내정간섭 심해질 듯

1882년 7월 임오군란의 와중에서 충주지역으로 황급히 피신했던 민비가 환궁함에 따라 민씨세력이 재집권했다. 이달 23일 고종은 어윤중을 원세개에게 보내 민비를 맞아들일 호위군의 차출을 요청했고, 이에 25일에는 100여 명의 청군 정예요원들이 충주로 파견되었다. 정부에서는 민비의 예우에 각별한 주의를 기울여 영의정 홍순목을 어사로 충주에 파견했고, 이재면·민영익·윤용구 등이 그를 수행했다.

민비는 환궁 후 민씨세력을 다시 정치 전면에 내세워 세력을 회복하는 한편, 대원군계열 제거작업을 본격화했다. 아울러 국내 정치기반과 민중적 지지도가 취약한 민비는 이번 사태를 해결함으로써 실력을 과시한 청나라에 많은 지원을 요청할 것으로 보인다.

한편 청나라는 조선에서 확실한 정치적 우위를 점하게 되어, 내정에 대한 본격적인 간섭에 나설 것으로 보인다.

외교고문 마건상 재정고문 묄렌도르프

임오군란이 수습되면서 조선에 대한 간섭을 강화하려는 청의 노력이 가시화되면서 1882년 12월 마건상과 묄렌도르프(사진)가 외교고문과 재정고문으로 초빙돼 이들의 활동에 관심이 모아지고 있다. 이는 우리 정부가 임오군란 직후 급박한 주변정세에 대응하고 각국과의 수교 및 통상사무를 처리하기 위해 청에 제3국인 고문관 초빙을 요청한 데 따른 것이다. 마건상은 임오군란 진압에 임했던 마건충의 형으로, 유럽유학을 통해 국제법과 국제사정에 밝은 것으로 알려졌으며, 묄렌도르프는 독일 사람으로 청국 각지의 세관에서 근무하고 텐진 주재 독일영사를 지낸 인물이다. 익명을 요구한 한 고위당국자는, 청이 이들 두 사람을 고문으로 추천한 것은 개항 이래 계속된 일본의 조선침투에 쐐기를 박고, 조선에 대한 내정간섭을 통해 정치적·경제적 영향력을 행사하기 위한 것이라고 밝혔다.

상민수륙무역장정 체결 청, 경제침투 본격화

1882년 8월 우리 정부는 청과 상민수륙무역장정(商民水陸貿易章程)을 체결했으며, 이에 따라 청의 경제침투가 본격화될 것으로 보인다.

이 장정의 체결은 이달 12일, 우리 정부가 주정사 조영하를 전권대신에 임명하고 김홍집, 어윤중과 함께 청에 파견해 통상문제를 마무리짓게 한 데 따른 것이다.

이 장정에서는 "이번에 체결하는 수륙무역장정은 중국이 속방을 우대하는 뜻에서 나온 것이므로 각국은 일체 균점할 수 없다"고 규정하고, 우리의 국왕과 청의 북양대신을 동등한 지위로 설정해 조선이 청의 속국임을 우회적으로 명시했다.

또 청은 조선측 사절의 북경상주 요청을 거부하는 대신, 양국이 개항장에 상무위원을 파견하되 청측은 영사재판권을 행사한다고 규정해 청에 일방적으로 유리하게 돼 있다. 이밖에도 청은 내지통상권, 연안어업권, 청 군함의 연안항행권까지 관철시켰다.

한 외국인은 조선에서 기회를 엿보고 있는 일본을 비롯한 각국이 이번 장정 체결에 나타난 청국의 대조선 종주권 주장과 경제적 특혜에 대해 인정하지 않을 것이며, 이에 따라 조선이 보다 더 어려운 상황에 빠져들 가능성이 높다고 내다봤다.

일본과 제물포조약 체결 임오군란 뒷처리, 일 경비병 주둔

1882년 8월 우리 정부는 임오군란으로 발생된 문제를 처리하기 위해 일본과 제물포조약을 체결함으로써 일본 경비병의 주둔을 허용해 파란이 일었다. 임오군란이 수습되고 조선에서 청의 정치적 영향력이 커지자 일본은 청을 견제하면서 다시 조선에 세력을 확대하기로 하고, 이달 12일에 군함 4척과 1500명의 병력을 제물포에 상륙시켜 피해보상과 거류민 보호를 내세워 협상을 요구해왔다. 이에 따라 6개조의 본조약과 2개조의 수호조규속약이 체결되었다.

조약내용은 20일 이내에 군란의 주모자를 잡아 처단할 것, 손해배상금 50만 원을 1년에 10만 원씩 5년 동안에 완불할 것, 일본공사관에 경비병을 주둔하게 할 것, 일본에 특사를 보내 사과할 것 등으로 이루어졌다. 또 수호조규속약은 부산, 원산, 인천 각 항의 상업활동 범위를 사방 각 50리로 확장하고, 2년 후 다시 100리로 확대하며, 일본공사와 영사 및 수행원의 조선 내지 여행을 허락한다는 내용으로 돼 있다.

역사신문

정책변화 없이, 임오군란 재발 막을 수 없다

임오군란 교훈 삼아 개화정책 수정해야

하급군인들이 폭동을 일으키고 이에 도성의 빈민들이 합세하여 대규모 시위로 번진 이번 임오군란 사건을 대하는 우리의 마음은 착잡하기 그지없다. 어째 이런 일이 일어나게 됐는지 머리를 모아 의논해야 할 일이다. 그런데 정확한 원인분석과 대응책 마련에 나서서 할 정부가 이런 핵심적 사안은 제쳐두고 이번 사건을 계기로 전개될 청과 일본의 태도에 대해 눈치만 살피기에 급급하다니 한심하기 짝이 없다. 사태를 이러한 차원에서 바라본다면 문제는 쉽사리 해결되지 않을 것이다.

임오군란의 주동자들은 누구인가. 서울지역의 하급군인들이다. 이들은 서울로 올라와 군인 생활을 하다가 기한이 차면 다시 고향으로 돌아가던 종래의 농민이 아니다. 이들은 가족을 이끌고 서울에서 삶을 영위하는 서울 시민들 중에서 모집, 고용된 사람들이다. 이들은 조선 후기 이래 전반적인 사회변동 속에서 농촌으로부터 도시로 흘러들어와 정착한 신흥 도시민들로서 소상인, 영세수공업자, 잡역부, 각종 공사에 고용되는 임노동자, 부랑자 등과 동일한 기반 위에 있는 사람들이다. 이들은 모두 도성 내의 빈촌이나, 한강 연안의 변두리마을에서 신흥촌락을 형성해 집단 거주하고 있는 가난한 서민들이다.

이들은 그래서 농민과 달리 쌀을 비롯한 각종 농산물과 생활필수품을 시장으로부터 구입해서 생활하는 소비자이고, 그것도 그날 그날 생계를 이어가기 위해 안간힘을 쓰는 영세민들이다. 때문에 물가의 극심한 변동, 특권상인들의 독점행위로 인한 폐해는 이들의 생계를 직접적으로 위협한다. 그런데 개항 이후 일본세력의 침투로 인해 관세 장벽없이 유입된 서구상품은 수공업 종사자들의 몰락을 부채질했고 쌀의 대량 유출로 곡가의 앙등이 일어나 물가가 전반적으로 폭등했다. 이것은 도시경제구조 전체를 뒤흔들어 도시 하층민들의 생존을 위협했다. 결과적으로 일본과의 무역은 일부 특권상인들의 이윤을 증대시킨 반면, 영세수공업자를 비롯한 모든 도시 하층민들에게 집중적인 피해를 입혔다.

결국 이번 임오군란은 부패한 민씨세력과 개화파, 특권상인층 등의 지배권력과 일본의 합작으로 급속히 진행되고 있는 개화정책이 발생시킨 필연적 결과라고 할 수 있다. 정부의 개화정책이 서민들의 생활형편을 개선시켜주기는 커녕 더욱 악화시켜서는 계속해서 개화에 대한 민중적 저항만 불러올 것이다. 정부는 이러한 진단에 귀를 기울이고 토지제도와 조세제도 등 백성들의 피부에 와닿는 근대화정책을 추진해 이번과 같이 공연히 반정부투쟁이 촉발되지 않도록 해야 할 것이다.

임오군란, 왜 일어났나 ?

표면상 군인 봉기, 실제로는 기층 민중의 저항운동
일과적 사건 아닌 개항 이후 우리 사회 구조적 모순 표출

이번에 일어난 임오군란은 표면상 군인봉기이지만 여기에 서울 주변의 도시빈민이 많이 합세하였으며, 결과적으로 대원군의 재집권이라고 하는 정치적 변화까지 불러일으킨 것에서 보이듯이 매우 복합적인 성격을 갖는 사건이다. 따라서 임오군란은 단순한 일과적 사건이 아니라 개항 이후 정치·사회의 변화와 밀접한 관련이 있다. 임오군란의 가장 직접적인 배경은 개항 이후 민씨세력이 중심이 되어 추진한 군제개편이라고 할 수 있다. 정부는 개화정책에 따라 종래의 군사제도인 5군영을 무위영, 장어영의 두 개 영으로 통합하는 한편 별기군을 창설하는 등 군제개혁을 단행하였다. 이에 따라 많은 군인이 실직하고 남은 군인마저 신식군인에 비해 심각한 차별대우를 받아 구식군인들의 불만이 고조되고 있었다.

그런데 이번 사태는 군인들뿐 아니라 서울의 빈민들이 대거 참여하고 있다는 점이 주목된다. 민씨세력이 문호개방정책을 추진함에 따라 일본의 독점적인 경제침략이 감행되었는데, 이로 말미암아 서울 주민의 생활상태는 악화되었으며 주민들 사이에 강력한 반개화 분위기가 조성되었다. 특히 곡물의 일본수출이 늘어나면서, 조선의 식량부족과 곡물가의 앙등을 초래하여 물가가 2~3배 올라 생활이 더욱 궁핍해졌다. 이러한 상황에서 서울의 빈민들은 군인들의 봉기에 적극 가담하게 된 것으로 분석된다.

마지막으로 문제가 되는 것은 이번 사태와 대원군의 관련성 여부이다. 표면적으로는 고종이 난국수습을 위해 대원군에게 정권을 맡기는 형식을 취했지만, 대원군세력이 이번 사태의 전개과정에 적극적으로 개입하였다는 소문이 돌고 있다. 첫날의 봉기는 비교적 자연발생적인 성격을 갖다가, 둘째 날부터 상당히 조직적인 움직임을 보이고 있다는 점이 그 근거이다. 일부에서는 대원군 측근들이 군복으로 갈아입고 군중들을 이끌었다는 소문까지 돌고 있다. 이상에서 살펴볼 때, 이번 사태는 민씨세력의 개화정책에 반발한 군인들의 자연발생적인 봉기로 시작되었지만, 전개과정에서 민씨세력의 개화정책에 대항하는 반개화적 정치운동으로 발전한 것으로 보는 게 일반적인 평가이다.

임오군란에 대한 중국·일본의 입장

양국 호시탐탐 조선에 대한 영향력 증대 노력
중국의 강력한 속방화정책에 우려의 소리 높아

이번 군인폭동으로 인해 일어난 조선의 정치적 격동에 대해 중국과 일본은 예민하게 반응하고 있다. 특히 중국은 적극적인 개입을 통해 조선을 자신의 속방으로 만들려는 정책을 노골적으로 펴고 있다. 그런데 중국이 조선에 취하는 속방화 정책은 전통적인 종주권 차원을 뛰어넘는 것으로 분석되고 있으며, 이에 따라 중국의 간섭에 대한 우려의 목소리가 높아지고 있다.

중국과 일본 두 나라는 모두 이번 사태 발발 초기부터 이번 사태를 조선에 대한 자국의 영향력을 증대할 수 있는 호기로 보고 이를 위해 호시탐탐 기회를 엿보고 있었다. 특히 일본은 이번 사태로 말미암아 자국의 공사관이 불탔으며, 별기군 교관 호리모토중위를 비롯하여 자국 국민이 살상당했으므로, 이번 사태를 조선에 대한 자국의 영향력 증대를 이룰 수 있는 결정적인 기회로 여기고 있다. 일본측은 하나부사공사와 함께 1500명의 병력을 파견하여 군사적 위협을 가하면서 이번 사태에 대한 배상을 요구하는 한편, 이를 빌미로 조선과 맺은 통상조약을 자국에 유리하게 고치려 하였다. 이에 대원군이 강경하게 맞서 자칫 일촉즉발의 상황으로 치달았다.

결국 제물포조약 체결로 자신들의 이익을 확실히 챙기게 되었다.

중국은 사태발발 초기부터 이번 사태를 조선에 대한 개입의 기회로 예의주시하고 있었다. 그런데 일본측이 배상을 요구하면서 병력을 조선에 파견한다는 소식이 전해지자 조선에서 일본의 기반이 공고히 될 것을 우려한 나머지 영선사로 북경에 머물고 있던 김윤식과 연결하여 서둘러 조선에 병력을 파견했다. 중국군은 서울에 진주하는 즉시 대원군을 납치하고 조선의 내정에 대한 강력한 간섭을 시작했다. 중국은 마건상과 묄렌도르프를 고문관으로 임명토록 하여 조선내정을 간섭하기 위한 발판을 마련하였으며, 상민수륙무역장정을 체결하여 자국 상인의 조선진출 길을 텄다. 이렇게 중국의 조선에 대한 정책은 과거 전통적인 종주권의 차원을 훨씬 뛰어넘는 것으로서 거의 식민지 상태나 다름없다는 지적까지 있다.

그림마당
이은홍

청군의 집중포화 맞은 왕십리

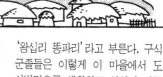

서울의 빈민 집단 거주지, 군란 본거지로 파악돼

1882년 7월 16일 구식군대의 주거거주지인 왕십리지역은 청군의 집중포화를 받았다. 이날 새벽 3시 청군은 왕십리를 임오군란을 일으킨 난당의 본거지로 간주하여 일제히 공격을 가했다. 이는 대원군의 납치에 성공한 청군 수뇌부가 2단계 작전으로 실시한 것인데, 무력시위를 전개하여 서울에 대한 자신의 통치를 과시하기 위한 것으로 알려지고 있다. 이들은 전날 김윤식으로 하여금 국왕이 청군에게 이른바 난당의 궤멸을 요청하도록 하여 자신들의 출동을 합리화시켜주기는 절차도 빠뜨리지 않았다.

청군의 공격으로 왕십리는 쑥대밭이 되었으며 150명 이상이 체포되고 대부분의 주민은 피신했다.

청군의 집중포화를 맞은 왕십리는 서울 도시빈민층의 집단거주지로서 주로 채소를 가꾸어 도성에 내다팔아 먹고사는 마을이다. 구식 군졸들은 녹봉만으로 생계를 꾸리기 어려워 가족들이 채소를 가꾸어 생계를 꾸리는 형편. 채소를 재배하기 위해서는 많은 거름이 필요한데 도성에서 나오는 분뇨를 웅덩이에 모아썼기 때문에 이 마을에는 파리가 들끓었다. 따라서 도성사람들은 이 마을을 얕잡아서 '왕십리 똥파리'라고 부른다. 구식 군졸들은 이렇게 이 마을에서 도시빈민으로 생활하고 있었기 때문에, 이번 임오군란도 생활고에 지친 도시빈민의 민중봉기로 확산된 것으로 분석되고 있다.

왕십리에 대한 청군의 공격은 민중들 사이에 큰 충격으로 받아들여지고 있다. 강화도조약 이후 민중들은 일본인들의 진출에 두려움을 갖고 있었고 이번 군란에서도 일본인을 공격한 바 있는데, 뜻밖에도 일본군이 아닌 청군이 민중들을 공격하여 청에 대한 반발 의식이 높아져가고 있다.

임오군란 상보

선혜청 도봉소 사건 발단 … 급료로 지급한 쌀에 겨, 모래가 태반
성난 군인들 고관 자택, 일본 공사관 습격 … 민중 시위로 확산

1882년 6월 9일 선혜청 도봉소 (宣惠廳 都捧所)사건을 계기로 일어난 군인폭동은 빈민들이 가세한 시민봉기로 발전했고, 정권 변동까지 가져온 중대 사태로 발전하였다.

6월 5일 선혜청 도봉소에서 선혜청 고지기와 구식군인 충돌

선혜청 도봉소에서 구식군인에 대한 급료로 쌀이 지급됐는데, 여기에 겨와 모래가 섞여 있어 훈련도감 포수 김춘영, 유복만, 정의길, 강명준 등이 선혜청 고지기를 구타했다. 이 소식을 전해들은 선혜청 당상 민겸호는 군관에게 명하여 이 사건의 주동자들을 체포하도록 했다. 이에 구식군인들은 체포된 김춘영의 부 김장손과 유복만의 아우 유춘만이 중심이 되어, 이들에 대한 구명운동을 전개하기 위해 통문을 작성하였다.

6월 9일 군인들 민겸호 저택

습격 / 운현궁에서 나온 후 행동 본격화 / 일본공사관 습격

이날 아침 김장손과 유춘만이 중심이 된 구식군인들은 무위대장 이경하의 집으로 몰려가 억울한 사정을 호소. 그러자 이경하는 자신은 이 문제에 개입할 수 없다고 발뺌하면서 민겸호에게 찾아가 직접 호소할 것을 권고했다. 군중들은 민겸호의 집으로 몰려갔지만, 민겸호는 집에 없었고 하인들은 문을 닫아걸고 들여보내지 않았다. 이에 흥분한 군중들은 문을 부수고 들어가 가옥과 가재집기를 모조리 부숴버렸다.

민겸호의 집을 부순 군중들은 운현궁으로 몰려갔다. 대원군은 표면적으로는 이들 군중을 효유하여 해산할 것을 지시하는 듯했으나 운현궁에서 몰려나온 군중들은 더욱 대담해지기 시작했다. 이들 중 한 부대는 동별영을 습격하여 무기를 탈취하는 한편 포도청에 난입하여 김춘영, 유복만 등을 구출하였으며 다른 한 부대는 경기감영을 습격하여 무기를 탈취하고 민태호를 비롯한 고관들의 집을 습격, 파괴하였다. 이날 저녁 군중들은 청수관에 있는 일본공사관을 습격하는 한편 별기군이 있는 하도감을 습격하여 일본인 교관 호리모토중위를 살해하였다.

일본공사관 습격으로 이날의 행동은 일단락됐지만 군인들은 무위영에 집결하는 한편, 유춘만 등은 왕십리, 이태원 등 빈민거주지역을 돌면서 주민들을 선동하는 등 심상치 않은 분위기가 계속 감돌았다. 한편 항간에는 이들 군중이 운현궁에서 나온 이후 보다 적극적인 행동에 나섬에 따라 대원군의 지시에 따른 것이 아니냐는 소문이 나돌았으며, 대원군의 심복들이 군복으로 갈아입고 군중을 지휘한다는 풍문도 있었다.

6월 10일 군중들 궁궐 난입, 민비 극적 탈출 / 대원군 입궐, 사태수습책 발표

군중들은 영돈녕부사 이최응의 집을 습격, 그를 살해하고 바로 창덕궁에 난입. 궁궐에서 군중들은 선혜청 당상 민겸호와 경기관찰사 김보현을 살해하고, 민비의 행방을 찾기 시작했다. 민비는 무예별감 홍재희(洪在羲)의 도움으로 궁궐을 빠져나올 수 있었다. 민비는 윤태준의 집에 잠시 은신하다 서울을 탈출하여 여주를 거쳐 장호원 민응식의 집으로 피신. 한편 고종은 사태의 수습을 위해 대원군의 입궐을 명하였으며, 국정을 대원군에게 맡긴다는 왕명을 내렸다. 이에 대원군은 입궐하여 별기군을 혁파, 5영을 복설, 군인들의 급료지급을 공약하는 등 수습책을 발표하였다. 그러나 일부 군중들은 민비의 처단을 주장하며 해산을 거부하자 대원군은 마침내 민비의 국상을 선포하였다. 그러자 군중들의 흥분은 점차 가라앉아 궁궐에서 물러나기 시작하였고 사태는 수습의 실마리를 찾는 듯했다.

정부, 당오전 발행
재정난 타개 위해

1883년 2월부터 정부는 상평통보의 5배 가치에 해당하는 새로운 화폐로서 당오전(當五錢)을 발행하기 시작했다. 이는 만성적인 재정난을 타개하기 위한 것으로서 민씨세력 주도하에 발행을 결정한 것으로 알려졌다. 민태호가 발행 총책임을 맡았으며, 처음에는 금위영과 만리창 그리고 지방 곳곳에서 주조되다가 7월부터 전환국이 설치되어 당오전 발행을 주관했다.

이 동화(銅貨)에는 엽전처럼 가운데 네모난 구멍이 있고 전면에는 '상평통보', 후면에는 '당오'라고 표시되었다. 또 성분은 동을 주원료로 하고 이외에 주석, 연, 철 등이 포함되었다. 그런데 전문가들은 당오전 1개가 상평통보 5개의 가치를 갖도록 규정되었으나 실질가치는 상평통보의 약 2배에 지나지 않아, 인플레이션 등 경제혼란과 화폐제도의 문란을 초래하게 될 것이라는 일치된 견해를 나타냈다.

취재 수첩

당오전 발행, 무엇이 문제인가

정부가 재정난을 타개하기 위해 새로운 화폐인 당오전을 주조하기 시작했다. 그동안 정부는 세도정치 이래의 만성적 재정난과 1876년 개항 이후 해외사절 파견비, 부산·원산·인천의 개항비, 신식군대 창설비 등 새로운 재정지출로 극심한 재정압박을 받아왔다. 이에 1882년 일시적으로 대동삼전(大東三錢) 등을 주조했으나, 임오군란과 인천개항 이후 격증하는 경비지출을 타개하기 위해서는 보다 적극적인 통화개혁이 필요하다는 인식이 정부 내 재정분야 담당자들의 공통된 시각이었다. 이에 따라 민씨세력이 주동이 되어 총세무사 묄렌도르프와 손을 잡고 당오전 주조를 결정한 것으로 알려졌다. 그러나 당오전은 명목가치가 상평통보 5배에 해당하나 실질가치는 상평통보의 약 2배에 지나지 않는 악화라는 점이 큰 문제가 아닐 수 없었다. 즉 당오전의 발행으로 재정위기를 일시적으로 모면한다하더라도 인플레이션 등 경제혼란을 일으켜 장기적인 관점에서 더 큰 화근이 될 것이라는 점을 간과해서는 안되는 것이다. 그런데 정부 내 한 소식통에 따르면, 당오전 주조 결정에 앞서 이 문제를 둘러싸고 묄렌도르프와 김옥균 사이에 심각한 논쟁이 벌어졌다고 한다. 김옥균은 근대적 본위화폐제도의 확립없이 새 화폐를 발행하는 것은 재정난 타개의 올바른 방안이 될 수 없다고 주장하고, 그 대안으로 일본에서 차관을 도입하자고 제안했던 것으로 알려졌다. 이때 고종이 김옥균의 안을 지지해 그를 일본에 파견했으나 일본측이 성의를 보이지 않아 뚜렷한 진전이 없었고, 이에 민씨세력과 묄렌도르프가 합세해 당오전 발행에 대한 고종의 허락을 받아냈다는 것이다. 정국의 추이에 따라서는 이 문제가 민씨세력과 김옥균계열의 극단대립을 불러일으킬 '불씨'로 작용할 가능성이 매우 높을 것으로 예상된다.

신식무기 국산화
기기창 설립

1883년 3월 우리나라 최초의 근대 병기공장인 기기창이 서울 삼청동에 설립되었다. 이번 기기창 설립에 주축을 이룬 이들은 지난 1881년 중국에 파견된 영선사 일행이다. 이들이 기기창 설립의 주축이 된 것은, 당시 영선사 파견 목적이 주로 근대적 무기제조술 습득에 있었고, 실제로 다수가 천진의 기기국에 배속돼 화약과 소총 제조기술을 습득했기 때문이다. 또 기기창에는 천진에서 온 중국인 기술자 4명이 근무하며 직접 기술이전을 담당하게 된다.

박영효 등 개화파, 남한산성에 군대양성

1883년 3월 정부 내에서 급진적인 개화를 주장하는 김옥균, 박영효 등의 소장관료와 민씨집권세력이 갈등하는 가운데 박영효가 광주유수로 부임, 자신의 관할지역인 남한산성을 근거지로 신식군대를 양성하여 민씨정부가 긴장하고 있다. 박영효는 1882년 임오군란 후 특명전권공사 겸 제3차 수신사로 일본에 건너갔으며 귀국 후 한성판윤에 임명되었으나, 민씨세력의 견제로 광주유수로 좌천되었다. 그런데 이는 형식상 좌천일뿐, 실질적으로는 날개를 달아준 격이라는 분석이 있었다. 그것은 광주유수가 중요한 수도방위부대의 하나인 수어영의 대장을 겸하고 있기 때문이다. 실제로도 그는 부임 이후 남한산성에서 500여 명의 장정을 모집하여 연병대(鍊兵隊)라고 하는 신식군대를 양성하고 있는데, 이를 두고 박영효가 무력을 동원해 모종의 거사를 준비하고 있는 것이 아니냐는 우려의 목소리가 높으며, 이에 따라 이를 견제하기 위한 조치가 있을 것이라는 분석이다.

인천 개항

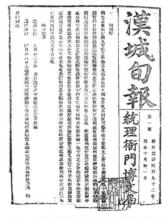

1883년 8월 조·일간에 밀고 당기기를 계속해오던 인천개항이 드디어 이루어졌다. 우리측 판돈녕부사 민영목과 일본공사 다케조에 사이에 〈인천일본조계지 거류조약〉이 맺어짐으로써 인천개항이 기정사실로 굳어진 것이다. 지난 1876년의 강화도조약에서 우리는 3개 항을 개항하기로 약속하고 그 해에 부산을, 3년 뒤 원산항을 개항했으나 일본이 요구하는 인천항은 정부가 수도의 턱밑이라는 이유로 계속 거부해왔다. 그러다 지난 1880년 12월 20개월 후에 개항하기로 잠정합의, 오늘의 개항에 이르렀다.

국내외 소식을 한눈에
최초의 신문 「한성순보」 창간

1883년 10월 31일 우리나라 최초의 신문 「한성순보」 창간호가 발간됐다. 국배판 크기에 18면 내외로 월 3회 발행될 예정인 이 신문은, 비록 순한문을 사용하기는 하지만 앞으로 전세계 사정을 알리는데 선도적 역할을 할 것으로 보인다. 특히 김윤식이 쓴 것으로 알려진 사설에서 외국의 문물소개에 주력할 것임을 명백히 밝히고 있다. 창간호에서 두 면에 걸쳐 목판화를 이용해 인쇄한 세계지도 〈지구전도〉를 소개하고 있는 것도 이와 같은 맥락으로 보인다.

이러한 편집방침은 현재 명목상의 총재는 민영목이지만, 실질적으로 창간을 주도한 자들은 박영효, 김윤식 등 개화파 지식인들이라는 점에서 당연한 일로 보인다.

이번 호의 인물　　민 비

권력의 화신으로 부상한 여걸

　시아버지 흥선대원군과 숙명의 정치적 라이벌을 이루고 있는 국모 민자영. 그러나 그녀가 고종의 왕비로 대궐로 들어오게 된 것은 역설적이게도 바로 흥선대원군에 의해서였다. 대원군 이하응은 왕실외척 안동 김씨에 의한 세도정치에 치를 떤 사람이라 며느리를 세력 없는 여흥 민씨가문에서 맞아들인 것이다.

　한동안 대원군의 의도대로 조용히 지내던 그녀는 그러나 순종을 낳은 뒤 권력에 대한 집착을 드러내기 시작한다. 남편이 국왕이고 왕세자까지 낳은 마당에 권력을 대원군에게 계속 맡겨둔다는 것은 참을 수 없는 일이었다. 그녀와 대원군의 대결은 이렇게 시작됐다. 우선 유림의 대표 최익현을 앞세워 대원군을 탄핵하고, 고종이 친정을 선포하도록 한 후 자신의 척족들을 정부에 대거 기용하였다. 대원군의 애초 의도는 빗나갔고 이제 민씨 척족의 세도정치가 시작된 것이다. 그리고 줏대 없고 유약한 고종은 이제 아버지 대신 아내를 후견인으로 두게 됐다. 궁궐 관계자들은 "순하디 순한 줄로만 알았지 이토록 기지에 넘치고 똑똑한 줄 몰랐다. 그분의 반대자들도 그분의 기지를 당해내지 못한다"며 혀를 내두르고 있다.

　그런 그녀도 처음 궁궐에 들어왔을 때 구중궁궐 깊은 침전에 처박혀 외롭게 지냈다. 고종은 이미 후궁 이상궁과 가까이 지내고 있었던 데다 이상궁이 왕자 완화군을 낳았기 때문이다. 그러던 것이 왕세자 순종을 낳으며 그동안 기죽어 있던 것을 분풀이라도 하듯 불같은 권력의지를 발산하고 있다. 따라서 오늘의 자신을 있게 해준 왕자 순종에 대해 극진한 사랑을 베풀고 있다. 아들의 장수를 빌며 금강산 일만이천 봉우리마다 쌀과 돈과 베를 가져다 제사를 지내고, 계룡산에서도 날마다 제사를 지낸다는 얘기가 있다.

　1851년 생이며 대원군 부인 민씨의 일가친척이다. 9살 때 부모를 여읜 뒤 일가에 맡겨져 외롭게 자랐으나 재주가 비상하고 예의범절이 밝다는 칭찬을 한몸에 받았다. 1867년, 고종이 16살, 자신은 17살일 때 왕비로 책봉돼 혼례를 치뤘다.

태극기가 바람에 펄럭인다

국기 제정, 나라의 얼굴로

　1882년 나라의 얼굴, 태극기가 만들어졌다. 흰 사각천 한가운데에 우리의 전통 문양인 홍색과 청색이 어우러진 태극을 그려넣고, 그 주위를 8괘로 둘러싼 것이어서 낯설지는 않지만 나라를 대표하는 표시로 이런 깃발을 사용하는 것은 처음이어서 관심을 모으고 있다. 이번 태극기 제정은 지난 8월, 6월에 있었던 임오군란의 사후대책을 논의하기 위해 일본에 파견된 특명전권대사 박영효가 일본 고베항에 입항하면서 선박에 이 태극기를 내걸어 첫선을 보였다. 이에 앞서 이미 1876년 일본과의 수호조약 때 일본으로부터 국기의 필요성을 제안받아 정부에서 논의된 바 있고, 1880년에 수신사 김홍집이 일본에서 귀국하면서 국제관계에서 국기가 필수적임을 역설해 논의에 활기를 불어넣었었다. 정부는 앞으로 각 관청에서도 항시 게양하도록 할 예정이다.

판소리계 대부 신재효 별세

　1884년 판소리이론을 세운 선구자이자 판소리계의 든든한 후원자인 신재효가 향년 73세를 일기로 세상을 떠났다. 1812년(순조 12) 전라도 고창에서 아전으로 태어난 그는, 재산도 모으고 관직도 호조참판에 동지중추부사에 이르는 등 기복 없는 신분상승의 다복한 일생을 보냈다. 그러나 그는 서민취향의 음악극인 판소리에 심취, 판소리이론을 세우고 판소리 여섯 마당을 개작, 기록으로 남겨 판소리사에 큰 획을 그었다. 또 명창 김세종을 후원하고 진채선, 허금파 등 여자들을 명창으로 길러내기도 했다. 자신이 손수 〈치산가(治産歌)〉와 〈십보가(十步歌)〉 등 단가도 지었다.

신재효가 그려놓은 판소리의 세계

하층민의 육자배기를 전국민의 판소리로 격상

　광대는 아무나 하는 게 아니다. 인물이 번듯하고, 금옥같이 좋은 말로 오장에서 나는 소리를 자유자재로 농락해서 자아내야 하고, '삼오야 밝은 달이 구름 박귀 나오난 듯' 춤을 잘 춰야 하는 것이다. 신재효 자신이 광대가 못되고 평론가에 머문 것은 신분이 문제가 아니라 이런 자질이 미달돼서였을까. 그러나 판소리 명창들이 제법 대접을 받게 된 것은 비단 신재효의 공만이 아니다. 종합유희인 마당놀이에서 소리 부문이 특화돼나오면서 민중들로부터 폭발적인 인기를 얻게 된 시대적 배경에 가장 큰 공을 돌려야 할 것이다. 판소리 자체의 신분상승이 이루어진 것이다. 신재효는 이러한 판소리의 상승추세를 문자기록으로 역사에 각인시켰다. 그러나 거기에 대한 대가도 컸다. 원래 있던 열두 마당에 〈매화타령〉, 〈신선타령〉, 〈왈자타령〉과 같이 서민들의 걸쭉한 재담과 풍자가 가득한 작품들은 기록에서 제외됐다. 양반님네들의 품위에 손상을 입힐까 두려웠던 것일까.

　살아남은 여섯 마당 중에 〈심청가〉, 〈흥보가〉, 〈수궁가〉, 〈적벽가〉를 보라. 권선징악과 유교적 도덕률을 지향하는 것들뿐이다. 〈변강쇠가〉와 〈춘향가〉 정도가 간신히 명맥을 유지했지만 신재효는 그 내용을 상당히 수정해서 '상스러운 것'들을 빼고 대신 한문투의 새 사설을 자신이 직접 삽입했다. 하지만 전라도 하층민들이 주로 즐기던 육자배기 가락이 전국의 상하 모든 계층에서 사랑받는 독자적 음악장르 판소리로 성장케 한 데 대한 그의 공로가 보다 크다고 해야 할 것이다. 말년에 직접 지은 단가 〈오섬가〉, 〈도리화가〉, 〈허두가〉 등에서 양심선언하듯 세태에 대한 비판과 남녀간의 짙은 사랑을 털어놓았다. 그리고 죽어서 고향 고창에 묻혔다.

해외 소식

과학적 사회주의 창시자

칼 마르크스 사망

　1883년 3월 전세계 사회주의운동의 대부 칼 마르크스가 영국 런던에서 폐암양으로 사망했다. 그는 1818년 독일의 유복한 변호사 집안에서 태어나 철학을 전공했으나, 유럽 자본주의의 인간소외 현상에 주목한 끝에 세계 최초로 사회주의를 과학의 반석 위에 올려놓은 세계사적 인물이다. 그가 1848년에 발표한 "프롤레타리아에게 잃을 것은 속박의 사슬뿐이고 얻을 것은 세계다. 만국의 노동자여 단결하라"는 〈공산당선언〉은 자본주의 생산체제 아래서 핍박받는 유럽 노동자계급에게 복음과도 같은 것이었다. 그는 1864년에 결성된 제1인터내셔널의 정신적 지주였으며, 「자본론」을 통해 자본주의체제의 운영방식을 과학적으로 분석하고 사회주의로의 역사진행을 예견했다. 그의 「자본론」은 1권만 출간됐고, 2, 3권이 거의 완성단계에 이르러 그의 절친한 친구이자 동지인 엥겔스가 곧 마무리해 출판할 것으로 알려졌다. 그의 장례식에서 엥겔스는 그를 "인류 역사발전의 법칙과 자본주의체제 운영의 법칙을 발견한 위대한 인물"로 칭송했으나, 그의 말년은 가난과 질병으로 얼룩진 비참한 생애였던 것으로 알려졌다.

영국, 이집트 점령 속령 선포

　1882년 영국은 이집트를 점령하고 속령화했다. 이로써 영국은 수에즈운하에 대한 막강한 권한을 행사하게 돼, 영국의 인도 및 아시아 진출이 활기를 띨 전망이다.

　이집트는 최근 내란이 일어나 정국이 극도로 혼란했는데, 영국이 이 기회를 틈타 전격 점령해버린 것이다. 영국수상 디즈레일리는 일찍부터 수에즈운하에 눈독을 들여 운하 주(株)를 대량 매입해왔으나 프랑스의 강력한 견제로 뜻을 이루지 못했다. 따라서 이번 이집트 점령과 같이 무력을 통한 세력권 확보에 나선 것으로 분석되는데, 이를 계기로 디즈레일리 정부에 제국주의적 정권이라는 비난이 쏟아지고 있다.

최초의 미국 유학생 유길준

조·미 수교 기념 보빙사로 미국갔다가 귀국하지 않고 남기로 결심
"미국 현실을 보니 향학열이 불타오른다"

　지난 1883년 미국과의 수교를 기념해 파견된 사절단인 보빙사에 수행원으로 끼여갔던 유길준이, 보빙사의 귀국 때 동행하지 않고 미국에 남아 공부를 계속하기로 해 우리나라 최초의 미국 유학생이 됐다. 전권대사 민영익이 이끄는 보빙사는 9월에 샌프란시스코에 도착한 뒤, 아더 미국대통령에게 국서를 전달하고 40여 일에 걸쳐 미국을 시찰했다. 우리나라에는 없는 기차란 것을 타고 시카고, 워싱턴, 뉴욕, 보스턴 등을 돌며 산업시설을 시찰하고 박람회를 관람했다. 유길준은 이미 일본유학생 생활을 통해 서양의 근대적 지식을 습득한 상태였으나, 미국 현지를 보고는 더욱 향학열에 불타 유학을 결심한 것으로 알려졌다.

　이에 앞서 1881년 유길준은 신사유람단의 일원으로 일본을 방문했고, 그때도 일행의 귀국에서 혼자 떨어져 일본의 저명한 학자 후쿠자와 유키치(福澤諭吉) 밑에서 공부를 했다. 그뒤 1882년에 귀국하여 정부관리를 지내다 수구파와 개화파의 알력으로 개화파가 밀리자 관직을 버리고 야인생활을 하다 보빙사로 발탁됐다.

　그는 어려서 박규수 밑에서 공부하며 박영효 등 개화파 지식인들과 친하게 지낸 것으로 알려졌다.

역사신문

개화파, 무력 정변 일으켜
신정부 수립하고 근대적 국정개혁 시도

淸 군사개입, 3일천하로 막내려
일본, 지원 약속 '배신'

1884년 12월 4일 급진개화파 관료들이 쿠데타를 일으켜 정권을 장악하는 충격적인 사건이 일어났다. 이날 밤 우정국 낙성식 축하연장 옆골목에서 갑자기 불길이 솟아 사태를 파악하려고 문밖으로 나가던 민씨세력의 중진 민영익이 칼에 목을 찔리는 중상을 입는 소동 속에서 불길을 신호로 김옥균, 박영효, 홍영식 등 급진개화파 관료들은 미리 준비된 각본에 따라 정변을 일으켰다. 이들은 급히 궁궐로 달려가 침전에 든 국왕에게 사태의 긴박함을 고하고 거처를 경우궁으로 옮기도록 하는 한편, 사태의 진상을 몰라 경우궁으로 국왕을 찾아온 윤태준, 이조연, 한규직, 민영목, 민태호, 조영하 등 민씨세력 요인들을 차례로 살해하였다. 또 이들은 국왕에게 청하여 일본공사 다케조에와 일본군의 호위를 받도록 하였다. 이처럼 상황이 급박하게 돌아가는 가운데 급진개화파를 중심으로 신정부가 수립되고, 14개항의 혁신적인 개혁정강이 발표됐다.

정권을 장악한 이들은 외국의 각 공사에게 신정부의 수립을 통보하는 한편, 영의정에 이재원, 좌의정에 홍영식, 호조참판에 김옥균, 전후영사 겸 좌포장에 박영효, 조영수 겸 우포장에 서광범, 병조참판에

서재필 등을 임명했다. 그리고 문벌타파, 사민평등, 재정의 일원화, 지조법 개정, 경찰제 실시, 행정기구 개편 등을 골자로 하는 개혁요강을 발표하여 근대국가체제를 지향하는 대개혁을 단행하려 했다.

그러나 이번 정변 기도는 뒤늦게 사태의 진상을 눈치챈 민씨세력의 요청으로 청군이 출동하고, 지원을 약속했던 일본군이 청군의 공격을 받고 퇴각해버림으로써 3일만에 진압됐다. 김옥균·박영효 등 정변 주

모자들은 일본공사 다케조에와 함께 인천항을 거쳐 일본으로 망명한 것으로 알려졌는데, 피신하지 못한 인물들은 청군의 공격을 받아 현장에서 사살되었으며 정권은 다시 민씨세력에게 돌아갔다. 향후 정국은 청의 내정간섭과 민씨세력의 집권 강화로 이어질 전망이다. 한편 이번 과정에서 고종이 정변세력들을 적극적으로 배척하지 않아 고종의 입장이 어떤 것이었는가에 대한 관심을 불러일으키고 있다.

정계소식통에 의하면 급진개화파 관료들이 이번 정변을 일으킨 것은 임오군란 이후 심화된 청의 내정간섭과 민씨정권의 친청정책을 저지하고 급진적인 근대화정책을 단행하려 했던 것으로 알려졌다. 이들은 개명관료가 주체가 되어 일본의 명치유신을 본받아 신분제를 철폐하고 입헌군주제를 도입하는 등 근대적인 국가를 수립하려 했다는 것이다. 이를 위해 이들은 일본공사에게 병력과 재정지원을 요청했으며 이

에 의지하여 쿠데타를 결행하였으나, 청군의 예상외의 강공과 일본측의 퇴각으로 결국 '3일천하'는 막을 내렸다.

14개조 개혁 요강

1. 청에 잡혀간 흥선대원군을 곧 돌아오도록 하며, 종래 청에 대하여 행하던 조공의 허례를 폐지한다.
2. 문벌을 폐지하여 인민평등의 권리를 세워, 능력에 따라 관리를 임명한다.
3. 지조법을 개혁하여 관리의 부정을 막고 백성을 보호하며 국가재정을 넉넉히 한다.
4. 내시부를 없애고, 그중에 우수한 인재는 등용한다.
5. 부정한 관리 중 그 죄가 심한 자는 치죄한다.
6. 각 도의 상환미를 영구히 받지 않는다.
7. 규장각을 폐지한다.
8. 급히 순사를 두어 도둑을 방지한다.
9. 혜상공국을 혁파한다.
10. 귀양살이를 하고 있는 자와 옥에 갇혀 있는 자는 그 정상을 참작해 적당히 형을 감한다.
11. 4영을 합하여 1영으로 하되, 영중에서 장정을 선발하여 근위대를 급히 설치한다.
12. 모든 재정은 호조에서 통할한다.
13. 대신과 참찬은 매일 합문 내의 의정소에 모여 정령을 의결하고 반포한다.
14. 정부, 육조 외의 모든 불필요한 기관을 없앤다.

정부, 갑신정변 일본에게 사죄

'일본측 무력시위' … 한성조약 체결,
일본에게 보상금 11만 원 지급키로

1884년 음력 11월 갑신정변의 사후수습책으로 우리 정부와 일본 사이에 한성조약이 체결됐다. 이번 조약은 △ 일본에 대한 조선의 공식사과 △ 일본인 피해자에 대한 보상 11만 원 지급 △ 일본인 살해범 조사, 처벌 △ 공사관 신축지 비용부담 등이 주요 내용이다.

김옥균, 박영효를 인도하라는 우리 정부의 요구를 무시한 바 있는 일본은 인천항에 2개 대대병력과 7척의 군함을 파견해 무력시위를 감행하고 자신들의 요구를 일방적으로 관철시켰다.

청·일, 조선에서 공동 철병키로

텐진조약 체결 … 청, 세력약화
일본, 조선 내정 직접 개입 근거 마련

1885년 음력 3월 청과 일본은 '청·일 양국 군대의 4개월 이내 공동철병'을 골자로 하는 텐진조약을 체결했다. 조약의 내용은 이밖에도 △청·일 양국은 조선에 군사교관을 파견치 않을 것 △ 조선에 변란이 발생, 양국 중 어느 한 나라가 군대를 파견할 경우 사전에 서로 통지하며, 사건이 해결되면 즉시 철

수할 것 등이다.

이번 조약의 협상은 갑신정변 당시 일본군과 민간인이 청군에게 희생된 것에 대해 청나라의 책임을 물어야 하며, 최악의 경우 전쟁도 불사해야 한다는 여론이 일본 내에서 강하게 일어나자 일본 정부가 청에 제의해 시작된 것이다.

텐진조약의 교섭과정에서 청은

청·불전쟁으로 여유가 없었기 때문에 일본에 상당한 양보를 하지 않을 수 없었는데, 이로써 일본은 조선에서 청과 대등한 위치를 점하게 되었다. 텐진조약의 체결에 대해 국내 외교가에서는 이번 조약이 외교적 담판을 통해 청의 세력을 약화시키려는 일본의 의도에서 비롯되었다고 보고 있다.

갑신정변 사건 일지　　숨 가쁘게 전개된 三日天下

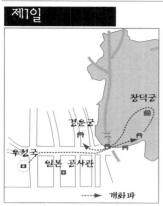

제1일

수구파 핵심요인 살해
국왕 신변 확보
정권 장악에 성공

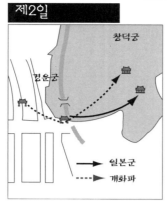

제2일

신정부 구성
내각 핵심요인 발표
민씨측 청에 군대 요청

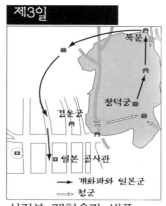

제3일

신정부 개혁요강 발표
청 1천5백 병력 동원
실패로 끝난 정변

오후 7시 우정국 개국 축하연. 민영익, 한규직, 이조연, 민병석 등 민씨세력의 거물들이 참석한 것을 확인한 쿠데타 주모자들은 곧 거사에 돌입했다. 잠시 후 연회장에 다과가 나오고 있던 중 "불이야" 소리가 들리고, 우정국 바로 옆에서 일어난 화재로 연회장은 순식간에 아수라장이 됐다. 이 와중에 대문 밖으로 나갔던 민영익이 목에 칼을 맞고 들어오며 쓰러졌다. 김옥균, 박영효, 서광범 등 주모자들은 곧 북쪽 창문으로 뛰어나가 '천(天)'이라는 암호를 외치며 국왕이 있는 창덕궁으로 향했다.

고종과 민비를 만난 김옥균은 청군이 반란을 일으켰으므로 자리를 피해야 한다고 설득. 이때 침전 북쪽에서 폭약 터지는 소리가 진동했다. 주모자들이 국왕을 설득하기 위해 사전에 계획해놓은 것. 이에 국왕과 왕비는 김옥균의 말에 따라 수비하기에 편리한 경우궁으로 거처를 옮겼다. 개화당은 개화파 무장 요원 80여 명, 일본군 1백50여 명으로 경우궁을 호위케 함으로써 일단 정권을 장악하는 데 성공했다. 이후 입궐하는 민태호, 민영목, 조영하, 윤태준, 한규직, 이조연 등 민씨 핵심세력을 살해한 후 새로운 정부조직에 착수.

밤새 민비가 다시 궁궐로 돌아갈 것을 주장하고 나오는 등 사태역전의 조짐이 보이자 새벽, 서재필은 민비측 환관 유재현을 사람들이 보는 앞에서 즉결 처형했다. 이에 분위기는 다시 진정됐고 주모자들은 신속하게 영의정에 이재원, 좌의정에 홍영식, 병조참판에 서재필, 호조참판에 김옥균 등 내각명단을 발표하여 신정부구성을 선포했다.

이어 각국 공사관에 병력 30여 명씩을 보내 공사들을 경우궁으로 오게 해서 국왕을 면담케 했다. 신정부의 국제적 승인을 위한 것.

한편 이날 오후 4시경, 민비는 사태를 눈치채고 비밀리에 청에 군대의 출병을 요청하는 한편 고종에게 생활불편을 내세워 창덕궁으로 귀환할 것을 간청. 김옥균은 임시방편으로 경우궁 바로 옆 영의정 이재원의 집으로 일단 옮겼으나 민비는 재차 창덕궁으로 환궁할 것을 요구. 김옥균이 말을 듣지 않자 이번에는 주일공사 다케조에게 직접 요구해 허락을 받았고 김옥균도 다케조에의 말은 거절할 수 없어 할 수 없이 환궁에 동의했다.

저녁 무렵 국왕 부처가 창덕궁으로 환궁, 삼엄한 경계에 들어갔고 주모자들은 문벌폐지, 조세제도개혁 등 14개 개혁정강을 발표했다.

지난 밤부터 조선주둔 청군의 동태가 심상치 않고 민씨일파의 움직임도 감지돼 김옥균은 병력을 증강하고 무기와 탄약을 점검하도록 지시. 그러나 다케조에가 오늘 중으로 일본군을 철수시킬 것이라고 말해 김옥균은 극도로 당황하기 시작.

한편 아침 9시경 국왕의 전교형식으로 정강을 발표하고 서울시내 요소에 게시한 데 이어, 오후에는 고종조서를 통해 개혁정강을 실시하겠다고 선언하는 등 쿠데타의 기정사실화에 안간힘을 기울였다.

마침내 오후 3시경 청국군은 1천5백여 명의 병력을 동원해 창덕궁 침입을 시작. 청군이 공격을 시작하자 일본공사 다케조에는 일본군대와 함께 도망. 신복모, 윤경완 등이 이끄는 쿠데타군 1백여 명은 적은 병력과 열세한 무기에도 불구하고 분투하였으나 청군 저지에 실패.

정변에 실패했다고 생각한 주모자들은 이후 행보를 각자의 판단에 맡기기로 결정. 일행 중 홍영식만 왕을 따르기로 하였고 다른 사람들은 모두 왕에게 이별을 고함. 궁궐을 점령한 청군은 마지막까지 왕을 수행한 홍영식, 박영교, 신복모 등을 참살했다.

이로써 갑신정변은 3일천하로 종말을 고했다.

갑신정변 주역들, 어떻게 모이게 되었나

오경석·유대치를 스승으로 개화 학습, 민씨정권과 갈등 빚으며 '개화파' 결속 다져

정계에서는 이번 갑신정변을 주도한 인사들을 급진개화파로 분류하고 흔히 '개화당'이라고 부른다. 이들은 언제부터 정변을 같이 모의할 만큼 결속을 다지게 되었을까. 또 어떤 과정을 통해서 목숨을 건 동지가 되었을까. 이들이 동지가 되어 뜻을 같이하기까지에는 세 사람의 역할이 컸다. 박규수와 오경석, 유대치가 바로 그들. 연암 박지원의 손자로 정부고관을 두루 역임한 박규수는 1860년 영·불연합군에 의해 북경이 함락되자, 이를 위문하는 사절단으로 북경에 가서 서구문물의 대단함을 보고 조선의 문호개방과 부국강병을 절감했다. 또 오경석은 역관으로 13차례나 청나라를 드나들면서 서양문물을 소개한 중국책 「해국도지」, 「영환지략」 등을 들

여와 연구하였다. 그는 또 이 책을 친구인 유대치에게 권하고 시국을 논하는 가운데 개국과 개화가 절박하다는 데 두 사람이 의기투합하였다. 이들은 자신들이 중인임을 감안, 일대 혁신을 일으키기 위해서는 세도대가의 자제들에게 개화사상을 심어야 한다고 판단, 1874년경부터 박규수와 함께 그의 사랑방에 김옥균, 박영효, 홍영식, 서광범, 서재필, 유길준, 어윤중 등을 불러 이들에게 신서를 읽히면서 개화의 필요성을 역설하였다. 이때부터 '개화당'이 형성된 것이다. 1877년 박규수가 죽고 2년 뒤 오경석까지 죽자 유대치가 이들을 지도했다. 유대치는 의원이었지만 '백의정승'이라고 불릴 만큼 정치적 식견이 높아 그의 지도에 따라 이들은 동지적 결속을 다졌다.

이들은 1876년 국교확대 이후 민씨정권이 추진하던 개화정책에 참여하면서 하나의 정치세력으로 성장하기 시작, 1879년에는 뜻을 같이하는 승려 이동인을 일본에 파견하여 정세를 살폈고, 서재필·유길준 등을 일본 도야마육군학교와 게이오의숙에 보내 근대적인 군사학과 학문을 배우게 했다. 그러면서 일본의 메이지유신을 모방한 대폭적인 체제개혁을 추구하게 되었는데, 이런 노선 때문에 청나라에 기울어 있던 체제보수적인 민씨정권의 정책과 잦은 충돌을 빚었다. 이런 갈등을 일거에 해소하기 위한 방편으로 쿠데타를 계획하고 관계요로에 자파 인물을 물색한 것으로 알려졌다. 그러나 이 과정에서 유대치는 신중한 처신을 당부했다는 후문이다.

메이지유신 모방 부르주아개혁 시도
기층농민 동원 않는 신분적 한계 드러내

이번 갑신정변은 정가에 깊은 충격을 던져주고 있다. 무력을 동원하여 정권을 장악하는 쿠데타란 점도 충격적이거니와, 이들이 내건 개혁정강 또한 과감한 것이어서 주목을 끌고 있다. 이들의 개혁요강은 크게 신분제도의 철폐와 지세제도 및 재정체계의 개혁에 초점이 있는 것으로, 한마디로 조선사회의 봉건적 모순을 개혁하여 근대사회로 전환시키려는 프로그램이라는 것이 일반적 평가다.

사회적으로는 문벌을 폐지하고 인민평등을 실현하여 봉건적인 신분제도를 철폐할 것을 천명하고 있다. 이 점은 지난 18, 19세기 이래 우리 사회의 봉건적 신분질서가 와해되고 있음을 감안할 때, 이를 법적으로 확인하여 근대적 평등사회를 수립하려는 과감한 개혁조치인 것으로 평가된다. 또 경제적으로는 지난 1862년의 대대적인 민란에서 표출되었듯이 농촌사회의 고질적인 불안요소가 되고 있는 세금제도를 개혁하고, 국가재정을 탁지부(재무부)에 일원화시킴으로써 가렴주구를 방지하고 민생을 안정시킬 뿐 아니라 국가재정의 안정도 기하겠다는 것이다. 또 이들은 장차 정치체제도 입헌군주제를 도입하려 했다는 것이 관계자들의 설명이다.

이런 점에 비추어 이번 갑신정변은 우리나라 최초의 부르주아적 개혁운동이라는 것이 일반적 평가다. 다만 이들은 아직 부르주아지가 성숙하지 못한 채 개명된 관료들이 주체가 되어 개혁을 추진해야 한다고 생각했으며, 일본의 메이지유신을 그 모델로 삼고 있었다고 한다. 이들의 이런 입장은 지난 18, 19세기 이래 조선사회의 지배층이 꾸준히 추진해왔던 부세제도의 개혁에 의한 사회안정정책을 계승하면서, 서구의 근대사상을 수용하여 접목시킨 근대적 개혁론이라는 게 정가의 일치된 견해다.

그러나 이들의 개혁요강에 우리 사회 모순의 근본을 이루고 있는 지주·소작제도, 즉 봉건적 토지제도의 개혁이 일체 표명되지 않았던 점을 주목할 필요가 있다는 것이 정가의 지적이다. 그것은 이들이 지주관료출신이라는 것과 이들이 입각한 개혁론의 전통을 보면 그럴 수밖에 없었던 것이지만, 바로 그런 점 때문에 이들은 정변에 농민층을 동원하거나 농민들의 요구를 전폭 수용하려 한 것은 아니라는 분석이다. 말하자면 지배층 입장에서의 근대적 개혁을 지향한 셈이다. 결국 갑신정변은 '위로부터의 부르주아개혁'이라는 얘기다.

갑신정변에 대한 국왕의 입장

정변 묵인하고
국정 주역으로 부상하려 했다
국운 좌우할 국왕의 행보에 관심

김옥균은 정변을 일으키기 전 국왕을 찾아 계획의 일부를 알렸던 것으로 전해지고 있는 가운데, 이번 정변을 국왕이 승인했을 것이라는 설이 나돌고 있어 관심을 모으고 있다.

국왕은 32세의 장년에 이르기까지 아직 정국을 주도해본 경험이 없는 상태이다. 따라서 국왕은 이번 정변을 묵인하고 이번 정변을 통해 국왕 자신이 정치의 주역으로 나서고자 했다는 것이다.

국왕은 즉위 후 흥선대원군의 집정, 민씨일파의 권력독점, 청의 내정간섭 등으로 유명무실한 존재로 지내왔는데, 비록 일본의 힘을 빌어서라도 청의 간섭에서 벗어나 자주국가를 세우자는 개화파의 주장이 왕에게 호감을 주었을 것이라고 보는 이들이 많다.

이러한 내용은 주변 정황에 근거한 추측일 뿐으로 아직 사실 여부는 확인되지 않고 있지만, 정가에서는 국왕이 이후 어떠한 형태로 독자적인 권력을 형성하여 지금의 난국에 대처해나갈 것인지에 촉각을 곤두세우고 있다. 국왕의 행보 여하에 따라 국운이 좌우될 것으로 믿는 사람들이 많기 때문이다.

갑신정변을 일으킨 핵심인물 5인

김옥균   서재필   박영효   서광범   홍영식

김옥균

갑신정변을 총지휘한 개화파 지도자. 1851년생으로 다른 개화파들이 대개 그렇듯 박규수 사랑방 출신. 1881부터 해마다 한 차례씩 일본을 드나들며 일본의 근대화를 가능케 한 메이지유신을 견문했고, 이때 우리도 그와 같은 방식으로 근대화를 추구해야 한다고 결심한 것으로 알려졌다. 일본이 동양의 영국과 같이 강국으로 부상한다면, 우리는 동양의 프랑스가 돼야 한다는 것이 그의 지론. 임오군란 이후 청의 위세를 업고 민씨수구파가 정권을 잡아나가자 위기의식을 느껴왔다.

박영효

1861년생. 역시 박규수 사랑방 출신의 개화파. 1882년 임오군란의 사후수습을 위해 특명전권대사 겸 3차수신사로 일본을 방문, 일본정계의 지도자 및 구미외교사절들과 접촉했다. 태극기를 만들었으며 한성판윤 재직시 최초의 근대식 인쇄소 박문국을 설립하고 이곳에서 최초의 신문 「한성순보」를 발간하는 데 중추적 역할을 했다. 민씨정권의 견제를 받아 광주유수로 밀려났으나 오히려 이곳에서 신식군대를 양성했는데 이 중 일부가 이번 갑신정변에 동원됐다는 후문.

서광범

1859년생으로 역시 박규수의 사랑방에 드나들며 오경석, 유대치 등으로부터 개화사상을 전수받고 김옥균, 박영효 등과 사귄 개화파. 김옥균, 박영효의 일본행에 수행했고 1883년에는 보빙사 민영익의 종사관으로 미국과 유럽을 순방했다. 갑신정변은 세자의 별궁에 불을 지르는 것을 신호탄으로 개시하기로 했는데, 이는 서광범의 집이 바로 세자 별궁과 담 하나를 두고 있기 때문. 정변 때 표면에 나서지는 않았지만 계획을 짜는 실질적 역할은 그가 주로 맡았다는 후문.

홍영식

1855년생. 주모자급 중 유일하게 끝까지 남아 싸우다 청군에 살해된 인물이다. 아버지는 대원군 아래서 영의정을 지낸 홍순목이다. 아버지도 그가 살해되자 자살했다. 그도 박규수 사랑방 출신으로 특히 유홍기의 지도를 많이 받았다. 1881년 신사유람단으로 일본을 방문, 특히 일본 육군의 근대화를 유심히 관찰했다는 후문. 1883년 보빙사의 일원으로 미국을 방문하고 돌아온 뒤, 1884년에는 이번 정변의 현장이 된 우정국 총판을 맡아왔다.

서재필

1864년생으로 역시 개화당의 일원. 갑신정변에서 자신이 세운 사관학교 생도들을 이끌고 무력행동을 총지휘한 인물이다. 1882년 임오군란을 목격하고 국방력 근대화를 절감, 일본 도야마(戸山)육군학교에 유학했고 귀국 후 국왕에게 사관학교 설립을 건의, 조련국(操鍊局)을 설립했다. 그가 일본유학을 마치고 동료 14명과 함께 귀국하자 김옥균 등 개화당은 크게 기뻐하며 정변의 구체적 실행을 결심하게 됐다고 한다. 정변 후 병조참판을 맡은 것도 이런 배경에서다.

갑신정변 신정부 내각의 면모

개화파 요인들과 국왕 종친의 연립내각

민심수습과 개혁 추진 위한 포진

지난 18일 아침에 발표된 신정부 구성안에 따르면, 개화파 요인들과 그외에 중도적 인물로서 그동안 민씨일파에 의해 밀려났던 대원군계와 대왕대비 조씨계의 인물들이 상당수 참여한 것을 알 수 있다. 개화당 인사들이 모든 직책을 독점하지 않은 것은 민심을 수습하고 안정세력을 구축하기 위한 것으로 보인다.

그러나 핵심부서는 모두 개화당 인사들이 차지하고 있다. 우선 이 시기에 가장 중요한 군사력을 담당하는 4영사와 경찰권을 쥔 좌우 포장은 박영효와 서광범 두 사람이 나누어가지게 되었고, 병조의 실권을 쥔 병조참판에 서재필이 임명됐다. 또한 국가재정의 실권을 쥔 호조참판에 김옥균이 임명된 것을 보면 민심을 수습하면서도 개화당 중심의 새로운 개혁을 추진하려 했던 고민을 엿볼 수 있다.

갑신정변에 끼친 일본의 영향력 논란

일본 정부가 정변을 주도했는가? 다케조에 개인의 판단인가?

정변에 일본이 어느 정도로 개입했는지에 대해 의견이 엇갈리고 있다.

정부는 일본 정부가 개화당의 정변에 깊이 관여했을 것으로 믿고 있다. 군대를 동원, 거사를 도왔을 뿐 아니라 김옥균 등의 망명을 허용했기 때문이다. 또한 정부는 개화당이 정변 모의과정에서 일본공사 다케조에와 여러 차례 상의했다는 조사결과를 발표했다. 외무독판 조병호는 "일본은 이번 정변을 통해 조선에 대한 청의 간섭을 약화시키고 조선을 자신의 영향력 아래 놓으려 했다"고 단언한다.

한편 일본주재 청국공사 여서창은 "일본 정부는 정변발생 자체를 모르고 있었다"며 다케조에가 경솔하게 일을 그르친 것이라고 말하고 있다. 그는 자신이 정변발생 10일 후 처음으로 일본 정부에 정변발생 소식을 전했다고 덧붙였다. 또 일본 외무부의 한 관리는 "다케조에가 지난 9월 말 대한정책에 대한 방안들을 건의하여 일본 정부는 '청국과의 충돌을 피하고 개화당으로 하여금 온화한 수단을 취하게 하라'는 내용의 지령을 보냈다"고 전했다. 그러나 이 일본 정부의 지령은 정변발생 이틀 후에야 도착했다.

이번 논란의 핵심인물인 다케조에는 일본 황실에 의해 이번 사태의 책임을 추궁당하고 평생동안 관직등용자격을 박탈하는 조치에 처해진 것으로 알려졌다.

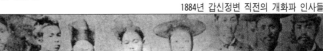
1884년 갑신정변 직전의 개화파 인사들

갑신정변 발생 원인

개혁 노선 놓고 수구파와 대립 … 일본의 지원 약속으로 거사 결단

개화당이 일으킨 이번 정변은 개화파와 민씨세력의 지속된 대립에서 비롯되었다는 것이 중론이다. 또한 이들 두 세력이 재정문제를 둘러싸고 갈등을 드러냈으며, 여기에 일본의 배후조정까지 가세한 것이 이번 사건의 배경이라 할 수 있다.

개화파는 친일반청파로서 청의 간섭을 배제하여 자주독립국가를 건설할 것과 일본의 메이지유신을 본받아 철저한 개혁과 서구화를 추진할 것을 주장했던 반면, 민씨세력은 정치·사회의 급격한 변화를 반대하며 청이 서양세력의 침투를 막아줄 수 있는 보호막이라고 생각하고 청의 양무운동을 모방하여 점진적인 개혁을 추진하려 했다. 그런데 최근 김옥균을 비롯한 개화파 인사들은 청의 간섭과 민씨일파에 의해 점차 정부요직에서 소외되어갔다. 게다가 재정위기를 타개하기 위해 민씨세력이 당오전을 발행했을 때, 개화파는 이를 반대하고 일본으로부터 3백만 원의 외재를 빌려오려 하였으나 실패하고 말았다. 이러한 개화당의 정치적 입지축소와 근대화 지상론자들이 개화파 핵심인사들의 조급성, 또는 모험주의적 발상이 이번 사건의 발생이유 가운데 하나로 지적될 수 있다.

개화파는 정치적 위기를 타개하고 급진적인 개혁을 추진하기 위해 1884년 봄부터 무장정변 준비에 착수한 것으로 밝혀졌다. 개화파가 정변이라는 무리수를 구상한 것은 당시 조선주둔 청군 병력의 절반인 1천5백여 명이 청·불전쟁으로 인해 본국으로 철수하고, 청의 국내문제까지 겹쳐 조선에 대한 청의 간섭이 줄어들고 있다고 판단했기 때문으로 보인다.

반면 일본은 청에 대한 열세를 극복하고 조선에 대한 영향력을 확대하려는 계획 아래, 다케조에공사를 통해 정변을 일으킬 경우 군사적 지원과 정변 후 재정적 지원을 약속했다. 결국 일본의 지원 약속에 고무된 개화파는 정변준비를 끝내고 이번에 우정국 낙성식 잔치를 이용해 거사를 일으키게 된 것이다.

갑신정변 실패 원인

청의 무력간섭, 일본의 배신, 일반 백성의 뿌리깊은 대일 적대감

김옥균 등이 주도한 이번 정변이 실패하게 된 가장 결정적인 원인은 청의 무력간섭을 들 수 있을 것이다. 무장한 청국 병사의 공격으로 개화파 정부는 3일만에 무너져버린 것이다. 그러나 정변이 실패한 더 근원적인 원인은 개화당의 역량부족에 있다고 할 수 있다. 당시 개화파는 조선의 자본주의적 발전의 미성숙, 민씨정권의 탄압, 외세의 방해 등으로 어려움을 겪고 있었다. 게다가 근대화정책 실시로 인해 피해를 보던 서울의 상인과 빈민들도 개화파와 일본에 대해 강한 적대감을 품고 갑신정변 과정에서 이들을 공격해왔다.

개화파는 정변과정에 농민, 수공업자, 상인, 노동자 등 각계 각층 민중의 힘을 동원하기 위해 노력하지 않았다. 양반출신의 젊은 혁신관료를 중심으로 한 개화파는 민중과의 결합이 아니라, 국왕을 중심으로 한 집권세력과 타협하여 상부로부터의 개혁을 이루는 길로 나아간 것이다. 이 또한 갑신정변이 민중의 별다른 지지를 얻지 못한 채 쉽게 무너지는 결과를 낳았다.

한편 정변 주도세력의 역량미흡은 '일본세력의 이용'이라는 복잡한 문제를 제기하였고, 일본의 배신 역시 정변실패의 한 원인이 되었다.

김옥균, 서광범, 박영효 일본 망명

홍영식·박영교·이인종 등 죽음
관련 가족까지 처벌 … 유대치, 행방 묘연

정변이 실패하자 이번 사건의 주모자인 김옥균, 서광범, 박영효 등 아홉 사람은 인천을 거쳐 일본으로 망명한 것으로 드러났다.

그러나 미처 몸을 피하지 못한 관련자들은 참혹한 죽음을 당했다. 홍영식과 박영효의 형 박영교는 망명하지 않고 남았다가 청군에 의해 목숨을 잃었고, 박제경과 오감은 군중의 손에 살해되었으며, 이인종을 비롯한 수십여 명의 개화당 인사가 체포되어 극형을 받았다.

현재 개화당과 관련된 자는 본인은 물론 그 가족과 친척까지 남녀를 막론하고 처벌되고 있다. 따라서 김옥균의 어머니와 큰누이처럼 독약을 마시고 자결하는 길을 택하는 경우도 속출하고 있다.

한편 개화당의 정신적 지주요, 스승인 유대치는 그 행방이 묘연하다.

인터뷰　일본으로 망명한 갑신정변 주모자 김옥균

무능한 민씨정부 타도하고
근대적 개혁하려 했다
개화는 시대의 대세, 다시 기회 올 것

인천에서 배를 타고 일본에 망명한 김옥균은 일본에서 이와다라는 일본식 가명을 쓰며 우울한 날을 보내고 있다. 일본 정부도 이들을 받아들였지만 내심으로는 탐탁지 않게 여겨 대우가 냉담한 것으로 알려졌다. 망명객 일행 13명이 동거하고 있는 집을 찾아가 김옥균을 만났다.

정변 실패의 원인을 무엇이라고 보는가.

일본의 배신 때문이다. 정변 직후부터 일본은 자국 군대를 철수시키겠다고 하는가 하면 내가 요청한 재정차관을 차일피일 미뤘다. 이러는 사이에 청군이 들이닥쳤는데, 애초에 청은 청·불전쟁으로 우리나라에 파병할 여력이 없을 것으로 계산한 것도 착각이었다.

자주독립을 주장하면서 일본을 끌어들인 것은 모순 아닌가.

우리의 목표는 나라를 개화하여 부국강병을 이루는 것이다. 이에 가장 방해되는 세력이 바로 청국이다. 청으로부터 독립하지 않고는 우리나라의 개화는 요원하다. 반면 일본은 메이지유신 이후 근대화에 박차를 가하고 있어 배울 점이 많다.

그런 일본이 왜 배신했다고 생각하는가.

이곳 일본 현지에 와보니 일본 정국이 간단치만은 않은 것 같다. 조선에 대한 영향력을 강화하는 데는 의견이 일치돼 있지만, 각 정파간에 주도권 경쟁이 있어 일사불란하게 움직이지 못하는 것 같다.

혁명적 방법에 호소하지 않을 수도 있었을 텐데.

민씨일파들은 간악한 무리들로, 그들을 내버려두면 작당하여 나라를 다 들어먹을 자들이다. 특히 최근에는 당오전을 마구 만들어내 민생은 날로 고달파지고 국세가 날로 기울어 거의 지탱할 수 없는 지경에 이르렀다.

일반 백성들의 정변에 대한 반응이 냉담했다는데.

일부 백성들이 청군과 합세해 우리를 공격한 것으로 알고 있다. 아마도 일본에 대한 반감 때문인 것으로 안다. 그러나 정변이 성공해서 부국강병책을 착착 실행해나갔더라면 백성들도 우리를 이해할 수 있었을 것이다.

앞으로의 계획은.

일단 일본 정부에 강력히 항의하고 있는 중이다. 일본 정부가 끝내 이런 식으로 나온다면 나와의 사이에 오갔던 비밀얘기를 모두 폭로해버리겠다. 그리고 우선은 국내정세를 관망해봐야 할 것 같다. 개화는 시대의 대세인만큼 우리에게 다시 기회가 올 것으로 생각한다.

갑신정변의 무력동원 어떻게 준비됐나
일본 사관학교 유학 출신 서재필 등 병력 지휘

이번에 개화파는 무력쿠데타의 방식으로 정권을 장악하려고 하였다. 쿠데타를 성사시키기 위해서는 직접 동원할 수 있는 무력이 필요한데, 개화파는 이러한 무력을 양성하기 위해서 사전부터 치밀하게 준비하고 있었던 것으로 알려지고 있다. 박영효는 광주유수로 부임하여 남한산성을 근거지로 500명의 장정을 모집, 신식군대를 양성했다. 또한 1883년 1월 윤웅렬을 함경도 남병사(南兵使)로 임명하여 북청에서 약 500명의 장정을 모집하여 신식군대로 양성했다. 이 무력은 1884년 10월 상경시켜 그 중 250명을 친군영 후영에 편입시켜 정변을 위한 무력으로 준비시켰다. 또한 김옥균이 일본사관학교에 유학시킨 서재필, 정난교, 이규완, 신응희 등 14명의 사관생도를 귀국시켜 이들 행동대의 지휘를 맡도록 했다. 이들 사관생도 가운데는 서재필과 같은 양반출신도 있지만 신복모, 이은돌 같은 평민출신도 있는 것으로 알려지고 있다. 또한 김옥균은 개인적으로 비밀무력조직인 충의계를 조직하였는데 이들 43명의 충의계 맹원은 신복모로 하여금 지휘하도록 하였다.

김옥균 일본 망명 秘話

의리의 선장 쓰지

김옥균 신병 인도 요구
"인도적 입장에서" 거부

김옥균 일행은 도주 중 한때 일본공사 다케조에의 배신으로 우리 정부에 인도될 뻔하였으나 일본인 선장 쓰지의 도움으로 간신히 목숨을 건진 것으로 알려져 화제.

김옥균 등은 다케조에의 신변보호 약속을 믿고 인천으로 도피, 일본선박 지토세마루호에 승선했으나, 우리 정부가 일본측에 김옥균의 인도를 강력히 요청하자 다케조에는 애초의 약속을 깨고 김옥균에게 하선을 요구하였다. 그러나 배의 선장 쓰지가 직권으로 이를 반대, 김옥균 일행은 목숨을 건질 수 있었다.

그는 "이 배에 김씨 일행을 태운 것은 공사의 체면을 존중하여 한 일인데, 이제와서 그들이 죽게 될 것을 알면서 그들을 배에서 내리게 할 수 없다. 일단 배에 오른 이상 모든 것은 나의 책임이니 인도적인 입장에서 나는 그들을 하선시키지 않겠다"고 다케조에에게 말한 것으로 전해진다. 쓰지 덕분에 겨우 목숨을 건진 개화파 일행은 배 밑창에서 선원들이 끈을 달아 내려주는 빵조각으로 허기를 때워가며 망명길에 올랐다.

화제의 궁녀, '고대수'
정변 당일 폭약 터뜨린 장본인

갑신정변 당일 밤 통명전에서 폭약을 터뜨린 장본인은 궁녀 고대수(42세, 본명 이우석). 그녀가 터뜨린 폭발음을 듣고 위기감을 느낀 왕과 왕비가 경우궁으로 피신함으로써, 개화파는 정권장악의 제1보를 내딛을 수 있었다. 고대수는 '돌보아주는 큰 아주머니'라는 의미인데, 말하자면 힘센 여장부라는 뜻을 지닌 별명. 궁궐에서 허드렛일을 하는 무수리였던 그는 신체가 남자처럼 건장하고 완력이 남자 대여섯 명을 당해낼 정도였고, 왕비의 총애를 받았다. 이번에 여성으로선 유일하게 처형된 그녀가 정변에 참여한 이유는 궁녀라는 신분 때문이라는 것이 일반적인 평가이다. 궁녀는 왕의 '은혜(?)'를 입지 않는 한, 평생을 처녀로 늙어야 하는 한(恨) 많은 자리이다.

최초의 나팔수 이은돌
정변의 와중에서 사라져 … 음악계의 큰 손실

이번 정변의 와중에서 우리나라 최초의 나팔수로서 음악계의 기대를 모았던 이은돌이 종적을 감췄다. 이은돌은 일본의 하사관학교에서 군악을 익힌 인물로 귀국 후 박영효 휘하에서 활동했기 때문에 이번 정변에도 행동대로 참여하였을 것으로 추측되고 있다. 하지만 정변이 실패로 돌아간 후 그가 청군과의 전투에서 희생되었는지 아니면 목숨을 건져 외국으로 피신했는지 아는 사람은 하나도 없다. 다만 어쩌면 서양식 음악 도입의 선구자가 되었을지도 모를 한 인물이 정치적 혼란의 와중에서 사라져버린 데 대한 안타까움만 남아 있을 뿐이다.

이은돌은 1882년 김옥균을 따라 일본에 건너갔으며 귀국해서는 박영효가 광주유수로 있을 때 그의 밑에 있었다.

갑신정변 주모자들이 모델로 삼은 일본 메이지유신

천황 정점의

중앙집권체제로

서구식 근대화

밀어붙여

"상투 자른 머리를 두들기면 문명개화의 소리가 난다." 요즘 일본에서 유행하는 말이다. 일본에 가보면 상투를 자르고 기모노 대신 양복을 입은 모습을 흔히 볼 수 있을 뿐 아니라, 신발도 가죽구두로 바뀌었고 지팡이 대신 양산을 들고다니는 모습을 흔히 볼 수 있다. 이는 겉모습에 불과하지만 그 속을 들여다보면 일본이 총체적으로 서양식 근대화를 추진하고 있음을 쉽게 알 수 있다.

갑신정변 주모자들은 이러한 일본의 문명개화에 충격을 받고 우리도 이를 따라배워야 한다는 결심을 한 것이다. 일본의 문명개화는 메이지유신으로부터 시작됐다. 일본은 지난 1858년 미국에게 개항을 강요당했고(18년만인 1876년 자신들이 당한 것을 똑같이 우리에게 강요했다), 이후 오늘의 우리와 마찬가지로 일본정국은 쇄국파와 개항파로 나뉘어 정쟁을 거듭했다.

당시 일본은 에도막부가 통치하고 있었지만 사실상 전국이 번(藩) 단위로 쪼개져 각기 자율적인 통치권을 행사하고 있었다. 이때 죠슈번과 사쓰마번은 개항으로 인한 서양의 진출에 위기감을 느끼고 지금까지와 같은 번체제를 청산하고 강력한 중앙집권적 왕조체제를 구축할 것을 요구하는 이른바 '존왕양이(尊王攘夷)론'을 제기했다. 기득권세력인 막부세력은 당연히 이들 존왕양이파에 총공세를 퍼부었다.

존왕양이파는 극단적인 방법을 동원할 수밖에 없는 상황으로 몰렸다. 드디어 1867년 12월 9일 사쓰마를 필두로 하는 몇 개 번의 연합군이 궁궐을 점령, 천황을 정점으로 하는 왕정체제를 수립했다. 이들은 3일천하로 끝나지 않았고, 계속되는 막부세력의 도전을 격퇴한 뒤 1868년 막부의 수도 에도를 점령, 명칭마저 도쿄(東京)로 바꿨다. 천황제는 이제 굳건해졌다.

천황제가 정착되면서 1871년에는 기존 번제도가 폐지되고 전국행정구역을 현(縣)으로 개편하는, 이른바 폐번치현이 실시됐고 '부국강병' 정책이 정력적으로 시행됐다. 농민에게 경작권을 보장해주고 새로 지권(地券)을 발행해 지권의 소지자가 토지에 대한 배타적 소유권을 행사하도록 하는 근대적 토지제도를 도입했다. 무엇보다도 급속한 산업화를 시행했다. 전신이 가설되고 전화도 곧 도입될 예정이다. 우편제도는 이미 실시한 지 오래됐으며 신바-요코하마선을 필두로 각지에 철도가 놓이고 있다. 갑신정변을 주도한 개화당이 일본에 와서 눈이 휘둥그레진 것은 바로 이러한 시설들을 보고 나서였다.

한편 일본 정국에서는 한국을 점령하자는 정한론(征韓論)이 제기됐다. 사이고(西鄕隆盛)를 필두로 하는 이들 정한론자들은 급속한 근대화추진에 따른 국내불만세력의 관심을 외부로 돌리려는 전략에서 이를 주장하고 있지만, 일단 이 주장이 제기되자 일본 정계 전반에 무언의 여론으로 확산되고 있다.

우리 개화당은 이런 것은 못본 것일까, 아니면 보고도 못본 체한 것일까.

역사신문

청, 내정간섭 '극심'

조선의 외교적 자주권 박탈 기도

1885년 11월 17일 원세개가 주차 조선총리교섭통상사로 부임하여 노골적인 내정간섭을 감행, 조선 정부의 반발을 사고 있다.

그의 부임은 묄렌도르프의 실각에 뒤이은 것으로, 이는 묄렌도르프가 추진한 러시아와의 연결기도를 차단하기 위한 것으로 알려지고 있다. 또한 중국측은 원세개의 부임과 때를 같이하여 대원군을 귀국시켰는데, 중국의 간섭을 견제하기 위해 러시아와 연결하려는 왕실의 움직임을 견제하려는 것으로 분석되고 있

다. 원세개는 총판조선상무위원으로 있던 진수당(陳樹棠)과 교대하여 부임한 것으로 되어 있지만, 실제적으로는 여기에 주둔군 사령관 오장경(吳長慶)과, 교섭책임자 마건충(馬建忠)의 임무를 합친 것보다 막강한 권한을 부여받은 것으로 알려지고 있다. 그는 부임 이후 내정에 깊이 관여하는 한편, 심지어 조·러밀약 추진을 빌미로 국왕의 폐립을 꾀하기까지 하는 등 전횡을 저질러 서울 주재 외교관들은 그를 '조선의 총독'이라고 부르고 있는 실정이다.

그는 또 자주외교를 박탈하려고 있는데, 이는 조선이 공사를 외국에 파견할 때 준수해야 할 조건을 규정한 것으로, 다음과 같은 내용을 담고 있다. 조선공사는 주재국에 가서 중국공사관에 보고해야 하고, 공식석상에서 중국공사 다음 자리에 앉아야 하며, 중요한 교섭이 있을 때 중국공사와 협의해야 한다는 것이다. 이는 사실상 조선의 외교상 자주권을 박탈하는 것을 의미하는 것이기 때문에 많은 논란을 불러일으킬 전망이다. **관련기사 2면**

영국 군함, 거문도 점령

러시아의 조선진출에 제동

1885년 3월 1일 영국 동양함대 사령관 도월제독이 이끄는 군함 3척이 남해안에 위치한 거문도를 점령해 러시아의 조선진출에 제동을 걸고 나섰다. 거문도를 점령한 영국군은 즉각 영국기를 게양하고 포대와 병영을 구축하는 요새화작업에 들어간 것으로 알려졌다. 또 영국군과 거문도민의 관계는 대체로 원만하며, 도민들은 영국군에게 노동력을 제공하고 보수와 의료혜택을 받고 있는 것으로 확인되었다.

영국 정부는 3월 3일 청나라와 일본에 거문도 점령 사실을 통고했으며, 당초 청은 러시아에 대한 방비와 조선에 대한 종주권을 국제적으로 보장받으려는 목적으로 영국의 거문도 점령을 묵인하려 했던 것으로 드러났다. 그러나 북양대신 이홍장이 이 사건으로 러시아와 일본이 각각 조선 내의 영토점령을 요구하고 나설 경우 국제분쟁으로 비화될 것을 우려해 반대입장으로 선회하고 곧 우리 정부에 통고한 것으로 알려

졌다.

4월 7일 통리아문은 주청 영국공사관에 강력히 항의하는 한편 청·일본·독일·미국의 각 공관에 협력을 요청했으나 가시적인 성과를 올리지 못했고, 결국 사건해결은 청·영국·러시아 3국의 상호교섭에 의존하게 되었다. 이에 따라 1886년 3월 영국은 다른 나라들이 거문도를 점

령하지 않겠다고 보장한다면 철수할 의사가 있음을 내비쳤고, 10월에 청과 러시아가 공동으로 영국과의 합의에 이르렀다. 이에 따라 영국군이 1887년 2월 5일 점령 22개월만에 거문도에서 철수해 사건은 일단락되었으나, 조선을 둘러싼 열강대립의 골은 더욱 깊어졌다는 평가가 지배적이다. **관련기사 2면**

러시아·프랑스와 수호통상조약 체결

프랑스, 포교의 자유 획득 … 다른 국가도 선교사업 벌이게 될 듯

1884년 7월 정부는 러시아와 수호통상조약을 체결했다. 이번 조약은 러시아와 수교를 통해 청나라의 간섭을 배제하려는 조선 정부의 움직임이 있는데 천진주재 러시아영사 웨베르가 조선에 와, 묄렌도르프를 설득·매수하여 그의 주선으로 이루어졌다. 조약내용은 영국·독일이 맺은 것과 비슷한 것으로, 인천·원산·부산항을 러시아에 개방하게 됐다. 이로써 러시아는 조선에서 여타 열강과 대등한 위치에 서게 됐다.

한편 1886년 정부는 프랑스와 수

교 및 통상에 관한 조약을 체결하고 포교권을 인정하게 됐다. 그동안 프랑스가 천주교를 매개로 서양국가 가운데 가장 먼저 접촉을 시도했으나 우리 정부의 천주교 탄압으로 인해 병인양요가 발생하는 등 프랑스와의 외교관계 확립이 계속 미루어져왔다.

1882년 조·미조약 체결 이후 영국·독일·이탈리아·러시아 등이 계속해서 조선과 수교를 맺자, 프랑스 정부는 1886년 3월에 코고르당을 전권대사에 임명하고 조선에 파견해

조약을 체결하도록 했다. 조약내용은 대체로 영국과의 조약과 비슷한 것으로 알려졌는데, 제9조 2항 가운데 포함된 '교회(敎晦)'라는 용어의 해석을 둘러싸고 논란이 일었다. 프랑스측은 이를 두고 포교권을 인정한 것이라고 강력히 주장했으며, 이에 우리 정부도 포교권을 묵인하게 되었다. 이로써 프랑스는 조선 내에서 포교의 자유를 획득하게 되었으며, 다른 나라들도 최혜국 조항에 의해 선교사업을 벌이게 될 것으로 전망된다.

근대기술 수용정책 추진

각종 국영기업 설립, 외국 기술자 초빙

최근 정부는 부국강병책의 일환으로 근대기술을 수용한 각종 국영기업을 속속 설립하고 있다. 이러한 정책에 따라 1885년에는 직조국·조지국·전보국·종목국·농무목축시험장이 설립되었으며, 1887년에는 광무국·권연국·양춘국·두병국 등 다양한 기업들이 설립되었다.

농무목축시험장은 보빙사 수행원으로 미국에 갔다온 최경석이 주도하여 설립한 것으로, 미국인 기술자를 초빙하여 기술지도를 받는 등 미국의 농업기술을 도입하기 위한 것이다. 광무국은 광산개발을 위한 것으로, 정부에 소속된 국영광산에 미국의 기계를 도입하고 미국인 기술자를 초빙하는 등 근대기술 도입에 열을 올렸다. 조지국은 종이생산을 위한 것으로, 일본으로부터 6000원에 해당하는 종이생산기계를 구입하였으며, 직조국도 해외로부터 많은

방직기계를 구입하고 중국인 기술자를 고용하였다. 전환국은 일종의 조폐공사로서 독일기술자 크라우스, 리히트, 디트리히트 등을 초빙하고 조폐에 필요한 일체의 기계도 독일로부터 도입하였다.

그런데 정부의 근대기술 수용정책은 이상과 같이 산업부문에서도 추진되었지만 무엇보다 중심은 무기기술부문에 있었다. 정부는 이미 1883년에 기기창을 세운 바 있다. 이곳 책임자는 영선사로 중국에 갔던 김윤식이 맡았으며 그의 인솔하에 중국에 가서 무기제조기술을 배워온 기술자들이 이곳에 배치되었다. 정부에서 추진하는 근대기술 도입정책은 임오군란과 갑신정변의 정치적 격동으로 잠시 주춤하기도 했지만 이번 직조국 등의 설치로 볼 때 꾸준히 이어지는 것으로 보인다.

조·러밀약설 파문

원세개의 노골적인 내정 간섭 견제책으로 중국, "사실일 경우 강경대응 불사" 엄포

중국의 내정간섭과 영국 함대의 거문도 점령의 와중에서 1886년 조선 정부가 러시아와 밀약을 추진한다는 소문이 나돌아 국내외 정국에 큰 파문을 일으키고 있다. 이는 원세개의 노골적인 내정간섭에 염증을 느끼고 있는 조선 정부가 러시아와의 연결을 통해 이를 견제하려는 것으로서 1885년에도 이미 조·러밀약설이 나돈 바 있다. 중국측에서는 이렇게 거듭되는 조·러밀약설에 매우 긴장하여 진상조사에 나서고 있는데 이것이 사실로 밝혀지면 강경한 대응도 불사할 것이라고 한다.

이번 밀약설은 러시아가 조선을 보호해줄 것을 요청하는 밀서가 영의정 심순택의 명의로 러시아공사 웨베르를 통해 러시아측에 전달되었다는 풍문이 돌면서 비롯되었다. 당사자인 심순택은 이 사실을 전혀 알지 못하는 것이라고 부인했지만, 이러한 비밀교섭에 반대하는 민영익이 밀서의 사본을 폭로하면서 일파만파로 번져나갔다. 원세개는 이 사실에 대해 조선 정부에 엄중히 추궁하였으며 심지어 국왕을 폐립시킬 것까지 고려하고 있다고 한다. 조선 정부와 러시아 정부는 이 사실을 공식 부인하는 것을 통해 사태를 진정시키려 하고 있지만 이번 사건으로 원세개의 내정간섭은 더욱 가중될 것으로 예상된다. **관련기사 2면**

조·러밀약은 1885년에 이미 묄렌도르프에 의해 추진된 바 있다. 묄렌도르프는 중국의 추천으로 조선에 왔음에도 불구하고 중국과 일본 두 나라의 세력을 제어하기 위해서 제3의 힘을 빌어야 한다고 주장하였으며, 주일 러시아공사관 서기관 스페이에르를 통해서 러시아와의 연결을 도모하였다. 묄렌도르프의 조·러밀약 추진은 정부 내 반대파와 중국측의 견제에 밀려 실패로 돌아갔고 묄렌도르프도 실각하고 말았다.

역사신문

청의 내정간섭을 경계한다

전통적 사대관계 아닌 제국주의 속성 보여

임오군란 당시부터 표면화된 청의 내정간섭이 갈수록 태산이어서 우려의 목소리가 높아지고 있다. 지난 17세기 병자호란 이후 한때 북벌론이나 조선 소중화론을 내세워 청과 일시적 대립관계를 형성한 적이 있기는 하지만, 결국 우리는 청 중심의 동북아 질서 하에서 청으로부터 많은 영향을 받아온 것이 사실이다. 그러나 청의 대표가 우리나라에 상주하며 '감 놔라 배 놔라' 식의 직접적인 간섭을 행한 것은 아니었다. 또 우리측에서도 형식적으로 사대의 예를 갖추기는 했지만, 청으로부터 경제 또는 문화적으로 많은 이득을 취하면서 실질적으로는 엄연한 독립국가로 존립해왔었다. 그런데 청은 이제 대표를 상주시켜 아무 거리낌도 없이 우리의 국정을 하나하나 간섭하고 감시하고 있다.

서구 열강의 침탈에 만신창이가 되어 이빨빠진 호랑이로 전락한 청이 이제 가장 만만한 우리나라를 향해 '사냥'을 시작한 것일까? 일본이 무력을 앞세워 우리나라의 문호개방을 이끌어냄으로써 손상되었던 자국의 자존심을 만회하고 우리와 일본 모두에게 '까불지 말라'고 경고하고 싶은 것일까?

임오군란 당시 대원군을 납치해 볼모로 데려갈 때는 언제고, 우리 정부와 러시아간의 연결 징후가 보이자 신속하게 그를 데리고 들어오는 것은 무슨 속셈인가? 임오군란을 수습하고 난 후 묄렌도르프를 재정고문에 앉힐 때는 언제고 이제 와서 그가 조·러밀약을 추진한다고 가차없이 몰아내고 20대의 혈기왕성한 원세개를 파견하는 것은 어찌 된 일인가? 더구나 원세개는 조·러밀약의 추진을 트집잡아 우리 국왕의 폐위까지 꾀하는 등 사실상의 총독 행세를 하고 있다. 또 우리 정부의 외국주재 공사가 주요 외교현안에 대해 청의 공사와 반드시 협의하도록 규정해 놓았다 하니 국민의 분노가 하늘을 찌를 듯하다.

청의 이러한 행동은 이전의 전통적 사대관계와는 질적으로 다른 것으로 청이 서구의 침략을 당해보고 그것을 그대로 우리에게 반복하는 것으로 해석할 수밖에 없다. 사정이 이러하다면 우리는 더 이상 청을 전통적 대국으로 섬기는 자세를 가질 필요가 없다.

청이 정말로 '대국'이고자 한다면, 또 우리의 진정한 우방이라면 이래서는 안된다. 우리나라가 주체적으로, 또 올바른 방향으로 근대화를 이루도록 도와주는 것이 옳은 태도일 것이다. 아울러 우리 정부도 많은 어려움이 있는 것은 잘 알지만, 과감한 체질개선을 통해 새로운 사고방식과 새로운 비전을 제시하여 국민에게 신뢰받는 정부로 거듭나야 할 것이다.

그림마당
이은홍

중국의 내정간섭과 조·러밀약설

중국 내정간섭 노골화 속에 조러 밀약설 불거져 나와
러, 청의 조선 지배 경쟁 치열 … 청국 혼미 속에 빠져들 듯

최근 중국의 조선에 대한 내정간섭이 노골화되는 가운데 조선과 러시아 사이에 밀약설이 제기되어 큰 파문을 일으키고 있다. 또 이번에 주차조선총리교섭통상사에 원세개가 임명되어 귀추가 주목되고 있으며, 앞으로의 정국은 혼미의 국면으로 빠져들어갈 것으로 예상된다.

임오군란 이후 조선에 대한 내정간섭을 본격화해온 중국은 조선을 아예 자신의 속국으로 만들려고 책동해왔다. 임오군란 후 즉각 조·청 상민수륙무역장정을 강요한 것도 이러한 맥락에서 이루어졌다.

중국의 이런 노골적인 간섭에 조선 정부가 반발하고 나선 것이다.

그것이 묄렌도르프가 1885년 추진한 조·러밀약이다.

그러나 묄렌도르프의 이러한 움직임은 청나라에 포착되어 청의 압력으로 그 자신이 실각할 수밖에 없었다. 이번에 원세개가 부임한 것도 조선 정부의 이런 움직임을 차단하려는 목적과 관련이 있다는 견해가 유력하다.

한편 대외팽창을 추구하던 러시아는 유럽과 중동에서 영국의 봉쇄에 직면하자 육로를 통한 남하정책을 추진, 시베리아를 넘어 극동지역 진출을 도모하고 있었다. 1884년의 조·러통상조약 체결은 그 일환이었으며, 이후 조선 정계에 친러세력을

양성하기 위해 노력해왔다. 특히 러시아공사 웨베르는 부임 직후부터 능란한 외교술을 발휘하여 청의 지나친 간섭을 배제하려는 조선 정부에 접근하고 있다는 소문이다. 조·러밀약설은 이런 정황 속에서 정부와 웨베르 사이에 비밀리에 추진되고 있는 것이다. 따라서 향후 정세는 청의 간섭에서 벗어나려는 조선 정부의 노력이 계속되는 가운데, 전통적 영향력 및 군대를 등에 업은 원세개의 협박과 조선에 친러세력을 키우려는 웨베르의 부드러운 미소가 교차하면서 조선에 대한 지배력 경쟁이 한층 치열해질 전망이다.

동아시아 국제정치의 라이벌
원세개와 웨베르

원세개 이번에 주차조선총리교섭통상사에 임명된 원세개는 호남성출신의 군인으로 이홍장 휘하의 안휘군에 들어가 경력을 쌓기 시작한 인물.

1882년 임오군란 때 군대를 이끌고 조선에 왔다. 당시 나이 불과 23세의 청년장교로서 정확한 형세판단과 과감한 결단력으로 뛰어난 수완을 발휘, 이홍장의 신임을 받았고, 이러한 신임 때문에 이번에 중국의 대조선정책의 집행을 책임지는 임무를 맡게 됐다.

웨베르 동양통으로 알려진 러시아의 직업외교관.

이미 북경공사관 서기관을 거쳐 천진주재 영사를 맡았고 천진주재 영사 재임 중 1884년 러시아 전권대신으로 조선에 와 조·러수호통상조약을 체결했다.

이듬해 러시아대리공사 겸 총영사로 조선에 부임, 능란한 외교술을 발휘하여 조선 정부 내에 친러세력을 부식. 원세개 부임 이후 은인자중하면서 새로운 기회를 모색하고 있다.

거문도 사건, 어떻게 보아야 하나

러시아의 남하정책에 위협느낀 영국의 돌발 행동
열강 갈등에 우리만 희생양된 꼴 … 중재역 청의 입지 강화

1885년 영국 군함이 우리 영토인 거문도를 불법점령한 충격적인 사건이 벌어졌다. 더구나 영국군의 철수도 청국과 러시아, 영국간의 상호교섭에 의해 이루어져 조선이 제국주의 열강의 젯밥이 되는 게 아닌가 하는 우려의 목소리가 높다.

영국의 거문도 점령은 단적으로 말해 세계 도처에서 충돌하던 영국과 러시아의 대립이 빚어낸 사건이다. 러시아는 1860년 이후 태평양 진출을 모색해왔는데, 특히 겨울에도 얼지 않는 부동항을 찾아 조선진출에 남다른 욕심을 갖고 있었다. 러시아의 이러한 남하정책에 대해 청·일본·영국은 당시부터 한결같이 경계심을 늦추지 않고 있었다.

이런 정황 속에서 마침 영국과 러시아는 아프가니스탄을 둘러싸고 긴장이 고조되어 조선에서도 양국이 충돌할 거라는 예상이 커지는 가운데, 러시아의 영흥만 점령계획설까지 나돌았다. 이에 영국이 러시아에 대한 공격적 방어전략을 구사해 거문도를 점령해버린 것이다. 거문도는 대한해협의 문호이자 러시아가 태평양으로 진출하는 길목에 있었던 것이다. 이번 거문도사건은 이처럼 우리 자신의 이해와 아무런 관련없이 열강간 대립의 산물로 일어났

는 데 문제가 있는 것이다.

더욱 심각한 문제는 이 사건의 해결과정에서 우리 정부가 아무런 역할을 하지 못했다는 것이다. 우리 정부는 영국측에 강력한 항의 한 번 못했다. 결국 러·영 양국간에 아프가니스탄의 긴장이 해소되자 더이상 거문도를 점령할 필요성이 없어진 영국이 러시아의 조선영토 불침범

약속을 받아내고 스스로 철수함으로써 사건은 일단락된 셈이다. 사태의 해결과정에서 청나라가 중재역할을 함으로써 조선에 대한 청나라의 입김만 더욱 거세졌다는 것이 정가의 일반적인 평가다. 따라서 거문도사건을 기회로 향후 제국주의 열강의 조선에 대한 침략과 간섭은 더욱 거세질 것이라는 게 공통된 지적이다.

러시아와 영국의 세계적 대립양상

크림 반도, 발칸 반도, 아프가니스탄에서 연쇄 충돌

19세기 들어 러시아와 영국이 처음으로 맞선 곳은 크림반도였다. 투르크 제국에 대한 영향력을 둘러싸고 1853년 두 나라가 맞붙었으나 러시아의 패배로 귀결됐다. 1877년에는 발칸반도에 대한 영향력 때문에 두 나라가 대립했으나 러시아의 판정패로 끝났다. 이어서 러시아가 페르시아와 아프가니스탄을 거쳐 아라비아해로 진출하려 하자 아프가니스탄에서 두 나라가 대결, 현재 호각지세를 이루고 있다.

서양식 학교 설립 잇달아

외국 선교사들 주도, 정부도 개화차원에서 적극적

이화학당의 모습(좌측 위)과 외국인 수업 장면(좌측 아래). 육영공원의 학생들.

최근 서양식 근대교육을 실시하는 학교들이 잇달아 설립되고 있다. 이는 개항 이후 수신사 · 영선사 · 신사유람단 · 보빙사 등 각국으로 파견된 시찰단들이 속속 귀국하면서 서양문물의 우수성을 알리고 이를 따라 배울 필요성을 역설하면서 촉발된 결과다. 여기에 미국인 선교사들이 기독교 선교 차원에서 학교설립에 나서고 있어 정부는 이들에 대해 적극적으로 지원해주고 있다.

육영공원　관립학교로 어학을 중심으로 가르치고 있다. 현직 문무관료 중에서 선발된 자들로 구성된 좌반과 양반자제 중에서 선발된 자들로 구성된 우반의 두 반이 있다. 교사는 헐버트, 길모어, 벙커 등 미국인 선교사들이 맡고 있다. 교육은 주로 영어에 치중돼 있고 그밖에 산학(算學) · 지리 · 만물격치(萬物格致) 등을 가르친다.

학생들은 특히 만국지리 과목에 흥미를 많이 느끼고 있다고 한다. 세계 각국에 대한 지식을 배우고는 경이에 차서 "대(大)조선의 대(大)자는 실제에 맞지 않는다는 것을 알았다"고 말한다.

이 학교는 조 · 미조약 체결 이후 보빙사를 이끌고 미국을 방문한 민영익이 1883년 귀국해서 서양식 학교 설립의 필요성을 강력히 주장해서 설립된 것이다.

배재학당　1885년 미국 북장로교 선교사 아펜젤러와 스크랜튼이 설립한 사립학교. 설립자가 기독교 선교사인만큼 교훈도 '욕위대자 당위인역(欲爲大者 當爲人役 : 크게 되고자 하는 자는 마땅히 남을 섬겨야 한다)'이다.

만 17세 이상의 남자로서 「동몽선습」을 읽고 한글을 깨우친 자는 누구나 입학할 수 있고, 중등과정의 4년제 보통과와 대학과정의 5년제 본과로 편성돼 있다. 교과목은 만국지리 · 「사민필지(士民必知)」 · 위생 · 창가 · 도화 · 체조 등으로 서양지식의 습득에 중점이 맞춰져 있다.

이화학당　우리나라 최초의 여학교다. 1886년 미국인 선교사 스크랜튼이 단 한 명의 학생으로 교육을 한 이래 1887년 현재 학생수 7명으로 늘었다. 스크랜튼이 "그리스도의 가르침을 따르는 것이 보다 완전한 조선인이 되는 것"이라고 말할 만큼 미국인이 우리 조선 여성들을 대상으로 선교하기 위해 만든 학교다. 교과목도 영어 · 성경 · 한글이다.

이 학교에서는 1886년 8월 교복을 제정하여 학생들이 입고 다녀 화제다. 제복과 같은 이 교복은 붉은 다홍색 치마저고리로 천은 러시아제다. 이 붉은 제복은 굉장히 이색적이고 대담해서 행인들이 담너머로 신기한 듯 넘겨다보기도 한다.

원산학사　1883년에 설립된 우리나라 최초의 근대식 학교다. 뿐만 아니라 다른 학교와는 달리 외국인 선교사가 아니라 순수하게 우리 지방민들의 자금과 인력으로 건립됐다. 문예반과 무예반 두 반이 있으며 정원은 각기 50명과 200명이다. 교과목은 문무 공통으로 산수 · 격치(格致, 과학) · 기기(機器) · 농업 등이고 전공과목으로는 문예반의 경우 「영환지략」 · 「만국공법」 · 「농정신편」 · 「기기도설(機器圖說)」을 익히고, 무예반은 병서를 익힌다.

"순식간에 천 리까지"

서로, 남로 전국 전신망 개통

1888년 6월 한성, 공주, 전주, 대구를 거쳐 부산에 이르는 남로전신선이 개통됐다. 이에 앞서 1885년 8월에는 한성에서 인천, 10월에는 한성에서 평양 · 의주를 잇는 서로(西路)전신선이 개통된 바 있어 이제 전국적 전신망이 갖춰지게 됐다.

전신은 일찍이 강화도조약 이후 일본에 수신사로 다녀온 김기수가 그 편리함을 고종에게 아뢰었고, 이어 신사유람단으로 역시 일본에 다녀온 박정양이 "순식간에 만 리 먼 곳까지 왕복하여 그 신속하기가 마치 번개와 같다"고 하여 정부 내에서 지대한 관심을 가져왔다.

그러나 서로전선은 임오군란과 갑신정변의 와중에서 청국이 조선에 대한 지배권을 강화하려는 방편으로 자국의 자금과 기술을 동원하여 가설했다. 남로(南路)전선은 청의 서로전선 가설에 자극받은 일본이 자신들의 주도하에 가설하려고 했으나 청의 견제로 지지부진하던 차에 우리 정부가 자력으로 가설했다. 현재 국내 전신선은 조선전보총국이 창설돼 관리하고 있다.

전신은 주로 정부관청의 관보 송수신에 쓰이고 있으며 일반인들의 이용은 극히 저조한 상태다. 오히려 일부 지방에서는 전선과 관련한 미신이 퍼져 전신선을 파괴하는 사태가 빈발하고 있다.

취재 수첩　　민중 괴롭히는 전신선

인천의 한 세관 주사가 첫아들을 낳고 기쁜 나머지 서울에 있는 아버지에게 전보를 쳤다. 장한 일이라고? 천만의 말씀. 그 이후 그는 아버지집에 얼씬도 못하고 있다. 중요한 소식을 직접 전하거나 자필 서신으로 전하지 않고 달랑 전신만 보내는 것은 무례망칙한 일이기 때문이다. 게다가 전보는 전기바람이 보내는 것인데 이 전기바람은 가뭄을 몰고 온다. 이치는 이렇다. 세상만사에는 음과 양이 있게 마련인데 양기인 전기줄이 하늘에 거미줄처럼 엉겨 있으니 이는 양에 더욱 양을 더하는 결과가 된다. 따라서 음기인 물을 마르게 하는 것이다. 가뭄이 들면 동네 누군가가 전보를 받았음에 틀림없다. 경상도 의성지방에서 기우제 때 전보용지를 태우는 것도 이 때문이다. 이것은 분명 오해이고 미신이다. 그러나 이러한 오해와 미신이 기승을 부리는 데는 그만한 이유가 있다. 전국에 전신주와 전선을 가설할 때 정부 지시에 따라 엄청난 노동력을 무상으로 제공한 것은 모두 우리 민중들이다. 전봇대도 마을의 울창한 선산 삼림을 무상으로 베어내 만들었다. 공사감독자는 중국인과 일본인들인데 이들은 우리 민중을 마치 노예 부리듯 했다. 그렇게 해서 민중들에게 돌아간 이득은 눈꼽만큼도 없다. 이런 상태에서 전신선이 민중들에게 곱게 보일 리 있겠는가. 분노한 민중들이 전신선을 파괴하는 일이 부쩍 잦아지는 것은 어쩌면 필연적이다. 더구나 임오군란과 갑신정변으로 청과 일본에 대한 적개심이 만연하고 있다. 청군과 일군이 우리 땅을 짓밟는 것과 전신선이 뒤덮이는 것은 민중들에게 동전의 양면으로 보이는 것이다. 누가 이들을 나무랄 것인가.

가옥구조, 큰 변화

신분제 와해, 시대변화 반영돼 … '중인층 주도'

최근 사회변화가 급속해지면서 가옥구조도 크게 변화하고 있는 것으로 드러났다. 특히 신분제의 사실상 와해가 가옥구조 변화의 중심요인인 것으로 밝혀졌다.

서울의 경우 재산을 모은 중인들이 이러한 변화를 주도하고 있는데, 다동의 부자 백윤화씨 집은 '여섯 마당' 집으로 불릴 만큼 집이 넓어 이전의 신분에 따른 집 크기 제한을 완전히 무시하고 있다. 한편 무교동의 신씨 집에는 이전 양반집의 표시와 같았던 솟을대문을 달아 주목을 끌고 있다. 솟을대문은 종2품 이상 양반만이 달 수 있던 가마인 초헌(招軒)이 드나들 수 있게 대문을 크고 높게 만든 것이다. 장안의 김아무개 목수에 의하면 최근 중인층으로부터 이러한 솟을대문을 가진 큰

집을 지어달라는 주문이 급격히 늘고 있다고 해 이러한 추세가 일반화될 전망이다. 이에 대해 몰락한 양반출신 이아무개씨는 "양반체통이 말이 아니다"면서 자신은 이러한 돈만 있는 천한 것들과 구별되기 위해 아예 솟을대문을 헐어버려야 할 판이라고 말했다.

또 중인들은 최근 집 뒤에 조상 위패를 모시기 위해 지어놓았던 사당을 목욕간으로 개조하는 일이 잦아 양반에게 충격을 주고 있다. 그동안은 광이나 부엌에서 물을 데워 목욕을 해왔으나 경제력이 어느 정도 갖춰진 중인들은 보다 편리하고 사생활이 보장되는 목욕간을 선호하게 된 것으로 보인다.

한편 지방 농촌의 가옥도 이에 못지않은 변화를 보이고 있다. 우선

과거의 가옥 구조

최근의 가옥 구조

노비들이 거주하던 행랑채가 급속하게 사라지고 있다. 그리고 마당이 넓어지고 방 간수는 줄어드는 경향을 보이고 있다. 이전에는 엄격한 유교윤리의 영향 때문에 가옥구조가 폐쇄적이고 대가족제도와 노비제로 인해 방이 많았으나 노비제가 사실상 없어지고 가족들의 지역이동이 빈번해지면서 이에 걸맞는 가옥구조로 전환되고 있는 것으로 보인다.

노비세습, 매매금지

사실상 노비제 혁파

1886년 고종은 노비세습제의 폐지를 명하는 한편, 〈사가노비절목〉을 제정하여 모든 공 · 사노비의 매매를 금지하고 노비 부모의 출생자도 자동적으로 양인이 되도록 했다. 이에 따라 현재 노비신분인 자에게 한해 노비제가 존속되고, 그 다음에는 노비라는 신분 자체가 소멸하게 됐다.

왕실과 중앙관청에 소속돼 있는 공노비는 이미 지난 1801년(순조 1)에 폐지된 바 있다. 따라서 이번 조치는 아직도 남아 있던 지방관청의

공노비 및 사노비를 대상으로 한 것이다. 한편 전인구에서 노비가 차지하는 비중은 꾸준히 감소돼왔고, 특히 최근 들어 급격한 감소를 보였다. 노비인구의 감소는 주로 도망에 의한 것으로 조사되고 있다.

이번 조치에 대해 대구의 한 노비는 "요즘은 신분이 노비냐 아니냐 하는 것은 사실 중요하지 않다. 경제적으로 부자 양반님네들에게 예속돼 있는 한 마찬가지 아니냐"며 그늘진 안색을 바꾸지 않았다.

서양의술 인기 높아
미국 선교의사 알렌이 제중원 개원, 문전성시

최근 서울에서는 서양의술에 대한 인기가 높아 1885년에 설립된 서양식 병원 제중원이 개원 1년만에 1만여 명의 환자를 치료하는 성과를 올리고 있다. 이 병원을 운영하는 서양인 의사는 미국인 선교의사 알렌인데, 그는 지난 갑신정변 때 중상을 입은 민영익을 치료하여 유명해졌다. 제중원에 환자가 몰리자 스크랜튼, 헤론 등이 추가로 입국하여 치료에 나서고 있다. 특히 남성 의사에게 진료받는 것을 심하게 부끄러워하는 여성들을 위해 최근에는 엘러스, 홀튼 등 여의사도 입국해 여성들을 전담, 치료하고 있다.

한편 서양식 병원은 제중원이 최초는 아니며 강화도조약 이후 일본이 각 개항장에 제생의원(부산), 생생병원(원산), 일본관의원(서울) 등 서양식 병원을 설립해 운영해오고 있다. 그리고 서양의술은 이에 훨씬 앞서 정약용이 중국을 통해 전한 바 있고, 지석영은 일본에서 종두법을 배워와 시술해오고 있다.

역사신문

서울 시전상인 연좌시위

상점 모두 철시 … 일반시민들도 가세
중, 일 상권 잠식 심각 "모두 물러가라"

1890년 1월 6일 수백 명의 서울 시전상인들이 중국과 일본 양국상인들을 서울에서 물러나게 할 것을 요구하며 외아문 앞에서 연좌시위를 벌이는 한편, 각 상점들은 모두 철시하는 상인 대투쟁이 발생했다.

이번 사태는 1월 9일이 되자 다른 상인과 일반시민까지 합세하여 격렬한 시위를 벌이는 사태로 확대됐다. 시위가 1주일간 계속되자 일본은 군함을 인천으로 급파하는 한편, 서울에 거주하는 부녀자를 인천에 피신시키는 등 촉각을 곤두세우고 있다. 한편 중국은 이번 사태의 배후에 고종이 있는 것이 아니냐고 추궁하면

서 사태의 조속한 수습을 강요하고 있다는 소식이다.

사태가 걷잡을 수 없이 번져나가자, 정부는 상인들에게 일단 외국상인을 서울에서 철수시키는 일에 적극적으로 나서겠다고 설득해 시위군중은 1주일만에 해산했다. 그러나 현재 원세개의 기세로 볼 때, 이를 위한 중국과의 교섭이 순조롭게 진행될지는 의심스럽다는 것이 일반적인 평가다.

상인들의 철시투쟁은 1887년에도 이미 벌어진 바 있는데, 이번 투쟁은 특히 원세개의 전횡을 견제하기 위한 고종의 배후조종에 따른 것이

라는 소문도 나돌고 있다.

이번 투쟁은 중국과 일본상인의 서울 상권잠식 때문에 일어났다. 1885년 이후 두 나라 상인의 서울진출이 본격화되어 1889년경에는 중국상인 6백여 명과 일본상인 6백여 명이 서울에 진출했다. 이렇게 외국상인이 서울에 진출하게 된 것은 1882년 체결된 조 · 일수호조규속약과 조 · 청상민수륙무역장정으로 서울이 외국상인에게 개방되었기 때문인데, 이로 말미암아 서울의 상인들은 큰 위협을 받고 있었고 이것이 이번 투쟁으로 나타난 것이다.

관련기사 2, 3면

"우리 물고기 일본놈이 다 잡아간다"

일본과 조 · 일통어장정 체결

1889년 일본과 지난 1883년 이래 7년 동안 지리하게 줄다리기를 해온 조 · 일간의 어업협정인 〈조 · 일통어장정〉이 마침내 양국간에 합의, 체결됐다. 이에 따라 우리 연해에서 어로작업을 하는 일본어선들은 일정한 세금을 내야 하고, 그동안 계속 문제가 돼온 불법어로행위에 대해서는 벌금과 어획물 몰수로 처리하게 된다. 그러나 세금은 어선 1척당 연간 3~10원으로 일본어선 1척의 월 순수익 340~350원에 비해 턱없이 적고, 일본인 범법자에 대한 처벌은 일본영사관이 하도록하는 치외법권을 인정해, 이것은 또 하나의 불평등조약이라는 비난이 거세게 일고 있다.

지난 1883년에 조 · 일 양국간에 맺은 〈통상장정〉에서 일본에게 우리 연해에서의 어로활동을 허용해주면서 세금문제는 2년 이내에 시행세칙으로 정하기로 했으나, 일본측은 고의로 협상을 지연시키면서 7년 동안 세금 한푼 내지 않고 공짜로 우리 수산자원을 남획해왔다.

한편 일본 어선들이 우리 연안에 상륙해 양민을 약탈하고 살인까지 하는 일이 자주 일어나고 있어 우리 어민들의 분노는 극에 달해 있다. 이는 일본 어선들이 잠수기(潛水器) 등 최신식 어로장비를 가지고 연안 어족을 샅샅이 훑어가 우리 어민들의 생업에 막대한 타격을 주고 있기 때문이다. 우리 어민들은 일본인들에게 분노하면서 한편으로 우리 수산자원을 다 내주고 치외법권마저 허용해주는 정부에 대해서도 원망의 목소리를 높이고 있다.

관련기사 3면

러, 시베리아 횡단철도 건설키로

동아시아 정세에 큰 영향 미칠 듯

1891년 러시아 정부는 모스크바에서 블라디보스톡에 이르는 총연장 9천 2백 킬로미터에 달하는 시베리아 횡단철도를 건설하기로 결정했다. 이 철도가 완공되면 러시아는 해상을 통해 유럽과 중국 사이의 무역로를 장악하고 있는 영국에 대항해, 육로를 통해 동아시아에 직접적인 교역로를 확보하게 된다. 아울러 이는 동아시아에 대한 러시아의 영향력을 획기적으로 강화시켜줄 것으로 예상된다. 따라서 세계 도처에서 영국과 충돌해온 러시아는 더 한층 유리한 입지를 차지하게 된다. 한편 이 철도는 우리 조선에도 직접적인 영향을 미칠 것이 확실하다. 러시아는 이미 지난 1888년 8월 우리와 조 · 러육로통상조약을 맺어 두만강일대를 개방하도록 한 바 있다. 이 당시 러시아는 평양을 개항할 것은 물론 통상 이외에 군사 · 정치적 내용까지 포함시킬 것을 강력하게 주장했으나, 정부가 러시아의 남하를 우려하는 청과 영국의 강력한 견제 때문에 경흥 개항과 조약내용을 통상부문으로 국한시켰다. 그러나 이듬해인 1889년 러시아는 다시 원산과 부산 절영도(영도)에 극동함대를 위한 석탄저장소를 설치하도록 허가해줄 것을 강력하게 요청해왔고 우리 정부는 청의 간섭에 대한 대응카드로 원산만 허가해준 바 있다. 따라서 시베리아 횡단철도 건설결정은 거문도사건 이후 복잡하게 전개되고 있는 동아시아 국제정세에 엄청난 파장을 불러일으키는 지렛대가 되고 있다.

함경도에 방곡령

"흉작으로 백성 굶주려", 곡물수출 금지
일본측 강력 반발 … 손해배상 요구

1889년 10월 함경도 관찰사 조병식이 함경도지역에 대해 방곡령(대일 곡물수출금지령)을 선포하자, 이에 대해 일본측이 반발하고 나서 파문이 일었다. 조병식은 흉작으로 인해 함경도 백성들이 굶주리고 있는 상황을 타개하기 위해 방곡령을 내려 일본상인들에게 곡식을 팔지 못하도록 조치한 것이다.

소식통에 따르면 조병식은 1883년에 체결된 조 · 일통상장정 제37조 "백성의 굶주림을 막기 위해 조선정부가 미곡의 수출을 금지하려고 할 때에는 그 시행에 앞서 1개월 전에 지방관이 일본영사에게 통고하

고, 그후 미리 각 항구에 있는 일본상인에게 알려주어 모두 준수하도록 한다"는 규정에 의거, 9월 1일 외아문에 방곡령 실시를 통고하고 10월 1일부터 실행에 옮기는 등 시비를 없애려고 노력했다.

그러나 일본은 외아문으로부터 통고를 받은 날짜가 9월 17일이었다는 점을 내세워 방곡령의 즉각적인 해제를 요구하고 나섰다. 이에 따라 10월 17일 정부는 조병식에게 방곡령을 해제하도록 명했는데, 조병식이 오히려 일본상인들로부터 곡물을 압수하는 등 더욱 강력하게 방곡령을 시행했다. 그러자 일본측은 곧바

로 조병식의 처벌과 손해배상을 요구하고 있고, 1890년 정부는 조병식을 강원도 관찰사로 전임시켜 일본의 요구를 부분적으로 수용했다.

이로써 함경도지방의 방곡령사건은 원만히 해결되었으나, 개항 후 대일 곡물유출 추세로 보아 향후 방곡령문제는 계속될 전망이다.

최근 방곡령 일지

1889. 5 황해도 방곡령 실시
1889.10 함경도 방곡령 실시
1890. 2 황해도 방곡령 실시

관련기사 2면

역사신문

역사신문

방곡령 처리에 문제 있다

대일 저자세 외교 시정하라

일본의 경제침투가 날로 심각해지고 있다. 이에 따라 국민들이 각 분야에서 힘겹게 방어에 나서고 있지만, 무능하고 무책임하기 그지없는 현 정부 아래서 파국으로 치닫고 있을 뿐이다. 통탄할 만한 일이 아닐 수 없다.

우선 방곡령사건을 살펴보자. 방곡령은 식량문제에 대한 자주권 행사의 일환으로서 누구도 왈가왈부할 수 없는 우리의 고유한 권한 행사이다. 흉년이 들어 우리 국민들이 먹을 쌀도 모자라는 상황에서 어찌 일본 국민을 위해 쌀을 수출하겠는가. 그럼에도 불구하고 일본은 사소한 절차상의 하자를 트집잡아 관계관의 처벌을 요구하고 방곡령의 취소를 강요하는 한편, 심지어 일본 상인들이 제기한 손해배상까지 청구하고 나섰다. 이는 이웃나라간의 신뢰를 저버리는 폭력행위에 다름없는 것이다.

그런데 이에 대처한 우리 정부의 처리방식은 어떠했는가. 결과적으로 일본의 요구를 그대로 다 들어주었다. 함경감사 조병식에 대해 행정조치로 처벌을 가했고, 그들의 배상청구문제를 4년간의 협상으로도 해결하지 못하고 끝내 모두 들어주었다. 조·일통상조약이라는 올가미가 현 정부의 발목을 죄고 있는 것은 사실이지만, 일본이 조선이라는 국가체제를 구속할 수는 없는 문제이다. 그런데 하물며 백성의 생존권이 달려 있는 문제를 어찌 이런 방식으로 처리할 수가 있는지 통탄스럽다.

제주도민들의 민란 문제도 일본 어민의 마구잡이 어로로 인해 주민들의 생계가 위기상황에 빠져들고, 일본 어민들이 제주도에 들어와 약탈하고 부녀자를 폭행하는 사례가 늘어남에 따른 어민들의 '정당방위'인 것이다. 제주도민들은 일본인들의 횡포를 금지시켜줄 것을 정부에 강력히 요청하고 있으나 정부가 과연 이번에는 당당하게 맞서 해결할지 의심스럽다.

서울 시전상인들의 철시투쟁은 1883년 이래 청 상인들이 개항장과 서울을 거점으로 내지시장까지 침투해 들어옴에 따라, 우리나라 상인의 상권이 잠식되고 경제적 타격을 입은 데 따른 것이다. 그러나 청·일 양국은 이번 철시투쟁이 고종의 배후조종에 의한 것이라며 사태의 본질을 흐리는 한편, 정부에 대해 보상을 요구하며 교섭을 진행하고 있다.

외세의 폭력적 경제침탈과 우리 정부의 무능한 대응이 빚어낸 교묘한 조화 속에서, 다치는 건 우리 농민·어민·상인들이다. 지금이라도 정부는 국민들의 생존권 투쟁의 정당성에 주목해 올바른 대책을 강구하길 바란다. 정부의 가장 중요한 본분은 국민의 이익을 지켜주는 일임을 잊지 말자.

그림마당
이은홍

風俗の画

방곡령 파동의 전말

흉작에 곡물 과다반출로 곡가 급상승이 실시 배경
곡물수입에 혈안된 일본측, 사소한 규정 트집잡아 생떼

함경도 관찰사 조병식이 방곡령을 선포하고 이에 일본측이 반발하고 나섬으로써 이 사태가 정계의 최대 현안으로 대두되었다. 그런데 방곡령은 원래 조선후기 이래 지방관의 직권으로 관습적으로 실시해오던 것이다. 미곡이 상품화하면서 타지방으로의 지나친 곡물유출이 곡물가격의 등귀를 가져오자, 지방관은 관할지역 내의 곡물을 확보하고 곡가안정을 꾀하는 수단으로 방곡을 실시했었다.

그런데 1876년 개항 이후 방곡은 곡물의 대일유출 저지와 긴밀히 관련되기 시작했다. 개항 이후 일본으로 곡물이 유출되면서 식량확보와 곡가안정의 문제가 위험수위에 이르게 되자 지방관들이 계속해서 방곡령을 실시했던 것이다. 특히 1883년 6월 〈재조선국일본인민통상장정〉이 체결되어 곡물의 국외 유출방지를 목적으로 1개월 전에 사전통보를 거쳐 방곡령을 시행할 수 있다는 조문이 마련됨으로써, 제한적이나마 방곡령이 제도적으로 보장되어 환영을 받았었다. 조병식이 적법한 절차에 의해 방곡령을 실시했기 때문에 문제될 것이 없다고 주장하고 있는 것도 바로 이 조문내용에 근거한 것이다. 실제로 개항 이후 1888년까지 실시된 수십여 차례의 방곡령은 아무 문제도 일으키지 않았다.

그러나 이번 방곡령은 지방관이 일본의 압력을 받은 정부의 지시를 무시하고 그대로 강행함으로써 외교적인 마찰로까지 확대된 것이다. 조병식은 최근 7~8년간 흉작이 계속돼 농촌의 식량사정이 말이 아니었기 때문에 소신대로 밀고나간 것으로 보인다.

그러면 일본측이 이에 대해 돌연 강도높게 문제삼고 나온 배경은 무엇일까. 일본은 그동안 근대산업의 발전에 따라 농촌인구의 도시집중으로 생기는 미곡생산량의 감소와 증대하는 양곡수요를 해결하기 위해, 조선에서 미곡을 값싸게 대량으로 사들이는 방법을 취해왔다. 특히 우리나라의 콩은 가격이 싸고 품질이 좋아 일본에서 인기가 높다. 더욱이 1889년에는 일본에 대흉작이 발생, 쌀소동이 일어나 우리나라로부터의 식량공급이 절대적으로 중요한 상황이었다. 이에 따라 일본은 온갖 방법을 동원하여 우리 정부에 압력을 가했고, 우리 정부는 또다시 굴복하기에 이른 것이다.

결국 일본의 침략성과 우리 정부의 총체적인 무능이 합작을 이뤄 일본의 무리한 요구에 굴복했고, 우리 농민의 한숨만 더 커질 수밖에 없는 상황이 되고 말았다.

인터뷰 방곡령 강행한 조병식

계속된 흉작으로 농촌 식량사정 심각
방곡령은 지방관 고유권한

방곡령을 실시하게 된 배경은.
1882년부터 흉작이 계속돼 농촌의 식량사정은 말이 아니다. 도내의 백성들이 굶주리고 있는 상황에서 우리의 쌀이 일본으로 반출된다는 것은 있을 수 없는 일이다. 일본의 경제침투에 대해 뭔가 대책이 필요하다는 생각에서 실시를 강행했다.

일본이 방곡령의 위법성을 지적하고 있는데.
방곡령은 본래 관습적으로 실시해온 지방관의 고유권한이다. 곡물의 지나친 유출로 가격이 오르면 곡가안정을 꾀하는 수단으로 방곡을 실시했었다. 그런데 개항과 함께 일본 상인들이 들어오면서 사정이 다소 복잡해졌다. 방곡령을 실시하려면 1개월 전에 일본측에 사전통보를 해야만 하는 것이다. 억울한 일이다. 그러나 나는 분명히 일본과의 외교적 마찰을 우려해 적법하게 일을 처리했다.

일본측이 방곡령을 문제삼고 나오는 이유는 뭐라고 보는가.
일본은 국내 산업발전에 따라 농업인구가 줄고 식량생산에 한계가 있어 식량문제가 꽤 중요한 모양이다. 쌀소동이 빈번히 일어난다고 들었다. 이에 따라 일본이 힘의 우위를 내세워 우리나라로부터 쌀을 빼가고 있는 것이다. 일본으로서는 방곡령이 달가울 리가 없다.

일부에서는 이번 방곡령 선포의 배경에 대해 의혹을 제기하고 있다. 지방관들이 조세로 사들인 쌀을 항구에 쌓아두고 가격이 오르기를 기다려 서울의 쌀시장이나 개항장에 내다팔아 차액을 챙겨왔는데, 이번에 일본 미곡상인과 큰 마찰이 생겨 방곡령을 선포한 것이라는 말이 있다.
그런 일은 있을 수도 없고 있어서도 안되고, 또 실제로 없는 일이다. 누군가 우리 지방관들을 모함하기 위해 퍼뜨린 말이 아니겠는가.

시전상인들 열받은 이유

청, 일 상인 서울 진출 … 시전상인 상권 크게 잠식
정부, 외교교섭에 나서 … 협상에 힘 실어 주기 위한 행동일수도

외국상인의 서울 진출에 대한 문제제기는 이미 오래전부터 있어왔다. 1883년부터 시작된 중국과 일본 상인의 서울 진출은 서울상인들의 상권에 중대한 위협이 됐고 이에 대한 반대여론도 높아왔다.

이에 따라 우리 정부는 1885년부터 이 문제를 해결하기 위한 외교교섭에 나섰다. 이러한 외교교섭은 주로 중국에 초점이 맞추어져 있었는데, 그것은 서울 개방의 빌미가 조·청수륙무역장정에서 말미암은 것이었고, 이 부분이 개정되면 타국 상인들도 이에 따를 것으로 판단했기 때문이다. 따라서 정부는 중국상인의 거류지를 한강변 양화진이나 용산으로 이전할 것을 요구했지만 중국측은 이 요구를 차일피일 미루기만 했다.

이에 서울상인들은 직접 자구책을 강구하기 위해 철시와 시위를 통한 압력행사에 나섰다. 이러한 상인들의 투쟁은 이미 1887년과 1889년 1월에 일어났으며 이번에 다시 대규모로 일어난 것이다.

그런데 이번 사태에는 이와는 또 다른 정치적 배경이 있다는 설이 있다. 진원지는 중국측인데 우리측 외아문주사 변석운이 중국에 가서 북양대신 이홍장을 접견하여 중국상인들의 철수를 요구하자, 그는 이번 사태가 고종의 배후조종에 의한 정치적 음모라고 주장한 것이다. 물론 이것이 문제를 회피하려는 중국측의 억지일 수도 있지만 여러 가지 정황으로 미루어볼 때, 이번 사태에 고종이 연결되어 있었다는 것은 사실로 보인다.

이에 따라 정치분석가들은 이번 사태가 단순히 상인들만의 행동이라기보다는 정부측이 추진하는 정치적 외교교섭에 상인들이 직접행동으로 힘을 실어준 것으로 봐야 한다고 지적하고 있다. 즉 원세개의 전횡에 염증을 느끼고 있는 고종이 원세개를 견제하기 위한 수단으로 중국상인들의 철수문제를 표출시킨 것이라는 분석이다.

전국 각지에 민란

"대대적 민란의 전초다" 정부 초긴장

최근 들어 함경도, 강원도, 경기도, 전라도, 경상도 등 전국 각지에서 민란이 빈발하고 있다. 이는 지난 1860년대에 삼남지방 전역에서 동시다발로 일어났던 전국적 민란을 연상케 하는 것으로 정부를 긴장시키고 있다. 특히 1888년에 함경도 지방에서 집중적으로 민란이 일어난 데 이어 1889년에는 강원도일대에서 민란이 집중적으로 일어나, 이것이 전국적 민란의 전초가 아닌가 하는 우려를 낳고 있다. 1888년 함경도에서는 초원, 북청, 영흥, 길주에서 잇달아 민란이 발생했다. 이들 지역이 서로 연계를 가진 것으로 밝혀지지는 않았지만 농민들이 언제라도 들

고 일어설 조건을 구비하고 있는 것으로 보인다. 1889년 강원도에서는 정선, 인제, 통천, 흡곡, 낭천 등지에서 연이어 민란이 발생했다. 1월의 정선민란에서는 농민들이 봉기하여 군수를 축출하는 사태가 발생했고, 3월의 통천민란에서도 좌수(座首)를 집단구타하는 소동이 있었다. 8월의 흡곡민란은 관리의 부정부패와 농민들의 민원이 원인이 된 것으로 밝혀졌는데, 주모자 이희재는 몰락양반으로서 개인적으로 이런 사정과 아무 관련이 없는 것으로 드러나 정부를 곤혹스럽게 했다.

1890년에 들어와서는 경기도 안성, 경상도 함창, 전라도 나주 등지

로 민란이 번져나가고 있다. 나주에서는 농민들이 고을을 장악, 자신들이 대표를 뽑고 시정개혁을 펼치는 사태까지 치달았다. 경상도 함창에서는 농민들이 민회(民會)를 열어 다수의견에 따라 행동을 결정하는 한편, 수령과 이서(吏胥)들을 구타, 추방하고 장기간 고을을 점령했다.

이러한 민란의 빈발은 지난 1860년대의 전국 민란을 연상케 하는 것이지만, 당시의 사회모순이 개혁되지 않고 그대로인데다 개항 이후 상업적 농업이 발달하면서 지주제가 더욱 확대되고, 이에 따라 농민의 몰락이 가속화되는 현상이 근본원인으로 자리잡고 있다는 분석이 많다.

제주도에 소요사태

일본어민 만행, 무능한 정부에 분노 폭발

1890년 제주도에서 전주민들이 궐기하여 중앙에서 파견돼온 순심사 이전을 추방하고 관청을 점거, 일본어선의 어로금지를 요구하는 시위를 벌이고 있다. 주민들은 이에 앞서 1백여 명이 상경하여 정부에 일본어민들의 횡포를 막아달라고 호소한 바 있다. 그럼에도 정부가 1889년 〈조·일통어장정〉에서 일본어선의 제주도 조업을 허용해주려고 하자, 마침내 분노가 폭발하여 이번 사태가 발생한 것으로 분석된다.

제주도연안에서의 일본어선 조업은 지난 1883년 〈조·일통상장정〉에

따라 허용됐었다. 그러나 1884년 일본인의 최신식 어업기구인 잠수기 어선단이 제주도근해에서 어로활동을 하기 시작하자 제주주민들의 격렬한 항의가 일어났고, 심각성을 인정한 정부는 일단 일본어선의 제주 어업을 잠정중단시켰다. 그럼에도 일본어선의 불법어로행위는 현재까지 그치지 않고 계속되고 있다.

이들 불법어선들은 항의하는 제주도민들에게 약탈과 폭력까지 일삼고 있다. 1887에는 가파도에 상륙, 가축을 잡아가고 칼부림을 하는 등 만행을 저질러 도민들이 대피하는 소동

이 일었고, 모슬포에서는 이들이 가축약탈과 함께 주민을 살해하는 사건이 일어나 제주도민의 분노는 극에 달했다. 또 1890년에는 배령리에 상륙한 일본인들이 행패를 부려 우리 관리를 살해했다.

이렇게 사태가 확대되자 제주도 문제는 조·일 양국간에 외교문제로 비화됐고, 정부는 이전을 순심사로 파견하는 한편 일본과 제주도 어업 금지조치를 연장하는 교섭을 벌여왔다. 그러나 일본측이 막무가내로 이를 거부하는 바람에 정부는 난처한 입장에 빠져 있다.

외국상인의 도성진출과 조계지 실태

임오군란 계기로 청 상인 서울 진출

일본 상인도 진고개 일대에 상권 확보

양국 상인, 전통 종로 상권 넘봐

이번 1주일간에 걸쳐서 서울을 발칵 뒤집어놓은 상인들의 철시투쟁은 외국상인들의 서울침투에 대한 반발로 일어난 것이다. 외국상인들의 서울진출 실태를 알아본다.

서울은 우리나라의 정치중심지이자 최대의 소비도시이다. 따라서 당초 우리 정부는 경제개방의 와중에서도 서울의 개방은 가능하면 회피하려 애를 썼다. 그래서 1876년 체결된 강화도조약에서 부산, 원산과 함께 인천의 개항이 규정되었음에도 인천만은 서울에서 가깝다는 이유로 개항을 가급적 미뤘다. 그러다 1882년 임오군란에 따른 정치적 자주권상실로 말미암아 그렇게 미루던 서울마저 개방이 됐다.

당시 조·일수호조규속약이 맺어졌는데, 그 가장 중요한 내용은 일

본상인의 상거래범위를 개항장으로부터 100리로 확대하는 것이었다. 이 경우 인천으로부터 계산하면 100리의 범위에 서울이 포함돼 사실상 서울의 개방을 노린 것이었다.

청은 한술 더 떠 임오군란으로 높아진 위상을 이용해 조·청상민수륙무역장정에서 중국상인이 서울에 상점을 내고 장사를 할 수 있는 권한을 확보했다. 일본도 최혜국 조항에 따라 중국이 얻어낸 권한을 공유했다.

이러한 과정을 거쳐 서울의 문턱인 용산이 개항장으로 선정됐으며, 인천에서 용산까지 증기선이 정기적으로 운항되기에 이르렀다. 그리고 외국상인들은 용산을 거점으로 서울 시내까지 침투하기에 이르렀다.

현재 서울에서 활동하는 중국상인

들은 대략 6백여 명 되는데, 이들은 주로 남대문일대와 수표교 근처, 그리고 최근에는 전통적인 상가인 광교까지 넘보고 있다. 이들은 거액의 자본을 가진 무역상으로서 서울의 수입상품시장을 장악하고 있다.

일본상인들은 1883년부터 서울에 들어오기 시작해 남산 아래 진고개 일대의 거의 10리에 가까운 지역을 차지하고 있고, 1887년에는 일본인 상업회의소를 발족시켰다. 일본인들의 직업은 무역상·잡화상·전당포·술집·세탁상·시계포·목욕탕·목수·미장이·음식점 등 다양한데, 특히 술집·음식점·창녀집 같은 불건전한 유흥업이 눈에 띄게 늘고 있다.

최근의 서울주재 일본상인 수는 5백여 명에 달하고 있다.

농민들, 왜 살기 힘든가

개항 이후 곡물 수요급증으로 곡가폭등
화폐경제의 마술에 농민만 녹아나

최근 전국 각지에서 일어나고 있는 민란은 1876년 개항 이후 상업적 교역이 부쩍 늘어난 것과 뗄 수 없는 관계에 있다. 물론 농민들이 개항과 관련된 구체적인 요구를 내건 적은 없다. 농민들은 지방관의 부당한 수탈에 항의하고 있다. 그러나 이 수탈은 지난날의 봉건적 수탈과는 또 다른 측면 즉, 개항 이후의 상황을 반영하고 있는 것이다. 요즘 농민들은 토지세인 결세(結稅)를 돈으로 내는데, 이는 애초 결마다 부과돼 있던 현물세액을 금전으로 환산해서 내는 것이다. 문제는 이 환산에 있는데, 고정된 비율에 따라 환산할 경우 시가와의 차액은 농민들 차지다. 그러나 비율을 시가에 따라 변동시키면 그 차액은 수령이나 정부의 몫이 된다. 지방관들이 이 시가로의 환산을 강요하기 때문에 농민들이 눈에 쌍심지를 켜고 달려드는 것이다. 또 고정비율로 환산을 하더라도 농민이 차지할 차액에 대해 수령과 이서들은 온갖 명목으로 부가세를 붙여 거두어가고 있다. 한편 곡물가격이 날로 폭등함으로써 잉여곡물이 많은 지주층은 엄청난 이득을 얻고 있다. 곡가폭등은 개항 이후 외국상인의 수요가 더해진 데 따른 필연적 결과다. 따라서 지주층은 온갖 편법을 동원해 자신의 땅을 넓히기에 혈안이 돼 있다. 특히 이 과정에서 왕실 친인척 소유지로서 면세지인 궁방전이 사태를 악화시키고 있다. 지주나 자영농들이 세금을 피하기 위해 일정한 대가를 치르고 자신의 땅을 명목상 궁방전 소속으로 이전하고 있는 것이다. 아직도 세금징수방법이 지역별 총액제인 상황에서 이렇게 해서 발생한 세금 부족분은 나머지 농민들에게 돌아갈 수밖에 없다. 이래저래 농민들은 쥐어짜이고 있는 것이다.

'괴물' 백열전등
경복궁 밤을 밝힌다

1887년 2월 경복궁에 전깃불이 환하게 밝혀졌다. 진공전구 속의 필라멘트를 전기로 가열하여 불을 밝히는 이 최신식 백열전등은 미국에서 1879년 에디슨이 개발에 성공한 것으로 발명된 지 채 10년도 안돼 우리나라에 들어온 것이다. 정부는 일찍이 1883년에 미국의 에디슨에게 직접 공문을 보내 전등가설을 의뢰한 바 있고, 곧 긍정적인 회답을 받았으나 갑신정변으로 국내정국이 혼란스러워지는 바람에 연기됐었다.

전등에 공급할 전기는 경복궁 향원정 연못가에 간이발전소를 건설해 공급하고 있어 이를 '물불'이라 부르는 이들도 있으며, 전등은 건청궁을 비롯해 각 전각 처마끝에 가설됐다. 밤이 되면 환하게 밝혀지는 전등을 구경하려 민간의 사람들까지 궁궐담 근처로 몰려드는 등 장안의 명물이 되고 있다. 그러나 발전기에서 나는 요란한 소리가 밤새 끊이지를 않아 왕실을 비롯해 궁궐 안 사람들은 짜증을 부리는 일이 부쩍 잦아지고 있다는 소식이다.

한편 전등은 고장나는 일이 잦은데다 운영비 및 수리비가 엄청나게 들어 관리담당인 건청궁 주사 이수영 등은 이를 '건달불'이라고 부른다고 한다. 또 발전기에서 흘러나오는 뜨거운 물로 인해 향원정의 물고기들이 모두 죽은 채 떠올라 이것을 「사기」 등 옛 문헌에서 언급하고 있는 망국의 조짐으로 연결시키는 이들도 나타나고 있다.

안상궁이 본 전등

향원정 근처에 서양식 집을 지었다. 여기에는 커다란 쇠물통 3개가 높이 걸려 있고 안에는 갖가지 기계가 비치돼 있다. 관리는 서양사람들이 한다. 그리고 궁내의 너른 대청과 마당에 커다란 등 같은 것을 달아놓았다. 서양사람이 기계를 조절하면 멀리서 벼락치는 듯한 소리가 요란하게 나면서 못물을 빨아올리고 한쪽에서는 김이 무럭무럭 오르는 뜨거운 물이 못으로 흘러나오곤 한다. 이러기를 한참 하면 등마다 환한 불이 켜진다. 그러면 우리는 넋을 잃고 도망쳐 어두운 곳에 숨어서 바라보곤 한다. 별국의 궁녀들은 모두 이것을 '괴물'이라고 하면서도 온갖 구실을 붙여 건청궁으로 이 괴물을 구경하러온다. 등이 켜 있는 동안에는 낮이나 밤이나 끊임없이 귀 따가운 소리가 들려와 건청궁 사람들 중에는 짜증을 부리는 이들이 많다.

이번 호의 인물　　　조병식

일본상인 물먹인 배짱 좋은 지방관

중앙정부의 무능 속에 민중의 피땀어린 미곡을 외롭게 지킨 애국애민의 지방관으로 부상한 조병식. 그는 1884년 갑신정변 이후 비교적 소강상태를 이어오던 정계에 방곡령 파문을 일으키며 일약 스타덤에 올랐다. 물론 방곡령은 오래 전부터 곡가안정의 수단으로 사용되어 온 지방관의 고유권한이다. 그러나 문호개방 이후 일본의 경제 침투가 점차 강화되면서 쌀의 대일유출은 전국민의 생존권과 직결되는 문제로 비화되었다. 방곡령은 종래의 국내 경제문제의 차원에서 한일간의 경제관계 및 외교관계의 차원으로 확대된 것이다.

그러나 무능하고 무책임하기 짝이 없는 중앙정부는 늘 소극적인 자세로 일관했다. 쌀·면직물 교환체제가 갖는 심각성에 대해 모르는 것인지 아니면 알면서도 외면해 버리는 것인지 답답하기 그지없었다. 이러한 상황에서 함경도 관찰사인 그가 함경도 도민들이 굶주리고 있는데 우리의 쌀이 일본으로 반출되는 것을 그대로 방치할 수 없다며 의연하게 방곡령을 선포하고, 끝내 일본의 외압에 굴복한 정부로부터 어이없게도 징계를 받았다.

그런데 문제가 그리 간단치만은 않다. 방곡령 선포의 배경에 대해 의혹이 제기되고 있는 것이다. 지방관들이 농민들로부터 가혹하게 거둔 쌀을 모아 두었다가 가격이 좋을 때 한꺼번에 시장에 내놓아 사적 이익을 챙겨 왔으며, 이때 상인들에게 값을 올려받기 위한 수단으로 종종 방곡령을 사용해왔다. 더욱이 조병식은 1878년 이조참판으로 있을 때 충청도 관찰사 재임시의 비리가 드러나 유배된 적이 있었고, 1883년 형조참판 재직시에는 죄인을 신문하던 중에 죽음에 이르도록 만들어 또다시 유배되었다. 따라서 일부에서는 이런 전력을 미루어 방곡령 선포는 애국애민의 결단이라기보다는 부패관료의 또다른 모습이라는 시각이 제기되고 있다.

어쨌든 그는 의도했든 아니든 결과적으로 조선 침탈에 혈안돼 있는 일본에게 우리 조선이 그리 만만치 않음을 보여줬다.

양주 조씨이며 1823년 서울 출생.

해외 소식

"노동자 정치투쟁의 선봉" 제2인터내셔널 창설

만국 노동자대표, 파리에 모여 힘찬 결의

1889년 7월 14일 프랑스 파리에서 20개 국의 노동운동 및 사회주의운동 대표 391명이 참석한 가운데 1876년에 〈사회주의 인터내셔널〉이 해산된 지 13년만에 〈제2인터내셔널〉을 부활시켰다. 이날 참석한 일부 대표들은 생전의 마르크스가 외친 "만국의 노동자여, 단결하라"는 구호가 이날 생생하게 되살아났다며 감격의 눈물을 흘렸다.

창립대회에서는 매년 5월 1일을 전세계 노동자계급의 시위와 투쟁의 날로 정하고 제1인터내셔널의 정신을 이어받아 노동자계급이 정치투쟁에 떨쳐일어날 것을 결의했다. 특히 최근 강대국들간에 대립이 격화, 전쟁의 가능성이 점쳐지는 가운데 노동자는 전쟁을 강력히 반대하기로 의견을 모았다.

관측통에 의하면 제2인터내셔널은 마르크스주의가 조직 전반을 풍미하고 있으며, 제1인터내셔널을 괴롭히던 무정부주의 분파는 말끔히 청산됐다고 한다. 결성을 주동한 이들은 주로 독일의 사회민주당원들이며, 특히 마르크스의 절친한 동료였던 엥겔스가 막후에서 핵심적 활동을 한 것으로 알려졌다.

그러나 상설지도부를 구성하지 못하는 등 제1인터내셔널에 비해 조직결속력은 현저하게 약하다는 지적이 많다.

유길준 「서유견문」 저술 … '지식계에 신선한 충격'

"개화란 모든 것이 가장 선하고 아름다운 경지에 이르는 것"

갑신정변 이후의 검거선풍에 연루돼 연금생활을 해온 유길준이 그동안 칩거하면서 자신이 일본과 미국에서 보고 들은 것을 정리한「서유견문」을 저술한 것으로 알려졌다. 주지하다시피 그는 일본에서는 후쿠자와 유키치(福澤諭吉)에게 수학했고, 미국에서는 저명한 진화론자인 에드워드 모스교수의 지도를 받았다.「서유견문」은 서양의 정치, 경제, 사회, 문화 전반을 소개하고 있는데 그 근저에는 이들로부터 받은 영향이 밑받침돼 있다. 아직 공개는 안됐지만 이「서유견문」은 앞으로 우리 지식인들에게 엄청난 영향을 미칠 것으로 기대된다.

책에서 우리에게 낯선 서양문물을 소개하고 있는 것은 '개화'를 강조하기 위해서겠죠?

그렇습니다. 개화란 한마디로 '인간의 모든 사물이 가장 선하고 아름다운 경지에 이르는 것'이라고 규정하고 싶습니다. 우리 인간사회는 미개화에서 반개화를 거쳐 개화의 상태로 나갑니다. 서양이 우리보다 먼저 개화를 시작했죠. 그들이 이룩한 업적을 책에 자세히 소개해봤습니다. 시작이 반이라고 우리도 하루빨리 개화의 대열에 나서야 한다는 것이 제 저술 동기입니다.

일부에서는 개화에 적대감을 보이고 있는데요.

저는 무조건 서양을 따라배워야 한다고 주장하지 않습니다. 그것은 허명(虛名) 개화이지요. 저는 실상(實狀) 개화를 주장하는데 즉, 자기 나라의 처지와 형편에 맞게 개화해야 한다는 것입니다. 외국 기계를 도입하고 외국기술자를 초빙하는 것보다 우리 스스로 그러한 기계를 만들 수 있고 운용할 수 있는 능력을 길러야 진정한 개화라는 말입니다.

일본학자 후쿠자와 미국학자 모스에게 배웠다고 들었습니다.

네. 후쿠자와씨가 쓴「서양사정」이 제 책의 모델입니다. 후쿠자와씨는 일본의 문명개화와 부국강병을 주장하는 사람이고 특히 조선의 자주독립에 관심을 표명하고 있습니다. 모스씨는 동경대학에서 강의를 한 적이 있는 저명한 진화론학자로, 그로부터 서양의 사상과 문화에 대해 많은 것들을 배웠습니다.

후쿠자와씨는 일본이 조선을 병합해야 한다는 논리를 펴고 있는 것으로 알려져 있는데요.

그가 "조선인민을 위하여 그 나라의 멸망을 소망한다"는 말을 한 적이 있는데 이것은 은유적인 표현이 아닐까요. 과거의 체제를 고집하게 되면 백성들이 불행해진다는 의미로 들었습니다.

우리 농민들이 얼마전에 전국적인 봉기를 일으킨 적이 있고 프랑스에서도 민중혁명이 있었다고 들었는데, 이에 대해서는 어떻게 생각하십니까.

프랑스 민중들이 고금에도 없는 방자한 폭행을 자행한 일이 있지요. 국가란 외국의 침략은 물론 국내의 반란도 방지할 책임이 있습니다. 국가가 인민을 교육하고 계몽해서 깨어나게 해야 합니다.

앞으로의 계획은 어떻습니까.

나라에서 저를 필요로 한다면 부국강병을 위해 힘닿는 데까지 일해 볼 생각입니다.

먹거리에도 개화바람

희한한 양식 소개, 서양식 술·과일도 선보여

이제 시골 촌로의 술상에도 서양 술병이 오르고 있다.

쇠고기를 덜 익혀 피가 뚝뚝 떨어지는 것을 식탁에서 손칼로 잘라 그대로 먹는다. 그리고 캐비지, 샐러드 등 이름도 생소한 야채를 소여물 씹듯이 날로 우적우적 씹어먹는다. 완전히 익혀먹는 것은 감자 정도다. 이것은 야만인가 개화인가. 최근 서양인들의 왕래가 잦아지면서 서양인들이 우리에게 선보인 그들의 식사법이고 왕실에서도 이를 종종 먹는다고 하니 분명 개화된 먹거리에는 틀림없는 것 같으나 서민들이 보기에는 영락없는 오랑캐짓이다. 이에 대해 최근 미국유학을 마치고 돌아온 유길준은 이렇게 말한다. "서양사람들은 음식물을 과학적으로 이용하기 때문에 체증이 거의 없다. 쇠고기도 너무 익히면 사람에게 이롭지 못하다고 하여 반쯤만 익혀먹는 것이고, 또 그대로는 독이 있다고 하여 반드시 감자와 함께 먹어 그 독을 중화시키는 것이다."

얼마전 영국인들이 거문도를 점령했을 때 주민들에게 철강통을 나눠줘, 철을 깨물어 먹으라는 것인 줄 안 주민들을 당황케 한 적이 있다. 나중에 그들이 기구를 가지고 뚜껑을 열어줘 그 속에 고기가 들어 있다는 것을 알았지만……. 이 정도를 만드는 기술을 갖고 있다면 그들의 식사법이 분명 개화된 것임을 알 수 있다.

그러나 이런 것들이 아무리 개화된 음식이라고 해도 서민들에게는 그림의 떡이다. 이에 비해 일본인들이 선보인 단무지(다꾸앙)와 어묵(가마보꼬)은 이것만 파는 상점이 생길 정도로 서민들 사이에 인기다. 또 서양과일도 서민들에게 친숙하게 다가오고 있다. 기존의 능금보다 10배는 더 크고 맛도 훨씬 달콤한 서양식 사과가 선보였다. 최근 황해도 황주와 경상도 대구에 서양선교사들이 이 사과나무를 대량으로 심는, 이전에는 못보던 과수원이란 것을 만들어 화제가 됐다. 또 서양종 배와 복숭아도 소개되고 있는데 한결같이 크기가 크다.

한편 왕실과 부유한 양반층에서는 서양식 술인 포도주와 위스키가 인기를 끌고 있다. 우리의 전통술인 소주보다 향기가 좋고 일부는 도수가 아주 높다. 커피, 홍차 등 서양식 차도 소개되고 있다. 특히 국왕 고종은 저녁식사 후에 반드시 커피를 즐긴다고 한다.

서양에서 차가 발달한 것은 그들의 수질이 나쁘기 때문이다. 우리는 전통적으로 녹차 이외에 별다른 차가 없었는데 이는 양질의 샘물이 흔하기 때문이다. 이를 보면 개화음식이 반드시 최고인 것만도 아니다.

「한영자전」, 「한영문법」 출판

韓英文法
한영문법

1889년 미국 장로교 선교사인 언더우드가 사전「한영자전」과 영어문법책「한영문법」을 저술해 출판했다. 이것은 우리나라 최초의 영어사전 및 문법책으로 앞으로 우리나라 사람들의 영어공부에 큰 도움을 줄 것으로 보인다.

언더우드는 지난 1885년 아펜젤러와 함께 입국했으며 1886년에는 고아학교를, 1887년에는 새문안교회를 창립하는 등 활발한 활동을 해오고 있다. 1889년에는 〈예수교 성교서회(聖教書會)〉를 설립, 성서 및 찬송가를 번역하는 사업을 하고 있다.

역사신문

동학교도 전라 삼례 집결
교조 최제우 신원 요구

1892년 11월 2일 동학교도 수천 명이 전라도 삼례에 모여 집회를 열고 전라감사에게 동학교조 최제우의 신원과 동학포교의 자유를 요구했다. 이에 대해 전라감사 이경식은, 동학은 나라에서 금한 것이니 허락할 수 없다고 거절하여 앞으로 동학교도들이 어떠한 행동을 취할지 관심이 모아지고 있다.

동학의 교조신원 움직임은 올해 7월부터 시작됐다. 동학 간부 서인주와 서병학은 교단의 급무가 교조의 신원에 있다고 주장하면서 상경해 복합상소를 올릴 것을 건의한 바 있다. 그러나 교조 최시형은 10월 17일 통문을 내려 복합상소 이외의 방법으로 교조신원운동을 벌일 것을 지시했다. 이에 서병학, 서인주 등은 교도들을 충청도 공주에서 집결시켜 충청감사에게 교조의 신원과 각읍의 수령들이 동학교도들을 탄압하는 것을 금해줄 것을 요구했다. 이에 충청감사 조병식은 동학을 금하는 것은 조정의 일이므로 감영에서 바꿀 수 없는 일이라고 하면서 대신 각읍에 공문을 내려 동학금단 과정에서 빚어지고 있는 각종 폐단을 일체 중지할 것을 지시했다.

이런 성과에 고무되어 이번 삼례집회가 열리게 된 것인데 전라감사 이경식의 강경한 대응에 교도들은 서울로 상경, 복합상소를 결행하자는 주장도 대두되고 있다.

관련기사 2면

손병희 등 광화문에서 복합상소

"동학은 이단 아니다" … 탄압 중지 호소

1893년 2월 11일 손병희, 김연국, 손천민 등 동학교도 40여 명이 광화문 앞에서 동학은 이단이 아니며 동학에 대한 탄압을 중지해줄 것을 요구하는 상소를 올렸다.

동학교도들의 상소에 대해 국왕은 "돌아가 생업에 임하면 요구를 들어주겠다"고 하여 일단 해산했는데, 2월 26일 오히려 강력한 동학금지 지시를 내려 그 배경에 관심이 쏠리고 있다. 이에 동학교도들은 매우 격앙하고 있으며 모종의 대응을 준비 중이라는 소식이다.

이번 복합상소는 지난해부터 서인주, 서병학이 주장한 바 있으나 교주 최시형의 반대로 미뤄지다가 이번에 최시형의 허락이 떨어져 결행된 것으로 알려졌다.

이번 복합상소는 올 1월부터 준비돼 청주의 손천민 집에 상소를 위한 사무소가 설치되고 박광호, 손천민, 손병희, 박인호 등이 일을 맡기로 결정됐다. 청주에서 준비를 마친 이들은 2월 8일 과거를 보러 가는 선비로 가장하고 일제히 상경해 2월 10일 복합상소를 단행한 것이다.

이때 서병학과 서인주 등은 복합상소라는 방법에 만족하지 않고 교도들로 하여금 군복으로 갈아입게 하고 군대와 협력하여 정부 내 간신배들을 소탕할 것을 주장했지만 손병희 등에 의해 제지당했다는 소문도 있다. 정부는 이번 상소의 주모자에 대한 체포령을 내리는 한편 사전에 저지하지 못한 책임을 물어 한성부 관윤 신정희와 전라감사 이경식을 문책하였다. 관련기사 2면

서울에 "외국인 물러가라" 괴벽보
각국 외교관 및 거류민, 불안에 떨어

1893년 2월 동학교도들이 광화문에서 복합상소를 벌이고 있는 가운데 외국공사관 밀집지역과 외국인 거주지역에 동학 명의 또는 익명의 괴벽보가 나붙어 각국 외교관 및 거류민들이 불안에 떨고 있다. 프랑스 공사관에는 "너희들은 불법적으로 선교를 하고 있다. 속히 돌아가지 않으면 우리 당이 너희 공사관을 박살내겠다"는 벽보가 나붙었다. 또 일본인 거주지역에도 "탐욕스런 마음으로 남의 나라에 몰려와 해꼬지와 살인을 일삼고 있다. 해를 당하고 안당하고는 너희들에 달렸으니 알아서 하라"는 벽보가 나붙었다.

이에 각국 외교관들은 우리 정부에 항의공문을 보내는 등 대책마련에 나서고 있고, 특히 일본 영사관은 자국 거류민들에게 만일의 사태에 대비해 인천으로 철수할 수 있도록 만반의 준비를 갖추라고 지시했다.

한편 이번 괴벽보 소동은 동학내부 급진세력의 소행이라는 설이 퍼지고 있다.

동학교도 2만여 명 보은, 금구에서 집회
"일본과 서양을 몰아내자"

1893년 3월 11일 동학교도 수만 명이 충청도 보은에서 집회를 갖고 일본과 서양을 몰아낼 것을 주장하는 집회를 가진 사태가 발생, 정국이 아연 긴장상태에 돌입했다. 이번 집회는 정부에서 급파한 어윤중에 의해 가까스로 해산됐지만 전라도 금구에서 별도의 대규모집회가 열리는 등 불씨는 여전한 상태다.

어윤중은 현지에 내려와 동학교도들을 만나 요구사항을 청취하는 한편, 병영군 1백 명을 읍내에 주둔시켜 압력을 가하며 해산을 종용했다. 이 집회는 1892년 이후 전개된 공주 삼례집회, 광화문 복합상소 등 일련의 교조신원운동의 연장으로 이루어진 것인데 이번 집회에서는 교조신원보다는 척왜양(斥倭洋, 일본과 서양을 몰아낼 것)의 구호가 더욱 부각돼 정부를 긴장시켰다. 동학교도들이 이번 보은집회를 열게 된 것은 직접적으로는 한 달 전 있었던 광화문 복합상소의 실패에 따른 위기감 때문이지만, 근원적으로는 개항 이후 농민들 사이에 급속하게 퍼지고 있는 반외세 의식이 동학을 통해 표출된 것이라는 분석이 일반적이다.

보은집회는 3월 11일 보은관아의 삼문에 동학의 방문이 내걸리고 13일에는 전국 각지에서 본격적으로 교도들이 집결하면서 시작됐다. 20일이 되자 2만여 명이 집결했고 '척왜양창의(斥倭洋倡義)'라는 정치적 색채를 띤 깃발이 세워졌다. 그러나 이 집회는 최시형 교주 등 지도부가 어윤중의 군대동원을 진압하겠다는협박에 맥없이 철수해버림으로써 싱겁게 끝나버리고 말았다. 한편 이때 전라도 금구에서도 1만여 명이 집결, 별도의 집회가 열리고 있었다. 금구집회를 이끄는 지도자는 서인주, 손화중, 황하일, 전봉준 등인 것으로 알려졌다. 이들은 동학 내에서도 강경파로 평화적인 시위가 아니라 직접적인 실력행사를 도모하고 있다고 한다. 이들은 금구 농민을 이끌고 보은집회에 참가한 뒤 여세를 몰아 서울로 진격하려 했으나 보은집회가 예상보다 일찍 해산됨으로 인해 계획이 무산됐다는 설이 있다. 따라서 이들의 향후 움직임에 눈길이 모아지고 있다. 관련기사 2, 3면

민란, 갈수록 번져

1893년 한해에만 65건 발생

지난 몇해 동안 각 도별로 발생하던 민란이 1893년에 들어서 전국으로 번져나가는 심상치 않은 조짐을 보이고 있다. 1893년 한 해에만 총 65건의 민란이 보고됐는데, 지방관들이 문책을 두려워해 보고하지 않는 경우가 많은 것을 감안하면 실제 발생 건수는 이보다 훨씬 많을 것으로 추정된다.

1893년에는 특히 평안도와 전라도에서 집중적으로 민란이 터져나오고 있다. 이는 지난 1888년에 함경도, 1889년에 강원도에서 집중적으로 일어났던 것에 이어 전국이 민란발생 가능지역에 포괄됐다는 의미를 지니는 것으로 정부를 긴장시키고 있다. 이에 따라 최근 영의정 정범조는 "서북에서 민란이 일어나 아직 수습되지도 않았는데 연이어 호남에서 난이 일어나 정신이 없다"고 실토하며 우려를 표한 바 있다.

민란의 원인은 대개 지방관들의 과중한 세금수탈로 드러나고 있지만 황해도 철도진(鐵島鎭)민란이, 중앙정부가 경비조달을 위해 각종 명목의 잡세를 신설한 데 따른 불만이 기폭제가 됐다는 점에서 문제의 진원지는 지방에 국한되지 않는 것으로 보인다.

한편 전국 각지에서 민란이 빈발함에 따라 이들 농민들이 서로 연계하여 조직을 갖출 경우 대단한 위력을 발휘할 것이라는 조심스런 예측도 나오고 있다. 이에 따라 최근 전국적 조직망을 갖추고 농민집회를 이끌고 있는 동학에 시선이 집중되고 있다.

관련기사 3면

역사신문

농민 분위기 심상치 않다

정부의 적극대응 늦으면 큰 일 벌어질 듯

요즘 동학 교인들의 교조신원운동이 한창이다. 그러나 이 운동은 성격상 단순한 종교집회가 아니라 개항 이후 사회변동에 대한 기층 민중의 대응이 표면화된 것으로 볼 수 있어 주목된다. 일례로 보은집회는 동학교인만의 모임이 아니라, 일반 민중의 집회 즉 일종의 민회로 보는 것이 옳다는 얘기가 있다.

당초 동학의 입장에서 이번 교조신원운동은 절대절명의 과제가 아닐 수 없었다. 지방관과 유림의 동학교인들에 대한 탄압이 극심한 상황에서 단순한 명예회복 차원을 넘어, 포교의 자유를 법적으로 공인받으려는 강한 의지가 깔려 있었던 것이다. 그러나 "집회 이후, 물이 골짜기에 흐르듯이 불이 벌판을 달리듯이 하루에 수천 명씩 밀려드니 막을 도리가 없다"라고 선무사 어윤중이 말한 것처럼, 보은집회는 단순한 집회 차원을 넘어 반봉건·반침략 시위로 전환되었다.

'포교공인'이라는 종교적 구호보다 '외세척결'이라는 정치적 투쟁구호가 전면에 등장했다는 것은, 이제 동학교인들이 더 이상 종교적 이상주의에 빠지지 않고 실질적인 현실변혁을 요구한다는 점을 여실히 보여주는 것이다. 아울러 이 집회가 비록 동학교단이 주도한 모임이지만, 근래에 동학에 들어온 자들이나 동학을 통해 한맺힌 원을 풀려는 민중이 대거 참가했다는 사실을 입증하고 있다.

즉 국가와 지방관, 그리고 양반 지주와 외세로부터 각종의 시달림을 받고 있던 소외계층들이 동학의 변혁사상에 호응해 집회에 참석했다는 것이 이번 교조신원운동에 대한 올바른 평가일 것이다. 동학의 신도수가 급격히 늘어난 것도 이 같은 맥락에서 살펴야 한다. 이제 동학의 종교적 측면이 중요하다기보다는, 동학을 매개로 민중의 변혁의지를 결집시킬 수 있는 단계로 전환되고 있음을 보은집회가 보여주고 있다.

따라서 정부는 이번 사태를 단순히 종교적 측면에서 대응해서는 안될 것이다. 농민들이 이미 정치투쟁을 벌이고 있는 상황에서 종교적 대응으로 이를 해결하려고 한다면 문제는 더욱 꼬이기만 할 것이다. 사회·경제적 시각에서 민중들이 바라는 바가 무엇인지 제대로 파악해서 민중의 기대에 부응할 수 있는 전향적 정책을 수립해 실현해야 하리라.

이것은 시급한 일이다. 전국 각지의 상황을 종합해보면 농민들의 움직임은 이대로 방치할 경우 무언가 커다란 일로 번질 조짐을 보이고 있다. 그 규모는 지난 1860년대의 전국적 민란보다 훨씬 큰 폭발력을 가질 것이라는 게 일반적 분석이다.

그림마당
이은홍

교조신원이 척왜양으로 번진 이유

'척왜양'은 기층 농민들의 일반 정서
광범한 지지 유도 하기 위해 '척왜양' 구호 내걸어

동학의 입장에서 교조신원 즉, 교조 최제우의 복권은 절대절명의 과제다. 이것은 단순한 명예회복의 문제가 아니라 동학의 합법화를 의미하는 것이기 때문이다. 특히 지방 각지에서 동학 단속을 명분으로 교도의 재산을 빼앗는 일이 빈번하던 상황에서 동학의 교세확장을 위해서도 교조신원은 피할 수 없는 과제다. 그러나 운동은 이러한 교조신원에만 그치지 않고 척왜양이라는 정치적인 구호가 전면에 나오고 있다.

그러면 이들은 왜 느닷없이 척왜양이라는 정치적 구호를 내걸었을까. 이는 교조신원운동이 한편에서는 동학 자체의 운동이기도 하지만 다른 한편에서는 개항에 따른 사회변동에 대한 기층민중의 대응이기도 하다는 것을 보여주는 것이다.

어떻게 보면 이는 자신들의 집단 행동을 합리화하기 위한 명분일 수도 있다. 정부를 정치적으로 압박하기 위해서는 교조신원이라는 동학에 국한된 주장만으로는 힘을 발휘할 수 없으며 척왜양이라는 보다 일반적인 요구를 내걸어야만 효과적일 것이기 때문이다. 그렇다고 해도 이것이 단순히 대외적인 명분에 지나는 것은 아니다. 이러한 구호가 농민들을 동원해내는 데 효과적이라는 사실 자체가 농민 저변에 깔려 있는 정서를 대변해주기 때문이다.

실제로 이번 금구집회에서 볼 수 있듯이 현재 동학운동은 점차 단순한 종교운동에서 벗어나 농민층 중심의 사회운동으로서의 성격을 띠어 가고 있다. 동원되는 농민도 단순히 동학교도만은 아닌 것으로 밝혀지고 있고 지도부도 동학포교보다는 사회개혁을 지향하는 것으로 드러나고 있다.

결국 이번 교조신원운동은 개항 이후 사회 저변에서 내연해온 농민대중의 반외세 열기에 불길을 당긴 것으로 볼 수 있다.

동학집회 누가 이끄나

서장옥　황하일　　손천민　손병희

서장옥
동학교단 내 남·북접 두 계열 중 강경파인 남접계열의 '대부'로 알려져 있다. 1884년 동학에 입도해 최시형의 측근에서 활동했으나 1889년 유배에서 풀려난 후 공주와 삼례집회를 주도하면서 강경노선을 걸어 최시형 등 교단 지도부와 잦은 마찰을 빚고 있다. 특히 황하일과 함께 전라도의 전봉준, 손화중, 김개남, 김덕명 등을 제자로 거느리고 새로이 남접이라는 세력을 구축한 장본인. 승려출신으로 30여년간 많은 수양을 쌓았고, 신체는 작으나 용모가 특이해 교단 내에서 이인(異人) 혹은 진인(眞人)으로 통한다.

황하일
서장옥과 함께 남접계의 지도자로 서장옥과 노선을 같이하는 강경론자. 1884년 서장옥과 함께 동학에 입도, 정부의 추격에 쫓기던 최시형에게 은신처를 주선하는 등 교단 지도부와 긴밀한 관계에 있었다. 이후 동학교단의 전라도 포교활동이 본격화되면서, 청주일대의 근거지를 놔두고 전라도로 옮겨가 활약하고 있다. 전봉준을 서장옥에게 소개하는 등 전라도의 주요인물들과 두터운 교분을 쌓고 있는 것으로 알려졌다.

손천민
동학교단 내 온건파의 지도자로서 최시형의 '오른팔'로 통한다. 중인 출신으로 이방을 지냈으며 청주일대에서 행세깨나 했던 것으로 알려져 있다. 1882년 동학에 입도한 줄곧 최시형의 최측근에 있었다. 강경파 주도의 삼례집회에 때마침 낙상을 당한 최시형의 '대타'로 참석해 온건노선을 주창했다. 이후에도 서장옥, 서병학 등 강경파의 입장에 반대하면서 손병희, 김연국, 박인호 등과 함께 포교활동의 합법화에 무게중심을 두어왔다. 문필이 뛰어나 동학의 각종 문서를 담당하고 있으며, 특히 광화문 복합상소문의 작성자로 알려져 있다.

손병희
교단 내 온건파이자 최시형의 '그림자'. 개인적으로는 북접과 남접 양쪽에서 통할 수 있는 중도파로 자리잡으려 한다는 소문도 나돌고 있을 만큼 정치적인 인물. 청주가 고향이며 아전 손두흥의 서자로 태어나 어릴적부터 자신의 신분적 제약에 대한 반항심이 컸다고 한다. 1882년 큰조카 손천민의 권유로 동학에 입도, 충청도에서 동학교단의 주요인물로 성장했다. 최근 집회에서 최시형의 입장을 반영해 늘 온건한 쪽에 서고 있다.

동학의 교세와 조직

2대 교주 최시형의 정력적 포교로 교세확장, 조직정비
접주제가 조직의 기본 골격 … 접의 상부 조직으로 '포' 설치

1893년 보은집회에 모인 동학교도가 2만 명에 이르자 모두들 눈이 휘둥그레졌다. 예상 외의 막강한 교세였던 것이다.

1860년에 창시된 동학은 교조 최제우가 1864년 처형되고 교인들에 대한 정부의 탄압으로 조직이 산산조각난 뒤, 최근까지 겨우 명맥을 유지하는 정도인 것으로 알려져왔다. 그러나 이번에 보듯이 삼남지방의 농민층을 중심으로 불길처럼 번져나가고 있었음이 드러난 것이다.

이렇게 동학을 민중 속에 뿌리내리게 한 인물은 현(제2대) 교주 최시형이다. 그는 도피를 거듭하면서 경상도 북동부와 강원도 남동부지역을 중심으로 포교활동에 박차를 가했다. 이어 1880년대에는 경전 「동경대전」과 「용담유사」를 간행했다. 이는 이제 비밀포교에서 합법적 포교로의 전환을 자신할 정도로 교세가 성장했다는 자신감의 표현이었다. 특히 이 무렵에는 그의 휘하에 손천민, 손병희, 박인호, 서장옥, 황하일 등의 쟁쟁한 지도자들이 모여들어 포교지역을 충청도와 전라도지역으로 확대할 수 있었다.

동학교단은 접주제(接主制)라는 조직으로 운영되고 있다. 이는 1862년 교조 최제우가 처음 만든 것으로 각지에 접(接)을 설치하고 접주를 두어 이를 관리하게 하는 제도다. 1863년 7월에는 최시형이 북접주(北接主)의 직책에 임명되어 대도주(大道主) 최제우에 이어 교단의 제2인자로 부상했다. 동학교세가 날로 커지자 최시형은 1884년 육임제(六任制)를 도입했다. 접주 아래에 교장, 교수, 도집, 도강, 대정, 중정의 여섯 직급을 두어 교단업무와 포교활동을 분담토록 한 것이다.

1893년에는 동학의 교단조직에 '포(包)' 제도라는 또 하나의 획기적 발전이 이루어졌다. 몇 개의 접들을 모아 그 상부기구로 포를 두고 책임자로 대접주를 두기로 한 것이다. 현재 포는 19개에 이르고 있다. 또 충북 보은에 교단의 총본산으로 대도소(大都所)를 설치했다.

동학의 조직구성

```
        대도소
          |
          포
          |
          접
  _____|_____
 |  |  |  |  |  |
교장 교수 도집 도강 대정 중정
```

민란, 새로운 양상으로 전개돼

농민출신 지도자 많아지면서 의사 결정은 민주적, 투쟁은 조직적으로

최근의 민란은 전국 각지로 확산되고 있을 뿐 아니라 투쟁양상도 이전과 다른 모습을 보이고 있어 눈길을 끈다.

농민출신 지도자 많아져

이전의 민란은, 그 요구사항은 농민적인 것일지라도 지도자는 지방의 몰락양반들이 주로 많았다. 이러한 현상은 최근에도 마찬가지지만 일부 지역에서는 처음부터 농민출신들이 봉기를 주도하는 새로운 양상이 나타나고 있다. 나주민란의 나태운과 유치우, 덕원민란의 강장호와 조기섭, 함흥민란의 최익선과 김광순 등이 모두 사실상 가난한 농민들로서 항쟁의 선두에 섰다. 특히 김광순은 보부상이다. 이러한 현상은 신분제가 사실상 해체된 사회상을 반영하는 것이다.

의사결정은 민주적, 투쟁은 조직적

대부분의 민란지역에서 '민회(民會)'가 열리고 있다. 이 민회는 봉기 지도부가 소집하는데, 투쟁방향을 논의하는 과정에서 양반층은 대개 상소나 탄원과 같은 평화적 방법을 주장하고 농민들은 관아점거와 같은 급진적인 안을 제시하여 논쟁을 벌이곤 한다. 이전에는 이런 경우 양반들의 뜻대로 결정이 됐지만 최근에는 다수결에 의해 농민들의 의사가 관철되는 경우가 많다. 그러나 일단 투쟁에 돌입하면 일사분란하게 움직인다. 성주민란의 경우 항쟁의 선두에 서는 선동가와 통문이나 전단배부를 전담하는 활동가가 구분돼 있었고 심지어 봉기진압 이후에 대비하는 예비대까지 마련해뒀다. 또 항쟁 불참자에게 벌금을 물리는가 하면 여주에서는 관아를 점령한 뒤 공문으로 농민군 징집령을 내렸다.

장기항전 추세

기존 민란은 그 진행과정이 ① 관아에 상소문 접수 ② 관아에 몰려가 점거농성 ③ 중앙에서 안핵사 파견으로 정형화돼 있었으나 최근에는 이 도식이 깨지는 경우가 많다. 우선 처음부터 관아를 점거하는 방식이 많아지고 있다. 상소만으로 문제가 해결되는 경우는 거의 없다는 것이 경험으로 입증됐기 때문. 따라서 미리부터 식량을 준비해 장기농성을 각오하고 곧바로 관아로 들이닥친다. 폐단시정 약속을 받아내 해산한 뒤에도 약속이 지켜지지 않을 경우 곧바로 재봉기에 들어간다. 최근 강원도 정선, 전라도 광양과 나주가 장기간에 걸쳐 농민군들에게 점거된 바 있다. 읍민들에게 재산 정도에 따라 임시로 세금을 부과, 농성자금으로 쓰는 일도 있다. 나주에서는 봉기 초기에 토지 1결당 1냥 2전 5푼씩 거둬 18,750냥의 자금을 마련했고, 관아점거 후에는 양반은 10냥, 상민은 5냥씩 예전(禮錢)의 명목으로 세금(?)을 거두었다.

백성 쥐어짜는 부정부패의 고리들

민란이 일어날 때마다 지방관들의 부정부패가 도마 위에 오른다. 그러나 최근의 사정을 가만히 살펴보면 이는 단지 지방관들만의 문제는 아니고 중앙정부에게 보다 근원적인 책임이 있음을 알 수 있다. 사태의 핵심 중 하나는 개항 이후 정부의 재정수요가 폭발적으로 늘어나 재정상태가 극도로 악화돼 있다는 데 있다.

▽ **관직도 과거시험도 다 돈으로 산다**   중앙정부가 직접 매관매직에 나서고 있다. 매월 말 정부는 8도의 재산가를 불러모아 참봉, 도사(都事), 감역(監役) 등의 관직을 돈을 받고 팔고 있고, 지방수령을 임명할 때는 우선 여러 후보자들에게 돈을 받기를 몇 차례 한 다음에야 그중 한 명에게 임명장을 준다. 가격은 초임직은 5천~1만 냥, 감사(監司)나 유수(留守)는 4~5십만 냥에 이른다. 과거합격도 돈으로 한다. 소과 합격은 2~3만 냥, 대과 합격은 5만~10만 냥이다. 수입을 늘리기 위해 최근에는 1년에 10여 차례나 과거를 시행한다.

▽ **세금 종류도 가지가지**   기존 세금 이외에 이른바 무명잡세(無名雜稅)가 난무하고 있다. 상인들은 온갖 명목의 영업세를 내야 한다. 유통되는 모든 물품에 대해 양과 가격에 따라 세금이 매겨진다. 더구나 이러한 무명잡세는 걷는 기관이 일원화돼 있지 않아 중앙정부와 지방관청과 지방토호들이 각기 이중 삼중으로 걷어간다. 물론 이러한 폐단은 상품유통경제가 발달한 측면을 반영한 것이기는 하다. 그러나 주민들은 정부가 경제발전을 지원하는 데는 소홀히 하면서 경제발전의 열매만 따먹으려 한다며 반발하고 있다.

▽ **돈, 필요하면 찍어낸다**   돈을 거두어들이는 데서 더 나아가 마구잡이로 돈을 찍어내고 있다. 현재 유통되고 있는 당오전의 총액을 아는 이는 아무도 없다. 그만큼 마구 찍어낸 것이다. 당연히 당오전의 가치는 폭락했다. 정부는 돈을 찍어내 일단 재정위기를 넘겼을지 모르지만 피해를 입는 것은 서민들이다. 지방관들이 세금을 거둘 때 실질가치가 보전돼 있는 엽전으로만 받아 중앙에는 당오전으로 입금해 차액을 챙기는 것이다.

일본, 방곡령 손해배상 요구

11만 원 배상합의

1893년 4월   일본측이 방곡령으로 인한 손해배상을 우리측에 요구, 총 11만 원을 배상하기로 합의했다.

일본측은 함경도에서 실시한 방곡령으로 원산거류 일본상인이 입은 손해에 대해 14만 7천 원의 배상금을 요구했다. 이에 대해 우리측은 두 차례에 걸쳐 4만 8천 원과 6만 774원을 배상하겠다는 수정안을 제시했으나, 일본측의 거부로 무산됐다. 이후 10여 차례 회담을 진행했으나 별다른 성과가 없자, 일본측은 중국에 중재를 의뢰했고 결국 원세개의 개입으로 타협점을 찾게 됐다. 배상금 11만 원은 모두 세 차례에 걸쳐 분할지급하기로 합의했다.

신식해군 설립추진

청의 북양해군을 모델로

1893년 1월 26일   정부는 경기도 남양에 해연총제영(海沿總制營)을 설치하고, 이어 3월에는 총제영 학당을 설립해 근대적 해군을 창설하기 위한 준비작업에 들어갔다. 이는 개항 이후 외국과의 해상교류가 빈번해지고 있는 가운데 우리 해역을 우리 힘으로 방위할 필요가 커졌기 때문이다. 이번 신식해군의 창설은 양무운동을 전개하여 강력한 북양해군을 창설한 중국의 경험을 모델로 하였으며 이를 위해 중국으로부터 차관을 도입했다. 그러나 중국은 내심으로는 우리의 신식해군 창설에 대해 반가워하지 않는 것으로 알려졌다.

현장취재   교조신원 집회 열린 보은군 장내리

'왜놈, 양놈 몰아내자' 깃발 아래 2만 군중 열기 뜨거워
정부의 무력 해산 협박에 지도부 피신하자 맥없이 자진해산

1893년 3월 충청도 보은군 장내리에는 수만 명의 동학교도들이 집결했다. 보은은 외진 곳인데 이곳에 수많은 동학교도들이 모여들자 주민들은 한때 긴장했지만 교도들의 기강이 엄정하여 오히려 이들을 대상으로 장사를 하느라 여념이 없다.

집회현장은 산 아래 평지에 길이 1백여 보, 너비 1백여 보 되는 곳인데 주위에 높이가 반 길 남짓되는 성을 쌓아놓았다. 이 성의 사방에는 문을 내서 이곳으로 출입하고 있고 한가운데 '척왜양창의(斥倭洋倡義)'라는 큰 깃발이 세워졌고 군데군데 작은 깃발이 휘날리고 있다.

현재 집결한 사람은 2만 명을 헤아리는데 이들은 각 작은 깃발 아래 접별로 집합하여 주문을 외는 등 단체행동을 하고 있다. 이들은 낮에는 이렇게 단체행동을 하고 밤이 되면 흩어져 부근 마을에서 숙박을 하는데, 숙박비를 꼬박꼬박 지불하여 현지 주민들로부터 환대를 받고 있다고 한다.

한 농민에 의하면 집회에 참여한 사람들 가운데는 순수한 동학교도뿐만 아니라, 지략과 포부와 재주는 있으나 때를 못 만난 자, 탐관오리의 횡포에 분개하여 백성을 위해 몸바쳐 싸우기로 맘먹은 자, 외국세력의 침투를 통분히 여겨 이를 내쫓겠다고 큰소리 치는 자, 곡식이 떨어진 농민, 상민이나 천민 가운데 한번 출세해보려는 자 등 각계 각층에서 소외되고 불평을 가진 자들이 모여 있다고 한다. 또한 취재 도중에도 교도들이 속속 도착하고 있으며 며칠 안에 전라도 금구에서

많은 사람들이 몰려올 것이라는 소문도 떠돌고 있어서 교도들의 분위기는 더욱 격양되고 있다.

이런 가운데 3월 말 중앙에서 내려온 어윤중이 집회본부인 도회소에 찾아와 최시형 등 지도부에게 "해산하라. 그러지 않으면 군졸을 풀어 진압하겠다"고 했다. 그러자 지도부는 교도들에게 "겁이 나서 귀향하고 싶은 사람은 돌아가라. 비록 수만 군병이 온다 해도 우리는 대비책이 있다"고 포고했으나 4월 2일 날이 밝자 동학 지도부는 온데간데없이 사라지고 말았다. 정작 겁먹은 것은 지도부였다. 지도부를 잃은 농민들은 우왕좌왕하기 시작했고 4월 3일 마침내 농민들은 자진해산하고 말았다.

연해주 이민 증가

러시아와 국교 수립으로 이민 합법화
내국인 대우 '차별없어' ··· 1만 7천여호 이주

1884년 러시아와 국교수립으로 한국인의 연해주 이민이 합법화됨에 따라 러시아에 거주하는 한인 수가 급격하게 증가하여 1892년 현재 16,564호에 달하고 있다. 이렇게 러시아로의 이민이 급격하게 증가하고 있는 것은 러시아 정부가 이주 한인을 러시아 귀화인으로 취급, 15데샤티나의 토지를 분배해주고 법적으로도 러시아인과 동등한 대우를 해주고 있기 때문인 것으로 보인다. 이에 따라 토지가 없는 농민들이 대거 두만강을 넘어 연해주로 건너가고 있다. 러시아가 이렇게 관대한 정책을 펴는 것은 미개간지인 연해주를 한인노동력으로 개척하려는 의도 때문인 것으로 분석되고 있다. 따라서 러시아 당국은 이주 한인을 집단적으로 거주시키며 개간에 투입시키고, 개간이 종료되면 다시 아직 개간되지 않은 북쪽지방으로 이주시키고 있다.

이번 호의 인물   최시형

동학교세 전성기 이룬 2대 교주

동학의 제2대 교주이자 탁월한 조직가. 교조 최제우가 처형되고 동학에 대한 정부의 탄압이 계속되자 잠행을 하며 포교활동을 계속했는데 관이 추적하면 언제든 피신할 수 있도록 항상 짚신 한 켤레와 밥 한 끼가 든 봇짐을 준비해뒀기 때문에 '최보따리'라는 별명을 얻었다. 현재 동학의 교세가 엄청나게 발전한 것은 모두 그의 이러한 노력에 힘입은 것이라는 평이다.

그의 조직가적 자질은, 대도소를 정점으로 포-접으로 이어지는 수직적 체계로 동학을 개편하고 접 산하에는 6임제를 두어 전문포교의 강점을 최대한 살리도록 한 데서 여실히 드러난다. 최근 수만 명을 거뜬히 동원해 집회를 치뤄낸 것도 이런 조직력 덕분임은 물론이다.

그러나 그는 동학의 급진적 투쟁에는 소극적이다. 1892년 7월 전라도의 서장옥, 서병학 등이 찾아와 교조신원운동을 요청하자 처음에는 반대했으며, 최근 보은집회에서도 정부가 강경책으로 나올 조짐을 보이자 집회를 팽개친 채 도주했다. 특히 남접계 강경파들의 정부에 대한 전면공격 주장에는 극구 반대하는 것으로 알려졌다.

그렇지만 교단 내에서 그의 종교적 권위는 절대적이다. 그는 1861년 6월 동학에 입교해 한 달에 서너 차례 최제우로부터 설교를 듣는 한편, 혼자서 명상과 극기로 도를 닦아 여러 가지 기적을 체험했다고 한다. 1863년 도통을 이어받은 뒤 1878년부터 동학교세의 확대에 자신감을 얻어 능동적 포교로 전환, 1880년과 1881년에 「동경대전」과 「용담유사」를 간행했다.

그는 '사람 받들기를 하늘처럼 하라'는 사인여천(事人如天)을 설법하고 있으며, 자기 자신 속에 있는 하늘을 키워 자신을 발전시키는 것이 동학의 기본이라고 주장한다. 또 '무위이화(無爲而化)'라며 새 세상이 되는 것은 천지자연의 이법에 따라 되는 것이니 인위적으로 폭력을 행사해서는 안된다는 무저항의 사상을 강조한다.

1827년 경주출생. 어려서 부모를 여의고 동학에 입교하기 전까지 머슴살이와 조지소(造紙所) 직공 등을 전전했다. 호는 해월(海月).

기독교 「찬양가」 첫선

2박자 풍의 경쾌한 서양음악 대중화

1893년 미국인 감리교 선교사 언더우드가 우리나라 최초의 기독교 찬송가를 「찬양가」란 제목으로 출간했다. 이 책은 서양의 기독교 찬송가를 가사만 번역해 실은 것인데 일반인들 사이에서도 인기를 모을 것으로 기대되고 있다. 찬송가는 지난 1885년 기독교가 우리나라에서 선교를 시작한 이래 외국 선교사들이 예배시간에 우리 신도들에게 가르쳐왔다. 처음에는 영어를 중국어로 번역한 것을 뜻도 모르고 따라 불렀으나 얼마전부터 한글 번역이 이루어져 신도들이 불러오던 것을 책으로 묶은 것이다. 이 기독교 찬송가는 2박자가 대부분이어서 주로 3박자 계통인 우리 전통음악과 확연히 구별된다. 2박자 찬송가는 음역이 넓지 않고 리듬이 단순해 별 기교가 필요없는데다 경쾌하고 비교적 짧아 기독교 신자들 이외에 일반인들 사이에서도 점차 널리 불려지고 있다. 우리의 전통민요는 3박자 또는 3분의 6박자 내지 3분의 12박자로 '밀고, 달고, 맺고, 푸는' 세련되고 섬세한 리듬을 갖고 있지만, 2박자만큼 대중들이 쉽게 접근하지 못하는 단점도 가지고 있다. 최근 일반인들 중에는 기독교 찬송가 곡조에 가사만 기독교와 관계없는 것으로 바꿔 부르면서 이를 '창가'라고 부르고 있어, 이러한 서양식 노래가 널리 퍼져나갈 전망이다.

개신교, 선교지역 분할키로

1893년 미국 북장로회와 감리회가 우리나라 선교지역 분할협정을 체결했다. 두 선교회는 어느 한쪽 선교회가 이미 개척한 도시나 지방의 경우에는 그 기득권을 인정해 다른 교파가 선교하지 않기로 합의한 것이다. 한 외국인 선교사는 "한 나라에 여러 교파의 선교회가 공동진출해 과잉경쟁을 벌일 경우 선교회간에 지역분할을 추진하는 예가 적지 않다"고 말했다. 즉, 과잉 선교경쟁으로 인한 자본과 정력의 낭비를 막기 위한 '나눠먹기' 협정이라는 얘기다. 이에 대해 한 서울시민은 "이번 기독교계의 지역분할이 열강의 우리나라에 대한 각종 이권침탈과 하나도 다를 바가 없는 것 같다"고 말했다.

유럽에 스포츠, 여행 열기

해외 소식

철도 건설되면서 레저 붐 일어나

해수욕, 등산,

럭비, 테니스 '큰 유행'

요즘 유럽에서는 신종 스포츠 종목이 생겨나는 한편, 여행붐이 거세게 일고 있다. 이에 따라 이를 전문적으로 상품화하는 추세도 보편화되고 있어 새로운 사회현상으로 주목되고 있다.

여행붐은 유럽 전역을 거미줄처럼 연결하는 철도가 건설되면서 본격화하고 있다. 이제는 시간과 돈만 있으면 경마장에 가서 경마를 즐기고, 더 멀리 가서 해수욕과 온천욕도 즐긴다. 좀더 격렬한 것을 선호하는 이들은 높은 산에 오르는 등산을 택한다. 알프스산맥의 고봉 베터호른과 마터호른이 등산가들에 의해 정복된 것은 이미 오래 전이고, 최근에는 세계 최고봉으로 인간의 발길을 한번도 허락한 적이 없는 에베레스트마저 넘보고 있다.

이와 함께 이전에는 하라고 해도 안했을 듯싶은 것들을 스포츠 종목으로 만들어 즐기는 일이 늘고 있다. 고대로부터 산악인들의 생활 도구이던 스키가 최근 레저 스포츠로 둔갑해 저변을 넓혀가고 있고 평지에 인공 얼음판을 만들어 스케이트를 즐긴다. 말대신 자전거로 하는 경주도 폭발적인 인기를 끌고 있다. 구기 중에는 기존의 축구 이외에 테니스와 럭비가 유행한다. 테니스는 지난 1877년에 영국 윔블던에서 국제대회가 개최된 이래 이 대회는 테니스대회의 대명사가 되고 있다.

이렇게 스포츠 인구가 늘고 인기를 끌게 되자 개인간은 물론 국가간 경쟁도 치열하게 벌어지고 있다. 한편 이러한 스포츠와 여행을 상품화하는 기업도 속속 선보이고 있다. 〈여행자 수표〉의 등장이 그 대표적인 사례다.

이렇게 스포츠와 여행이 붐을 이루고 있는 것은 중산층들의 경제적 형편이 넉넉해지면서 여가를 즐기려는 욕구가 폭증한 데 따른 것으로 분석된다.

문예 시평   데카당스를 위한 변명

"과학의 발달, 국가의 거대화가 인간 소외 초래한다" … 우울한 메시지

19세기 중반 다윈이 「종의 기원」으로 창세기에 근거한 기독교 세계관에 치명적 타격을 가했지만 유럽 문화계는 전혀 비틀거리지 않았다. 오히려 스펜서가 말했듯이 유럽인들에게 진화는 축복이요 장미빛 미래에 대한 약속이었다. 그런데 요즘 그 장미빛 일색의 판도 한 구석에서 어두침침한 회색빛 회의론이 슬그머니 고개를 내밀고 있다. 이른바 세기말적 퇴폐주의, 데카당스다. 이것은 아직 전체 판도에서 미미하지만 장미빛과 너무나도 대조적 색깔이기에 주목을 피할 수 없다. 19세기 중반 보들레르가 「악의 꽃」을 발표해 이미 그 전조를 보인 이 데카당스는 요즘 오스카 와일드의 희곡에서 절정을 보이고 있다. 주체할 수 없는 쾌락의 욕망, 동성애도 마다 않고 갈 데까지 가는 애정행위, 그리고 파멸적 결말. 그는 인간이 자신의 내면 깊숙한 곳에 있는 감정에 충실해야 한다고 말한다. 그가 보기에 그곳에는 추악한 욕망만이 자리잡고 있다는 것일까? 니체도 내면으로의 여행을 권한다. 니체가 보기에 인간의 내면에는 "진, 선, 미와 같은 것은 존재하지 않는다. 존재하는 것은 보다 다른 천성 즉, 권력에의 의지와 보다 강한 생명에의 의지뿐(「짜라투스트라는 이렇게 말했다」 중에서)"이다. 이것은 과학기술이 눈부시게 발전하고 있는 요즘 유럽에 불쑥 나타난 때아닌 비관론이다. 이 비관론 속에서 화가 고흐는 자신의 귀를 잘라버렸다. 전통화법의 속박을 과감히 끊고, 캔버스 앞에서는 계산을 하지 않는 법이라며 붓가는 대로 본능에 충실하게 그린 그의 그림은 아직은 미치광이의 장난으로밖에 인식되고 있지 않다. 그러나 강렬한 색채와 살아꿈틀거리는 붓자국은 분명 데카당스를 표현하고 있다. 이러한 각 분야에서의 데카당스는 현재 유럽을 풍미하고 있는 사회진화론과 낙관론에 대한 반항으로 읽힌다. 결국 진화론은 유럽을 낙관주의로 모두 뒤덮는 데는 일정한 실패를 하고 있는 셈이다. 그리고 여기에는 과학기술의 발달과 국가조직의 고도화가 인간의 소외를 초래할지 모른다는 우울한 메시지가 담겨 있다.

유럽 문화계에 세기말적 데카당스 태동

유럽 부르조아의 심리상태를 나타내주는 풍자화

인간 내면에의 몰두   예술을 위한 예술

18세기의 산업혁명을 거쳐 19세기의 과학혁명을 구가하고 있는 유럽에서 최근 새로운 문화풍조가 나타나 관심을 끌고 있다. 데카당스라 불리는 이 비관론적 사조는 개별적 인간 내면에의 몰두와 예술 그 자체를 위한 예술을 주장하고 있다. 연극계의 오스카 와일드, 철학계의 니체, 화단의 고흐와 고갱 등이 그 대표주자로 거론되고 있다. 현재 이들은 기존 문화계로부터 이단으로 규정돼 혹평을 받고 있으나 현재 유럽의 어두운 미래를 내다보는 새 문예사조로 보는 이들도 있다.

역사신문

농민군, 전주 점령

'보국안민', '척왜양' 기치 내걸고 전면전
정부 속수무책에 전전긍긍, 청에 원군 요청

1894년 4월 27일 고부 황토현전투, 장성 황룡촌전투 등지에서 관군을 격파하며 북상하던 농민군이 마침내 전주성을 점령, 정부가 초긴장 상태에 돌입했다. 이날 정오 용마루 고개쪽에서 요란한 포소리와 총소리가 나는 것을 신호로 우선 장군으로 변장하고 전주성 내에 잠입해 있던 농민군들이 일제히 관군을 공격했다. 안팎에서 기습을 하자 김문현이 이끄는 관군은 사기가 떨어진 상태에서 별다른 대응도 못하고 성을 내줬다.

이에 앞서 전날 농민군이 전주성에 다다랐을 때 전주성은 거의 무

방비 상태나 다름없었던 것으로 밝혀졌다. 초토사 홍계훈이 군사를 이끌고 농민군을 뒤쫓아간 상태였기 때문에 남아 있던 병력은 얼마 안 됐고, 전라 감사 김문현은 이미 파면된 상태이다 신임감사 김학진은 아직 부임하지 않았기 때문에 군사적으로나 행정적으로나 공백상태와 다름없었다. 그나마 김문현은 농민군의 공격에 대비한다고 사전에 성 주위의 민가 수천 호를 불태웠었다. 기습공격에 밀린 김문현은 억지로 관노를 동원하여 막아보려다가 소용이 없자 간신히 성을 빠져나와 도망친 것으로 알려졌다.

한편 정부는 관군이 연전연패한다는 보고를 받고는 아연실색, 이원희를 양호순변사에 임명, 1천여 명의 병사와 함께 전주성으로 급파한 상태였으나 전주성이 농민군에게 떨어졌다는 소식에 극도의 낭패감을 보이고 있다. 전주성에 입성한 동도대장 전봉준은 현재 성내의 선화당에 자리를 잡고 농민군을 각 성문에 배치, 농성에 들어가 있고 정부군은 전주를 에워싸고 있는 황학산 및 완산에 진을 치고 전주 성내를 향해 포대를 설치하고 있다.
관련기사 3, 4면

고부에서, 농민전쟁 첫횃불

군수 조병갑 탐학에 봉기, 전봉준을 지도자로

농민들이 전쟁대오를 갖춰 호남 제1관문 전주를 점령하는 이번 충격적 사태의 첫횃불은 1894년 1월 10일 전라도 고부에서 타올랐다. 이날 고부농민들은 군수 조병갑의 타도를 외치며 봉기를 일으켜 관아를 점령했다. 관아를 점령한 농민들은 창고를 열어 곡식을 궁민에게 나눠주는 한편 원한의 표적이었던 만석보를 파괴해버렸다. 사태에 놀란 정부는 조병갑을 파면하는 한편, 용안현감 박원명을 신임군수로 임명하고 장흥부사 이용태를 안핵사로 파견해 수습에 나섰으나 일단 봉기한 농민들의 기세는 좀처럼 수그러들지 않았다.

이는 봉기한 농민들이 지도자로 추대한 전봉준이 이번 봉기를 고부한 고을의 문제가 아닌 농민 일반의 문제로 확대시킬 의도를 명백히 하고 있는데 따른 것이다. 전봉준은 지도자로 추대되자 기다렸다는듯 이웃 고을로 사람들을 파견, 각 고을 연대투쟁을 모색했다. 실제로 그의 노력에 의해 인근지역의 농민들이 속속 고부로 집결하는 모습이 포착됐다.

소식통에 의하면 전봉준은 표면적 직함은 동학의 접주지만 지난해 금구에서 농민대집회를 주도한 적이 있는 투쟁적 인물로 최근에는 비밀리에 '농민전쟁 봉기계획'이라는 엄청난 계획서를 작성, 사발통문 형식으로 배포하며 동지를 규합해온 것으로 알려졌다. 그러나 이번 고부봉기는 농민들이 조병갑의 부정부패에 참다 못해 자연발생적으로 터져나온 것으로 전봉준 조차도 미리 예측하지 못한 사태였다. 이렇게 조직적 준비가 마련되지 못한 상태에서 안핵사 이용태가 8백여 역졸(驛卒)들을 거느리고 들이닥쳐 주동자와 동학교도들을 무자비하게 체포하고 나서자 농민들의 기세는 꺾이기 시작했다. 전봉준은 형세가 기울자 후일을 기약하며 비밀리에 고부를 빠져나간 것으로 확인됐다.
관련기사 3면

농민군, 전라도 휩쓴 뒤 전주에 도달

고부봉기 이후 고부를 빠져나간 전봉준은 무장으로 가 손화중·김개남·김덕명 등과 접촉하고, 전면봉기를 결의, '무장포고문'을 발표하고 4천여 농민군을 모아 3월 22일 농민전쟁의 첫 진군을 내디뎠다. 이어 3월 25일 백산에 진을 치니 이때 각지에서 모여든 농민군 수는 8천여 명. 여기서 봉기 사령부인 '호남창의대장소'를 설치하고 총대장에 전봉준, 총관령에 손화중과 김개남, 총참모에 김덕명과 오지영, 영솔장에 최경선, 비서에 송희옥과 정백현 등 지도부 인선을 확정하는 한편, "안으로 탐학한 관리의 머리를 베고 밖으로 횡포한 외적 무리를 몰아내고자 한다"는 격문과 행동수칙 4대 강령을 발표. 이어 4월 6일, 황토현에서 관군을 대파한 농민군은 영광·함평·장성까지 남하하면서 관아를 습격, 무기를 탈취해 무장을 강화한 뒤 24일부터 진로를 북으로 돌려 정읍·원평을 거쳐 전주에 이르렀다.

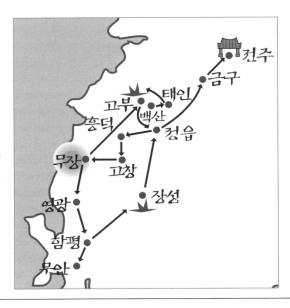

정부, 청에 진압군 파병요청

이홍장, 즉시 파병 명령 … 청군, 곧 도착할 듯

1894년 4월 30일 전주가 농민군 수중에 들어가는 충격적 사태로 국가적 위기감을 느낀 정부는 급기야 청에 우리 농민군을 토벌할 진압군을 요청했다.

정부대표인 독판교섭통상사무 조병직이 서울에 주재하고 있는 원세개에게 공식 문서로 "동학 도당들이 전주를 함락시켰다. 이제 서울까지는 4백수십 리에 불과하다. 우리 군대로는 이를 막기 어렵다. 속히 군대를 파병해 진압해주기 바란다"고 요청한 것이다. 이 문건을 받은 원세개는 즉시 본국의 이홍장에게 보고했고 이홍장은 즉시 파병을 허락한 것으로 알려져 곧 원병이 도착할 것으로 알려졌다.

한편 정부 내에서 파병요청을 강력하게 주장한 이는 민영준인데 그는 왕후 민비와 민씨 일파의 입장을 대변해온 자이다. 이들은 농민군이 대원군과 연결돼 있다는 정보가 심심찮게 들려오자, 임오군란 당시와 같은 사태가 재발할 것을 극도로 경계했다고 한다. 또 임오군란이나 갑신정변이 모두 청의 원병에 의해 진압된 경험에 비추어 이번에도 청에 원병을 요청한 것으로 보인다.

그러나 정부 일각에서는 일본과 청이 지난 갑신정변 이후 1885년에 맺은 텐진조약에 따라 어느 한쪽이 출병하게 되면 반드시 사전에 상대국에 이를 통보하도록 돼 있기 때문에 청군의 출병은 일본의 출병을 자극할 것이라며 극구 반대한 것으로 알려졌다.

농민군 봉기로 조성된 정국동향

청·일 개입태세, 국제분쟁 우려 높아

무장에서 봉기한 농민군의 전주점령으로 우리 정부가 바짝 긴장하고 있는 가운데 중국과 일본 등 외국도 이번 사태에 촉각을 곤두세우고 있다. 이들은 이번 사태를 빌미로 조선에 개입할 수 있는 기회를 노리고 있는 것으로 분석되고 있다.

정부는 실제로 농민군에 대해 심각하게 받아들이고 있는 것으로 알려지고 있다. 특히 중앙에서 파견된 홍계훈의 부대마저 농민군에게 무너지자 이번 사태가 정권의 위기로까지 이어지지 않을까 하는 위기의식마저 감돌고 있는 실정이다. 일각에서는 임오군란 때의 경험대로 청에 군대를 요청하여 이를 진압하자는 의견이 대두되고 있다.

한편 일본 내 극우세력과 언론은 고부봉기가 있은 직후부터 이를 조선진출의 호기로 간주, 우유부단한 오오토리공사를 교체하고 즉각 군대를 파견하자는 여론을 조성하고 있

다. 이에 따라 일본 정부도 조선출병에 대비해서 비밀리에 모 해운회사에 군수품 운반을 위해 징발을 명했다는 소문도 돌고 있다. 그러나 일본 정부 외무대신이 공식적으로는 '출병문제를 논의하는 것은 너무 이르다'고 밝히고 있듯이 표면적으로는 이러한 사실을 부인하고 있다.

이에 비해서 청은 농민봉기의 핵심을 반봉건으로 이해하고 외국인 축출은 단지 명분에 불과한 것이라는 전제하에서 민씨세력들과 함께 사태수습방안을 논의하고 있다. 여기에는 청군파견까지도 포함되어 있는 것으로 알려지고 있는데, 청군을 출동시킬 경우 일본과의 충돌가능성에 대해서는 그리 검토하고 있지 않다는 소식이다.

이렇게 전주사태는 중앙정치에 대한 충격뿐 아니라 자칫 국제간의 분쟁으로까지 비화될 위험성까지 조성하고 있다.

농민군을 진압하기 위해 조선에 출병한 청군

전봉준, 대원군과 연계설 나돌아

전봉준이 비밀리에 상경했을 때 대원군과 접촉했었다는 소문 무성

고부에서 일어난 농민봉기가 전라도 일원으로 확산되면서 이와 관련하여 여러 가지 정치적 풍설이 나돌아 화제가 되고 있다. 그 가운데 가장 논란이 되고 있는 것은 전봉준이 대원군과 선을 대고 있다는 소문이다. 고부봉기 이후 전봉준이 농민 지도자로 부상하면서 전봉준이 과연 누구이며 그의 정치적 성향이 어떠한가가 정계의 주요 관심사로 등장했고 그에 관한 여러 가지 소문이 나돌고 있는 것이다. 이에 따르면 전봉준은 1891년 비밀리에 상경하여 정세를 살핀 바 있다고 하는데 이때 운현궁에 드나들면서 대원군과 접촉했다는 것이다. 당시 대원군은 정계에서 물러나 칩거하고 있었는데, 벼슬을 구하는 데 마음을 쓰지 않는 전봉준의 비범한 태도를 대원군이 미덥게 여겨 남몰래 장래를 계획하였다는 것이다. 또한 전봉준이 전주 봉상면에 살던 시절, 대원군의 밀사가 이곳에 내왕하는 등 대원군과 전봉준이 지속적으로 관계를 유지해왔다는 소문이 있다. 전봉준이 내건 구호 가운데 도성으로 직행하여 간담을 제거한다는 내용이 들어 있는데 이 소문과 관련하여 여기서 간담을 제거한다는 것이 민씨세력의 제거를 뜻하는 것이며 결국 대원군의 재집권을 염두에 둔 것이 아니냐는 풍설도 있다.

고부봉기 확대의 배경

안핵사 이용태 탐학과 전봉준의 농민전쟁 봉기계획이 맞물려

올 1월에 발생한 고부봉기는 표면상 19세기 들어 일어난 수많은 민란과 다를 바 없었다. 그러나 이번 봉기는 이러한 일과성의 사건으로 끝나지 않고 3월 20일 무장에서의 봉기를 시작으로 일파만파로 번져나가 전라도 일원으로 확대되고 있다. 그러면 이번 고부봉기는 왜 일과성 사건으로 끝나지 않고 확대되고 있을까?

고부봉기 확대의 표면적인 이유는 안핵사 이용태의 탐학이다. 여태까지의 봉기는 정부에서 조사관을 파견하여 농민들의 요구사항을 일단 수용하는 방식으로 수습되어 왔는데 이번에는 수습되기는커녕 악화일로의 길을 걸은 것이다.

그러나 고부봉기가 이렇게 전라도 일원으로 확대된 이유를 이용태의 탐학 탓으로만 돌리는 것은 사

태의 본질을 제대로 이해한 것이라고 할 수 없다. 개항 이후 지방관의 폭정이 더욱 심해져서 고부만한 불씨는 어느 고을을 막론하고 모두 안고 있었다. 특히나 일본상인의 미곡수집으로 인한 곡가앙등의 여파로 소농민층의 몰락이 극심해져 농민층은 항상 불안요소를 안고 있었다. 1880년대 말 이래 전국 각도에서 민란이 연쇄적으로 발생하여, 이것이 1860년대의 민란과 같이 전국적인 민란의 조짐이 아닌가 하는 우려를 낳은 바 있다. 이번에도 고부봉기 발생에 즈음하여 태인·금구·부안·무장 등 인근 여러 고을의 농민들 가운데에서도 심상치 않은 분위기가 감돌았다.

그런데 이번 무장봉기에서 보이듯이 농민봉기가 한 고을의 영역을 넘어서 일정지역의 농민이 집결,

조직적으로 항쟁을 벌이는 양상으로 확대된 것은 전봉준을 위시한 동학조직의 역할이 컸다. 여태까지의 농민봉기는 이번처럼 일정지역의 농민이 힘을 합쳐 항쟁하는 양상과는 다른 것이었다.

전봉준이 동학조직을 이용하여 항쟁을 확산시킬 수 있었던 것은 지난해 있었던 금구집회의 경험이 있었기 때문이다. 전봉준은 이때 경험을 토대로 고부봉기 이전부터 전국적인 농민전쟁 봉기계획을 추진해왔다는 설이 유력하다. 조병갑의 탐학으로 뜻하지 않게 고부봉기가 일어나 이러한 농민전쟁 봉기계획은 일시 차질을 빚었지만 다시금 계획을 추진해 마침내 전주점령에까지 이른 것이다.

농민군 지도부와의 긴급좌담

"종교차원 아닌 사회개혁 위한 민중운동, 반제·반봉건은 농민생존이 걸린 문제"

농민들이 유례를 찾아보기 힘들 정도로 대규모로 봉기하고 있는데 그 이유는 어디에 있나.

전봉준 지금 세간에서는 우리의 봉기를 마치 동학교도들의 종교적 움직임으로 보기도 하는 것 같은데 이는 잘못 알고 있는 것이다. 우리는 동학이라는 종교 때문에 일어난 것이 아니라 도탄에 빠진 백성들을 구하자는 차원에서 일어섰다.

이번 농민전쟁은 부패한 지방관을 징벌하는 차원을 넘어 보다 큰 목표가 있다는데.

김개남 그렇다. 우리 목표는 부패한 권력, 외세에 기생하는 정객들을 모두 제거하고 농민을 위한 개혁을 추진하는 것이다. 부정부패의 고리를 구조적으로 끊고, 농민들을 억누르는 각종 비합리적 세제를 개혁해야 한다. 또 지주와 농민 간에 첨예한 대립을 일으키는 주원인이 토지문제에 있기 때문에 이에

대한 개혁도 반드시 있어야 한다. 또 신분제 철폐를 통해 반상 구별을 없애고 천민들을 해방시켜야 한다.

전봉준 이번 기회에 유능하고 도덕적인 지도자들을 추대해 여론을 수렴하는 정치를 해야 한다. 또 농민들이라고 정치에 참여하지 말라는 법이 없다고 본다. 요즈음에 외세의 경제침투가 극심한데, 특히 미곡의 일본유출 문제는 그 정도가 심각한 수준에 와 있다. 반제국주의는 우리의 생존과 관계되는 주장이다.

당신들 개인적으로 피해가 있는 것도 아닌데 농민전쟁을 주도한 이유는?

손화중 일신의 이해관계에 얽매여 봉기에 참여한다는 것은 대장부로서 할 일이 아니다. 백성들을 위해 학정을 없애고자 할 뿐이다. 우리는 날로 잘못되어가는 세상살이를 한번 뒤집어보자고 결의했다.

끝으로 농민들에 대한 당부의 말이 있으면 해달라.

전봉준 포와 접으로 이어지는 조직체계를 갖추고는 있지만 각 접주들을 효과적으로 통제하지 못하는 상황이다. 통일성이 결여돼 있다. 지도부에서 농민군 지휘에 관한 합리적 방안을 마련할 예정이니 농민들은 잘 따라주기 바란다.

손화중 농민군의 주력인 농민이나 천민들이 그동안 억눌린 감정을 억제하지 못하고 감정적으로 폭력행사를 하는 경우가 있다. 그들을 이해하지 못하는 것은 아니지만, 농민전쟁의 대의를 위해서 또 대중적 지지의 확보를 위해서 이런 행동은 자제해야 할 것이다.

김개남 나 역시 농민들의 무정부적 행동에 동의하지 않는다. 다만 이번 전쟁에서 우리의 반봉건투쟁은 보다 철저하게 진행돼야 한다는 생각이다. 그 과정에서 일정 정도의 부작용은 불가피하다고 본다.

올해 농민봉기를 전쟁이라고 보는 이유

고을 단위 봉기 아닌 지역적 연대로 정부군과 맞서

이번에 고부에서 일어나 전라도 일원으로 확산된 농민봉기는 내전으로 인식될 정도로 우리 역사상 초유의 사태다.

농민들의 생활은 원초적으로 매우 고립분산적이기 때문에 집단적으로 모여 이익을 관철하는 데 매우 취약한 조건에 놓여 있다. 그러나 19세기에 접어들면서 농민들의 생활이 급격히 악화됨에 따라 이러한 취약한 조건하에서도 집단적 행동을 모색해나가기 시작했다.

이러한 집단적 행동의 첫걸음은 등소(等訴)다. 등소란 집단적으로

탄원하는 것을 뜻하는데, 이는 민원이 발생하면 농민들이 공동으로 소장을 작성하여 지방관에게 제출하는 것을 말한다.

등소에서 한 단계 발전한 것이 민란이다. 집단행동이라는 측면은 등소와 마찬가지이지만 이번에는 직접적인 실력행사라는 점에서 차이가 난다. 대개 등소를 내도 반응이 없을 때 일어난다. 직접적인 실력행사라고는 하지만 공격의 직접적인 대상은 지방관이 아니라 아전들일 경우가 많고 지방관을 공격할 때에도 대개 마을경계 밖으로 내쫓

는 정도다. 지방관이 국왕의 권위를 상징하므로 그들을 공격하는 경우 후환이 두렵기 때문. 민란은 또 고립분산적이다. 1860년대 민란의 경우 전국적으로 일어났지만 서로 연계된 경우는 거의 없었다.

이번 농민봉기를 '전쟁'이라고 표현하는 것은 이번 사태가 이러한 이전의 민란과 다른 양상을 보이기 때문이다. 즉 고을 단위의 고립분산성에서 벗어나 여러 지역의 농민들이 힘을 합쳐 중앙정부와 전면전을 벌이는 내전의 성격을 띠고 있다는 것이다.

전주성 안팎에서 치열한 성명전

"관리들이 양민 학살한 것은 문제삼지 않고 우리만 죄인이라니"

농민군이 전주성을 점령해 농성하고 있고, 관군은 전주성이 내려다 보이는 완산에 진을 치고 양측이 대치하고 있는 가운데 농민군 대장 전봉준과 초토사 홍계훈 사이에 치열한 성명전이 전개되고 있다.

발단은 전주성 점령 당일 전봉준이 발표한 성명서다. 그는 "오늘날 정세를 보면, 집권대신들은 모두가 외척인데 주야로 하는 일이란 오로지 자기의 배만 부르게 하는 일이고, 자기의 파문을 각 읍에 내려보내 백성해치기를 일삼고 있으니 백성들이 어찌 이를 감내할 수 있겠는가? 초토사 홍계훈은 우리의 위세를 두려워하면서도 부득이 출병하였다. 오히려 자기 내부에서 공이 있는 김

시풍을 죽였으니 홍계훈은 반드시 사형을 받아 죽을 것이다"라며 홍계훈의 비위를 건드렸다.

이에 잔뜩 흥분한 홍계훈은 농민군에게 다음과 같은 효유문을 보내 전봉준과 농민 사이를 이간시키려고 했다. "수괴 전아무개에게 유혹되어 난동을 일으키고 심지어 국왕의 윤음을 전하려는 관군까지 죽여서 역적이 되었으니, 신과 사람이 함께 노할 일이다. 이제 각자가 후회하고 귀순한다면 후환이 없을 것이다. 전봉준을 잡아들이는 자에게 상을 줄 것이니, 이 기회를 잃지 말라"

그러자 농민군측에서 다시 고시문을 보내 역습을 가했다. "홍계훈은 보라. 비록 우리들의 이번 거사가

그대들을 놀라게 하였다 할지라도 백성을 도살하기를 누가 먼저 하였던가? 관리들이 양민을 허다하게 살육한 것은 묻지 않고 도리어 우리만 죄인이라고 하니 적반하장도 유분수다. 우리를 진압한다면서 군대를 동원해 무죄한 민중을 살해하니 이것은 옳은 일인가? 우리가 성을 점령하고 무기를 거두어들인 것은 몸을 지키고 목숨을 구하기 위해서였다. 탐관오리가 학정을 해도 정부에서 그대로 내버려두니 우리가 직접 나서서 탐관을 잡아 벌하는 것이 무슨 죄가 될 것이냐?"

한편 치열한 성명전 막후에서도 양측이 모종의 교섭을 벌이고 있다는 소식이다.

전주관군, 내분 겹쳐 지리멸렬

초토사 홍계훈, 김시풍 등 처형

4월 11일 중앙에서 내려온 초토사 홍계훈이 전주감영의 영장을 지낸 김시풍과 다툰 끝에, 김시풍과 그 휘하의 김영배·김용하·김동근 등을 적과 내통했다는 죄목으로 전격 처형하고 풍남문 밖에 목을 내다걸어 관군 내부에 파문이 일었다.

김시풍은 전주감영에서 잔뼈가 굵은 골수 무관으로 전라도일대에서는 공포의 대상일 만큼 농민들에게 혹독한 것으로 유명했다. 그는 농민군이 봉기했다는 소식을 듣고 정부에서 반드시 초토사를 임명해 이들을 진압할 것인데, 적임자는 자신밖에 없을 것으로 확신하고 있었다고 한다.

그래서 이러한 뜻을 전하고자 서울로 올라갔는데, 이미 홍계훈이 초토사로 임명돼 전주로 떠났다는 소식을 듣고는 불평에 가득 차서 전주로 돌아왔다.

이러한 사정을 알고 있는 홍계훈은 김시풍을 불러 "제가 재주도 부족한데 나라일이 워낙 급박하여 외람되게 장수의 직책을 맡게 됐습니다. 그대를 중군(中軍)으로 삼을 테니 앞장서 나가 싸워주었으면 합니다만 그대의 생각이 어떨지 모르겠습니다"하며 짐짓 모른 체 제안했다.

이에 김시풍은 한참 홍계훈을 노려보다가 "너는 본래 대궐에서 심부름이나 하던 하인이지만 나는 본디 병영의 장교로 격이 다른데 어찌 네 밑에서 중군을 하란 말인가. 내가 초토사가 되기에 무슨 부족함이 있단 말인가"하고 쏘아붙였다. 홍계훈이 원래 무관말직이었으나 지난 임오군란 때 민비를 업고 충주까지 피신시킨 공로로 일약 출세한 것을 두고 비꼰 것이었다.

홍계훈이 이런 수모를 당하고 가만히 있을 위인은 아니었다. 김시풍과 그를 따르는 장교들을 모두 농민군과 내통했다는 죄목으로 붙잡아 가두어버렸다. 포승줄에 묶인 김시풍을 문초하려고 하자 성난 짐승과 같이 날뛰며 난동을 부리는 바람에 밧줄이 다 끊어져나갈 정도였다. 홍계훈은 이를 보고 얼굴이 붉어져 병사들에게 총을 가져오라고 하여 그자리에서 쏘아버리라고 명령해 김시풍의 몸집은 벌집처럼 구멍이 난 채 즉사했다. 그리고 그의 부하들은 모두 목을 베 풍남문 밖에 내걸었다.

이를 본 전주감영의 병사들은 전쟁에 나가기도 전에 사기가 떨어져 농민군의 전주성 무혈입성은 이미 예정된 결과였다는 후문이다.

르뽀　고부봉기 현장을 가다

손에 손에 죽창 들고 고부관아로 쳐들어가
분노한 농민 위세에 조병갑 '줄행랑'

1894년 1월 10일 먼동이 트기 시작한 이른 새벽, 수백 명의 농민들이 만석보 남쪽인 말목장터에 모여들기 시작했다. 이들은 제각기 흰 수건을 머리에 동여매고 몽둥이나 죽창을 손에 들고 있었다. 모여든 군중들은 전봉준을 그들의 영도자로 추대했으며 전봉준도 서슴지 않고 군중들의 앞장에 섰다. 그러면 농민들은 왜 이렇게 손에 손에 죽창을 들고 일어선 것일까?

직접적으로는 고부군수 조병갑의 학정 때문이다. 조병갑은 부임하자마자 고부읍 북편 동진강상류에 보를 쌓기 시작하였다. 이곳에는 이미 만석보라는 보가 있어서 새로 보를 쌓을 필요가 없는데도 농민들에게 세금을 거두어들일 속셈으로 공사를 강행한 것. 필요하지도 않은 보를 위해 부역에 동원될 때부터 농민들의 불만은 높아졌지만 보가 완성되고 물세를 거두어들이면서 농민들의 분노는 걷잡을 수 없게 됐다. 농민들은 일단 조병갑에게 진정서를 냈지만 조병갑은 도리어 이들을 잡아 가둘 뿐이었으며 농민들은 이제 힘으로 맞설 수밖에 없었다.

농민들이 집결한 만석보에서 고부읍내까지는 약 20리 가량 된다. 말목장터를 떠난 군중들은 전봉준의 지도하에 기세를 올리면서 고부읍내

로 몰려갔다. 번내·오금·달천을 지날 때마다 농민들이 합세하여, 읍의 서북쪽 골짜기를 지나 관아에 이르렀을 때 군중들의 숫자는 1천 명을 넘어섰다.

군중들은 다짜고짜 동헌으로 쳐들어가 군수 조병갑을 잡으려 했지만 군중들이 몰려오는 소리를 들은 조병갑은 이미 담장을 넘어 도망쳐버린 뒤였다. 흥분한 군중은 관아를 부수고 무기고를 파괴하여 무기를 꺼내들었다. 이어 물세로 거둬들인 쌀더미를 풀어 임자와 가난한 농민들에게 나누어주었다.

군중들은 다시 만석보로 돌아가 새로 쌓아올린 둑을 터뜨려버렸다. 고여 있던 물이 노도처럼 쏟아져 흘러내리는 것을 보고 농민들은 "가슴속에 쌓이고 쌓였던 분노가 한꺼번에 풀리는 것 같다"며 시원해했다.

한편 단신으로 도망쳐나간 조병갑은 군내에 잠시 숨어 있다가 옷을 갈아입고 정읍을 거쳐 간신히 보름만에 전라감영으로 들어갔다는 후문. 그는 전라감사 김문현에게 병사 1천 명만 내주면 폭도들을 진압하겠다고 큰소리쳤지만 김문현은 들은 체도 안했다고 한다. 조병갑의 됨됨이는 그도 익히 알고 있던 바이었기 때문이다.

김문현은 나름으로 장교 정석진에

게 50명의 병정을 주어 고부로 출동시켰다. 정석진은 병정들을 상인으로 가장하여 전봉준의 진영에 침투시켰으나 농민들에게 모두 발각돼 고부에서 쫓겨났다.

보고를 받은 중앙정부에서는 더이상 사태를 방치할 수 없다고 보고 조병갑을 파면하고 김문현을 문책하는 한편, 후임으로 용안현감 박원명을 임명하고 장흥군수 이용태를 안핵사로 파견해 사태를 수습하도록 했다.

신임군수 박원명은 합리적인 인물이고 이 지역의 사정을 잘 알고 있었기 때문에 달아오른 민심을 비교적 잘 수습하고 있다는 평이다. 그러자 농민들의 분노도 점차 가라앉고 하나둘 집으로 돌아가기 시작했다. 이로써 큰 난리가 나고야 말 듯하던 말목장터의 거센 바람도 어느덧 잠잠해지는 듯했다.

그런데 안핵사로 임명된 이용태는 사태가 발생한 지 이제 한 달 가까이 되었음에도 부임하고 있지 않으며, 전주의 한벽루에서 기생을 옆에 끼고 놀고 있다는 소문만 들려오고 있다. 현지 주민들 가운데는 이러한 인물이 고부에 나타나면 어떠한 일을 벌일지 모른다고 가슴을 졸이고 있는 사람이 많다.

고부군수 조병갑의 부패일기

흉작농가 세금
감해주며 사례비 챙겨
각종 세금 착복,
권력남용 사례 끝없어

고부 농민봉기의 직접적 계기가 된 것은 조병갑이 고부일대에 물을 대는 전통적 저수지인 만석보 밑에 지난해에 굳이 농민들을 동원해 새 보를 쌓아 물세를 거둔 것이다. 지난해 추수 때 그가 물세로 거둬 챙긴 곡식이 7백 석에 달했다.

그는 1892년 4월에 고부군수로 부임해왔는데 이후 한시도 농민들을 가만히 놔두질 않았다. 1893년에 고부일대에 가뭄이 들어 흉작이 심했는데 그는 이마저도 기회(?)로 삼아 흉작농가는 세금을 감해주는 대신 이를 빌미로 수확이 그런대로 괜찮은 농가에 그 이상을 추가로 부담시켜 이득을 챙겼다. 그리고 나서는 또 세금을 감해준 흉작농가에게는 세금을 감해줬으니 사례를 하라고 협박해 이중으로 이득을 챙겼다.

여기서 그치지 않고 그는 1결당 12말씩 내게 되어 있는 대동미를 16말씩 받아 차액을 착복하고, 재산이 좀 있어 보이는 농민들을 불러다 불효죄·음행죄·잡기죄·이웃간 불화죄 등 갖가지 죄목을 들씌워 2만 냥의 거금을 우려냈다. 또 그는 인근 태인군수로 있던 자기 아버지의 송덕비를 세운답시고 1천여 냥을 강제로 징수한 적도 있다.

그는 영의정 조두순의 조카뻘이 되는 자로 이를 빌미로 거리낄 것 없이 권세를 휘둘렀다. 이에 참다 못한 농민들이 1893년 11월 진정서를 제출하자 모두 옥에 가두고 매질로 보답했다. 올해 봉기 직전에도 전창혁 등 3인의 농민이 진정서를 제출했는데 이번에는 중죄인으로 몰아 전주감영으로 압송시켜버렸다. 전창혁 등은 전주감영에서 초죽음이 되도록 두들겨 맞고 돌아왔는데 조병갑은 다시 이들을 형틀에 묶고 주리를 틀어 죽음 직전까지 내몬 뒤 한겨울 길거리에 내팽개쳤다. 전창혁 등은 그 자리에서 숨을 거두었는데 그가 바로 고부봉기의 선봉장 전봉준의 아버지였다.

동학농민군 지도부의 면면

전봉준

손화중

김개남

김덕명

최경선

전봉준

전봉준은 고부봉기 이후 동학농민군의 최고 지도자로 떠오른 인물이다. 1855년 고부의 당촌마을에서 훈장 전창혁의 아들로 태어났다. 어려서 병서를 즐겨 읽고 개구쟁이로 소문이 났으며, 가족의 생계를 꾸려나가기 위해 훈장노릇은 물론 풍수쟁이, 약장수 등을 했다고 한다.

1888년부터 손화중과 접촉했고 1890년 황하일의 소개로 동학에 입교했다. 1892년에 고부지방의 접주로 임명되었다. 1893년 3월 금구 원평집회에서 지도력을 인정받았으나 동학 입교시기가 늦고 포교활동에 적극적으로 나서지 않았기 때문에 손화중·김개남·김덕명과 달리 대접주에는 오르지 못한 것으로 알려졌다. 항간에는 1893년 2월 대원군과 접촉한 사실이 있다는 소문이 떠돌아 혹시 두 사람 사이에 모종의 밀약이 있었던 것이 아니냐는 의혹이 제기되고 있다.

1893년 11월 초 고부농민 40여 명과 함께 군수 조병갑에게 나아가 학정의 시정을 등소해 일시 구속되기도 했다. 11월 하순 최경선 등 20여 명과 함께 사발통문을 작성하고 고

부성의 점령, 조병갑의 처형, 탐관오리의 처단, 전주성 점령, 서울 진격 등을 내용으로 하는 봉기를 계획했으나 조병갑의 자리 이동으로 무산되었다. 그러나 1894년 1월 조병갑이 고부군수로 다시 부임하자 동학농민군을 이끌고 고부봉기를 일으켰으며, 3월에는 전라도 주요지역의 동학지도자들과 연대해 봉기의 수준을 넘어 반봉건·반외세의 농민전쟁을 수행하고 있다.

손화중

손화중은 동학의 무장(정읍) 대접주로서 농민군의 총관령에 임명돼 제2인자로 부상했다. 1861년 정읍에서 대대로 지주행세를 해온 밀양 손씨가문에서 출생했다. 1881년 지리산 청학동에 들어갔다가 동학에 입도해 수도생활을 했으며, 이후 고향에 돌아와 포교활동을 벌인 것으로 알려졌다. 또 키가 9척 장신이요 인상은 부드럽고 설득력이 뛰어난 것으로 유명하다. 특히 1892년 선운사 뒤 도솔암 석불의 배꼽에서 비결을 꺼냈다는 소문이 나면서, 이 비결이 세상에 드러나는 날에는 서울이 망한다는 전설과 함께 백성들 사이에서 신인으로 받들어지고 있다는 소

식이다.

그는 1892년 삼례집회에서 지도력을 인정받았고, 이듬해 광화문 복합상소 때 전라도 대표의 한 사람으로 참가했으며, 보은집회 때 무장의 대접주에 임명되었다. 전라도에서 가장 큰 규모의 포를 지휘하고 있으며 영향력 또한 대단한 것으로 정평이 나 있다. 특히 동학 입교시기가 늦고 포교활동을 벌이지 않은 전봉준에게 큰 도움을 줄 것이라는 평가를 받고 있다. 그러나 당초 전봉준이 즉각봉기를 주장했을 때 신중하게 대처하자는 입장을 피력한 것으로 알려져, 정부에서는 온건파로 분류하고 있다는 소식이다.

김개남

김개남은 동학의 태인 대접주로서 농민군의 총관령에 임명돼 제2인자로 부상했다. 1853년 태인의 부잣집에서 태어나 어릴 적부터 병서를 즐겨 읽고 말썽꾸러기로 유명했다. 본명은 김기범이나 꿈에 신인이 나타나 「開南」이라는 두 글자를 손바닥에 써서 보여주었다 해서 이름을 바꾸었다는 일화가 전하고 있다. 1890년 동학에 입도해 이듬해에 최시형이 전라도일대를 순행할 때 직접 가

르침을 받았던 것으로 알려졌다. 동학의 시천주 신앙과 후천개벽사상에 남다른 관심을 가지고 수행과 포교에 힘써 1891년에 접주가 되었다. 1892년 삼례집회에 참가해 지도력을 인정받았고, 이듬해 보은집회에서 태인포의 대접주에 올랐다. 현재 전봉준·손화중 등과 함께 동학농민군의 최고 지도자로 꼽히고 있으나, 휘하병력과 활동지역은 자세히 알려지지 않고 있다. 지도부 중 언제나 타협과 후퇴를 모르는 강성인물로 알려져 있다.

김덕명

김덕명은 동학의 금구 대접주로서 농민군의 총참모에 임명돼 전봉준의 핵심측근으로 떠올랐다. 1845년 금구에서 대대로 시골양반으로 행세한 언양김씨 가문에서 태어났다. 일찍이 일족의 세도행세를 개탄해오다 종중회의에서 재떨이와 목침 등을 던지며 행패를 부렸을 정도로, 의협심이 강한 인물로 알려져 있다. 한때 전봉준이 그의 집에 머물렀다는 설도 있다. 1891년 동학의 접주가 되어 전라도지방을 순행하던 최시형에게 직접 가르침을 받았다. 이듬해 삼례집회에 참가해 지도력을 인정받

았고, 1893년 보은집회에서 금구 대접주로 임명되었다. 특히 금구현 원평리는 전라도에서 가장 막강한 동학세력을 형성하고 있는 것으로 알려져 있으며 최경선, 김봉년, 김사엽, 유한필 등 쟁쟁한 인물들이 접주로 활약하고 있다.

최경선

최경선은 동학의 주산 접주이자 농민군의 영솔장으로 황토현전투와 전주성 점령시에 농민군을 직접 지휘한 인물이다. 1859년 정읍에서 양반지주의 아들로 태어났으며, 전봉준과 5~6년지기인 것으로 알려졌다. 1893년 11월 동학접주들이 중심이 되어 고부에서 농민봉기를 계획할 때 사발통문에 서명했다. 또 1894년 1월 고부봉기때 동학교인 300명을 자기 집에 집결시켰다가 고부농민 1천여 명과 함께 고부군아를 공격해 이름을 떨쳤다. 3월 농민군이 백산에 집결해 부대를 조직할 때 대장 전봉준 휘하의 영솔장이 되었는데, 영솔장은 군사를 직접 거느리며 지휘하는 선봉장을 말한다. 장성 황룡강에서 홍계훈의 일부병력과 싸워 승리할 당시 생질을 잃었다는 소문이 들린다.

〈경기전〉의 이성계 영정 어디로 갔나

판관 민영승,

"성을 포기했다"는 문책 두려워

"영정 보호하려 했다"며

품에 안고

산성으로 도망가

태조 이성계의 영정을 모신 국립 사당인 〈경기전〉의 이성계 영정이 사라져 사람들을 놀라게 했다. 경기전은 전주 성내 풍남동에 있는데, 관군이 전주성 주위 산에 대포를 설치하고 성내를 향해 연일 포탄을 퍼붓는 통에 이 〈경기전〉도 포탄에 훼손될 위기에 직면해 농민군들이 강력하게 항의한 바 있고 지방 유생들도 우려를 해왔다.

결국 얼마 안 있어 판관 민영승이 영정을 품에 안고 관군이 포진하고 있는 산성으로 도망간 것으로 밝혀졌다. 그런데 이성계 영정을 보호하고자 위험을 무릅쓰고 〈경기전〉에서 영정을 수습한 자는 전혀 다른 인물이었던 것이 밝혀져 화제다. 애초에는 전주지방의 어떤 참봉이 영정을 걱정해, 〈경기전〉에서 바쁘게 영정을 떼어내 돌돌 말아 허리춤에 꽂고 관군이 있는 위봉산성을 향해 달아났다고 한다. 그런

데 무작정 도망만 가던 민영승이 이 참봉을 보고 다짜고짜 영정을 빼앗았다. 성을 포기하고 달아났다는 문책을 걱정하던 중 마침 영정을 보호하기 위해서였다는 명분으로 궁지를 모면하려 했다는 것이다.

이에 앞서 지난 1888년에는 경기전 앞 은행나무에서 까치와 백로 수천 마리가 패싸움을 벌이는 장관이 연출된 바 있는데 이때 까치쪽이 진 일이 있다고 한다. 이를 두고 지금 농민군과 관군 사이에 현재의 형세에서 어느 쪽이 까치인가를 놓고 설왕설래하고 있다는 후문이다.

〈경기전〉은 지난 1410년에 어용전(御容殿)이라는 이름으로 완산·계림·평양 세 곳에 설치했으며 태조 이성계의 진본 영정을 모셔 놓았다. 그후 임진왜란 때 불탔으나 1614년에 중건됐다.

농민군의 신무기 '장태'

이번 농민전쟁에서 농민군이 개발한 신무기 '장태'가 관군을 상당히 곤혹스럽게 한 것으로 알려져 화제가 되고 있다. 원래 장태는 대나무를 타원형의 큰 항아리 모양으로 엮어 그 안에서 닭과 병아리를 키우는 것인데 이것에 착안하여 그 안에 볏짚을 가득 넣어 굴리면서 방어용 방패로 활용한 것이다.

이 장태는 전봉준이 신식무기로 무장한 관군에 대항하기 위해 고민하던 끝에 손재주가 있는 농민군을 시켜 개발한 방어용 무기이다.

특히 4월 23일 장성 황룡촌전투에서 이 장태가 공격용 무기로까지 변신해 관군을 더욱 놀라게 했다. 관군이 진격하는 순간 산 위에 진을 치고 있던 농민군이 갑자기 아래로 수십 개의 장태를 굴린 것이다. 이 장태에는 날카로운 칼이 여러 개 꽂혀 있었고 바퀴가 달려 있어 총과 활을 쏘며 산을 오르려 하는 관군에게 치명적인 타격을 가했다. 관군이 쏘는 총알이나 화살은 모두 장태에 꽂힐 뿐이었고, 농민군은 장태 뒤로 몸을 숨긴 채 관군을 3면에서 포위하며 내려왔다. 이 전투에서 관군은 할 수 없이 강을 건너 후퇴하지 않을 수 없었고 농민군은 끝까지 쫓아가 신식총으로 무장한데다가 야포와 기관포도 갖춘 관군 정예부대들을 대부분 섬멸시켰고 대장 이학승의 머리도 베어버렸다.

농민군 노래 널리 퍼져

농민군 봉기가 호남과 충청일대를 뒤덮고 있는 가운데 농민군들이 행진할 때나 잠시 쉴 때 노래를 즐겨 불러 민중들 사이에 이들 노래가 널리 퍼지고 있다.

가보(갑오)세 가보세
을미적 을미적
병신되면 못간다

여기서 '가보세'는 농민군 봉기현장으로 모이라는 호소지만 '갑오'년이라는 시점과 묘하게 소리가 일치되고, '을미적' 역시 '주춤하는 상태'를 나타내는 것과 '을미'년을 동시에 표현하고 있다. 갑오년에 끝장내지 못하면 다시 기회가 오기 힘들다는 경고 메시지를 담고 있다.

또 어린아이들이 논에 새를 쫓으며 부르던 노래가 농민군들 사이에서 불리고 있다.

새야 새야 녹두새야
전주 고부 녹두새야
함박 쪽박 딱딱 후여

여기서 녹두새는 말할 것도 없이 녹두장군 전봉준을 가리키는 것이다. 아이들의 동요가 다가올 세상을 미리 예견하는 경우가 많다는 농민들의 믿음, 농민군 지도자 전봉준에 대한 애정과 존경이 배어 있는 노래다.

역사신문

인천에 상륙하는 일본군(위)과 조선으로 출동하기 위해 집결한 청국군.

농민군, 정부와 휴전

호남 일원 집강소 설치, 폐정개혁 실시

1894년 5월 7일 전봉준이 이끄는 전주점령 농민군이 정부측 초토사 홍계훈과 막후협상을 통해 안전귀가와 폐정개혁실시 약속을 받고 전주에서 일제히 철수했다. 이로써 농민과 정부 사이에 50여 일에 걸쳐 전개된 전쟁상황은 일단 종식됐다. 이어 5월 20일 전라관찰사 김학진은 농민군 지도자 전봉준과 만나 폐정개혁의 실시에 관해 논의하고 그 집행기구로 집강소를 설치할 것에 합의했다. 집강소 설치는 관과 농민군이 사실상 이중권력 상태를 유지한다는 것을 뜻하는 것이어서 그 귀추가 주목되고 있다.

5월 7일 농민군은 완전무장한 정부군이 도열해 있는 가운데 북문을 열고 대오를 갖춰 질서정연하게 철수했으며 뒤이어 정부군이 전주성에 입성했다. 농민군의 철수가 완료되자 정부군도 더 이상 농민과의 충돌이 없을 것으로 보고 서둘러 서울로 귀환했다.

이는 현재 서울에 청군이 농민진압을 위해 속속 진주하고 있는데다 이에 대응해 일본군까지 입국하고 있어 정국이 심상치 않게 돌아가기 때문이다. 농민군 역시 이러한 급박한 상황을 보고 급히 휴전을 서두른 것으로 알려졌다.

이에 앞서 농민군은 전주성을 점령한 이후 정부군과 두 차례에 걸친 접전을 벌였지만 만족스러운 성과를 얻지 못했고 이후 양측은 소강상태를 유지해왔다. 이런 상태에서 정부군측은 농민군의 무조건 해산을 요구했고 농민군은 폐정개혁과 해산 후 농민군의 신분보장을 요구했다. 이러한 상황에서 국왕 고종이 결단을 내려 홍계훈에게 휴전 지시를 내렸고 마침내 5월 7일 휴전이 이루어진 것이다. 관련기사 2, 3면

민씨정권 교정청 설치, 민심수습에 나서기로

1894년 6월 11일 국왕 고종은 교정청을 설치하여 농민봉기로 어수선해진 민심을 수습하고 내외에서 계속 거론돼온 개화정책 실시를 담당하도록 했다. 총재관은 영의정 심순택이 겸임하도록 하고 전·현직대신 10여 명을 위원으로 임명했다.

이번 교정청 설치는 최근의 농민봉기가 미봉책으로 대응하기에는 힘든 사회구조적 부조리에 근본원인이 있다는 것이 기정사실화되어 있는데다 기왕에 농민들이 올린 폐정개혁안도 무시할 수 없는 상태임을 감안하여 정부가 적극적으로 민심수습에 나서겠다는 강력한 의지를 표현한 것이다. 또 여기에는 최근 서울에까지 군대를 출동시킨 일본이 '조선의 내정개혁'을 주장하고 이를 철수의 전제조건으로 내세운 것도 중요한 역할을 한 것으로 보인다. 청의 원세개도 일본에게 구실을 주지 않기 위해 우리 정부가 주체적으로 개혁정책을 가시화할 것을 주문했다.

그러나 현재 교정청은 임명된 관리들이 제대로 회의조차 소집하지 못하고 있어 실제 성과를 내게 될지 의혹을 많이 받고 있는 편이다.

청·일군 속속 도착 무력충돌 우려

1894년 5월 2일 청의 북양해군제독 정여창이 군함 두 척을 이끌고 인천에 도착하는 한편, 7일에는 직례제독 섭지초와 산서태원진 총병 섭사성이 이끄는 2천여 병력이 아산에 도착했다. 이에 뒤질세라 일본도 5월 5일 제9여단장 오오시마를 인천에 파견했고 5월 9일에는 혼성여단 선발대 8백 명이 인천에 도착했다. 이어 12일에는 오오시마의 주력부대 8천여 병력이 인천에 입항하여 양국이 일촉즉발의 긴장상태에 들어가 있다. 청군은 우리 정부의 농민군 진압 요청을 받고 출병한 것이고, 일본은 청으로부터 출병 사실을 통보받고 곧바로 대응을 개시한 것이다. 청은 5월 2일 출병하면서 일본 정부에 "조선 정부의 청원에 따라 비적 토벌을 위해 육군 일부를 조선에 파견한다"고 통보했다. 이를 접수한 일본외상 무쓰는 "지리상, 무역상 중요성에 비추어 조선에 대한 우리나라의 이해는 심히 긴요하므로 이와 같은 사태를 방관할 수 없다"며 즉각 대응 출병을 결정했다.

일본군 경복궁 점령, 쿠데타 …

국왕 일가 연금, 초법적 군국기무처 설치

1894년 6월 21일 새벽, 용산에 주둔하고 있던 일본 군대 1개 연대가 일본공사 오오토리의 지휘 아래 경복궁에 침입, 국왕과 왕비를 감금하고 서울 4대문을 장악하는 무력정변이 발생했다.

갑작스런 외국 군대의 침입에 놀란 우리 궁궐 호위병과 병사들은 즉각 대응태세에 들어가 양측이 대포와 총을 난사하는 시가전이 벌어졌으나 국왕을 인질로 잡은 일본군이 국왕을 협박, 투항명령을 내리도록 해 아군들은 분루를 삼키며 퇴각했고 민씨정권의 대신들인 민영주·민영준·민응식 등은 모두 혼비백산하여 지방으로 피신했다.

이어 일본군은 우리 조선군을 무장 해제시키고 궁궐과 주요요인들의 집을 포위, 가택연금시킨 가운데 궁궐에는 일본군이 허가하는 대신들만 입궐시키고 있다. 김홍집, 김병시, 조병세 등은 입궐이 허락됐으나 심순택은 오오토리로부터 "가죽만 남은 이런 늙은이도 국정에 참여한단 말인가"라며 입궐을 저지당하는 수모를 겪었다. 궁궐이 봉쇄돼 국왕은 음식마저 운현궁에서 시켜먹고 있는데 일본군들이 중간에서 음식에 마구 손을 댈 때 정작 국왕 밥상에는 먹다남은 찌꺼기만 전달되는 치욕을 당하고 있다는 소식이다.

이렇게 정국이 혼란스러운 가운데 정부는 6월 25일, 기존 교정청을 폐지하고 군국기무처를 설치한다고 발표했다. 이는 일본측이 자국과 같은 모델의 개화정책을 시행하라고 강요하는 기구로 분석되고 있다. 이 군국기무처는 일체의 국정을 최종적으로 심의 결정하는 초정부적 기구로서 총재관은 영의정 김홍집이 겸임하고 부총재는 내무아문 독판 박정양이 겸임하게 됐다. 위원으로는 김종한, 김윤식, 조희연, 이윤용, 안경수, 유길준 등 16명이 임명됐는데 모두 개화정책에 뜻을 둔 이들이고 기존 민씨 집권세력은 철저히 배제됐다.

일본은 일단 흥선대원군을 최고 통치자로 재옹립했는데, 이는 민심을 안정시키고 국왕과 민비의 준동을 봉쇄하려는 의도로 해석되고 있다. 따라서 대원군이 군국기무처에 실제적 영향력은 행사하지 못할 것으로 보인다. 한편 지난 갑신정변 때 일본으로 망명했던 박영효가 이틀을 타 슬그머니 귀국해 정국의 실세로 부상하고 있어 주목되고 있다. 관련기사 2면

일, 청 양국 선전포고

전면전 일어날 듯 전장은 우리 땅

1894년 7월 1일 일본과 청 양국은 정식으로 선전포고를 발령, 전쟁상태에 돌입했다. 현재 평양에 청의 섭지초 휘하 봉천군 1천5백여 병력이 전열을 가다듬고 있고 중국으로부터 속속 군수물자와 지원군이 도착하고 있다. 서울에 병력을 주둔시키고 있는 일본 역시 1천5백여 병력으로 평양주둔 청군에 대해 선제공격을 가할 준비를 서두르고 있다. 이번 선전포고는 지난 6월 23일 풍도에서 일본 해군이 청 군함에 대해 선제공격을 가해 전멸시키고 이어 성환에서 청 육군마저 궤멸시킴으로써 촉발된 것이다. 이 당시 일본은 쾌속 순양함 3척으로 풍도 앞바다에 정박 중인 청 군함을 격침시켰다. 또 서울에서 남하해온 일본 육군이 성환에서 섭사성이 이끄는 2천 5백여 청군과 접전, 격파했다.

역사신문

과부개가 허용은 꼭 실현돼야

농민들의 폐정개혁안은 시대의 흐름 반영해

문호개방 이후 정부는 개화 즉, 근대화정책을 광범위하게 추진하고 있다. 정부체제의 개편, 신식군대의 창설, 근대문물의 수용 등이 그것이다. 그러나 이러한 정책들이 국민 일반에게 와닿는 '체감온도'는 그리 높지 않았다. 국민의 기본생활을 좋은 방향으로 변화시킬 수 있는 내용들이 많지 않았기 때문이다. 오히려 문호개방 이후 본격화된 외세의 경제침투 때문에 국민들 사이에는 반개화 움직임이 고조되고 있다. 한편 정부도 임오군란과 갑신정변을 겪고 나서 청의 강력한 통제를 받으면서 개화정책의 속도와 강도를 늦추었다.

그런데 이번에 동학농민군이 정부에 요구하고 또 집강소 활동을 통해 추진하고 있는 폐정개혁안은 국민들의 일상생활 속에서 뼈저리게 느껴왔던 봉건적 악습에 대해 철저한 개혁을 요구하고 있어 분명 새롭다. 노비제도의 폐지, 무명잡세의 폐지, 토지의 평균분작 등이 그것이다. 그런데 폐정개혁 내용 가운데는 과부의 개가를 허용하자는 주장이 있어 흥미롭다. 근대화라는 것이 쉽게 생각하면 보다 나은 세상을 만들자는 것일진대, 서구의 어떤 새로운 제도를 도입하는 것보다도 우리의 나쁜 고정관습 또는 고정관념을 하루빨리 깨트리자는 것이야말로 진정한 개화라고 할 수 있을 것이다.

사실 과부의 개가를 금해서 정절을 지키게 하는 것만큼 비인간적이고 부도덕한 일이 없다. 남자들은 재혼은 물론이요 부인이 있는데도 축첩에 외도를 밥먹듯이 행한다. 그런데 여자들이 조금이라도 '딴 짓'을 하면 어김없이 '화냥년'이라 비난하고, 한평생을 수절로 마치면 열녀라 칭송한다. 남성우월주의의 소산이요 여성에 대한 중대한 인권침해이자 성차별이 아닐 수 없다.

남녀가 만나 혼례를 치르고 백년해로를 할 수만 있다면 얼마나 좋을까? 그러나 인간의 삶이 그렇게 뜻대로만 되지 않는 법이어서 남편이 일찍 세상을 뜨는 일은 허다하다. 그렇게 과부가 된 우리의 여성들은 팔자소관 운운하며 체념 속에 자식에 의지해 평생을 살아간다. 과부들이 운명을 스스로 개척하지 못하게 하고 그저 주어진 조건에 순응하라고만 한다면, 그것은 분명히 새로운 세상이 아니다.

이런 관점에서 이번에 농민군이 제기한 과부의 개가를 허용하자는 주장은 시의 적절하며 정부가 그동안 추진해온 근대화정책의 맹점을 정확히 찌른 것이라고 할 수 있다. 정부는 외국 것만 들여올 것이 아니라 농민들 피부에 와닿는 근대화정책을 입안해 실제 행정에 도입해야 할 것이다.

그림마당
이은홍

전주화약의 배경

전선 고착되며 농민군 고립, "전주 점령은 전술적 오류" 지적도
청·일 개입하여 국제전으로 확대 기미, 정부도 조기 해결 희망

이번 전주휴전은 사실 정부나 농민군 양측 모두에게 썩 만족스러운 것이 아니다. 그럼에도 휴전이 성립하게 된 데에는 이 정도 선에서 물러설 수밖에 없는 사정이 양측 모두에게 있었기 때문이다.

농민군은 애초 서울로 진격하여 부패한 지배층을 몰아낼 것을 목표로 하고 있었다. 전주성 점령 이후 4월 28일과 5월 3일 두 차례에 걸쳐 정부군의 포위선을 돌파하려고 한 것도 이런 이유에서였다. 그러나 농민군은 정부군이 지형적 우위와 우수한 화력을 갖추고 있는 바람에 포위선을 뚫는 데 실패했다.

이렇게 전선이 교착상태에 빠지면서 농민군은 고립되기 시작했다. 지도부 가운데서는 과거 홍경래가 정주성에 고립돼 패배한 사례를 들면서 전주성 점령 자체가 전술적 오류가 아니겠는가 하는 분석이 조심스럽게 나오기도 한 것으로 알려졌다. 농민대중의 지지를 받는 농민군은 기동전을 펼치는 것이 유리한데 전주성 점령 이후 주력이 농민대중과 차단되어 자신의 강점을 발휘하지 못하게 됐다는 것이다. 이러한 상황에서 지도부에게는 어떻게 하면 주력을 보위한 채 정부군의 차단선을 넘어서 다시금 농민대중과 결합할 것인가가 중요한 전술적 과제로 제기된 것이다. 또한 계절이 점차 농번기로 접어들면서 농민군 병사들의 귀향문제도 중요한 고려사항이 됐다. 이러한 사정에서 농민군 지도부는 정부군측과 적극적인 휴전교섭에 나서게 된 것이다.

정부측도 농민군과의 휴전을 하루라도 빨리 타결하지 않으면 안될 형편에 놓여 있었다. 정부는 이번 사태의 수습을 위해 청에 군대를 요청한 바 있는데 이것이 빌미가 돼 청과 일본 양국 군대가 동시에 조선에 진주하는, 자칫 국제간 분쟁이 빚어질지도 모르는 상황이 발생한 것이다. 정부는 이러한 사태를 피하기 위해서 양국에 동시철병을 요구하고 있는데 이를 위해서는 난이 평정되었음을 보여주어야만 했다. 전주탈환 이후 정부군이 서둘러 서울로 철수한 것도 농민군 해산을 양국에 과시하기 위한 의도적인 행동이다. 농민군 철수 후 일부에서 초토사 홍계훈에게 농민군을 풀어준 것에 대해 힐책하자, 홍계훈은 자신은 단지 국왕의 명령에 따랐을 뿐이라고 대답했다고 하는데 이는 정부가 얼마나 농민군 해산에 급급하고 있었는지를 보여주는 사실이라 할 수 있다.

폐정개혁 12개조

1. 동학교도와 정부는 원한을 씻고 모든 행정에 협력한다.
2. 탐관오리는 그 죄상을 조사하여 엄징한다.
3. 횡포한 부호는 엄징한다.
4. 불량한 유림과 양반의 무리를 징벌한다.
5. 노비문서는 불태워버린다.
6. 천인차별을 개선하고 백정이 쓰는 패랭이는 없앤다.
7. 청상과부의 개가를 허용한다.
8. 무명 잡세는 일체 폐지한다.
9. 관리채용에 지연을 타파하고 인재를 등용한다.
10. 왜와 통하는 자는 엄징한다.
11. 공사채를 물론하고 기왕의 것을 무효로 한다.
12. 토지는 균등하게 나누어 경작케 한다.

농민군 요구사항, 폐정개혁안 분석

반제·반봉건 내건 혁명적 요구

폐정개혁안 12개조는 집강소가 개혁을 집행하는 데 기준으로 삼고 있는 것이다. 따라서 여기에는 농민들이 목숨을 걸고 싸울 수밖에 없었던 절실한 요구사항이 응축돼 있다.

농민들이 직면하고 있는 사회모순 중에도 가장 직접적인 것이 농민수탈문제다. 18세기 이후 수령과 아전들의 부정부패는 날이 갈수록 가중돼왔다. 폐정개혁안에서 탐관오리를 엄징할 것, 무명잡세를 폐지할 것 등을 요구한 것은 이러한 사정을 반영한 것이다.

이러한 사회모순을 더욱 증폭시키고 있는 것은 개항 후의 상황이다. 일본 상인이 곡물을 대량 매입함으로써 곡가가 하늘높은 줄 모르고 뛰고 있다. 물론 지주들은 이를 통해 더 배가 부르고 있지만 많은 농민들은 한계상황으로 내몰리고 있다. 따라서 농민들은 지주층과 외세를 같은 편으로 보고 이들을 척결할 것을 주장한다.

결국 농민들은 반제·반봉건의 지향을 갖고 있다고 볼 수 있다. 그러면 농민들이 바라는 사회는 어떤 모습일까? 토지를 균등하게 나누어 경작케 하라는 요구는 사실상 봉건제 자체를 부정하는 중대한 내용이다. 토지소유관계는 우리 사회를 떠받치고 있는 기본토대다. 지주는 물론 국가가 소유하고 있는 엄청난 토지를 소작농민들에게 균등하게 나누어주는 일은 현 체제를 그대로 두고는 전혀 불가능하기 때문이다.

농민들의 반봉건 성향은 노비문서를 불태우고, 천인에 대한 차별을 없애고, 과부의 재가를 허용하라는 요구에서 더욱 극명하게 드러나고 있다. 이러한 급진적인 요구가 과연 집강소를 통해서 실현될 수 있을 것인가가 주목해보지 않을 수 없다.

일본군 경복궁 쿠데타의 배경과 파장

"청 영향력 끊고 일본 아래로" 일본의 노골적 침략

일본군이 다짜고짜 우리 궁궐을 점령하고 국정을 이래라 저래라 하는, 상식으로는 도저히 납득할 수 없는 일이 벌어졌다. 물론 일본이 이러한 행동을 하게 한 빌미는 우리 정부가 청군을 불러들임으로써 제공해준 측면도 있다. 그러나 보다 근본적 원인은 어떻게든 조선에서 청의 영향력을 거세하려는 일본의 노골적 속셈이다.

일본이 우리 궁궐을 차지하고나서 우리에게 표면적으로 요구하는 것은 '독립'과 '개화정책 시행' 두 가지로 요약된다. '독립'이란 청의 간섭에서 벗어나야 한다는 것이다. 그러나 그 다음에는 자신들의 영향력 아래에 있어야 한다는 것이므로 의미 그대로의 '독립'은 아니다. 그런데 청의 간섭을 배제하려면 조선의 친청적인 기존 집권층을 갈아치우지 않으면 안된다. '개화정책 시행'은 이러한 속셈에서 제기된 것이다. 농민봉기가 전국을 휩쓸 만큼 나라를 잘못 이끈 위정자들은 물러나야 하고, 그 자리에 개항 이후 일본의 개화된 문물을 접해 일본을 동경하게 된 이른바 '개화파'들이 입각해야 한다는 것이다. 이러한 일련의 수순들을 궁궐 점령이라는 극한 수단을 동원해 단번에 해치운 것이 이번 쿠데타 사건의 전말이다.

그런데 이런 상식 이하의 만행을 당한 우리 정부의 모습 또한 상식 이하였다. 외국 군대가 왕궁을 습격해와 말단병사들이 즉각 응전에 나서는 판국에서 정부대신들은 혼비백산해 도망가기에 바빴다. 남아 있던 대신들도 일개 일본공사 오오토리에게 "네, 네"하며 굽실거린다는 소식이다.

어쨌든 이번 쿠데타로 개화파가 다수 입각해 과감한 개화정책을 시행할 것은 확실하다. 그리고 그것은 우리 사회를 크게 변화시키고 발전시키는 것들일 것이다. 우리 개화파들은 과정과 절차가 어떠하더라도 개화라는 목적에만 도달하면 상관없다는 생각을 하는 것일까.

집강소 설치, 활동 공인

김학진과 전봉준, 지방행정 협력키로

1894년 6월과 7월 전라감사 김학진과 농민군 최고지도자 전봉준이 두 차례 회담을 갖고 국가의 위급상황과 지방행정 문제에 공동 대응키로 합의하고 집강소를 설치해 양측이 합심협력하기로 했다. 이에 따라 집강소의 위상은 한층 높아졌다.

6월 초 전봉준과 회담을 가진 바 있는 김학진은 농민군 집강에게 행정권을 양도한다는 새로운 수습방안을 내놨다. 이는 도내 곳곳에서 농민군의 '분풀이식' 행동이 잇달아 일종의 '무정부적' 상황이 연출된 데 따른 것이다. 즉 농민군의 실질적 지배상황을 인정해 집강소를 공인, 최소한의 행정질서를 회복하려는 것으로 분석된다. 한편 전봉준도 관의 이름으로 공인을 받는 것이 농민군에 대한 통제력과 자신의 주도권을 확고히 하는 데 큰 도움이 될

것으로 보고 이에 응한 것으로 보인다. 그러나 두 사람의 '합작' 이후에도 농민군 조직상의 질서는 쉽게 회복되지 않았다. 더욱이 6월 21일 일본군에 의해 '경복궁 쿠데타'가 일어나고 청·일간의 전쟁이 임박했다는 소문이 도는 등 중앙정국이 급변하자, 농민군 사이에는 7월 1일을 기해 다시 봉기하게 될 것이라는 소문이 나돌면서 긴장감이 감돌았다.

이에 김학진과 전봉준은 다시 회담을 열어 민족적 위기에 공동대응키로 하고, '관·민 화해'의 원칙하에 집강소 활동을 강화해 치안유지를 꾀하기로 합의했다. 김학진은 곧바로 도내 53개 모든 군현에 이 사실을 알렸으며, 전봉준에게 자신의 집무처를 내주는 등 사실상 감사의 권한마저 농민군에 넘겨줬다.

한편 전봉준은 15일 남원에서 농

민군 전체대회를 소집, 집강소를 통해 지방행정을 담당하면서 폐정개혁 활동을 벌이는 한편, 중앙정치의 변동상황을 살피면서 만약의 사태에 대비할 것을 주장해 이를 관철시킨 것으로 알려졌다. 그러나 김개남 등 일부 지도자들은 즉각 봉기하거나 농민군 독자적으로 강력한 반봉건투쟁을 실현하는 쪽에 '무게중심'을 두고 있는 것으로 알려졌다. 이에 따라 전문가들은 머지않아 농민군 지도부 내에 강온대립이 본격화될 것이라고 내다봤다.

김학진은 누구인가

신임 전라감사 김학진은 동부승지, 이조참판, 형조판서, 공조판서 등을 역임한 정통관료지만 민씨세력과는 관련이 없는 안동김씨 명문가 출신이다. 평소에 강직하고 소신있는 인물로 정평이 났다. 정부로서 농민봉기의 뒷수습이라는 중책을 맡기기에 적격이었고 농민들도 그의 인선에 대해 웬만큼은 수긍할 것이라고 판단했다는 후문. 임명 과정에서부터 고종에게 현지의 사정에 따라 상부의 결재를 받지 않고 일을 처리할 수 있는 권한인 '편의종사(便宜從事)권'을 요청해 허락을 받는 대담성을 보였다. 그는 핵심참모로 김성규와 송인회를 두고 있는데 특히 김성규는 집강소 설치안을 입안한 자로 농민과 함께 하는 개혁을 주장하고 있다.

취재기자 방담　집강소 지역별 실태

역사상 최초로 농민 손에 쥐어진 지방권력
지역에 따라 '분풀이식' 행동도

전라도 곳곳을 둘러본 취재기자들의 방담을 통해 집강소 활동의 지역별 실태를 점검해보았다.

명기자 : 농민군세력이 강한 흥덕 이남, 나주 이북지역에서는 집강소가 초기부터 나름대로 체계적인 조직을 가지고 있었다. 이런 곳은 규율이 잡혀 있고 조직적인 통치가 이루어지고 있었다.

강기자 : 순천의 경우 금구접주 김인배와 순천접주 유하덕이 이끄는 농민군이 관아를 점령하고 영호대도소를 설치했는데, 각 면마다 접주와 집강을 임명해서 체계적으로 지방통치를 이끌었다. 그런가 하면 일부지역에서는 접주와 지방관 사이에 비교적 원만한 관계가 유지되면서 행정을 지방관에게 전적으로 맡긴 곳도 있다. 예를 들어 담양의 경우 남응삼이 스스로 식견이 없음을 인정하고 민정을 부사에게 일임했다.

이기자 : 그러나 일부지역에서는 '분풀이식' 행동이 속출했다. 정부군이 철수하자 그동안 억눌렸던 감정을 거침없이 발산해 양반이나 아전에 대한 폭력과 약탈, 사적인 원한을 풀기 위한 행동들이 잇달았다. 농민군 지도부도 전혀 손을 쓰지 못했다.

최기자 : 농민군 고위 관계자의 말에 따르면 전봉준도 독자적으로 행동하는 접주와 농민군을 통제하는 것이 상당히 힘들다고 한다. 그래서

전봉준과 김학진이 협상을 통해 지방행정에 협력해 대처하기로 합의를 보게 됐다는 얘기다.

강기자 : 집강소가 설치됐다가 얼마 못가 철폐된 곳도 있다. 강진과 완도의 경우 본래 동학세력이 약해 인근지역의 동학도들이 들어와 집강소를 설치했으나 이들이 철수하면서 얼마 못가 철폐되고 말았다.

명기자 : 그런가 하면 일부지역에서는 타지역 농민군이 들어오는 것을 막기 위해 거짓으로 집강소를 설치한 경우도 있다. 병영지방의 경우 이세화라는 동학교인을 맞아들여 거짓으로 접을 설치했다. 장흥쪽 동학도들이 이 사실을 알고 쳐들어왔으나 강하게 맞서 막아냈다.

최기자 : 전라도 53개 군지역 가운데 유일하게 집강소가 설치되지 못한 곳이 나주다. 이곳은 처음부터 농민군에 적대적인 태도를 보였다. 목사 민종렬은 관군과 각 군현에서 징발한 민병들을 체계적으로 조직해 훼손된 성곽을 보수하고 군사훈련을 시켰다. 더구나 나주는 전라도 5진 관체제의 중심지로서 군기고에 무기와 화약이 상당히 많았다.

이기자 : 집강소가 처음부터 엄격한 법제적 과정을 통해 이루어진 것이 아니어서 무질서한 측면이 있었다. 그러나 농민들이 조선 역사상 최초로 자치기구를 꾸려갔다는 것 자체만으로도 의미있는 일이었다.

농민군 남원서 대규모 집회

1894년 7월 1일을 기해 농민군이 다시 봉기할 것이라는 소문이 나돌면서 긴장감이 감돌았으나, 15일 남원에서 열린 농민군 대회를 통해 재봉기의 들뜬 분위기가 일단 진정됐다.

6월 21일 일본군이 경복궁을 침범하고 23일 풍도해전을 도발해 청·일간의 전쟁 기운이 높아지면서 전라도일대에는 최제우가 "7월 1일 지리산에서 신선이 되어 나타날 것"이라는 소문이 나도는가 하면 일본 낭인들이 전봉준을 만나 재봉기를 부추겼다는 설까지 나돌아 민심이 흉흉해졌다.

이에 전봉준은 이러한 상황에서 농민군이 다시 봉기하면 오히려 일본군의 술책에 말려들 우려가 있다고 판단, 15일 남원에서 수만 명의 농민이 참석한 가운데 대집회를 열고 농민들의 들뜬 분위기를 가라앉힌 것이다. 그러나 김개남 등은 계속 강경투쟁 의사를 굽히지 않아 귀추가 주목되고 있다.

집강소의 실체를 밝힌다

행정체계 갖춘 농민의 권력기구

전주화약 체결 이후 관군이 서울로 되돌아가면서 전라도일대는 사실상 농민군의 세상이 되었다. 농민군이 집강소를 설치하고 반봉건·반외세를 주내용으로 하는 폐정개혁에 박차를 가하고 있는 것이다.

그러면 이 집강소의 실체는 무엇이며 어디서 유래한 것일까. 본래 조선사회에는 전통적으로 면과 리에 집강이 있었다. 집강이란 향임(鄕任)의 일종으로서 양인 상층의 지식있는 부농 중에서 임명돼 지방관의 행정을 자문해주고 주민의 풍속을 바로잡는 일을 담당했다. 그러나 현재의 집강소는 이와는 다른 하나의 엄연한 행정체계다.

집강소의 조직은 집강을 책임자로 그 밑에 서기·성찰·집사·동몽 등 집행기구가 구성돼 있다. 집강은 주로 동학의 접주 중에서 임명된다. 서기는 문서작성과 정리를 맡고 있는데 집강의 비서라 생각하면 된다. 성찰은 순찰과 감찰을 담당하면서 기율과 기강을 바로잡는 '농민경찰'이다. 집사는 집강소의 행정과 공사를 관리하는 행정요원이고, 동몽은 주로 청소년으로 구성되어 기관 사이의 연락을 담당하고 있다.

한편 집강소는 통치권장악 정도에 따라 크게 세 가지 유형으로 나뉜다. 제1유형은 남원과 같이 군현의 수령이 도망한 상황에서 명실공히 집강소가 모든 통치를 전담하는 경우이다. 제2유형은 전주와 같이 각 군현의 지방관과 집강소가 타협을 이루어 함께 통치권을 행사하는 경우이다. 제3유형은 순창과 같이 종래의 지방관이 행정을 그대로 수행하고, 농민 집강소는 그에 대한 감독, 감시만 하는 경우이다. 가장 일반적인 경우는 두번째 유형이다.

그런데 현재 진행되고 있는 집강소 활동에 문제점도 적지 않다. 일원적 체계에 의해 운영되고 있지 않아 전봉준마저도 개별 집강소를 통제할 수 없을 정도로 '분풀이식' 활동이 나타나고 있다는 것이다. 그러나 농민들이 행한 역사상 최초의 정치에 약간의 무리가 있다 해서 그걸 과소평가할 수는 없다는 것이 관측통들의 공통된 의견이다. 농민들 스스로 통치기관을 형성하고 운영했다는 것만으로도 우리 역사상 유례없는 의미 있는 일이라는 것이다.

김옥균 암살
프랑스 유학생 홍종우가 상해에서 결행

1894년 3월 28일 상해의 일본여관 동화양행에서 프랑스 유학생 홍종우가 갑신정변의 주모자로 일본에 망명해 있던 김옥균을 암살하는 사건이 발생했다. 사건 이후 청 정부는 홍종우의 신병과 김옥균의 시신을 우리 정부에 인도, 정부는 양화진에서 김옥균의 시신을 능지처참하고 그 목을 내걸어 역적의 말로를 본보였다.

사건 당일 홍종우는 김옥균과 함께 동화양행에 투숙한 뒤 한밤중에 육혈포로 김옥균을 쏘고 그래도 죽지 않자 칼로 내리쳐 죽인 것으로 밝혀졌다. 그뒤 시체에 페인트를 발라 부패하지 않게 한 다음 시신과 함께 귀국한 것이다. 홍종우는 지난 1893년 가을 프랑스로부터 귀국 도중 일본에 들러 우리 정부에서 파견한 이일직, 권동수 등과 공모해 김옥균 암살을 계획해온 것으로 알려

졌다. 그는 김옥균에게 접근해 그의 환심을 사는 한편, 청의 이홍장을 통해 사면복권을 시도해보자며 상해로 유인했다고 한다. 그는 지난 1888년 서구의 근대법률을 공부하고자 일본으로 갔다가 일본의 메이지유신이 프랑스 근대 정치사상으로부터 영향을 많이 받은 것을 알고 1890년 프랑스로 유학을 떠났던 인물이다.

한편 그가 귀국하자 갑신정변 때 목숨을 잃은 대신들의 유가족이 그에게 원수를 갚아준 데 대해 노고를 치하하고자 몇 차례 연회를 베풀어주겠다고 했으나 그는 "나의 본뜻은 사적인 복수를 하는 데 있는 것이 아니다. 뿐만 아니라 그가 갑신의 역적이고 국가의 공적인 때문만도 아니다. 그의 생존이 조·청·일 3국의 화해를 방해하기 때문이다"라며 한사코 거절했다는 후문이다.

이번 호의 인물   김 개 남

봉건사회 '심장'을 꿰뚫는 '칼날'

농민군이 손에 죽창을 들고 전면적인 봉기에 나섰다. 이러한 농민군의 정서와 의지를 가장 '원초적'으로 대변하고 있는 인물이 누구일까? 언제나 타협과 후퇴를 모르는 강경파, 봉건사회의 '심장'을 겨누는 '칼날', 바로 김개남이다.

전주 휴전 이후관군이 중앙으로 복귀함에 따라 전라도일대는 바야흐로 농민들의 세상이 되었다. 집강소를 설치해 폐정개혁 활동을 본격화하면서 농민군이 뼈에 사무쳤던 원한을 갚기 위해 '분풀이식' 행동을 서슴지 않고 있다. 특히 천민들은 길에서 갓 쓴 사람을 만나면 "네가 양반이냐"고 윽박지르고, 갓을 빼앗아 찢어버리거나 제 머리에 얹어 쓰고 다니는 일도 있다. 노비로 농민군을 따르던 자들은 말할 것도 없고, 그렇지 않은 노비들도 주인을 겁주며 노비문서를 빼앗아 불태웠다. 더러는 그들의 상전을 묶어 주리를 틀기도 하고 곤장을 치기도 했다. 그런데 이런 일들은 특히 남원일대를 관할하는 김개남부대에서 빈번하게 일어난다. 김개남부대에는 노비·백정·승려·장인·재인 등 천민들이 많아 온갖 차별의 굴레를 벗기 위해, 아니 사무친 원한을 풀기 위해 '원초적' 활동을 벌인 것이다.

그는 전봉준이 지향하는 '관민 화해'에 의한 개혁사업에 대해 불만이 많다. 그는 이번 농민전쟁을 통해 농민군 독자적인 반봉건투쟁이 보다 철저하게 진행돼야 한다고 믿고 있으며, 보수 유림과 양반 지주들의 농민군 반대 움직임을 크게 경계하면서 정부에 대해서도 근본적인 불신감을 안고 있다. 따라서 일정 정도의 폭력행사는 불가피한 것으로 보고 있는 것이다. 그가 흥선대원군의 밀사를 꽁꽁 묶어 죽이려 했던 사실이나 전라감사 김학진과의 대화에 응하지 않은 것, 일본군의 경복궁 쿠데타사건 이후 즉각 봉기를 주장했던 것도 같은 맥락이다. 따라서 김개남은 농민군의 2인자라기 보다는 전봉준의 최대 라이벌로 부상하고 있다. 신인이 꿈에 나타나 손바닥에 써서 보여주었다는 '개남(開南)'이라는 두 글자의 강렬한 이미지를 현실세계에서 그대로 실천하고 있는 그의 행보가 관심의 대상이 아닐 수 없다.

1853년 전북 태인 출생. 1890년 동학에 입교, 1891년 접주가 됐다.

인터뷰 김옥균 암살한 홍종우

"개화에는 찬성하지만 서양체제 그대로 따를 순 없어 김옥균은 동양평화 해친 주범"

김옥균을 암살한 홍종우는 사전에 치밀한 계획을 세우고 김옥균에게 접근한 것으로 밝혀졌다. 그는 일본에서 김옥균과 한동안 같이 기거하면서 그의 국제정세관과 시국관에 대해 자세하게 알게 됐다고 한다. 인터뷰를 통해 암살 동기와 그가 파악한 김옥균의 생각을 들어본다.

갑신정변 주동자들은, 당시의 사정으로 보아 갑신정변은 부득이한 일이었다고 주장한다. 수구파들이 권좌를 지키고 있는 한, 개화는 요원한 상태였고 비상한 수단을 동원할 수밖에 없었다는 것인데.

나는 개화 자체를 반대하는 사람이 아니다. 개화를 배우기 위해 자비로 프랑스에 유학했던 나다. 내가 번역한 프랑스어판 「심청전」 서문에서 나는 "우리 정부형태를 그대로 지켜나가면서 유럽문명을 이용해야 한다"고 말한 바 있다. 그러나 갑신정변은 무엇보다도 왕권을 위태롭게 하고 외국 군대를 끌어들여 국제관계에 혼란을 조성한 것으로 비판받아 마땅하다고 본다. 나라마다 기후가 다르면 관습이 다르듯 문화 차이에 따라 정치체제도 다른 것이다. 인디언들이 에스키모 옷을 입지 않는 것과 마찬가지 이치로 우리는 서양의 정치체제를 무조건 따를 수 없는 것이다.

최근 김옥균은 일본에서 삼화(三和)주의를 주장한 것으로 알려졌다.

그렇다. 그는 일본을 맹주로 삼아 청과 조선 등 동양 3국이 힘을 합쳐 서양세력을 막아내야 한다고 주장했다. 그래서 최근 자기 이름도 이와다 미와(岩田三和)로 바꿀 정도였다. 이것은 일본의 후쿠자와 유키치의 〈일본맹주론〉으로부터 영향을 받은 것으로 보인다. 그러나 우리나라에게는 서양세력만이 문제가 아니라 청과 일본 그리고 러시아 등 인접국의 침략도 심각한 문제다. 오히려 이 점이 더욱 중요하다는 것은 최근의 정세가 말해주고 있다.

갑신정변은 청으로부터의 자주독립을 목표로 한 것이었다. 그런 김옥균을 어떻게 청의 상해로 유인할 수 있었나.

김옥균은 일본에게도 '뜨거운 감자'가 된 상태였다. 우리 정부가 집요하게 그의 송환을 요구해왔기 때문에 홋카이도 등 외진 곳에 연금해 놓았었다. 최근에는 일본이 조선과의 관계를 고려해 그를 조선에 인도하려 한다는 소문이 있었다. 나는 이 때를 이용해 그에게 조선에 대해 막강한 영향력을 갖고 있는 청의 이홍장을 통해 우리 정부에 그를 사면하도록 압력을 넣자고 제안했다. 결국 그는 자신이 배척해야 할 대상이라고 한 청에 기대 정치생명을 살리려고 하는 이중성을 보였다.

당신은 일관되게 국왕권의 강화를 주장하고 있다. 이는 수구파의 주장과 같지 않은가.

나는 프랑스에 개화를 배우러 가서도 반드시 한복을 입고 다녔다. 서구문화의 장점은 최대한 받아들이되 중심은 잃지 말아야 한다는 뜻이었다. 수구파들은 개화 자체를 거부하고 있고 우리 사회의 온갖 부정과 비리의 주범들이다. 나의 왕권강화론이 수구파와 동일시될 수는 없다. 얼마전 프랑스의 「휘가로」에 나에 관한 기사가 실렸는데 나를 '조선의 개화파에 속해 구제도와 싸우고 있는 인물'로 소개한 바 있다.

앞으로의 활동계획은.

국왕을 중심으로 강력한 개화정책을 펴는 방향으로 정국이 전개되길 바라며 그때 나를 필요로 한다면 기꺼이 참여해 일할 생각이다.

참조기사 13호 6면

서구 노동운동, 격렬한 파업투쟁 속 여러 분파 출현

자본주의의 발달에 따라 노동운동도 체제에 순응하며 다양화

지금 유럽에서 성장하고 있는 것은 자본주의만이 아니다. 노동운동 또한 급격하고도 질적인 성장을 거듭하고 있다.

지난 1876년 당시 서구 전체의 노동조합원은 2백만 명을 넘지 못했으나 최근에는 1천만 명에 육박한다. 또 노조의 조직형태도 기존의 직업별조합에서 산업별조직으로 거대화하고 이를 기반으로 노동총동맹과 같은 전국 단일조직이 건설되는 변화를 보이고 있다. 이러한 노동자들의 전국적 투쟁에 따라 노동자들의 실질임금은 상승되고 있고, '하루 8시간 노동제'와 같은 근로조건의 개선이 쟁취됐다. 이러한 노동운동의 발전은 칼 마르크스가 생전에 "만국의 노동자여, 단결하라"고 외친 데 대한 우려와 같은 화답일 수 있다. 그러나 한편으로 각국 노동운동의 내부를 들여다보면 이들의 희망과는 다른 방향으로 가고 있다는 조짐이 곳곳에서 관측되고 있다.

이러한 노동운동의 분파 출현은 기본적으로 자본주의의 발달에서 연유한다. 즉, 각국의 자본주의가 급속한 성장을 보이면서 의도했던 의도하지 않았던 노동자들에게도 그 과실의 일부가 돌아갔고, 그 결과 노동운동도 필연적으로 체제내적 지향을 보이고 있는 것이다.

독일 — 베른슈타인, 수정주의 내걸어

최근 독일 사회민주당 내부에서 베른슈타인이 '자본주의 틀 안에서의 개혁'을 주장하는 이른바 수정주의를 제기해 충격을 주고 있다. 독일 노동운동은 지난 1878년 비스마르크가 만든 '사회민주주의자 단속법'에 의해 수많은 탄압을 받아왔지만 불굴의 투쟁력을 발휘해 마침내 1890년 이 법을 폐지시켰다. 이를 계기로 노동자대표의 의회진출이 꾸준히 늘고 있다. 사민당이 지난 1891년 '보통·평등·직접·비밀 투표 요구'를 제1강령으로 하는 이른바 에르푸르트강령을 채택한 것도 이러한 사정을 반영한 것이다.

영국 — 노동당 결성해 선거에 참여키로

영국은 전통적으로 페비언주의와 같은 조합주의가 강세를 보인 나라다. 노동자의 질병과 실업과 산재사고 등에 대한 보상을 자체의 기금을 조달해 해결하자는 영국식 조합주의는 그 뿌리가 깊다. 그러한 나라답게 최근 순수하게 노동자들로 결성된 '독립노동당'을 결성, 선거에 참여했으나 결과는 전원 낙선이었다. 이는 노동운동을 주도하는 조합간부들이 일반노동자들로부터 '노동귀족'이란 비아냥을 들을 만큼 노동자대중과 동떨어져 있기 때문이었다. 지난 1889년 연인원 110만 명이 참가한 부두노동자 대파업은 자본가뿐만 아니라 이들 노동귀족에게도 공포의 전율을 안겨줬다. 이들 미숙련 노동대중들의 투쟁이 영국 노동당의 체질개선에 크게 기여할 것으로 예상되고 있다.

미국 — 극우와 극좌 양극의 노동운동

파업투쟁의 강도와 정부측의 대응 양쪽 모두 세계최강을 자랑(?)하고 있다. 지난 1877년 전국의 철도와 광산노조가 총파업을 결행했을 때 정부의 대응은 군대 출동이었다. 이후 각 주마다 주방위대가 구성됐는데 이는 오로지 파업을 분쇄하기 위한 목적이었다. 이렇게 되자 지난 1892년 피츠버그 철강노동자들은 총을 들고 파업에 나섰다. 이 파업은 사실상 총 들고 싸우는 전쟁이었다. 이런 가운데 상층지도부는 곰퍼스가 이끄는 노사타협주의와 레온이 이끄는 극좌사회주의로 양분돼 있고 어느 쪽도 노동자대중 전체를 장악하지 못하고 있다.

역사신문

일본, 청·일전쟁에서 승리

조선에서 청군 축출 … 평양·황해에서 대승

1894년 8월 16일 일본군이 평양 주둔 청군에 대한 전면공격을 감행, 작전개시 24시간만에 청군을 대파하고 평양을 점령했다. 이어 18일에는 해군 역시 황해상에서 청국 함대를 격파해 제해권을 장악하는 한편, 조선에서 청군을 완전 축출하는 데 성공했다. 지난 6월 말 풍도해전과 성환전투로 막이 오른 청·일간의 전쟁은 7월 1일 정식 선전포고 이후 오히려 소강상태에 빠졌었다. 청군은 평양에 장기주둔하면서 남하하지 않았고, 일본군은 청군의 대응을 예의주시하면서 병력을 증원했을 뿐 직접적인 무력충돌은 없었다.

그러나 8월 16일 새벽 15,000여 명의 일본군 병력이 평양주둔 청군에 대한 삼면 입체공격을 감행해 완승을 거뒀다. 군사 전문가들은 화력이 막강한 청군이 24시간만에 완전 패퇴한 것에 대해 놀라움을 표시하면서 일본군의 승리가 기동력과 전술의 우위에 따른 것이라고 분석했다. 한편 18일에는 황해의 해양도 부근 해상에서 양국의 해군이 접전을 벌였는데, 이 전투에서도 일본이 승리를 거뒀다. 전투 초기에는 청 함대가 일본 군함 2척에 막대한 피해를 입히면서 기선을 제압했으나,

치열한 포격전 끝에 청 함대의 지휘체계가 무너지면서 전세가 역전되어 일본 함대가 승기를 잡은 것으로 알려졌다. 앞으로 일본이 국경을 넘어 청과의 전쟁을 확대할 가능성이 높아 동북아 국제질서에 큰 파문이 일 것으로 보인다. 아울러 일본이 조선에 대한 내정간섭과 농민군 토벌에 적극 나설 것이 확실시되고 농민군도 이에 대한 대응책을 강구하고 있는 것으로 알려져 국내 정국도 일촉즉발의 위기상황으로 치닫게 될 것으로 예상된다. **관련기사 4면**

청일전쟁 승리를 기념하여 일본군이 열병식을 하고 있다.

'근대화 원년', 갑오개혁 실시

위로부터의 근대화 위한 제도적 기초 마련
일본 간섭, 졸속입법 큰 문제 … 농민군 사태 주시

1894년 7월 27일 일본군의 경복궁 쿠데타로 들어선 개화파정부는 국정 전반에 걸쳐 대대적인 개혁작업을 추진하고 있다. 군국기무처가 중심이 되어 추진하고 있는 이번 개혁작업은 정치·경제·사회 등 국정 전반에 걸친 것으로 봉건사회의 폐단을 철폐하고 근대자본주의 사회의 제도적 기초를 마련하는 획기적인 것으로 평가되고 있다.

정치분야에서는 권력기구를 개편하여 궁내부 및 의정부 관제를 공포, 왕실사무는 궁내부에서 전담토록 하는 한편, 정치는 의정부에서 전담하도록 하고 그 산하에 6조대신 8아문을 두도록 했다. 이와 함께 관직체계를 바꿔 종래 18등급의 관등품계를 12등급으로 축소, 칙임관·주임관·판임관으로 구분하였다. 또 청나라에 대한 종속관계 탈피에 대한 상징적인 조처로서 모든 공문서에 연호 대신 개국기년(開國紀年: 1894년이 개국 503년) 사용을 의무화하였다. 사회분야에서는 문벌과 신분제도의 타파, 노비제 폐지, 과거제 폐지, 과부의 재가 허용, 연좌제 폐지 등 봉건적 신분제도를 폐지하는 조치가 이루어졌다. 또 경제분야에서는 재정의 탁지부로 일원화, 조세의 금납화, 은본위제 채택 등 자본주의경제의 기반을 닦는 작업이 행해지고 있다. 이번 개혁은 농민전쟁에서 제기된 농민층의 개혁요구를 일부 수용하고 있으나 경제의 토대를 이루고 있는

각종 개혁안을 쏟아내고 있는 군국기무처의 회의 모습

봉건적인 지주·소작제도는 그대로 온존되었다.

현재 군국기무처는 200여 건에 달하는 개혁안을 일사천리로 의결·공포하고 있는데, 워낙 급작스럽게 이루어진 일들이라 기존의 관행과 충돌하여 재조정하는 일이 허다한 실정이어서 이의 실시에는 상당한 시간이 걸릴 것으로 관측되고 있다. 이를 바라보는 일반인들의 표정 또한 의구심에 가득차 반신반의하는 모습이다.

또 이번 개혁은 일본군의 경복궁 쿠데타를 통해 집권한 개화파관료들이 주도하고 있는데 일본측은 아직 청나라와 전쟁 중이어서 개혁작업에 본격적으로 간섭하지는 않는 것으로 알려졌다. 그러나 일본군이 서울 일원의 통제력을 장악하고 있고 지지기반이 약한 현 정부의 배후에 일본이 도사리고 있는 실정이어서 이번 개혁의 자주성 문제가 크게 논란이

됐다. 한편 호남 일원의 농민군은 이번 개혁의 추이를 예의주시하고 있는 것으로 알려져 앞으로 정국 향배에 관심이 집중되고 있다. **관련기사 2, 3면**

대원군, 군국기무처 '갈등'
'박영효 귀국', 정국 변수

최근 군국기무처의 소장개화파 김학우·이윤용·안경수 등이 대원군 손자 이준용의 왕위찬탈 음모를 주장하고 나서고, 대원군측은 이에 대해 경무사 이윤용을 무고혐의로 파면하고 이어 소장개화파 김학우 암살을 사주한 것으로 드러나는 등 양파간 갈등이 증폭되고 있다. 여기에 민씨일파가 대원군을 견제하기 위해 개화파에게 접근하고 있고, 최근 귀국한 갑신정변 주모자 박영효가 이러한 미묘한 정국에 새 변수로 떠오르고 있어 정국은 극도의 난맥상을 보이고 있다. 군국기무처를 둘러싼

갈등은 각파의 속셈이 애초부터 달랐기 때문으로 분석되고 있다. 대원군측은 군국기무처를 민씨일파를 정계에서 몰아내고 자신의 권력을 구축하는 데 활용하려는 의도였다. 그러나 군국기무처의 실세를 이루고 있는 개화파들은 자신들이 구상한 개화정책을 펴는 데 대원군이 사사건건 간섭하려고 드는 것을 용납할 수 없다는 입장이다. 더구나 최근 청·일전쟁에서 일본이 우세해지자 이들의 기세는 더욱 등등해지고 있어 개혁정국이 순탄치만은 않을 전망이다. **관련기사 3면**

조·일공수동맹 체결

일본, 조선에서 인력 및 식량 징발

1894년 7월 26일 일본은 우리 정부에 압력을 행사해 '조·일공수동맹(朝日攻守同盟)'을 체결함으로써 청·일전쟁에 우리의 인력 및 식량을 징발할 수 있게 되었다. 그 내용을 보면, 제1조는 '청병을 조선국의 국경 밖으로 철퇴시켜 조선국의 독립자주를 공고히 한다', 제2조는 '일본국은 청국에 대해 공수(攻守)의 전쟁을 맡고 조선국은 일병의 진퇴 및 그 식량준비를 위해 최대한의 편의를 제공한다'로 되어 있다.

정통한 소식통에 따르면 제1조는 일본이 경복궁 점령과 청·일전쟁을 일으킨 데 대한 국내외의 비판적 여론을 잠재우기 위해 우리 정부를 끌어들여 청병의 철퇴와 조선의 자주독립을 선언케 한 것으로 알려졌다. 또 제2조는 일본군의 작전수행 과정에서 병참의 미확립, 조선민중의 반일감정과 비협조, 대다수 지방관의 일본군 지령회피 등 갖가지 악조건이 조성된 데 따른 것으로 분석된다. 특히 지난 6월 말 징발된 인마(人馬)의 도망에 대한 책임으로 수원에서 한 대대장이 자살한 사건이 일본측에 큰 충격을 주었던 것으로 보인다. 일본은 '양국맹약'의 체결로 청·일전쟁에서 상당히 유리한 입장을 점하게 되었으나, 반일감정이 만만치 않은 상황에서 인력동원과 식량징발이 원만히 이루어질 것인가에 대해 회의적인 견해도 적지 않아 귀추가 주목된다.

역사신문

갑오개혁을 보는 우리의 견해

내용 긍정적이나 일본에 의존은 안될 일

우리는 그동안 여러 차례에 걸쳐 근대화와 진보적 개혁사업의 당위성과 필요성에 대해 원칙적으로 찬성한다는 점을 분명히 해 왔다. 그러나 이것이 국민 일반의 정서와 요구를 벗어난 방향으로 나아간다면, 또 주체성 혹은 자주성이 상실된 방향으로 추진된다면 더 큰 불행이 닥쳐 올 수 있다는 것도 강조해왔다. 그런데 이번에 초정부적 개혁기구인 군국기무처가 발표한 이른바 갑오개혁의 내용들을 보면서 위에서 언급한 두 가지 전제를 다시 한번 떠올리게 된다.

우선 이번 개혁사업에는 주목할 만한 내용들이 들어 있다. 양반·상민을 구분하는 신분제의 폐지, 공·사노비제도의 폐지, 인신매매의 금지, 과거제의 폐지 등 일련의 법제적 조치가 포함되어 있어 사회신분제도가 제도적으로 폐지되고 양반관료의 권력독점 현상도 해체되었다. 또한 우리가 최근에 지적한 바 있는 과부 개가의 허용문제도 실현되게 되었다. 그런가 하면 농민항쟁을 통해 수없이 제기되어 온 3정개혁의 요구도 대폭 수용되었다. 개혁 주도세력은 근대적인 재정제도를 수립하려는 가운데 신분, 지역에 따르는 조세 불균등현상을 제거하고 조세부담 균등의 원칙을 확립하는 방향으로 봉건적 조세제도를 뜯어고친 것이다.

이에 따른다면 이제 우리나라는 근대사회로 전환되는 계기를 마련하게 되었다. 쌍수를 들어 환영할 만한 일이고, 집강소 활동에 전념하고 있는 동학농민군 역시 환영의 분위기가 역력하다.

그러나 이번 개혁사업의 부정적 측면도 만만치 않다. 무엇보다도 개혁 주도세력이 기존의 지주제를 그대로 인정하고 농민적 토지개혁에 반대하고 있다는 점이 문제다. 전문가들은 이에 대해 지주자본을 기초로 해 자본주의화를 이루려는 방략이라고 지적하고 있다. 그렇다면 농민들의 토지에 대한 꿈은 물거품이 되고 마는 것이다.

게다가 개혁 주도세력은 일본의 지속적인 후원을 받음으로써 민족적 측면에서도 지지를 잃고 있다. 그들은 일본이 우리나라를 정치·군사적으로 침략하고 있다는 것을 인식하지 못하고 도리어 우리의 근대화에 도움을 줄 것으로 기대하고 있는 눈치이다. 일본이 청과의 전쟁에서 완전히 승리하고 나면 필연코 우리에 대한 내정간섭과 침략정책을 노골화할 것이 뻔한 데도 말이다.

이렇게 된다면 "죽 쒀서 개 준다"는 말대로 애써 이뤄 놓은 개혁 성과가 모두 일본인들의 이익으로 돌아갈 수 있다. 개혁 주도세력은 하루빨리 사태의 심각성을 파악하고 민족적·민중적 대의 아래서 개혁사업에 박차를 가해주길 바라마지 않는다.

그림마당
이은홍

갑오개혁의 배경

농민들의 개혁 요구 농민전쟁으로 분출되자 서둘러 수습 나서
일본, 침략 발판 마련 위해 간섭 … 타율성 못면해

최근의 갑오개혁은 수천 년 동안 지속되었던 신분제를 철폐하고 과거제를 폐지하는 등 근대자본주의사회로 전환할 수 있는 제도적 기반을 마련하고 있다. 그러나 이 개혁이 과연 얼마나 추진력을 가질 것이며, 근대화는 제대로 이루어질 것인지에 대해서는 이견이 많은 실정이다. 이번 개혁의 배경에 여러 가지 사정이 복잡하게 얽혀 있기 때문이다.

이번 개혁의 일차적인 동기는 농민들의 사회개혁 요구에 있다. 전국적인 농민전쟁이 터져나오자 현 정국을 수습하기 위해서는 대대적인 사회개혁이 필요하다는 점은 누구도 부정할 수 없게 되었고, 민씨정부도 더 이상 과거의 틀로는 나라를 이끌어가기 어렵다는 점을 인정하고 서둘러 교정청을 설치하여 개혁안 마련에 나선 바 있다. 그러나 정부 입장은 농민층의 요구를 전폭적으로 수용하여 사회 전반의 근대화를 추구하자는 것은 아니었다. 민의 입장에서는 상당한 한계가 있는 것이다.

그런데다 갑오개혁의 모습을 결정적으로 왜곡시킨 것은 일본의 간섭이었다. 일본은 조선 출병 직후부터 조선의 내정개혁을 요구하기 시작하여 6월 9일 오오토리공사가 내정개혁 5조를 제시하여 자본주의적 개혁을 강요했다. 일본이 이처럼 조선의 개혁을 강요하고 나온 것은 조선 사회를 일본과 유사한 근대자본주의 체제로 바꾸어 자신들의 경제적 침략이 용이한 발판을 마련하기 위해서다. 우리 정부가 이들의 요구에 쉽게 응하지 않자, 결국 이들은 경복궁 쿠데타를 통해 민씨세력을 몰아내고 개화파정권을 세워 내정개혁을 강행토록 한 것이다. 그래서 갑오개혁은 태어나면서부터 타율적인 성격을 벗어나기 어렵게 됐다.

또 그 과정에서 정계의 구조도 미묘한 국면을 맞고 있다. 일본측은 민씨세력을 몰아내고 개화파관료들을 신정권의 주축으로 삼는 한편 정치적 명분을 위해 대원군을 내세웠는데, 정국의 주도권을 둘러싸고 이들 사이에 갈등이 깊어지고 있다. 게다가 호남지역에는 농민군들이 웅거하고 있고 국제적으로는 청·일전쟁이 계속되고 있어 정국은 아직도 유동적인 상태다. 갑오개혁의 앞날이 순탄할 수만은 없는 상황이다.

인터뷰   영의정겸 군국기무처 총재관 김홍집

"개혁은 시대의 대세 … 절대로 성급한 개혁 일정 아니다"

최근 정신없이 발표되고 있는 각종 개혁안의 산실 군국기무처를 총괄하고 있는 김홍집을 만나 개혁안의 배경과 정부의 의도 등에 관해 들어보았다.

잇따른 개혁정책이 너무 성급한 것은 아닌가.

나라를 개혁하는 것은 이미 시대의 대세입니다. 농민들이 전국에서 들고일어나는 것을 보지 않았습니까. 신분제 철폐 같은 것은 이미 농민들이 폐정개혁안에서 주장한 것입니다. 하루빨리 구악을 철폐하고 외국의 발달된 문명 중에서 받아들일 것은 받아들여야 합니다.

그러나 일본의 힘을 빌린 갑신정변 때도 국민들의 호응을 받지 못했는데.

국제관계의 역학상 불가피한 일입니다. 민씨정권이 청군파병을 요청한 것이 잘못이었다고 봅니다. 하지만 지금 정부는 농민봉기도 진정됐고 해서 일본에게 철군하도록 강력하게 요청하고 있습니다. 현재 진행되고 있는 개혁은 그 시작은 비록 일본의 힘을 빌린 것이지만 구체적 진행과정은 진작부터 우리가 준비해 오던 것입니다.

만약 일본군이 끝내 철수하지 않는다면 어떻게 하겠는가.

청·일 양국군이 동시에 철수하는 방향으로 해결될 것으로 봅니다.

최근 갑신정변 주모자 박영효씨가 귀국해 주목되고 있다.

저는 개인적으로 갑신정변과 같은 급진적인 방식에 찬성하지 않습니다. 최근 박영효 주변에 사람들이 자주 드나들고 있다고 들었습니다만 그가 정국에 관여하는 것은 바람직하지 않다고 봅니다.

대원군이 개화정책에 제동을 걸지는 않을까?

대원군의 의중은 개화정책 문제라기보다는 세력관계 측면에서 살펴야 합니다. 일본의 영향력이 지나치게 커지는 것을 경계하고 있겠지요. 또 최근 민씨세력이 우리 개화파들에게 접근하고 있는데 이것이 대원군의 비위를 건드린 측면이 있다고 봅니다.

이렇게 정국이 혼란스러운데 개화정책이 착실하게 시행될 수 있을지 의문이다.

어려움은 있습니다. 그러나 이렇게 과감하게 개혁을 추진하지 않으면 나라가 총체적인 파국으로 치달을 수 있습니다. 이 점을 우리 정치인 모두가 유념해야 한다고 생각합니다.

청·일전쟁 발발 배경

조선 지배권 둘러싼 청·일간의 전면전

조선을 싸움터로 한 청·일간의 전면전이 발발해 동아시아는 물론 전세계의 이목이 쏠리고 있다. 이번 전쟁의 직접적 계기는 물론 농민전쟁이다. 농민전쟁을 수습할 주체적 역량이 없는 민씨정부가 청국에 출병을 요청하고, 일본이 갑신정변 당시 맺은 톈진조약의 내용을 들어 군대를 파병함으로써 전쟁이 촉발된 것이다. 그러나 이러한 분석은 청·일전쟁의 본질을 간과한 피상적 분석이라 할 수 있다. 조선의 지배권을 쥐기 위해 일본이 청국에 도전장을 내밀고 청국이 지배권을 고수하기 위해 응전한 것이 청·일전쟁의 기본 성격인 것이다.

특히 이번 전쟁에 임하는 일본측의 '각오'는 남다르다는 것이 전문가들의 일치된 견해이다. 1880년대 후반 값싼 노동력을 발판삼아 급속히 성장한 일본 자본주의는 1890년 경제공황으로 위기상황에 빠져들었다. 이에 따라 일본의 농민·노동자들의 경제상태 악화와 불만의 증대, 그에 따라 일본 지배층 내부의 대립이 격화되었다. 이제 일본은 해외시장의 침략이라는 최후의 '카드'를 뽑아들었고, 청국으로부터 조선을 빼앗는 일은 일본의 사활이 걸린 중대한 과제가 됐다. 특히 조선의 개항을 이끌어내고도 임오군란, 갑신정변 등으로 주도권을 빼앗긴 터여서 일본측의 전의는 대단했다. 더욱이 영국이 일본을 장래의 동맹국으로 판단해 일본과의 불평등조약 개정에 동의함으로써, 일본의 사기를 북돋우어주었다. 농민전쟁과 청군의 출병은 여기에 기회를 제공해준 셈이었다.

그러나 청국 정부는 일본측의 '처절한' 전투의욕을 전혀 눈치채지 못했다. 결국 일본군은 평양전투와 황해해전에서 모두 승리, 우리나라에서 청군을 완전 제압했다. 예상외의 손쉬운 승리를 거둔 일본은 여세를 몰아 청국 본토의 분할을 목적으로 대륙침략에 박차를 가하는 한편, 조선 '보호국화' 정책에 걸림돌이 될 농민전쟁의 진압을 본격화할 것으로 예상된다.

갑오개혁, 무엇이 달라지나

신분 차별 없어지고 세금은 돈으로 내야
신학문으로 시험쳐 관리 선발 … 정부 관제도 서구식 내각제로

최근 정부가 발표한 개혁관련 법안은 무려 210건에 달한다. 이는 정치·경제·사회 전분야에 걸쳐 있어 우리 생활에 많은 변화가 있을 전망이다. 갑오개혁으로 달라지는 것들을 소개한다.

신분차별 없는 세상

양반들은 앞으로 이전에 상민이나 노비였던 사람을 함부로 대하다 큰 봉변을 당할지 모른다. 오히려 이들이 고위직에 임명돼 양반들보다 높은 지위에 앉을 가능성도 있다. 신분차별이 공식적으로 폐지됐고 이는 관리등용에서부터 적용될 것이기 때문이다. 그러나 실제로는 상민이나 노비들이 당장 양반에게 대등한 대우를 요구하다 치도곤 당할 가능성이 높을 듯싶다. 법률적으로는 신분제가 폐지됐지만 수천 년 내려온 관습이 하루아침에 사라질 리는 없을 것이기 때문.

열녀문 보기 힘들어진다

과부들에게 희소식. 이제 일생 수절할 의무가 없어진다. 이는 지난 농민봉기 때 농민들이 내놓은 폐정개혁안에도 들어 있던 것. 자기들 아내가 죽으면 후처를 들이면서 여편네가 서방 죽은 뒤 개가하는 것은 금하는 것은 부당한 처사라는 것.

연좌제 공포로부터 해방

이제는 가족 중 한 명이 범죄를 저질러도 가족 모두 전전긍긍해 할 필요가 없다. 형벌은 당사자에게만 가해지기 때문. 지금까지는 범죄에 따라 연루되는 가족과 친족의 범위가 〈대명률〉에 규정돼 있었다. 그러나 형벌 차원에서는 연좌제가 폐지됐으나 행정적 차원에서의 연좌제는 관례 차원에서 여전히 살아 있다.

서구식 내각제로 정부개편

중앙정부의 관제가 서구식 내각제로 바뀐다. 왕실은 궁내부로 이관돼 의정부와 분리되고 의정부는 기존의 이·호·예·병·형·공 6조가 내무·외무·탁지·군무·법무·학무·공무·농상무의 8아문으로 개편된다. 내각 수반은 총리대신이라 부르고 각 아문의 수장은 기존의 판서·참판에서 대신·협판으로 바뀐다. 특히 기존의 좌·우 포도청을 통합하여 경무청을 신설하는데 이 기구는 형식적으로는 내무아문에 소속되지만 내용적으로 독립된 기관으로 그 수장인 경무사는 대신보다도 권한이 막강할 것으로 알려졌다.

과거시험 없어진다

머리 싸매고 과거시험을 준비한 사람에겐 안된 일이지만 과거제는 없어진다.

앞으로 관리는 중앙 및 각 도에서 할당된 인원을 추천받고 그중에서 시험을 쳐서 선발하게 된다. 시험과목은 국문·한문·산술·내국경략(內國經略)·외국사정 등 근대적 지식이다.

세금, 돈으로 내야

앞으로 세금은 반드시 돈으로 내야 한다. 기존에는 돈과 현물을 병용해서 납부했지만 은본위제를 기본으로 한 새 화폐를 제조해 이를 유통 결제수단으로 사용할 예정이기 때문에 더 이상 현물세금은 받지 않는다. 아울러 국가재정도 왕실재정과 정부재정으로 분리된다.

갑오개혁 어떻게 봐야 하나?

외형적으로는 획기적 내용 … '반일근대화' 지향하는 농민 요구와는 대립 요소 많아

이번 갑오개혁에 대한 평가를 둘러싸고 논의가 분분한 실정이다. 우리 사회를 근본적으로 바꿀 수 있는 근대적 개혁이라는 평가가 있는가 하면, 일본의 조종에 의한 타율적인 것으로 농민층의 요구와도 거리가 멀다는 시각도 있다. 이처럼 논의가 분분한 것은 갑오개혁이 그만큼 복잡한 정치상황을 반영하고 있기 때문이다.

갑오개혁은 외형적인 모습만을 보면 근대사회를 지향하는 획기적인 내용을 담고 있음에 틀림없다. 사회제도에 있어서 문벌과 신분의 타파나 과부재가의 허용 등은 농민군도 요구했던 바로, 이미 해체되고 있는 봉건적 신분질서를 청산하고 근대사회를 열어나갈 제도를 마련한 것이다. 경제적으로도 세금을 돈으로 내도록 하고 국가재정을 탁지부(재무부)로 일원화한 것이나 은본위제를 확립한 것은 자본주의발전에 필수적인 사안들이다. 또 정치적으로 왕실과 정부를 분리하여 정부가 나라정치를 전담토록 하는 조치도 근대적인 정치제도로 가는 길목임이 분명하다.

그러나 갑오개혁의 내용을 현 시국의 맥락 속에서 보면 다른 모습으로 보인다. 우선 정치적으로 왕실과 정부를 분리하고 국왕의 인사권·재정권·군사권에 제약을 가한 것은 이를 통해 개화파 관료들이 정치적 실권을 장악하려는 의도와 맞물려 있고, 이는 또 일본에 대해 자주적인 태도를 견지하는 국왕을 배제하고 조선 정치를 요리하겠다는 일제의 요구와 일치한다. 이런 점에서 갑오개혁은 일본의 간섭과 조종에 의한 타율적인 성격이 짙은 것이다.

뿐만 아니라 세금제도의 정비를 제외하면 농민들의 경제적 안정을 위한 구체적 개혁조치는 별로 눈에 띄지 않는다. 특히 조선봉건사회의 뿌리이자 농민군의 최대 개혁요구인 지주·소작제도는 그대로 온존하고 있다. 봉건지주들의 이익은 그대로 보장하는 가운데 경제의 외형만 근대적인 것으로 바꾸겠다는 것이다.

결국 갑오개혁은 일본에 의존하는 개화관료가 봉건지주층을 기반으로, 위로부터 근대화·자본주의화를 추진하려는 개혁조치라고 볼 수 있을 것이다. 또 그런 점에서 일제의 침략을 물리치고 아래로부터의 근대화를 지향하는 농민군의 요구와는 대립되는 입장에 있다.

군국기무처는 어떤 곳?

개혁 입안, 집행 모두 전담하는 초정부적 기구

일본군의 경복궁 쿠데타 이후 혼란을 수습하고 일사분란한 정책수행을 위해 설치된 임시 초정부기구다. 따라서 기존 의정부를 제치고 국정운영의 모든 실권을 장악한 막강한 기구다.

총재와 부총재 각 1명씩을 두고 그 아래에 회의원을 16 내지 20명 두게 돼 있으며, 운영은 회의를 통해 의안을 의결하면 국왕의 결재를 받아 시행한다. 국왕의 결재는 사실상 형식적인 것으로 군국기무처의 의결이 곧 정책시행으로 직결된다.

이 군국기무처는 일본의 주문에 따라 만들어진 것이지만 내용적으로는 지난 6월 정부가 구성한 교정청을 더욱 강화한 것으로 볼 수 있다. 여기에 참여한 면면들을 보면 총재에 김홍집, 부총재에 박정양이고 회의원으로 김윤식, 이윤용, 김가진, 안경수, 김학우, 유길준 등이다. 이들은 민씨 집권세력에 대한 반대파이면서 개화에 적극적인 개화파들이라는 공통점을 갖고 있다. 따라서 이들의 등장은 1884년 갑신정변 이후 10년 동안 전국에서 밀려나 있던 개화파의 복권이란 의미를 가진다.

군국기무처 핵심 3인방

개항 후 주요 대외문제 전담한 외교통

김홍집 외교가에서 관직의 대부분을 보낸 외교통이고 그러한 경험 때문인지 개화에 적극적이다. 그가 지난 1880년 수신사로 일본에 다녀오면서 황준헌에게 「조선책략」을 받아와 국왕에게 바치고 개화외교를 건의하자, 전국의 유생들이 들고일어나 그를 성토한 일은 유명하다. 그러나 그는 국왕의 총애를 받아 건재했고 임오군란과 갑신정변을 거치면서 개화파들이 정계에 발을 못붙이게 됐을 때도 외교통으로 맹활약, 좌의정까지 올랐다. 이는 우리나라에 그만한 외교전문가가 없었기 때문이다. 임오군란이 났을 때 조·일관계가 미묘해지자 대원군은 누구보다도 먼저 그를 불러 자문했다. 이때 일본과 맺은 제물포조약은 사실상 그의 작품이다. 그러나 민씨일파의 권력독점이 강화되면서 그의 입지는 점차 좁아졌고 최근 10년 동안은 사실상 정계에서 물러나 있었다. 그러다 이번에 일본군이 들어오면서 다시 그의 전성시대가 열렸다. 초정부적 비상기구인 군국기무처의 총수로서의 그의 행보가 주목된다.

신분제 철폐 주장한 안동 김씨 서자 출신

김가진 군국기무처가 최근 발표한 신분제 철폐안은 그가 중심이 돼 기초한 것으로 알려져 있다. 여기에는 그럴만한 이유가 있다. 그는 조선 최대의 명문가 중 하나인 안동김씨 집안이지만 정작 그 자신은 서자(庶子)다. 규장각 검서관으로 관직에 첫발을 내딛던 것도 정조가 서얼출신들을 주로 그곳에 등용했던 것과 무관하지 않다. 게다가 1888년부터 5년 동안 일본공사로 재직하면서 보고는는 개화문물을 통해 개화파로서의 입지를 확고하게 정했다. 당시 주일 청국공사 왕봉조가 공개석상에서 "동양에서 독립국은 오직 청과 일본뿐"이라고 하자 자리를 박차고 일어나 "조선은 오랜 역사와 사직(社稷)을 가진 독립국"임을 주장한 일화는 유명하다. 그러나 그는 일본군의 경복궁 쿠데타 만행에 대해서는 한 마디도 비판하지 않고 주저없이 군국기무처에 참여했다. 일본은 우리나라를 침략할 의도를 갖고 있지 않다고 확신하고 있다.

일본, 미국 유학한 갑오개혁의 핵심 참모

유길준 우리나라 최초의 일본유학생이자 최초의 미국유학생인 그는 김홍집의 핵심 참모로서 군국기무처가 최근 잇달아 발표하고 있는 개혁안에 이론적 기초를 제공해주고 있다. 관제개혁, 사법권 독립, 조세의 금납화 등 재정개혁, 신분제 철폐 등이 모두 그의 머리에서 나왔다는 얘기다. 그는 현재 38세로 다른 군국기무처 의원들에 비해 젊은 편이다. 일본에 유학하던 중 임오군란 직후 귀국해서 외무아문 주사를 2개월 동안 역임한 적이 있고, 이때 우리나라 최초의 신문 「한성순보」 발간에 주동적인 역할을 했으나 개화파들이 실각하는 정세에서 그도 야인으로 밀려난 후 보빙사를 따라 미국으로 떠났다. 지난 1885년에 미국으로부터 귀국했으나 갑신정변 관련자들과의 친분관계 때문에 최근까지 가택연금돼 있었다.

농민군, 재봉기 조짐

반일구국 전쟁으로 전환할 듯

1894년 8월 25일 김개남이 이끄는 농민군이 남원을 점령, 무장을 강화하면서 농민대회를 열어 농민 재봉기를 촉구하고 나서 이곳의 농민 동향에 관심이 모아지고 있다. 김개남은 일찍부터 서울 진격을 주장한 바 있는 농민군 지도자로 이번에 청·일전쟁이 일본의 승리로 결판나자 반일의 기치 아래 재봉기해야 함을 주장하고 있는 것으로 알려졌다. 한편 이에 앞서 청·일간의 아산, 성환전투와 평양전투 와중에서도 지역 농민군이 산발적으로 일본군에 대항해 전투를 벌여왔다. 아산, 성환전투에서 일본군은 우리 조선인을 인부로 부려먹고 식량을 징발해갔는데 한창에서 농민들이 봉기해 이에 협조한 지방관을 축출하는 사태가 발생했다. 아산에서도 농민군이 재봉기해 청군과 우리 의병과 농민군이 연합하여 일본군을 무찌를 것을 호소했다. 평양전투를 전후해서는 농민군이 더욱 적극적으로 나와 일본군의 병참부를 습격, 보급로를 차단하는 일이 빈번하게 일어나고 있다. 또 경상도와 충청도일대에서도 농민군 재봉기 움직임이 속속 포착되고 있다. 전라도일대는 아직 조용한 편인데 이는 이 지역을 장악하고 있는 전봉준이 아직은 사태의 추이를 지켜봐야 한다는 입장을 견지했기 때문이다. 그러나 호남지방마저도 김개남을 필두로 해서 재봉기의 여론이 급속하게 확산되고 있다는 소식이다.

역사신문

이번 호의 인물　유길준

개화의 이론가이자 실천가

개화가 판치는 요즘 세상에 정작 개화에 대해 이론적으로 가장 정통한 사람은 누굴까. 바로 유길준이다. 정부가 내놓은 각종 개혁법안은 그가 입안한 것으로 알려져 있으며, 최근 자신이 일본과 서양에서 유학하며 보고 느낀 것을 저술한 「서유견문」을 탈고했다. 이 「서유견문」은 우리나라 사람으로서 최초로 개화의 개념과 그 시행의 당위성을 설파한 이론서가 될 전망이다.

그가 이렇게 개화이론가로 발돋움할 수 있었던 것은, 물론 그 이전에 선배들이 닦아 놓은 토양이 있었기 때문이다. 처음 개화를 접하고 이를 국내에 전파한 세대는 박규수, 오경석, 유대치 등이라고 할 수 있다. 그리고 박규수의 사랑방을 드나들며 이들에게서 영향을 받고 개화를 실천에 옮긴 이들이 김옥균, 박영효, 서광범 등 갑신정변 주역들이다. 유길준은 이들의 다음 세대쯤 된다고 할 수 있다. 그는 김옥균 등이 정치현장에서 맹렬하게 활약하는 데 힘입어 국비유학생으로 편하게 일본과 미국에서 유학할 수 있었다.

그는 지금 갑오개혁을 맞아 자신의 이론을 정치현장에서 실행에 옮기는 전성기를 구가하고 있다. 그러나 그의 개화론이라는 것을 자세히 들여다보면 그것은 국산이 아니라 순전히 수입품에 불과하다는 것을 알 수 있다. 특히 그가 일본에서 지도를 받은 후쿠자와 유키치의 이론과 실천을 그대로 직수입한 흔적이 역력하다. 그가 저술한 「서유견문」은 후쿠자와의 「서양사정」과, 그가 발간을 추진한 「한성순보」는 역시 후쿠자와가 발간하고 있는 「시사신보」와 그 내용이 쌍둥이만큼 같다. 이것을 굳이 지적하는 이유는 후쿠자와라는 인물이 예사 인물이 아니기 때문이다. 그는 한국의 개화를 열망한다. 그러나 한국을 위해서가 아니다. 한국이 개화가 안돼 서구 열강의 식민지로 넘어갈 경우 일본도 위태로워지기 때문에 하루빨리 한국을 개화시켜야 한다는 주장이다. 이를 위해 그는 무력을 동원하는 것도 서슴지 않아야 된다고 공공연하게 주장하고 있다. 이러한 후쿠자와의 수제자 유길준이기에 그를 쳐다보는 마음이 편치 않은 것이다.

1856년 서울 태생으로 젊은 시절 박규수의 사랑방을 드나들며 개화에 눈을 떴고 1880년 최초의 일본 유학생, 1882년 최초의 미국 유학생 경험으로 〈서유견문〉 저술.

청·일전쟁 상보　풍도해전에서 황해해전까지

일본군, 사기나 전술에서 모두 한 수 위

성환 전투를 위해 도열한 일본군

풍도해전

1894년 6월 23일 쓰보이소장이 이끄는 일본 연합함대의 제1유격대가 아산만의 풍도해상에서 정찰활동을 벌이던 중, 청군 군함 제원호와 광을호를 발견하고 맹공격을 가함으로써 청·일전쟁의 막이 올랐다. 쌍방 간의 포격이 오간 지 1시간 30여분. 일본군은 수적 우세와 신속한 이동전술을 바탕으로 청군의 화력을 무력화하는 데 성공했다. 제원호는 선체가 일부 파손된 가운데 전사자 13명, 부상자 27명의 피해를 내고 도주했으며, 광을호는 전사자 10명, 부상자 40명의 피해를 내고 해안에 좌초하고 말았다. 이때 청군 1200명과 다량의 군수품을 실은 영국 국적의 수송선 고승호가 청나라 조강호의 호위를 받으며 아산만으로 접근. 이를 발견한 일본 군함은 즉시 추격을 개시, 청나라 지휘관이 투항을 거부하자 수뢰를 발사해 고승호를 격침시켰다. 생존자는 불과 147명. 더욱이 군수물자가 모두 수장되어 아산주둔 청군은 막대한 손실을 입게 되었다. 반면 일본은 아산만일대의 제해권을 장악하고 청군의 보급로를 차단함으로써 유리한 고지를 점령하게 되었다.

청일전쟁에 동원된 조선 병사가 청군 포로를 감시하고 있다.

성환전투

일본군의 해상봉쇄로 진퇴양난에 처한 청 육군은 아산에서 전략상 주요지역인 성환으로 이동, 방어진을 편성해 일본군 남하 저지작전에 나섰다. 6월 26일 서울에서 급히 남하한 일본 혼성여단이 양면공격을 시도했으나, 청의 방어가 완강해 일본군 전초부대는 막심한 피해를 입었다. 그러나 이 전투에 참가한 일본군의 규모는 기병, 포병, 공병을 합해 약 5000명 정도였던 데 반해 청군 병력은 2500명에 불과했다. 화력이나 전술면에서도 일본군이 한 수 위였다. 마침내 전세는 일본군쪽으로 기울고, 청군은 약 1000명이 전사한 가운데 아산으로 철수해 공주와 청주를 거쳐 평양으로 도주했다.

평양전투

7월 1일 양국은 정식으로 선전포고를 했다. 그러나 청국은 7월 말 이후에 이르기까지도 즉각 전면전을 구상하지 않고 완만한 작전을 전개했다. 평양에 장기 주둔하면서 남하하지 않았던 것이다. 이로 인해 일본은 다음 전투를 준비할 수 있는 시간을 벌게 되었고, 일본군이 계속해서 증파되었다. 즉 일본군 3사단이 7월 말 원산항에 상륙해 8월 2일 평양을 향해 출발했으며, 용산을 출발 북진한 일본군도 7일 황주를 점령하고 평양으로 진격을 계속했다.

8월 16일 새벽 15,600명의 일본군 병력이 평양에 주둔하고 있는 청군에 대해 전면공격을 감행했다. 당시 평양에는 섭지초 휘하의 봉천군과 이홍장 예하의 정예부대를 포함해 병력 15,000명이 집결해 있었다. 특히 봉천군은 크룹포와 모젤 연발총을 갖춰 화력이 막강한 부대였다. 그러나 청군은 일본군의 삼면 입체공격을 감당하기에 역부족이었다. 일본군은 각개병사의 사격과 기동력이 뛰어났을 뿐만 아니라 각급 지휘관의 전술과 공조체계 역시 거의 완벽했다. 오전 8시 모란봉이 점령되었고, 오후 4시 40분경엔 청군이 을밀대에 백기를 올렸다. 총성이 멎으면서 양국 지휘관이 담판을 벌여 이튿날 일본군이 입성하기로 결정했다. 그날밤 청군은 도망치려 했으나 배후에 퇴로를 차단하고 있던 일본군의 맹렬한 공격을 받아 소수의 청군만이 탈출에 성공했다. 이튿날 새벽 일본군은 공격개시 24시간 만에 평양을 함락시켰다. 청군은 전사자 2000명, 부상 5000명, 포로 100명의 인명피해를 보아 돌이킬 수 없는 치명상을 입었다. 반면 일본군의 사상자는 600명에 불과.

황해해전

8월 18일 황해의 해양도 부근 해상에서 청·일 양국의 해군이 접전을 벌였다. 일본군은 이토 중장이 지휘하는 일본 연합함대 군함 12척, 청군은 제독 정여창이 지휘하는 전함 12척과 수뢰정 6척으로 편성되어 있었다. 전투 초기에는 일본 함대의 군함 2척이 청 함대에 포위돼 집중사격을 받아 많은 피해를 입었다. 그러나 일본 함대의 주력이 청 함대의 후미로 진출하는 데 성공했고, 이후 양국 함대는 치열한 포격전을 벌였다. 그 결과 청 함대의 기함 정원호가 파손되고 지휘상 절대적으로 중요한 장두가 부러짐으로써 점차 전 함대에 대한 지휘가 곤란하게 되었다. 얼마 후 청의 군함에 화재가 잇달아 발생하고 일부는 침몰하기 시작했다. 마침내 청 함대는 완전히 전의를 상실하고 혼란에 빠졌으며, 뿔뿔이 흩어져 일본 함대의 공격을 피해 퇴각을 시작했다. 일본 함대의 피해도 만만치 않았으나 황해 해전에서 승리함으로써 조선에서 청군을 완전 제압하게 되었다.

해외 소식

하와이에 쿠데타, 곧 미국에 합병될 듯

1893년 태평양의 작은 화산섬 하와이에 쿠데타가 발생, 1840년 이후 유지돼오던 입헌군주제가 붕괴되고 공화국이 수립됐다. 쿠데타를 주도한 세력은 하와이에서 설탕산업을 경영하고 있는 미국인들. 이들은 하와이가 미국에 합병되기를 강력하게 요청하고 있는데 하와이의 군주와 미국정부가 이를 반대하자 합병에 유리한 조건을 만들기 위해 극단적인 방법을 동원한 것으로 분석된다. 하와이는 1778년에 제임스 쿡 선장이 처음 발견함으로써 서구 세계에 알려졌고 이후 영국, 프랑스, 미국이 지배권을 놓고 각축을 벌여왔다. 1851년에 미국령이 됐고 1887년에는 진주만에 미국 해군기지가 건설됐다.

〈백조의 호수〉 작곡가, 차이코프스키 사망

사망원인 두고 논란

1893년 8월 〈백조의 호수〉, 〈호두까기 인형〉, 〈잠자는 숲속의 미녀〉 등 주옥 같은 러시아 발레의 작곡가 차이코프스키가 향년 53세로 사망했다. 그는 전통적인 유럽 고전무용을 러시아풍으로 융화시킨 위대한 러시아 민족주의 음악가로 평가받고 있다. 그의 음악은 풍부한 선율적 영감과 상상력과 관현악법에 대한 뛰어난 재능을 보여주고 있지만, 한편으로 매혹적인 화려함이 있는가 하면 때로는 천박스러울 정도로 유행에 민감하기도 하고 깊은 절망감을 보여주기도 한다. 이는 러시아가 겪고 있는 시대적 분위기를 반영하는 것으로 해석되고 있다. 어쨌든 러시아 민중들은 러시아 민족주의를 음악에 도입한 위대한 러시아인으로 그를 기억할 것으로 보인다.

역사신문

'반일구국' 20만 농민군 재봉기

북접과 연합부대 형성, 일본군과 전면 대결 … 우금치서 패퇴

농민군이 반외세의 기치하에 일본군과 전면전을 치렀으나 끝내 실패하고 말았다. 일본군이 평양전투에서 청군을 격파한 후 조선에 대한 내정간섭을 강화하고 농민군 토벌에 나서자, 농민군이 재봉기해 북접과 연합부대를 형성하여 그에 맞섰으나 우금치전투에서 패배함으로써 고비를 넘기지 못했다.

그동안 청·일전쟁의 전세와 중앙 정국의 동태를 예의주시하던 농민군 지도부는 9월 초 동도창의소의 이름으로 반침략 항일투쟁에 거병할 것을 각지에 촉구하는 한편, 집강소를 통해 10여만 명의 농민군을 동원했다. 농민군 지도부는 또 오지영 등 중견간부들의 도움을 얻어 농민전쟁 초기부터 봉기에 반대했던 북접 간부들을 설득, 10월 9일 논산에서 남북접 연합부대를 결성하는 데 성공했다. 기세가 오른 20여만 명의 농민군은 곧바로 북상해 공주성 점령에 나섰다. 이때 일본군은 농민군 주력부대가 강원도와 함경도로 연결돼 러시아가 개입하는 상황을 방지하려는 속셈에서, 삼남지역을 포위하고 농민군을 전라도 서남방면으로 몰아내려가는 전략을 세워 공주성에 이르렀다. 한편 농민군은 공주를 우회해서 서울로 진격하는 대신 전략적 요충지인 공주를 장악해 일본군에 맞서려는, 일종의 '공격적' 방어 전술을 채택했다. 이에 따라 공주 외곽의 이인·효포·우금치 등에서 10월 23일경부터 약 20일간에 걸쳐 피비린내나는 공방전이 펼쳐졌다.

그러나 농민군은 결국 일본군의 우세한 화력을 견디지 못하고 후퇴했으며, 논산전투에서도 패배했다. 11월 27일 전봉준은 잔여세력을 이끌고 태인에서 최후의 저항을 시도했으나 역시 실패하고, 12월 2일 순창에서 체포되었다. 한편 전봉준·손병희의 남북접 연합군에 가담하지 않고 독자노선을 취한 김개남은 11월 11일 농민군을 이끌고 청주성을 공격했으나 실패한 후, 12월 7일 태인에서 체포되었다. 해안을 통한 일본군의 후방공격을 차단하고 호남일대의 집강소체제를 유지하기 위해 전라도 남단에 남았던 손화중·최경선부대도 끝내 일본군의 공격을 받아 붕괴되었다. 또 최시형이 이끄는 교단 지도부와 북접군 일부도 청산·충주 등에서 잇달아 패하고 말았다. 이로써 1년여에 걸친 농민전쟁은 엄청난 희생 속에 좌절되었으며, 앞으로 일본의 '보호국화' 정책이 본격화될 것으로 보인다.

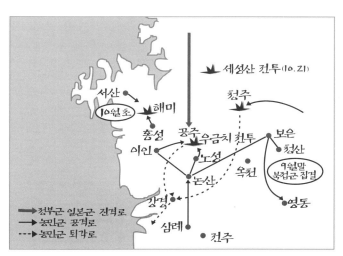

관련기사 2·3·4·5면

일본 정계 거물 이노우에 신임 공사로

내정간섭 강화, 보호국화 노려

1894년 9월 23일 일본은 오오토리공사를 경질하고 거물정치인인 이노우에를 신임 조선주재 공사에 임명하여 청·일전쟁 승리 이후 조선 정치에 노골적으로 간섭하고 있다.

특히 이노우에가 부임 한 달 뒤인 10월 23일 조선 정부에 20개조의 내정개혁안을 제출, 이미 군국기무처 주도로 실시 중인 개혁사업의 노선변경을 요구하고 나서 이러한 우려를 더욱 깊게 하고 있다. 이노우에는 이미 일본에서 내무대신을 역임한 바 있는 인물로, 이번 조선주재 공사에 임명된 것은 서열상 뜻밖의 일로 알려지고 있는데, 더욱 놀라운 것은 이것이 그가 자청해서 이루어진 것이라는 사실이다.

그는 조선 정부에 자신을 특별히 대우할 것을 요구하며 정부 각 부서에 일본인 고문관을 배치할 것을 강요하고 있는데, 이에 따라 정계 일각에서는 그가 일개 공사가 아니라 조선 정부의 최고고문관의 지위를 노리고 있는 것이 아니냐는 분석까지 나돌고 있다. 이노우에가 제출한 20개조의 내정개혁안은 군국기무처에서 시행한 개혁안을 완전히 무시하고 백지화하는 것으로, 이는 결국 보호국화를 전제로 한 것이다. 외교가에서는 이노우에가 장차 각국 공사관의 폐쇄까지도 시도하고 있는 것이 아닌가 하여 촉각을 곤두세우고 있다고 한다. **관련기사 2면**

박영효·김홍집 연립내각 성립

대원군 은퇴, 군국기무처 폐지 등 정계개편 수반

1894년 11월 21일 박영효·김홍집 연립내각이 성립되었다. 이는 대원군 은퇴와 군국기무처의 폐지 등 일련의 정계개편을 매듭짓는 것을 의미하며 신임 일본공사인 이노우에의 압력으로 이루어진 것으로 알려지고 있다.

9월 29일 서울로 들어온 이노우에는 본격적인 내정간섭을 위해 일련의 정계개편을 추진하였다. 이를 위한 첫걸음은 일본의 최대 걸림돌인 대원군세력의 제거였다. 일본은 대원군세력의 견제를 위해 박영효를 복권시키는 한편, 대원군이 청에 밀서를 보낸 사실을 빌미로 대원군을 은퇴시켰다. 이노우에는 이러한 사전작업을 토대로 여태까지 개혁사업을 추진해온 김홍집세력과 과거 갑신정변에 참가했던 박영효·서광범세력의 연립정권을 수립하였는데, 이노우에는 특히 박영효에게 중추적 역할을 기대하고 있다는 소문이다. 그래서 이번 연립내각의 수립에는 양세력이 상호견제하도록 하여 자신의 내정간섭을 가능하게 하기 위한 일본의 계산이 숨어있는 게 아니냐는 것이 일반적 분석이다.

한편 이번 박영효·김홍집 연립내각이 수립과 함께 여태까지 개혁사업을 추진해온 군국기무처가 폐지되고 과거 의정부를 개편한 내각이 그 임무를 대신 수행토록 하였다. 그런데 이것도 또한 표면적으로는 국왕친정의 명분을 내걸고 있지만, 내용적으로는 정부 각 부서에 일본인 고문관을 배치한 것에서 볼 수 있듯이 일본의 적극적인 내정간섭을 가능하게 하기 위한 포석으로 분석되고 있다.

그런데 이번에 입각한 박영효는 만만치 않은 정치적 야심을 가진 인물로서 여태까지 개혁사업을 이끈 김홍집세력은 물론 자신에게 큰 기대를 갖고 있는 이노우에와도 잦은 마찰을 빚고 있다는 소문이어서, 앞으로의 정국변화와 관련하여 매우 주목된다는 것이 정치분석가들의 일반적인 지적이다.

국왕, 홍범14조 반포

내정개혁 새로운 단계로 접어들어

1895년 1월 7일 국왕은 왕비와 왕세자, 대원군 및 문무백관을 거느리고 종묘에 나아가 정치의 기본강령으로서 홍범14조를 선포했다. 이는 지난해 일본공사가 제출한 내정개혁 20개조의 내용을 수용한 것으로서, 갑오개혁이 새로운 단계로 접어든 것을 의미한다. 또한 홍범14조는 지난 11월 21일 성립한 박영효·김홍집 연립내각이 추진하는 개혁방향을 예고하는 것으로 분석되고 있다. 홍범14조는 청나라와 관계를 끊고, 종실과 외척이 정치에 관여하는 것을 금지하며, 근대적 내각제도를 확립하고 왕실의 사무와 국정의 사무를 분리하며, 재정은 탁지아문으로 일원화하겠다는 것 등을 담고 있다. 또한 국민개병제에 의한 징병법을 실시하고, 법치주의에 의거하여 국민의 생명과 재산을 보호하며, 문벌을 폐지하고 능력에 따라 인재를 등용한다는 내용도 포함하고 있다. 이처럼 홍범14조는 나라의 제도를 근대적으로 바꾸기 위한 여러 개혁방향을 제시하고 있지만, 청국과의 절연과 대원군 및 민비 등의 정치간여 배제에서 볼 수 있듯이, 적극적인 내정간섭을 의도하고 있는 일본의 입장이 잘 드러나고 있다는 평가이다. 한편 박영효·김홍집 연립내각은 과거 의정부를 내각으로 개편하여 이곳을 중심으로 개혁사업을 추진하고 있다. 이는 제1차 갑오개혁이 정부 내 별도 기구인 군국기무처에서 추진됐음에 비해 정부의 공식기구가 개혁사업을 전담토록 함으로써 개혁사업의 영속성을 보장할 수 있게 되었다는 평가이다. 그러나 이노우에의 요구에 따라 정부의 각 부서에 일본인 고문관이 배치됨에 따라 개혁사업에 대한 일본의 입김이 구석구석 미칠 수밖에 없을 것이라는 우려가 높다 **·관련기사 2면**

역사신문

농민군의 영령들이여, 고이 잠드소서

농민 요구 실현하는 것이 산 자의 몫이다

들불처럼 아니 활화산처럼 일어나 새로운 세상을 갈망하며 우람찬 함성과 '몸짓'을 전해주던 농민군이 외세 일본군의 총칼에 무참히 쓰러졌다. 우금치 산마루에 울려퍼지던 통곡소리의 메아리도 더 이상 들리지 않는다. 그러나 그뿐이랴. 이름 석자 모르는 수많은 농민군의 순결한 영혼은 분명 오늘 이 순간에도 우리와 함께 살아 숨쉬고, 앞으로도 영원히 이 산하 이 민족 이 역사와 함께 숨쉴 것이다.

농민군은 대부분 순박한 백성들이었다. 오직 땅만을 알고 늘 부지런히 가꾸며 거짓없이 큰 욕심없이 성실하게 살아온 사람들이었다. 그러나 이 세상은 늘 부조리했고 어두운 그늘만이 농민들의 가슴 속을 저며왔다. 지방관과 양반 지주들의 횡포, 조세제도의 모순, 신분제의 속박, 땅 없는 자의 서러움, 정말이지 말로 이루 표현할 수 없는 불행의 연속이자 더러운 세상이었다.

그리하여 농민들이 말뚝처럼 횃불처럼 우뚝 일어섰다. 그들에겐 이제 두려움은 없었다. 미처 알지 못한 사람들과 자연스레 형제가 되었고, 새로운 세상을 겨냥한 동지가 되었다. 굶주림과 추위와 투쟁 속에서 더욱 튼튼하게 단결되었고, 갈기갈기 찢어진 상처를 안고 얼싸안고 춤추며 노래를 불렀다. 외롭고 가난한 사람들이 아직까지 한번도 맛보지 못한 자유를 만끽했다.

한 시대의 아픔을 온몸으로 껴안고 피투성이로 싸우며 그 시대를 마감하기 위해 온몸을 다바쳤다. 집강소를 통해 구태의연한 정부와 호시탐탐 기회만 노리는 외세에게 농민자치의 저력을 유감없이 발휘하며 해방된 세상, 민중의 세상이 시작되었음을 알렸다. 뒤따라오는 세대를 위해 민중의 뜨거운 투지를 드높이며 승리의 투쟁을 계속했다. 우리 민족, 우리 역사의 밝은 내일을 당당하게 예고했다.

농민군의 영령들이여! 동포의 꿈이 숨쉬는 목메임의 이 산하와 함께 고이 잠드소서!

이제 이 강토와 주권을 지키는 것은 살아 있는 우리들의 몫이다. 농민군의 영혼들이 편히 잠들지 못하고 이승을 떠돌게 할 수는 없다. 농민군의 고귀한 죽음을 헛되이 할 수는 없다. 정부는 과감한 체질개선을 단행하고 자주성의 확립에 힘쓰며, 각계 각층의 지도자들은 보다 냉철한 현실인식에 근거해서 올바른 여론을 선도해야 한다. 민중이 역사의 주인이라는 자신감을 잃지 말자. 이것이 죽은 이들의 넋을 위로하는 길이고 후손에게 떳떳하게 조국을 물려줄 수 있는 길임을 명심하자.

그림마당
이은홍

"새봄엔 다시 잎이 필까?"

2차 내정개혁 무엇이 문제인가

국왕 권력 약화되고 친일 개화파 권력 장악
일본 간섭 심해질 듯 … 일반의 개혁 보는 시각 '냉담'

정부의 홍범14조 발표를 계기로 갑오개혁은 새로운 단계에 진입했다는 것이 일반적인 평가다. 그러나 이번 개혁이 일본의 적극적인 간섭과 조종하에 이루어지고 있기 때문에 이를 바라보는 여론은 지극히 비판적이다.

일본은 청·일전쟁 승리 이후 본격적인 간섭을 시작했다. 이노우에공사는 부임 이후 일본의 간섭에 사사건건 제동을 걸던 대원군을 제거하는 한편, 정부를 김홍집·박영효 연립내각으로 개편하고 새로이 내정개혁안 20개조를 들이밀어 이를 협박했다. 이런 위협적인 분위기 속에 일본공사의 주도로 밀어붙인 것이 이번의 2차개혁으로, 당연히 그 성격이 일본에 예속적일 수밖에 없다는 것이 정가의 공통된 지적이다.

이런 성격은 2차개혁의 내용을 뜯어보면 쉽게 짐작할 수 있다. 7월의 1차개혁 때는 군국기무처를 두어 이 기구를 중심으로 개혁사업이 추진되었으나, 이번에는 아예 정부기구를 제도적으로 개편함으로써 일본이 정치적으로 간여할 수 있는 항구적인 체제를 갖추게 되었다. 정부기구 개편도 국왕권의 약화에 초점이 맞춰져 형식상 국왕의 권위를 높여 대군주폐하라고 칭하고는 있지만, 왕실 사무와 국정사무를 분리하고 내각제도에서 정치가 이루어지도록 함으로써 실질적으로는 국왕의 권력을 약화시키고 있다.

이는 내각에 포진하고 있는 친일 개화파들이 권력을 장악하도록 하여 일제의 정치적 간섭이 가능한 제도적 장치를 마련한 것이다. 2차개혁의 타율적인 성격은 정부 각 부서에 일본인을 고문관으로 배치하고 이노우에공사가 조선정부의 최고 고문관으로 자처하고 있는 데서 아주 분명하게 읽혀진다.

그러나 일제의 이런 정책이 과연 그들의 의도대로 실현될 수 있을지는 불투명한 실정이다. 우선 일본이 청·일전쟁에서 승리했다고 해서 열강의 이해관계가 첨예하게 걸려 있는 동아시아에서 일본의 행동반경이 자유스럽기만 할 것인가에 대한 회의적인 시각이 만만치 않다.

다른 한편 권력에서 밀려난 민씨세력이 과연 호락호락하게 물러나지만은 않을 것이라는 분석이 지배적인 실정이다. 향후 정국의 추이에 모두들 촉각을 곤두세우고 있다.

농민군 재봉기, 어떻게 보아야 하나

'자주냐 예속이냐', 일본과 벌인 한판 대결에서 결국 패퇴
일제의 노골적 간섭과 정부의 일방적 근대화 작업 가속화될 듯

우금치혈전의 패배는 우리 역사의 방향을 가르는 분수령임에 틀림없다. 농민전쟁이 무력으로 진압됨으로써 이제 근대사회를 자주적으로 열어나갈 싹이 잘린 것이다. 말하자면 농민군의 재봉기는 자주와 예속의 문제를 걸고 일본군과 벌인 건곤일척의 싸움이었다는 지적이다.

그러나 이 대결은 최근의 정세 속에서 필연적인 것이었다는 게 공통된 분석이다. 농민군은 전주성 점령 이후 청·일 양군이 진주하는 사태에 직면하자, 외세의 침략을 우려하여 정부측과 휴전하고 집강소 활동을 통하여 역량을 강화하면서 사태를 관망하는 형세였다. 한편 청·일전쟁의 승리로 조선을 손아귀에 쥐게 된 일본에게 남은 장애는 대원군과 농민군이었다. 그래서 이노우에 일본공사는 대원군을 거세하는 한편 개화파정부를 앞세워 농민군 토벌에 나섰다.

농민군도 이때부터 위기의식을 느끼면서 일제와의 전면대결을 준비하는 한편, 정부측에 대해 끊임없이 항일을 위한 제휴를 요구했으나 개화파정부는 이미 일본의 손아귀에 쥐어진 상황이었다. 따라서 대결의 구도는 농민군과 일본군 및 정부군으로 판이 짜여졌고 전략요충지인 공주성이 양측의 대결장이 되었었다는 게 공통된 분석이다.

그러나 공주성의 요처인 우금치를 선점한 막강한 화력의 정규 일본군과 정부군을 맞아, 농사꾼이 대부분인 농민군이 이긴다는 것은 처음부터 상상하기 어려운 일이었다. 여기에 농민군 진용 내부의 통일성 결여도 승리를 어렵게 하는 요인으로 작용했다. 또 전세가 기울면서 각 지역에서 숨죽이고 있던 보수양반층이 민보군(民堡軍)을 조직하여 농민군을 공격했던 것도 이들의 궤멸에 중요한 요인이 되었다.

어쨌든 농민군의 패배로 정국은 조선 침략을 노리는 일제의 조종과 간섭하에 개화파정권의 위로부터의 근대화가 계속될 전망이다.

이노우에는 누구인가

메이지유신의 주역으로 내무대신 출신의 거물

신임 일본공사 이노우에는 메이지유신의 주역 가운데 한 사람이며 내무대신까지 지냈던 거물급 정치가. 대신까지 지냈던 인물이 직위를 낮추어서 일개 공사로 부임한 것 때문에 더욱 관심을 끌고 있다.

그는 무사가문 출신으로 이토 히로부미와 소년시절부터 친구. 메이지유신 후 신정부의 중심인물로 1885년 이토 히로부미가 총리가 되자 외부대신, 내무대신을 지냈고 조선통을 자처. 1876년 강화도조약 체결에 부전권으로 참여했고 1884년 갑신정변 직후에는 한성조약 체결을 주도했다.

이번에도 자청해서 조선주재 공사직을 맡았는데, 원세개와 같은 준통치자를 꿈꾸기 때문이라는 소문.

실제 그는 9월 29일 서울에 도착, 외무대신 김윤식을 방문하여 자신은 일본황제의 두터운 신임을 받고 있으며 정치가로서 화려한 경력을 갖고 있다고 밝히면서 조선 정부가 자신에 대해 다른 공사와 다른 대접을 요구했다고 한다. 그는 부임 한 달 뒤인 10월 23일 20개조의 내정개혁강령을 조선 정부에 제출하여 자신의 의도를 드러냈다.

일·청 시모노세키조약 체결

일본 승리 확정

1895년 4월 17일 일본 시모노세키에서 일·청 양국 전권대사 이토와 이홍장이 수개월간 지리하게 끌어오던 담판을 끝맺고 강화조약을 체결함으로써 청·일전쟁에서 일본의 승리가 확인됐다. 조약에 따르면, 청은 봉천성 이남의 요동반도와 그 부속도서를 일본에게 할양하고 2억냥의 배상금을 지불하게 된다. 이 조약에서 무엇보다 눈에 띄는 것은 전쟁 당사자는 일·청 양국임에도 조약 제1조 첫머리에 '청은 조선이 완전무결한 독립국임을 확인한다'고 해 일본이 청나라 대신 우리나라를 지배할 수 있는 기반을 조성하고 있는 점이다.

한편 이번 조약은 일본이 요동반도를 점령하고 북경점령까지 넘보게 되자 러시아, 영국, 미국 등 서구 열강들이 일본을 경계해 적극적으로 중재에 나서 성사를 보게 된 것으로 알려졌다.

농민군 패배의 분수령, 공주 우금치 대혈전

병력 압도적 우세 불구, 신무기와 정규훈련군에 밀려

농민군 진압에 나선 일본 정규군

1894년 11월 9일 농민군과 일본군 및 관군 사이에 대혈전이 붙었고 마침내 농민군은 쓰라린 패배를 당했다. 이 전투를 기점으로 농민군은 눈물을 머금고 패주의 길로 내몰리고 있다. 이번 전투는 양측이 총 5만 명 이상을 동원해 산마루를 시체로 뒤덮고 들판을 피로 물들인 대혈전이었다. 이 전투는 자주냐 예속이냐, 개혁이냐 반동이냐를 판가름할 분수령이었다. 농민군은 쏟아지는 총탄과 포탄 속에서도 시체를 넘어 우금치 고개로 쳐올라갔으나 끝내 고지에 도달하지 못하고 모두 쓰러지고 말았다.

이렇게 양측이 사활을 걸고 임한 공주 대회전은 이미 예정돼 있었다. 이번 2차봉기의 진원지는 호남을 근거지로 하고 있는 동학 남접이었다. 삼례 인근에 포진했던 전봉준을 비롯 호남 · 충청 두 지역의 농민군이 2차봉기의 깃발을 높이 들었던 것이다. 그리고 충청도의 동학 북접을 이끄는 손병희가 가세했다. 이렇게 해서 구성된 남북접 연합군은 논산에 집결했고 공격목표는 당연히 공주로 잡혔다. 공주는 남하해오는 일본군을 제압할 수 있는 전략적 요충지였기 때문이었다.

한편 일본군과 정부군은 농민군의 북상을 반드시 저지해야 했다. 특히 일본군은 농민군이 평안도나 함경도까지 북상해 청군이나 러시아측과 연계될 것을 극도로 우려했다는 후문이다. 그래서 농민군을 최대한 서남지역에 가두어두고 토벌한다는 전략을 세웠고, 따라서 그들에게도 공주전투에 사활적 이해가 걸려 있었다.

이런 각자의 전략에 따라 11월 초에 공주 인근에는 일본군 2천, 관군 3천 2백여 병역이 집결했고, 농민군측에서는 전봉준이 남북접 연합군 4만여 병력을 이끌고 집결했다. 우금치전투에 앞서 농민군은 판치 · 이인 등지에서 잇단 승리를 거두었다. 결국 일본군과 관군은 공주성을 장악, 우금치에 병력을 집중하고 공주 동쪽 판치에서 서쪽 봉황산까지 병풍을 치듯 포위한 형세가 됐다. 전쟁의 승패는 우금치전투에서 판가름나게 돼 있었다.

11월 9일 오전 10시 농민군은 이인에서 우금치에 이르는 10리 가도를 주공격선으로 맹렬한 공세를 가하기 시작했다. 동시에 삼화산 쪽에서 1만여 명이 오실 뒷산을 통해 우금치를 측면공격해 들어갔다. 이렇게 해서 농민군은 우금치 마루 150미터 전방까지 육박해들어갔다.

그러나 우금치 마루를 점거하고 있는 관군과 일본군으로부터 비오듯이 쏟아지는 총탄과 포탄에 농민군은 시체만 쌓여갈 뿐이었다. 이렇게 전진과 후퇴를 거듭하기를 수십 차례 한 결과 4만여 농민군은 절반 이하로 줄었고, 결국 이날 농민군은 10여 리 남쪽으로 밀렸다. 봉황산 쪽과 이인 검상마을에서 공주 감영을 직접 공격하려던 농민군도 모두 막대한 손실을 입고 퇴각했다.

이후 11일부터 관군은 적극적으로 공세를 가하며 추격해왔고, 12일부터 농민군은 우금치에서 아예 밀려나 남쪽으로 계속 패주했다. 12일 전봉준은 우리 관군에게 격문을 띄워 "우리의 봉기는 왜적을 물리쳐 나라를 구하자는 것이지 조선인끼리 싸우자는 것이 아니다"며 항일연합군을 제안했으나 대세는 이미 기울었고 일본군의 반격은 더욱 거세졌다.

패주하는 농민군은 피로한 기색이 역력한 가운데서도 핏발선 눈빛과 꼭 쥔 주먹으로 이 날의 원한을 반드시 갚고야 말겠다며 이를 악무는 모습이었다.

우금치 패전, 그 이후

농민군 지도자 줄줄이 체포, 농민들도 흩어져

농민군 지도자 전봉준은 우금치 패전 이후 잔여세력을 이끌고 여산 · 삼례를 거쳐 전주로 들어갔다. 그러나 관군이 곧 뒤이어 따라와 11월 25일에는 원평에서, 27일에는 태인에서 계속 전투를 벌이며 남하했다. 급기야 28일 금구에서 전봉준은 농민군 부대를 해산, 각자 고향으로 돌려보낸 뒤 홀로 순창으로 향했다. 이곳 순창 피로리에서 12월 2일, 유생 한신현의 밀고로 관군에 체포됐고 즉시 서울로 압송됐다.

한편 농민군의 맹장 김개남은 우금치전투와는 별도로 11월 11일부터 금산 방향에서 진잠을 공격하고 이어 청주로 향했다. 청주 역시 서울로 가는 길목이어서 김개남은 전병력을 동원, 총공격에 나섰다. 인근 주민의 말로는 수십만에 달하는 농민군이었다고 한다. 그러나 그 역시 13일, 일본군의 우세한 화력에 밀려 신탄진으로 밀려나 공주 방향으로 퇴각할 수밖에 없었다. 공주 인근 강경에서 전봉준부대와 만나 같이 관군에 맞서 전투를 벌이며 퇴각했다. 농민군 부대가 해산된 후 태인 종송리의 매부 서영기 집에 숨어 있다 12월 27일 체포됐다.

최시형이 이끄는 북접군 일부 2만여 농민군은 전봉준부대와의 합세에 실패한 뒤 11월 12일, 독자적으로 순창에서 집결하여 임실, 장수를 거쳐 북상했다. 이들은 무주, 영동을 통과한 뒤 청주를 직접 공격하지는 않고 인근 화양동을 거쳐 충주로 향했다. 그러나 충주 부근 무극시에서 관군과 일대 접전을 벌여 크게 패했고 이후 농민군은 뿔뿔이 흩어져 강원도 방면으로 도주했다.

각 지역 전투에서 농민군이 계속 패퇴하고 흩어지자, 그래도 싸울 의지가 남은 농민들은 광주의 손화중 · 최경선부대로 속속 모여들었다. 이렇게 재집결한 농민군은 수만 명으로 불어나 광주 인근 영광, 장성 등지에 진을 쳤다. 그러나 이규태가 이끄는 관군이 광주를 공격해오자 농민군은 이를 막아내지 못했고, 때마침 11월 21일 일본군이 법성포에 상륙하자 농민군의 전세는 더욱 기울었다. 손화중은 잔여부대를 이끌고 덕산을 거쳐 고창으로 피했으나, 이곳에서 관군에 체포됐다.

황해, 강원서도 농민군 봉기

일본군의 강한 화력 앞에 줄줄이 패퇴

경상도, 강원도, 황해도에서도 농민군이 봉기해 반봉건 · 반침략의 기치하에 농민전쟁을 벌였으나 끝내 진압되고 말았다.

경상도 북서부지역은 북접 지휘 하에, 남서부지역은 인접한 호남지역 남접 농민군과 연결돼 농민전쟁을 벌인 것으로 알려졌다. 특히 1894년 9월 2일 김인배가 이끄는 순천지역 농민군이 경상도로 건너와 하동의 농민군과 연합해 하동부를 점령하고 진주성을 공격하는 등 전과를 올리기도 했다. 그러나 소식통에 따르면 북서부지역은 9월 말, 남서부지역은 10월 말에 이르러 일본군의 압도적인 화력에 의해 진압되었다.

강원도에서는 9월에 평창을 시작으로 원주, 홍천 등 대다수 지역에서 농민군이 봉기했다. 특히 9월 4일 영월 · 평창 · 정선의 연합농민군은 강릉을 점령해 삼정개혁과 보국안민을 제창하는 방문을 붙이기도 했다. 그러나 강원도 농민전쟁은 일본군 개입없이 관군과 반농민군에 의해 끝내 진압되어 이채를 띠었다. 전문가들은 일본군이 삼남지방의 농민군을 포위해 전라도 서남방면으로 몰아가는 전략을 세웠는데, 이 전략이 삼남지방과 강원도 농민군의 연결을 차단하는 역할을 함으로써 관군과 반농민군이 시종 우세한 전력을 유지할 수 있었다고 분석했다.

한편 **황해도**에서는 장연을 시작으로 각 지역에서 수만 명의 농민군이 봉기해 9월 27일 해주 감영을 점령하는 데 성공했다. 농민군은 또 청 · 일전쟁 군수품의 조달 임무를 띤 일본군 일행을 공격해 전과를 올리고, 일본상인들에 대해서도 공격을 가했다. 이에 일본군이 2개 중대를 투입해 농민군 진압에 나섬으로써 일본군과의 전면전이 벌어지게 되었다. 그러나 농민군은 끝내 일본군의 화력을 당하지 못하고 패퇴해 아쉬움을 남겼다.

대원군 정계은퇴

청과 내통 입증하는 친필 편지 발각돼

1894년 10월 21일 흥선대원군은 정부 각 대신들을 불러모아놓고 정계에서 은퇴하겠다는 성명을 발표했다. 이로써 지난 6월 일본군의 경복궁 쿠데타에 힘입어 정계에 복귀했던 대원군은 불과 4개월만에 다시 야인으로 돌아가게 됐다. 그가 이번에 정계은퇴를 결심하게 된 계기는 그가 청과 내통하고 있었다는 구체적 물증이 드러났기 때문이다. 청 · 일전쟁에서 일본군이 평양을 점령했을 때 그곳 감영에서 대원군의 친필서신이 발견된 것이다. 편지는 당시 평안도 관찰사 민병석에게 보낸 것으로, 내용 중 "청군 대부대가 곧 온다고 하니 이는 실로 조선을 다시 바로잡을 수 있는 기회"라든가, "일본에 붙어서 나라를 파는 무리가 있으니 이점을 청국에 호소해주기 바란다"는 구절이 문제가 됐다. 일본인 오카모토가 이 편지를 대원군에게 들이밀자, 대원군은 청 · 일전쟁이 사실상 일본의 승리로 끝나가는 마당에서 심히 곤란해했다고 한다. 결국 정계은퇴로 더 이상의 파문을 막고 후일을 도모하기로 결심한 것이다. 그러나 정가에서는 이미 일본이 대원군의 이용가치가 떨어졌다고 판단하고 있었으며, 오히려 군국기무처와 사사건건 마찰을 빚는 등 일본의 구도에 장애만 일으키는 그를 도태시키기로 결심한 것으로 보고 있다. 이번 편지 사건은 이러한 일본에게 단지 좋은 구실이 됐을 뿐이라는 것이다.

"개혁도 좋지만 봉급 좀 달라"

일본에게 돈 빌려 가까스로 관리 봉급 지급

정부가 관리봉급도 못주다 일본으로부터 돈을 빌려 가까스로 이를 해결해 빈축을 사고 있다. 최근 정부는 연말연시 대목이 다가오는데도 관리들의 봉급을 3개월째 체납, 관리들의 불만을 가중시켰다. 심지어 군제(軍制)를 개혁하면서 해직된 병사들에게 퇴직금도 지불하지 못해 일부에서는 임오군란의 재판이 우려되기까지 했다. 이는 농민전쟁으로 인한 막대한 군비지출에다 청 · 일전쟁의 혼란 속에서 세금징수가 제대로 이루어지지 못한 데 따른 것이다. 사태가 점차 악화되자 개화파정

권을 지원하고자 부임한 이노우에공사가 일본계 다이이치(第一)은행 인천지점에 긴급히 13만 원의 차관을 요청, 탁지아문이 이 돈을 가지고 우선 급한 불을 껐다. 그러나 이 돈은 고율의 이자를 물어야 하는 사실상 고리대금이어서 정부의 재정악화는 더욱 심각해질 것으로 보인다.

근대화의 두 길, 갑오개혁과 농민전쟁

위로부터냐 아래로부터냐
근대화 노선 맞부딪친 한국사의 분수령
농민군 패배, 지주 중심의 근대화로 결판

1894년 한 해를 격동으로 몰아넣었던 갑오개혁과 농민전쟁은 다같이 봉건사회의 모순을 제거하고 근대사회를 열어나가려는 개혁 노력이라는 것이 공통된 평가다. 전자가 위로부터의 근대화를 추구한 것이라면 후자는 아래로부터의 근대화를 지향한 것이었다. 그러나 이 두 개혁은 서로 결합되지 못하고 대립하면서 무력대결로까지 치달아 결국 일제의 개입 속에 전자의 승리로 끝났다. 이는 향후 우리 역사의 방향을 결정하는 중요한 분수령인 바, 각각의 개혁노선의 주도세력과 사상적 배경 및 지향 등을 정리해본다.

주도세력 농민전쟁의 경우 참가층의 대다수는 농민대중이었으며 지도층은 농민들과 밀착된 지방의 몰락지식인들이었다. 이에 반해 갑오개혁은 개화파관료들이 주도한 것으로, 이들은 대부분 지주출신들이다. 이들은 집권세력이었던 민씨정권과 근대화의 속도와 방향을 놓고 정치적으로 대립하고 있었다.

사상적 배경 농민군 지도부는 실학적 개혁사상의 영향을 받은 것으로 지적되고 있다. 이들이 주장하는 신분제개혁이나 토지개혁은 오랫동안 농민들의 염원이기도 하려니와 18·19세기 이래 실학자들의 주장이기도 했다. 반계 유형원은 전라도 부안에서 오랜 동안 살았고, 다산 정약용은 전라도 강진에 유배되어 그곳 지식인들을 가르치면서 그들과 함께 혁신적인 사회개혁론을 연구했다. 이들의 개혁사상이 호남지방의 지식인들에게도 널리 퍼졌던 것은 충분히 짐작될 수 있는 일이다. 한편 갑오개혁을 주도한 개화파관료들은 대부분 조선 후기 이래의 노론집권층 후손들로서, 이들은 부세제도의 개혁을 통해 사회안정을 기하고자 했던 정부집권층의 개혁론을 계승하고 있다는 평가다. 또 이들은 그런 바탕 위에 서구의 근대사상을 접맥시켜 사회개혁을 추구한 것으로 지적되고 있다.

사회개혁론 봉건사회의 모순을 제거한다는 방향에서는 양자가 일치하지만, 어떤 사항을 개혁할 것인가 하는 점에서는 서로의 계급적 위치에 따라 다른 주장을 내세우고 있다. 농민군들은 봉건적 신분제도의 철폐를 주장하고 있으며 세금제도의 개혁도 요구하고 있다. 이런 사항은 갑오개혁의 목표와 같다. 그러나 농민군은 봉건사회의 경제적 토대인 지주제까지도 철폐하여 농민들에게 토지를 분배해줄 것을 요구하고 있다. 이들은 소작농민이 자영농민으로 성장하여 이들이 바탕이 된 근대사회를 전망하는 것이다. 반면 갑오개혁은 지주제는 그대로 유지한다는 입장이다. 지주층이 중심이 된 근대사회를 지향하고 있는 셈이다. 이 점에서 양자는 서로 타협하기 어려운 대립점을 안고 있었던 것이고, 결국 농민군의 패배로 우리 사회의 근대화는 지주층 중심의 자본주의화로 나아갈 전망이다.

권설재판소, 농민군 재판

농민군 혐의자 107명 서울로 압송

동학농민군의 2차봉기를 진압하고 전봉준을 서울로 압송한 정부는 동학군 재판을 진행하기 위해서 법무아문 산하에 임시로 권설(權設)재판소를 설치했다. 문초관에는 일본영사 우치다(內田定道)도 끼여 있고 그가 전봉준 등을 직접 심문할 것이라는데, 이는 일본이 조선 정부에게 형식적인 재판절차를 갖추게 해서 그들 나름으로 명분을 세워 사태의 종말을 짓기 위해 재판소 설치를 강요했다는 후문을 뒷받침해주고 있다. 이번에 각처에서 서울로 압송돼온 동학군 혐의자들의 총인원수는 107명이다. 이들의 거주지는 전라도, 충청도, 황해도가 가장 많았다.

직업은 거의 모두가 농민이지만, 청주출신의 전직 지방관이 한 명, 서울 궁궐의 내시와 청풍의 아전도 한 명씩 있다. 연령별로는 3, 40대가 압도적 다수. 피고인들 중 상당수는 농민군에 직접 가담하지는 않고 지원과 협조만 해준 사람들이 다수 포함된 것으로 알려져 있다. 이는 관군이 농민들을 마구잡이로 잡아들였기 때문이다. 또 동학군을 빙자하여 민폐를 끼친 자는 한 명, 전란을 틈타 강도짓을 하거나 가짜 돈을 찍어내는 행위를 한 잡범은 16명 뿐으로 전국적 규모의 전란이었던 점에 비추어 이 정도는 예상 이외로 적은 숫자여서 농민군의 도덕성이 얼마나 높았던가를 보여주고 있다.

재판결과 사형 5명, 곤장 100대에 3천 리 떨어진 지역으로 유배 10명, 곤장 100대에 3년 복역 2명, 곤장 80대 3명, 81명은 증거불충분으로 무죄 석방됐다. 이들에게 적용된 죄목은 폭동죄, 군기약탈죄, 불법으로 방을 붙이거나 통문을 돌린 죄, 일본인 살해, 농민군을 우대한 죄, 백성을 현혹한 죄, 청·일 양군에 대한 정탐죄 등이다.

한편 전봉준을 취조한 한 관리는 "나는 전봉준이 처음 잡혀오던 날부터 그의 행동을 잘 살폈다. 그는 과연 풍문으로 듣던 것보다 훨씬 비범한 인물이었다. 외모도 청아한 얼굴에 광채있는 눈매, 엄정한 기상, 강인한 심지를 보여 과연 세상을 한 번 놀라게 할 만한 대위인, 대영걸로 보였다"고 말했다.

독점 인터뷰 전봉준

"종로 네거리에서 목을 베어 오가는 사람에게 내 피를 뿌려주라"

개화 미명하에 일본이 국정 전횡하는 것 보고
나라의 자주성 지키기 위해 봉기 결심

전주성을 점령한 이후 바로 서울로 진격하지 않고 정부측과 타협하여 호남지역에서 집강소 활동에 주력한 이유는?

정부의 요청으로 청나라 군대가 들어오고 이어서 일본군이 개입하는 것을 보고 이러다간 나라가 결딴나겠다는 생각이 들었다. 또 사실 농민군 내부에도 취약점이 있었다. 전주성을 점령하자 관군이 포위하고 주변 산에서 대포를 쏘아대 효과적인 응전이 어려웠고 농민들도 농사철이 다가오자 하나씩 흩어지기 시작했다. 우리 농민군은 사전에 훈련되고 조직된 군대가 아니어서 일사불란한 지휘가 어려운 실정이었다.

9월에 재봉기를 하게 된 이유는?

일본이 경복궁쿠데타를 일으킨 후 '근대화'라는 미명하에 나라 정치를 마음대로 주무르는 것을 보고 일본의 침략을 좌시해서는 안된다는 결심을 굳혔다. 더구나 일본군은 평양전투에서 이긴 후 남하하여 먼저 우리 농민군을 공격하기 시작하여 우리의 대의를 지키기 위해서도 봉기는 불가피했다.

만약 봉기에 성공하여 서울을 점령했다면 어떤 정치를 하려 했는가?

우선 일본세력과 정계의 썩은 권력층을 몰아내고 혁신적인 인사들과 협의해서 개혁정치를 펴려고 했다.

일본세력을 몰아낸다는데 조선에 와 있는 다른 외국인들은 어떻게 하려 했는가?

다른 외국인들은 주로 통상을 하기 위해 온 사람들이라 크게 문제될 게 없다. 우리가 외국과의 통상 자체를 거부하는 것은 아니다. 그러나 일본인은 무력으로 우리 국권을 탈취하려고 해서 몰아내려고 한 것이다.

대원군이 효유문을 보내 재봉기를 만류한 것으로 아는데 이를 거부한 이유는?

나는 농민군의 지도자로서 농민들의 요구와 결의를 수렴하여 반일항쟁에 나선 것이다. 대원군 같은 사람의 지시에 따라 움직이는 사람이 아니다. 대원군을 부패한 민씨세력이나 친일적인 관료들에 비해 상대적으로 나은 인물로 여기고 있기는 하지만 그 또한 정부쪽 사람이긴 마찬가지다. 우리가 그의 지시에 따를 것이라고 생각했다면 그건 대원군의 착각이다.

우회로를 통해 서울로 진격하지 않고 공주성 점령을 시도한 이유는?

공주성은 지리적 조건이 좋아 여기에 웅거하면 일본군이 쉽게 공격하지 못하리라고 판단했다. 일본군의 화력과 전투력이 절대적으로 우세한 상황이라 우리는 방어전략을 택할 수밖에 없었다.

재봉기 당시 전력이 여러 갈래로 분산된 것도 패인의 하나라는 지적도 있는데?

그동안 갈등을 빚어오던 북접과는 타협이 이루어져 연합부대를 이룰 수 있었다. 그러나 충청도 서해안의 농민군이 관군에 의해 길목이 차단돼 공주전투에 합류하지 못한 게 지금도 너무 안타깝다. 또 김개남부대가 독자행동을 취한 것도 전력상 큰 손실이다. 그러나 손화중과 최경선부대를 후방에 남겨놓은 것은 일본군의 후방침투를 의식한 것으로 불가피한 조치였다.

일본측으로부터 집요한 회유공작이 있었을텐데?

일본은 나를 살려 정치적으로 이용하려고 한 것 같다. 그러나 일제 침략을 물리치기 위해 일어선 내가 그런 회유에 넘어가겠는가. 단연 거부했다.

사형이 집행된다면 어떤 유언을 남기겠는가?

종로 네거리에서 목을 베어 오고가는 사람들에게 내 피를 뿌려줬으면 좋겠다.

전봉준의 절명시

때가 이르러서는
천지와 함께 힘썼으나,
時來天地階同力
운이 가니
영웅도 스스로 꾀할 바 없다.
運去英雄不自謀
백성을 사랑한 정의에
내 잘못은 없노라.
愛民正義我無失
나라를 사랑한 붉은 마음
누가 알아주겠나.
愛國丹心誰有知

특별 토론　매천 황현과 해학 이기　개혁 시국을 논한다

농민 위한 정책으로 민심 수습나서라

갑오농민전쟁이 일본군과 관군에 의해 진압되고 난 뒤, 정부에서는 갑오개혁을 통해 민심수습과 국정개혁에 나서고 있다. 이렇게 급박하게 돌아가고 있는 시국에서 각계 지식인들이 나름대로 평가와 대안을 내놓고 있다. 그 중에서 전통 유학자의 대표격인 매천(梅泉) 황현과 실학 학풍을 계승한 개혁론자 해학(海鶴) 이기(李沂)를 모시고 토론하는 자리를 마련했다.

위정자부터
대오각성하라
법 질서 확립하고
언로 개방해야

황현 1855년생. 황희 정승의 후손. 1885년 생원시에 합격했으나 산촌에 은거하며 혼란한 시국을 비판해 오고 있다.

개혁의 핵심은
경제문제 해결
과감한 토지개혁,
일본의 침략의도 경계해야

이기 1848년생. 실학 학풍을 이어받은 학자. 농민군이 봉기하자 전봉준을 찾아가 혁명의사를 타진한 것으로 알려졌다.

사회 정부가 최근 잇달아 개혁법안을 내놓고 있는데 이에 대한 소감부터 말씀해주시죠.

황현 기본적으로 찬성합니다. 혹자는 사실상 일본이 실시하는 것이므로 반대한다고 하는데, 저는 내용으로 따져봐야 한다고 봅니다. 정부가 내놓은 조치들은 시의적절하고 내용도 대체로 바람직합니다.

사회 유학자께서 개화를 찬성하신다니 약간 의외입니다.

황현 개화란 '개물화민(開物化民)', 즉 '문물을 꽃피우고 백성을 교화하는 것'입니다. 다만 정책이 대부분 지엽말단적인 것에 치우쳐 근본을 강조하는 것이 약하다는 점이 걱정됩니다. 근본은 어디까지나 유교적 가치관에 두어야 하고 그 점이 강조돼야 한다고 봅니다.

이기 저 역시 정부정책에는 기본적으로 찬성합니다. 다만 저는 그 주체가 우리가 아닌 일본이라는 점만은 찬성할 수 없고 장래에 반드시 화근을 몰고 올 것으로 생각합니다. 특히 일본 차관을 들여와 정부재정으로 삼으려 한다는데 이는 안될 말입니다. 그것을 갚으려다 백성들이 곤경에 빠지게 될 것이요 만약 못갚는다면 현재와 같이 징세권을 담보로 잡힌 상황에서는 국권

이 넘어갈지도 모르는 일입니다.

사회 이번 갑오개혁은 일본의 요구에 의해 실시되긴 했지만 전국적인 농민봉기에 대한 정부의 치유책이라는 측면도 있습니다. 농민봉기에 대한 견해를 말씀해주십시오.

황현 봉기의 주동자들은 비적(匪賊)으로 규정해야 마땅합니다. 단순한 민란도 아니고 국가를 전복하겠다고 나오는 것은 있을 수 없는 일입니다. 또한 주동자들은 물론 그에 가담한 자 중에서 양반출신자들은 모두 색출해 극형에 처해야 합니다. 한 1만 명쯤 처형해야 한다고 봅니다. 그래야 국가의 기본이 바로 설 수 있습니다.

사회 이기선생이 바로 농민군에 동조한 양반 아니십니까?.

이기 황현선생의 말씀은 방관자의 한가한 평론에 불과합니다. 저는 사실 한때 전봉준과 혁명을 일으켜 국가의 일대 쇄신을 이루려고 생각한 적이 있습니다. 그러나 김개남과의 관계가 안좋아 실행되지 못했지요. 어찌됐든, 농민들을 비난만 할 것이 아니라 그들이 봉기할 수밖에 없었던 원인을 살펴야 한다고 봅니다. 농민들이 가중한 세금과 외세의 침탈에 억눌리다 이를 참지 못해 일어난 것은 너무나 명

백한 사실입니다. 황현선생도 이에는 동의하시리라고 보는데요.

황현 원인 제공자는 바로 정부입니다. 정치가 잘못되니 백성이 살기 어려워지고 나쁜 마음을 먹게 되는 것이죠. 특히 유림(儒林)이 분열돼 힘을 쓰지 못하고 왕실 외척들이 국정을 좌우, 시국이 혼란해지자 천주교 같은 서학이 들어와 민중을 현혹하는 것입니다. 동학도 그러한 서학의 변종이라고 봅니다.

사회 정부의 개혁정책에 기본적으로 동의한다고들 하셨지만 구체적인 면에서 미흡한 점은 없습니까.

이기 개혁의 핵심은 경제에 있고 경제의 핵심은 토지제도에 있습니다. 갑오개혁에서 이 점에 관한 대책은 앞으로 조세를 현물이 아닌 돈으로 내야 한다는 것 정도입니다. 이것은 대단히 미약한 조치입니다. 저는 탁지부대신 어윤중에게도 건의한 바이지만 전면적인 토지개혁을 실시하여 농민들에게 살아갈 수 있는 토지를 나누어주는 것이 가장 이상적이라고 봅니다. 그러나 이것을 실시하기 어렵다면 현실적으로 가능하고 실익이 있는 것부터 해야 한다고 봅니다. 우선 토지측량을 전면적으로 실시해야 합니다. 징세를 회피하기 위해 정부

에서 누락돼 있는 토지가 엄청나게 많습니다. 또 토지단위도 수확량을 기준으로 하는 기존의 결부법(結負法)은 폐단이 너무 많으니, 실제면적을 기준으로 하되 급격한 변화를 피하기 위해 이것과 기존의 결부법을 절충한 두락제(斗落制)를 시행해야 합니다. 이렇게 하면 조세제도의 문란으로 인한 백성들의 고통도 줄어들 것이고, 국가재정도 넉넉해져 개혁사업을 추진할 수 있는 재원도 확보되리라고 봅니다. 다시 말하지만, 이렇게 해서 재정을 풍부히 하고 그것으로 개혁사업을 해야지 일본에서 차관을 들여와 개혁하는 것은 나라를 송두리째 일본에 내주는 꼴이 될 겁니다.

황현 제가 법질서의 확립을 강조했지만 그것만으로 충분하다고는 생각지 않습니다. 농민이 살기 편해져야 한다는 데에는 이기선생과 동감입니다. 저는 우선 농민들의 세금을 대폭 탕감해줘야 한다고 봅니다. 또 농민을 수탈하는 것은 주로 아전과 같은 이서(吏胥)층이므로 이들을 제어할 수 있는 제도적 장치가 필요합니다. 그러나 저는 이 경우에도 근본이 무엇보다 중요하다고 생각합니다. 정부는 척신들을 배제하고 이전의 사헌부, 사간

원과 같은 언론기관을 활성화시켜 언론을 개방해야 합니다. 그리고 왕실부터 근검절약하는 모습을 보여줘야 합니다. 지방 차원에서도 유림이 모범을 보이고 이를 통해 농민들을 계몽해야 합니다. 향약운동을 다시 시작하는 것도 한 방법일 것입니다.

사회 위에서 모범을 보이는 가운데 실효성 있는 정책을 시행해야 한다는 데는 의견이 일치하는 것 같습니다. 마지막으로 앞으로의 전망에 대해 한말씀씩 해주시죠.

황현 국가가 위기에 처해 있습니다. 그 근원은 바로 우리 내부에 있습니다. 지금과 같이 유학이 쇠퇴하고 풍양조씨니, 안동김씨니, 여흥민씨니 하는 족벌들이 국정을 좌우하는 한 희망은 없습니다. 위정자들부터 대오각성하여 유교적 가치관을 확실히 세워야 합니다.

이기 정부가 아무리 좋은 정책을 내놔도 그것이 백성들에게 실효성이 없으면 아무 소용이 없습니다. 저는 다시금 '실사구시(實事求是)'를 주장합니다. 또 외세의 침략성에 대해 둔감해서는 안된다고 생각합니다. 일본은 우리를 침략하려는 의도를 분명히 가지고 있으므로, 이에 대해 경계해야 합니다.

취재기자 방담　농민전쟁 결산

"단지 동학 차원이 아닌, 농민들이 사회모순에 저항해서 일어난, 말 그대로의 농민전쟁이다"

주필 장기간 호남지역 취재에 고생들 많았다. 궁금한 문제부터 짚어보자. 농민군의 주체가 동학교도이냐 호남일대의 농민층이냐에 의견이 분분한 실정이다.

김기자 고부봉기는 동학과는 관계가 없는 전형적인 민란이었다. 전봉준 기자에게 동학교도로서가 아닌 도탄에 빠진 백성들을 구하기 위해 일어섰다고 밝혔다.

주필 호남지역 동학접주들이 모여서 농민군을 형성한 것은 어떻게 보아야 하는가?

김기자 동학조직이 있어서 농민봉기가 한 고을의 차원을 넘어 대규모 농민전쟁으로 발전할 수 있었다. 그러나 호남지역 동학접주들은 동학을 종교적으로 신봉해서가 아니라 사회개혁을 위한 기반으로 활용하고 있다는 느낌이 더 강했다. 북접지도부가 동학교도들의 봉기에 대해 지극히 부정적이었던 점에 비

추어보면 좋은 대조가 된다.

주필 농민전쟁에 동학조직이 활용됐지만 동학사상이 농민전쟁을 이끈 것은 아니라는 결론인데, 농민전쟁을 이끈 사상은 무엇일까?

박기자 기본적으로 봉건사회의 모순에 시달리는 농민들의 여망을 구현한 것이다. 또 취재 중에 전라도 강진의 농민군 지도자 가운데 한 사람이 다산 제자의 아들이라는 이야기를 들었다. 농민군 지도자들이 다산 정약용의 개혁사상을 잘 알고 있었을 것이다. 실학사상의 영향을 받았을 거라는 얘기다.

주필 농민전쟁에 참여한 농민들은 주로 어떤 사람들인가?

최기자 농민군에는 부농들과 빈농들이 함께 참여했는데 어느 쪽이 주류였는가는 의견이 분분하다. 아무래도 더 이상 잃을 것 없는 빈농을 위시하여 영세상인층, 영세수공업자, 임노동자, 실업자들이 앞장

섰을 것으로 보인다.

주필 이번 사태는 동학 차원이 아니라 농민들이 생활상의 요구로부터 자신들의 삶을 지키고자 봉건사회의 모순에 저항해서 일어난, 그야말로 농민전쟁이라 할 수 있겠다. 집강소의 활동은 어땠나?

정기자 집강소의 활동양상은 지역에 따라 달랐다. 어쨌든 집강소의 경험은 기간이 짧았고 고을 차원이기는 했지만 농민들이 자치적으로 고을을 다스려본, 역사적으로 소중한 것이었다. 물론 그 가운데는 그동안의 억압에 대한 반동으로 무질서한 보복행위도 없지 않았다. 반면에 각 지방의 양반들이 농민군 세상에서는 숨죽이고 있다가 전세가 바뀌면서 민보군이라 하여 농민군 토벌에 앞장선 경우가 많았고, 또 아전들은 농민군 치하에서는 그 속에서 활동하다 세상이 바뀌니까 토벌에 앞장서는 이중적인 모습을 보기도 했다.

주필 농민군은 그동안 여러 차례 폐정개혁안을 제시하였는데 농민들의 개혁목표는 뭐라고 봐야 할까요.

박기자 지방수령의 탐학과 세금 수취의 불법성을 시정하라는 요구와 봉건적인 신분질서의 질곡을 타파하자는 것이 주된 것이다. 이와 함께 농민군은 토지개혁을 요구했다. 이로 미루어보면 봉건체제를 타파하고 토지개혁을 실시하여 농민들이 독립자영농으로 성장하여 나라의 주체가 되는 그런 근대사회의 실현을 전망한 것으로 보인다.

주필 권력구조는 어떻게 바꾸려고 했을까?

최기자 그 점이 분명치 않다. 이들은 서울을 점령하여 봉건권력층을 몰아내고 혁신적인 인사들과 협의해서 나라를 이끌어갈 것이라고 했다. 그러나 정치체제의 문제

는 아직 구체적으로 구상하지 않았던 것 같다.

주필 농민군의 재봉기에 대한 정부측의 입장은 어땠나?

김기자 9월 평양전투 승리 이후 일본의 입김이 그대로 정부를 좌우했다. 일본군이 진압에 나서자 농민군은 수차례 개화과정부에 타협을 제안하고 일본과의 공동투쟁을 주장했으나 정부는 끝내 거부했다. 농민전쟁에서 가장 안타까운 대목이었다. 토지개혁을 제외한다면 농민군과 개화파는 서로 타협할 여지가 있었고 전국적인 항일여론도 강했지만 개화과정부가 이를 거부하고 일본편에서 농민군 진압에 나섰던 것이다.

주필 앞으로가 걱정이다. 민심은 어떻게 수습할 것이며 일본 침략에는 어떻게 대처해야 할지, 과제가 산적한 상태라 마음이 무겁다. 그동안 수고 많았다.

이번 호의 인물 전봉준

역사에 길이 남을 거인

보국안민

유난히 키가 작다 해서 '녹두장군'이라 불린 전봉준. 그러나 그는 우리 역사에 길이 남을 '거인'이라 해도 지나친 말은 아닐 것이다. 그는 봉건사회 해체기의 제반 모순이 계속해서 불거지고 외세의 침략으로 국권상실의 위기가 가속화되는 가운데 농민들의 정서와 이해를 정확하게 수렴해서 변혁의 횃불을 높이 들었다.

그는 우선 수많은 동지들을 규합해 농민전쟁을 이끈 열정적인 조직가였다. 그가 동학에 입도한 것은 동학이 가지고 있는 대사회적 운동의 가능성을 발견했기 때문이었다. 그는 동학에 들어간 후 약 1~2년 동안 자신의 목적과 동학과의 접합을 위해 꾸준히 노력했고, 마침내 최시형 등 교단 지도부의 교조신원운동을 반봉건, 반침략의 농민전쟁으로 끌어올렸다.

또 그는 각종 전투를 승리로 이끈 탁월한 전략전술가였다. 재래식 무기에 군사훈련 한번 받아본 적 없는 농민들, 더욱이 농민군이 접주와 포 조직을 통해 각지에서 봉기함으로써 일원화된 지휘체계가 확립되지 못한 상황에서도 관군을 격파했고, 화력과 작전체계 면에서 한수 위인 일본군의 간담을 서늘케 했다.

한편 그는 전주화약을 맺어 집강소를 설치해 농민자치를 실현시킨 노련한 정치가였다. 청·일전쟁의 발발과 갑오개혁이 진행되는 가운데 즉각봉기보다는 사태를 관망하기로 하고 김학진과의 합작으로 집강소의 위상을 높이면서 개혁사업에 치중하는 신중함을 보였다. 농민전쟁의 대의와 대중적 지지의 확보라는 두 측면을 절묘하게 조화시킨 전략이었다.

그는 조선 말기에 형성되어온 두 가지 큰 흐름을 하나로 모은 거대한 물줄기라고 할 수 있다. 봉건사회의 모순을 극복하여 새로운 사회를 건설하기 위한 반봉건투쟁의 흐름과, 개항 이후 거세게 몰아닥치고 있는 세계자본주의의 침탈에 맞서는 반침략투쟁의 흐름을 계승한 것이다. 즉 그는 민족운동과 민중운동을 동시에 이끈 최고의 지도자임에 틀림없다.

1855년 전북 고부 출생. 호는 해몽(海夢). 1890년경 동학에 입교.

일반인들도 공문서 쉽게 읽을 수 있다.

공문서에 한글, "누구나 쉽게"
사법권, 행정 관서로부터 독립
관리 봉급은 돈으로 지급한다

을미개혁으로 재판 모습이 달라졌다. 새로 설립된 신식 재판소(우)와 과거의 재판 광경.

1894년 정부는 최근 발표한 '홍범14조'와 '독립서고문'을 순한문체와 국한문혼용체, 순한글체의 세 가지로 반포하여 주목을 끌고 있다. 이는 이 글의 역사적 취지를 전국민의 각계 각층에 널리 알리고자 하는 뜻에서 이루어진 것으로 알려졌다. '홍범14조'는 순한글로 '열네 가지 큰 법'이라는 제목하에 그 뜻을 쉽게 풀어주고 있다. 이는 최근의 시대적 변화를 반영한 것으로, 일반 민중들의 의식이 크게 깨이고 정부에서 시행하는 정책에 관심이 많아짐에 따라 이들에게 정부 입장을 널리 전달할 수 있게 하고자 한 조치로 풀이된다.

한편 정부는 이런 정책의 일환으로 12월부터 정부에서 발행하는 관보를 그동안의 순한문체에서 국한문혼용체로 바꿔 발행하기 시작했다. 이 조치에 대해 일반인들은 대부분 찬성하는 분위기인데, 특히 상인들이 환영하고 있다는 소식이다.

이제 관리들 봉급은 돈으로 받게 된다.

이제 관리들은 월급을 쌀·콩 등의 현물 대신 돈으로 받게 됐다. 1895년 3월 '관등봉급령'이 칙령으로 발표됨에 따라 문무관리들은 해당 직급에 따라 매월 일정액의 봉급을 받게 되었다. 이에 따르면 총리대신급인 정1품은 300원, 각 아문의 대신급인 정2품은 150원, 정3품은 80원, 4품 40원, 5품 35원, 6품 30원, 7품 25원, 8품 20원, 9품 15원이다. 이는 대체로 전통적인 계급관

념이 반영되어 철저한 상후하박의 원칙을 적용한 것으로 보인다.

순사들 모습이 달라졌다.

갑오개혁으로 경찰의 모습이 달라졌다. 이제 길거리에서 구관복 차림의 포졸 대신 신식관복을 차려입은 순사들을 보게 된다. 지금까지 서울의 치안은 좌·우포도청이 담당해왔으나 이제 내무아문 산하의 경무청으로 통합되었다. 또 각 지방에서는 관찰사의 지휘하에 경무관이 경찰권을 행사하게 됐다.

앞으로 죄인들은 재판소에서 재판받게 된다.

앞으로 죄인들은 새로 설립된 재판소에서 재판받게 된다. 정부는 새로이 재판소구성법을 발표, 지금까지 행정관서가 행사하던 재판권을 분리·독립시켜 재판소에서 독자적으로 재판업무를 수행토록 했다. 그동안 서울의 의금부·형조·한성부·포도청·전옥서와 각 지방의 관찰사나 수령이 사법·경찰·감옥 업무를 나누어 맡아왔으나, 실제로는 각 관서가 세 가지 업무를 겸한 경우가 많아 국민들의 인권이 지켜지기 어려운 실정이었다. 이에 따라 사법권을 행정권으로부터 분리함으로써 이를 개선토록 한 것이다. 재판은 2심제를 도입하여 각 지방의 지방재판소에서 1심을 맡도록 하고, 2심은 3월부터 9월까지 열리는 순회재판소와 법부에서 열리는 고등재판소에서 맡도록 했다.

손문, 혁명단체 '흥중회' 조직

1894년 11월 24일 중국의 혁명가 손문이 미국 하와이에서 만주족을 몰아내고 중화를 회복할 것을 강령으로 하는 혁명단체 '흥중회'를 조직했다. 이 단체는 공화국 건설을 목표로 하고 있는 것으로 알려지고 있으며 중국 국내에도 상당한 조직을 갖고 있다고 한다. 소문에 의하면 홍콩을 중심으로 한 광조우지역이 주근거지이며, 이곳에서는 비밀리에 봉기를 일으키기 위한 음모도 진행 중이라고 한다. 이에 따라 중국당국은 이 단체를 매우 위험시하여 면밀히 감시하고 있다고 한다.

일본군 북경까지 위협…청, 굴욕적인 강화조약에 응해
일본, 막대한 만주 지역 이권 확보

서구 열강들 경계 … 극동 진출 모색 중인 러시아와 일본 '충돌 조짐'
러시아가 일본 제압할 경우, 민씨세력 대거 복귀할 듯

청나라가 일본에 대해 굴욕적인 강화조약에 응한 것은 중국대륙에서의 전세가 급박하게 전개되고 있었기 때문이다. 지난 9월의 평양전투에서 승리한 일본은 여세를 몰아 10월 24일 압록강을 건너 파죽지세로 만주로 진격, 11월 6일 진저우성(錦州城)을 점령하고 11월 22일에는 난공불락을 자랑하던 여순항을 단 하루만에 점령했다. 여기서 일본군은 심양으로 통하는 길목을 장악하는 한편, 해군과 공동작전으로

산동반도에 상륙, 위해위(威海衛)를 점령했으며 일군의 주력함대는 청국의 북양함대를 전멸시켰다. 그러나 일본은 여기에 만족하지 않고 진격을 계속하여 우장·영구를 함락시켰으며 전장대(田庄臺)마저 점령함으로써 요하(遼河) 동남쪽 전역을 제압, 청나라 수도인 북경까지 위협하였다. 일본군이 수도의 코앞에까지 진격해오자 다급해진 청국은 서둘러 강화조약을 체결하고 만 것이다.

정계 소식통에 의하면 일본은

노대국(老大國) 청나라를 격파함으로써 일약 동아시아의 강국으로 부상했으며, 청국에 대신하여 조선을 지배할 수 있는 위치에 서게 되었다고 한다.

그러나 일본이 시모노세키조약을 통해 만주지역에 막대한 권리를 갖게 되자, 여타 열강들이 이에 대한 경계를 늦추지 않고 있다는 소식이다. 특히 시베리아를 넘어 극동으로 진출하고 있는 러시아가 만주진출을 적극 모색하고 있는 중이어서 양국의 충돌 조짐이 심

상치 않다는 것이다.

국제정세에 정통한 한 관계자는 "조만간 일본의 만주 진출을 간섭하는 열강들의 공동대응이 예상되는데, 이런 사태는 또다시 조선정계에도 회오리바람을 몰고 향후 정국을 점치기 어려운 실정"이라고 전제하고, "만일 러시아가 일본을 제압하는 사태가 온다면 그동안 일제에 의해 권력에서 밀려나 있던 민비세력들이 러시아와 연결하여 권력에 복귀하려고 할 것이 분명하다"고 내다봤다.

역사신문

■알립니다■

이번 호부터 본지가 6면으로 증면됩니다.
개항 이후 우리사회의 변화 폭이 세계적인 차원으로 확대되고,
이에 따라 국내의 정치·경제·사회·문화 각 방면의 변화량도
붓끝이 따라가기에 숨이 찰 정도로 폭증한 데 따른 것입니다.
아울러 각 호마다 만화와 광고를 고정 배치해
보다 풍부한 읽을거리를 제공하게 됩니다.
독자 여러분의 변함없는 많은 성원 부탁드립니다.

일본폭도 '민비시해'

미우라 일본공사 주도 친일정권 수립
대원군 '얼굴마담' 옹립, 정국 혼란 극심

"천인공노할 만행" … 전국민 분노 … 세계 각국, 일제히 '규탄'

1895년 8월 20일 이런 일도 있는가. 우리 왕비가 침전에서 일본 폭도에게 칼을 맞고 살해당하는 어처구니없는 사태가 벌어졌다.

새벽 5시경 일본 수비대에 우리 훈련대 일부가 가담한 일군의 무리들이 경복궁을 습격, 왕후(민비)를 살해하고 대원군을 옹립하는 쿠데타가 발생, 현재 이 소식을 듣고 경악한 서울 주민들이 경복궁 주위로 속속 몰려들고 있으며, 정국은 한 치 앞도 내다볼 수 없는 극도의 혼란에 빠져들고 있다.

이번 사태는 워낙 새벽에 일어나 한동안 진상이 오리무중이었으나 현장에 있었던 러시아인 기사 사바틴(Sabatin)과 궁궐 시위대 교관인 미국인 다이(Dye)의 목격담이 외교가를 중심으로 퍼져나가면서 진상이 하나씩 밝혀지고 있다.

다이와 사바틴에 의하면, 동틀 무렵 궁궐에 난입한 일단의 무장세력들은 훈련대 연대장 홍계훈에 총격을 가해 살해한 뒤, 일부는 대원군을 앞세워 강녕전을 점령하고 일부는 경복궁 뒤편의 왕후 침실인 건청궁 내 옥호루를 습격, 왕후를 시해하고 뒤켠 녹원 수풀로 시신을 옮겨 석유를 붓고 불태웠다.

이들 중에는 일본말을 하는 평복차림의 무사들이 다수였는데, 이들은 현재 한성신보사 기자로 위장해 입국했던 일본 낭인들이며 쿠데타군의 주력은 일본군 수비대 1개 대대와 일본 경찰이며 여기에 이날 해산키로 돼 있던 우리측 훈련대의 일부가 동원된 것으로 밝혀졌다.

이번 왕후시해 만행과 쿠데타는 일본이 최근 자국에게 불리하게 전개되는 조선 정국을 다시 뒤집어보려고 치밀한 계획하에 자행한 범죄로 정통한 소식통들은 분석하고 있다. 지난 5월 갑오개혁 이후 정국을 주도해온 친일성향의 김홍집내각이 붕괴하고 대표적 친일인사 박영효마저 왕후 시해기도 혐의를 받고 일본

으로 망명해 정계에서 친일인사들이 일거에 실각한 바 있다. 반면 민비를 중심으로 정권이 친러쪽으로 기울자 일본측은 극도로 신경이 예민해졌었다. 이번 쿠데타 과정에서 대원군은 단지 얼굴마담역만을 맡았을 뿐이며, 실제적인 주모자로는 미우라 고로오(三浦梧樓) 일본공사가 지목되고 있다. 한편 러시아와 미국을 비롯한 각국이 일본측의 만행을 강력하게 규탄하고 나서 귀추가 주목된다. **관련기사 2, 3, 4, 6면**

을미 쿠데타 후 즉각 내각개편
정국기류 급변 … '친일파 일색'

을미 쿠데타 후 고종은 "이후 모든 정령(政令)은 우선 내각대신들이 의논하도록 하라"고 발표했다. 이는 지난 5월 국정을 자신이 직접 챙기겠다며 갑오개혁을 무효로 돌렸던 결정을 다시 무효화하는 조치다. 이어 명성왕후를 "짐의 총명을 가로막고 인민을 괴롭혔다"며 폐위시켰다. 또 기존 친러파 내각대신들인 이완용, 이윤용, 안경수, 박정양, 심상훈 등을 모두 해임하고 친일파인 조희연, 정병하, 유길준, 어윤중 등으로 새 내각을 구성했다. 다만 총리대신 김홍집은 유임됐는데, 이는 그가 친일 개화파지만 대원군과의 관계도 원만하기 때문으로 풀이된다.

이러한 내각개편은 을미사변으로 이미 예견됐던 것으로, 3국간섭 이후 왕후를 중심으로 러시아의 힘을 빌어 일본의 영향력을 제거하려 했던 이전의 정국기류가 완전히 반전됐음을 보여주는 것이다.

한편 이번 조치는 고종의 뜻이라기보다는 대원군의 압력에 의한 것인데, 대원군 역시 일본의 압력을 받아 대리시행하는 위치에 불과한 것으로 알려졌다. 현재 국정의 주요 결정은 미우라공사가 내리고 있다는 소식이다. 현재 고종은 정치적으로 완전히 소외돼 있으며 신변상의 위협에 공포의 나날을 보내고 있다는 후문이다. **참조기사 9호 1면**

을미사변 전후 정국일지

1895.4.23	**3국간섭** 러·불·독 3국, 일본에 요동반도 포기요구
5. 5	일본 요동반도 포기선언
5.10	**친러내각 성립** 총리대신 김홍집 사임. 후임에 박정양
5.17	고종, 갑오개혁 무효선언
5.29	이노우에, 일본공사 퇴임
7. 5	김홍집, 총리대신에 복귀
7.13	미우라, 신임공사로 부임
8.19	훈련대 해산 결정
8.20	**을미사변**
8.22	왕후 폐위. 내각개편

러·불·독, '3국간섭'

일, 요동반도 포기 … 러, 영향력 강화될 듯

1895년 4월 23일 러시아, 프랑스, 독일 3국이 청의 요구로 일본의 요동반도 할양에 반대하는 권고를 내자 이에 일본이 굴복했다. 이로써 지난 1894년 청·일전쟁에서 승리한 뒤 동아시아에서 패권국으로 급부상하던 일본의 진로에 일단 제동이 걸리게 됐다. 따라서 이번 3국간섭은 향후 동아시아 국제정세에 긴 파장을 몰고올 전망이다.

요동반도는 청·일전쟁의 종전 합의에 따라 일본과 청이 지난 4월 17일 체결한 시모노세키(下關)조약에 의해 일본에게 할양하게 돼 있었다.

일본은 요동반도에다 대만 및 팽호도까지 할양받아 일약 동아시아의 강대국으로 부상하게 됐다. 그러나 청의 이홍장이 조약 서명 후 러시아에 조약 철회를 위해 노력해줄 것을 요청했고, 이에 러시아는 이해관계가 일치하는 프랑스, 독일과 함께 요동반도를 되돌려줄 것을 결의하게 된 것이다. 3국의 결의는 '우호적 권고'라는 부드러운 외피를 걸치고 있지만 실제로는 해군 함대를 동원, 청·일 양국 해안을 순시하는 등 무력시위를 벌여 일본에게 실질적인 위협을 가해왔었다. **관련기사 2면**

역사신문

일본의 야만성을 규탄한다

무능한 정부, 친일 지식인들도 자성하라

지난 1637년 우리 국왕 인조는 삼전도에서 후금 황제에게 세 번 절하고 아홉 번 머리를 조아리는 치욕의 항복 예식을 거행했다. 당시 우리 민족은 여태까지 오랑캐라고 얕잡아보던 여진족에게 당한 이 정도의 수치로도 이후 거의 백 년간 크나큰 마음의 상처에 시달려야만 했다. 그런데 이번에 왕궁에서 일어난 사태는 차마 입에 담기조차 힘들며 이 수치는 앞으로 천 년이 지나도 씻어지지 않을 것 같다.

현재 미우라 일본공사는 자신들은 이번 사태와 아무 관련이 없으며 임오군란 때와 마찬가지로 조선 훈련대의 소행이라고 발뺌하는 뻔뻔스러움을 보였다. 그러나 당시 궁궐에 있었던 다이장군이나 사바틴씨의 증언으로 이는 새빨간 거짓말임이 백일하에 드러났다. 미우라공사의 이같은 변명은 손바닥으로 하늘을 가리려는 짓에 불과한 일이다.

입만 열면 문명개화를 떠들던 자들이 어떻게 이런 일을 눈 하나 깜짝하지 않고 저지를 수 있단 말인가? 강패들을 궁궐로 들여보내 한 나라의 왕비를 살해하는 것이 바로 그들이 말하는 문명개화란 말인가? 왕비의 시신에 석유를 끼얹어 불태우는 것이 바로 그들이 말하는 진보란 말인가? 문명과 진보가 바로 이러한 것이라면 우리는 그것을 우리의 적으로 돌릴 것이다.

일본 정부는 사태의 진상을 스스로 밝히고 책임자를 엄벌에 처하는 한편 우리 정부와 국민 앞에 백배사죄하는 길만이 이번 사태가 초래할 파문을 그나마 최소화하는 일이라는 것을 깨달아야 할 것이다.

그러나 한편으로 우리는 사태가 어찌하여 이 지경까지 이르렀는가 자성하지 않을 수 없다. 일본이 우리 정부를 얼마나 우습게 보았으면 차마 이러한 일을 저질렀겠는가? 요즘 부쩍 출입이 잦은 외국세력의 틈바구니에서 자주성 없이 잔머리만 굴리며 오락가락한 정치세력들의 행태도 이번 사태를 초래한 중요한 한 원인인 것이다.

이제라도 당장 해야 할 일은 사태의 진상을 철저히 규명하고 일본에게 분명한 책임을 물어 일그러진 국제관계를 바로잡는 것뿐이다. 이것만이 현 정부가 더 이상 역사에 죄를 짓지 않고 역사 속에 살아남을 수 있는 유일한 길이다.

아울러 일부 지식인 사회에도 촉구한다. 이번 사건은 일본이 말하는 문명과 진보에 현혹되어 일본 것이면 무조건 따라 배우자고 하는 풍조가 얼마나 위험할 수 있는가를 여실히 보여주었다. 일본의 만행에 감정적으로만 대응하기에 앞서 이들 지식인들도 자신을 되돌아봐야 하리라.

그림 마당
이은홍

···어쩔테냐?

사건 속보

정부, 뒤늦은 사태 수습
명성왕후 국상 선포, 훈련대 해산

그동안 사태 수습에 극히 미온적인 모습을 보여온 정부는 사태의 추이가 러시아, 독일, 프랑스, 미국 등 열강들의 적극 간섭으로 일본이 고립돼가자 사건 후속조치에 적극적으로 나서고 있다.

10월 10일에는 명성왕후 폐위조치를 무효화시켰고, 10월 15일에는 그간 행방불명으로 처리해온 명성왕후의 시해 사실을 공식 인정하며 국상(國喪)을 선포했다. 대원군은 스스로 정계를 은퇴했고 사건에 깊이 개입한 조희연과 권영진은 파면됐다. 또 정부는 왕후 시해 범인으로 박선, 윤석우, 이주회 3명을 교수형에 처했고 훈련대를 완전히 해산시켰다.

그러나 을미사변의 실질적 범인인 일본인들에 대한 처벌문제는 여전히 손도 못대고 있는 실정이다.

일본, 을미사변 개입 인정
미우라 등 본국 소환, 체포 수감

8월 29일 일본 정부는 주한 일본공사 미우라와 오카모토 등 일본인 48명을 명성왕후 시해 혐의로 체포하여 본국으로 압송, 히로시마 감옥에 수감했다. 9월 11일에는 조선 주둔 일군을 자국으로 철수시키고 조선에 대한 불간섭 조치를 천명했다. 이는 최근 국제정세가 일본에게 극히 불리하게 전개되는 데 대한 일본 정부의 자구책으로 보인다. 을미사변 직후 미국 대리공사 알렌과 러시아공사 웨베르는 일본의 개입을 강력하게 항의한 바 있다. 또 고무라를 단장으로 하는 일본측 자체조사단도 일본인 개입 사실을 확인했다는 후문이다. 더구나 미국과 러시아의 해군이 서울에 입경하는 등 사건이 확대될 기미가 보이자, 일본 정부는 사태의 책임을 미우라의 선에서 끊는 형식으로 수습에 나선 것으로 보인다.

을미사변 왜 일어났나

3국간섭으로 조선에서 고립된 일본의 극약처방

친일내각 붕괴, 고종의 갑오개혁 무효선언, 훈련대 해산결정 등 러 지원 아래 조선의 실권 회복 움직임 … 일본, '극도로 초조'

일본인 낭인들이 국모 명성왕후를 시해한 사실이 알려지면서 전국이 들끓고 있다. 일본인들의 잔인무도한 만행에 국민들 모두가 이를 갈며 분노하고 있다. 도대체 일본인들은 무슨 생각으로 감히 이러한 만행을 저지를 생각을 한 것일까.

이번 사건은 청·일전쟁 이후 일약 동아시아의 강대국으로 부상한 일본이 러시아를 주축으로 한 3국간섭에 의해 그 팽창이 저지되자 이에 대해 양심에 찬 반격을 가한 것이다. 조선은 일본에 있어 대륙진출을 위한 지렛대인데 조선이 3국간섭의 우산 아래 친러 성향으로 급속히 기울자, 초조함이 극도에 이르러 을미사변과 같은 극약처방을 감행한 것이다.

일본이 조선에 대한 영향력 확대를 위해 애써온 것은 어제 오늘의 일이 아니고, 또 일본 내에는 조선에 무력을 써서라도 점령해야 한다는 주장이 있는 것도 사실이지만, 이번과 같이 노골적으로 만행을 저지른 것은 직접적으로는 청·일전쟁의 승리에서 얻은 자만심에 그 바탕을 두고 있다. 청은 이미 1860년대의 아편전쟁에서 종이 호랑이임이 드러난 바 있지만 그래도 청·일전쟁 전까지는 동아시아의 종주국이었다. 그러한 청이 일본에게 무릎 꿇은 이후, 조선에서는 청과 가까운 대원군이 몰락하고 일본의 거물정치인 이노우에공사의 지원 아래 김홍집을 필두로 하는 친일내각이 주도권을 장악해갔다. 갑신정변의 실패로 일본에 망명했던 박영효가 당당히 돌아와 내부대신이 돼도 누가 뭐랄 수 없었다.

그러나 이러한 일본의 독주는 3국간섭에 의해 급제동이 걸렸고, 이러한 힘의 이완상태를 틈타 한낱 꼭두각시 취급을 받아온 고종과 왕후 민씨일파는 러시아의 지원에 기대 실권을 회복하려는 움직임을 구체화해 나갔다. 거기다 일본의 대리인 역할을 해오던 김홍집과 박영효가 서로 주도권을 놓고 대립하게 되고 이를 민씨일파가 교묘하게 이용했다. 일본은 김홍집과 박영효 사이에서 우왕좌왕하다가 둘이 차례로 실각당하는 꼴을 멍하니 쳐다봐야만 했다.

이노우에가 "사태를 어찌 수습해야 할지 알 수 없다. 간섭을 하려 해도 외국 공사들로부터의 후환이 두려워 도저히 불가능하다. 책임을 지고 사퇴하겠다"고 본국에 호소한 것이 정황을 잘 말해준다. 급기야 지난 윤5월 17일 고종이 "갑오개혁은 역효과만 낸 실패작이다. 이후로는 짐이 친히 각의를 주재할 것"이라고 천명하자, 조선 정국에서 일본 세는 종말을 고하는 것처럼 보였다. 특히 을미사변 직전, 훈련대 해산이 결정된 것은 궁지에 몰린 일본에 대한 확인사살과 같은 것이었다. 주지하다시피 훈련대는 청·일전쟁 때 주둔한 일본군이 조선인을 훈련시켜 만든 정부직속 부대로, 이를테면 일본의 조선에 대한 영향력의 무력적 기반이었다.

이러한 상황에서 신임공사로 부임한 예비역 육군 중장 출신의 미우라가 한달여 동안 공사관에 칩거하며 구상한 것이 무엇이었는지는 자명하다. 폭력을 동원해 친일정권을 수립, 일거에 사태추이를 반전시킨다는 것, 바로 을미사변이었던 것이다.

러·불·독 3국간섭의 성립 배경

동아시아 강국 일본 '기죽이기'에 세 나라 절묘한 합의

3국간섭의 현안은 요동반도 귀속 문제였지만, 사태의 핵심은 일본의 동아시아에 대한 영향력 확대를 더 이상 좌시할 수 없다는 러·불·독 3국의 강력한 의지표현이다. 요즘같이 열강들이 자국 이권 챙기기에 급급한 정세에서 어떻게 이들 3국이 같은 목소리를 낼 수 있게 됐을까.

우선 3국간섭을 주도한 러시아는 최근 극동진출에 열을 올리고 있는데 만일 일본이 요동반도를 차지하게 되면, 러시아가 확보에 주력하고 있는 여순, 대련, 원산 등 부동항(不凍港)마저 일본세력권에 편입될 가능성이 있다. 더구나 청·일전쟁의 결과 러시아는 조선에서 일본에게 밀리고 있는 형세였다. 러시아로서는 일본의 요동반도 할양을 저지하는 데 필사적일 수밖에 없었던 것.

프랑스는 유럽정세에서 러시아와 우호적인 관계를 맺고 있으며 러시아의 극동진출에 재정적 지원도 하고 있다. 프랑스의 아시아 진출은 베트남 등 남쪽에 한정돼 있기 때문에 극동에서 러시아와 충돌할 일이 없으며, 오히려 일본이 청·일전쟁으로 대만과 팽호도를 차지한 것이 프랑스에게는 실질적인 위협이다.

한편 3국 중 유일하게 아시아에 식민지를 갖고 있지 않은 독일로서는 이번 3국간섭이 동아시아에 진출할 수 있는 절호의 기회다. 더구나 유럽정세에서 러시아와 프랑스의 동맹은 독일에게 불편할 뿐이기 때문에 이 동맹을 약화시켜야 할 현실적 필요성도 있다.

이렇게 3국의 이해관계는 일치했다. 영국과 미국은 러시아의 극동진출을 저지하는 입장이지만 국내 정치상황 때문에 불간섭정책으로 돌아서고 있다. 이러한 국제정세가 3국간섭을 성립시켰던 것이다.

을미사변 진상 밝힌 증언들

증거 없고 온갖 풍문만 파다 …
일본공사, "대원군과 훈련대의 합작품"이라고 주장

건국 이래 최악의 쿠데타인 이번 을미사변사건 초기, 사람들의 관심은 대원군의 재등장과 내각개편에 초점이 쏠려 있었다. 명성왕후는 행방불명으로 발표됐다가 뒤이어 왕후 폐위조치가 내려졌다. 사건의 주모자는 일본인들이며 명성왕후는 이미 살해됐다는 풍문이 파다하게 돌았으나 증거가 없었다. 일본공사 미우라는 사실상 일본측 기관지인 「한성신보」를 통해 이번 사건을 왕실의 실정으로

보다 못해 나선 대원군과 해산에 위기의식을 느낀 훈련대의 합작품으로 선전됐다. 그러나 현장 목격자들이 하나둘 나타나기 시작하면서 일본의 치밀한 사전계획에 의한 조직범죄임이 밝혀졌고 일본의 국내여론조작 비난에 가담함으로써 급기야 일본 정부도 자국민에 의한 범죄임을 자인하기에 이르렀다. 다음은 주요 목격자들의 진술이다.

일본군, 대원군과 훈련대 앞세우고 경복궁 난입
명성왕후 시해한 뒤 불태워 … '인간 이하의 만행'

"무장한 일본인들, 가마 호위하고 경복궁쪽으로 행진"
김아무개 / 한성 상인

20일 새벽, 서대문 부근 한성부 청사 앞에서 이상한 광경을 목격했다. 우리 훈련대로 보이는 일군의 병사들과 일본 수비대, 일본 경찰들이 완전무장하고 가마를 호위해 경복궁쪽으로 행진해가고 있었다. 가마에 탄 사람은 대원군이라는 소리를 들었다. 특이한 것은 행렬의 선두에 평복을 한 채 칼로 무장한 삼십여 명의 일본 무사들이 선봉대를 형성하고 있었다.

"일본측 총격으로 훈련대장 홍계훈 사망"
안경수 / 군부대신

20일 새벽 4시경 훈련대 연대장 홍계훈으로부터 궁궐이 피습당하고 있다는 급보를 받았다. 홍계훈에게 시위대를 소집하라고 지시한 뒤 급히 입궐하는데, 경복궁 동남쪽 귀퉁이 망루인 동십자각이 이미 일본군 수비대에 의해 장악돼 있었다(우리집은 경복궁 서문인 건춘문 밖이다). 할 수 없이 육조거리를 우회해서 광화문에 이르니 이미 흉도들이 광화문을 통과하고 있었다. 그중에는 우리 훈련대 병사들이 있어 그들에게 "나는 군부대신이고 여기 훈련대 연대장도 있다. 장병들은 함부로 궁중을 범하지 말라"고 고함치며 저지했으나 그들과 일본 수비대, 일본 경찰들은 총탄으로 답했다. 홍계훈은 총을 맞아 죽고 나는 급히 자리를 피했다. 우리측 시위대 병사들도 모두 도주했다.

"대원군은 강녕전에 머물렀고 일본군들은 건청궁으로 진격"
다이 / 미군 소장. 시위대 교관

당일 새벽 광화문에서 총성이 울리는 것을 듣고 급히 시위대를 소집, 근정전에서 국왕 거처인 건청궁까지 북쪽으로 곧바로 뻗어 있는 대로상을 차단하고 수비에 들어갔다. 얼마후 일본군 수비대와 조선군 훈련대가 진격해왔다. 서로 총을 응사하며 충돌했으나 우리 시위대는 10분도 못 버티고 모두 패주해버렸다. 대원군은 일단 강녕전에 머무르는 것으로 보였고 우리와 교전한 일본군 수비대는 곧바로 대로를 따라 건청궁으로 진격해갔고, 한성신보사 사장인 아다치가 이끄는 평복 차림의 일본 낭인 수십

명은 근정전에서 동쪽 사잇길로 빠져 건청궁으로 향했다.

"여우는 베어버리라, 소리치며 국왕 침전 침입"
사바틴 / 러시아인 기사

일단의 일본 낭인들이 건청궁에 들이닥쳤다. 지휘관인 듯한 자(후에 전 궁내부 고문 오카모토로 밝혀짐)가 "여우는 베어버리라"고 소리치자 이들은 내전을 짓밟기 시작했다. 국왕

일본의 침입로 / 민비시해 장소 / 건청궁 / 강녕전 / 근정전 / 건춘문 / 광화문

침전인 곤녕전 문을 부수고 들어간 그들은 벌벌 떠는 국왕과 왕세자를 구석으로 몰아넣고 왕후의 폐출을 명하는 문서를 내밀며 서명하기를 강요했다. 국왕은 두려움에 떨면서도 이를 거부하였다. 그러자 다른 자들이 공중에 권총을 쏘며 왕후의 거처를 대라고 윽박질렀다. 당시 왕후는 옥호루에 있었는데 국왕은 반대편 방을 가리켰다. 황망한 중에서도 왕후를 보호하려고 안간힘을 쓰는 듯했다.

충격 증언 일본 낭인 고바야카와

"우아한 용모의 여인들을 닥치는 대로 죽였다"

우리는 왕후의 침실인 옥호루에 난입했다. 겁에 질린 여자 10여 명이 떨고 있었고 궁 내부대신 이경직의 얼굴도 보였다. 도주하려는 이경직을 살해했다. 그러고는 울부짖는 여자들의 머리채를 휘어잡고 칼날을 가슴에 대고 왕후의 소재를 물었다. 그러나 일본어를 모르는 그들은 비명을 지를 뿐이었다. 이에 우리는 복장과 용모가 우아하여 왕후라고 생각되는 부인 3명을 살해했다.

그러나 왕후의 용모를 알지 못하는 우리는 놓쳐버린 것이라 속단하고 마루밑까지 들어가 찾아보기도 했다. 다시 한 여자를 끌어내 칼을 갖다대고 협박하자 그녀는 왕후의 볼 위에 한 점 얽은 자국이 있다고 했다. 이에 피살된 여자들의 시체를 다시 점검하니 과연 얼굴에 얽은 자국이 있는 시체가 발견됐다. 이 시체를 몇 명의 궁녀에게 확인시킨즉 모두 왕후가 틀림없다고 했다.

왕후는 아직 잠자리에서 나온 그대로였는지 상체에는 짧고 흰 속적삼을 입었을 뿐이었고 반쯤 벗겨져 속살이 드러나 있었다. 허리로부터 아래로는 흰 속옷을 입고 있었으나 역시 다리 아래로는 하얀 살이 그대로 드러나 있었다. 가까이서 보니 가냘픈 몸매에 유순하게 생긴 얼굴과 흰 살결은 아무리 보아도 스물 대여섯 살로밖에는 보이지 않았다(실제 나이 44세). 죽었다기보다는 인형을 눕혀놓은 것 같은 모양으로 잠들어 있었다. 이 가냘픈 손으로 조선 팔도를 움직이며 호걸들을 조종했던가. 그 사람의 유해라고는 생각되지 않았다.

이마 위에 교차돼 있는 두 줄의 칼날 자국이 치명상인 듯했다. 시체를 홑이불로 싸서 녹원 수풀 속으로 운반하여 석유를 끼얹고 장작더미를 싸올린 다음 불을 질렀다. 이때가 오전 8시경이었다.

일본공사 미우라, 치밀한 사전계획 세운 주모자로 밝혀져

을미사변을 사전에 기획하고 실제로 집행한 총책임자는 미우라공사인 것으로 밝혀졌다. 전임 이노우에가 친일내각의 붕괴에 책임을 지고 물러난 다음 부임한 그는 불리한 정세 속에서도 별 활동없이 남산 기슭 공사관에 칩거해 있어 주목을 끌지 않았다.

그러나 그는 이때부터 을미사변 계획에 착수한 것으로 보인다. 그의 머릿속에는 이때 이미 반일내각의 실질적 지도인인 명성왕후를 제거하고 대원군을 얼굴마담으로 앉히는 그림이 대략 완성돼 있었다. 이 모의에 가담한 자는 그 이외에 서기관 스기무라, 전 궁내부고문으로서 조선통으로 알려져 있는 오카모토, 무관 구스세 등이었다. 이들은 행동대로 한성신보사에 진을 치고 있던 낭인들을 동원하기로 하고 사장 아다치에게 거금 6천 원의 보수를 약속했다.

한편 대원군을 얼굴마담으로 앉히는 것은 좋으나 그가 고분고분하게 일본 말을 들어줄지가 우려됐다. 이래서 그의 아들과 손자를 우대해주는 대신, 그가 정무에 손을 떼는 조건의 서약서를 작성했다.

당일 동원할 부대는 일본 수비대와 경찰이었지만 대외적 인상을 고려해서 일본이 키운 부대인 조선 훈련대를 동원키로 했다. 제1대대장 우범선, 제2대대장 이두황, 제3대대장 이진호, 전 군부 협판 이주회 등이 포섭됐다.

8월 17일 미우라는 오카모토와 구스세가 귀국한다며 송별회를 여는 등 연막작전을 펴 의혹의 눈초리를 피했다. 이런 가운데 8월 19일 내각은 그동안 논란이 돼오던 훈련대를 20일자로 해산키로 최종 결정을 내렸다. 이 소식을 접한 미우라는 인천에 가 있던 오카모토와 구스세를 급히 불러 작전개시일을 20일 새벽으로 하달했다.

한편 19일 저녁, 경복궁에서는 신임 주미 전권공사로 발탁된 민영준의 축하연이 벌어지고 있었다. 이 시간 공덕리의 대원군 사저 아소정은 이미 일본 낭인들에 의해 점거돼 수비경찰들이 무장해제당한 채 골방에 갇히고 대원군을 태운 가마가 출발했다. 그런데 공덕리 아소정에서 경복궁에 이르는 길은 남대문을 통하는 길과 서대문을 통하는 길 두 갈래가 있었다. 대원군을 태운 가마는 남대문으로 향했다. 그러나 중간에 합류하기로 한 일본군 수비대는 서대문에서 기다리고 있었다. 남대문에는 아침 일찍 장이 서기 때문에 사람들이 많아 피할 것으로 생각한 것. 이래서 한참 시간을 지체한 뒤 대원군과 일군 수비대가 서대문에서 합류한 것은 예정시간보다 훨씬 늦은 새벽 4시경. 계획대로라면 벌써 경복궁으로 들이닥쳐야 할 시간이었다. 경복궁으로 급히 향하는 도중 날은 어슴푸레하게 밝아왔고 행인들의 눈에 이미 일군과 낭인들의 모습이 드러나버렸다.

'사변의 총지휘자' 미우라 일본공사

독경공사 가면 쓴 예비역 육군 중장

이번 사변의 총지휘자로 주목받고 있는 신임 일본공사 미우라, 그는 어떤 인물인가? 그는 메이지유신 초에 군부에서 활약한 경력이 있는 예비역 육군 중장이며, 군공으로 자작이 된 이래 일본 황실의 고문으로 있던 인물이다. 그는 새로 부임하자마자 불교의 참선승을 자처하며 고종에게 신임장을 제정하는 자리에서도 정치에 대해서는 애당초 관심이 없다는 듯 불교에 관한 이야기만 늘어놓다가, 마지막에는 필요하다면 관음경을 박아서 왕후에게 바치겠다는 엉뚱한 제안까지 한 바 있다. 왕후는 그를 가리켜 금강산 승려라고 별명까지 붙였고, 독경(讀經)공사라는 별명도 얻었다.

남산 기슭 공사관에 칩거한 그는 친일파 제거를 위한 개각이 있어도, 갑오개혁 때 개정된 정책이나 칙령을 무효화하는 등 궁중의 배일 기세가 점차 높아가도 참선승답게 조용히 앉아 진행되는 사태만을 주시했다. 그러나 미우라는 단순한 독경공사가 아니었다. 대정치가로 자처하는 이노우에가 자신의 덕망과 수단과 아량을 최고도로 발휘해서도 못다한 일을 그는 무언의 행동, 즉 칼과 총으로 해결할 것을 뜻하고 그 시기만을 기다리고 있었다. 그를 조선에 보낸 일본 정부도 다분히 이런 것을 기대하고 있었는지 모른다.

취재 수첩　　　민비 동정론

이번에 궁궐에서 일어난 참변은 너무나 어처구니가 없어서 말로 이루 표현할 수 없을 지경이다. 일본인의 야만성에 우리 국민 누구 하나도 치를 떨고 분개하지 않는 사람이 없다. 이제 삼천리 방방곡곡은 일본에 대한 적개심으로 가득차 있어서 장터마다 주막마다 모정마다 나루마다 일본을 성토하는 목소리가 터져나오지 않는 곳이 없다. 이러한 가운데도 사람들 사이에는 이와는 다른 이야기가 낮은 목소리로 조심스럽게 오가고 있다. 일본놈 손에 우리 왕비가 죽은 것은 세계적인 수치지만 민비도 별로 잘한 일은 없지 않느냐는 것이다.

전라도 구례에 사는 황모 선비는 민비가 죽었다는 말을 듣고 "민비가 여자의 몸으로 국사에 관여한 지 20년만에 나라를 망치더니 기어코 천고에 없는 변을 당하고 말았다"고 한탄하였다. 민비가 일본 낭인에게 시해당한 것은 나라의 수치지만 이는 어느 정도 민비가 자초한 일이라는 것이다. 한편 서울 왕십리에 사는 김서방은 "민비와 그 일족은 이미 옛날부터 백성들 사이에 원성이 높았다"고 하면서 "임오년에도 군인들이 궁궐에 쳐들어가 민비를 처단하려 하지 않았느냐"고 반문하였다. 이름을 밝히지 않는 한 외부 관리는 사적인 의견임을 전제하면서 "냉정하게 생각한다면 민비가 일본인 손에 죽으면서 갑자기 동정론이 앞서는 것이 우려된다"고 말하였다. 이렇게 볼 때 민비와 민씨 일족이 국민들 사이에 산 반감도 만만치 않은 것으로 보인다.

그러나 그럼에도 곱든 밉든 한 나라의 왕비인데 이 사람이 외국 강패의 손에 목숨을 잃은 것은 있을 수 없는 일이라는 것이 일반적인 의견이다. 그리고 여론의 화살은 정치인이라고 하는 사람들이 정치를 도대체 어떻게 했길래 이러한 사태가 벌어졌는지 모두들 자성해야 한다는 쪽으로 향하고 있다.

을미사변 행동대 일본 낭인의 정체는?

메이지유신에서 소외된 정치지망생들 사무라이 정신에 입각, 아시아 대륙으로 진출

1895년 8월 29일, 을미사변 발생 9일만에 현장에 있었던 범행가담자 48명이 체포, 일본으로 압송돼 히로시마 감옥에 수감됐다. 이들 중 무려 36명이 이른바 낭인(浪人)들이다. 특히 21명은 「한성신보사」 기자로 돼 있지만 사실은 구마모토지방을 근거지로 한 국권파(國權派) 계열 낭인들로, 일본 일부에서는 현재 영웅시되고 있다는 소식이다. 나머지는 천우협(天佑俠) 및 현양사(玄洋社) 계열의 낭인들로 이들은 비록 소수지만 미우라의 측근에서 활동한 거물급들이다.

우리에게는 생소한 이 낭인들의 정체는 과연 무엇인가. 최근 일본에서 베스트셀러가 되고 있는 「입신문답」이란 책 속의 다음 구절을 보면 이들의 정체가 확연히 드러난다. "지방 청년들은 도쿄를 동경해 모여들고 있지만 이는 우매한 생각이다. 도쿄가 정치, 사업, 교육의 중심이라고는 하지만 그만큼 재능 있고 똑똑한 자들이 많이 몰려들기 때문에 경쟁이 치열하고 기회를 잡기 힘들다. 오히려 조선이나 인도지나쪽으로 나가는 것이 좋다. 침략이라는 것이 처음부터 무기를 사용하는 것은 아니다. 우리가 이들 열등국으로 밀고 들어가서 상업과 정치와 기타 부문에서 그들의 기선을 제압해 그들을 감복시킨다면 정부가 나중에 제압하는 데 크게 기여하는 것이다." 말하자면 메이지유신의 과정에서 소외된 지방의 젊은 정치지망생들 일부가 그들의 전통적인 사무라이 정신에 영향을 받아 대륙으로 진출하고 있는데, 바로 이들이 아시아 각지를 떠도는 낭인인 것이다.

우리나라에 들어온 이들 낭인들은 정보를 수집해 자국 정부에 제공하거나 막후 정치공작의 행동대로 활동해왔다. 특히 일본 신문사들은 타국에 주재원을 파견할 형편이 못돼 이들에게 기자신분을 줘 취재활동을 벌이게 했는데, 이번 을미사변에서 행동대를 맡은 「한성신보사」 기자들이 바로 그러한 예다.

전봉준 등 사형집행

"내 피를 종로 네거리에 뿌려라"

1895년 3월 29일 밤 전봉준, 손화중, 최경선, 성두한, 김덕명 등 동학농민군 지도자들에게 사형이 집행됐다. 이들에게 적용된 법률은 대전회통 제5권 형전 중의 '관에 대해 변란을 일으킨 자는 즉시 처형한다'는 조항이다.

전봉준은 처형 직전 최후진술에서 "다른 할 말은 없다. 그러나 나를 죽일진대 종로 네거리에서 목을 베어 오가는 사람들에게 내 피를 뿌려주었으면 한다"고 말한 것으로 알려졌다. 이는 육신은 죽더라도 자신의 저항의지만은 계속 살아남기를 바란다는 뜻으로 보여 주위 사람들을 숙연케 했다 한다.

그는 지난해 12월 2일 태인에서 체포돼 서울로 압송된 뒤 법무아문에 설치된 권설재판소에서 취조를 받았다. 이 과정에서 조사관이 자신이 피해를 당한 것도 아니면서 왜 봉기를 일으켰느냐고 묻자 "일신이 해를 입었다고 봉기하는 것이 어찌 남아의 자세인가. 인민이 탄식하고 한이 맺히는 것을 보고 민의 고통을 덜어주기 위해서 봉기했다"고 말했다. 또 2차 봉기의 이유를 묻자 "다른 나라는 통상만 하는데 유독 일본은 궁궐을 침범하고 군대를 도성에 주둔시키니, 이는 우리 국토를 침략하려는 것이 아닌가 하여 한번 따져보려고 궐기했다"고 당당히 말했다고 전해진다.

서북지역에 콜레라 만연

방역대책 전혀 없어 … 3천 6백여명 사망

1895년 5월 의주를 비롯한 서북지역에 콜레라가 만연하여 심각한 우려를 자아내고 있다.

6월 1일 현재 사망자가 3661명에 달해 정부는 대책마련에 부심하고 있다. 정부에서는 이미 올해 초 내부령 2호로 콜레라에 관한 예방규칙을 발표하고 검역규칙도 발표한 바 있으나, 소독기재나 소독약이 없어 실효를 거둘지 의문시돼왔다. 더구나 콜레라에 관한 전문가는 물론 이를 전담할 의료기관도 없어 혜택은 서울, 그것도 왕궁에만 그치고 있는 현실이다. 국민들은 나라의 문호가 열리더니 외국에서 진기한 물건만이 아니라 병까지 묻어들어오는 것이 아니냐며 불평하고 있다.

인터뷰 대원군에게 듣는다

"척왜의 기수였던 당신이 일본의 앞잡이가 된 이유는?"

을미사변이 가져다준 가장 큰 충격은 왕후가 일본 낭인들에게 시해당했다는 사실이다. 그러나 그에 못지않은 충격은 대원군이 지난 청·일전쟁 시기에 이어 또다시 일본의 앞잡이가 돼 정가에 나타났다는 사실일 것이다. 현재 78세의 나이로 국정을 담당하기에는 이미 너무 늙어버린 그를 경복궁 강녕전에서 만나보았다.

연로하신 나이에 국정을 담당하실 수 있겠습니까?

사건 당일 국왕에게도 말했지만 이번 일은 왕후 일파의 독단과 부패를 바로 잡는 데 있다. 정무의 책임은 내각이 맡을 것이고 나는 다만 총괄하는 역할만 할 것이다.

새벽에 흉도들과 함께 궁궐에 난입한 것은 점잖지 못한 처신으로 보이는데.

궁궐 시위대가 대원군인 내가 들어오는 것을 몰라 우발적 충돌이 있었다. 나는 진정으로 우국충정의 한 마음으로 이번 일에 나선 것임을 밝혀둔다.

왕후가 일인들의 칼질에 시해당했습니다.

나로서는 예상 못했던 일이다. 유감으로 생각한다. 그러나 민씨 일파는 국정이 파행으로 치닫게 된 책임을 져야 한다.

사태가 돌아가는 것을 보면 일본의 각본에 의한 것 같은데.

내가 버티고 있고, 이번에 궁내부 대신이 된 내 아들 이재면이 일을 잘 처리할 것이므로 외국의 간섭이 있을 수 없다.

사전에 일본공사 미우라와 접촉이 있었지요?

며칠 전, 면식이 있는 오카모토라는 자가 찾아왔었다. 오늘의 난국을 해결하기 위해 내가 나서주기를 간곡히 부탁해왔으나 나는 기력이 이미 쇠잔해 안되겠다고 거절했다. 그러나 장남 재면이와 손자 준용이가 적극적으로 나서 승낙한 것이다.

당시 4개조 비밀협약을 맺었다고 알려져 있습니다.

별것 아니다. 첫째는 내가 국왕을 보좌하되 정무에는 관여하지 않는다는 것, 둘째 김홍집, 어윤중, 김윤식을 중용할 것, 셋째 장남 이재면을 궁내부 대신에 임명할 것, 넷째 손자 이준용을 일본에 유학시켜 재능을 길러줄 것 등이었다.

향후 전망을 어떻게 보십니까.

국제정세가 엄중한 가운데 이런 일이 일어나서 안타깝게 생각한다. 나도 일말의 책임을 느끼고 있다. 어쨌든 나라의 기틀을 굳건히 세우고 백성을 편안케 하자는 것이 나의 충정이다.

친러파, 춘생문으로 고종 탈취 기도
내부 밀고로 미수에 그쳐

1895년 11월 28일 새벽 친러파 관료들인 이범진, 이용운, 이완용, 윤치호 등이 주동이 돼 고종을 탈취하여 을미사변 이후 구성돼 있던 친일파 내각을 붕괴시키려 한 이른바 춘생문사건이 발생했다.

이들은 시종과 친위대 일부를 포섭하여 8백여 명의 무력을 갖추고 경복궁 서쪽 춘생문을 통해 궁궐에 난입하려다 사전에 대비하고 있던 친위대의 반격을 받아 다수가 체포되고 주모자급은 대부분 러시아 및 미국 공관과 외국인 선교사 집으로 도주했다. 이번 쿠데타 진압을 지휘한 군부대신 어윤중은 "그들 내부로부터 밀고가 있어, 사건 당일 현장에서 즉시 범인들을 격퇴, 체포할 수 있었다"고 밝혔다.

한편 이번 사건에는 러시아공사 웨베르와 언더우드, 헐버트, 다이 등 미국인 선교사와 교관들은 물론 미국공사관 서기관 알렌 등이 관련된 것으로 알려졌으나 그들이 치외법권을 누리고 있어 수사는 진척되지 못하고 있다. 주모자들은 "을미사변 이후 고종은 친일파들에게 포위된 채 신변의 안전마저 위협받고 있어 이러한 비정상적 상황을 타개하기 위해 거사한 것"이라고 말하고 있다. 그러나 일본측은 이번 사건을 격렬히 비난하면서 자신들이 저지른 을미사변을 희석시키는 절호의 기회로 활용하고 있다. 히로시마 감옥에 수감돼 있던 을미사변 주모자들이 이 사건의 여파 속에 모두 증거불충분으로 석방됐다.

야간 통행금지 폐지된다

도성 생활과 출입, 자유로와질 듯
보다 활발한 상업활동 기대돼

1895년 9월 그동안 도성에서 실시하던 야간 통행금지제도가 폐지된다. 그동안 매일 저녁 2경(밤 10시경)에 종각의 종을 28번 쳐 야간통행을 금지했으며 5경(새벽 4시)에는 종을 33번 쳐 통행금지를 해제해왔었는데 이번 조치로 다만 정오와 자정에만 타종하기로 했다. 이번 조치는 현 정부에서 추진하는 개방정책을 도성에 적용한 것으로, 앞으로 도성의 출입과 도성 내의 생활이 과거에 비해서 자유로워지며 그 결과 도성의 상업활동이 보다 활발해질 것으로 예상된다.

태양력 사용 결정
근대화 추진 일환

1895년 9월 9일 정부는 올 11월 17일부터 태양력을 사용하기로 결정했다. 이에 따라 올해 음력 11월 17일이 양력 1월 1일이 된다. 그리고 이날부터 연호를 태양력 채택을 기념하여 건양(建陽)이라고 하기로 했으며, 양력 1월 1일 즉 건양 원년 1월 1일부터 모든 공문서에 음력 대신 태양력을 쓰게 된다. 이 조치로 모든 공문서는 11월 18일부터 12월 30일까지의 43일을 건너뛰게 된다. 태양력은 현재 서양 여러 나라들이 채택하고 있다. 활발한 근대화정책을 추진하고 있는 현 정부도 서양 여러 나라와 활발한 교류를 위해 태양력을 채택하게 된 것이다.

종두규칙 공포
본격 종두사무 개시

1895년 정부에서는 종두규칙을 공포, 내부 위생국에 우두종계소(牛痘種繼所)를 설치하여 두묘를 제조하고 종두의 양성소 규정을 만들어 수학기간 1년의 양성소를 설치하는 등 종두사무의 준비작업에 들어갔다. 우리나라에서는 1882년 이미 지석영에 의해 종두사무가 실시된 바 있다. 지석영은 1879년 일본 해군이 설치한 부산 제생의원에서 2개월간 종두법을 익히고 두묘 3병과 종두침 2개를 얻어왔으며, 1880년에는 제2차 수신사로 일본에 가서 종두법을 익혔다. 이를 기초로 전주, 공주, 한성 등지에 우두국(牛痘局)을 설치, 그간 종두사무를 실시해왔다.

10년만에 우편업무 재개 … 서울, 인천에 우체사 설치

1895년 6월 1일 서울과 인천에 우체사가 설치되어 우편사무를 시작했다. 정부에서 우편업무를 실시한 것은 1884년 우정국이 설치됐다가 갑신정변으로 폐지된 지 10년만의 일로서 올들어 반포된 칙령 124호 국내우편규칙, 125호 우체사관제, 131호 우체업무세칙에 따른 것이다. 농상공부 당국자의 설명에 따르면 앞으로 개성, 수원, 충주, 안동, 대구, 동래 등에도 우체사를 신설할 예정이라고 한다.

우편물은 3종으로 구분되는데, 제1종은 일반 서신이며 제2종은 관보·신문·잡지 등이며 서적 인쇄물 등 기타 우편물은 제3종으로 분류된다. 우편요금은 우편물 종류와 무게에 따라 차이가 나며 제2종 우편물로 인정받으려면 농상공부대신의 인가가 필요하다고 한다. 이번에 우편제도를 실시하기 위해서 정부는 미국 워싱턴의 앤드류.B. 그래함 조폐회사에 우표인쇄를 의뢰하여 2000원의 비용을 들여 5푼, 1전, 2전 5푼, 5전짜리 4가지 종류 8만장의 우표를 발행했다. 이 우표는 서울 시내 14개의 매표소를 지정하여 취급하게 하였다. 6월 1일부터 6월 15일까지 취급된 우편물 수는 집신(集信) 137건, 분전(分傳) 147건, 발송(發送) 103건, 도착(到着) 133건이라고 한다.

지방 행정구역 크게 개편

8도제 폐지하고 23부제 도입키로

1895년 5월 26일 정부는 8도제를 폐지하고 새로이 23부제(府制)를 실시하는 것을 골자로 한 대대적인 행정구역 개편을 단행했다.

이번 개편의 주요한 내용은 그간 부·대도호부·목·도호부·군·현으로 번잡하게 설정되어 있던 행정단위를 군으로 통합하고, 8도로 나누어 중요 거점도시별로 23개 부를 설치하여 관내의 군들을 관장하게 하는 것이다. 새로 설치된 부는 한성, 인천, 충주, 홍주, 공주, 전주, 남원, 나주, 제주, 진주, 동래, 대구, 안동, 강릉, 춘천, 개성, 해주, 평양, 의주, 갑산, 강계, 함흥, 경성 등 23개 부이다.

이번 행정구역 개편은 지방행정의 효율성이란 측면에서는 의미가 크겠지만, 종래의 8도가 지역공동체의식의 터전이었다는 측면에서 약간의 반발이 예상된다.

개화기 만화경

"여기가 아닌게벼"
이바구

역사신문

이번 호의 인물　김홍집

국정 떠맡을 큰 그릇 못돼

사람이란 저마다 다 다른 크기를 가진 그릇과 같은 것이다. 그래서 자신에게 걸맞는 일을 해야 보람을 느끼고 일도 제대로 되는 법이다. 과분한 일을 하면서 스스로도 불행해지고 일도 망치는 경우가 허다한데, 유능한 실무관리에 지나지 않던 김홍집이 정부의 총리대신 자리에 오른 것이 그런 경우라고 봐도 좋을 듯하다.

김홍집은 젊은 시절 어찌나 가난했던지, 부인이 하나뿐인 비녀를 저당잡혀 찬거리를 마련하느라고 머리에 꽂을 날이 없었다고들 한다. 그럴 만큼 그는 청렴하고 자기 직무에도 충실한 능력 있는 관료다. 이런 그가 일약 정가의 주목을 받게 된 것은 1880년 그가 일본에서 가져온 「조선책략」이 파문을 일으키면서부터이다. 이 때문에 그는 보수 유생들의 지탄을 한몸에 받았지만, 어쨌든 이를 계기로 국제정세에 눈을 뜨게 되었고 근대적인 외교관계를 처리할 수 있는 몇 안되는 외교통이 되었다.

그러나 그는 세상의 흐름을 읽어 위기에 처한 나라를 이끌어갈 경륜과 배포를 갖춘 큰 정치가의 그릇은 못된다. 숨가쁘게 돌아가는 갑오개혁의 정국 속에서 무난하고 실무에 밝다는 이유로 그가 총리대신이 된 것은 그 자신은 물론 나라로서도 결코 다행일 수 없는 일이었다. 이후 그는 대원군·민비·박영효·일본세력이 서로 뒤얽혀 벌이는 권력게임에 휘말려 그가 추진한 갑오개혁의 정신은 뿌리를 내리지 못하고 표류하고 있다. 더구나 국모가 시해당하는 비극을 당하고도 친일내각의 우두머리 자리에 그대로 앉아 있는 모습은 그의 소신이 어떤 것이든 가관이라는 지탄을 면하기 어렵다. 지금과 같은 난세에 그런 그가 나라 정치를 좌우하는 지위에 오른 것은 비극이다. 일촉즉발 격동을 거듭하는 정국 속에서 그의 말년이 걱정된다.

본관은 경주. 1842년생. 호는 도원(道園).

해외 소식

일, 대만에 총독부 설치, 식민지 경영 착수

1895년 6월 17일 일본이 대북에 대만총독부를 설치하고 총독에 하바야마 해군대장을 임명, 식민지 경영에 착수했다. 이번 조치는 지난 4월 17일 청·일전쟁을 수습하기 위해 조인된 시모노세키조약(청·일강화조약)에서 청이 일본에게 대만을 할양하기로 합의한 데 따른 것이다. 전문가들은 처음부터 고위급 군인이 총독으로 결정된 만큼 일본의 대만통치가 군사적 억압을 바탕으로 이루어질 것이라는 반응을 보였다. 또 일본이 곧 대만 근대화를 위한 개혁작업에 나설 것이라는 설에 대해, 어떤 조치들이 시행된다 하더라도 그 근본목적은 쌀과 설탕이 풍부한 대만을 일본의 식량 공급지로 삼는 데 있다고 추정했다.

한편 5월 25일 일본의 대만통치에 반대하는 대만인들이 순무(巡撫) 당경송을 총통으로 추대하고 '대만 민주국'을 선포, 식민지화에 대한 저항운동에 나서서 관심을 끌고 있다. 대만 문제에 정통한 한 소식통은 이 항일운동세력의 규모가 만만치 않아 일본이 대만 전지역을 완전 장악하는 데는 다소 시간이 걸릴 것이라고 내다봤다.

뢴트겐, X선 발견

1895년 독일인 빌헬름 뢴트겐이 눈에 보이지 않고 빛도 아니지만 분명히 존재하는 신비의 복사선인 X선을 발견했다. X선은 종이, 나무, 알루미늄 등은 통과하지만 사진 건판에는 영향을 줘 물질의 내부 모습을 알려주는 특이한 성질을 갖고 있다. 뢴트겐은 이 복사선의 신기한 성질 때문에 명칭을 X선이라고 붙였다. 학계에서는 이 X선이 인체 내부 촬영 등 여러 분야에 유용하게 쓰일 것으로 기대하고 있다.

신교육 실시 본격화

소학교 잇달아 설립하고 각종 교과서 새로 마련

학부는 올들어 서울 시내 수하동, 장동, 정동, 재동, 양사동에 심상소학교를 설립하였으며, 뒤이어 미동, 양현동, 주동, 안동에도 심상소학교를 설립했다. 그리고 교동에는 고등소학교를 설립하여 심상소학교 졸업생이 입학할 수 있도록 했다.

이렇게 소학교가 잇달아 설립된 것은 1895년 7월 19일에 공포된 소학교령에 따른 것으로, 이 법령에 따르면 아동의 신체발달을 도모하고 국민교육의 기초와 그 생활상에 필요한 보통지식 및 기능을 주는 것을 목적으로 소학교를 설치한다고 규정하고 있다. 이 법령에는 소학교를 관립, 공립, 사립의 세 종류로 나누고 있는데, 이번에 서울 시내에 잇달아 설립된 소학교는 이 가운데 관립소학교이다. 학부에서는 이번에

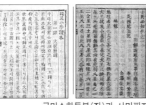

국민소학독본(좌)과 사민필지

서울에 관립소학교를 설립한 데 이어 지방에도 관찰부 소재지와 기타 학부에서 지정한 지역에 공립소학교를 설립할 예정이라고 밝혔다.

한 학부 당국자는 소학교는 새로운 교육제도의 기초를 이루는 학교로서 이번에 소학교를 설립한 것은 장차 근대식 학제를 수립하기 위한 출발점으로서의 의미를 지니는 것이라고 설명하고 있다.

학부는 새로운 교육제도의 실시에 즈음하여 일련의 교과서 편찬사업을 벌여 「국민소학독본」, 「조선역사」, 「조선역대사략」, 「조선약사」, 「사민필지」 등 각종 교과서를 새로 편찬했다.

이 가운데 「국민소학독본」은 국어 교과서에 해당하고, 「조선역사」, 「조선역대사략」, 「조선약사」는 국사 교과서이며 「사민필지」는 세계지리 교과서이다.

이번 교과서 편찬은 현 정부의 근대화정책의 일환으로 추진된 것인데 지난해 하달된 내무아문 훈시에서 "인민들에게 먼저 본국사와 본국문을 가르칠 것"을 지시하고 있는 것에서도 볼 수 있듯이 전통적인 중화사상에서 벗어나 자국 위주의 새로운 교육내용을 수립하려는 의도에 의한 것이다.

새로 편찬한 역사 교과서에 문제 있다

외세에 대한 민족의식 고취에 실패 … 곳곳에 왜곡된 서술

최근 역사학계에서는 학부에서 새로 편찬한 역사 교과서에 대한 비판이 제기되고 있다. 역사학계에서는 책들이 청에 대한 독자성을 강조하면서도 구미와 일본에 대한 인식과 서술에는 결정적 한계를 보이고 있다고 보고 있다. 즉 이 책들이 단군을 정사에 정착시키고 중국 연호 대신 조선 건국기원을 사용하는 등 청에 대한 독자성과 국가의식의 강조에 노력한 바는 인정되지만 병인양요를 영국의 통상요구로, 강화도조약을 일본과 오랜 우호관계를 복구한 것으로 잘못 쓰거나 왜곡 서술하였으며, 신미양요는 양선(洋船)의 침범으로 서술하여 미국이라는 나라 이름을 의도적으로 누락시키고 있는 모습이 보인다는 것이다. 이렇게 일본과 구미세력에 대한 민족의식을 고취할 수 있는 역사서술을 회피하고 있는 것은 현 정부가 가지고 있는 근대주의적 인식 때문이라고 진단하기도 한다. 특히 미국에 대한 서술이 불분명한 것은 현재 학부를 장악하고 있는 세력이 친미파인 정동구락부세력이기 때문이 아니겠느냐고 꼬집는 사람도 있다.

영국 작가 비숍여사가 말하는 '고요한 아침의 나라'

조랑말을 타고 갓 쓴 사람이 비숍여사. 여행의 편리를 위해 남장하고 다녔다

지난해 영국 작가이자 지리학자인 이사벨라 버드 비숍여사가 우리나라에 입국하여 각지를 여행하였다. 그녀를 만나 우리나라에 대한 인상을 들어보았다.

우리나라 사람들을 만나본 소감은 어떻습니까.

한국인들은 참신한 인상을 주었습니다. 중국인과 일본인도 만나봤지만 한국인들은 그 두 민족보다 훨씬 잘생겼더군요. 한국인의 체격은 일본인보다 훨씬 큽니다.

평균 신장은 163.4센티미터 정도지만 부피가 큰 흰 옷 때문에 더욱 커보입니다. 또 항상 쓰고 있는 높다란 관 모양의 모자 때문에 키가 더 커보이더군요.

지리학자라 세계 여러 도시를 여행하셨을 것입니다. 그 도시들에 비해서 서울은 어떻습니까.

서울은 세계에서 가장 규모가 큰 도시 가운데 하나이며 이만큼 좋은 입지조건을 가진 수도는 어디에도 없을 것입니다. 서울의 산들은 산등성이 사이사이에 검은 바위투성이나 뒤틀린 소나무의 황폐한 모습을 드러내기도 하지만, 자줏빛 황혼이 지는 저녁이면 모든 산봉우리들이 마치 반투명의 핑크빛 자수정이 섞인 황금빛으로 물들며 저물어가는 모습은 이루 말로 표현할 수 없이 아름답습니다.

옅은 초록색 안개가 베일처럼 언덕을 감싸는 이른 봄이면 언덕받이에는 진달래가 불꽃처럼 혹은 터드려진 체리 열매처럼 피어나고, 막 꽃봉오리가 열리려는 벚꽃의 전율을 예기치 않은 골목에서 만나기도 합니다. 참으로 매력적인 도시입니다.

인상깊었던 것이 있다면.

제가 여자여서 그런지 서울의 깊은 밤 여인들이 잠못자고 다닥다닥 빨랫감을 두드리며 고요한 적막을 깨뜨리는, 그 쓸쓸한 다듬이 방망이 소리가 인상깊었습니다. 한국 여자들은 모두 빨래의 노예라는 생각이 들었습니다. 남산에 올라 종로를 내려다보니 지난 겨울 내린 눈더미가 아직 치워지지 않은 채 쌓여 있는 것으로 보였습니다.

그러나 내려가서 보니 눈더미로 보이던 그것은 이 나라 여인들이 빨래라는 노동으로 이루어놓은 하얀 두루마기의 물결이었습니다. 하얀 두루마기가 아름답기는 하지만 이 옷을 입기 위해 이 나라 여자들이 들인 노동을 생각할 때 그렇게 마음이 편하지만은 않았습니다.

지방여행도 많이 했다고 들었는데 고생은 하지 않았습니까?

지방여행 중에 제일 힘들었던 것은 숙소문제였습니다. 고을에 도착하면 대개 주막에 들었는데 대부분의 방은 가로 2.5미터, 세로 1.8미터 가량되는 조그마한 것이었습니다. 그곳은 열기와 벌레들, 빨래할 더러운 옷 가지들과 조선 간장을 만들기 위해 삶은 콩을 찧어 발효시킨 메주, 그리고 다른 저장물로 가득차 있어 누워 잘 수 있는 최소한의 공간만 남겨두고 있었습니다.

그리고 주막의 방은 불을 너무 때서 저는 그 끔찍한 밤을 방문 앞에 앉은 채 새운 적도 있습니다. 그런데 거의 지지다시피 덥혀주는 이 정도의 온도를 한국의 지친 길손들은 매우 좋아하는 듯했습니다.

단발령, 반일의병 격화

친일대신 종용 … 고종, 끝내 상투 잘라

1895년 11월 15일 "짐이 솔선수범하여 머리칼을 자르니 백성들은 짐의 뜻을 따라 만국의 대열에 동참토록 하라."

국왕이 상투를 잘랐다. 김홍집, 유길준 등 대신들 역시 상투를 풀고 머리칼을 서양식으로 잘랐다. 내부대신은 "이번에 단발을 하는 것은 위생을 위하고 활동을 편하게 하기 위한 것"이라며 16일부터 각부 관리와 병정, 순검들이 상투를 자르고 일반인들도 모두 자르도록 지시했다.

현재 순검들이 거리에서 보이는 사람마다 붙잡아 강제로 머리를 깎고 있는데, 순검들은 상투만 뎅겅 자르고 나머지 머리칼은 남겨둬 도성이 온통 잡발 승려로 가득찬 형세다. 사람들은 집안 깊숙이 숨어들고 있고, 서울에 왔다가 갑자기 상투를 잘린 사람들은 통곡하며 잘린 상투를 주머니에 넣고 도성을 빠져나가고 있다. 관련기사 3, 4면

소식통에 의하면, 이전부터 일본공사가 국왕에게 단발을 종용했는데 국왕은 왕후의 장례나 끝내고 하자며 차일피일 미루어왔다 한다. 그런데 유길준, 조희연 등 대신들이 일본공사의 국왕단발 요구에 합세해 국왕을 협박, 고종은 마지못해 단발조칙을 내리게 된 것이다. 국왕의 상투는 정병하가, 왕세자의 상투는 유길준이 자른 것으로 알려졌다.

한편 학부대신 이도재는 단발령을 강력하게 비난하는 상소를 올리고 사임, 낙향했으며, 단발령을 계기로 전국의 반일여론은 극에 달해 심상치 않은 조짐을 역력히 드러내고 있다. 도성의 민심이 흉흉해지자 일본군이 완전무장 채 대기중이라는 소식도 들려오고 있다.

의병봉기, 반청부투쟁으로 확산 조짐

1896년 1월 경기, 강원, 충청, 전라, 경상도 등 전국에서 단발령에 반대하는 대규모 의병운동이 일어나고 있다. 춘천의 이소응, 제천의 유인석 등 덕망 있는 유학자가 의병장으로 추대됐고, 단발한 관찰사와 군수 살해, 일본인 거류지 습격, 일본인과 일본수비병 살해, 일본 군용 전선과 전주를 절단, 파괴하는 등 반일행동이 격화되고 있다. 정부는 1월 17일 보수 유생의 거두인 최익현을 체포, 구금하는 등 조치를 취하고 있지만 의병운동은 연일 확산일로에 있다. 의병들은 "복수보형(復讐保形: 왕후시해에 대해 복수하고 형체를 보존한다)"이라 쓰인 깃발을 내세우고 있는데, 격문을 통해 "임진왜란시 의병의 전통을 이어받아 왜놈을 몰아내고 조국을 지키는 것을 가장 큰 목적으로 한다. 국모를 시해한 너희를 우리는 절대 용서 못하며 단발을 반대하는 실천 방법으로 침략자인 일본인과 일본당을 제거하려 한다"라고 반일 색채를 분명히 하고 있다. 관련기사 4면

한편 정부는 이러한 의병을 폭도로 규정하고 친위대를 파견, 진압에 나섰는데 여기에 일본수비대도 가담했다.

전문가들은 이번 의병이 국모시해로 반일감정이 격화돼 있던 민심이 단발령으로 인해 폭발한 것이라고 분석하면서, '단발=개화=일본화'로 받아들이고 있는 일반 백성들의 반일감정은 김홍집 내각에 대한 반감과 일체화되면서 대규모 반정부투쟁으로까지 이어질 가능성이 있다고 보고 있다. 현지 소식통에 의하면, 의병들은 제천의 유인석을 중심으로 전국적 세를 규합, 서울로 진격할 계획을 세우고 있다고 한다.

고종(왼쪽사진의 흰 한복 차림)이 러시아 공사관으로 피신하자, 일본군이 달려와 경복궁으로 환궁할 것을 요구하고 있다.

고종, 러 공사관으로 피신

김홍집 등 친일관료 체포, 처형
친일내각 붕괴, 친러내각 구성

단발령, 의병 관련 수습책 발표 … 일본, 크게 당황

1896년 2월 11일 새벽 국왕이 비밀리에 궁궐을 탈출, 러시아 공사관으로 피신하는 사상 초유의 사태가 발생했다. 고종은 정동 러시아 공사관에 도착하자마자 제일성으로 "김홍집 등 대신들은 역적이니 모두 체포, 처형하라"는 추상 같은 칙령을 발표했다. 이어 이완용, 박정양, 이윤용 등을 주축으로 한 친러내각 명단을 발표하고 "상투를 장려하지는 않지만 단발령에 대해서도 가부간 언급을 피해 민심을 자극하지 않는다. 의병항쟁의 책임은 불문에 붙이며 출동한 병력은 조속히 소환한다"는 등의 민심수습을 겨냥한 조칙을 발표했다.

한편 고종의 파천 사실을 사전에 탐지하지 못한 김홍집내각은 아침에 비로소 이 사실을 알고 김홍집 총리를 비롯 여러 대신들이 모여 사후대책을 논의하였다. 총리대신 김홍집은 내부대신 유길준이 '내각 총사퇴를 하고 각자 처신할 바를 강구하자'는 제의에도 불구하고 '먼저 폐하를 뵙고 마음을 돌리시도록 촉구하겠다'며 러시아 공사관으로 가려다 이미 국왕이 내린 〈현 내각 체포에 관한 칙령〉에 의해 경무청 순검에게 체포되었다. 이에 내각대신들은 황망히 자리를 피했으나 정병하는 자택에서 체포됐고 유길준, 조희연 등은 일본 공사관으로 피신, 망명길에 오른 것으로 알려졌다. 외부대신 김윤식의 행방은 묘연하다.

체포된 김홍집과 정병하는 종로에서 처형당한 뒤 분노한 군중들로부터 돌과 몽둥이 세례를 받으며 시신이 길거리에 방치돼 있는 상태다.

현재 고종은 러시아 공사관의 방 한칸을 빌려 왕세자와 함께 기거하고 있으며 탈출을 도운 엄상궁이 시중을 들고 있는 것으로 알려졌다.

비좁은 공간에서도 고종은 모처럼 밝은 기색을 보여 그동안 경복궁 생활이 얼마나 불안했었는지를 알 수 있다는 후문이다.

한편 사건 소식을 접한 일본공사 고무라는 당황한 빛을 감추지 못하며 정동으로 달려와 고종을 알현하고 환궁할 것을 요구했으나 일언지하에 거절당했다. 관련기사 2면

러 황제 대관식에 민영환 파견
아관파천 관련 외교협상 벌여

일본, "한반도 남북 분할" 러에 제안

1896년 5월 26일 러시아 페테르부르크에서 신임 황제 니콜라이 2세의 대관식이 거행됐다. 이 자리에 파견된 우리측 민영환 전권공사는 최근 아관파천으로 조성된 국내정세와 관련하여 외상 로바노프와 활발한 외교협상을 벌이고 있고, 일본의 야마가타 전권대사도 조선정세에서의 세 불리를 만회하기 위해 적극적인 외교공세를 펴고 있다.

민 전권공사는 로바노프에게 조선에 대한 각종 지원을 요청하며 이를 조약으로 체결할 것을 제안했으나, 로바노프는 일본을 자극할 것을 우려해 급을 낮춰 회답의 형식으로 이를 받아들인 것으로 알려졌다. 한편 일본의 야마가타대사는 로바노프와의 비밀회담에서 조선을 북위 38도를 경계로 남북으로 분할하자는 제안을 한 것으로 알려져 외교가에 충격을 주고 있다. 러시아측은 일단 이를 거부했지만 외교 소식통들은 앞으로 조선은 러시아를 주축으로 한 대륙세력과 일본 및 영국 중심의 해양세력의 각축장이 될 것으로 전망하고 있다. 참조기사 12호 2면

역사신문

국왕은 하루빨리 환궁해야

안방 내주고 셋방살이 웬말, 주인 행세하라

요즈음 시국 같아서는 강물이 바다에서 산으로 흘러간다고 해도 믿을 수밖에 없다. 한 해가 멀다하고 도무지 있을 수 없는 일이 연이어 일어나니 말이다. 지난해에는 일본 깡패가 궁궐을 침범하여 왕비를 살해하더니 올해에는 일국의 국왕이 외국의 공사관에 숨어들어 더부살이를 시작하였다고 한다. 우리에게는 어찌 이런 일만 생긴단 말인가? 이러고도 제대로 된 나라라고 말할 수 있을까.

러시아 공사관으로 피신한 국왕의 심정이 이해가 가지 않는 것은 아니다. 지난해 궁궐을 침입한 일본 깡패에게 왕비가 무참히 살해된 후 국왕은 사실상 일본인에게 볼모로 잡힌 상태로 있었으며 신변의 위협에 한시도 불안함을 떨쳐버릴 수 없었다는 점은 익히 알고 있는 사실이다. 또한 고종이 보기에 일본의 장단에 놀아나는 김홍집내각은 도무지 믿을 수가 없었을 것이다. 따라서 자신의 목숨을 보존하고 왕실의 안위를 지키기 위해 무언가 조치를 취할 수밖에 없었다는 점은 충분히 이해할 수 있다.

또한 이번 러시아 공사관으로의 피신이 단순한 도망이 아니라 현재의 정국판도를 뒤집기 위한 고도의 정치행위로서의 성격을 갖는 것도 사실이다. 실제로 국왕은 러시아 공사관으로 피신한 즉시 현 내각을 체포, 처형할 것을 명령했고 곧 새 내각을 구성했다. 이로써 국왕은 1894년 일본군이 경복궁에 쳐들어온 이후 상실했던 정치적 주도권을 되찾을 수 있었다. 이 때문에 국왕은 어쩌면 자신을 불쌍한 피신자가 아니라 정치적 도박에서 통쾌하게 성공한 승리자로 여겨 의기양양해 하고 있는지도 모르겠다.

이는 얼마간 맞는 말이다. 그러나 이러한 국왕의 승리로 우리나라는 도대체 무엇을 얻었는가? 러시아에 대한 의존도만 높아지고 그 결과 각종 이권이 러시아에게 넘어가고 있다. 나라의 체신은 이전보다 더 땅에 떨어져 국민들이 안타까워하고 있다.

결국 국왕은 제자리를 지켜야 한다. 객이 불손하게 군다고 주인이 안방을 비울 수는 없다. 일본이 주제넘게 주인 노릇을 하려 한다면 당당히 맞서 이를 물리쳐야 한다. 또 대신들이 국왕을 잘 보필하지 못하면 엄중 징계하고 바꿀 사람은 바꾸면 된다. 이왕 엎질러진 물이니 과거의 잘잘못을 따지려는 것이 아니다. 이번 사태를 반성의 계기로 삼아 자주성의 상실로 흔들려버린 나라의 기틀을 바로잡아야 한다. 이를 위한 첫걸음은 두말 할 나위 없이 국왕이 하루빨리 궁궐로 돌아오는 것이다. 국왕의 조속한 환궁을 촉구한다.

그림마당
이은홍

"…피했다!!"

휴

개 조심
-러시아산-

아관파천 부른 정국상황

고종, "밤이 무서워" 을미사변 후 극도의 불안에 시달려
일본세력 제거 위해 러시아공사와 친러파가 주도

일국의 최고 통치자가 정부청사인 궁궐을 이탈, 러시아로 피신해 그곳에서 신임내각을 구성하고 조직을 발표하는 등 극도로 비정상적인 정국상황이 전개되고 있다. 이러한 정국은 현재 고종의 심경으로 보아 당분간 지속될 것이라는 게 일반적인 관측이다.

이번 아관파천은 이범진, 이완용 등 친러파 정치인들과 웨베르 러시아공사가 조선에 대한 일본의 영향력을 거세하기 위해 꾸민 것으로 밝혀지고 있다. 하지만 이 과정에서 무엇보다도 고종의 결심이 중요한 역할을 한 것이 사실이다.

고종은 지난 을미사변에서 왕후가 시해당한 것에 충격을 받아 이후 극도의 불안감 속에서 지내온 것으로 알려지고 있다. 국왕 처소에는 밤에도 불을 밝혀둬야 했고, 침소 옆방에는 외국 무관들이 항시 대기토록 했다. 말하자면 고종은 명목상의 국가 수반일 뿐 실제로는 일신의 안전마저 걱정해야 하는 비참한 처지에 있었던 것이다.

이러한 상황에서 전국적으로 반일의병이 봉기한 것은 일본세력의 포위 속에 고립돼 있던 고종에게 모종의 결심을 재촉했을 것이다. 여기에 때마침 이범진 등 친러세력이 접근해 막후공작을 편 것이다. 더구나 의병봉기를 진압하기 위해 서울의 주요 군대가 모두 지방으로 파견돼 서울의 치안력이 일시 공백상태에 빠진 것도 우연찮은 기회였다.

들리는 바로는 지금 고종이 그 어느 때보다도 심적인 안정감을 되찾고 있다고 한다. 그러나 일국의 국왕이 외국 공사관으로 피신해서 벌이고 있는 일련의 행태는 바로 우리의 일그러진 정치현실을 적나라하게 보여주는 것이라는 지적이다. 의병들 사이에서조차 고종의 이러한 행동은 비웃음을 사고 있으며 이범진 등을 친일파와 똑같은 타도대상으로 지목하고 있다고 한다.

아관파천을 계기로 러시아의 대(對)조선 영향력이 한층 강화될 것은 뻔한 일이다. 현재 동래의 절영도가 러시아에 조차됐고 두만강과 압록강 유역의 벌목권과 광산개발권 등이 속속 러시아에게 넘어가고 있다. 국왕은 편할지 모르지만 국가는 고통 속에 신음하고 있는 것이다.

정동, 새벽의 미스터리 …

궁녀가마 타고 사라진 국왕, 러시아 공사관에 나타나

일국의 국왕이 새벽에 홀연히 궁궐을 빠져나갔다 러시아 공사관에 나타나서는 기존 내각을 역적이라며 다 잡아죽이라는 끔찍한 명령을 내리는 어이없는 사태가 벌어졌다. 무언가 곡절이 있어도 단단히 있음에 틀림없다. 친일내각이 붕괴한 지금 그 속사정이 낱낱이 밝혀지고 있다.

▽ 국왕과 왕세자는 엄상궁과 궁녀 김씨의 도움을 받아 궁녀들이 사용하는 두 대의 가마를 타고 극비리에 대궐을 벗어났다는 후문. 궁궐 문을 지키던 군사들은 궁녀들의 가마에 대해서는 얼마전부터 조사하지 않고 문을 통과시키게 되었기 때문에 아무도 눈치채지 못한 것으로 알려졌다. 궐내에 있던 각료나 대신들도 사건이 발생한 지 몇 시간이 지나도록 눈치채지 못했다.

▽ 이 사건의 주모자는 작년 춘생문사건에 연루돼 해외로 탈출했다 최근에 몰래 귀국해 있던 이범

진 및 이완용, 이윤용 등 정동파 정치인들과 러시아공사 웨베르인 것으로 알려졌다. 특히 웨베르는 공사관 경비를 강화한다는 구실을 내걸고 지난 2월 10일 인천에 정박 중이던 러시아 군함으로부터 대포 한 대와 총기로 무장한 120명의 수병을 서울에 끌어들였다. 아울러 충청도·경기도·황해도 등지에서 보부상들을 동원, 서울로 집결시켰다.

만약의 경우 무력을 사용키 위한 것이었다. 그러나 결과적으로 무력을 사용할 필요는 없었고 다만 종로에서 김홍집과 정병하를 때려죽이는 데 앞장선 것이 바로 이들 보부상이었다.

▽ 한편 고종은 을미사변 이후 경복궁에서 극도의 불안감을 느끼며 생활했다는 후문. 밤에는 거의 잠을 못자고 날을 샜으며 미국인 군사고문 다이 등을 옆방에 항상 대기해 있도록 했다. 조선 사람은 전혀 믿지 않았다. 식사마저 러시아와 미국 공사관에서 함께 넣어 열쇠를 채운 뒤 가져오게 했고, 외국 공사들의 손을 부여잡고 눈물을 흘리는 추한 모습도 자주 목격됐다. 이때 고종의 마음에 가장 흡족한 공사가 바로 러시아공사 웨베르였고, 사건 직전 그는 고종에게 친일파 대신들과 일본인들이 국왕의 폐위를 도모하고 있다고 말해 고종의 마음을 결정적으로 움직였다고 한다.

인터뷰 러시아 공사관의 고종을 찾아서

"여러 가지로 불편하지만 마음은 편하다"

아관파천 후 정동 러시아 공사관에 방을 한칸 빌려 거주하고 있는 고종을 방문, 현재의 심경과 생활을 들어보았다. 러시아 공사관은 미국, 영국 등의 공사관이 몰려 있는 정동에서도 가장 높은 언덕에 자리잡고 있었다. 이곳은 사냥을 좋아한 연산군이 대궐 안팎에 말을 기르는 운구 터를 만들어놓았던 자리로, 정동에서는 명당자리로 정평이 나 있는 곳이다. 건물 모양은 르네상스식 건물로 3층탑을 세웠으며, 이 탑에 올라가보면 경복궁은 물론 주변 다른 나라 공사관 뜰안까지 다 내려다볼 수 있다. 본관 안에는 얼마전까지 한국

고관과 외교관을 초대해 무도회를 열곤 했던 무도회장이 있었는데 이곳을 고종이 거실로 사용하고 있다.

궁궐에서 생활하다 좁은 공간에 계시자니 불편하지 않습니까?

없소, 침소가 하나씩 있어 세자와 함께 기거하고 있고, 나를 수발해주는 엄상궁과 궁녀들의 거소가 각각 있어 그런대로 괜찮소.

옮겨오신 지 서너 달 지났고, 국민들의 요구도 있는데 환궁하실 생각은 없으신지요?

아직 그럴 마음이 없소. 조금 불편하지만 훨씬 마음이 편한 상태요.

나라의 업무도 있는데…

걱정마오. 내각도 옮겨왔고 각부의 사무소도 부근에 설치하고 관리들도 모두 동관내로 불러들여 사무를 처리하니 큰 문제는 없소.

식사는 어떻게…

엄상궁이 전적으로 맡아 하고 있으니 그리 염려마오. 마음이 편해서 그런지 체중도 조금 는 것 같소.

우리나라 통치가 모두 러시아 공사관에서 집행되는 형세라 모든 국민이 우려를 하고 있는데 정말 환궁하실 계획이 없습니까?

글쎄, 이 부근에 있는 경운궁 수리가 끝나면 그곳으로 옮기는 것을 검토해볼까 하니 이만 돌아가보오.

"내 목을 자를지언정 상투는 못자른다"
단발령 기화로 정부 개화정책에 정면 반발

1895년 정부에서 전격적으로 실시한 단발령에 대해 전국 각계 각층에서 강력한 반발이 일어나고 있다. 단발령에 대한 반발은 정부 내에서부터 일어나고 있는데 학부대신 이도재는 단발령에 반대하여 벼슬을 버리고 돌아갔다.

그는 상소를 통해 우리의 상투는 단군 기자로부터 내려오는 미풍양속으로서 하루아침에 강제로 머리를 깎는다면 만백성의 민심이 흉흉하여 어찌 난이 일어나지 않겠냐고 주장하였다.

한편 유림의 중진인 최익현은 이보다 더욱 완강한 태도를 취하고 있다. 정부에서 유생들의 단발에 앞서 최익현을 투옥하여 단발을 강행하려 하자 그는 "내 머리는 자를 수 있을지언정 머리털은 자를 수 없다"고 단호히 저항하였다. 이는 우리의 몸이 부모에게 물려받은 것이므로 이를 다쳐서는 안된다는 전통적 도덕에 따른 것이지만, 보다 근본적으로는 작금 정부에서 추진하는 개화정책이 전통문화를 훼손하고 있다는 위기의식 때문인 것으로 보인다.

학부대신 이도재의 새 연호 · 단발 반대 상소문

"허명보다 실이, 외모보다 마음이 중요"

학부대신 이도재는 내각의 새 연호 사용과 단발령에 강력하게 반대하며 이 상소를 남기고 홀연히 낙향했다. 그의 상소문은 단지 보수적인 아집에서가 아니라 진정으로 나라를 생각하는 충정에서 국왕에게 올리는 충언을 담고 있어 일부를 소개한다.

내각이 새 연호 사용과 단발을 강행하는 것에 대해 강력하게 반대합니다. 국왕을 높이는 것은 그 이름을 높이는 것이 아니라 그 실(實)을 섬기는 것입니다. 또 백성을 교화한다는 것은 그 외모에 있는 것이 아니고 그 마음에 있는 것입니다. 요즘 내란이 자주 일어나서 국세가 위태로워 상하가 한마음으로 분주히 실에 힘써도 이를 극복할까 걱정인 마당에 새 연호와 같은 것은 허명일 뿐입니다. 나중에 나라가 부유해지고 군대가 강해져 동양을 호령하게 됐을 때 시행해도 아무 상관없는 일입니다.

단발에 대해서도 여러 말이 많지만 제 생각으로는 단군 이래 땋은 머리 풍속이 변해 상투로 된 것이고 백성들 모두가 이 상투를 중히 여기는데 하루아침에 이를 깎는다는 것은 4천 년 동안 굳어져온 풍속을 무시하는 것입니다. 만백성의 민심이 흉흉해져 과격한 난이 일어날까 두려울 뿐입니다. 제가 어찌 감히 한움큼밖에 안되는 머리카락을 아껴 국책을 거스르겠습니까. 그러나 아무리 생각해봐도 단발의 이로움을 발견하지 못하겠고 오히려 민심에 해가 될 뿐이라는 결론을 얻었습니다. 저는 이 속임수 정책에 도저히 따를 수가 없습니다.

문화시평　단발령 유감

단발 자체보다 개화관료의 외눈박이 사고가 문제

상투를 자르라고 하니 차라리 목을 자르라며 격렬한 반발이 일고 있다. 한움큼도 안되는 머리카락이 목숨보다 중요하다는 것일까.

사실 상투가 관리하기에 번거롭고 위생상 문제가 있다는 정부의 주장도 일리가 없는 것은 아니다. 상투를 트는 것 자체가 번거로울 뿐 아니라 주기적으로 '백호를 쳐주어야' 하기 때문이다. 백호를 친다는 것은 정수리 부분을 완전 삭발하는 것을 말하는데 머리를 모두 빗어올려 묶으면 체열발산이 안되는 것을 방지하기 위해서다. 또 머리카락이 자람에 따라 흘러내리지 않도록 망건을 써야 하고, 가끔 상투를 풀어 다듬는 일도 여간 성가신 일이 아니다. 게다가 오랫동안 상투를 틀고 있으면 위생상으로도 결코 좋다고 할 수 없을 것이다.

그러나 시간 개념이 느슨한 자급자족적 농경사회를 이루어온 우리 사회에서 상투는 그렇게 불편한 것이 아니었고, 오히려 성인과 미성년자를 구분하는 오랜 관습으로 굳어져왔다. 관습이나 문화의 변화는 무릇 사람들의 생활이 변하면 자연스럽게 이루어지는 것이다. 또 그것은 강제적 · 획일적으로 이루어질 수 없는 것이다.

이점에 대해 정부는 요즘과 같이 시간개념이 날로 촉박해져가는 개화시대에는 활동상의 편리를 위해 상투를 자르고 하이칼라 머리를 하는 것이 합리적이라고 말할지 모르겠다. 그러나 합리성은 설득과 이해를 통해 이룩되는 것이다. 합리성과 강제성은 양립할 수 없다. 단발 그 자체보다도 일부 개화론자들의 이러한 외눈박이 사고방식이 진짜 문제다.

아들 상투 자르자
아버지 비관 자살

어제 오전 경상도 안동에서는 김모씨가 선산에서 목을 맨 채 시체로 발견되었다. 김씨는 단발령으로 아들이 머리를 자르자 이를 비관하여 자살한 것으로 알려지고 있다. 김씨의 시체는 나무하러 온 마을 주민에 의해 발견되었는데, 김씨 가족의 말에 의하면 김씨는 단발령 공포 이후 정부의 정책에 극히 반대하였으며 최익현의 단발령 거부를 매우 통쾌히 여기고 있었다고 한다. 그런데 막상 자신의 두 아들이 상투를 자르고 신식머리를 하고 나타나자 이에 충격을 받고 두문불출하였는데, 사건 당일 의관을 정제하고 조상을 뵈러간다며 집을 나섰다고 하였다. 가족들은 애꿎은 단발령이 한 집안을 결딴냈다며 매우 분개하고 있다.

황제 이발사
당상관으로 승진

이번 단발령 반포 이후 황제의 삭발을 맡을 이발사가 전격적으로 정3품 당상관으로 승진됐다. 정부에서는 이후 황제의 머리를 계속 조발할 이발사를 물색하던 중, 군수 벼슬을 하던 안종호를 궁중 이발사로 발탁했다. 황제의 손만 닿아도 황송하여 싸매고 다니는 관국에 황제의 머리를 만진다는 것은 상상조차 불가능한 일인 만큼 황제의 이발사는 아무나 할 수 없는 상태였다. 원래 군수는 당하관 벼슬인데 황제의 이발사가 된 안종호는 정3품인 당상관 벼슬로 승진하였으니 단발령 덕택에 벼락 출세의 길을 걷게 된 격이다.

졸속 개화, 민중의 반일정서에 부딪혀

김홍집 내각이 전국의 모든 성인 남자를 대상으로 단발령을 내린 데 대해 민중의 반발이 끊이질 않아 파문이 확산되고 있다. "신체와 머리카락 및 피부는 부모에게서 물려받은 것으로 감히 훼손치 않는 것이 효의 시작이다"라는 우리의 전통윤리에 비추어볼 때 단발령에 대한 반발은 충분히 예상되었던 일이지만, 이 문제가 문화적 차원을 뛰어넘어 정치적 차원의 것으로 전환되고 있어 면밀한 분석이 요청된다.

당초 1894년 7월부터 광범위하게 진행되던 갑오개혁은 3국간섭 이후 민비를 축으로 친러내각이 성립되면서 주춤하게 되었다. 이때 러시아의 영향력 증대에 위기감을 느낀 일본이 민비를 시해하고 김홍집을 축으로 친일내각을 세워 국면전환을 꾀하였다. 곧이어 김홍집 내각은 태양력 사용, 종두법 실시, 우체사 설치, 소학교 설치, 군제개혁 등 일련의 개혁조치를 실시했고 뒤이어 단발령을 선포했다. 이는 국모시해 후 불과 3개월만의 조치로서, 민중의 반일감정이 극도에 이른 상황에서 일본의 간섭을 받던 내각에 의해 전격적으로 이루어진 것이다. 더욱이 단발령 선포 당일 개혁추진 관료들의 강권에 못이겨 고종과 태자가 단발을 한 것은 김홍집 내각에 대한 민중의 불신과 반일감정을 고조시키기에 충분했다고 볼 수 있다.

결국 단발령 실시는 정치적 상황 전개에 따른 민중의 반일정서를 고려하지 못한 졸속행정의 대표적 사례라고 할 수 있다. 이에 따라 단발 강요에 대한 반감은 개화 자체를 반대하는 감정으로 발전되었고, 개화는 또 '일본화'를 의미하는 것으로 받아들여져 반일의식으로 발전하게 되었던 것이다. 전국 각 지역에서 항일의병운동이 시작된 것은 바로 그러한 양상을 구체적으로 입증하는 것이라 할 수 있겠다.

사진관, 단발령에 큰 호황

"조상이 물려주신 모습 영원히 간직하겠다"

단발령이 강행되면서 사진관을 찾는 사람이 줄을 잇고 있다. 이유인즉, 졸지에 머리 깎여 신체를 망치기 전에 조상님이 물려주신 모습 그대로를 사진으로 영구히 보존해 두기 위해서다.

이런 현상은 1883년경 서울에 최초로 사진관이 선을 보였을 때 민중들이 보인 태도와는 전혀 다른 것이어서 더욱 눈길을 끈다. 당시 김용원, 지운영, 황철 등이 서울에 촬영국을 속속 개업하며 장안의 명물로 등장했었다. 사진기를 신체에 맞춰놓고 찰칵 하고 찍으면 신체 모습이 종이에 그대로 박혀나오는 것을 보고 사람들은 눈이 휘둥그레졌다. 그림쟁이가 앞에 지루하게 앉아 초상화를 그리는 것과는 비교가 안 되는 놀라운 기술이었던 것이다.

그러나 이 사진은 사람들 사이에 좋지 않은 소문이 퍼져 고객의 발길이 뜸했다. 외국인들이 어린아이들을 잡아다 솥에 집어넣고 삶아 사진 만드는 약을 만든다는 둥, 사진기를 나무에 비추면 나무가 말라 죽는다는 둥, 셋이서 사진을 찍으면 가운데 사람은 일찍 죽는다는 둥 끔찍한 말들이 돌았다. 그래서 빛을 못보던 사진관이 이번 단발령 조치 때문에 대목을 만난 것이다.

"국모의 원수를 갚고 신체를 보존하자"

반일의병, 전국을 휩쓸다 …

일본인, 개화파 관리 피살자 속출

단발령을 계기로 폭발한 의병항쟁이 전국을 휩쓸고 있다. 의병들의 공격목표는 친일관료들과 일본인들로 1896년 초부터 5월까지 전국적으로 일본인이 받은 피해만 해도 피살 43명, 부상 19명에 이르고 있다. 특히 원산과 부산에서는 일본인 거류지를 직접 공격하는 양상까지 나타났고 각지에서 일본의 군용 전선과 전주가 절단, 파괴되고 있다. 각 지역별 항쟁상황을 알아본다.

춘천 … 유학자 이소응이 거병하자 1천여 유생과 지방민들이 호응하여 궐기하였다. 이들은 춘천지방 관아를 습격, 단발하고 부임한 관찰사 조인승을 처형해 중앙정부를 놀라게 했다. 곧이어 중앙에서 파견된 관군에게 패퇴, 흩어졌으나 재차 1천 2백여 명을 모집, 인근 지역과의 연합작전에 나섰다. 일부는 강릉 방면으로 진출한 뒤 다시 원산으로까지 원정하는 기세를 보였고, 또 일부는 경기도 광주 인근의 의병부대와 합류했다. 이들은 남한산성에 진을 치고 서울 공격까지 호언하는 등 기세를 올렸으나 일본군과 관군의 공격에 끝내 패퇴했다. 이소응은 나머지 의병을 이끌고 제천의 유인석 부대에 합류했다.

제천 … 화서 이항로의 문인으로 유학계의 거목인 유인석이 봉기에 앞장서자 전국적으로 파급효과가 퍼지고 있다. 그의 부대는 충주관찰사 김규식, 단양군수 권숙 등 지방관 4명을 처형했다. 그의 명성 때문에 그의 휘하로 각지 의병들이 속

속 집결해 한때 4천여 병력을 갖췄다. 이에 득의양양해진 유인석은 〈격고내외백관(檄告內外百官)〉이라는 격문을 발표하여 "나라의 모든 관리들은 친일행위를 중지하고 의병을 후원하여 나라를 지키라"고 요구했다.

원산 … 함흥, 정평, 영흥, 고원 등지에서 의병이 일어나 함경도관찰사 대리 목유신과 이원군수 이기홍을 살해했다. 이어 3월 19일을 기해 춘천 및 강릉의 의병과 연합하여 원산 소재 일본인 거류지를 공격하기로 해 긴장이 고조됐다. 의병측이 원산을 입체적으로 공략하기 위해 각지에서 기병과 선박을 준비하자 일본군도 군함을 동원하는 등 마치 전쟁 전야와 같은 분위기가 조성됐다. 의병은 기다리던 강릉의 민용호 부대가 도착하지 않자 그대로 공격을 감행했으나 일부 지역을 불태우는 데 그치고 패전했다.

진주 … 2월 22일경 노응규가 수백 명을 이끌고 봉기하여 관아로 진격하자 관찰사와 경무관 등은 대구로 도주해버렸다. 이어 대구에서 진격해온 중앙친위대를 격파했다. 이렇게 되자 함안, 마산, 진해 등에서도 호응하는 의병이 일어나고 의병지원자가 1만 명을 넘는 등 위세가 하늘을 찌를 듯했다. 노응규는 이들 각지의 의병과 연락하여 대구로 진격하기로 하는 한편, 김해를 공격하여 부산의 일본인 거류지를 공격할 태세를 보였다.

김구, 안악에서 일본군 장교 살해

피살자는 일군 중위 쓰치다 … "국모시해 원수 갚으려 죽였다"

1896년 5월 11일 얼마전 황해도 안악 치하포에서 있었던 일본군 중위 쓰치다의 살해범으로 김구가 체포됐다.

체포된 김구는 일체 함구하고 있는데다 사건이 워낙 커서 곧 인천 감영으로 이송될 예정이다.

일본군 중위 쓰치다는 지난 2월 안악 치하포의 한 주막에서 칼로 무참히 살해당했는데, 당시 목격자에 의하면 당일 새벽 40여 명의 손님들이 아침상을 받고 있던 중 그 중에 있던 김구가 벌떡 일어나 역시 한복으로 위장하고 손님 중에 섞여 있던 쓰치다를 칼로 살해했다고 한다. 김구는 그 직전에 주인장을 불러 "내 오늘 7백 리를 가야 하는데 아침밥이 적으니 밥 일곱

상을 더 차려주시오"하고 말해 주인장이 그를 미친 사람 취급했다. 아마도 거사를 앞두고 심장이 뛰는 것을 진정시키고 주위 사람들에게 힘을 과시하기 위해서였던 듯하다. 조금 있다 벌떡 일어나더니 쓰치다를 냅다 걷어차고는 쓰러진 그의 목을 발로 밟고 "누구든지 이 왜놈을 위해 내게 덤비는 자는 남김없이 죽일 것이다"하고는 그를 칼로

갈기갈기 난자했다. 그리고 뿜어나오는 피를 손으로 받아 마시고 얼굴에다 쳐바른 뒤 "왜놈은 우리 조선 사람에게만 원수가 아닌즉, 이 자를 바다에 던져 물고기들이 즐겁게 뜯어먹도록 하라"고 하고 그 자의 돈 8백 냥은 동장을 불러 어려운 사람들에게 나눠주라고 했다. 이어 '국모의 원수를 갚을 목적으로 이 왜놈을 타살하였노라. 해주 백운방 김구'라는 방을 손수 써 주막에 걸어놓고 주인에게 "나는 집으로 가겠으니 군수에게 보고하라"하고는 표연히 사라졌다는 것이다.

현재 황해도와 경기도 일대에서는 그를 엄청난 괴력을 지닌 장사요 자기 목숨을 돌보지 않는 애국자로 칭송하고 있다는 소식이다.

각종 이권, 서양인에게 속속 허용

광업권·철도 부설권·전기·삼림 등

1896년 전국의 각종 이권이 속속 서양인에게 허용되고 있다. 지난해 미국인 모스에게 평안도 운산 광업권이 허가된 데 이어 1896년 3월 역시 미국인 모스에게 경인철도 부설권이 허가되었다. 이어서 미국인 헌트에게 운산광산 채굴권이 허가되었으며, 러시아인 니시첸스키에게 경원·경성 광산채굴권이 허가되었다. 이렇게 서양인에게 각종 이권이 속속 허가되는 것은 대체로 고종이 러시아 공사관으로 옮겨간 것과 관련되는 것으로 관측되고 있다. 아관파천에는 러시아공사 웨베르와 미국공사 알렌의 공이 컸으며 그 결과 이들의 영향력이 증대된 것에 따른 것

일본인에 의해 채굴된 광산

이다. 앞으로도 서양인의 광산, 철도, 전기, 삼림 등에 대한 이권요구가 잇따를 것으로 보이며 이에 대한

정부당국의 대응이 주목된다. 그리고 이 문제를 둘러싸고 정치적 갈등이 있지 않을까 우려된다.

서울 물가 급등

강제 단발에 상인들 서울행 꺼려
물자공급 중단 … '민심 흉흉'

최근 서울의 물가가 크게 올라 민심이 불안해지고 있다. 특히 미곡 등 지방에서 올라오는 농산물의 가격이 크게 올라 주민들의 생활이 위협받고 있다. 이렇게 농산물의 가격이 크게 오른 것은 최근 반포된 단발령의 영향이 큰 것으로 알려지고 있다. 단발령 고시가 내려져 관리들이 성문을 지키고 지나가는 사람의 머리를 강제로 깎는 바람에 서울에 머물고 있던 지방 사람은 머리가 깎일까 두려워 귀향하지 못하고, 머리가 깎인 채 귀향한 사람들이 지방에 돌아가

단발령실시 사실을 전하자 지방 사람들이 서울에 올라오려 하지 않고 있다. 이렇게 단발령의 실시로 서울과 지방의 왕래가 끊기자 서울로의 물자공급도 중단되어 서울의 물가가 크게 오르게 된 것이다. 단발령의 실시는 그 자체로도 민심을 불안하게 하는 것인데 이렇게 물가마저 올라서 생계를 위협받게 되자 서울의 민심은 더욱 흉흉하게 되고 있다. 따라서 단발령으로 말미암아 서울의 주민들이 현 정부의 정책에 등을 돌리게 되지 않을까 우려된다.

「독립신문」창간
"인민의 눈과 귀를 개명시킨다"
외국인 위한 영어판도 발행

1896년 4월 7일 「독립신문」이 창간되어 뜻 있는 사람들의 관심을 끌고 있다. 최근 미국에서 귀국한 서재필씨가 발행인으로 되어 있는 「독립신문」은 인민의 눈과 귀를 개명시킬 것을 창간목표로 내걸고 있는데, 순한글로 제작되고 있어 더욱 주목을 끌고 있다.

「독립신문」은 발행인이 서재필씨로 되어 있어 외형상 민간신문의 형태를 띠고 있지만 신문발행 자체는 이미 김홍집내각 때부터 정부의 개화정책의 일환으로 추진되어온 것으로 알려졌다.

정부 소식통에 따르면 정부에서는 「독립신문」 창간비용으로 3천 원을 정부예산에서 지출했다고 한다.

「독립신문」은 「한성순보」 이래 조선에서 두번째로 발행되는 신문인데, 4면 중 한 면은 영어판을 만들어 외국인에게도 조선 사정을 알릴 계획인 것으로 알려졌다.

「독립신문」 발행 이모저모

요즈음은 종로거리에서 가끔 "신문이요 신문, 신문이 한 부에 한 푼이오" 하고 외치는 소리를 듣게 된다. 거리에서 「독립신문」 파는 소리다. 그러면 행인들 가운데 "어이, 여기 신문 한 부" 하고는 「독립신문」을 사서 정성스럽게 접어 집에 가서 읽고 또 읽고, 주위 사람들에게 돌려보기도 한다. 바야흐로 신문의 시대가 온 것이다. 지난 1884년 정부에 의해 「한성순보」가 발간되었지만 오래 가지 못했고 한문으로 되어 있어 널리 읽히지도 못했다. 그러나 「독립신문」은 민간신문으로 발간되어 제법 판매에 열을 올리는데다 순한글로 제작돼 많은 독자들이 쉽게 읽을 수 있어 널리 보급될 것으로 예상된다. 신문은 가로 22cm, 세로 33cm 크기의 4면인데, 1면에는 논설과 독립신문사의 사고(광고)를 싣고, 2면에는 관보와 외국통신 및 잡보를 싣고 있으며, 3면에는 물가, 우체시간표, 제물포윤선(輪船) 출입항시간표, 광고 등을 게재하고 있다. 4면은 영문판으로 사설과 국내의 소식을 싣고 있다.

지금은 주 3회(화·목·토요일) 발행을 하고 있지만 장차 일간지로 발전시킬 계획이라고 한다. 신문판매는 정기구독과 가판을 통해 이루어지는데 정기구독자에게는 주로 우송하고 가끔 배달원이 직접 배달하기도 한다. 구독료는 정기구독자가 월 12전, 연 1원 30전이고 가판의 경우 신문 한 부는 1전이다.

백정 갓쓰는 것 허용

1895년 12월 정부에서는 백정들의 면천을 허락하고 갓을 쓸 수 있도록 하였다. 그동안 백정들은 천인으로 취급되어 갓을 쓰지 못하고 평량자(일명 패랭이)만을 쓸 수 있었다. 이번에 내부에서 개화정책의 일환으로 백정에게 갓을 쓸 수 있도록 한 것인데 백정들은 아직 두려워하여 감히 갓을 쓰지 못하고 있다고 한다. 백정의 면천문제는 이미 1894년 갑오농민전쟁 당시 농민군에 의해 요구된 바 있다. 농민군이 제출한 폐정개혁 12개조에도 백정의 머리위에서 평양립을 제거할 것을 요구한 바 있다. 정부의 이번 조치는 이러한 국민들의 오랜 요구를 수용한 것이다.

양반에게 대든 상민 "머리 깎아라" 판결

단발령이 공포되어 전국의 민심이 어수선한 가운데 경기도 양평에서는 재미있는 송사가 벌어졌다. 이 고을에 사는 양반인 김진사는 같은 마을 사는 상민 이서방이 자신에게 오만방자한 태도로 욕을 보였으니 혼을 내달라고 군수에게 고발하였다. 이 사건을 접한 군수는 먼저 김진사를 불러 "네가 양반답게 점잖게 처신했으면 상민이 어찌 너에게 욕을 보였겠느냐? 그리고 갑오년 이후 반상(班常)의 제도가 없어지는 등 세상이 바뀌었으니 앞으로 양반도 행동을 조심해야만 무사히 살아갈 수 있을 것이다"라고 훈계하여 돌려보냈다. 그 다음 이서방을 불러 "네가 세상이 바뀌었다고 그렇게 구는 모양인데, 네가 개화를 그렇게 좋아한다면 머리는 왜 깎지 않았느냐"고 하면서 강제로 머리를 자른 뒤 내보내니 이서방은 잘린 상투를 부여잡고 울면서 집으로 돌아갔다고 한다. 이 소식을 들은 고을 사람들은 군수의 처분에 대해 의견이 찬반으로 나누어 분분하다고 한다.

인터뷰　「독립신문」 발행인 서재필씨

"서양의 발전상을 소개해 인민의 지식과 권리를 신장시킬 것"
"한글전용은 상하귀천이 다 보게 하자는 것 … 주시경의 공이 커"

갑신정변 실패 후 미국으로 가서 의학을 공부하여 의사가 되었고 미국 여자와 결혼하여 미국시민권도 획득한 것으로 알고 있다. 그동안 조선과는 아무 연락없이 지내온 것으로 아는데 이번에 귀국하게 된 동기는?

내가 귀국을 원했던 것은 아니다. 1895년 박영효가 미국에 와서 갑신정변으로 인한 대역무도죄가 사면되었음을 알려주고 개화파정권이 들어섰으므로 조선에서 다시 개화운동에 동참하는 것이 좋겠다고 강력히 권고하여 귀국하였다. 개화파정부에서는 내가 개화세력의 힘을 강화하는 데 크게 보탬이 되리라고 본 것 같다.

지금 세상에서는 귀하가 「독립신문」을 창간한 것으로 알고 있는데, 정부측에서는 정부에서 창간한 신문이라고 하는 이유는?

내가 귀국하기 이전에 이미 김홍집내각이 개화운동 대중화작업의 일환으로 신문발간을 추진하고 있었다. 그러던 차에 내가 귀국하자 내부대신 유길준이 나에게 신문발간을 맡아달라고 의뢰해 창간작업에 나섰다. 창간작업이 마무리 단계에 접어들었을 때 아관파천이 일어나 신문발간작업이 중단될 위기에 처했었다. 그러나 아관파천으로 새로 들어선 박정양내각에서도 역시 개화운동의 필요성에 공감하여 김홍집내각에서 추진했던 신문발간사업을 계속하기로 하여 「독립신문」이 발행된 것이다. 「독립신문」 설립자금 3천 원은 정부예산에서 지출되었으나 독립신문사를 내 이름으로 등록했다.

정부예산으로 창간된 신문사를 개인 명의로 할 수 있는가? 또 귀하가 「독립신문」 사장이 되면서 거액을 챙긴다는 소문이 있다. 그래서 귀하가 애국의 충정으로 신문 발간에 나선 것인지 돈벌기 위한 방편으로 신문창간을 떠맡은 것인지 하는 뒷공론이 분분하다.

독립신문사를 내 명의로 등록한 것은 조선에 정변이 잦으므로 혹시 정권이 바뀌더라도 신문사를 계속 유지하기 위한 방편으로 그렇게 한 것이다. 또 나의 대우와 관련해서는 정부에서 나에게 「독립신문」 창간을 부탁하면서 생활비와 가옥임대비로 1400원을 지불하였다. 그리고 조선에서의 나의 지위와 활동을 보장하기 위해 향후 10년간 중추원 고문으로 위촉했고 그동안 매월 300원씩 지불하기로 했다. 물론 이 돈은 엄청난 거액이다. 그러나 나는 그 정도의 대우는 받아야 한다고 생각한다.

「독립신문」의 편집방향은 어떻게 설정하고 있는가.

무엇보다 인민의 이목을 개명시키는 데 역점을 두고자 한다. 서양의 발달된 문물제도를 소개하여 인민의 지식과 권리를 신장시켜나갈 것이다.

「독립신문」은 한글전용을 하고 있어 보수 유생들은 외면하는 경우가 많은 반면, 상인 등 일반 사람들은 대단히 환영하고 있다. 무슨 특별한 동기라도 있는가?

한글전용을 한 것은 「독립신문」을 상하귀천이 다 보게 하자는 것이다. 또 한글 띄어쓰기를 충실히 하여 신문을 쉽게 읽도록 하였다. 「독립신문」이 이런 모습을 갖추게 된 데에는 주시경의 공헌이 컸다.

개화기 만화경

"아니되옵니다"
이바구

이번 호의 인물　유인석

위정척사의 선봉장

스승은 한눈에 제자를 알아보는 눈이 있는 법이다. 유인석의 스승 이항로는 그를 처음보자 몸집은 작지만 강한 의지력과 과감한 성품이 있음을 알고 첫눈에 대성할 인물임을 예견했다고 한다. 유인석은 그런 사람이다. 1876년 강화도조약 체결을 둘러싸고 조야가 시끄러울 때 그는 과감히 일어나 경기·강원일대의 유생들과 함께 척사상소를 올려 개국의 부당함을 외쳤다. 외세를 반대하는그의 이런 행동은 집안의 내력이기도 하려니와, 그가 가르침을 받은 화서학파(華西學派)의 정신에서 연유하는 바 크다.

강원도 춘성의 뼈대 있는 유가집안에서 태어난 그는 성리학의 대가 화서(華西) 이항로의 문하에 들어갔다. 위정척사사상의 본산이라 할 그의 문하에서 김평묵, 유중교로부터 가르침을 받아 유교질서(正)를 지키고 서양문명과 서양세력의 침략(邪)를 물리쳐야 한다는 평생의 신념을 굳힌 것이다. 이후 그는 뛰어난 재질이 있어 김평묵, 유중교가 죽자 화서학파의 정통을 이은 인물로 부상, 유중교의 기반을 계승하기 위해 제천으로 터전을 옮겼다.

이런 그에게 개화문물이 마구 흘러들어오는 것도 한심한 일일 터인데, 일본에 의해 국모가 죽임을 당하고 부모가 물려준 머리까지 깎으라는 개화파내각은 함께 하늘을 이고 살 수 없는 원수와 같은 존재였으리라. 복수보형(復讐保形)의 거의(擧義)는 마땅히 해야 할 도리일 것이다. 평민의병장 김백선이 지원군을 보내주지 않은 양반 안승우에게 칼을 빼들고 대들었다고 해서 불경죄로 그의 목을 친 것 또한 유인석이 유교질서에 얼마나 충실한가를 잘 보여준 사건으로, 대소사에 일관된 그의 유교적 삶을 새삼 보게 된다. 그러나 어찌하랴. 이 사건으로 그의 의병부대는 사기가 떨어져 일패도지하고 말았으니, 자승자박이라 해야 할까. 유교질서를 고수하려는 생각으로 오늘날처럼 세상이 격변하는 위기시국을 타개한다는 것이 얼마나 허망한 일인가를 웅변으로 말해주고 있다.

1842년생. 본관은 고흥. 호는 의암(毅菴).

「독립신문」에
각계 각층에서 애국가 보내

「독립신문」 창간 이후 각계 각층의 사람들이 애국가를 지어 이 신문에 보내왔다.

대부분 전통적인 가사체의 문장구조를 가지고 있으며 충군애국의 정신을 북돋는 것을 내용으로 하고 있다.

이 가운데 묘동에 사는 이용우씨가 지은 애국가가 가장 대표적이다. 그 내용은 다음과 같다.

대조선국 인민들아, 충성으로 임금 섬겨 / 이사위한 애국하세, 평안시절 항복하세 / 경사롭다 경사롭다, 강하가 맑다 해도 / 상하없이 우리동포, 원한한 우리 마음 / 함께 모두 군사되어, 전신이 쇄분해도 / 경천위지 하여 보세, 나라 위해 영광되리 / 황하수가 여침토록, 평생집심 여일하기 /해륙군을 봉축하세, 안팎없이 맹서하세.

기획 연재　민영환과 함께 떠나는 세계일주 〈1〉

러시아 황제 대관식에 참석하고 돌아온 특명전권공사 민영환씨가 세계 각곳을 둘러보고 느낀 것들을 「해천추범(海天秋帆)」으로 엮어냈다. 그는 원래 홍콩에서 배를 타고 서쪽으로 가 유럽을 통해 러시아에 들어갈 예정이었으나 때마침 좌석이 없어 할 수 없이 태평양을 건너 미대륙을 횡단하고 다시 배로 대서양을 건너 영국에 도착한 뒤, 네덜란드, 독일, 폴란드 등을 지나 러시아 수도 페테르부르크에 도착했다. 그리고 돌아올 때는 광활한 시베리아 벌판을 철도와 마차와 배를 갈아타며 횡단해 우리나라 동해 북단을 통해서 입국했다. 우리나라 최초의 세계일주 여행기「해천추범」중에서 신기한 서양문물을 가려뽑아 소개한다.

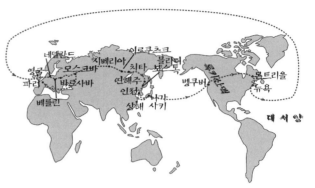

"모든 것을 전기로 움직이니 참으로 신기하고 희한한 일이다"

4월 22일 … 태평양 상에서 기이한 일을 경험했다. 서양 사람 말이 지구가 동서로 각기 180도 총 360도인데 두 사람이 시계를 가지고 180도에서 만나면 같은 시간인데도 날짜는 하루가 차이난다고 한다. 바로 지금 그 지점을 지난다. 그래서 어제가 22일이었는데 오늘도 계속해서 22일이 된다고 한다. 이것이 서양 학자들의 학설이라는데 금방 터득할 수가 없다.

4월 29일 캐나다 뱅쿠버 … 뱅쿠버 호텔에 묵었다. 집 이름과 땅 이름이 같다. 5층인데 굉장히 크고 창문이 넓다.

아래층에 방 한 칸만한 기계집(엘리베이터)을 놓아두고 전기를 사용하여 마음대로 층마다 오르내리게 하니 참으로 기상천외하다.

4월 30일 … 기차를 타고 뉴욕으로 향했다. 기차 객실에는 의장과 휘장이 화려하고 침대도 있다. 뒤에는 주방차가 따로 있어 청구하는 대로 요리를 판다. 한 시간에 90리를 달린다고 하는데 밤낮으로 번개 치듯이 달리니 연료 풍경이 꿈속같이 희미하여 기억할 수조차 없다. 굴이 많아 기차가 그 속을 지나면 한밤중같이 캄캄하여 낮에도 불을 켠다.

5월 8일 뉴욕 … 공원에 구경을 갔다. 숲이 울창한 가운데 연못이 있는데 짐승모양으로 분수대를 만들어놓고 4~5길 위에 있는 그 짐승 입에서 쏟아져나오는 물이 조금도 그치지 않아 옥기둥을 세운 것 같고 주렴을 걸어놓은 것 같다. 또 철교를 가보니 길이가 3리요, 넓이는 5칸에 3층으로 놓았다. 최고층은 기차길이요, 중간은 마차길과 인도요, 아래에는 배가 다니게 하였다. 그 옆에 25층짜리 집이 있다.

저녁에는 전기박람회를 가보았다. 전보, 전등에만 전기를 쓰는 것이 아니라 만물을 다 전기로 만드니 이루 다 기록할 수가 없다. 그 중에 더욱 기이한 것은 5백리 밖에 있는 폭포소리를 작은 통 속에 전기로 끌어 넣었는데, 귀를 대면 물 떨어지는 소리가 옆에서 듣는 것같이 무시무시하다. 또 음악을 하는데 박자가 조금도 틀리지 않고, 차를 끓이고 과자를 만드는데 삽시간에 하니 참 생각할 수 없던 희한한 일이다. 배와 차도 전기로 움직이게 하려고 연구하는 사람이 있다고 한다.

5월 16일 영국 런던 … 런던은 인구 5백만에 시가, 점포, 가옥, 차마가 다 뉴욕과 비슷하나 훨씬 웅대하다. 땅은 좁고 사람은 많아서 시가에 땅 속을 몇 층으로 파서 그 속에 가옥도 있고 점포도 있고 철도도 있고 차마도 왕래한다. 번영함이 세계의 제일이다. 또 길에 다니는 사람이 점잖아서 지껄이는 일이 없고 말굽 소리와 수레바퀴 소리뿐이니 그 국법의 엄중함을 알겠다.

제1회 근대올림픽 개최
아테네에서 1천 5백년만에 부활

1896년 4월 그리스의 수도 아테네에서 13개국 311명의 선수가 참여한 가운데 제1회 근대올림픽대회가 열렸다. 올림픽대회는 기원전 776년 그리스에서 시작된 이래 1천 2백년 가량 지속되다가 서기 393년 로마의 테오도시우스에 의해 폐지됐다. 이번에 부활하게 된 것은 프랑스의 쿠베르탱 남작이 주위의 무관심과 냉대에도 불구하고 지난 몇 년간 꾸준히 준비해온 결과이다.

이번 대회는 고대올림픽과 마찬가지로 육상경기를 주로 하고 체조, 펜싱, 사격, 테니스 등 최근 유럽에서 인기를 끌고 있는 종목들도 포함해서 총 10개 종목을 치렀다. 메달 수에 따른 순위는 그리스가 1위, 미국이 2위, 독일이 3위를 차지했다. 올림픽대회는 앞으로 4년마다 장소를 바꿔가며 열리게 된다.

이번 올림픽 부활을 추진한 쿠베르탱 남작은 "스포츠가 여러 국가들간의 경쟁을 완화시키는 데 도움이 될 것"이라고 말했다. 그러나 일부 뜻있는 이들은 "운동경기는 오히려 국가간의 경쟁을 더욱 자극할 것"이라며 어차피 요즘 세계의 조류가 민족국가간의 치열한 경쟁이고 올림픽도 그 한 표현양태일 수밖에 없음을 지적했다.

영·프,
태국 독립존중 합의

1896년 1월 15일 영국과 프랑스가 태국의 독립존중과 영토보전에 합의해 태국 정부와 국민들이 환영의 뜻을 표했다. 태국은 지난 1855년 쇄국에서 개국으로 정책을 전환하여 영국과 통상우호조약을 맺는 한편, 부역제도와 노예제도를 폐지하고 사법 및 교육제도를 근대화하는 등 광범위한 개혁을 단행해 유럽 열강에 의한 식민지화 위기를 벗어나려 했다. 그러나 이러한 노력에도 불구하고 영국에게는 말레이반도의 여러 지역을, 프랑스에게는 메콩강 연안의 라오스를 내주어야 했다. 그런데 이번에 이례적으로 영국과 프랑스가 태국의 독립을 인정하기로 합의함에 따라, 태국은 사실상 식민지화의 위기에서 벗어난 것으로 보인다. 이에 따라 태국은 온통 축제 분위기에 휩싸여 있다는 소식이다.

역사신문

고종, 아관파천 1년만에 환궁

각계의 거센 환궁 요구에 경운궁행 전격 결정
백성들 '환영' … 정가, 파행정국 타개에 큰 기대

1897년 2월 20일 러시아 공사관에 있던 국왕이 어제 저녁 전격적으로 환궁조칙을 발표하고, 오늘 아관파천 1년만에 경운궁으로 환궁했다.

최근 8도 유생들이 일제히 상경하여 환궁을 요구하는 복합상소를 할 것이라는 소식이 돌았고, 장안의 각 시전들도 국왕이 환궁할 때까지 철시할 것이라는 소문이 널리 퍼져 있었다. 또 며칠 전 「독립신문」도 논설에서 일국의 국왕이 외국 공사관에 피신해 있는 것은 나라의 수치라며 환궁을 강력히 요구한 바 있다.

이러한 상황에서 평소 환궁을 은밀하게 추진해오던 총리대신 김병시, 내부대신 박정양 등이 국왕에게 환궁의 불가피함을 진언, 마침내 고종의 허락이 떨어져 일사천리로 환궁이 이루어진 것이다. 그러나 경복궁이 아니라 러시아 공사관 바로 옆 경운궁으로 환궁한 것은 그동안 개수공사를 해온 경운궁의 수리가 끝나서이기도 하지만, 경복궁일대는 일본군 수비대가 주둔하고 있는 등 일본의 세력권이라 할 수 있고, 경운궁일대는 러시아·미국·영국 등의 공사관이 밀집해 있어 서구측 세력권이라 할 수 있기 때문인 것으로 알려졌다.

정가에서는 앞으로 다시는 이와 같은 비정상적인 파행정치가 되풀이되지 않아야 한다고 말하고 있다.

관련기사 2면

고종이 러시아 공사관으로부터 환궁한 경운궁(덕수궁)의 정문인 대안문

"국왕권 강화로, 난국 타개한다"
의정부 관제 부활, 지방행정제도 개편

1896년 9월 24일 기존의 내각관제가 폐지되고 의정부제도가 부활되는 것을 골자로 한 의정부 관제에 관한 칙령이 발표됐다. 총리대신을 의정으로 고치고 각부대신을 찬정(贊政)으로 하는 한편, 기존 내각회의가 대신들만으로 개최되던 것을 새 의정부회의는 국왕이나 왕태자가 반드시 참석토록 하고, 나아가 의정부회의에서 부결된 안건도 국왕의 재량에 따라 칙령으로 반포할 수 있게 된다.

이에 앞서 9월 1일에는 호구조사규칙을 발표해 과거의 5가작통법과 유사한 10호 통법을 시행토록 한 바 있다. 또 8월 4일에는 지방제도를 개편해 기존 23부제를 폐지하고 전국을 13도 7부 1목 331군으로 확정했다. 아울러 각 개항장에 설치되었다가 폐지된 감리서를 다시 부활시켰다.

이와 같은 구제도를 적절히 변형한 일련의 제도개편에 대해, 정가에서는 고종이 강력한 국왕권을 통해 난국을 수습하려는 데서 만들어낸 정책으로 해석하고 있다.

관련기사 2면

러·일 '담합'

"조선, 양국 공동관리"
러·일 외무대신, 의정서 체결

1896년 6월 9일 러시아와 일본이 로바노프·야마가다 의정서를 체결하여 조선을 양국이 공동보호하기로 했다는 사실이 알려져 정가에 큰 파문을 던지고 있다.

러시아 황제 대관식에 참석하기 위해 온 일본 외무대신 야마가다와 러시아 외무대신 로바노프 사이에 체결된 이 의정서의 비밀조항에 의하면, 조선의 유사시 러·일 양국은 동수의 군대를 파견하기로 하며, 양국의 충돌을 방지하기 위해 각 군대의 작전지역을 획정키로 했다는 것이다.

정통한 소식통에 의하면 로바노프와 야마가다 사이에 의정서 내용을 논의하는 과정에서 유사시 러·일 양국이 한반도에서 북위 38도선을 경계로 작전구역을 분할하자는 일본측의 제안이 있었다고 한다. 결국 이 일본측의 제안이 그대로 수용되진 않았지만, 이번 의정서로 러·일 양국은 공동보호를 내세워 유사시 조선에 군대를 파견하여 점령할 수 있게 되었으며 이럴 경우 사전에 작전지역을 분할키로 한 것이다.

이밖에도 이 의정서는 조선이 외채가 필요한 경우 러·일이 공동으로 원조하고 조선 내의 전신선 설치에 대해서도 러·일은 동일한 권익을 취할 수 있도록 했다. 이로써 러·일은 서로 세력균형을 취하면서 정치·경제적 침략을 가속화할 것으로 보여 조선의 자주성은 러·일간의 각축 속에 심각한 위협을 받을 것으로 보인다.

관련기사 2면

독립협회 결성, "독립문 건설"

회장에 안경수, 위원장에 이완용 선출

1896년 7월 2일 독립협회가 창립됐다. 창립총회에서는 회장 겸 회계장에 군부대신과 경무사를 지냈고 현 중추원 1등 의관인 안경수가 선출됐고, 위원장에는 주미공사관 참찬관과 학부대신을 지냈고 현 외부대신 겸 학부 농상공부 임시 서리대신인 이완용이 선출되었다. 서재필은 미국 국적을 갖고 있는 까닭에 고문에 추대되었다. 총회는 우선 주요사업으로 독립문과 독립공원 건설에 적극 나서기로 했다.

이렇게 독립협회는 민간단체의 외형을 띠고는 있지만, 정부의 고위관리들이 참가하고 있고 창립총회도 정부 건물에서 하고 있는 것으로 미루어 왕실과의 교감하에서 이루어진 관변단체적 성격이 강한 것으로 보인다.

이 단체는 앞으로 독립문 건립사업을 위한 모금운동을 추진할 예정인데 벌써부터 광범한 계층으로부터 기부금이 이 협회에 답지하고 있다는 소식이다. 왕실에서도 이미 거액의 기부금을 하사하겠다고 약속한 것으로 알려졌다.

현재 회원은 관료중심이지만 모금운동을 통해 회원이 확대되면 민간단체의 면모를 갖추게 될 것으로 전망되고 있다.

관련기사 3면

자원, 이권 … 열강에 속속 넘어가

"한 국가에 독점되는 상황 피하려는 것" … 정부, 궁색한 변명

1896년 2월 아관파천 이후 우리나라의 각종 이권이 속속 열강의 손에 넘어가고 있어 이에 대한 우려의 목소리가 높아지고 있다. 1896년 3월에는 미국에 경인철도 부설권이, 4월 러시아에 경원·경성 금광채굴권이, 7월에는 경의철도 부설권이, 이어서 같은해 7월과 8월에 걸쳐 러시아에 인천 월미도 저탄소 설치권과 무산 압록강 유역·울릉도 산림벌채권이 넘어갔으며, 이듬해 3월 독일에 금성 당현 금광채굴권이 넘어갔다.

아관파천 이후 이렇게 열강에게 이권이 넘어가고 있는 것은, 직접적으로는 러시아의 정치적 영향력이 커지면서 러시아가 이권획득에 열을 올린 것이 계기가 된 것으로 분석되고 있다. 러시아가 이권을 선점하자, 그 뒤를 이어 미국·독일·프랑스·일본 등 나머지 열강도 이권 획득 경쟁에 뛰어들고 있는 실정이다. 열강에게 침탈된 이권들은 광산채굴권, 산림벌채권, 연안어업권 등 우리나라의 자원개발 권한이 가장 많으며, 철도부설권, 전기사업권 등 사회 기반시설의 설치와 관련된 것도 다수이다. 그리고 저탄소 설치권 등 각국의 군사적 진출과 관련된 것도 있다.

한편 우리나라 경제의 근간을 뒤흔드는 이러한 세계 열강들의 이권 침탈에 대해 독립협회를 비롯한 각계 각층에서 비판이 제기되고 있다. 이에 대해 정부당국의 한 관리는 우리가 어느 한 나라의 배타적 세력권에 편입되는 것을 막기 위한 방편으로 우리 경제를 세계 열강에 폭넓게 개방하는 것이라고 말했다. 우리 나라에 들어온 열강들이 세력균형을 이루어 서로 견제하게 되면 군대를 키우지 않고도 자주독립을 지킬 수 있다는 논리다.

이에 대해 전라도의 한 재야학자는 "그것은 일국에의 예속이냐, 다국에의 예속이냐의 차이일 뿐"이라며 일침을 가했다.

관련기사 3, 4면

역사신문

열강의 이권침탈을 경계한다

나라 경제 근간 잃고, 정치적 자주 배앗겨

국왕이 궁궐을 옮겨다니는 등 국내정치가 격동의 와중에 휩싸여 미처 정신을 차리지 못하고 있는 사이에, 우리나라의 각종 이권이 슬금슬금 외국인의 손에 넘어가고 있다. 여기에는 광산채굴권, 삼림벌채권, 연안어업권, 철도부설권, 전기사업권 등 나라 경제의 근간을 이루는 것들이 포함되어 있어서 심각한 우려를 낳고 있다. 정치인들이 권력다툼에만 몰두해 있는 사이 나라의 알맹이는 다 빠져나가고 있는 것이다.

일부에서는 이러한 이권양여는 별로 우려할 만한 일이 아니라는 사람도 있는 것으로 알려지고 있다. 즉 우리 경제를 개방하여 세계 각국이 우리나라에 이해관계를 갖게 되면 서로 견제하여 세력균형이 이루어질 수 있다는 것이다. 그리고 이러한 상호견제를 토대로 우리의 정치적 자주성이 확보될 수 있다는 것이 이러한 사람들의 주장이다. 일견 그럴싸해 보이는 이야기이다. 그러나 과연 이것이 이치에 맞는 이야기일까?

나라 경제의 근간이 모조리 거덜난 상태에서 확보한 정치적 자주성이 과연 무슨 소용이 있을까? 물론 왕실은 이권을 넘겨주는 대신 일정한 커미션을 챙기니 사태의 심각성을 피부로 느끼지 못할지 모른다. 그러나 이권은 상부 정치가들만의 문제도 아니고 단지 체면만의 문제도 아니다. 저들이 가져가는 만큼 우리 국민은 빼앗기는 셈이고 결국 민생만 어려워진다. 우리 국민은 무슨 죄로 나라를 이 지경으로 만든 정치인들 대신에 이러한 부담을 져야 하는가? 또한 이권을 매개로 한 세계 여러 나라의 개입은 정치적 자주성 확립의 계기가 되기보다는 오히려 더 크고 복잡한 분쟁의 계기가 될 수도 있다. 예를 들어 이웃 청은 서구 열강이 모두 달려들어 각축을 벌이고 있지만 자주는커녕 반(半)식민지로 전락하고 있다는 분석이 많다.

나라의 진정한 자주성은 그렇게 얄팍한 외교기술로 얻어지는 것이 아니다. 혹자는 유럽의 스위스처럼 중립국가를 지향하는지 모르지만, 스위스가 주변 열강들로부터 독립을 보장받은 것은 단지 스위스의 외교 때문이 아니라 최근 프랑스와 프로이센 사이의 전쟁에 개입하지 않을 것을 선포하고 지켜낼 만큼 국력이 뒷받침됐기 때문이었다. 또 자주는 재물을 가지고 살 수 있는 것도 아니다. 스스로의 힘으로 만들어나가야 한다.

정부는 개혁을 통해서 나라의 힘을 기르고 이를 기초로 외국과 당당히 맞설 때 정치적 자주성이 비로소 확보될 수 있다는 점을 깨달아야 한다. 정부는 이러한 사실을 직시하여 더 이상 외국에 이권을 넘겨주지 않을 뿐 아니라 외국에 넘어간 이권도 하루빨리 회수해야 할 것이다.

그림마당
이은홍

내 배는 살같이 바다를~♪

고종의 환궁 배경과 향후 전망

거국적인 환궁 여론과 러시아의 간섭에 고종 마음 움직여
열강의 세력균형 속에 강력한 왕권구축으로 자주화 노려

국왕의 경운궁 환궁으로, 1년여 동안 나라의 정부가 통째로 러시아 공사관에 몰려가 있는 꼴사나운 나라의 체통이 바로 서게 됐다.

뒤늦게나마 단행된 환궁은 그간 각계 각층에서 계속돼온 환궁 요구가 무엇보다 크게 작용한 것으로 보인다. 고종의 아관파천 이후 전에 없이 크게 일고 있었던 자주독립 수호 여론을 발판으로, 그동안 러시아의 지나친 간섭에 시달려온 고종이 전격적으로 환궁을 결심하게 된 것이다. 이와 함께 아관파천 이후, 일본의 정치적 입김이 현저하게 약화된 정치현실도 중요한 배경으로 지적되고 있다.

한편 이번 환궁은 국가의 체통을 회복했다는 의미를 넘어 정국 흐름에 큰 변화를 가져올 것으로 관측되고 있다. 왕실관계자에 의하면 고종은 러시아 공사관에 머물면서 나라가 더 이상 외국의 손에 이리저리 농락당해서는 안되겠다는 결심을 굳게 했고, 또 그러기 위해선 나라의 중심으로서 국왕의 강력한 정국주도권이 필요하다는 것을 절감했다는 것이다. 그래서 왕권강화를 위한 일련의 방안을 마련 중에 있으며, 이번 환궁도 그런 계획과 무관하지 않다는 관측이다.

이는 최근의 정국을 자세히 살펴보면 쉽게 파악할 수 있다. 지난해 9월, 국왕은 아관파천 이후 내각제도를 폐지하고 의정부제도를 부활시켰다. 의정부제도를 복구시킨 핵심적 이유는 갑오개혁으로 도입된 내각제도에 의해 현저하게 약화된 국왕권을 회복, 국왕이 명실상부하게 국정의 최고책임자로 자리하겠다는 것으로 풀이되고 있다.

이처럼 국왕권 강화를 통해 국가의 자주권을 회복하겠다는 고종의 의도는 한반도에서 세력균형을 이루고 있는 러·일간의 공존국면 속에서 당장은 어느 정도 성과를 거둘 수 있을 것으로 보인다. 그러나 이것은 어디까지나 한시적이고 외부적인 것이어서 근본적으로 국가 내부의 역량이 효과적으로 결집되지 않는다면 언제건 수포로 돌아갈 개연성을 안고 있다는 지적이 많다.

로바노프·야마가다 의정서, 무엇을 담고 있나

일본, 러·일 양국 타협 속에 한반도에 다시 기반구축
향후 이해관계 변화에 따라 치열한 세력각축 예상돼

이번에 체결된 로바노프·야마가다 의정서는 러·일 양국이 한반도에서 세력균형을 취하여 조선을 공동으로 보호하고 감독하겠다는 것을 골자로 하고 있다. 이는 3국간섭과 아관파천으로 조선에서 정치적 영향력을 크게 상실한 일본이 러시아와 세력균형 상태를 유지할 수 있는 발판을 마련했다는 점에서 주목되고 있다. 그러나 이런 세력균형 상태가 과연 오래 지속될 것인가에 대해선 회의적인 시각이 지배적이다.

현재 일본은 한반도에서 최소한의 정치적 교두보라도 확보하는 것이 시급한 과제이다. 그러나 러시아에 대해 국력의 열세를 자인하지 않을 수 없는 일본으로서는 러시아와의 교섭을 통해 이의 해결을 도모할 수밖에 없었고, 그 첫번째 교섭 결과가 바로 1896년 5월 14일에 체결된 웨베르·고무라 각서였다. 이 각서는 아관파천으로 인한 정치적 변화를 기정사실로 인정한다는 것과, 러·일이 조선에 동수의 군대를 주둔시키기로 했다. 결국 일본은 조선에서 러시아 우위를 현실적으로 인정하는 가운데 최소한의 입지를 확보하는 정치적 타협을 본 셈이었다.

그후 일본은 조선에서의 지배력 강화를 위해 러시아와 재협상을 시도, 이번에 로바노프·야마가다 의정서가 체결된 것이다. 이번 의정서 체결과정에서 일본은 러시아의 조선 독점지배권을 배제하는 데 전력을 다했고, 조선에서 양국이 이익을 균점하며 유사시 러·일 양국이 조선을 38도선을 경계로 분할점령하자는 안까지 내놓았다. 러시아는 분할점령은 반대했지만 대체적으로 일본의 요구를 수락했다.

러시아가 이렇게 양보하게 된 것은 조선에 대한 경제적 진출이 일본에 비해서 비교할 수 없게 저조한 탓도 있지만, 현재 건설 중인 시베리아철도의 완성까지는 일본과 직접적인 충돌을 피하려 했기 때문이다.

그러나 러시아는 로바노프·야마가다 의정서를 통해 일본과 세력균형상태를 유지하기로 합의하면서도, 한편으로 한국 정부와 비밀협상을 통해 한반도에서 정치적 우위를 지키려 하고 있어 러·일간의 세력균형상태는 표면적이고 일시적인 것이라는 게 외교전문가들의 지적이다.

러시아는 정부사절단으로 니콜라이 황제 대관식에 참석한 민영환과 밀약을 맺어 러시아 병력으로 고종을 보호하고 군사교관을 파견하여 친위대를 육성하며 차관과 고문을 제공하는 등 한국 정부의 후견인이 되기로 합의했다. 따라서 러·일이 겉으로는 세력균형상태를 유지한다 하더라도 내면적으로는 한반도를 둘러싼 세력경쟁의 암투가 치열하게 계속 전개될 전망이다.

인터뷰 러시아와 밀약 맺은 민영환

"외세의존 위험천만"

러·일이 한국을 공동보호령으로 할 것을 골자로 하는 로바노프·야마가다 의정서 체결 소식이 정가에 큰 파문을 일으키고 있다. 정부의 전권공사로 러시아 황제 대관식에 참석했던 민영환을 만나보았다.

로바노프·야마가다 의정서에 러·일 양국이 한국을 공동보호령으로 한다는 내용이 있어 지금 정가가 시끄럽다. 의정서 체결 당시 직접 현지에 있어서 그 내용을 알았을 것 같은데 …

그 내용에 대해서는 나도 구체적으로 아는 바가 없다. 요즈음의 국제관계는 관계 당사국간의 비밀협상이 많아 당사자가 아닌 경우 내용을 정확히 알기 힘든 현실이다. 외국신문의 추측보도에 의하면 한반도의 유사시에는 러·일이 공동파병하기로 하고 양군의 충돌을 막기 위해 작전구역을 획정했다는 것이다. 이게 사실이라면 이는 러·일이 조선을 공동으로 차지하겠다는 것으로 국제적으로 중대한 사태다. 그러나 이를 공개적으로 표명한 것이 아니라서 우리로서도 효과적으로 대응할 방법이 없다.

일본측이 제안했다는 소위 38선 분할안에 대한 내막은.

일본측이 한반도에서 러시아와 세력을 균점하기 위한 방안의 하나로 유사시 러·일이 조선을 38선 부근에서 분할점령하자고 제안한 것이다. 그러나 조선 전체를 독점하고자 하는 러시아가 이를 거부하여 구체화되지 않고 다만 공동출병의 경우 사전에 작전구역을 정하자는 선에서 타협을 본 것으로 생각된다.

민 공사가 로바노프와 만나 맺은 협약에 대해서 말해달라.

구체적인 내용을 밝힐 순 없다. 지금 우리 조선은 정치·경제·군사적으로 아주 불안한 처지에 있다. 이를 타개해나가기 위해서는 외부의 도움이 필요한 실정이라고 생각되어 러시아에 군사훈련이나 경제문제에 대한 기술적 도움을 요청했다. 그러나 러시아도 이에 대한 막대한 대가를 요구하고 있어 전적으로 러시아에만 의존하는 것도 위험천만한 일이다.

열강의 이권침탈, 무엇이 문제인가

열강의 이권침탈에 대한 각계의 반응

"무분별한 개발로 땅 황폐화, 생계 잇기 힘들다"

평안도 농민 우리 고장에는 미국인들이 와서 금광을 개발한다고 산을 온통 파헤치고 나무를 베어내서 인근 논밭이 날로 황폐해져 농사가 말이 아니다. 또 땅이 없어 광산에서 날품을 팔아 받는 농부들의 품삯이 형편없는 수준이어서 생계를 연명하기도 힘들다. 한때 작업을 거부해 품삯이 조금 올랐지만 일본으로 쌀이 수출되면서 곡가가 턱없이 오른 것을 감안하면 살림살이는 더욱 어려운 실정이다.

경상도 어민 개항이다 뭐다 해서 서양문물이 막 들어오고 나라 정치가 날로 바뀌는 모양인데 그 등쌀에 우리 어부들만 먹고살기가 어렵다. 정부가 일본 어부들에게 경상도일대에서 고기잡는 것을 허용하면서부터 고기잡이로 생계를 이어온 우리는 살 길이 막연해졌다. 특히 일본 어부들은 우리나라 해안에 상륙하여 닭, 개, 돼지 등을 닥치는 대로 잡아가고 부녀자를 겁탈하는 등 해적질을 일삼고 있다. 제발 나라에서 일본 어선의 출몰을 법으로 금해줬으면 좋겠다.

종로 시전상인 개항 이후 지금 우리나라는 전국 방방곡곡 외국 상인의 발길이 닿지 않은 곳이 없다. 그만큼 우리 상인들이 몰락하고 있는 것이다. 청나라를 비롯한 외국 상인들이 심지어 서울에서까지 버젓이 상점을 열어 장사를 하고 있어 우리나라 상권이 송두리째 외국에 넘어가고 있다.

독립협회 회원 외국으로 쌀을 수출하면서 곡가가 올라 가난한 농민들이 살 수 없다고 아우성인 모양인데, 이 문제는 생산력을 높이면 된다. 또 열강에게 이권을 양여해도 어느 한 나라에 치우치지 않게 균형을 취한다면 열강이 서로를 견제하여 국권을 지키는 데 도움이 된다. 이런 균형상태만 잘 유지된다면 열강에게 경제적 이권 한 가지를 내어주는 것은 1개 사단의 군대를 주둔시키는 것 이상의 효과가 있다.

정부당국자 열강에게 넘어가는 광산채굴권 · 철도부설권 등의 이권이 나라 발전에 근간이 되는 것이 사실이다. 우리에게 자본과 기술이 있다면 자체적으로 개발해서 부강한 나라를 만들어야 할 것이다. 그러나 그런 여건이 못되므로 이권을 양여해서라도 개발할 수밖에 없지 않은가. 또 지금 우리나라는 힘이 없어 열강의 이권요구를 정면으로 거부하기 어려운 실정이다.

열강 이권침탈의 성격

제국주의 열강들, 다양한 형태로 후진국에서 경제적 이익을 착취

최근 열강의 이권침탈은 그 양과 질에서 이전과 비교도 되지 않을 만큼 대폭적인 것이다. 우선 양적으로 보면 과거에는 몇 해에 한 건씩 드문드문 이권침탈이 이루어진데 비해서 1896년 이후에는 한 해에도 몇 건씩 무더기로 이권침탈이 이루어지고 있다. 또 질적으로 보면 과거의 이권침탈이 일본과 중국을 중심으로 이루어진 것에 반해, 1896년 이후에는 자본주의가 고도로 발달한 서양 각국이 모두 이권침탈에 뛰어들고 있다.

이권이라고 하면 사전적으로는 '어떤 이익을 얻는 권리'지만 현실정치에서 이것은 제국주의 열강이 후진국에서 경제적 이익을 착취하기 위한 권리이다. 광산채굴권, 수산자원채취권, 산림채벌권 등은 자국 산업의 원료공급을 위한 것이고 전선가설권, 철도부설권, 공장건설권 등은 자국의 잉여자본을 투자할 목적을 가진 이권으로 보다 고도화된 형태다. 최근에는 해운영업권, 해관징세권, 은행설립권 등 금융자본의 침투를 위한 이권으로까지 확대되고 있다.

우리나라에서 이렇게 1896년 이후 이권침탈이 집중적으로 이루어지고 있는 것은 아관파천 이후의 정세에서 말미암은 것이다. 정부가 친러시아 정책으로 기울면서 러시아에게 각종 이권을 내주자 일본, 청, 미국을 비롯한 서구 열강들도 기회균등의 원칙을 주장하고 나선 것이다.

이런 일이 일어나고 있는 것은 우리 일부에서 이러한 이권양여에 대해서 낙관적인 태도를 취하고 있는 것도 한 요인이다. 나라의 경제를 개방하여 열강에게 고르게 이권을 내어주게 되면 열강은 자신의 이권을 지키기 위해서라도 어느 한 나라가 한국에 대해 배타적 지배권을 갖는 것을 방지하려 할 것이라는 주장이다. 열강이 서로 견제하여 균형상태를 이루는 것이 우리 국권을 유지하는 데 매우 유리하다는 것이다.

그러나 이에 대한 우려의 목소리도 만만치 않은데다 농민 등 기층민중의 반외세 기세가 강해 정국은 더욱 복잡하게 전개될 것으로 보인다.

독립협회 결성의 정치적 의미

정동구락부 중심의 개화파 관료가 주축
관변단체 성격을 탈피할 수 있을지 주목돼

이번에 결성된 독립협회는 여러 가지 측면에서 정계의 주목을 받고 있다. 이 단체는 독립문과 독립공원 건립을 목표로 왕실의 지원하에 설립된 관변단체의 성격이 짙다. 독립문 건립논의는 애초 서재필과 정동구락부를 중심으로 한 일부 개화파 관료들을 중심으로 제기되었으며 이러한 움직임을 왕실에서 수용하여 성사를 보게 된 것이다. 이처럼 개화파 관료들과 왕실이 독립문 건립문제에 의견일치를 볼 수 있었던 것은 양측의 정치적 절충이 성립했기 때문이다. 독립협회측은 사대의 상징이었던 영은문을 헐고 중국으로부터의 자주독립을 표방하는 독립문을 건립함으로써 갑신정변 이래 일관된 개화파의 주장을 관철시키고 이를 통해 자파세력을 결집하려 한 것으로 보인다. 한편 고종을 중심으로 한 왕실이 건립기금의 5분의 1에 가까운 1000원이라는 거액을 하사한 것은 개화파를 왕권 자체에 도전하지 않는 범위에 묶어두면서 일정 국면까지 그들과 협력관계를 유지하려는 속셈으로 보인다. 더구나 중국으로부터의 독립이라는 문제가 개화파의 주장이기는 하지만 왕실에서 추진하고 있는 왕권강화와 반드시 대립되는 것은 아니며 오히려 이를 적극적으로 활용하는 것이 바람직하다고 판단한 듯하다. 이렇게 독립문 건립사업은 왕실과 정동구락부를 중심으로 한 개화파 관료의 동상이몽 속에서 추진되고 있으며 그 과정에서 독립협회가 결성된 것이다. 그러나 이 단체는 장차 국민들에 대한 계몽활동을 전개할 계획을 갖고 있어 관변단체의 성격을 벗어나 독자적인 정치세력으로 부상할 것이라는 관측이 지배적이다.

미니 해설 | 정동구락부란?

서양 공사관 많은 정동에 형성된 친목 단체

정동구락부는 조선 주재 서양의 외교관, 선교사들과 조선의 일부 고관들이 친목을 표방하고 1894년경 설립한 단체. 정동은 구미 공사관과 호텔 등 사교장이 많아, 조선 정계의 인사들이 사교의 목적으로 이곳을 드나들면서 하나의 정치세력을 형성했다. 고종과 민비가 이들 친러, 친미파 관료들의 정동 출입을 적극 지원, 정동구락부는 일본세력을 배제한 주한 외교관, 선교사들과 조선의 친서구적 고관들 사이의 연락기관, 정치단체가 됐다. 1895년 11월의 춘생문사건도 이들이 주도했다. 주요회원은 민영환, 윤치호, 이상재, 서재필, 이완용 등과 미국공사 실, 프랑스영사 플랑시, 조선 정부의 고문인 르장드르, 다이, 선교사 언더우드, 아펜젤러 등. 세상에서는 이들 조선 관료들을 미국파, 정동파라고 부르기도 한다.

이권 거간꾼, 알렌

왕실과의 관계 이용, 광산 개발권과 철도부설권 따내

조선에 와 있는 외국공사와 선교사들이 외교나 선교는 뒷전이고 이권쟁기기에 급급하여 분노를 사고 있는데, 그 대표적 인물로 미국공사 알렌이 손꼽히고 있다. 원래 선교사로 조선에 왔던 알렌은 의사이기도 하여 갑신정변 때 중상을 입었던 민영익을 치료한 것이 계기가 되어 왕실과 가까워졌다. 이때만해도 그는 순수해보였다. 그러나 그의 지갑은 항상 비어 있었고, 선교사업도 여의치 않았다. 그래서 1887년에는 선교사의 옷을 벗고 주미 조선 공사관에 외국인 서기관으로 취직하여 미국으로 갔다. 이때부터 돈맛을 알게 됐다. 미국에서 그는 금융업자나 자본가들과 접촉하면서 조선에서의 여러 가지 사업구상을 하기 시작했다. 1890년 이번에는 조선주재 미국 공사관 서기관으로 다시 조선에 왔는데 자신의 지위를 이용하여 이권획득에 혈안이 되었다. 아관파천 후 그는 고종을 움직여 자신에 우호적인 박정양, 이채연, 이완용 등을 고관에 앉힘으로써 이권획득의 발판을 마련했고, 마침내 그의 친구이자 후원인 모스에게 운산 광산개발권을 따줬다. 모스는 운산광산에서 엄청난 돈을 벌었고 알렌이 그로부터 상당한 선물을 받았음은 물론이다. 이어 경인 철도부설권도 모스에게 따줬다. 알렌은 그런 공로 때문인지 1897년 8월 그렇게 탐내던 주한 미국공사 자리에 앉았다. 그는 이 두 가지 이권획득을 "우리가 이룩한 최대의 외교적 성공"이라고 자화자찬했다. 또 이를 두고 그가 했다는 말이 더욱 가관이다. "이번 계약으로 미국인이 조선에 대해 보다 더 큰 관심을 갖게 된 것은 조선의 큰 행운이다."

성황리에 독립문 정초식 거행

독립협회 주도, 국민 성금 모아 … 옛 영은문 터에, 1년 뒤 완공

1896년 11월 21일 서대문 밖 옛 영은문 터에서 관립 영어학교와 사립 배재학교 학생 등 약 5, 6천 명이 모인 가운데 독립문 정초식이 거행되었다.

지난 7월 2일 독립문과 독립공원 건립을 위해서 독립협회가 결성되었으며, 이 단체가 주동이 되어 독립문 건립을 위한 모금운동을 벌여왔는데, 이것이 큰 성과를 거두어 이번에 독립문 정초식을 거행하게 된 것이다.

독립문 설계는 러시아 기사 사바틴이 맡고, 공역 감독은 우리나라 기사 심의석이 담당할 예정이다.

독립문이 대신 들어설 영은문. 이 영은문은 실제로 지난 청 · 일전쟁 때 일본군에 의해 불태워지고 돌기둥만 남아 있는 상태다.

호적에 신분기록 없앤다

〈호구조사규칙〉 발표

1896년 〈호구조사규칙〉이 발표됐다. 이에 따르면 앞으로 호적에는 더 이상 신분을 기재하지 않으며 단순히 직업만을 기록하게 된다. 아울러 인쇄된 서식을 마련하여 기록자가 빈 칸을 채우는 방식으로 작성하게 된다. 이전에는 일정한 양식에 따라 처음부터 끝까지 필사로 기록했었다. 그리고 이전과는 달리 처가쪽 가계는 기록하지 않고 호주쪽 가계만 기록한다. 이번 규칙의 골자는 지난 1894년 갑오개혁 때 신분제도가 공식적으로 폐지된 마당에 호적에 계속 신분을 기록할 필요가 없어졌기 때문이다.

호적의 역사는 삼국시대 이전의

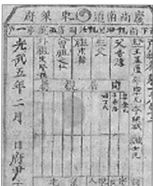
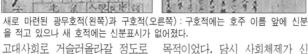

새로 마련된 광무호적(왼쪽)과 구호적(오른쪽) : 구호적에는 호주 이름 앞에 신분을 적고 있으나 새 호적에는 신분표시가 없어졌다.

고대사회로 거슬러올라갈 정도로 오랜 연원을 가지고 있다. 이 호적은 단지 호구조사가 목적이 아니라 그를 통한 조세징수가 주요

목적이었다. 당시 사회체제가 신분사회이고 조세 역시 신분에 따라 다르게 부과됐기 때문에 신분 기재는 필수적이었다.

명성왕후, 홍릉에 안장키로

1897년 1월 6일 정부는 을미사변에서 참변을 당한 왕후의 시호를 명성, 능호를 홍릉으로 정하고 국장 비용으로 탁지부에서 10만 원을 지출하기로 결정했다. 다만 국장은 국왕이 러시아 공사관에 머물고 있는 비정상적 상태라 환궁한 뒤에 치르기로 하였다. 한편 총호사(摠護使) 조병세는 이미 작년 말부터 각지에 지관(地官)을 파견하여 장지를 알아보게 하였는데 최종 후보지는 연희궁, 개운사, 청량리로 좁혀졌고 결국 상길(上吉)의 상을 가진 청량리 땅으로 낙착됐다. 왕후의 국장은 이미 재작년 을미사변이 일어난 지 두 달여만에 결정이 됐으나 아관파천 등 정세의 급변으로 인해 지연되다가 이번에 다시 거론된 것이다.

「독립협회회보」 창간

일본유학생 중심 필진 구성

1896년 11월 30일 독립협회는 기관지인 「대조선독립협회회보」를 창간했다. 독립협회는 이 잡지의 발행을 통해 자신들의 취지와 주장을 밝히는 것과 동시에, 실업과 자연과학에 대한 지식 및 서양 각국의 사정을 소개하여 국민들을 계몽하겠다고 밝히고 있다. 이 잡지는 매달 15일과 말일에 발행할 예정인데 매호당 1000부씩 발행할 것이라고 한다. 이 잡지의 필진으로는 「독립신문」의 대표인 서재필씨도 참여하고 있기는 하지만 위생과 자연과학에 대한 지식을 소개한 글을 기고하는 정도에 그치고 있으며, 안명선, 남순희, 신해영 등 일본유학생들이 주축을 이루고 있는 것으로 알려져 있다. 그런데 이들은 일본에 망명 중인 박영효씨와 연결되어 있지 않을까 추정되고 있다.

"해도 너무한다"

러시아, 이권 개입 극성 …
절영도 조차 요구, 동해에서 고래잡이 확장

러시아는 우리 정부에게 부산 절영도의 조차를 요구하고 있는데 이는 부동항을 얻기 위한 러시아의 전통적인 남하정책의 일환이며, 또한 대륙에 진출을 시도하는 일본세력을 억제하기 위해 취해지고 있는 조치로 파악된다. 절영도 조차문제는 이미 1896년 5월 러시아 황제의 대관식에 특명공사로 파견되었던 민영환과 러시아 외무대신 로바노프 사이에 체결된 조·러밀약안에도 언급된 바 있다.

그러나 절영도는 이미 1885년부터 각 외국 상민의 거류지로 내정되었으며, 일본은 이미 그들 함대의 석탄저장고로 사용하고 있는 중이기 때문에 각국 대표들도 반대할뿐더러 정부대신도 이를 수용하기에는 난처한 입장이라 이에 대한 결정에는 난항이 예상된다.

또 러시아는 1896년 1월 14일부터 5월 하순 사이에 동해에서 무려 54마리의 고래를 잡는 실적을 올린 것으로 밝혀졌다. 이는 러시아가 최근 우리 동해안의 울산, 성진, 진보 등 어장을 조차하여 무제한으로 포경사업을 전개해온 결과이다. 울산, 성진, 진보 등 어장은 20년간 러시아에 조차됐으며, 잡은 고래에 대해서는 한 마리당 20달러씩을 우리 정부에 납부하기로 돼 있다. 또는 만약 계약기간 중에 이들 어장을 자유항으로 할 경우에는 조선 정부가 6개월 전에 케이제를링에게 통고하도록 돼 있다.

러시아는 일찍부터 동해에 고래가 많다는 사실을 탐지하고 이에 관심을 쏟아오던 중 1896년에는 케이제를링 백작이 동해에 포경장을 설립하고 우리 정부와 교섭을 벌였었다.

러시아, 알렉세예프 탁지부 고문관 임명

1897년 10월 4일 서울에 도착한 러시아인 알렉세예프가 이번 11월, 영국인 전임 탁지부 고문관 브라운과 전격 교체되었다. 그동안 탁지부 고문관으로서 직무수행을 성실히 하여 잉여금 300만 원을 저축, 신임이 두터웠던 브라운을 경질하고 러시아인으로 교체한 것은 조선 조정에 미치고 있는 러시아세력의 영향력으로 판단되고 있다. 알렉세예프의 부임 사실은 그것이 고용계약의 형식을 취하고는 있지만, 결과적으로 조선의 재정권이 러시아의 영향을 받지 않을 수 없는 상황이다. 이에 대해 독립협회는 독립신문을 통해 러시아의 조선에 대한 군사권, 재정권 간섭 등 침략적 행위에 대해 신랄하게 규탄하고 있으며, 독립협회 대변인

은 이를 여론화시켜 크게 반대운동을 전개할 방침이라고 밝혔다.

러, 교련관 추가 부임

1897년 8월 3일 교련관 자격으로 러시아 군인 13명이 추가로 부임해 왔다. 이는 지난해 10월 24일 러시아 푸티아타대령이 장교 3명과 하사관 10명을 인솔하여 군사교관으로 내한한 데 이은 것으로, 고종이 러시아 공사관으로부터 환궁한 다음부터는 이들이 궁궐경비의 임무까지 담당하고 있는 상황에서 이번 추가 부임은 은연중에 러시아가 조선의 군사지휘권을 손아귀에 넣는 것이 아니냐는 지적에 따라 내외여론의 반발이 클 것으로 예상된다.

김구, 특사 석방

경인 전화선으로 사형집행 직전 극적으로 구출

1897년 고종황제의 특별사면으로 일본군 중위를 죽인 김구의 사형이 극적으로 중지되었다. 이번 특사는 김구가 사형될 것이라는 사실을 뒤늦게 안 고종이 때마침 개통된 경인간 전화선으로 특사를 명해 김구는 사형 직전에 목숨을 구해 화제가 되고 있다. 김구는 1896년 2월 안악 치하포에서 일본군 중위 쓰치다(土田壤亮)를 살해한 혐의로 사형선고를 받았다. 고종황제는 이러한 범행

동기를 참작하여 특사를 내린 것으로 알려지고 있다. 김구는 해주출신으로 본명은 창수인데, 일찍이 동학에 입도하여 갑오농민전쟁 당시에는 팔봉접주가 되어 동학군의 선봉장으로 해주성을 공략한 바 있는 인물이다. 이후 압록강을 건너가 남만주의 김이언의 의병부대에 가담하여 일본군과 맞서 싸웠는데 을미사변으로 충격을 받고 귀향하여 이 사건을 일으켰었다.

No Touch! 운산 노다지 금광을 찾아서

전체 조선 금 생산량의 25% 생산 … 조선 노동자 임금 너무 적어 분쟁 일기도

열강의 주된 이권침탈 대상이 금광에 집중된 가운데 정부가 1895년 미국에 평안도 운산금광 채굴권을 양여한 것을 필두로 해서 이듬해에는 러시아에 경원·경성 광산채굴권을, 1897년에는 독일에 당현 금광채굴권을 넘겨주게 되었다. 본지에서는 이번에 소위 노다지 금광으로 이름난 평안도 운산금광을 찾았다.

"세금을 면제받는 대신 주식의 4분의 1을 왕실에 상납한 바 있고, 또 처음 착공 때 일시금으로 20만 원을 상납했다. 지금도 손익에 관계없이 매월 6백 원을 상납하고 있고, 전신료(電信料) 명목으로 매년 3천5백 원을 왕실에 상납하기로 돼 있다"며 자신들이 공짜로 이곳에서 이익을 취하는 것이 아니라고 엄살을 떨었다. 왕실은 그 엄청난 돈을 받아 국정에 제대로 쓰기는 하는 것인지, 요즘 정국을 보노라면 마음속에 의혹의 먹구름만 뭉게뭉게 피어오른다.

평안북도 영변에서 구룡강을 따라 북쪽으로 펼쳐져 있는 평야지대를 따라가다보면 갑자기 험준한 산세가 턱 가로막고 나서는데 바로 이곳이 금으로 유명한 운산이다. 남쪽만 빼고는 사방이 산으로 둘러싸여 있지만 한가운데 초리 저수지를 중심으로 분지지형을 이루고 있어 살기에 험해보이지는 않는다. 그러나 광산촌에 괴물같이 엄청나게 큰 건물이 요란한 소리를 토해내며 광석을 처리하고 있는 모습은 산기슭에 움집처럼 나지막하게 지어져 있는 노동자 숙소와 대비돼 기묘한 정경을 연출하고 있었다.

이곳 사람들은 요즘 금을 노다지라고 부른다. 이는 최근 미국계 금광회사인 동양합동광업회사가 서구식 기계공법으로 채굴에 들어갔는데 금이 마구 쏟아져 나온다는 소문을 들은 지역주민들이 금광회사의 철조망으로 모여들자 이를 제지하려는 미국인들이 "No touch! No touch!"를 연발해 주민들이 이를 '노다지'로 알아들은 데서 유래한 것이라고 한다. 과연 산의 중턱마다 허옇게 맨살을 드러내고 있어 채광이 활발하게 이루어지고 있는 것을 알 수 있다.

이곳에서는 해마다 200~500만 원어치의 금을 캘 수 있을 것이라고 하는데 이는 매년 정부예산과 맞먹는 엄청난 금액이다. 또 비공식 집계이기는 하지만 전체 조선 금 생산량의 4분의 1에 해당하는 양이다. 이렇게 재산가치가 높은 광산을 왜 미국인들에게 넘겨준 것일까. 의문이 들지 않을 수 없다. 이곳 경영자 헌트는 이에 대해

금광을 운영하는 경영진은 모두 미국인으로 약 40명 가량 되고 노동자로 조선인 1천2백여 명을 고용하고 있다. 애초에는 임금이 형편없이 적어 우리 노동자들이 작업을 거부했다고 한다. 지금은 일당 40센트로 조정이 돼 작업이 진행되고 있기는 하지만, 이들이 취해가는 이익에 비하면 아직도 너무 적은 액수라는 것이 이곳 노동자들의 한결같은 불만이다.

이곳 운산일대의 광산은 이 동양합동광업회사가 25년간 특혜권을 보유하게 돼 있다. 현재는 우리 기술이 부족해 이들에게 의탁할 수밖에 없는 측면도 있지만, 25년 동안 이들이 단물만 다 빼먹어가면 그 다음에는 우리가 기술을 습득해봤자 무슨 소용이 있겠는가. 영변으로 되돌아오는 길에 흐드러지게 핀 진달래꽃이 위정자들에 대한 원망의 아우성으로 울부짖는 듯하다.

민간인 대상 한성은행 설립

정부 대상 조선은행과 달리 문턱 대폭 낮춰

1897년 2월 재력가 김종한 등이 자본금 20만 원으로 광통교(광교)에 한성은행을 설립했다. 우리나라 최초의 은행으로는 이미 1896년에 설립된 조선은행이 있지만, 조선은행은 주로 정부와 황실을 대상으로 재산의 보관과 금융을 담당하고 있어 일반 상인들의 이용은 사실상 불가능했다. 또 개항 이후 부산에 일본인들이 본국 다이이치(第一)은행 지점을 개설해 활동하고 있고, 이후 중국인과 영국인 합작은행인 홍콩상해은행 인천지점도 개설돼 있으나 이는 우리 자본이 아니다. 따라서 이번 한성은행은 우리 조선인에 의한 최초의 민간인 대상 은행이란 점에서 주목을 끌고 있다.

주요 영업방향은 상인들을 대상으로 한 환전과 대출로 잡고 있다. 그러나 외국계에 비해 자금력과 영업력이 뒤지기 때문에 고전이 예상된다. 다이이치은행은 왕실에 대출을 해주고 부산 관세를 담보로 잡아 짭짤한 재미를 보고 있고, 홍콩 상해은행은 외국을 상대로 한 무역업무에 중점을 둬 역시 상당한 이득을 올리고 있다.

설립자 김종한은 관리출신이지만 원래 이재에 밝아 관직에 있는 동안에도 상인들을 대상으로 대금업을 해오던 사람이다.

민족자본 무시하는 은행정책에 반대한다

"정부 지원만 있다면 객주 중심의 전통 금융업도 얼마든지 외국은행과 경쟁 가능하다 "

한성은행이 조선 자본에 의한 최초의 근대적 은행이라고 크게 광고되고 있는데 평생을 객주로 살아온 나로서는 솔직히 불만이다. 은행일이란 게 알고보니 우리가 해오던 일과 별반 다를 것도 없지 않은가.

생산자와 상인들 사이에서 자금 유통을 담당하는 게 우리들의 업무다. 생산자가 이러저러한 사정으로 시장에서 물건을 처분하지 못할 때 우리가 물건을 인수하고 자금을 융통해준다. 영업의 범위만 더 넓히면 우리도 은행과 같은 업무를 충분히 해낼 수 있다. 더구나 우리가 발행하는 어음은 현금과 다름없이 유통되고 있다. 나아가 예금도 이미 일찍부터 취급해오고 있다. 그 대상이 상인이나 대생산자 그리고 양반, 왕실 등에 국한되기는 하지만 돈을 맡아주고 그에 대해 대략 2부 정도의 이자를 보장해주고 있다.

최근 외국계 은행들이 국내에 들어와 막대한 수입을 올리고 있는데 이는 대체로 두 가지 이유 때문이다. 하나는 그들의 자금규모가 워낙 큰 데 따른 것이다. 우리도 그에 맞서 객주끼리 연합해서 객주조합을 결성해 대항하고 있다. 원산상의소는 1883년부터 활동해오고 있고, 이후 인천객주상회와 부산상법회사가 결성돼 오늘에 이르고 있지만 자금력 부족으로 역부족인 상태다. 그러나 또 하나의 걸림돌은 정부와 왕실이 이들 외국인들의 집중적인 로비에 휘둘려 이들에게 각종 이권을 넘겨주고 있는 데 있다. 윗분들이 그들로부터 로비자금을 얼마나 받는지는 알 수 없지만 눈앞의 이익만 보고 국가를 생각지 않는 것 같아 씁쓸하다.

우리도 정부가 지원만 해준다면 얼마든지 외국은행과 경쟁할 수 있다. 최근 우리나라 사람이 설립한 은행도 있기는 하지만 고위관료들이 중심이 된 것으로 우리 중소상인들과는 거리가 한참 멀다. 우리 상인들의 역량을 도외시하고 외세와 관권에 편향된 금융정책이 가져올 폐해를 정부가 하루 속히 깨닫기를 바란다. 　　　　— 개성에서 객주 김서방

최초의 주식회사

대조선저마회사 창립

1897년 한성에서 대조선저마(苧麻)제사회사가 창설되었다. 이 회사는 앞으로 조선산 삼과 모시로 만든 실을 중국으로 수출할 예정이다. 특히 이 회사가 보인 주식회사 형태는 조선에서는 최초여서 관심을 끌고 있다. 주식 발기는 독립협회 회원들인 안경수, 이재형, 서재필 등이 나섰으며 주식공모는 한 주에 20원으로 했다. 일반인들의 호응이 높아 공모하자마자 70여 명이 응모, 1만 7천여 원의 자본금이 모금됐다고 한다. 이렇게 해서 조선인이 3만 5천 원, 일본 요코하마에 거주하는 영국인과 미국인 10명이 동일한 3만 5천 원을 출자하여 이번에 정식으로 주식회사를 설립한 것이다.

회사 임원으로는 회장에 안경수, 부회장에 이재형 등이고 주무관으로는 안경수 등 조선인 이외에 미국인 타운젠드와 영국인 존슨 등이 종사할 예정이다. 그동안 외국의 주식회사가 국내에 들어와 영업을 하는 경우는 많았지만, 이번과 같이 조선인이 주동이 돼 주식회사를 설립한 것은 처음이라 이 회사의 성장에 기대를 표시하는 이들이 많다.

인신매매까지 일삼아 사회문제화

우리나라에 들어온 일본인들은 주로 약장사와 전당포를 많이 하고 있는 것으로 밝혀졌다. 특히 전당포업은 일본인이 진출한 곳마다 반드시 있고, 특히 서울의 일본인 거류지인 진고개(충무로) 일대에는 한 집 건너 전당포가 있다고 할 수 있을 정도다.

일본인들이 전당포업을 선호하는 것은 고리대를 통해 손쉽게 돈을 벌 수 있기 때문이다. 우리 조선인들은 옷이나 옷감·비녀·반지·가구 등을 주로 저당잡히고 있고, 지방의 경우 농지 혹은 예상수확량을 담보로 돈을 빌리고 있다. 이자는 월 최소 3부에서 최고 1할로 엄청난 고리대이다. 거기다 생산활동을 위해 돈을 빌리는 게 아니라 당장 먹고살기 위해 빌리는 경우가 많아 기한 내에 갚지 못해 담보로 맡긴 땅을 빼앗기는 경우가 허다하다.

이런 가운데 저당잡힐 물건이 없는 이들이 아내나 딸을 저당잡히는 경우까지 생겨나고 있어 충격을 주고 있다. 값은 나이와 생김새에 따라 다르지만 대개 중류 가정의 혼인비용을 기준으로 한다. 전당포 주인은 저당잡힌 여성을 다시 홀아비로 사는 일본인들에게 일정기한 돈을 받고 빌려주는데, 기한이 됐을 경우 여인을 돌려받기보다는 전당포 주인이 중매를 해 그동안 같이 지낸 일본인에게 아주 팔아넘기는 경우가 많다. 맡긴 남성도 돌려받기는 마음이 내키지 않을 것이 뻔해 이런 일이 손쉽게 일어나는 것으로 보인다. 이런 현상에 대해 일부에서는 "이러다가 앞으로 전문적으로 인신매매를 하는 매춘업이 등장할 날도 멀지 않았다"고 우려를 표하고 있다.

서울 시내에 석유 가로등 등장

석유 공급권 놓고 미·러·일 상인 분쟁

1897년 1월 1일 최초로 서울 종로거리를 중심으로 가로등이 등장, 밤길을 환하게 밝혀 서울이 새로운 면모를 갖추게 됐다. 석유 등잔불은 이미 1880년대부터 일반에 보급돼 석유 가로등 자체가 새로울 것은 없지만, 얼마 전 「독립신문」에서 서울이 타국의 수도와 달리 가로등이 없어 야간통행에 극히 불편하다고 지적한 이래 정부에서 이의 설치를 추진해왔다.

한편 가로등에 사용되는 석유는 미국 상인 타운젠드가 미국산 〈스탠다드〉 석유를 독점 공급할 것으로 전망된다. 타운젠드는 최근 인천과 부산에 석유 6만 상자를 저장할 수 있는 대규모 탱크를 건립한 상태이다. 한편 일본과 러시아 상인들이 질이 나쁜 자신들의 석유를 〈스탠다드〉 석유라고 속여 팔고 있어 이들 상인간에 분쟁이 예상된다.

역사신문

이번 호의 인물   서 재 필

돌아온 개화파 '필립 제이슨'

옛날부터 서재필을 알았던 사람들은 요즈음 그를 보면 여러모로 당황할 것이다. 10여 년 동안 미국에서 망명생활을 하였고 미국에서 공부하여 의사가 되었다고 하지만 저렇게까지 철저하게 미국 사람이 될 수 있을까 하고 놀라게 된다. 게다가 한국에 와서도 자신의 이름을 거침없이 필립 제이슨이라고 할 때는 곤혹스럽기 짝이 없다. 이런 모습은 지난 과거를 되돌아보면 전혀 이해가 안되는 것도 아니다.

대구서씨 명문가에서 태어나 약관 14살에 과거에 급제, 일찍부터 박영효·홍영식 등과 어울리면서 개화에 눈뜨게 되었다. 1883년 김옥균의 권유로 일본육군학교에 유학, 군사학을 공부하고 돌아왔는데, 세상물정 모르는 갓스물의 어린 나이에 갑신정변에 참여했다가 가족이 모두 죽는 멸문지화를 당했다. 부모·형·아내는 역적으로 몰려 자살했고, 동생은 참형되었으며 두 살난 어린 아들은 굶어죽었다.

이런 충격으로 그는 조국을 철저히 등지게 되었을 것이다. 자신의 불행을 가져온 한국의 정황은 미국 문명의 기준으로 볼 때 미개의 극치였고 철저히 구제해야 할 대상인 것이다. 그가 귀국하여 독립협회와 「독립신문」을 만들어 문명개화를 외치고 있는 것은 이런 맥락에서 보면 그에게는 당연한 일이다. 또 「독립신문」을 발간하면서 거액의 보수를 요구하여 철저히 잇속을 챙기는 것 또한 미국 문명의 눈으로 볼 때 그가 당연히 요구할 수 있는 것이다. 이쯤 되면 그가 한국에서 문명개화를 외치며 동분서주하는 것은 낙후된 조국을 근대화시키겠다는 신념에서가 아니라 문명화된 미국 사람의 입장에서 충분한 보수를 받고 자기 직책을 수행하는 것으로 보인다.

그가 주도한 독립협회가 러시아세력 반대운동에 열을 올리고 있는데, 이것도 러시아의 남하를 막아야 하는 미국의 입장과 관련이 있다고 보는 것은 지나친 추측일까. 높아만 가는 외침의 격랑 속에 그의 행보가 주목된다.

1864년생. 본관은 대구, 호는 송재(松齋), 미국명 필립 제이슨.

기획 연재   민영환과 함께 떠나는 세계일주 〈2〉

활동사진 보고 놀라 "이치는 알 수가 없다" … 천문대도 탐방

6월 17일 페테르부르크에서 … 저녁에 공원에 놀러갔다가 어떤 집에 들어가니 캄캄하여 아무것도 보이지 않았다. 그런데 별안간 옆 벽에서 광선이 비치면서 사람이 가고 말이 가는 것이 천태만상으로 활동을 하여 꼭 실제와 같았다. 화첩을 유리에 비취서 전기로 요동시킨 것이라 하나 그 이치는 알 수가 없다.

7월 3일 … 재판소를 구경갔다. 옥을 보니 집은 3층인데 중죄수는 간마다 1인을 두고 경죄수는 큰 간에다 10여 명씩 둔다. 죄수에게는 칼을 씌우지 않고 차꼬도 채우지 않으며 침대와 침구를 준비하여 편안히 앉아 있게 한다. 하루 세 번 식사와 의복을 주고 또 병원, 운동장, 목욕간도 있다. 죄수들에게 기술을 가르쳐 물건을 만들게 하는데 못만드는 게 없다. 그 공임으로 9할은 국고로 들어가고 나머지 1할은 장부에 기록해뒀다가 출옥할 때 계산해준다. 이렇게 큰 고초는 안주고 회개하도록 지도하니 죄인 처치하는 방법이 훌륭하다.

7월 8일 … 탁지관 미하일로프스키와 함께 제지소에 갔다. 넓고 큰 집에 방마다 기계를 놓았다. 첫 간에는 북같이 생긴 쇠시루 수십 개를 놓고 휴지, 헌솜, 헝겊 같은 물건을 석탄불로 쪄내고, 다음 간에서 잘게 썰어 큰 통같이 생긴 곳에 담고 물을 부어 기계로 갈아 줄줄 흐르는 흰즙을 만든다. 이것을 다음 간에서 베 발에 받으니 눈빛같이 흰 전지가 된다. 다음 간에서는 말리고 다음에 쪽쪽이 썰어 각양각색 무늬를 찍어낸다. 불과 몇 분 동안에 헌 물건이 종이로 변한다. 이 한 곳에서 만드는 종이로 전국이 넉넉히 쓴다고 한다. 각종 부패한 물건을 산같이 쌓아놓는데 세상에 버릴 것 없다는 말이 꼭 옳다.

7월 18일 … 탄환제조창을 가보았다. 기계의 굉장함이 보던 중 제일이요, 대소대포와 수뢰대포가 수없이 쌓여 있다. 대포 중 큰 것이 길이가 8~9척이요, 주위가 몇 아름이나 된다. 이런 큰 대포는 1년에 하나밖에 못만든다고 한다. 연일 대소 병기를 제조하는 것을 보니, 장차 어디에 쓰려고 거기에 희생될 생명을 생각하면 딱한 일이다. 하늘이 우리 생명을 편안케 하시려 한다면 이러한 제조는 안하고 농기구만 제조할 날이 꼭 있을 것이다.

7월 21일 … 상수도 시설을 가보았다. 취수기계 18개로 큰 철파이프를 통해 예나 강물을 끌어들인 뒤 큰 철망으로 더러운 것을 거른다. 다시 취수기로 물 거르는 기계에 올리면 체가 받아 미세한 먼지까지 다 거른다. 그 다음에 큰 석굴 같은 저수지로 끌어올린다. 저수지 안 하층에는 큰 돌을 펴고 중간에는 작은 돌을 펴고 위에는 고운 모래를 펴서 물이 통과하게 한다. 그 다음 취수기가 1백9십 척 되는 데까지 물을 올려서 철파이프로 도내 각처에 나누어보낸다. 페테르부르크 전체가 사용하는 물이 다 이 물이요, 우물이 없다. 강물을 취수하는 데서 물을 공급하는 데까지 십 리나 되는데 물 한 방울도 새지 않으니 참 큰 시설이요, 편리한 일이다.

7월 31일 … 브란손과 고르피노에 있는 천문대에 가보았다. 둥근 집 속에 망원경 4, 5기를 가설하고 위에는 유리를 덮어 여닫게 하였는데 2백5~60배를 볼 수 있다 한다. 12년 전에 이 가옥을 건축하고 그 안에 윤전기(輪轉機)와 전기를 장치하고 렌즈를 달았다고 한다. 집 위에 유리창을 열고 이것을 들어 별을 보고, 또 별이 도는 대로 전기 렌즈를 돌려 도수를 맞춰보게 돼 있다. 한 별을 렌즈로 보니 크기가 사발만 하고 광선이 사방으로 뻗친다. 천문학자의 말을 들으니 태양은 도가니 속에 있는 쇠와 같으며 그 불꽃이 나와 광채가 된다고 하고, 달은 암흑의 큰 덩어리인데 일광이 비쳐 광선을 내고 지구와의 간격 때문에 크고 작아지는 것이라고 한다. 별들은 멀어서 자세히 관찰할 수는 없으나 별똥에서 돌 같은 것이 떨어지는 것으로 보아 생물이 없는 것 같으나 또 다른 세계가 있다고 한다.

은하라는 것은 여러 별이 광선을 내는 것이라고 한다. 서양 사람들의 과학 중에는 천문학이 매우 발달하여 혜성이 몇 해에 한 번씩 보일 것을 미리 알고 있어 우리나라와 같이 재앙으로 여기지 않는다.

해외 소식

"인간 이성 앞에 불가능은 없다"
세계는 지금 과학기술혁명의 시대

1889년 프랑스 파리에서 프랑스혁명 1백주년을 기념하는 만국박람회가 열렸다. 그런데 이 박람회의 총아는 프랑스혁명 기념 열기가 아니라 바로 파리 시내에 노아의 방주처럼 하늘 높이 치솟은 에펠탑이다. 그리고 이 에펠탑은 현재 유럽을 뒤덮고 있는 과학기술혁명의 상징임을 아무도 부정하지 않는다. 이른바 산업혁명은 50여 년 전 영국에서 꽃피었고 그 중심은 면방직과 철강 부문 정도였다. 하지만 현재 유럽 각국으로 번져나간 산업혁명의 여파는 인간생활의 모든 면에서 획기적인 변화를 몰아오고 있다. 인간 이성이 도달하지 못한 미지의 영역은 더 이상 없어 보인다.

자동차와 전차의 교통혁명

독일의 벤츠와 다임러가 1885년에 만드는 데 성공했다. 가솔린을 연료로 하는 내연기관을 발명하고 이것을 마차를 약간 개량한 2륜차와 3륜차에 장착하고 특허를 얻어낸 것이다. 물론 이전에도 증기기관을 이용한 자동차가 없었던 것은 아니지만 내연기관, 즉 가솔린 엔진은 그것과는 차원을 달리하는 첨단기관이다. 이 첨단기관을 만들기 위해서는 제철, 금속가공, 기계공학 등에 관련된 수백 가지 기술수준이 뒷받침돼야 하기 때문에 과학기술혁명의 꽃이라고까지 말할 수 있다. 역시 독일의 지멘스는 1879년 전기로 운행하는 전차를 개발해 운송수단의 개발이 혁명기를 맞이하고 있다.

공간을 초월하는 통신

유럽 모든 국가들은 거미줄로 엉켜 있다. 만약 하늘에서 본다면 이것은 글자 그대로 사실이다. 전신선이 모든 도시들을 서로 연결하고 있는 것이다. 대서양을 가로질러 미국과 연결되는 전신선도 이미 1866년에 가설된 상태다. 요즘의 전신은 초기와 같이 단방향으로만 신호를 보내고 그 신호를 다시 해독하는 모스방식과는 차원이 다르다. 지난 1874년 에디슨이 개발한 4중회로 방식을 채택해 한번에 2개씩 양 방향으로 총 4개의 전문을 동시에 보낼 뿐 아니라, 신호를 받는 즉시 자동으로 인쇄가 되는 기계도 선보이고 있어 머지않아 일반화될 전망이다. 에디슨은 이어 1876년 소리를 저장할 수 있는 축음기를 발명하고 이어 활동사진을 가능케 한 영사기를 발명해 문화적 충격파를 던지고 있다.

전화도 급속하게 일반화되고 있다. 1876년 미국의 벨이 특허를 따낸 이래 현재 미국에는 15만여 대의 전화가 가설돼 있고 영국에도 2만 6천여 대, 프랑스와 러시아에는 각기 9천여 대와 7천여 대가 가설돼 있다. 소식전달에서 공간적 제약은 이제 극복됐다고 봐도 지나치지 않다.

질병으로부터의 해방

요즘 유럽에서는 콜레라 환자가 드물다. 이는 최근 문을 연 파스퇴르연구소의 창립자 루이 파스퇴르의 업적에 힘입은 바가 크다. 모든 질병은 세균이나 박테리아나 바이러스에 의한 감염이 원인이라는 사실이 그의 실험에 의해 밝혀졌다. 더욱 놀라운 발견은 실험실에서 이들 미생물들을 화학적으로 약화시킨 뒤 인체에 투입하면, 해당 질병에 대한 면역이 생긴다는 사실이다. 그의 연구를 뒤이어 영국의 리스터는 방부제를, 심프슨은 마취제를 개발했다. 또 독일의 뢴트겐은 1895년 X선을 발견해 인체의 내부를 들여다볼 수 있는 길을 열었다. 이런 추세로 의료기술이 발전하게 된다면 인간의 수명은 상상할 수 없을 정도로 늘어날 것이다. 파스퇴르는 인간 질병의 퇴치에만 공을 세운 것이 아니다. 프랑스의 식초, 포도주, 비단, 양모, 양계 등의 산업이 모두 그에게 빚을 지고 있다. 발효균이나 세균을 제어할 수 있게 됐기 때문이다.

1880년에 만들어진 영사기와 1891년 독일에서 만든 자동차

역사신문

대한제국 선포, 고종 황제 즉위

소공동 원구단에서 성대한 즉위식

회현방 소공동의 원구단

1897년 10월 12일 회현방 소공동에 마련된 원구단에서 고종은 황제에 즉위하고 국호를 대한제국이라 선포했다. 고종의 거처인 경운궁에서부터 원구단에 이르는 길목에는 축기를 흔들며 환호하는 군중들로 메워졌으며, 고종은 원구단에 이르러 제사를 올리고 의정 심순택 이하 백관들이 무릎 꿇고 도열한 가운데, 금으로 장식된 황제자리에 오름으로써 식은 절정에 달했다.

이에 앞서 8월에 이미 새 연호는 광무(光武)로 정해졌고 의정 심순택, 특진관 조병세 등 대신들이 고종에게 황제 즉위를 간청하는 상소가 연이어 있었다. 정통한 소식통에 의하면 고종이 황제 즉위 간청을 계속 뿌리친 것은 여론을 좀더 확산시키는 한편, 각국의 반응을 떠보기 위한 것이었다고 한다.

애초에 구미 각국들은 대한제국 선포에 부정적인 태도를 보였으나 시간이 지남에 따라 점차 인정하는 방향으로 돌아섰다. 최근 프랑스는 홍종우를 통해 관여하지 않는다는 의사를 통보해왔고, 일본이나 미국도 굳이 반대하지 않을 것으로 예상됐다. 문제는 러시아였다. 러시아는 아관파천 당시에 비해 영향력이 점차 감소되는 것을 못마땅하게 생각해 한때는 국교를 단절하겠다는 엄포까지 놓은 것으로 알려졌다. 그러나 농상공부 협판 권재형이 "러시아도 처음 황제로 개칭했을 때 각국이 안좋아했으나 결국 승인했다. 따라서 문제는 각국이 승인할 것이냐의 여부가 아니라, 우리가 스스로 시행할 의사가 있느냐에 달려 있다"고 주장한 것이 공감을 불러일으키며 오늘의 즉위식이 준비됐다.

한편 즉위식에 즈음해 서울 시전의 상인들에서부터 각 지방 유생들에 이르기까지 황제 즉위를 촉구하는 상소가 빗발쳤다. **관련기사 2면**

독립협회, 정치운동 본격화, '헌의 6조' 건의

러시아 배격운동에서 정부비판으로

1898년 독립문 건립사업을 목표로 결성되었던 독립협회가 그동안 토론회 등을 통해 민중계몽에 주력했던 활동방향을 바꿔 대중집회를 통한 정부비판운동을 전개하고 있어, 정부와 독립협회간에 긴장이 고조되고 있다. 이처럼 긴장이 고조되는 가운데 정부가 이들의 요구를 부분적으로 수용하는 태도를 보여, 마침내 1898년 10월 29일 독립협회가 개최한 관민공동회에 정부인사들을 참석시켜 정부에 포괄적인 개혁안인 헌의 6조를 건의하게 됨으로써 정국 위기가 한 고비를 넘긴 상태다.

독립협회는 1898년 들어 러시아의 이권침탈과 내정간섭이 노골화되자, 정부의 미온적인 러시아 정책과 러시아의 이권침탈을 반대하는 운동을 벌였다. 특히 독립협회는 3월 10일 종로에서 배재학당 학생들과 시전상인들까지 동원된 대규모 만민공동회를 열어 러시아 반대운동을 전개했다. 이러한 움직임은 러시아가 고문단을 철수하는 등 후퇴하는 조짐을 보이자 일단락되는 듯했다.

그러나 독립협회는 7월 이후 다시 대신들의 비리와 정부정책을 공격하고 중추원 개편을 통한 자신의 정치참여를 요구하는 대중집회를 계속하면서 정국 긴장은 고조되었다. 10월 7일부터는 연좌법의 부활을 기도하는 정부측에 대해 신기선, 윤용선, 이재순 등 7명의 대신 및 협판의 해임과 연좌법 폐지를 주장하며 철야농성을 벌였다. 사태가 이에 이르자, 고종황제는 독립협회의 기세에 눌려 이들의 요구를 수용, 7대신 및 협판을 해임하고 중추원 관제 개편작업을 지시했다. 이어서 10월 29일 독립협회는 종로에서 정부 대신들을 참석시킨 가운데, 관민공동회를 열어 전제왕권의 공고화를 주장하는 등의 헌의 6조를 채택하고 고종이 이를 수락함으로써 사태는 잠정적으로 소강국면에 접어들었다.

한편 이처럼 정부와의 긴장이 고조되는 가운데 회장 이완용이 전북 관찰사의 임명을 받아들여 빠져나가는 등 고위관료 중심이었던 기존의 독립협회 지도부가 협회에서 이탈하는 사태가 벌어졌고, 윤치호와 이상재가 회장과 부회장에 선출되는 등 신진개화세력 중심으로 새로운 지도부를 구성하였다. 그러나 현재 독립협회 내에는 서로 성향이 다른 두 갈래의 세력이 있어 내부 갈등이 드러나고 있는데, 특히 일본에 망명해 있는 박영효와 연결된 안경수, 정교 등이 고종을 폐위하고 권력을 탈취하려는 과격노선을 걷고 있어 정국이 불안정한 상태다.
참조기사 12호 1, 3면

헌의 6조

1. 외국인에게 의존하지 말고 관민이 합심하여 황제권을 공고히 할 것
2. 이권 양도와 차관 도입, 외국과의 조약체결은 대신들과 중추원의장의 합의를 얻어 시행할 것
3. 재정은 탁지부가 관리하며 예산과 결산은 인민에게 공표할 것
4. 황제가 칙임관을 임명할 때는 정부에 자문을 구하여 동의를 얻을 것
5. 중대 범죄의 재판은 공개로 하되 피고에게 충분한 진술 기회를 줄 것
6. 위의 법률을 실천할 것

정부, 독립협회 극한대립

독립협회 간부 체포 … 황국협회, 만민공동회 습격

1898년 10월 29일 관민공동회에서 헌의 6조를 채택함으로써 소강국면에 들어갔던 정국은 10월 31일 정부가 돌연 독립협회 지도자 17인을 구속하고 황국협회를 동원하여 독립협회를 습격하는 등 강경책으로 돌아서고, 독립협회도 이에 맞서 연일 가두시위를 벌이는 등 걷잡을 수 없는 파국으로 치달아 독립협회의 해산으로 이어졌다. 정부가 이렇게 공세적 대응으로 돌아선 것은 항간에 '박영효 대통령설'이 나도는 등 독립협회 내 박영효·안경수계열의 권력쟁탈 음모가 위험수위를 넘어선 것으로 판단한 때문인 것으로 알려졌다.

10월 31일부터 시작된 정부의 강경책은 미국, 영국 공사 등의 강력한 항의와 독립협회의 반대시위로 한때 주춤해졌고, 고종이 헌의 6조의 부분적 시행과 독립협회 추천인사의 중추원 의관 임명을 약속함으로써 봉합국면에 접어든 듯했다. 그리하여 독립협회 회원 17인이 중추원 의관이 되고 윤치호가 부의장에 선출되기도 했다. 그러나 독립협회 과격파의 주도하에 중추원에서 박영효와 서재필을 대신으로 임명하라고 요구하자 '박영효 대통령설'로 독립협회 내의 정권전복 음모를 끊임없이 의심해온 고종황제가 마침내 군대를 동원하여 독립협회를 강제로 해산하고 말았다. 이처럼 사태가 걷잡을 수 없이 치닫는 과정에서 「황성신문」이나 「제국신문」, 「매일신문」 등 언론에서도 관민화합을 강조하며 독립협회 과격파를 비난하고 나섰다. 또 미국·영국 공사 등은 고종에게 타협을 종용하는 한편, 독립협회측에게는 계몽단체로 돌아갈 것을 권유했으나 이들이 끝내 극렬한 정치투쟁을 전개한 것을 보고 고종의 해산조치를 묵인한 것으로 알려졌다. 독립협회 해산 후 온건파를 이끌었던 윤치호는 덕원감리로 발령을 받았으나 과격노선을 걷던 세력들은 체포되거나 피신 중인 것으로 알려졌다.
관련기사 2, 3, 4면

역사신문

나라의 개혁을 위한 바른 방안을 도출해야

정부와 독립협회의 극한대립을 바라보며

현재 정부와 독립협회는 팽팽히 맞서 극한적인 대립으로 치닫고 있다. 독립협회측의 집요한 대정부 공격에 맞서 현 정부도 극한적인 대응까지도 마다하지 않을 기세이다. 이 두 세력이 정면으로 충돌하는 사태가 없을 것이라고 어느 누구도 장담할 수 없는 실정이다. 우리는 이러한 사태를 보며 양측이 일단 흥분된 감정을 가라앉히고 냉정하게 나라의 장래를 위한 허심탄회한 생각을 갖기를 권고한다.

사실 독립협회측의 입장을 이해 못할 바는 아니다. 1894년 농민전쟁의 거센 파도가 전국을 뒤덮은 뒤 더 이상 옛날과 같은 방식으로 나라를 이끌어갈 수 없다는 데에는 대부분의 정치세력은 물론 일반국민들도 동의하고 있다. 따라서 독립협회의 개혁요구는 일정하게 시대적 의미를 담고 있다고 할 수 있다.

그러나 독립협회의 개혁노선이라는 것이 그 속을 들여다보면 기존 기득권층인 지주층을 중심으로 한 자본주의 경제체제의 수립을 지향하고 있다. 이는 일반국민들이 염원하고 있는 사회개혁과는 분명 거리가 있다. 또한 협회의 일각에 정치개혁 자체보다는 이를 빌미로 정치권력장악을 꿈꾸는 세력이 있다는 점이 매우 우려된다. 안경수·박영효계열이 바로 그들인데 이들이 발호할 경우 협회의 활동은 사회개혁의 본뜻보다는 단순한 권력다툼으로 전락할 위험성이 있으며, 그 결과 정부를 자극하여 보다 과격한 대응을 초래할 수도 있기 때문이다.

한편으로 강력한 국왕권을 중심으로 한 체제개편을 추진하는 정부측 방안도 현실적으로 하나의 개혁노선으로서 받아들여질 수 있다고 본다. 또한 구본신참, 즉 '옛것을 기본으로 하되 새것을 받아들이다'는 구호가 말해주듯이 급격한 개혁으로 인한 혼란을 최소화하면서 질서있게 새 사회로 이행할 수도 있다는 점에서 긍정적으로 평가될 수 있다. 그러나 정부에서 표방하는 강력한 국왕권은 광범한 민의의 기초 위에 서야만 이루어질 수 있다. 이제 다가올 세상에서는 국민에게서 고립된 국왕권은 단지 모래 위에 세운 누각에 지나지 않을 것이다. 이런 차원에서 정부는 독립협회운동에 대해서도 그것이 민의의 일부라는 점을 인정하고 전향적 입장에 서서 이를 경청하고 수렴하기를 권고한다.

이제 나라의 개혁은 누구도 거부할 수 없는 시대적 과제라고 할 수 있다. 정부나 독립협회도 이러한 개혁에 동의하고 있다면 양측의 갈등이 극한으로 치달을 필요까지는 없을 것이다. 정부와 독립협회는 보다 높은 수준의 정치력을 발휘하여 파국을 막고 올바른 대안을 찾아주었으면 한다.

그림마당
이은홍

대한제국 선포의 의미와 전망

열강의 균형 속에 전격 단행 … "왕권확립 통해 난국 타개"
'구본신참'에 입각하여 근대화 적극 추진할 듯

대한제국 선포는 5백 년 동안 이어져온 조선왕조의 국호를 바꾼 일대 사건으로 그 의미가 작지 않다. 더구나 개항 이래 나라가 조용할 날이 하루도 없을 정도로 내외적인 격동을 겪어온 끝에 이루어진 일이라 더욱 그렇다. 이제 우리도 적어도 명칭상으로는 대일본제국이나 대영제국과 동렬에 서게 된 것이다.

그리고 내용적으로는 '옛것을 기본으로 하되 새것을 참고한다(舊本新參)'는 표어에서도 드러나듯이 구왕조체제의 골격은 유지하면서 새로운 서구문물을 선택적으로 수용하여 체제를 공고히 하겠다는 것이다. 이는 개항 이래 파도와 같이 밀려들어온 서구세력과 이에 동조한 국내 개화파들이 나라에 가한 제반 충격적 조치와 행동에 대해 일단 거부의 뜻을 분명히 한 것이다. 이는 국왕의 지위에 있는 고종으로서 당연한 자세일 수 있지만 한편으로 국민 여론을 감안한 것이기도 하다. 고종은 대다수 민중과 아직도 지방 지방에서는 건재하는 세력인 유생층을 기반으로 해서 국왕권의 재확립에 나섰다고 볼 수 있다. 고종은 이러한 줄기가 지켜지는 한에서는 개화의 물결을 대폭 수용할 것으로 보인다. 이미 재래식 생산체제로는 발달된 서구문명에 대항할 수 없다는 것이 증명되었기 때문이다.

그러나 이러한 고종의 의도가 대한제국 선포로 결실을 맺을 수 있었던 것은 국제정세가 그것을 허용할 구도가 돼 있었기 때문이다. 최근 조선을 둘러싼 정세는 러시아를 중심으로 하는 대륙세력과 일본을 중심으로 하는 해양세력의 대결양상으로 띠어가고 있는데, 이 두 세력은 현재 어느 쪽도 배타적 영향력을 행사하지 못하는 미묘한 힘의 균형상태를 보이고 있다. 을미사변 직후의 일본과, 아관파천 후의 러시아판을 겪어본 고종은 지금의 정국에서는 그 어느 판도 불가능하다는 것을 알아차리고 이를 기회로 삼아 대한제국의 깃발을 내건 것이다.

그러나 이러한 정세가 언제까지 고종의 편에서 전개돼줄지는 극히 불확실하다. 국제정세에 주로 의존해서 이룩된 정권인만큼 국제정세가 급변하면 정권은 당장 위태로워질 것이다. 아울러 '구본신참' 정책이 국민 대다수를 차지하는 농민이 바라는 정책과 괴리될 때 정권의 취약성은 더욱 심해질 것이다. 결국 대한제국은 내외적으로 산적한 문제를 그대로 껴안고 있는 것이다.

새 국호 '대한'의 유래는

삼국시대부터 우리 겨레를 일컫던 말
'한'은 크다는 뜻 … 대한은 '큰 세력'을 의미

나라이름이 대한제국으로 바뀌었다. 지난 5백 년 동안 조선이던 나라 이름이 하루아침에 대한으로 바뀐 것이다. 대한(大韓)은 무슨 뜻이며 어디에서 유래했을까. '한(韓)'은 원래 큰사람 또는 추장이란 뜻과 크다는 뜻을 함께 갖고 있던 말이다. 결국 대한이란 큰 세력이란 말이다.

'한'이 우리를 상징하는 말로 쓰인 것은 오랜 옛날 마한·변한·진한 즉 삼한사회를 이루었던 종족의 이름에서 유래된 것이다. 이후 고구려·백제·신라 사이의 치열한 각축이 신라에 의해 통일되면서 삼국 모두 삼한의 후예라는 사실이 강조되고 공동체의식이 강화되었다. 고려가 후삼국을 통일한 것을 '삼한통일'이라고 했던 것도 같은 맥락에서다. 그러다가 고려 후기 대몽항쟁을 거치면서 고조선의 후예라는 의식이 등장하게 되고 새 왕조의 국호가 '조선'이 되면서 종래의 삼한에 대한 의식은 희미해졌다.

그러나 조선 후기 실학자들의 고대사연구가 활발해지면서 다시 삼한이 부각되기 시작했다. 실학자들은 삼한이 고조선 멸망 후에 생긴 것이 아니라 고조선과 함께 한반도 남북의 중심세력으로 성장한 유래가 깊고 문명된 국가라고 생각했다. 이번에 '한'이 다시 국호로 쓰이게 된 것은 실학자들의 이런 역사의식이 큰 영향을 끼쳤다는 게 관계학자들의 공통된 견해다.

그러면 우리나라를 서양에서는 어떻게 부르고 있는가. 고려시대 아라비아 상인들이 왕래하면서 고려를 '코레'라고 부르면서 서방세계에 코리아로 알려졌다. 이런 유래에 따라 우리가 서양과 처음 수교했던 미국과의 수호통상조약에서 국호를 영문으로 'Corea'로 표기하기 시작했다

정부와 독립협회 왜 싸우는가?

독립협회 내 박영효, 안경수계열의 정권장악 음모 때문

1898년 7월 이후 독립협회가 정부를 정면으로 공격하기 시작하여 이제 양측의 대립은 극한적인 국면까지 치닫고 있다. 이번 사태를 바라볼 때 특징적인 양상은 독립협회의 지도부조차 사태가 이렇게 전개되는 것을 바람직하지 않은 것으로 여기고 있음에도 이를 제어하고 있지 못하다는 점이다. 사태가 이렇게 통제할 수 없는 지경까지 이르게 된 것은 무엇 때문일까?

현 정부와 독립협회가 일정한 긴장관계에 있다고 하는 것은 숨길 수 없는 사실이다. 아관파천 이후 어느 누구도 독자적으로 정국을 주도할 수 없는 정치적 공백상태가 일정하게 유지된 바 있다. 이러한 상황 속에서 고종과 독립협회는 일정한 정치적 타협을 할 수밖에 없었고 그것이 환궁과 대한제국 선포로 나타난 것이다. 독립협회가 고종의 환궁과 대한제국 선포를 찬성하고 나선 것도 이러한 속사정 때문이었다. 그러나 이러한 정치적 타협은 언제까지 계속될 수 없었고 앞으로의 정국에 대한 주도권을 누가 장악할 것인가를 놓고 정치투쟁이 벌어질 수밖에 없는 실정이었다. 그렇기 때문에 정부와 독립협회가 어느 정도 대립할 수밖에 없다는 것은 이미 예견되어오던 것이었다.

그런데 양측의 대결이 현재와 같이 극한적인 상황에까지 이른 것에는 또다른 이유가 있다. 그것은 그렇게 간단하지만은 않은 독립협회의 내부사정 때문이다. 현재 독립협회를 이끌고 있는 윤치호, 이상재 등의 세력은 현 정부의 실체를 인정하면서, 제도개혁을 통해서 자신의 정치적 발언권을 확보하고 이를 기반으로 정국을 주도하겠다는 복안을 갖고 있는 것으로 알려지고 있다. 그런데 독립협회 내에는 쿠데타의 방식으로 정권을 직접 장악하는 것을 노리는 세력이 있다고 한다. 이 세력은 현재 일본에 망명 중인 박영효와 연결되어 있는 것으로 알려지고 있다. 이렇게 독립협회 내에 노선을 달리하는 두 세력이 있으므로 정부와 독립협회의 대결양상이 더욱 복잡하게 진행될 수밖에 없는 것이다. 협회 지도부와는 타협을 할 수 있지만 박영효계열의 정권장악 음모에 대해서는 더 이상 물러설 수 없다는 것이 정부의 입장이라고 한다. 특히 이들 박영효계열은 독립협회의 공식기구보다는 일본인 거주지인 진고개를 기반으로 일본에서 들여온 자금을 풀어 대중시위를 유도하고 조종하는 방식을 취하고 있어서, 독립협회의 지도부조차 이들을 통제할 수 없는 실정이라고 한다. 이러한 상황이기 때문에 정부와 독립협회의 대결이 걷잡을 수 없는 지경으로 치닫고 있는 것이다.

정부와 독립협회 극한대결 54일

밀고 밀리는 가두투쟁 … 과격파, 정부 전복 기도

정부측 공세 시작

'박영효 대통령설'이 퍼지면서 독립협회가 장차 정권타도를 획책한다는 우려 속에 10월 31일 새벽 정부는 이상재, 정교, 남궁억, 이건호, 염중모, 유맹 등 독립협회 지도자 17인을 전격 체포하였고, 11월 5일에는 독립협회를 비롯한 모든 단체를 해산시키라는 조칙을 내림. 이때 독립협회 내 박영효·안경수계열의 과격파들은 일본에서 들여온 자금을 바탕으로 정권장악 음모를 꾸미고 있었던 것으로 확인됨. 윤치호 등의 온건파들은 피신하였으며 이승만, 양홍묵 등이 항의시위를 벌였고 미국, 영국 공사가 시위진압을 강력 저지.

정부측 타협으로 돌아섬

독립협회의 가두시위로 11월 10일 정부는 구속자를 석방하였고, 독립협회는 종로에서 만민공동회를 개최하고 독립협회 복설과 헌의 6조 실시를 요구. 독립협회의 시위가

독립관에서 집회를 마치고 나오는 군중들

계속되자, 고종은 타협의 표시로 중추원 관제를 개정하고 독립협회가 중추원 의관 30인을 선정해주면 그 가운데 25인을 임명하겠다고 발표. 독립협회는 타협안을 거부.

양측 충돌, 극렬한 소요사태

11월 21일 정부는 길영수, 홍종우가 이끄는 보부상을 동원하여 인화문 앞의 만민공동회를 습격. 이 습격으로 군중들은 3명의 사망자와 수많은 부상자를 내고 서대문 밖으로 쫓겨남. 그러나 보부상들의 폭행에 격분한 군중들이 정동으로 모여들었고 돌을 모아 반격을 준비. 이때 이승만, 양홍묵 등이 선동적인 연설로 군중들을 격분시켜 반격을 개시했으나 서대문의 수비병들에 의해 해산됨. 해산된 일부 군중들이 최정덕의 지휘로 조병식, 민종묵, 홍종우, 길영수 등의 집과 보부상의 집회장인 신의상무소를 습격, 파괴함. 이들은 황제의 조칙을 가지고 온 한성판윤(서울시장)과 경무사(경찰청장)에게 돌을 던지는 등 밤늦게까지 소요사태 계속됨.

양측 타협을 모색

11월 26일에는 황제가 만민공동회를 설득하기 위해 직접 나섰고 윤치호를 중추원 부의장에 임명하는 한편, 독립협회 회원 중 17인이 의관에 임명됨. 12월 3일 윤치호 등 독립협회 온건파 지도부에서도 정부와 대립을 피하기 위해 옥내집회를 여는 등 열기를 가라앉히기에 노력.

독립협회 과격파의 도발과 독립협회 무력해산

12월 6일 과격파는 윤치호 등의 만류를 뿌리치고 대중시위를 재개하였으며 일본에서 들어온 자금을 이용, 도시빈민 1200명을 고용하여 목봉으로 무장시켜 무력대력을 도모. 한편 중추원에 참여한 과격파는 현 정부의 최대 정치범인 박영효를 대신으로 추천하여 정권장악의 의도를 노골적으로 드러냄.

12월 23일 고종 군대를 동원하여 만민공동회를 무력으로 해산함. 과격파는 대부분 미국인과 일본인 집으로 피신하고 이승만은 박영효와 연결된 역모사건으로 체포됨.

시위투쟁 이끄는 양측 선봉장들

최근 서울 시내에서 벌어지고 있는 독립협회와 황국협회 시위대의 가두 충돌 현장에는 항상 양측의 선두에 서서 시위를 이끄는 선봉장들이 있어 이들의 면면을 소개한다.

황국협회의 홍길동 — 홍종우, 길영수, 이기동

홍종우는 길영수, 이기동과 함께 장안의 홍길동으로 불리고 있다. 이들이 궁궐에 번쩍, 시위현장에 번쩍 한다며 독립협회측에서 이들의 이름에서 한 자씩 따서 붙인 이름이다. 그는 자비로 프랑스에 유학하고 돌아온 특이한 경력을 갖고 있다. 대한제국 선포와 고종의 황제 즉위 등 국가적 정책 결정에서 그가 상당한 영향을 미친 것으로 알려져 있다. 지난 아관파천 이후 친일대신들의 축출을 선두에 서서 지휘했다.

길영수는 원래 하층민 중에서도 가장 천대받아온 계층인 백정출신. 그러나 고종의 측근 이용익의 오른팔이란 평을 듣고 있을 뿐 아니라 그 자신도 고종으로부터 각별한 총애를 받고 있다. 무과를 거쳐 관직에 몸담았고 현재도 무관으로 재직 중. 무관학교 내에서도 그에 대한 평가는 아주 좋아서 최근 그를 찬양하는 신군가가 제정됐을 정도.

이기동 역시 고종과 민비의 총애를 받고 있는 무관. 지난 임오군란 때 민비가 장호원으로 피신가던 도중에 경기도 지평의 한 민가에 들렀는데, 집주인 내외는 그가 왕비인 줄도 모르고 극진히 대접했다. 이 집의 아들이 바로 이기동으로 이를 계기로 관직에 몸담게 됐다. 주위로부터 "좀 경솔하다는 흠은 있으나 자신감 있고 직선적인 성격을 가진 사나이"라는 평을 듣고 있다.

만민공동회의 선봉장 이승만

이번 독립협회와 정부의 대결에서 만민공동회의 선봉장으로 두각을 나타낸 인물이 바로 이승만이다. 그는 지난해 배재학당을 졸업한 청년으로 배재학당 재학시부터 교내 토론단체인 협성회에 가입하여 핵심인물로 활약하였고, 올해 3월 10일 제1차 만민공동회부터 연사로서 적극적으로 참여. 이승만의 진가가 발휘된 것은 정부와 독립협회가 극한 대결에 들어서면서부터. 11월 5일 정부가 독립협회 간부를 체포하자 그는 후배인 배재학당 학생 50명을 동원하여 경무청 앞에서 시위를 벌이는 데 앞장섰으며, 11월 21일 만민공동회와 보부상의 충돌시 황국협회의 지도자 길영수와 격투를 벌이는 등 만민공동회측의 선봉장으로 활약. 이를 통해 그는 독립협회 내에서 위치가 확고해져 11월 29일 독립협회가 추천한 중추원 의관이 됐다. 그런데 항간에는 그가 일본에 망명 중인 박영효와 연결되어 있다는 소문이 나돌고 있다. 그가 진고개에 출입하면서 이곳에 은신중인 박영효의 하수인 이규완과 접촉하고 있다는 것. 그가 중추원 의관에 임명된 후 제일 먼저 한 일이 박영효를 대신에 추천하는 데 앞장섰다는 사실은 이러한 소문에 신빙성을 더해준다. 이에 따라 정부는 이승만을 위험인물로 주목하고 있다고 한다.

지상토론　누가 애국의 편에 서 있는가?

"황제 중심으로 근대화에 박차 가해야"

"황제의 통치력 부재가 난국 불렀다"

최근 무력충돌로까지 치달은 독립협회와 황국협회의 갈등은 단순한 감정싸움이 아니라 나름의 정견과 철학을 바탕으로 한 것임이 밝혀지고 있다. 양측의 대표적 인물 홍종우(황국협회 부회장)와 안경수(독립협회 초대회장)를 모시고 그 내용을 들어본다.

사회자 … 일부에서는 이번 양측의 충돌을 개화 대 수구의 구도로 보고 있는데 어떻게 보십니까.

안경수 … 홍선생이 이끄는 황국협회가 사실 정부의 배후 지원에 의해 결성된 것이고, 그 구성원들이 전통적 특권상인들이라는 점에서 수구적 측면이 강하다고 봅니다.

홍종우 … 그런 구도는 우리 현실을 심하게 왜곡해서 보게 합니다. 현재의 대한제국 정부는 개화 즉, 근대화를 시정의 제1 목표로 삼고 있습니다. 다만 방법론에서의 차이지요. 황제가 통치한다고 무조건 수구정부로 몰아붙인다면 황제나 국왕이 통치하는 일본과 영국과 수많은 유럽 국가들을 어떻게 볼 것인지 묻고 싶습니다. 지금은 황제를 중심으로 백성들이 굳건히 단결하여 근대화를 추진, 독립을 지켜나가야 합니다.

안 … 나라 정치에 우리의 의견이 반영될 수 있는 정치구조가 필요한 때입니다. 현재의 난국은 궁극적으로 황제의 통치능력 부족과 직결됩니다. 그래서 군주제가 아닌 정부형태를 생각해야 합니다.

홍 … 독립협회만 국민의 뜻을 대변하고 황국협회나 그밖에 수많은 단체들의 뜻은 국민의 뜻이 아닙니까? 또 중추원을 서구의 의회와 같은 구조로 만들자는 데는 저도 전적으로 동감입니다. 오히려 저는 백성들로부터 직접 대표를 뽑는, 이를테면 하원(下院)의 구성을 주장하는데 독립협회측에서는 굳이 일부 상류층 중심의 상원(上院)을 구성하자고 합니다. 이는 독립협회가 권력욕을 가진 자들의 모임이라는 의혹을 받기에 충분합니다.

사회자 … 정치체제 문제보다는 구체적인 정책에서 더 큰 차이점이 있는 것 아닙니까.

홍 … 정부가 추진하려는 부국강병책, 특히 국방력 강화책에 대해 독립협회측에서 「독립신문」을 통해 사사건건 반대하고 있는 점은 유감으로 생각합니다.

안 … 지금의 국제관계에서 가장 중요한 것은 열강의 세력균형을 활용해 독립을 유지하는 것입니다. 우리가 군비를 증강하면 자칫 열강에게 개입의 빌미를 줄 수 있지요. 더구나 현재 우리의 재정형편상 부담도 막중할 것입니다.

홍 … 서울 한복판에 외국 군인들이 활보하고 다니고 심지어 궁궐 안까지 수시로 드나드는데 어찌 자주독립 운운할 수 있습니까. 외국 군대는 이땅에서 철수해야 마땅합니다. 그런데 우리가 그렇게 못하는 것은 우리가 내외의 위협으로부터 우리 자신을 보위할 군사력이 부족하기 때문입니다.

사회자 … 경제문제에 대해서도 의견이 다르지요?

홍 … 갑오년 농민군의 폐정개혁안에도 나와 있듯이 외국 상인들의 국내시장 잠식은 심각한 지경에 이르렀습니다. 외국인이 허가된 지역 이외에서 마음대로 상행위를 하는 것을 이처럼 방치하는 나라는 어디에도 없습니다. 외국인 상거래를 개항장으로 국한시키고 또 거래에 대해 엄격한 관세를 부과해야 합니다. 그래야 우리 산업과 상업이 기반을 잃지 않고 자력으로 성장할 수 있습니다.

안 … 그렇게 하려면 각국과 맺은 기존 조약들을 개정해야 하는데 그들의 합의를 얻지 못하면 불가능합니다. 또 합의가 된다하더라도 이미 그들이 취득하고 있는 가옥 등을 매입해야 하는데 지금 우리에게는 그를 감당할 재정이 없습니다. 현실적으로 불가능한 주장을 하고 있는 것입니다.

사회자 … 앞으로도 이런 자리를 자주 마련해 의견차이를 좁혀 나갔으면 합니다.

인터뷰 독립협회 회장 윤치호

"독립은 열강의 균형 속에서 가능, 민의수렴하는 정치체제로 가야"

최근 독립협회의 주도세력이 소장 개화파로 교체되면서 만민공동회, 연좌시위 등 점차 정치투쟁의 수위를 높여가고 있다. 신임회장 윤치호 씨로부터 독립협회의 정세인식과 개혁론을 들어보았다.

지도부가 개편되면서 계몽운동 보다는 정치투쟁에 주력하는 인상인데요. 정치적 목표는 무엇입니까.

항간에는 우리 독립협회가 황제를 몰아내고 서구식 정치체제를 도입하려고 한다는 말이 퍼져 있기도 하고, 또 우리 회원들 중에 일부에서 그런 급진적인 생각을 갖고 있는 사람도 있습니다. 그러나 우리 협회의 대체적인 기조는 황제권을 부정하는 것은 아닙니다. 다만 민의를 수렴하고 민의의 동의 아래 정치를 하는 것이 중요하다고 봅니다. 황제권이라는 것도 이런 과정을 통해야 진정

으로 강화될 수 있다는 게 우리 생각입니다.

협회 내부에 정치노선상의 갈등이 있다고 알려져 있습니다.

안경수, 정교 등의 노선이 약간 과격한 것이 사실입니다. 우리 지도부에서도 이들에 대해 자제할 것을 요청하고 있지만 여의치 않습니다. 다만 우리 지도부는 폭력적 방법에 의한 개혁에는 찬성하지 않는다는 것을 분명히 밝혀둡니다.

독립협회가 러시아세력 반대에는 열심이지만 일본·미국 등에 대해서는 너무 우호적이지 않습니까.

우리나라의 자주독립은 열강들의 세력균형 속에서만 가능합니다. 지금 정부는 러시아에만 지나치게 의존하는 편향적 정책을 펴고 있습니다. 현재의 동아시아 국제정세는 영국, 일본, 미국 등 해양세력이 힘을 합해 러시아의 남하를 저지하려 하

고 있습니다. 우리는 이들 해양세력의 의도가 관철돼 세력균형이 이루어지도록 도와야 합니다.

경제정책은 어떤 방향으로 개혁해야 한다고 봅니까.

서구의 발달된 산업을 하루빨리 수용해서 우리도 그들과 같은 문명생활을 누려야 합니다. 이를 위해서는 경제를 개방해야 합니다. 자유무역을 받아들이지 않고는 상업과 무역이 발달할 수 없기 때문입니다.

지난 갑오년에 농민들의 피맺힌 절규가 있었습니다. 개방경제는 지주층만 살찌운다는 지적이 있는데요.

자본주의 발전을 위해서는 자본이 필요한데, 그 자본은 돈 있는 지주들로부터 나올 수밖에 없습니다. 지주들이 쌀을 수출하여 돈을 버는 과정에서 농민생활이 피폐해지는 것은 어쩔 수 없는 일입니다.

독립협회의 외다리 외세배격운동

독립협회가 '자주독립'의 기치를 내걸고 왕성한 활동을 전개하는 가운데 그 외세배척의 표적이 주로 러시아에만 집중되고 일본이나 미국, 영국에 대해서는 이상하리만치 침묵을 지켜 고개를 갸우뚱하게 만들고 있다. 고종 환궁 이후 궁궐수비를 러시아군이 담당하고 탁지부 고문도 러시아인 알렉세예프로 교체된 것에 대해 독립협회가 성토하고 나설 때만 해도 별로 이상하지 않았다.

그러나 러시아가 부산 앞바다의 절영도를 조차(租借)하여 석탄 저장소로 사용하려 한 것에 대해, 또 한러은행이 통상적인 업무 이외에 국고금 출납사무는 물론 화폐발행권까지 갖게 된 것에 대해 강력하게 문제를 제기할 때는 좀 이상했다. 그 주장 자체야 이상할 것이 없지만 같은 시기에 일본과 독일, 미국 등에 광산채굴권을 비롯한 각종 이권이 넘어간 것에 대해서는 한마디도 발언하지 않았기 때문이다.

급기야 독립협회는 지난 8월 말 입국한 이토 히로부미가 경부철도부설권 문제로 정부와 협의를 벌이는 것을 뻔히 보고도 오히려 토의를 않기로 결의하는 이율배반적인 모습을 보였다.

독립협회의 이러한 태도는 현 정국에서 가장 우려되는 외세가 러시아라는 정세인식에서 나온 것으로 이해할 수 있고 또 수긍 못할 바도 아니다. 그러나 우리나라에 대한 한 열강의 독점적 영향력을 상쇄시키기 위해서 여러 열강들을 끌어들여 골고루 이권을 나눠줘야 한다는 맥락에서 여타 국가들에 대한 비판을 자제하고 있는 것이라면, 이것을 수긍하는 사람은 많지 않을 듯하다. 이거야말로 빈대 한 마리 잡기 위해 초가삼간 다 태우는 일이 아닐까.

이토 히로부미, 경부철도부설권 따내기 위해 내한

독립협회, '조선독립의 유공자'로 환영

1898년 8월 2일 일본의 거물급 정치가 이토 히로부미(伊藤博文)가 경부철도부설권을 따내기 위해 한국에 왔다. 특히 최근 경의선부설권이 프랑스에게 넘어갔고, 경인선은 미국에게 넘어간 바 있기 때문에 이번 경부선에 대한 일본의 집착은 대단한 것으로 알려지고 있다. 이토는 정부에서 베푼 환영회와 독립협회가 독자적으로 마련한 환영회에도 참석했다. 이 자리에서 독립협회측의 남궁억은 "서울과 부산 사이에 철도가 놓여지면 그 중간에 있는 백성들에게 큰 이익이 될 것"이라며 일본의 경부철도부설권 획득을 공개적으로 지지해 눈길을 끌었다. 독립협회측은 이미 그가 입국할 때부터 용산으로 마중나가 환영했고 「독립신문」을 통해서 이토를 '조선독립의 유공자'로 소개한 바 있다. 이토가 인천을 통해 일본으로 돌아갈 때 역시 독립협회에서 최상돈 등 총대위원 3명을 파견하여 선물과 함께 환송했다.

방곡령 실시요구 거세다

연이은 흉작에도 불구, 일본에 미곡 수출 급증
일부지역 민란조짐…독립협회는 방곡령 "반대"

전국 각지에서 미곡의 국외 유출을 금지하라는 방곡령 실시를 요구하는 청원이 빗발치고 있다. 이는 작년과 올해 연속 흉작인데다 일본 상인들의 미곡 매입은 계속 늘어, 자연히 미곡이 폭등한 데 따른 것이다. 현지 소식통에 따르면 심각한 지역의 경우 민란의 조짐마저 보인다는 소식이다.

정부는 이러한 사태에 대해 청에서 쌀 5만 석을 들여오는 조치를 취한 이외에 사실상 무대책으로 일관

하고 있는 상태다. 오히려 1897년 5월에 함경도 종성, 6월에는 전라도 일부 지방의 수령들이 자의로 방곡령을 발동하자, 정부가 오히려 일본의 압력을 받아 이를 해제하도록 조치를 내린 바 있다. 또 미곡 수출이 용이하도록 미곡 집산지 부근의 목포와 진남포를 추가로 개항하는 등 무대책에 무국적까지 겸하고 있다.

한편 독립협회는 이에 대해 곡가 폭등은 흉작 때문이라기보다는 지방 수령의 부정부패에 근본원인이 있다

고 주장하여 눈길을 끌고 있다. 이들은 아울러 민중들의 원성을 사고 있는 미곡 수출에 대해서도 "통상조약에 자유무역의 권리가 보장돼 있으므로 미곡 수출을 막는 것은 조약위반이다. 설령 막는다 하더라도 밀무역 형태로 빠져나갈 것은 다 빠져나갈 것이고 결국 관세수입만 손해볼 뿐이다"며 방곡령에 대해 반대입장을 밝혀, 추위에 떠는 민중들에게 오히려 찬물을 끼얹는 자세를 보이고 있다.

홍릉 하늘을 울린 애도의 만가(輓歌)

명성황후 국장 성대히 엄수

1897년 11월 21일 미루고 미뤄오던 명성황후의 국장이 드디어 서거 2년 2개월만에 대한제국 선포와 함께 거행됐다. 명성황후는 지난 을미사변 때 일본 낭인패들에게 살해당한 뒤 폐위조치되는 비운을 겪었으나, 곧이어 복위되고 명성황후라는 시호도 받았지만 장례식은 아관파천 등 소란한 정국 때문에 계속 연기돼왔다.

이날 경운궁에서 홍릉에 이르는 연도에는 이미 수천 쌍의 등이 도로 연변에 설치됐고 연도에는 수만의 군중들이 모여들었다. 아낙네들의 통곡소리가 애도의 분위기를 더욱 자아내는 가운데 영구는 수백 명의 친위대와 금위군의 호위를 받으며 홍릉으로 향했다. 3백여 당상관과 1백여 외교관들이 그뒤를 이었고 다시 그뒤로 3천여 병사와 지방관들이 따르니 행렬이 무려 30리에 달하는 장관을 이뤘다.

비운에 간 황후의 한이 하늘에 닿았음인지 오후부터는 천둥번개와 함께 진눈깨비가 내리기 시작했다. 오후 3시경 운구가 홍릉에 도착하자, 날씨는 불현듯 맑아졌지만 초가을의 싸늘한 바람이 묘소 주위를 쓸고 지나갔다. 황제가 황태자를 거느리고 운구 앞으로 나와 끓어엎드려 마지막 이별의 곡배를 드렸다. 일어나 서쪽을 향해 분향하는 황제의 눈가에도 하염없는 눈물은 감출 수가 없었다.

독립문 세워졌다

1897년 11월 20일 독립문이 완공됐다. 독립문은 45×30㎝ 크기의 화강암 1850개를 쌓아올린 것으로, 문 모양을 아치식으로 했다. 내부 왼쪽에는 안에서 옥상으로 통하는 돌층계가 있고, 꼭대기 부분은 난간형태로 꾸몄다. 전체적인 모양이 프랑스 파리의 개선문과 비슷하다고 한다. 각계 각층의 정성과 헌금이 모아져 독립문이 세워진만큼 나라의 독립이 반석 위에 올라설지 두고 볼 일이다.

신문 창간 잇달아 …

황성신문 – 대한제국과 독립협회의 가교
제국신문 – 서민과 부녀자 위한 순한글 신문
매일신문 – 최초의 일간 신문

황성신문 1898년 9월 5일 우리나라 신문사상 최초로 합자회사 형태로 2500만 원의 자본금을 마련해 황성신문이 창간됐다. 문자는 국한문 혼용이라고 하나 한자를 토씨로만 사용하고 토씨만 한글로 달아, 한학 식자층에서는 환영 분위기가 역력한 실정이다.

주요 임원으로는 사장에 남궁억, 총무에 나수연이 취임했고 장지연, 박은식, 유근 등이 주요 필진이 될 것으로 알려졌다. 그런데 이들이 모두 독립협회 관계자이면서도 관료 출신이거나 유학자의 성향이 짙어, 이 신문의 논조가 대한제국과 독립협회의 협력관계 유지와 양자간의 합의에 따른 점진적 개혁의 추진을 대변하는 쪽으로 흐르게 될 것이라는 분석이 나돌고 있다.

제국신문 1898년 8월 10일 국민계몽과 외세침탈 배격을 내걸고 제국신문이 창간됐다. 사장 이종일은 신문창간의 배경에 대해 "개명, 개화의 가장 좋은 매체가 신문이라 생각한다"고 전제하고, "정부의 무능과 관리의 부패 및 외국세력의 국권침투에 대해 날카롭게 비판하는 신문으로 자리잡아나갈 것"이라고 포부를 밝혔다. 이 신문은 순한글만을 사용해 서민층과 부녀자들을 주대상으로 할 예정이다.

매일신문 1898년 4월 9일 우리나라 최초의 일간신문으로 매일신문이 창간됐다. 배재학당 학생들이 펴내던 협성회회보(주간)의 후신으로서 사장에 양홍묵, 기자에 이승만 등 배재학당 관계자들이 창간을 주도했다. 이 신문은 창간사에서 조선의 근대화를 위해 문명발달의 기초적 역할을 충실히 수행할 것이라고 밝혔다. 이 신문은 순한글을 사용함으로써 한글신문시대를 형성하는 데 크게 기여할 것으로 전망된다.

흥선대원군 이하응 별세

1898년 2월 2일 현 고종황제의 아버지인 흥선대원군 이하응이 향년 79세를 끝으로 운현궁 사저에서 별세했다. 고종황제는 장례행사를 간소하게 치를 것을 명하고 자신은 직접 참석하지 않았다.

대원군은 임종에 앞서 장남 재면에게 "주상을 보았으면 죽어도 한이 없겠다"고 몇 번이나 말했으나 재면은 황제가 동생이기는 하지만 자신도 명성황후를 죽인 을미사변에 개입된 처지라 감히 고종에게 연락할 엄두를 못냈다. 대원군은 마지막 순간에 "아직도 주상이 거동하지 않으셨느냐"고 묻고는 긴 한숨을 내쉬며 숨을 거두었다고 한다. 대원군은 일생을 명성황후와 앙숙관계로 살아왔지만 그녀가 변을 당한 지난 을미사변에 자신이 개입된 이래로는 사저에 칩거해서 심한 자책감에 시달려온 것으로 알려졌다. 아마도 마지막 가는 길에 고종의 용서를 빌고 싶지 않았나 하는 추측이다.

"연놀이 하지 마라 전신선 다칠라"

경무청, 연놀이 금지시켜

1898년 1월 8일 경무청은 아이들의 연놀이를 금지한다고 발표했다. 이는 연줄이 전신용 전깃줄에 얽혀 전신이 잘 통하지 않는 사건이 자주 발생하는 데 따른 것이다. 현재 전신선은 한성에서 인천간의 서로전신선, 한성에서 원산간의 북로전신선, 남쪽으로 부산으로 이어지는 남로전신선이 가동되고 있다. 그리고 북으로 평양 · 의주, 남으로 공주 · 전주 · 대구에 분국이 설치돼 있다. 한편 전보가 빠르다는 소문을 들은 어느 시골 노인네는 한성에 가 있는 아들에게 구두를 사 보내는 데 빨리 보내기 위해 전신주에 구두를 매달아놓는 일도 있다는 소식이다.

"서울에 전차 · 전등 · 수도 설치"

한성전기회사 창립

1898년 1월 한성판윤 이채연을 사장으로 하는 한성전기회사가 발족했다. 이 회사는 한 · 미 양국이 자본금 150만 원을 공동출자한 합동회사로서 우선적으로 서울에 전차와 전등을 가설하는 사업을 하게 된다. 그리고 이들 사업 이후에는 수도시설에 착수, 서울 주민들에게 위생적인 식수를 공급할 예정이다.

이 회사의 창립을 실제로 구상하고 추진한 사람은 미국인 콜브란과 보스위크인 것으로 알려졌다. 이미 운산금광채굴권과 경인철도부설권을 따낸 바 있는 미국인 모스의 동료들이다. 이들은 고종이 명성황후의 능인 홍릉에 자주 행차하면서 왕래에 번거로운 점이 많은 것에 착안, 고종에게 궁궐에서 홍릉까지 곧장 갈 수 있는 전차를 제안하면서 고종의 신임을 얻은 것으로 알려졌다. 따라서 이채연은 우리측이 출자한 자본을 대표하는 명목상의 사장일 뿐 실질적인 소유주와 경영자는 사실상 이들이라고 볼 수 있다.

명동에 천주교 종현 본당 준공

6년 공사 끝에 천주교 총본산으로 우뚝 서

1898년 5월 29일 명동 종현에서 천주교 본당 준공식이 열렸다. 준공일 이후에도 매일 많은 구경꾼들이 몰리고 있는데, 사람들은 이 성당을 '뾰죽집'이라고 부르며 장안의 명물명소로 여기고 있다.

성당이 자리잡은 대지는 종현이라 불리는 곳으로 일찍이 천주교 신도 김범우의 집이 있던 자리다. 1784년(정조 8) 당시 역관이던 김범우의 집인 이곳에서 이승훈과 정약전의 3형제, 권일신 형제 등이 모여 종교집회를 가짐으로써 최초의 조선천주교회가 창설된 바 있다. 그후 1882년 조 · 미수호조약이 체결되면서 종교의 자유가 어느 정도 허용되자, 당시 교구장이던 주교 블랑(Blanc, M.J.G)이 성당부지로 이곳을 매입하여 성당건립을 추진하였다. 1892년 5월 8일 정초식을 가진 이래 6년만에 이번에 모습을 드러낸 종현 본당은 서구의 고딕양식으로 지어졌으며, 본당 안의 스테인드 글라스는 프랑스의 한 수도원에 제작을 의뢰, 옮겨온 것이다.

개화기 만화경

"수출합시다"
이바구

역사신문

이번 호의 인물　홍종우

프랑스 유학한 대한제국의 방패

요즈음의 정계에서 홍종우만큼 특이한 경력과 생각을 가진 정객도 찾아보기 쉽지 않다. 갑신정변의 주모자 김옥균을 죽여 세상을 깜짝 놀라게 하면서 조선 정계에 등장한 그는 지금 대한제국의 방패로서 독립협회와 대결하고 있다. 그래서 독립협회에서는 그를 대표적인 수구 반동적 인물로 손꼽고 있다. 하지만 그의 활동내력과 생각을 알고 나면 누구나 그를 다시보게 된다. 그만큼 나라의 근대화와 자주화에 적극적인 사람이 없기 때문이다.

그는 1888년 근대문물을 배우기 위해 일본에 건너갔다가 일본의 메이지유신이 프랑스의 자유민권사상으로부터 큰 영향을 받은 것을 보고 1890년 프랑스로 유학을 떠났다. 우리나라 최초의 프랑스 유학생인 셈이다. 그는 프랑스에서 서구문물을 공부하는 한편 파리 기메 박물관 연구보조원으로 「춘향전」, 「심청전」 등의 한국 고전을 번역하기도 하고 프랑스의 저명한 정치가·예술가·학자들과 교류하였다. 이 때 그가 굳힌 생각은 한국도 하루빨리 서구문명을 수용하여 근대화된 나라를 만들어야 한다는 것. 그러나 그는 일방적인 서구문화 추종을 반대하고 조선의 전통과 서구문화를 절충하여 우리 나름의 근대화를 이루어야 한다고 생각했다. 따라서 서구열강의 간섭과 침탈을 강력하게 배척한다. 그런 점에서 그는 서구문물을 추종하기에 급급한 개화파인사들과 생각이 크게 다르다.

대한제국의 선포와 고종의 황제즉위는 그의 적극적인 주장이 크게 주효한 것. 민의 국정참여를 위한 민선의원의 설립을 주장하는가 하면 종로에서 수시로 대중계몽연설을 하며 외세의 침탈 배격과 황실 권위회복, 내정개혁을 주장하고 있다.

1850년 출생. 1894년 김옥균을 암살한 공으로 홍문관 교리가 된 뒤 요직을 거쳤다.

천재 화가 오원 장승업 별세

1897년 조선 화단에 숱한 화제를 뿌리며 천재적 기량을 발휘한 화가 오원 장승업이 향년 55세로 세상을 떠났다. 그는 최근까지 도화원 감찰의 직위에 있으면서 황실의 전속 화가로 많은 작품을 남겼다. 그의 화풍은 강렬한 필법과 과장된 형태로 뭇사람들에게 감동을 안겨줘, 그의 죽음은 많은 이들을 안타깝게 하고 있다. 평론가들은 특히 그의 밀폐된 공간개념과 음영법 등은 전통화법과 확연하게 차이나는 것으로 우리 미술의 미래를 예언한 것이라고 극찬하고 있다.

천재적 기량 뿜어낼 길 없어 괴로워한
선구적 화가

온 몸으로 시대의 벽 넘으려 했던 기인

시대 조류의 격랑 속에서 우리 모두가 정신없어하는 사이에 1897년 어느날 문득, 우리 시대의 기인 한 사람이 없어진 빈 자리를 발견했다.

오원(吾園) 장승업. 누가 뭐라 해도 우리 미술사에 굵은 획을 그은 사람이다. 우리는 단지 그가 사라졌음을 안타까워하기보다는 그가 새장 속에 갇힌 천재였음을, 그 새장은 바로 우리 시대이고 우리 자신이었음을 슬퍼해야 할 것 같다.

정부기관인 도화원의 감찰 자리가 너무 부담스러워 툭하면 궁궐을 탈출, 시전 색주가로 내달은 그. 참다 못한 관원들이 아예 옷을 감추고 내주지 않자 벌거벗은 몸 그대로 월담하여 술과 계집 곁으로 달려간 그였다.

그러나 그를 묶고 있는 끈은 현실의 도화원 감찰 자리만은 아니었다. 그의 몸 속에서 사정없이 용솟음치는 창작의 열기를 억누르는 차가운 기존 사상과 제도와 화법이었다.

〈관아도(觀鵝圖)〉나 〈삼인문년도(三人問年圖)〉에 그린 노인과 학동은 여지없는 중국 사람이다. 〈호응도(豪鷹圖)〉에 그린 새나 나무는 소재치고는 너무도 고리타분한 것들이다. 도화원 관리들이, 우리 시대가, 더 정확하게는 우리 시대를 지배하는 사상이 그에게 그런 그림만을 그릴 것을 강요한 것이다.

그럼에도 우리는 그의 그런 그림들에서 왠지 모를 강렬한 힘을 느낀다. 그를 옥죄는 기존 화풍에 괴로워 꿈틀대는 그의 필치가 느껴진다. 구도부터가 단순하지 않고 근경에서 원경까지 지그재그로 꿈틀댄다. 투박하게 각겨 울둑불둑 솟은 바위를 보라. 과장되기는 했지만 바위 틈새마다 이전에 못보던 명암기법이 시도돼 있다. 일필휘지(一筆揮之)의 선비적 고고함을 비웃듯 수없이 가필하며 공들인 장인정신이 그대로 드러나 있다.

그가 계속 살아 이러한 탈전통적 기법을 소재와 화풍의 영역 전반에까지 확산시켰다면 하는 아쉬움에 못내 가슴이 쓰리다. 그러나 그의 애제자 안중식과 조석진이 그의 못다한 삶을 대신할 것으로 믿는다.

해외 소식

중국 사실상 반식민지 상태

근대화 위한 변법운동도 실패

부정부패 제거를 위한 급진적인 개혁운동을 추진해 관심을 모았으나 끝내 실패하고 말았다. 1898년 6월 광서제는 개혁운동의 지도자 강유위와 그의 제자 양계초 등을 고문으로 추대하고, 행정체계의 쇄신·법전 개정·군대 개편·과거제 폐지 등을 주요 골자로 하는 대대적인 개혁을 단행했다. 그러나 광서제의 양모인 서태후가 개혁운동에 위협을 느낀 수구파 관료들과 함께 '무술정변'을 일으켜 변법자강운동은 100여일만에 실패로 끝났다.

열강이 잇달아 중국을 침략함으로써 중국이 사실상 반식민지 상태에 들어서는 가운데, 근대적 개혁을 위한 변법자강운동이 실패로 끝나 중국의 장래는 암울하기만 하다. 독일은 1897년 11월 교주만을 점령하고, 이듬해 3월 중국 정부로부터 교주만에 대한 조차권(99년간)을 공인받았다. 독일은 또 산동지방의 철도부설권 및 광산채굴권을 획득해 엄청난 이권을 챙겼다.

러시아는 1898년 12월 여순과 대련에 대한 조차권(25년간)을 공인받는 동시에 하얼빈에서 대련에 이르는 남만철도부설권을 획득했다. 또

프랑스는 1897년에 해남도, 통킹만에 인접한 광동, 광서, 운남 3성을 자국의 세력권에 편입시켰다.

이에 영국은 1898년 2월 양자강유역을 다른 나라에 할양하지 않겠다는 약속을 받아냈다. 또 1898년 6월 구룡지방(홍콩)에 대한 조차권(99년간)을 획득했다. '종이 호랑이' 중국은 이제 사실상 반식민지화의 단계로 접어들었다는 것이 전문가들의 일치된 견해이다.

한편 이러한 상황을 타개하기 위해 1898년 황제인 광서제와 강유위를 중심으로 한 개혁주의자들이 중국 정부를 쇄신하고 근대화 추진과

미국 – 스페인전쟁에서 미국 승리

'필리핀 사태' 새 국면에

1898년 미국이 스페인과의 전쟁에서 승리하고 필리핀을 넘겨받았으나, 독립투쟁을 벌여온 필리핀 국민들이 이에 반발하고 나서 '필리핀 사태'가 새 국면을 맞이하게 되었다. 1898년 4월 스페인과 미국은 쿠바 지배를 놓고 전쟁에 돌입하여 결국 스페인의 패배로 끝났다.

한편 스페인과의 전쟁 발발 직후 미해군은 필리핀의 마닐라만으로 진입해 그곳에 정박중이던 스페인 함대를 격파하고, 필리핀 혁명군을 지원한다는 명분을 내세워 8월에 마닐라를 점령했다. 패전 이후 스페인은 쿠바에 대한 모든 권리를 포기하고, 2000만 달러에 필리핀 통치권을 넘겨주었다.

한편 1896년부터 스페인의 식민통치에 대해 저항운동을 벌여온 필리핀 국민들은 미국지배를 인정할 수 없으며 독립투쟁을 계속할 것이라고 다짐했다. 필리핀 국민들은 미국이 필리핀의 독립을 위해 노력할 것이라며 스페인과의 차별성을 강조하고 나서자, 식민통치를 합리화하려는 기만전술에 불과하다고 비난했다. 전문가들은 필리핀 저항군이 각지에 상당한 세력을 갖추고 있어 미국의 필리핀 장악이 쉽지 않을 것으로 내다봤다. 한편 익명을 요구한 한 관리는 "미국이 필리핀에 개입해 스페인을 몰아내는 방식이 일본이 우리나라에 개입해 청을 몰아내는 방식과 너무도 흡사해 씁쓸하다"고 말했다.

역사신문

대한국 국제 반포

독립협회 도전 진압하고 정권 기반 다져
강력한 군주권 중심의 통치체제 구축

1899년 8월 17일 대한제국 정부는 대한국 국제(大韓國 國制)를 제정, 공포하여 황제의 전제군주권을 대내외에 선포하는 등 강력한 군주권 중심의 통치체제를 확립하였다.

이번 국제 반포는 독립협회 일부 세력의 정권 차원의 도전을 진압한 바탕 위에서 이루어진 것으로, 이를 법적·제도적으로 천명하는 성격을 띠고 있다. 이번에 공포된 전문 9개 조의 대한국 국제는 대한제국이 세계 만국이 공인한 자주독립국임을 천명하고 있으며, 황제에게 육·해군의 통솔권과 계엄권, 법률의 제정·공포권, 행정 각부 관제의 제정 및 문무관 임명권, 외국과의 선전, 강화 및 조약체결권 등 입법·행정·사법에 관한 제반 통치권을 부여하고 있다.

현 정부는 대한국 국제를 바탕으로 황제와 황실의 권한을 강화하기 위한 일련의 정부기구 개편작업을 단행하고 있다. 우선 궁내부를 확대·강화하여 황제권을 행사하는 실질적인 기구가 되도록 하고 있다.

특히 재정담당 기구로 내장원을 둬 농상공부가 주관하여오던 삼정(蔘政), 광산(鑛產), 수륜(水輪) 등의 업무를 관장케 하는 한편 어(漁), 염(鹽), 선세(船稅) 등 제반 잡세를 거두어 황실재정을 확충, 황실이 실질적인 개혁사업의 주체가 되도록 하고 있다.

이처럼 막강한 재정 권한을 갖게 된 내장원의 책임자인 내장원경에는 황제의 신임이 두터운 이용익이 임명된 것으로 알려졌다.

또 황제의 통치권을 무력적으로 뒷받침하기 위해 대대적인 군제개편을 단행하여 국방, 용병, 군사에 관한 각종 명령권과 군부 및 서울과 지방의 군부대에 대한 지휘·감독권을 갖는 원수부를 창설하고 황제가 대원수를 겸하도록 하였다.

정부는 이에 앞서 서울의 방위를 담당하는 시위대와 친위대를 증강하고 황제를 호위하는 호위대를 신설한 바 있었다.

대한제국의 이러한 일련의 왕권 강화정책은 이용익, 윤용선, 김병시, 심상훈, 이재순 등 대체로 황실의 신임이 두터운 인물들에 의해 추진되고 있는 것으로 알려졌다.

관련기사 2, 3면

경인선을 운행한 최초의 기차

1900년 11월 12일 경인철도가 개통돼 철도시대가 열렸다. 서울에서 인천을 한시간 안에 달리게 됐으니, 우리의 생활과 감각도 급변할 것이다. 일본이 세운 이 철도가 우리에게 어떤 결과를 가져올지 두고 볼 일이다.

대한제국, 자본주의 근대화정책 적극 추진

구본신참(舊本新參)에 입각, 정치체제 개편, 토지조사·상공업 진흥에 나서

대한제국 정부는 대한국 국제 반포로 정치체제를 개편하는 한편, 토지조사를 실시하여 근대적인 토지소유권을 확립하고 외국인의 토지침탈을 막기 위해 양전사업을 실시하고 있다. 또 외래상품과 자본의 침투를 막기 위해 각종 상회사를 설립하는 등 적극적인 자본주의 근대화정책을 추진하고 있다. 대한제국 정부의 이러한 근대화정책은 구본신참(舊本新參)이라는 개혁이념에 입각하여 그 기본방향이 설정되고 있는 것으로 알려지고 있다.

정부는 의정부관제를 부활하여 모든 국사를 국왕이 참여한 각부 대신 회의에서 토론을 통해 결정하도록 하였다. 당국자에 의하면, 이 의정부관제의 부활은 종래의 의정부제도의 기반 위에 내각제도의 정신을 살린 발전적인 조치라는 설명이다.

정부가 추진 중인 토지조사사업은 지난 1898년 7월 전담부서가 설치되어 1899년부터 실시되고 있는데, 숙종 이래 토지조사가 이루어지지 않아 토지에 대한 세금징수가 문란했던 것을 바로잡아, 농민경제를 안정시키고 누락된 토지를 색출하여 국가재정을 확보하려는 목표하에 진행되고 있다. 정부는 이 사업을 통해 지주들에게 근대적인 토지소유권을 부여하고 부쩍 늘어나고 있는 외국인의 토지소유를 금지할 계획인 것으로 알려졌다.

한편 정부는 철도·광산 등의 이권을 외국인에게 넘기지 않을 것을 천명하고, 철도회사·해운회사·직물제조회사 등 각종 상회사를 설립하여 이들 자원의 직접 개발과 각종 상공업의 진흥을 위한 제반 근대화정책을 추진하고 있다. 이에 따라 정부는 궁내부에 철도원과 광무국 등을 신설하여 이들의 개발에 나섰고, 직접 제조공장을 설립하거나 민간제조회사의 설립을 지원하는 한편 근대적인 산업기술을 습득하기 위한 기술교육을 강화할 방침이다. 이 정책에 따라 이미 1897년에는 한성은행, 대한천일은행, 대한은행 등이 설립되었고, 생산부문에서는 대조선저마제사회사, 직조권업장, 종로직조회사, 한성제직회사 등이 설립되었다.

또 정부의 기술교육 장려에 따라 국내에서도 방직기, 정미기 등 새로운 기계들이 우리 기술자의 손에 의해 발명되고 있어 세인의 관심을 끌고 있다.

관련기사 2, 3, 4면

독립협회, 사실상 해산

간부 투옥·일본 망명

독립협회가 사실상 해산된 가운데, 1899년 1월 손병직, 이범철, 김상범 등 보수층으로부터 독립협회를 배격하는 상소가 잇따르고 있다. 이런 정세 속에서 독립협회 간부들은 투옥되거나, 일본으로 망명하고 있다. 1899월 6월 고영근, 최정덕 등은 일본으로 망명하였고, 7월 최정식은 교수형에 처해졌으며, 이승만은 체포되어 종신 징역형을 받았다. 정통한 소식통에 의하면, 황제의 독립협회 해산 조치는 각국 공사들의 내락하에 이루어졌다는 소식이다.

중국, 의화단 북경 장악
"서양세력 몰아내자"

1900년 5월 그동안 각지에서 산발적으로 출몰하던 의화단이 북경 일대로 집결하여 시내로 진입, 기독교 교회를 불지르고 서양인들을 닥치는 대로 해치는 폭동이 일어났다. 서양인들은 자국 조계지로 몰려들어가 피신했으며 길거리에는 소매와 바지가 모두 짧은 특이한 옷차림에 큰 칼을 든 의화단원들로 가득 찼다. 결국 서구열강 7개국과 일본으로 구성된 연합군이 북경에 진입, 이번 폭동을 진압했다.

청 정부는 이들에 대해 사실상 방관자세를 보였고, 앞서 이들을 저지하려던 관군은 이들에게 패하는 경우가 많았다. 이와 관련해 현 청 정부 내에서 서태후를 중심으로 한 완고파가 이들과 결탁해 있다는 말이 공공연하게 퍼져 있다.

한편 이들 의화단원들은 북경뿐만 아니라 각지에서 "중화를 보전하고 외국인을 추방하며, 외국의 귀신을 쓸어내기 위해 철도를 모두 때려부수자"고 외치며 철도를 파괴하고 전선을 절단하는 등 서양세력과 관련된 것은 모조리 파괴하는 양상을 보이고 있다. 이들에 가담하고 있는 자는 주로 농민과 실업자지만 일부 중소지주층도 끼여 있는 것으로 알려졌다. 이들은 의화권법을 익힌 자신들은 총탄에 맞아도 끄떡없다는 신념을 가지고 있으며, 중국 민중도 상당수가 이를 사실로 믿고 있는 것으로 알려졌다. 결국 서구 열강 8개국 연합군이 개입해 사태가 수습됐지만, 이로 인해 오히려 동아시아 국제정세가 격동에 휘말릴 조짐을 보이고 있다. 우리 정부와 각 정파들도 이번 사태가 우리나라에 끼칠 영향을 타산하며 우려하고 있다.

관련기사 3면

역사신문

철도시대 개막에 부쳐

근대 산업화의 상징, 우리 힘으로 건설했어야

올해 11월 12일 경인철도가 개통됨에 따라 우리나라도 이제 철도시대의 개막을 맞이하게 되었다. 이번 경인철도의 개통은 최근 추진 중인 대한제국 정부의 개혁사업의 성과를 과시하는 것일뿐더러 우리 사회가 이제 근대사회로 바뀌고 있음을 실감케 하는 것이기도 하다. 기차의 우렁찬 기적소리는 앞으로 우리의 생활 구석구석에 엄청난 변화를 몰고올 것으로 보인다.

이미 철도가 놓인 서양 여러 나라의 경험을 살펴볼 때 철도는 산업화된 근대사회의 상징물이라고 할 수 있다. 특히 도착과 출발시간이 정밀하게 짜여진 열차시간표는 산업화 사회의 긴박한 시간감각을 대표한다. 이에 따라 규칙적으로 운행하는 기차로 말미암아 시골 구석에서 느슨한 시간감각으로 살아오던 사람들까지도 이제 열차시간에 따른 시간감각을 강요받게 될 것이다.

또 철도가 가지는 가장 큰 특성인 엄청난 속도는 광범한 지역의 주민을 동일한 생활권으로 묶어주어 공간개념에서도 가히 혁명을 일으켰다고 할 수 있다. 이렇듯 철도의 개통은 사람들에게 과거와는 다른 새로운 시공간을 제공하여 긴밀하게 통합시켰다. 이것이 바로 근대사회이며 이번 경인철도의 개통은 우리 사회가 근대사회로 진입했음을 선포하고 있다.

그런데 이번 경인철도의 개통을 지켜보면서 몇 가지 마음에 걸리는 부분이 있다. 이번 철도의 건설이 우리 자본에 의해서가 아니라 외국인의 자본에 의해 이루어졌다는 점이다. 또한 건설된 철도를 과연 누가 어떤 목적으로 이용할 것인가도 문제된다. 일부에서는 이번 철도의 건설로 우리 국민의 생활이 편리해지기보다는 우리 쌀이 실려나가고 외국 물건이 쏟아져 들어오는 것만 손쉬워진 게 아니냐는 비판적 분석도 있다.

아직 속단할 수는 없지만 만약 경인철도가 우리 경제의 통합과 발전에 기여하기보다 우리 경제를 세계자본에 예속시키는 데만 기여하게 된다면 이것은 우리에게 무슨 의미가 있을 것인가? 다시 말해서 겉껍질로만 근대의 외양을 흉내낸다고 해서 모두 바람직한 것은 아니며 누구를 위한 근대화인가가 더욱 중요하다는 말이다. 특히 우리나라처럼 내부적 요구에 의해서가 아니라 제국주의세력의 강요에 의해 세계자본주의체제에 편입된 나라에서는 매우 중요한 문제이다.

우리는 경인철도의 개통을 바라보면서 정부가 추진하는 개혁사업이 겉껍질의 근대화인가, 아니면 내실있는 근대화인가 하는 질문을 던지지 않을 수 없다. 정부의 개혁정책이 우리 자신의 경제논리와 우리의 자본으로 건설돼 올바른 길을 찾아가기를 간절히 기원한다.

대한국 국제 반포의 배경

군주권 강화하여 자주적 근대화 추진 기반 갖춰
사회모순 개혁과는 거리 멀어 전망 불투명

1899년 8월 17일 정부에서 발표한 대한국 국제는 전제군주권의 확립과 이를 바탕으로 자주독립을 명문화했다는 점에서 정치적 의미가 크다. 4, 5년 전의 갑오·을미개혁으로 왕권이 현저하게 약화되고, 일본의 조종에 의해 나라정치가 좌우되었던 것과 비교해보면 이는 획기적인 변화다. 갑오·을미개혁을 추진했던 개화파 관료세력들은 자신들이 개혁의 주체로서 권력을 장악하고자 하였고, 이를 실현하는 데 왕권이 제약요소라고 판단하였다. 그래서 일제의 지원 아래 국왕을 허수아비로 만들고 단발령 등 급격한 개혁을 단행하였다. 그러나 갑오·을미개혁은 민비시해 등 일제의 침략과도 결부되어 광범한 반발에 부딪쳤고, 국왕을 중심으로 국권을 세워야 한다는 여론에 힘입어, 러시아 공사관에 피신해 있던 고종이 환궁하여 대한제국을 선포한 것이다. 그러나 대한제국은 권력구조를 어떻게 짤 것인가 하는 문제를 놓고 독립협회와 또 한판의 대결을 치러야만 했다. 독립협회는 기본적으로 황제 중심의 통치구조에 동의하면서도 자신들의 정치적 입지를 확보하여 황제권을 견제할 수 있는 제도적 장치를 마련하고자 했다. 그러나 국왕 고종은 이들 세력 가운데 왕권에 도전하는 움직임이 있다고 판단하여 무력으로 독립협회를 해산시켜 전제군주권을 확립할 기반을 마련했다.

대한국 국제는 대내적으로 이러한 국내정치의 동향을 바탕으로 하는 한편, 대외적으로는 한반도에서 구미 열강이 이해관계를 다투는 가운데 세력균형을 유지하는 국면 속에서 그 반포가 가능했다는 것이 공통된 분석이다. 이렇게 본다면 대한국 국제의 공포는 대외적으로 자주성을 표방하며 국왕 중심의 체제하에 근대화를 추진할 것인가, 아니면 외세 등에 업은 개화파세력이 국왕권을 약화시킨 가운데 자신들이 권력을 장악하여 근대화를 추진할 것인가 하는 대립국면에서 전자의 노선이 일단 승리한 것으로 풀이할 수 있다. 그러나 이 노선도 대내적으로 기존의 봉건적인 사회모순을 전반적으로 개혁하는 것과는 거리가 있는 것이어서, 사회안정을 이루면서 외세를 물리치고 근대화를 효과적으로 추진할 것인가에 대해서는 회의적인 시각이 없지 않다.

대한제국 근대화의 성격

'구본신참' … 옛 제도를 기본으로 시대에 적응해나간다
군주권 강화 뒷받침하는 각종 제도개혁, 투자 적극 추진

대한국 국제의 반포로 강력한 군주권을 확립한 대한제국 정부는 이를 기반으로 정치체제를 개편함과 동시에 산업·교육 등 각 분야의 근대화사업을 적극 추진하고 있다. 이런 일련의 개혁사업은 강력한 군주권을 확립하여 이를 중심으로 각종 근대화사업을 시행하되 구본신참(舊本新參)을 기본방침으로 한다는 것이다. 이는 갑오·을미개혁이 지나치게 성급하고 외세의존적이었던 점에 대한 반성에서 출발한 것으로, 종래부터 내려오던 제도와 법을 기본으로 하되, 이용후생(利用厚生)의 문제처럼 시대에 맞게 고쳐나갈 것은 갑오·을미개혁의 신법을 참작하여 고쳐나가는 방향에서 근대화를 추진한다는 것이다.

대한제국의 근대화사업은 정치적으로는 대한국 국제를 통해 드러나듯이 군주권의 강화가 핵심인 것으로 꼽히고 있다. 또 사회·경제개혁으로는 궁핍한 국가재정을 보충하고 농민경제를 안정시키기 위해 전국적인 토지조사사업인 양전지계(量田地契)사업이 추진되고 있다. 이 사업은 봉건적인 지주소작제를 그대로 인정하면서 지주들에게 근대적인 소유권을 부여함으로써, 이를 근대사회·자본주의 경제체제에 적응시키려 한다는 점에서 역사적 의미가 있다. 그러나 이것은 조선봉건사회가 안고 있던 최대의 모순이었던 지주·소작관계의 근본적 개혁과는 거리가 있는 것으로, 결국 대한제국이 추진하는 근대화란 지주층의 이익을 보호하고 그들을 기반으로 추진되고 있음을 단적으로 보여주고 있다.

대한제국은 또 자본주의 경제체제를 발전시키기 위해 화폐제도를 개혁하고, 상공업을 육성하며, 각종 실업교육을 강화하는 정책을 추진하고 있다. 정부의 상공업 진흥정책은 국가 주도의 자본주의화를 꾀하는 것으로 주체적인 상공업진흥정책이라는 점에서 그 귀추가 주목되고 있다.

요컨대 대한제국이 추진하는 근대화의 방향은 강력한 군주권을 바탕으로 국가와 지주층이 주체가 된 자본주의화를 지향하는 것이라고 할 수 있다. 그러나 이것은 봉건적인 특권경제체제를 기반으로 한데다 황실 및 국가자본과 소수의 관료자본에 의해 추진되고 있어, 자본주의의 비약적인 발전과는 거리가 있을 것이라는 회의적인 시각도 없지 않다.

그림마당

이은홍

안됐지만 자네는 여기서 내리게!!

군주권강약

독립협회

1899

의화단 봉기 왜 일어났나

열강의 무차별 침략에 '자발적 민중봉기'
정부내 수구세력과 결탁, 일시에 위력 발휘

의화단 봉기는 일면 특수한 사이비 종교신도들의 무장난동쯤으로 보이기도 하지만, 이들이 "부청멸양(扶淸滅洋:청을 도와 서양을 멸한다)"이라는 구호를 내걸고 있고, 광범위한 민중이 이에 가담하고 있다는 점에서 결코 가벼이 넘길 수 없는 의미를 지니고 있다. 요컨대 아편전쟁 이후 중국대륙을 거의 반(半)식민지 상태로까지 몰아간 서양세력의 무차별한 침투에 대해 청정부가 속수무책으로 일관하자, 결국 그 피해를 감당하게 된 농민과 수공업자와 막노동자, 그리고 일부 중소지주층이 반제국주의운동에 나선 것이라고 볼 수 있다.

그렇다고는 해도 의화단 봉기가 중국 전체를 강타할 정도로 위력을 발휘하는 데는 청 정부 내 각 정파간의 역학관계가 작용하고 있다. 즉 서구의 침략에 대한 중국 지배층의 반응은 대체로 세 가지 스펙트럼으로 나타났다. 하나는 "국가가 망할지라도 법을 바꾸어서는 안된다"는 만주족 집권세력으로서 이른바 '수구파'다. 다음은 "중학(中學)을 체(體)로 하고 서학(西學)을 용(用)으로 한다"는, 즉 기존체제는 유지하되 서양의 문물을 도입하여 부국강병을 꾀한다는 이른바 '양무파'다. 한족 관리들 및 지주층이 대체로 여기에 가담하고 있다. 마지막은 이른바 '변법자강(變法自强)'을 주장한 '변법파'로서, 위로부터의 힘을 통해 사회체제 자체를 자본주의 체제로 바꾸자는 것이다. 여기에는 강유위, 담사동 등의 근대지향적 사상가들이 포진하고 있다. 이들은 1898년 정권의 실세로 부상, 실제 개혁에 착수했으나 서태후를 중심으로 한 완고파에게 일격을 당해 패한 바 있다(무술정변).

이러한 상황에서 수구파는 자신들의 입지를 강화하기 위해 의화단을 이용한 것으로 보인다. 결국 의화단 봉기는 서양세력의 무력에 의해 진압되었지만, 이들의 중국 침투에 있어 민중의 저항이라는 강력한 장애에 직면한 것은 사실이고, 이는 향후 중국정세에서 간단치 않은 영향을 미칠 것이 확실하다.

인터뷰　대한제국의 실세, 탁지부 대신 이용익

"나라의 중심은 국왕, 중심이 서야 나라가 산다"

대한제국 정부가 여러 개혁정책을 시행하고 있는 가운데 그것들을 입안하고 집행하는 핵심인물로 세간의 주목을 받고 있는 인물, 이용익씨를 만나 보았다.
황실의 돈주머니로 통하는 그는 요즘 국정 각 부문을 총괄하느라 동분서주하며 뛰어다니고 있다.

"독립협회 일부 인사들은 서구 열강,
특히 일본의 침략 책동에 놀아나고 있다"

대한제국이 황제권을 강화하여 전제정치를 하는 것은 근대로 나아가는 시대분위기에 역행하는 것은 아닐까요.

그렇지 않아요. 특히 독립협회 사람들 가운데서 그런 주장을 하는 모양인데, 의회를 만들어 서양지식에 밝고 재산 있는 사람들이 국정에 참여하는 것이 근대적인 것으로 보일지 모르지만, 이들은 외국 특히 일본의 침략 책동에 너무 무감각하고 오히려 그들의 손아귀에 놀아나고 있어 한심한 실정입니다.

이들에게 국정 참여를 허용할 수 없지요. 근대화라고 해서 나라의 주권도 버리는 것은 아니지 않습니까. 지금 같은 위기상황에서는 강력한 군주가 주체가 되어 근대화를 추진해야 합니다.

대한제국이 개혁이념으로 표방한 구본신참(舊本新參)은 결국 복고적인 정책이라는 의견도 있는데요.

서구문물을 받아들여 근대화한다고 해서 나라가 중심도 뿌리도 없이 온통 서양 것만 추종해서는 안됩니다. 우리나름대로 오랫동안 살아오면서 갖추어온 법과 제도가 있고 역사와 전통이 있습니다. 이것이 하루아침에 모두 바뀌어서도 안되고 바뀔 수도 없어요. 서양 것이라도 경제나 생활의 편의를 위한 우수한 문물은 과감히 받아들일 것입니다. 구본신참은 그런 자세를 말하는 겁니다.

정부재정을 총괄하고 계신데 재정수입은 어디에서 충당하고 있습니까.

주로 광산개발에서 충당하고 있습니다. 이를 위해 전국의 광산을 내장원(황실재산 관리부서)으로 소속시켰죠. 앞으로는 인삼을 정부가 전매해서 수입을 늘릴 생각이고, 황실토지인 궁방전도 전면 재조사할 생각입니다.

얼마전 독립협회로부터 비리 혐의로 고소당했는데요.

독립협회뿐 아니라 정부 내의 이른바 수구파들도 저를 쫓아내려고 난리입니다. 제가 예산지출을 엄격히 하고, 재판소 재판장을 맡아 비리관련자들을 엄중문책한 데서 발단이 된 것으로 압니다. 저 자신은 집 한 채 가진 것이 없고 우리집에 가보면 알겠지만 아주 가난합니다.

이재에 밝으시고, 특히 광산업에서 많은 재미를 본 것으로 아는데요.

천성이 학문에는 소질이 없고 손과 발로 하는 일에 흥미를 갖다보니 광산에 관계하게 됐습니다. 그러나 개인적인 치부를 한 적은 없습니다. 나라가 위태로운 마당에 국권을 튼튼히 하기 위해서는 무엇보다도 황제의 통치력이 굳건하게 서야 한다고 생각해서, 황제께 제가 운영하던 광산에서 나온 금을 헌상했던 것입니다.

은행 설립에도 관심을 가지고 계시다던데요.

지금 우리나라에 들어온 외국인들이 우리나라를 다 말아먹으려 하고 있습니다. 얼마전 일본인들이 우리 정부에 수십만원을 지불할 것이 있었는데, 다이이치은행이 발행한 은행권으로 가져왔습니다. 어음도 아니고 종이조각 몇 장을 가져와서는 그게 금화나 은화와 다를 바 없다는 겁니다. 저는 '이건 사기다'라고 생각하고 거절했지만 우리 국력이 약해 어쩔 수 없이 받았습니다. 나중에 은행제도에 대해 알고는 화가 좀 풀렸지만, 저는 그렇다면 우리도 은행을 만들어 우리 은행권으로 외국 빚을 갚자는 생각을 한 것입니다.

그러나 미국이나 일본 광산업자들에게 이권을 넘겨주지 않았습니까.

그건 기술습득을 위해서지요. 우리의 채광기술이 그들보다 떨어지는 것은 사실 아니겠습니까. 그러나 사안마다 검토를 해서 가부를 결정합니다. 얼마전에 영국과 프랑스에서 채광권을 요구해왔지만 거절한 적이 있습니다. 또 외국인의 광산에 대해서는 반드시 세금을 징수하고 있고 불법 채굴은 엄중처벌하고 있습니다.

황실재정이 튼튼하다고 해서 백성들이 잘살게 되는 것은 아닌데요.

왕권이 허약해지니까 중간 및 하급관리들이 부정부패를 일삼고, 외세마저 판을 치고 있는 것입니다. 우선 나라의 중심을 확고하게 세워놔야 합니다.

그러기 위해서는 마음만 가지고는 안되고 돈이 필요합니다. 저는 제 힘이 닿는 데까지 이 나라의 재정력 강화에 몸을 바칠 생각입니다.

각종 실업학교 설립
근대적 기술자 양성 목적
국공립, 사립학교 모두 실업교육에 큰 관심

1897년 정부는 각종 실업교육기관을 설립하여 근대적 기술자 양성에 나서고 있다.

이러한 정책에 따라 1897년에는 체신사무요원의 양성을 목적으로 우편학당, 전무(電務)학당을 설립하였으며, 1899년에는 상공인 양성을 위해 상공업학교를 설립하였고, 1899년에는 경성의학교를, 이듬해에는 광산기술자 양성을 목적으로 광무학교를 설립하였다.

이밖에 중국어, 독일어 교육을 위한 한어(漢語)학교, 독어(德語)학교가 설립되었으며, 서울과 각 도에는 공업견습소가 설립되어, 염직공·직조공·제지공·금공·목공 등의 공업기술자를 양성하고 있다.

뿐만 아니라 농상공부에도 잠업과가 설치돼 양잠기술학교 역할을 하고, 서울과 평안도·함경도 등지에 잠업시험장이 설치되어 많은 졸업생이 배출되고 있으며, 잠업여학교도 설치되었다. 또한 궁내부에도 모범 양잠소가 설치되어 근대적 견직기술을 가르쳤다.

실업교육의 강조는 사립학교에도 마찬가지로 적용되어 사립 인공양잠견습소(1900)가 생기고, 사립 흥화학교에서는 영어와 일본어를 가르치는 외에 양지과를 두어 측량기술자를 양성하고 있으며, 사립 낙영학교에서는 공업전수과가 부설되어 제조기술을 가르치고, 철도건설의 일환으로 사립 철도학교도 건설되어 1901~1902년 사이에 많은 졸업생을 배출하였다.

의화단 사태로 동북아정세 급변

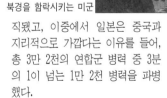

북경을 함락시키는 미군

日 등 8개국 연합군 북경 함락
3국간섭체제 약화
일·영 급부상

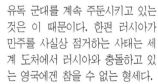

멸양(滅洋)의 기치를 내건 의화단이 북경을 점령하는 사태에까지 이르자, 서양 각국은 이에 즉각적으로 대응하고 나서 동아시아 정세가 험악해지고 있다. 북경에 고립돼 있는 자국 공사관을 보호한다는 명목으로 러시아, 프랑스, 독일, 오스트리아, 영국, 미국, 이탈리아가 연합군을 조직, 중국에 파병키로 결정한 것이다.

특히 러시아를 주축으로 한 3국간섭으로 중국대륙은 물론 조선에서 기세가 한풀 꺾였던 일본은 이번 기회를 전세 역전의 호기로 삼아 적극 개입하고 나왔다. 결국 일본을 포함해서 8개국 연합군이 조직됐고, 이중에서 일본은 중국과 지리적으로 가깝다는 이유를 들어, 총 3만 2천의 연합군 병력 중 3분의 1이 넘는 1만 2천 병력을 파병했다.

이 연합군은 1899년 8월 북경을 함락시켰고, 그 결과 일본은 의도대로 중국에 대한 일정한 발언권과 진출기반을 확보했다. 이러한 정세 변화는 자연히 시베리아 개발과 만주에 눈독을 들이고 있던 러시아를 긴장시켰다. 러시아로서는 3국간섭으로 인해 얻은 주도권이 위태로워진 것이다. 현재 러시아가 연합군이 모두 철수한 뒤에도 만주의 동청(東淸)철도를 보호한다는 구실로 유독 군대를 계속 주둔시키고 있는 것은 이 때문이다. 한편 러시아가 만주를 사실상 점거하는 사태는 세계 도처에서 러시아와 충돌하고 있는 영국에겐 참을 수 없는 형세다.

결국 의화단 봉기는 중국 내적으로는 서양 제국주의의 침탈에 대한 민중적 저항이었지만, 국제적으로는 러시아 주도의 동아시아 정세를 러·불·독을 한편으로 하고 영·일·미를 다른 한편으로 하는 세력 갈등관계로 전환시키는 역할을 한 셈이 됐다. 그리고 이러한 정세변화가 중국에게 득이 될 실이 될지는 좀더 지켜봐야 알 수 있을 것이다.

전통적 비밀 종교 결사 … 열강 침략이 봉기 유도

의화단의 원래 명칭은 의화권(義和拳)이다. 이번 봉기에서 정부 내 완고파의 권유에 따라 그럴듯한 단체로 보이기 위해 의화단으로 정했던 것. 원래 명칭에서도 알 수 있듯이 이들 나름의 권법(拳法)이 독특한데, 이들은 이 권법을 익히면 철포도 맞지 않을 수 있다고 한다. 옷차림도 소매와 바짓가랑이가 짧고 허리와 머리에 붉은 두건을 두른다.

그러나 이들은 전국적으로 단일한 조직체계를 갖추고 있지는 않다. 중국에서 오랜 옛날부터 내려오는 종교적 비밀결사의 한 분파라고 보는 것이 적당할 것이다. 계통상으로 보면 원을 붕괴시키는 데 일조한 백련교도와 통한다고 볼 수 있다. 전국 각지에서 자생적으로 소규모 조직들이 생겨난 것으로 보이고 전체를 지도하는 지도자는 없는 것으로 알려져 있다.

이러한 국지성과 밀교적 성격에도 불구하고 이번에 일치단결해서 봉기할 수 있었던 것은 현재 중국이 처한 사회경제적 상황 때문이다. 즉 청일전쟁 이후 외국 선교사들이 들어오고 교회가 우후죽순으로 생겨나면서 그들이 전파하는 행동양태는 전통적 가치관과 심각하게 충돌해왔다. 또 철도, 공장, 광산 등 근대적 산업시설이 건설되는 과정에서 민중들은 오히려 소외되고 경제적 곤경에 빠지게 됐다. 이러한 상황에서 중국 민중들의 불만은 쌓여갔고, 저항의 불길을 누군가 당겨주기만을 기다리고 있었다고 볼 수 있다. 저항의 1차적 표적이 서양인과 그들이 들여온 시설들이었던 것이 이를 잘 말해준다. 그러나 의화단은 반제국주의운동의 불길은 당겼지만 봉건적 중국사회를 개혁할 어떤 프로그램도 가지고 있지 않았다. 따라서 한낱 권법에 의존하는 주술적 운동형태가 얼마나 지속될지는 미지수다.

한강철교 준공 … 경인철도 완전 개통

서울 - 인천간 한 시간에 주파

1900년 11월 12일 서울 서대문에서 내외귀빈이 참석한 가운데 서대문에서 제물포에 이르는 총연장 36km의 경인철도 개통식이 성대하게 거행되었다. 이로써 서울에서 인천을 1시간에 주파할 수 있게 돼 서울과 인천이 1일생활권으로 묶이고, 이에 따라 각종 산업과 국민생활에 획기적인 변화가 일 것으로 전망된다.

경인선에서 최대의 난공사는 한강철교 공사로, 홍수와 혹한에도 불구하고 연 270일의 공사기간 끝에 지난 7월 5일 준공됐다. 총연장 630m의 한강철교는 지금까지 우리나라에서 가장 긴 교량인 동시에 최초의 철제 교량이다. 경인선 공사는 지난 1896년 미국인 모스에게 허가됐으나 자금부족으로 부설권이 1898년 일본의 경인철도합자회사로 넘어가 오늘의 준공에 이르렀다. 철로 위를 달릴 기관차는 미국 브룩스사에서 제작한 모갈(Mogul)형 탱크기관차이다.

국내 산업기반 '기지개'

국내자본, 철도·해운·직물·제지사업 추진

1898년 이후 국내 자본이 철도사업에 나서 속속 철도회사를 설립하고 있다. 1898년 박기종씨는 부하철도회사를 설립하여 부산-하단간의 철도 부설을 시도하는데, 이것이 국내 자본이 철도사업에 참여한 선구라고 할 수 있다. 이어 1899년에는 대한철도회사가 설립되어 서울-의주간 철도부설에 착수하였으며, 삼량진-마산간 철도건설도 시도하였다. 이밖에도 영남지선철도회사, 호남철도회사가 설립되었다. 이러한 철도회사의 설립은 열강의 철도이권 획득에 대항하는 철도의 민족자영운동의 성격을 갖지만, 거액의 자본과 기술을 요구하는 것이어서 잘 추진될지 우려하는 사람도 있다.

한편 해운권을 독점하고 있는 일본의 일본우선주식회사·대판상선주식회사에 대항하는 민족주의적 성격의 해운회사가 건설되어 해운업계의 주목을 받고 있다. 대한협동우선회사·인천우선사·인한윤선주식회사(1900), 선녕상선회사(1903) 등이다. 또한 해운업을 빼앗긴 민족자본가들은 적은 자본으로도 운영할 수 있는 육운사업에도 적극적으로 손을 대, 경인간의 운송을 담당하는 마차회사(1897), 연안 운송을 목적으로 하는 이운사(1899), 이밖에도 통운사, 통동회사, 종선회사 등이 설립되었다. 또 철도운송회사로 박기종 등이 철도 용달회사를 설립하였으며, 경부철도 용역회사도 설립되었다.

영학당, 전라 고부 관아 습격

"보국안민·척왜양" 표명, 동학 잔당인 듯

1899년 5월 4일 전라도 고부에서 영학당(英學黨)이라 일컫는 4백여 농민들이 관아를 습격, 무기를 탈취하는 사태가 발생했다. 이들은 고부 관아를 점령한 뒤 인근 지역에 "보국안민(輔國安民), 척왜양(斥倭洋)"이라는 방을 내걸었다. 이들이 반외세의 성격을 분명히 하고 있는 것으로 보아 지난 1894년 동학농민군의 잔당으로 보인다. 이들은 이어 인근 흥덕·무장군으로 진출, 관아를 공격하고 있다. 이들을 이끌고 있는 지도자는 고부출신 김문행과 정읍출신 최익서로 알려졌다. 현지 소식통에 의하면 이들은 광주를 점령한 뒤, 전주를 거쳐 서울까지 진격할 대담한 계획을 세우고 있다고 한다. 현재 정부에서는 급히 관군을 파병, 사태수습에 나서고 있다.

이에 앞서 작년 12월에는 이화삼이라는 자가 3백여 농민을 이끌고 흥덕 관아에 쳐들어가 민회(民會)라는 형식으로 대중집회를 열어 미곡수출과 과중한 징세에 항의한 바 있다. 그리고 이번 고부봉기에 앞서 같은 날 흥덕군에서 호남공동대회라는 것을 열고 이화삼의 석방을 요구

했었다. 이것이 받아들여지지 않자 곧바로 고부에서 봉기를 일으킨 것이다. 영학당은 지난 1894년 동학농민군의 패퇴 이후 잔여세력이 이름을 바꾸어 재조직된 농민 무장조직인 것으로 보인다. 명칭을 영학당이라고 한 것은 자신이 신봉하는 종교가 영학 즉, 영국의 종교인 것처럼 위장해 정부의 탄압을 피하기 위한 것이라고 한다.

「독립신문」 폐간

1899년 12월 4일 「독립신문」은 제4권 제278호를 마지막으로 폐간됐다. 신문사와 인쇄시설은 정부가 서재필로부터 4천 원에 매입했다. 정부는 매입 후 계속 신문을 내겠다고 했으나, 실제 그럴 의사는 없는 것으로 알려졌다. 관계자에 따르면 사실 정부는 작년 독립협회 해산 이후 독립신문의 폐간을 끈질기게 추진해왔다고 한다. 이로써 지난 1896년 4월 7일 창간호를 발행한 이래 3년여 동안 '문명개화'를 위해 활발히 전개했던 이 신문의 언론활동이 종말을 고했다.

서대문 - 청량리간 전차 개통

동양 최초의 첨단 운송수단에 군중 운집

1899년 5월 청량리에서 서대문을 왕복하는 전차가 개통됐다. 이 전차는 전기를 동력으로 하여 철로 위를 달리는 운송기관으로, 지난 1881년 독일 지멘스사(社)가 개발해 첫선을 보인 최첨단 시설인데, 동양에서는 우리나라가 최초이다. 공사는 미국의 콜브란·보스트위크사가 지난 1898년부터 맡아 해왔는데, 이들은 고종에게 "황제께서 자주 가시는 홍릉 참묘에 비용이 많이 들고 번거로우니 전차를 가설하면 매우 편리할

것"이라고 제안해 부설권을 땄었고, 따라서 노선도 홍릉과 경운궁 사이를 직선화한 청량리-서대문 노선이된 것이다.

개통식날 종로 거리에는 이 신기한 시설을 구경하러 수만 명의 군중들이 몰려나와 청량리에서 새문안까지 운행하는 데 무려 1시간이 걸렸다. 정부는 시민의 반응이 좋을 경우 앞으로 종로에서 용산에 이르는 노선도 건설할 계획이라고 발표했다.

전차 시승기

하루 승객 최대 3만 명 …
"신기하다"며
하루에 다섯 번 왕복한 사람도

청량리 전차 종점에는 전차를 타보려는 사람들로 오랜만에 비가 오는데도, 마치 장터를 방불케 하는 혼잡을 이루고 있었다. 비 때문에 도롱이를 입고 삿갓을 쓰고 나갔으나 일부는 서양식 우산을 들고 나왔다. 전차에 지붕이 없기 때문이다. 요금은 종로까지는 상등이 3전 5푼에 하등은 1전 5푼으로 비싼 편이었다. 상등칸이래야 전차 중간에 6석 정도 칸을 막아 창문을 달아놓은 것이 전부이다. 전차 운전수는 일본 교토철도회사 사람들이었고 차장은 우리나라 사람이었다. 차장의 목에 걸려 있는 계수기 주머니에 요금을 넣으면 차장이 그 계수기에 달린 끈을 잡아당긴다. 그러면 "찌링"하는 소리와 함께 몇 명째라는 숫자가 표시된다. 차장 말로는 요즘 전차 한번 타보려는 사람이 많아 하루에 최대 3만 명을 태운다고 한다. 정류소는 따로 정해진 곳이 없고 아무 데서나 승객이 손을 들면 세워준다. 게다가 철로가 단선이어서 마주 오는 전차가 있으면 중간 대피소로 빠졌다가 다시 운행하곤 해 동대문까지 오는 데 1시간이 넘게 걸렸다. 걸었어도 벌써 도착했을 시간이다. 동행한 한 사람은 전차가 하도 신기해서 아침부터 타서 다섯번째 왕복하는 중이라고 했다. 그러나 또 한 사람은 요즘 가뭄이 극심한데 이것은 전차가 공중의 물기를 빨아들이기 때문이라며 걱정스러운 표정을 지었다.

경인철도회사

임금인상 요구 파업

경인철도회사 종업원들이 임금인상을 요구하며 파업에 들어갔다. 이들은 철도개통 이래 근무하면서 월급이 너무 적어 생활이 제대로 되지도 않는데다가 자주 체불되어 불만이 쌓여왔다고 한다. 이는 경인선 개통으로 서울-인천간의 교통이 한 시간으로 단축되었음에도 불구하고, 조선인들의 반일감정이 높아 경인철도의 이용이 매우 부진해 회사경영이 어려운 데 근본원인이 있다는 분석이다. 경인철도회사는 승객 흡수에 고심한 나머지 광고문을 내붙여 적극적으로 선전을 하고 있지만 오히려 반일감정만 악화될 뿐인 상황이다. 회사측이 종업원들의 파업에 대해 어떻게 대응할지 귀추가 주목된다.

"전차가 사람 잡는다"

아기 치여 죽자 군중들 전차 파괴

1899년 5월 24일 동대문에서 서대문 방향으로 운행하던 전차에 5살 박이 어린아이가 치여죽는 교통사고가 발생했다. 어린아기가 치여죽는 끔찍한 사고장면을 목격한 서울 시민들은 흥분하여 모여들기 시작했고, 삽시간에 불어난 군중들은 전차를 향해 "전차가 사람 잡는다"며 돌을 던졌다. 이 뜻밖의 사태로 전차는 완전히 파괴됐고, 그래도 흥분을 가라앉히지 못한 군중들은 마침 다가오던 다른 전차를 세워 불태워버렸다. 군중들은 여기서 그치지 않고 시위대열로 전환, 가두시위에 나섰는데 전차의 경영권이 미국인에게 있었으므로 자연히 표적은 미국이 됐다. 한편 이번 사건에 뒤이어 시내 곳곳에 미국 등 서양세력들의 침투를 비난하는 대자보가 나붙는 등 시민들의 분노는 당분간 가라앉지 않을 전망이다.

서울, 몰라보게 달라졌다

도시계획 착착 진행, 관청·도로망 황제가 있는 경운궁 중심으로

몰라보게 달라진 서울의 종로. 왼쪽은 1895년의 모습이고 오른쪽은 5년 후 오늘의 모습

최근 도시계획이 진척됨에 따라 서울의 모습이 크게 달라지고 있다. 지난 1894년에 이어 1896년 10월께 두번째로 조선을 방문한 이사벨라 버드 비숍여사는 "난잡한 골목, 발목까지 빠지는 진창, 불결함 등은 거의 제거돼 있었다. 거리는 더 이상 쓰레기 방치장이 아니었고, 최소폭 55척의 넓고 평탄한 도로 위로 자전거가 질주하고 있었으며, 철마가 머지않아 등장하리라 하는가 하면, 위치가 좋은 곳을 잡아 프랑스식 호텔을 하나 지을 준비가 진행되고 있고, 전면에 유리창을 갖춘 상점이 속속 들어서고 있었다"며 놀라움을 금치 못하고 있다.

서울의 도시계획은 지난 1895년 을미개혁 때 처음으로 마련됐다. 당시 내부대신 박영효는 산하에 위생국을 설치하여 특히 서울의 분뇨처리 문제에 대한 대책을 내놓았고, 을미사변으로 정국이 소연한 가운데서도 박정양 내각은 〈한성 내 도로의 폭을 규정하는 건〉을 발표하였다. 특히 서울의 도시계획은 1896년 10월부터 1898년 11월까지 한성판윤을 역임했고, 1899년 9월부터 다시 재임하고 있는 이채연의 실무집행에 힘입은 바 컸다. 그는 주미공사 박정양을 수행해 워싱턴을 돌아본 경험이 있다. 현재 수도 서울의 도시계획은 대체로 경운궁

중심의 방사형 도로망과 분뇨 등 위생처리의 법제화로 대표된다고 할 수 있다.

경운궁 중심 도로망 건설

현재 서울의 도로망은 대한제국의 상징인 경운궁을 핵으로 하여 구성돼 있다. 전통적으로 경복궁과 그 앞의 육조거리가 수도 한성의 중심핵이었던 것에 비하면 커다란 변화라고 할 수 있다. 이는 고종이 경운궁에 거처하면서 이루어진 변화로, 현재 정부관청들도 이 주변에 배치돼 있다. 이런 정치적 변화를 반영하여 경운궁에서 종로를 거

쳐 홍릉에 이르는 대로와 남대문에 이르는 대로가 중심가로를 이룬다. 이밖에 소공동 원구단을 거쳐 남산에 이르는 도로와 서소문으로 나가는 도로도 대폭 확충됐다. 이들 도로폭은 55척인데, 종로와 남대로의 경우는 사실 신축이라기보다는 복원에 가깝다. 국초에 이미 55척으로 건설됐으나 상가와 민가가 점차 도로로 침식해 들어왔던 것이다. 노면은 평탄하게 깎아 자갈로 메웠으며, 노견에는 하수관로를 설치한 뒤 그 위에 석제교량을 곳곳에 얹었다.

도로뿐 아니라 경인철도의 종점

도 경운궁에 가능한 한 근접시켜 서대문에 뒀고 현재 건설 중인 시내 전차도 현재 무관훈련장으로 쓰이고 있는 옛 경희궁터를 시발점으로 삼을 예정이다.

엄격한 위생조치

서울에 각국 공사관이 들어서고 외국인들의 왕래가 잦아지면서 분뇨처리 문제가 심각한 문제로 대두됐다. 그동안은 인분은 물론 소, 말, 개, 닭의 분뇨까지 그냥 도로나 도랑에 내다버리는 경우가 많았기 때문이다.

우선 각 민가는 집집마다 따로 변소를 마련하고 도로변 일정한 장소에 구획을 정하여 분뇨 등을 모아두도록 하고 있다. 매월 말에 이를 관에서 수거하는데 각 가정은 인원수에 따라 요금을 내야 한다. 그리고 시내 곳곳에 목제 가건물을 짓고 칸을 나눠서 칸마다 목통을 놓아 행인들이 소변이 급할 때 이용하고 있다.

분뇨나 오물을 길거리에 함부로 버리는 행위는 엄격하게 금지돼 있고, 현재까지 이는 비교적 잘 지켜지고 있다. 여행가 비숍여사는 현재의 서울을 동아시아에서 수준급에 드는 청결한 도시라고 할 수 있다며 불과 몇 년 사이에 이런 탈바꿈을 한 것에 대해 놀라고 있다.

정부는 최근 개혁정책의 일환으로 군인, 경찰, 관원들의 복장제도를 바꾸어 이들의 모습이 일신하게 되었다. 정부는 1900년 문관복장규칙(文官服裝規則)과 문관대예복제식(文官大禮服製式)을 제정하여 모든 관원들이 서양식 관복을 착용하도록 하였다. 을미개혁 당시만 하더라도 관원들은 양복을 착용하여도 무방하다는 정도였고, 대부분의 관원들은 예전대로 '조복'을 입고 있었다. 그러다가 1897년에 접어들어 개혁작업이 구체화되면서 관원들의 복장을 각국에서 통용하는 양복으로 착용하라는 조칙이 내려진 바 있었지만, 반발로 인해 외교관에 한하여 양복을 착용케 하는 선으로 후퇴한 바 있다. 이번 조치로 모든 관원은 서양식 관복을 착용하게 되었다. 이러한 복장변화와 아울러 1902년 군인·경찰·관원에 한해서 단발령이 내려졌다. 단발령은 1895년 개화과정부에 의해 실시되어 많은 반발을 받아 철회된 바 있었다. 이번에 내려진 단발령은 제한된 범위의 사람에 한한 것이지만, 이에 대한 고종의 입장은 완강한 것이어서 "이에 불응하는 자는 머리를 잘라오라"고 했으며, 이에 반대하는 사람은 유배시키기까지 하였다. 이로써 공·사 향연에서 상투머리는 찾아보기 힘들게 되었고 단발한 사람들로만 가득 차게 되었다.

이번 호의 인물　이용익

대한제국의 돈주머니

현재 황실의 돈주머니 역할을 톡톡히 하고 있는 이용익. 그는 함경도 북청출신으로 한때 보잘것없는 물장수에 지나지 않았다. 그가 한 나라의 재정을 주무르는 대신으로까지 출세하게 된 계기는 그의 비상한 다리 때문이었다고 한다. 빨라야 닷새가 걸리는 것이 보통인 전주길을 이용익은 12시간에 달릴 수 있었다는 소문을 그대로 믿기는 힘들지만, 이러한 소문이 들리는 것을 보면 그의 걸음이 어지간히 빠르기는 했던 모양이다. 이용익뿐만 아니라 북청물장수들은 당대에 내로라 하는 건각들이었다. 그들의 걸음이 빠른 것은 그들이 가진 직업 탓이어서 그들은 1년에 한 번씩 한강 백사장에서 달리기 경주를 하였다고 한다. 북청물장수들은 우리 육상의 선구자들이라 하여도 과언은 아니다. 이용익은 북청물장수 출신이고 걸음도 빨라서 일찍이 임오군란 당시 민비가 장호원으로 피신했을 때 민비와 국왕의 연락을 도맡아 한 공로로 고종의 총애를 받게 되었다고 한다.

그는 남병사(南兵使)로 재임시 많은 금을 캐어 갑오년과 을미년의 개혁 때 군색한 황실재정을 도와 왕의 신임을 획득하였다. 한번은 금광에서 비둘기 모양의 금괴가 나오자 이를 고종에게 진상하면서 "언젠가는 금송아지 한 마리를 반드시 구해 바치겠습니다"고 하여 그후부터 그는 '금송아지' 대감이라 불리기도 하였다. 특히 그는 황실을 믿고 당돌한 짓을 많이 했기에 정동의 외국인들은 돈키호테를 줄여 '미스터 돈키'라는 별명으로 그를 불렀다.

그는 전환국장으로 재임하면서 많은 백동화를 주조하여 황실의 재정수입 증대에 크게 기여하였으며, 그 공로로 황실재정의 총책임을 맡는 내장사장(內藏司長)으로 임명되었다. 이후 내장사가 내장원으로 개편된 뒤에도 계속 그 책임자로 있으면서 황실의 자금줄을 쥐는 중요한 역할을 맡고 있다.

그런데 이 과정에서 그가 정부재정의 많은 부분을 황실재정으로 빼돌리는 통에 정부의 관리들 가운데는 그를 못마땅하게 여기는 사람들도 많다. 그는 이렇게 사람들에게 온갖 비난을 한몸에 받고 있으면서도 끄떡도 하지 않는다. 그는 자신이 하는 일은 모두 오로지 황제를 위한 한마음으로 하는 것이므로, 그 어느 누가 뭐라 해도 상관하지 않는다고 밝히고 있다.

1854년 함북 명천 소농 출생. 원래는 명문가였다는 얘기도 있다.

해외 소식

미국, 열강에 중국 문호개방 요구
미국 이익에 가장 충실한 외교방법

1899년 9월 미국이 영국, 프랑스, 러시아, 독일, 이탈리아, 일본에 대해 중국에 대한 문호개방과 기회균등을 요청해 관심을 끌고 있다. 미국무장관 헤이는 열강에 제출한 문호개방 각서에서 대중국무역에서 각국의 기회균등이 보장돼야 한다고 주장했다. 이는 미국의 자본가들이 1898년 한구─광주간 철도부설권을 획득하게 되자, 미국 정부도 다른 열강처럼 중국에 직접적인 자본투자의 필요성을 느끼게 된 때문이라는 분석이다. 이는 대영제국의 그늘에

서 '착한 아이' 노릇만 하던 미국이 1898~9년에 하와이와 필리핀을 영유하면서 태평양을 중심으로 한 제국주의국가로서 부상하고 있는 것과 깊은 관련이 있다는 분석이다.

한편 미국은 1900년 7월, 2차로 중국의 영토보전과 주권 불간섭을 공식화하고 나섰는데, 미국의 이런 문호개방 주장은 후발제국주의 국가인 미국이 중국에서 자국의 이익을 지키는 데 가장 적절한 외교방법이라는 것이 전문가들의 공통된 지적이다.

"일본에서 종두기술을 배우고 왔다는 이유로 사람들이 나를 친일 정치인으로 오해했을 때가 가장 힘들었다"

의사양성을 목적으로 1889년 학부 산하에 설립된 한성의학교를 찾아 교장으로 있는 지석영씨를 만났다.

한성의학교는 종로 관훈동에 있는데 원래 학교 건물로 지은 것이 아니라, 지난 아관파천 때 처형된 김홍집의 집이 방치돼 있는 것을 정부에서 접수해 학교 건물로 쓰고 있다. 학생수는 20여 명이라고 하는데, 이들은 규정대로 소정의 절차를 거쳐 입학한 이들이 아니라고 한다. 규정상으로는 "중학을 졸업한 자로서 20세 이상 30세 미만인 자"로 돼 있지만, 1899년에 7년제 〈중학교 관제〉를 제정한 마당에 중학졸업자가 있을리 없었고, 더욱이 소학교를 졸업한 자 중에도 전통적으로 의술은 상놈이나 하는 일이라는 관념이 강해 의학교에 들어오려는 자가 거의 없었기 때문이다. 그래서 임시방편으로 문자를 알고 계산을 할 줄 아는 이들을 모아서 특별시험을 거쳐 선발했다고 한다. 이곳에서 배우는 학과는 동식물학, 물리화학, 해부학, 생리학, 약물학, 진단학, 외과, 안과, 위생, 종두, 부인과, 소아과, 법의학, 체조 등 의학과 관련된 학문은 거의 전부 섭렵하도록 돼 있

다. 그리고 학생들의 의류, 식사, 교과서 등은 국고에서 지급된다.

올해로 45세인 지석영교장은 청년 시절부터 우리나라에 종두를 보급하는 데 일생을 바친 이로 널리 알려져 있다. 이곳 한성의학교에서도 건물 한켠에 부속병원을 차려놓고 우두를 실시하고 있다.

요즘은 우두가 널리 알려져 있지만 초기에는 오해도 많았을 텐데요.

"일본에서 종두기술을 배우고 두묘(痘苗)도 일본인들에게서 얻어왔기 때문에, 사람들이 나를 김옥균이나 박영효 같은 친일 정치인으로 오해하는 것이 가장 힘들었다. 심지어 부산의 일인병원 제생의원에서 간신히 두묘을 얻어가지고 오던 중 충주 처가에 들러 두 살 난 처남에게 접종해주려고 하자, 사람에게 소 고름을 왜 집어넣느냐고 소동이 일어난 적도 있었다."

선생은 우리나라에서 최초로 우두를 실시했다고 알려져 있다.

"그렇게들 말하지만 이미 서양 선교사들이 들어와 있었고, 일본인 의원들도 각지에 생기고 있었으니까 정확히 내가 처음이라고 단정할 수

는 없다. 사실 이전에도 천연두 예방법으로서의 종두법이 없었던 것은 아니다. 다만 우두가 아니라 인두(人痘)였다. 천연두를 앓다 다 낳아 무균상태이지만 얽은 상처에서 아직 안떨어진 사람의 딱지를 떼어내 사람의 코에 생채기를 내고 붙여 면역을 시키는 방법이었다. 이것은 중국에서 아주 오래전에 개발된 것이고 효력도 어느 정도 있었지만, 사용하기에 적합한 천연두 딱지를 구하기가 어렵고 다소 위험해서 실효성은 적었다. 그리고 우두법도 사실 북학파나 정약용 선생에 의해 알려져 있었다. 다만 당시 천주교 박해와 관련이 돼서 일반화되지 못했을 뿐이다."

선생은 동학난 때는 토포사로 진압에 나서기도 했다. 혹시 앞으로 다른 계획은 없는가.

"내가 토포사가 된 것은 완전히 타의에 의한 것이었으나 나는 농민군 처벌보다는 탐관오리를 숙청하는 데 중점을 두었다. 또 친일 매국노로 모함을 당해 몇 번 유배도 당했는데, 정치에는 이제 신물이 난다. 앞으로 한글의 우수성을 연구해 보고 싶다."

사상의설(四象醫說) 창시자 이제마 타계

사람들 각자의 체질에 의거한 치료법 개발

1900년 사람마다의 체질에 근거한 치료법 〈사상의설〉을 창안, 한의학의 신기원을 연 동무(東武) 이제마(李濟馬)가 향년 63세를 일기로 고향 함흥에서 별세했다. 그는 마지막 순간까지 그의 저서 「동의수세보원(東醫壽世保元)」 증보판을 집필하다 타계했다.

그가 「동의수세보원」을 집필한 것은 1894년 4월인데, 이 책은 1893년 7월부터 집필을 시작하여 밤낮을 가리지 않고 심혈을 기울여 완성한 것이다. 「주역」의 태극설에서 원용한 태양·소양·태음·소음의 사상(四象)원리를 인체에 적용, 사람의 체질을 네 가지로 구분하여 각 체질에 따라 질병의 치료법을 달리해야 한다는 것이 이 책의 골자인데, 이는 체질에 관계없이 질병의 증세에 따라 처방하는 전통적 한의학과는 차원을 달리하는 것이어서 의학계에 커다란 파문을 던졌다.

그는 한때 중앙의 군관직을 맡기도 하고 진해 현감을 지내기도 했으나 「동의수세보원」 집필 이후에는 사상의학의 연구와 후진양성에 온몸을 바쳤다. 그가 끝내지 못한 「동의수세보원」 증보판은 그의 제자 김영관, 한직연, 안현수 등이 마무리해 곧 간행될 예정이다.

고대로부터 동서양의 수많은 의술인들이 질병의 정복을 위해 다양한 시도를 해왔다. 그리고 개화시대인 요즘에는 병리해부학을 토대로 성립된 서양의학이 들어오고 있다.

그러나 우리는 같은 질병에 대해 동일한 치료법을 써도 사람마다 큰 편차를 보이는 경우를 흔히 본다. 이것을 어떻게 설명해야 할까. 여기에 대한 해답이 바로 〈사상의설〉이다.

이제마는 사람마다 타고난 체질이 있고, 그 체질에 따라 걸리기 쉬운 병이 있다고 한다. 이것은 세균이 인

사상의설이란?
체질을 사상으로 나누어 치료

체에 침입해서 병을 일으킨다는, 최근의 서양의학이 간파하지 못한 것이다. 이제마는 인체 각 장기의 특성을 분석하여 체질을 태양, 소양, 태음, 소음으로 나눈다. 그리고 질병도 체질에 따라 다르며 약재도 체질에 적합한 약재를 써야 한다고 말한다.

이러한 획기적인 〈사상의설〉은 창시된 지 얼마 안돼 아직 검증이 충분히 돼 있지 않다. 그러나 동서양을 통틀어서 의학계가 주목해야 할 견해임은 분명한 듯하다. 후학들의 연구가 계속 이어져야 할 것이다.

사상인(四象人)의 체형과 성격

	체형	성격
태양인	두형(頭形)의 기세가 장성 선 자세의 허리가 가늘고 약함	활달하고 대인관계가 좋음
소양인	가슴의 기세가 장성 앉은 자세와 방광이 가늘고 약함	무예와 사무에 능함
태음인	선 자세의 허리가 장성 두형의 기세가 가늘고 약함	성취감이 강하고 처신에 능함
소음인	앉은 자세와 방광이 장성 가슴이 가늘고 약함	품행이 단정, 과묵하고 조직활동에 능함

역사신문

경제 구조 왜곡 '심각'

쌀 싸게 팔고 면직물 비싸게 수입 … 농촌 파괴

최근 경제전문가들 사이에 우리나라의 대외무역이 지나치게 미곡수출과 면직물수입에 치우치고 있는 기형적 무역구조를 이루고 있으며, 이로 인한 우리 경제의 왜곡이 심각한 수준에 도달했다는 지적이 제기되어 깊은 우려를 낳고 있다. 이들은 기형적 무역구조가 우리 경제의 자주적이고 온전한 근대화를 가로막고 있으며, 농업과 상공업을 포함한 모든 부문을 식민지 경제구조로 예속시키고 있으므로 시급한 대책이 요구된다고 주장하고 있다.

1894년 이후 우리의 대외무역은 큰 변화를 겪고 있다. 가장 뚜렷한 특징은 대외무역의 상대가 중국에서 일본으로 바뀌었다는 점이다. 이런 현상은 청·일전쟁에서의 일본의 승리라는 정치적 상황의 탓도 컸지만 경제내부적 상황의 탓도 큰 것으로 알려지고 있다. 즉 1894년 이전에는 중국과 일본이 모두 자기 나라의 생산품을 조선에 판매한 것이 아니라 영국의 상품(특히 면직물)을 가져다팔았다. 그런데 1894년 이후가 되면, 일본의 면직물공업이 어느 정도 발달하여 자기의

제품을 내다팔 수 있는 정도에까지 이르게 되었다. 특히 이때 일본의 면직물은 대중용 저가품이어서 국내경제에 미친 영향이 이전과는 비교가 안되게 늘어나는 실정이다. 결국 이런 무역구조가 고착화되면서 소수 지주층의 성장과 대다수 농민들의 가난을 초래하였으며, 나라 전체로 보면 일본에 쌀을 값싸게 팔아 비싼 면직물을 사오는 꼴이 되었다.

그런데다 무역구조 또한 기형적인 모습이다. 수출의 압도적인 부분을 미곡이 차지하고 있어서, 1901년 현재 138만 톤, 419만 원에 달하였으며, 수입의 80%를 면직물이 차지하고 있다.

이러한 사정으로 1894년 이후 우리의 대외교역은 일본의 면직물을 조선에 팔고 조선의 미곡을 일본에 실어가는 구조가 자리잡게 되며, 해가 갈수록 이것은 점점 더 구조화되는 추세이다.

이러한 쌀·면직물 교환을 축으로 하는 무역구조는 국내경제 측면에도 심각한 폐해를 나타내고 있는 것으로 분석되고 있다. 일본의 값싼 면직물이 도입되면서 국내 농가에서 부업으로 운영하던 면직물 생산은 중단될 수밖에 없었으며, 계속 확대되는 미곡수출로 지주들의 이익이 커지면서 이들의 토지확대에 따라 땅을 잃은 농민들이 급격

히 늘어나는 실정이다. 결국 이런 무역구조가 고착화되면서 소수 지주층의 성장과 대다수 농민들의 가난을 초래하였으며, 나라 전체로 보면 일본에 쌀을 값싸게 팔아 비싼 면직물을 사오는 꼴이 되었다.

최근 전국 각지에서 들고일어서고 있는 활빈당도 이런 상황하에 땅을 잃은 농민들이 주축이 된 것으로 보고 있다. 제국주의 경제로의 예속에 대해 이제 우리 민중들도 어떠한 방향에서든 이에 대응하지 않을 수 없게 된 것이다.

관련기사 3면

영·일동맹 체결

극동정세에 큰 변수

1902년 1월 30일 영국 외무성에서 영국외상 랜스다운과 일본공사 하야시 다다스 사이에 영·일동맹조약이 체결되어 앞으로 한반도를 둘러싼 동북아 국제정세에 큰 변수로 작용할 것으로 보인다. 이 조약의 골자는 청국에서의 영국의 이익과 한국에서의 일본의 이익이 침해당할 때 양국의 이익을 옹호하기 위해서 필요한 조치를 취한다는 것으로, 러시아의 동북아 진출에 대한 양국의 공동견제를 의미하는 것이다. 이 조약의 체결은 외교적 열세로 인해 1894년 청·일전쟁 후 3국간섭에 의해 중국에서 후퇴할 수밖에 없었던 일본의 입장에서는 커다란 외교적 승리로 평가되고 있다. 영국은 남아프리카에서 진행 중인 보어전쟁에 발목이 묶여 있는 상황에서, 불가피하게 동북아에서의 러시아 견제를 일본에 맡길 수밖에 없다는 판단에서 이 조약에 응해다는 분석도 있다. 이 조약의 체결로 일본은 이제 외교적인 수세에서 공세로 전환하였으며, 한반도에 대한 적극적인 정책이 예상되고 있다.

활빈당, 남부지방서 '활개'

부잣집 털어 빈민에게 분배, 조직적 활동

최근 활빈당들이 삼남지방과 강원도 등지에서 출몰, 양반부호집을 습격하여 재물을 탈취, 그 일부를 빈농이나 빈민에게 나누어주고 도주하는 일이 빈발해 사회문제화되고 있다. 현재 각 지방관청에서는 활빈당의 활동이 점차 지역을 넓혀가고 공권력을 비웃듯 대낮에도 마음대로 약탈행위를 일삼자 이를 진압해달라는 전문이 빗발치고 있다.

이들 활빈당이 최초로 모습을 드러낸 것은 지난 1899년 충청도 지방에서부터인데, 1900년에는 경주 문무사와 양산 통도사에 수백 명씩 운집해

공공연한 본거지로 삼을 정도로 규모가 커졌다. 이들은 부호의 재물을 겁탈하면 반드시 빈민에게 나누어주고 있어 단순한 도적이나 화적(火賊)은 아니라고 분석되고 있다. 심지어 이들은 자신들을 화적이라고 지칭하는 부호들에게 "너희가 무슨 까닭으로 우리를 화적이라 칭하느냐, 실로 화적은 근일 명색이 관찰사니 수령이니 대대장이니 하는 놈들이 다 진짜 화적인즉, 너희가 재산을 아무리 쌓아두어도 필경 보존치 못하고 저 진화적의 주머니나 채워주게 될 것이니 차라리 우리 활빈당에게 주어 빈민과

기민(飢民)을 구제함이 상책일 것이다"고 협박하고 있다.

그러나 행인이나 행상에 대한 약탈행위는 거의 하지 않는다. 평소에 이들은 10~30명 단위로 활동하며 그 숫자가 적을 때는 습격보다는 묘자리를 파헤친 뒤 협박문을 보내고 있다. 최근에 와서는 이들의 습격 대상이 개인 가문에 그치는 것이 아니라 대사찰이나 관아, 외국인이나 외국인 공관으로 확대되고 있고, 바다나 강에서 배를 이용한 해적의 양상마저 나타내고 있다.

관련기사 3면

러·일간 긴장 고조 … 용암포사건으로 '일촉즉발'

1903년 용암포사건을 계기로 한반도에서 러시아와 일본이 팽팽하게 대립하고 있으며, 이를 둘러싼 양국 간의 외교교섭은 실마리를 찾지 못한 채 난항을 거듭하는 등 양국간의 긴장상태가 이제 일촉즉발의 상황에 도달하고 있다. 이번 사태는 직접적으로는 1903년 4월 21일 러시아 병력이 압록강을 건너 용암포를 무단점령하면서부터 비롯되었다.

용암포

이후 러시아측은 병력을 증파하고 용암포에 포대를 설치하는 한편 한국 정부에게 이곳을 조차해줄 것을 요구하였다. 영국과 일본공사는 용암포 조차를 강력하게 반대하면서 그대신 의주를 열강에게 개항할 것을 주장하는 등 양세력은 한반도를 둘러싸고 팽팽하게 대립하기 시작했다. 이러한 팽팽한 대립 속에서 러시아와 일본간 외교교섭이 전개

되었는데, 양국의 강경한 입장이 엇갈려 난항을 거듭하고 있다. 7월 31일 러시아주재 일본공사 구리노는 러시아외상 람스도르프를 방문하여 만주와 한국을 러시아와 일본이 분점하자는 내용의 협상안을 제의하였지만 러시아에 의해 거부되었으며, 10월 3일에는 러시아가 39도선을 경계로 북부지대를 중립화하자는 한반도 분할안을 일본에 제의하

였지만 이번에는 일본에 의해서 거부되었다. 외교관측가들은 이렇게 양국의 외교교섭이 난항을 거듭하고 있는 것은 양국 모두 협상에 의한 타결에는 관심이 없고 이미 전쟁을 치를 결의를 갖고 있기 때문인 것으로 판단하고 있다. 이러한 상황이기 때문에 양국의 팽팽한 대치의 한가운데 있는 한반도에는 전운이 감돌고 있다. 관련기사 2면

역사신문

일촉즉발의 국제정세

러·일 정세 분석하며 준비태세 갖춰야

최근 우리 주변 정세가 긴박하게 돌아가고 있다. 어찌 보면 무시무시한 상황이다. 스스로 세상물정을 조금이라도 안다고 생각하는 사람이라면 두 발을 뻗고 잠을 이룰 수 없을 지경이다. 한반도를 둘러싼 러시아와 일본간의 팽팽한 긴장이 이제 언제 터질지 모를 상황에까지 이르렀다. 만약 양국간에 전쟁이 터지면 어떻게 될까? 지난 청·일전쟁 때 그랬듯이 애꿎은 우리나라가 쑥대밭이 될 것은 뻔한 사실이다.

현재 양국은 만약에 있을 전쟁에서 서로 자신들이 승리할 것으로 장담하고 있다. 러시아는 전통적인 강대국의 자존심에다 막강한 극동함대의 위력을 자랑하고 있다. 일본은 일본 나름대로 최근 급속히 이룬 근대적 산업화의 위력을 이번에 보여주겠다며 벼르고 있다. 전쟁의 승패를 지금 점치기는 이르지만 우리 내부를 보면 대체로 러시아의 일방적 강세를 예상하며 일본에 힘을 보태줘야 한다는 생각들을 하고 있는 것으로 보인다. 이는 세력균형이 어느 한쪽으로 기울지 않아야 우리나라의 독립이 유지된다는 생각이 바탕에 깔려 있다.

그러나 이것은 지극히 위험한 발상임을 경고하지 않을 수 없다. 우리는 이미 여러 나라를 동시에 끌어들여 세력균형을 통해 국권을 유지하려는 시도를 해보지 않은 게 아니다. 1884년 이후 조·러밀약설이 그러했으며 아관파천 이후에도 그러한 방책을 시도한 적이 있다. 그런데 그 결과는 어떠했는가? 잠깐은 효과를 보았지만 결국 칼의 손잡이는 항상 외세가 쥐고 우리는 칼날을 잡고 있는 형국이 계속됐다. 최근 러·일간에 거론됐던 한반도 38선 분할론이 말해주듯이 자기들끼리 우리의 운명을 놓고 치사한 흥정을 벌이는 사태밖에는 남은 게 도대체 무엇이란 말인가?

우리가 처한 상황은 외교적 잔재주만으로 풀어나가기에는 너무나 엄중하다. 우리의 힘이 뒷받침되지 않은 세력균형이란 공허하기 짝이 없는 구호다. 평화와 국권유지는 누가 가져다주는 것이 아니다. 그러면 스스로의 힘을 기르려면 어떻게 해야 하나? 우선 정치개혁을 통한 내부통합이라는 전제가 충족돼야 한다. 그리고 나서야 군대를 강화하든 산업화를 밀어붙이든 할 수 있기 때문이다. 그리고 이를 위해서는 정파의 차원을 넘어선 결단이 필요하다. 그렇게 되었을 때에야 비로소 사소한 어려움 정도는 단숨에 극복할 힘이 생길 것이다.

다시금 이야기하지만 한시라도 마음을 놓을 수 없는 상황이다. 정신을 똑바로 차려야 산다. 더욱이 나라를 책임진 정부로서는 목전의 권력을 넘어선 대승적 결단을 보여야만 한다.

그림 마당
이은홍

만주와 한반도 지배 놓고 영·미·일, 러시아와 정면대결
용암포사건으로 외교적 타협의 선 넘어 러·일전쟁 불가피

최근 용암포사건을 계기로 러시아와 일본이 첨예하게 대립하고 있으며 한반도를 비롯한 동북아정세가 급격하게 불안정 상태로 돌입하고 있다. 이를 둘러싼 양국의 외교교섭도 난항을 거듭하고 있어서 장차 양국의 무력대결의 가능성도 배제하기 어려운 상황이다. 이는 의화단사건 이후 러시아의 만주 직접진출론과 일본의 대러시아 전쟁불사론이 정면으로 맞부딪친 것으로, 외교평론가들은 그 배후에 동북아에 있어서 대륙세력과 해양세력의 대립과 충돌이라는 국제정치의 구도가 가로놓여 있다고 분석하고 있다.

동북아에 있어서 국제정세 변화의 계기는 1900년에 일어난 의화단사건으로부터 비롯된다. 러시아는 이때의 출병을 만주진출의 계기로 삼아 다수의 병력을 만주에 주둔시켰다. 러시아는 이를 계기로 중국을 압박하여 사실상 만주를 러시아의 보호령으로 하는 12개조 요구를 제시하였다. 이는 러시아가 만주를 배타적으로 지배하는 것을 의미하며, 전통적으로 러시아의 남하정책을 견제하고 있던 영국이나 만주를 자국의 면직물시장으로 노리고 있던 미국 등 열강의 반발을 살 수밖에 없었다.

이러한 상황에서 일본은 영국에 접근하여 영일동맹을 성사시켰다. 당시 남아프리카의 보어전쟁에 발목이 잡혀 있던 영국으로서는 러시아 견제의 역할을 일본에 맡기는 것이 불가피한 상황이었다. 영·일동맹을 계기로 오랜 외교적 고립에서 빠져나온 일본은 한반도에 대한 적극정책을 추진하기 시작했으며, 이는 1896년 체결된 로바노프·야마가다 의정서가 이루어놓은 양국의 세력균형 상태를 점차 해체시키게 되었다.

이러한 와중에서 1903년 용암포사건이 일어나 양국은 극한적인 대립 상태에 들어갔는데, 이는 한반도를 만주에 대한 직접진출을 위한 완충지대로 삼으려는 러시아의 입장과 한반도를 교두보로 하여 만주로 진출하려는 일본의 입장이 팽팽하게 맞서고 있는 것이다. 그리고 이러한 대립은 중국, 특히 만주지역을 둘러싼 대륙세력과 해양세력의 대결을 러시아와 일본이 대행하고 있는 것을 뜻하고 있다. 따라서 이렇게 용암포를 둘러싼 분쟁은 단순한 국지적 분쟁이 아니라 전세계적 대립구도를 반영하고 있는 것이므로 쉽사리 타결되기 힘들 것이며, 장차 전쟁으로 치달을 수도 있다는 것이 외교가들의 지배적 견해이다.

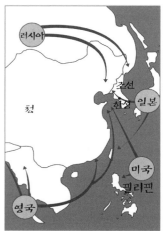

용암포사건 왜 일어났나?

러시아군 용암포 진주에 일본 등 극한 반발

용암포는 압록강 하구에 있는 조그마한 포구이다. 이 평화로운 포구가 세계적인 분쟁의 와중에 휘말리게 된 것은 1896년 9월 블라디보스톡의 러시아 상인인 이율리 이바노비치 부린너가 당시 러시아공사관에 머무르고 있던 고종에게서 압록강과 두만강유역의 목재채벌권을 얻어내면서부터 비롯된다. 이때까지만 해도 이것은 한 민간업자가 얻어낸 이권에 불과하였다.

그러나 이후 러시아 정부는 이를 계기로 한국에 대한 경제적 진출을 시도하고자 1898년 부린너로부터 이권을 인수하여 압록강목재회사를 설립하였다. 그런데 압록강유역에서 베어낸 목재의 집하지가 바로 압록강 하구에 위치한 용암포였으며, 1903년 러시아는 이곳의 이권을 보호한다는 명목하에 군대를 진출시킨 것이다. 그런데 이 무렵 러시아는 이미 만주를 점거하고 있던 상황이었으므로 영국과 일본 등은 러시아군의 용암포진출을 단순한 경제적 이권보호를 위한 것으로 보지 않았고, 한반도로의 군사적 진출의 거점으로 삼으려 하는 것이 아닌가 경계하였던 것이다. 따라서 이들 나라는 용암포를 러시아에게 조차해주는 것을 맹렬히 반대하고 있으며, 오히려 용암포 부근에 위치한 의주를 개항장으로 만들 것을 요구하고 있는 것이다. 이는 만주에 대한 열강의 문호개방 요구와 궤를 같이하는 것이다. 이처럼 만주와 한반도를 둘러싼 제국주의 열강간의 대립은 이번 용암포사건을 계기로 이제 앞날을 예측할 수 없는 단계에 접어들었다는 것이 일반적인 지적이다.

지식인들의 국제정세 인식

현재 한반도를 둘러싸고 러시아와 일본간의 긴장이 고조되어 전쟁의 가능성조차 배제하기 어려운 가운데 국내 지식인들도 이에 촉각을 곤두세우고 있다.

러·일간의 대립은 어디까지 갈 것인가? 끝내 전쟁은 터지고 말 것인가? 만약 전쟁이 터진다면 그것은 우리에게 어떠한 영향을 미칠 것인가? 이러한 여러 가지 고민으로 머릿속이 복잡할 수밖에 없는데, 이러한 모든 고민은 결국 만약 전쟁이 터진다면 누구의 편을 들어야 할 것인가로 초점이 모아지고 있는 것 같다.

그런데 현재 지식인들 가운데는 러시아보다는 일본의 편을 들어야 한다는 사람이 더 많은 것으로 보인다. 이러한 사람들이 들고 있는 대표적인 논리는 동양연대론이다. 즉 미우니 고우니 해도 일본은 같은 황인종이니 일본과 힘을 합쳐 로스케의 침략을 막아내야 한다는 것이다. 이들은 이미 1880년 황준헌이 쓴 「조선책략」에서도 동양 3국이 힘을 합쳐 러시아를 막아낼 것을 주장하지 않았느냐고 반문하고 있다. 한편 이와는 다른 측면에서 러시아에 반대하는 사람들도 있다. 과거 독립협회에 참가한 바 있는 모 인사는 만약 러시아가 득세하게 되면 국내에도 짜르체제와 유사한 전제체제가 유지될 것이므로 일본의 편을 들어야 한다고 주장하고 있다. 그는 현재 정부가 표면적으로는 중립적인 태도를 취하고 있지만 비밀리에 짜르와 동맹을 맺고 있다고 하면서, 이러한 친러연합에 대항하기 위해서는 일본과 연합할 수밖에 없다고 하였다.

그런데 이승만 같은 인물은 독특한 주장을 하고 있다. 러시아의 남하정책이 동아시아에서 미국 등이 자유롭게 무역할 수 있는 개방체제를 위협하므로 이에 반대한다는 것이다. 이승만은 널리 알려져 있듯이 미국선교사들과 각별한 관계에 있는 인물로 일부에서는 그가 미국측 입장에서 문제를 바라보고 있다고 꼬집는 사람도 있다. 이렇게 입장은 다양하지만 대부분의 지식인들은 현재 러시아와 일본 가운데 일본에 치우친 입장을 나타내고 있다. 그런데 일부에서는 이러한 국내 지식인의 일본에 치우친 대외인식에 우려의 눈길을 보내고 있다. 즉 일본이 득세한 후에도 과연 여태까지와 같은 태도를 취할 것인가를 어떻게 장담하느냐는 게 이러한 우려의 근거이다. 우리의 진정한 벗은 과연 누구인가?

농촌사회 '빈익빈 부익부' 날로 심화

소수 지주층만 성장, 일반 농민들 소작농으로 전락

최근 정부의 각종 개혁사업이 정력적으로 추진되는 가운데에도 농촌지방에서는 빈익빈 부익부의 현상이 나타나고 있어서 우려의 목소리가 높다. 현재 농촌지방에서는 소수의 지주들은 자신의 땅을 늘려가고 있음에 비해서 일반 농민들은 점점 소작농으로 전락하고 있다는 것이다. 이러한 현상이 발생한 데에는 현 정부가 추진하고 있는 경제정책의 탓도 크다는 분석이 있다. 본사 특별취재반에 의하면, 온양군 일북면의 경우 소유분화가 극심해서 5정보 이상의 토지소유자가 23명인데(4.0%)

이들이 전체 경작지의 39.3%를 차지하고 있는 반면, 0.5정보 이하의 소유자 349명(61.3%)은 전체 경작지의 15.1%만을 차지하고 있는 실정이라고 한다. 따라서 이 지역은 지주와 빈농·소작인의 양극화된 계급구성을 보여주고 있다.

이러한 현상은 전국적으로 벌어지고 있는데, 개항 이후 가속화된 것으로 보인다. 개항 후 미곡수출이 증대하자 소작농으로부터 지대를 곡물로 거둬들이는 지주들은 토지에 재투자하여 대지주로 급격히 성장하고 있는 실정이다. 이러한 지주들의

성장 이면에는 일반농민들의 몰락이 숨어 있었던 것이다. 또 일본인들까지 호남평야 등지에서 토지를 몰래 사들이면서 이런 현상은 더욱 가속화되고 있다.

그런데 현재 문제는 현 정부가 시행하고 있는 토지조사사업이 이들 지주의 성장을 법적·제도적으로 뒷받침해주고 있다는 점이다. 토지조사사업이 토지개혁의 측면은 도외시하고 구래의 토지소유권을 근대적으로 재확립시켜주는 기능에만 국한돼 있기 때문이다.

활빈당 출현의 사회적 배경

"개화 반대, 제국주의 반대"

노선 분명한 의적집단 … 전국적 비밀조직 운영

활빈당은 글자 그대로 '빈민을 살리는 도당'이다. 부자의 재물을 빼앗아 가난한 이들에게 나누어준다는 이 소박한 정의감은 이미 우리가 「홍길동전」에서 속시원하게 읽어내려가던 대목이라 낯설지 않다. 그러나 소설 속의 이야기가 현실의 실체로 등장한다는 것은 놀라운 일이고, 이는 그만큼 우리가 처한 현실이 극적이라는 얘기가 된다. 활빈당은 1895년 이래, 위로부터 아래를 향해 쏟아부어진 이른바 갑오개혁 바람이 사회의 저변에 닿아 어떤 반향을 일으켰는가에 대한 하나의 표지라고 할 수 있다. 말할 것도 없이 이 지

주·부유층 위주의 근대화정책은 활빈당이라는 거센 반지주·반제국주의의 역풍을 몰고온 것이다. 활빈당이 발표한 <13조목>에서도 드러나듯이 각지에 외국 상인이 들어와 이익을 챙겨가는 것, 금광을 개발하고 철도를 놓아 이권을 챙기는 것에 대해 분명한 저항의지를 표하고 있다. 그리고 이런 저항의지는 그들 민중들이 관리들의 탐학과 과중한 조세징수에 시달리고, 지주들의 고율 소작료와 날로 뛰는 곡가에 억눌리는 처지에 있기에 더욱 절실한 것이다. 넓게 보면 이는 바로 1894년 갑오농민봉기의 연장선상에 있는 것이다.

갑오봉기가 실패로 돌아간 뒤 각지로 흩어졌던 농민군들은 을미사변을 전후로 하여 전국적으로 일어난 의병봉기에 다시 참여했다. 이때의 의병장들이 대부분 유생출신이라는 한계를 가져 얼마 못가 투쟁의 깃발을 내렸다는 것은 이미 지적된 바다. 그러나 농민들의 투쟁의지는 잠재됐을지언정 사그러들 수는 결코 없었다. 현재와 같은 상황이 지속되는 한 농민의 봉기는 거의 필연적이라고 할 수 있고, 그 일단이 이번에 활빈당의 모습으로 다시 드러난 것이다.

활빈당원 극비 인터뷰

규율 엄격한 전국적 비밀조직 … "도둑질 안하고 살 수 있는 세상 바라"

최근 남부지방에서 기승을 부리고 있는 활빈당의 실체는 안개 속에 가려져 있다. 사람들은 이들을 의적이라 부르며 은연중 칭송하고 있지만 이들의 난동을 두려워하는 이들도 많다. 비밀리에 활빈당 조직원 한 사람을 만나 조직의 실체에 관해 들어보았다. 그는 죄의식이란 전혀 없었으며, 활빈당 조직에 대한 자부심이 지나쳐서인지 진술 중 일부는 다소 과장된 것으로 보인다.

활빈당의 목표는 무엇입니까.

땅 없고 갈 데 없는 사람들이 모여 함께 살아보려고 만든 조직입니다. 우리는 부자들의 재산을 털어 가난한 사람들에게 나눠주고 있는데, 그들의 재산이 결국은 우리에게서 빼앗아간 것 아닙니까. 외세의 침략을 막아내고, 착취와 수탈이 없는 대동세상을 만드는 것이 우리의 꿈입니다.

활동은 주로 어떻게 합니까.

맨날 행락질(도적질을 이들은 이렇게 부른다)만 하는 것은 아닙니다. 우리는 1년에 두세 번 크게 터는 것으로 그칩니다. 전국의 조직이 총집결하는 대회를 '큰 장 부른다'

고 합니다.

인원은 어느 정도 됩니까.

도당의 수효만 많아봤자 정밀하지가 못하지요. 우리는 소수정예를 원칙으로 합니다. 일단 후보자가 물색되면 그자 모르게 뒷조사를 철저하게 한 뒤 여러 가지 예비심사를 거칩니다. 그 중에는 우리가 포교로 가장해서 그자를 체포한 뒤 갖은 고문을 가해서 조직의 비밀을 지키는지 시험하는 것도 있습니다. 이런 시험에 합격한 뒤 입에 칼을 물리우고 입당식을 거행합니다. 비밀조직이라 전국적으로 숫자가 얼마나 되는지 알 수는 없습니다.

도적질을 해서 장물을 나누다 다투기도 하고 그 때문에 체포되기도 한다면데요.

그건 '북대'들이나 하는 짓입니다. 장물을 나누는 것도 다 규칙이 있습니다. 노사장 몫, 조직유지비, 유족보상금 등이 비율로 정해져 있고 나머지는 반드시 마을 빈민들에게 분배합니다.

규율은 잘 유지됩니까.

사형에 처하는 4대 죄목이 있습니다. 첫째가 동지의 처첩을 범한 자이고, 둘째가 체포돼 조직원을 털어놓은 자, 셋째가 장물을 은닉한 자, 넷째가 같은 도당끼리 재물을 강탈한 자입니다. 이런 죄를 범하고도 멀리 도망가면 혹 살아남을 수 있을지 모르지만 그런 경우는 극히 적습니다.

체포될 경우 빼내기도 한다는데 정말입니까.

포도청과 군대에도 우리편이 있습니다. 동료들이 체포되면 관을 통해 소식을 다 듣습니다. 조직의 비밀을 털어놓은 자는 사형에 처해지도록 내버려두고, 자기 혼자 뒤집어 쓰고 조직을 지킨 자는 반드시 살려서 감옥 뒷바라지를 해주고 가족들의 생계도 우리가 책임집니다.

우리 사회에 대해 어떻게 생각합니까.

윗분들이 정치를 잘 못하니까 우리 같은 사람들이 자꾸 늘어나는 것 아니겠습니까. 도둑질 안하고도 편히 살 수 있는 세상이 되기를 진심으로 바라고 있습니다. 정부가 우리의 처지를 깊이 생각한다면 좀더 나은 정치를 할 것으로 봅니다.

활빈당 강령

13조목 대한사민론(十三條目 大韓士民論)

활빈당은 부잣집 재물을 약탈, 가난한 사람들에게 나누어줄 뿐 아니라 자신들의 행동강령을 13개조로 정리해 자신들이 출몰한 각지에 방으로 붙여 널리 광고하고 있어 주목을 끌고 있다. 그 내용을 보면 최근 국민들 일반이 피부로 느끼는 문제들에 대해 조목조목 문제점을 나열하고 있어 과연 활빈당이 예사 도적이 아니라는 것을 알 수 있다. 특히 외세의 경제적 침투에 대해 강력한 저항을 보이고 있다.

또 이들은 유교적 이상사회를 표방하며 현실개혁을 부르짖고 있는데, 그 주장을 종합해보면 외세의 침입을 막아 자주국가를 세우고, 경제적으로 평등한 사회를 이루자는 것으로 보인다.

요순(堯舜)의 옛법을 시행하라.
의복은 선왕(先王)의 것을 본받아라.
개화는 말썽만 일으키니 화합하는 정법을 시행하라.
대신들은 백성들의 뜻을 국왕에게 올바로 전달하라.

미곡수출 금지하고 방곡령을 실시하라.
외국상인의 국내진출을 금지하라.
행상에 대한 징세를 철폐하라.
금광의 채굴을 금지하라.
사전(私田)을 혁파하고 균전제(均田制)를 실시하라.

곡가를 저렴하게 안정시켜라.
가혹한 형법을 폐지하고 인정(仁政)을 베풀라.
소는 긴요한 농사도구이니 도살을 금지하라.
철도부설권을 외국인에게 넘겨주지 말라.

활빈당, '대도회' 개최

1년마다 전국대회 열어 '조직 점검'

1899년 4월 경기 송파장에서는 활빈당 수괴로 추정되는 '팔도도감대민도사(八道都監大閔都事)'의 지휘 아래 82명의 활빈당들이 참가한 대도회가 열렸다. 이들은 도회를 마친 후 오미동에 있는 부호 신승지의 집을 습격, 1만 8천 냥을 탈취하여 일부는 자신들이 챙기고 나머지는 인

근 빈민들에게 나누어줬다. 이들 활빈당은 1년에 한 차례 전국대회를 열어 조직을 점검하고 사무적인 일 처리를 하는데 그들은 이를 '큰 장 부른다'고 한다. 이 '장 부르는' 장소는 큰 절이나 장거리이고, 집회가 끝나면 으레 큰 고을의 부잣집이나 장거리를 턴다.

토지조사사업 재개한다

지계아문, 양지아문 흡수통합

1902년 정부는 그동안 흉년으로 중단되었던 토지조사사업을 재개하고 있는데, 이번 재개된 토지조사사업은 양전사업보다는 지계(地契 : 토지소유권 증명서)발급사업에 중점을 두어 실시되고 있다.

정부가 추진하는 토지조사사업은 1898년 7월 정부에 양지아문이 설치되면서부터 시작된 바 있다. 1898년 9월부터 양전사업이 본격적으로 시작되어, 1901년 12월까지 전국 331개 군 가운데 124개 군의 토지측량이 마무리되었지만 1901년 흉년이 들어 사업이 일시 중단상태에 들어갔다. 올해 정부는 이 사업을 다시 재개한 것이다.

정부는 양전사업을 진행하면서 토지소유권 증명서인 지계발급이 시급하다는 것을 인식하고 이를 위해 1901년 11월 지계아문(地契衙門)을 설치한 바 있다. 재개된 토지조사사업도 양전보다는 지계발급에 중점을 두어 진행되고 있으며, 1902년 3월 마침내 양지아문이 지계아문에 통합되기에 이르렀다. 이후 지계아문은 양지아문의 사업을 이어받아 추가로 94개 군의 토지조사사업을 실시하고 있으며, 이를 양지아문 때의 실적과 합치면 모두 218개 군에서 토지조사사업이 실시된 셈이다.

현재 추진 중인 토지조사사업, 무엇이 문제인가?

옛날 토지문서인 양안(우)과 새로 발급된 토지소유권 증명서인 지계(좌). 지계에는 땅값이 기재되어 정해진 세금을 내야 하고 다른 사람에게 땅을 판 경우에도 소유권 이전 상황이 일일이 기재된다.

근대적 토지소유권 확립 … "지주 중심 자본주의화 노선"이라 비판

1898년 정부에서 정력적으로 시행하고 있는 토지조사사업은 대한제국 설립 후 정부가 가장 많은 자금과 인력을 투입한 대사업이다. 정부는 이를 통해 정부재정의 확충과 토지제도의 정비를 노리고 있는데, 현재 전체 331개 군 중 약 3분의 2인 218개 군의 조사를 마친 상태이다. 이 사업은 그간 시행한 대한제국의 정책 중에서 가장 큰 업적이라고 할 수 있지만 그에 못지않게 문제점도 적지 않다는 의견도 있다.

이번 사업으로 정부는 개별적인 토지를 직접 파악하여 근대적인 지세제도를 수립할 기초를 마련하였다는 점이 무엇보다 중요한 성과이다. 정부에서 모든 토지를 일괄적으로 측량하여 토지소유권 증명서인 지계(地契)를 발급하였는데, 이 지계에 지가(地價)를 기입함으로써 지가에 근거한 근대적 조세제도를 시행할 수 있게 되었으며, 이를 통해 정부의 재정기반 강화에 큰 몫을 할 수 있을 것으로 예측된다.

이번 사업을 통해서 얻은 또 다른 성과는 외국인의 토지소유를 차단할 수 있게 되었다는 것이다. 외국인의 토지소유는 원래 금지되어 있지만, 여러가지 불법적인 방법으로 우리 토지를 잠매하고 있는 실정이다. 이번 토지조사사업을 통해서 이러한 잠매행위를 밝혀내고 앞으로 외국인의 토지소유를 막아낼 수 있게 되었다.

이번 토지측량과 지계발급 과정은 대한제국의 법에 따라 구래의 토지소유권을 근대의 토지소유권으로 확정시켜주는 절차로써 기능하였다. 이로써 근대적 토지소유권이 확립될 수 있었다는 것이 이번 토지조사사업의 가장 큰 성과 가운데 하나라고 할 수 있을 것이다. 그러나 이번 사업에 문제점이 없었던 것은 아니다. 원래 토지조사사업의 필요성은 조선 후기 실학파의 전통을 이은 토지개혁론과 함께 제기된 것이었다. 그러나 실제 집행과정에서는 토지재분배라고 하는 토지개혁의 문제는 빠져버리고 종래의 지주소유권을 근대적으로 강화시켜주는 역할에 그치고 말았다는 것이 가장 중요한 지적이다. 따라서 이 사업의 기저에는 지주 중심의 자본주의화 노선이 깔려 있다고 비판하는 사람도 있다.

정부재정 악화로 또 백동화 남발

위조까지 겹쳐 실질가치 '추락'

1903년 정부는 재정상의 적자를 메꾸기 위해 또 삼백만 원이 넘는 막대한 양의 백동화를 주조했다. 정부는 1901년, 갑오개혁 이후 실시돼오던 은본위제를 폐지하고 금본위제를 채택했지만, 본위화폐인 금화는 거의 발행하지 않고 계속 백동화만 주조하고 있는 실정이다.

1901년에도 3백만 원대에 육박하는 백동화를 주조한 바 있는데, 이번에 또 거액을 주조해 백동화의 실질가격은 더 하락할 것으로 보인다.

정부가 백동화 주조를 남발하는 것은 재정악화가 근본원인이다.

백동화의 명목가치는 2전 5푼이지만 실질가치는 그에 형편없이 못미쳐 정부는 백동화 주조의 유혹을 뿌리치기 힘든 것이 사실이다.

더욱 문제가 되는 것은 백동화를 정부기관인 전환국에서만 주조하는 것이 아니라 국왕이 특정인에게 상납을 받고 주조를 허락하고 있고, 또 허가받지 않은 위조도 공공연하게 이루어지고 있다는 점이다. 현재 외국인들이 백동화 위조에 혈안이 돼 있고 서울과 인천에서 확인된 위조 기계만 150여 대에 이르고 있다. 1901년 현재 위조 백동화는 시중에 유통되고 있는 백동화의 3분의 2에 이른다는 보고도 있다.

이에 따라 백동화의 일본 엔화에 대한 교환비율도 나날이 폭락하고 있다. 백동화는 악화(惡貨), 시쳇말로 '백똥화'가 되고 있다.

고종, '정보기구' 세워 일제 동향 감시

'제국익문사' 창설, 61명 국내외서 첩보활동

1902년 6월 황제직속의 정보기관 제국익문사가 비밀리에 창설된 것으로 알려졌다. 이 기구는 서울의 주요지역과 특히 외국 공관 및 외국인 거류지를 대상으로 정보를 수집, 비밀보고서를 작성하여 고종황제에게 보고하게 된다. 특히 일본 외교관 및 일본군의 동향을 탐지하는 것이 주임무인것으로 알려졌다.

조직은 상임통신원 16명, 보통통신원 15명, 특별통신원 21명 등 총 61명의 활동원으로 구성됐다.

고종은 이 기구를 통해 일제의 침략기도에 대응할 것으로 보인다.

목포, 부두노동자 파업 일본인·친일상인 습격

한때 시내 점거, 일본인들 거류지에서 못나와

1903년 11월 16일 또다시 목포 부두노동자들이 전면파업에 돌입했다. 이번 파업은 지난 1898년 2월 파업을 시작으로 거의 매년 되풀이된 파업투쟁의 연장선상에 있는 것이지만, 일본 경찰들이 관청으로 몰려가 파업을 진압할 것을 강요하고, 파업으로 인한 손해를 정부가 보상하라고 턱없는 요구를 하자 파업투쟁은 그 어느때보다 격렬하게 전개되고 있다.

파업노동자들은 현재 일본인은 물론 우리측 친일상인들의 상점과 집을 습격, 파괴하고 있으며, 특히 친일상인들에 대한 노동자들의 분노는 극에 달해 있다. 시민들도 노동자들에 합세해 시내가 파업노동자들의 수중에 들어간 상태이다. 이에 노동자들은 부두로 몰려가 일본 선박에 선적돼 있던 수출품을 몰수, 목포항의 수출업무는 완전 마비됐다. 일본인들은 노동자들의 거센 투쟁에 밀려 모두 일본 거류지 안으로 도망해들어가 시내에서 일본인의 자취는 찾을 수 없다.

이에 앞서 이미 1898년 2월 목포에서는 처음으로 부두노동자들의 파업이 있었는데, 당시 노동자들은 임금체불과 노동자에 대한 매질 등 비인간적 대우에 격분해 7일 동안 투쟁을 전개해 요구조건을 쟁취한 바 있다. 이후 매년 임금인상 파업투쟁이 일어났고, 특히 1900년에는 일본인들이 어용노동자단체를 급조해 노동자 분열책동을 벌이자 이에 대한 격렬한 파업투쟁이 있었다.

목포는 전국 최대의 대일 미곡수출 항구로 일본의 목포에 대한 관심은 대단한 것으로 알려져 있다. 그만큼 목포 부두노동자들의 투쟁은 단순히 임금문제라기보다는 일본 제국주의에 대한 반대투쟁의 성격이 강한 것으로 보인다.

특히 최근에 일본과 러시아 사이에 전운이 고조됨에 따라 일본은 군량미 확보에 혈안이 돼 있어 이번 파업투쟁은 일본에게 적지 않은 타격을 줄 전망이다.

굴총적, 묘지 파헤쳐 골머리

최근 이른바 굴총적(掘塚賊)이 옥천의 양반 유경대의 선산을 파헤쳐 협박하는 사건이 발생했다. 이들은 묘지를 파헤쳐 두개골을 훔친 다음, 협박문을 보내 거액의 돈과 교환할 것을 요구했다. 화적에 의한 방화나 살인, 부녀자 겁탈 등은 예전부터 있어 온 일이나 이러한 굴총적은 새로운 형태의 도적으로 근년에 자주 나타나고 있다. 이러한 화를 당한 부호가들은 제사를 소중히 여기는 유교적 규범 때문에 대부분 관에 고발하지 않고 요구대로 몰래 돈을 실어주고 유골을 찾아온다. 다행히 이번 사건의 범인은 검거됐는데 범인은 놀랍게도 유경대의 친척인 유충옥과 유국현으로 밝혀졌다. 그들은 모두 자기 토지를 갖지 못하여 농촌노동자 혹은 철도부역 등으로 연명하고 있던 자들이다. 지난 1896년 온양 등지에서 출몰했던 굴총적의 괴수 이무옥, 이원일 등도 모두 양반가의 후손으로 밝혀진 바 있다. 양반의 후손이기에 오히려 양반의 약점을 알고 이를 교묘하게 이용하는 신종 수법인 셈이다.

민간 전화업무 개시

편리한데도 신청은 극히 저조

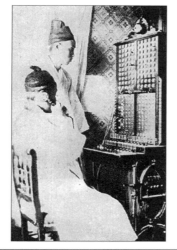

1902년 3월 20일 민간인용 전화가 개통됐다. 그동안은 서울—인천 간 시외전화만 개통돼 있었고 정부나 각국 공사관에만 가설돼 있었으나, 앞으로는 누구나 전화를 가정에 설치해 직접 왕래할 필요없이 전화로 대화를 나눌 수 있게 됐다. 전화 요금은 시내, 시외에 관계없이 5분 한 통화에 50전이다. 한편 서울, 인천, 개성 세 곳에 공중전화도 설치됐으며 앞으로 설치지역을 넓혀갈 예정이라고 한다.

전화 가입신청은 극히 저조해 주로 외국 상인들만 일부 신청하고 있어, 통신원에서는 재력 있는 집을 찾아다니며 가입을 권유하고 있는 실정이다. 우리나라 사람이 전화를 기피하는 것은 갑오농민봉기나 청일전쟁 당시에 처음으로 도입, 활용돼 전화는 곧 외세의 침략도구라는 첫인상이 강하게 각인됐기 때문인 것으로 보인다.

한편 공중전화기 옆에는 전화소 장리가 지키고 앉아 통화를 감시하는데, 이는 얼굴을 맞대지 않는다고 상대방에게 욕설을 퍼붓거나 언쟁을 벌이는 등 도덕에 어긋난 행위를 단속하기 위한 것이다. 이에 대해 외국인들은 '도청'이라며 격렬하게 항의하고 있다.

순비 엄씨, 황귀비에 올라

'황실 권위 높이기' 일환

1903년 11월 7일 왕자 근(垠)의 생모인 순비 엄씨가 황귀비에 진봉됐다. 이번 조치는 지난해 9월에 이건하, 김성근, 조병식, 윤용선 등 독립협회의 급진적 개혁운동에 반대하고 꾸준히 황제권의 강화를 추구해 온 고위관리들이 잇달아 황귀비 진봉을 건의하면서 가시화되었다. 대신들은 당시 상소문에서 순비 엄씨가 영왕(일본식으로는 英親王)의 생모로서 격에 맞는 대우를 받아야 하며, 황귀비 진봉을 통해 공석 중인 황제의 정실 자리를 메꿔 황실의 권위를 높여야 한다고 건의했다. 이에 대해 고종은 긍정적인 태도를 보인 후 올해 들어 황귀비 진봉을 최종결정했는데, 이를 통해 황제권의 강화를 꾀하려 했다는 분석이 유력하다.

엄황귀비는 누구인가

고종이 러 공사관에 피신했을 때 곁에 있었던 유일한 여성

엄황귀비는 고종의 계비(繼妃)로서 영친왕의 생모이다. 본래 나인(內人)으로 출발해 고종의 지밀상궁에 올라 궁녀들의 선망의 대상이 되었다. 지밀상궁이란 말 그대로 왕족과 정승도 함부로 접근할 수 없는 곳에 계신 왕을 모시는 상궁을 말한다. 엄상궁에 대한 고종의 총애가 워낙 각별해 한때 민비에 의해 쫓겨나 민가에서 숨어지내야 했으며, 민비가 세상을 떠난 후 고종 곁으로 돌아온 것으로 알려져 있다. 엄상궁은 지혜와 덕이 있어 여러 차례 고종을 위기에서 구했으며, 1896년 고종이 러시아 공사관에 피신했을 때 그곳에서 왕을 모신 유일한 여성이었다.

그 이듬해인 1897년 엄상궁은 왕자 은을 낳아, 궁녀가 왕자를 낳으면 빈으로 승격되는 예에 따라 1900년 8월 순빈에 올랐으며, 이듬해 10월에는 다시 순비로 승격되었다. 그리고 이번에 황귀비에 봉해졌는데, 황후보다는 한 자리 낮기는 하지만 상궁출신으로는 전례없는 특별한 대우다. 지금까지 후궁을 정실로 올린 예가 성종의 계비 윤씨(연산군 생모)와 숙종 때 장희빈밖에 없다.

그러나 엄황귀비는 요즘에도 상궁 출신인 까닭에 황실 내외의 온갖 '수군거림'의 대상이 되고 있는 것으로 알려졌다. 또 황태자(순종)에게 먼저 말을 걸지 못할 뿐만 아니라 그의 면전에서는 다른 상궁들과 똑같이 처신하고 있는 것으로 알려졌다. 엄황귀비의 한 측근인사는 그녀가 그러한 '설움'을 달래기 위해 더욱 영왕에게 애정과 기대를 품고 있는 것으로 안다고 밝혔다. 그는 또 엄황귀비가 황실재산을 들여 근대식 학교를 설립, 청소년들에게 신교육을 시켜 쇠퇴해가는 나라를 바로 세워야 한다는 신념을 갖고 있다고 전했다.

손탁호텔 개업

옛 정동구락부 모임장소
외교가의 사교중심지 될 듯

1902년 서울 정동에 2층 양옥으로 단장한 서양식 손탁호텔이 개업했다. 이 호텔의 2층은 귀빈객실이고, 아래층은 보통객실과 식당으로 꾸며졌다. 대지 184평 위에 세워진 이 호텔은 독일인 손탁(孫澤, Sontag)여사가 지난 1895년에 고종으로부터 하사받은 경운궁 건너편 집을 헐고 다시 양옥으로 지은 것이다. 원래 있던 집은 그동안 외국인들의 집회소 구실을 하였고, 청·일전쟁 뒤에는 미국이 주축이 된 사교모임인 정동구락부의 주 모임장소였다. 이 호텔의 주인인 손탁여사는 독일 알사스 로렌출신으로, 지난 1885년 그녀의 형부 러시아인 웨베르가 주한공사로 부임할 때 32세의 젊은 나이로 그를 따라 들어왔다. 온화하고 단정한 그녀는 형부 웨베르의 권세를 등에 업고 어느새 외교계에서 만만치 않은 실력자로 성장, 민비를 알현한 후에는 왕실에서 외국인 접대업무를 맡게 되었다. 때로는 민비의 측근에서 서양요리며 서양음악을 소개하고, 또 왕족이나 대신들을 위해 서양식기나 가구들을 수입, 설치를 주선하다가 마침내는 왕실에서 쓰는 서양물품 일체를 도맡아 관장하고 있다.

"등대 생긴다"

일본의 강력한 요구 따라

1903년 6월 인천 앞바다 팔미도에 우리나라 최초로 등대불이 밝혀졌다. 지난 1902년 정부는 탁지국 산하에 해관등대국을 설치하여 전국 해안에 등대를 건설, 선박의 안전한 항해에 획기적 도움을 주기로 했고 그 결과 팔미도 등대가 시범 설치된 것이다.

이번 등대건설 계획은 일본의 강력한 요구에 의해 추진된 것으로 알려졌다. 최근 일본은 러시아와의 관계가 악화됨에 따라 만일의 사태에 대비해 재해권 장악에 부쩍 신경을 쓰고 있으며, 등대설치는 그 일환인 것으로 보인다.

개화기 만화경

"아버님 말씀이"

이바구

이번 호의 인물　김성규

좌우 극단 싫어하는 실용적 개혁가

개화파들의 갑신정변도, 농민들의 무장투쟁도 동의하지 않지만, 개혁은 시대적 소명이라는 것을 자각하고 있는 자라면 지금 어떤 행동을 취할까. 김성규를 보면 된다.

갑오년, 전주가 농민군의 수중에 떨어졌을 때 전주감사 김학진이 농민군과 화약(和約)을 맺고 집강소를 통해 같이 폐정개혁에 나서기로 하자 보수층은 경악을 금치 못했다. 이때 김학진의 참모가 바로 그였다.

그도 한때는 혁명을 꿈꿨으나 정치인들이 임오군란 때는 청을 불러들이고, 갑신정변 때는 일본에 기대는 것을 보고는 이러다 나라가 망하겠다는 공포감에 몸을 떨었다. 나라의 근본을 지키면서 개혁을 해야 한다는 그의 개혁론이 이때부터 싹텄다.

그의 개혁론은 결국 국가재정의 확충, 농민 처지의 획기적 개선으로 모아졌는데 갑오년은 그에게 그것을 펼칠 절호의 기회로 다가왔다. 소작료를 현재의 절반으로 줄이고 소작권을 영구 보장하자는 획기적 조치를 선보인 것이다. 더구나 그는 외교관으로 서양 여러 나라를 다니면서 서양의 근대화를 목격했고 서양 학문인 수학에도 정통해 토지를 재조사하고 재측량하는 양전사업에서 그 실력을 유감없이 발휘한 바 있다.

그는 이전의 실학자들처럼 지주제를 전면 혁파하는 것을 전제로 하는 정전제(井田制)니 균전제(均田制)니 하는 것들을 말하지는 않는다. 그렇다고 보수주의자도 아니다.

요컨대 그는 현실주의적 개혁가다. 서양의 발달된 문물만 보지 않고 제국주의적 침략도 냉철하게 간파했듯이, 향약을 개혁해 민의가 반영되는 민주적 지방자치를 하자고 하는 한편, 민단(民團)이란 무장조직을 지방자치로 만들어 외세의 침탈에 대응해야 한다고 말한다.

안동 김씨로 1863년 충청도 연풍출생. 전권공사 서기관과 고창·장성 군수를 역임했다.

사진이 나와노는 신기한 활동사진

영미연초회사, 담배갑 열 장 가져오면 무료로 관람시켜 '장안에 화제'

최근 영미연초회사가 담배 판촉의 일환으로 빈 담배갑 열 장을 가져오면 활동사진을 무료로 구경시켜준다고 해 장안에 화제가 되고 있다. 동대문 근처 전기회사 터 안에 목재로 지은, 이른바 광무대에서 필름을 돌린다고 해 찾아가보았다.

동대문 전차종점의 광무대. 날이 저물자 사람들이 모여들기 시작했다. 광무대에서 울려대는 호적과 장구소리를 향해 등불에 나방이 달려들듯 달려갔다. 사람들은 "사진이 나와논대", "정말 사진이 나와놀아?" 하며 기대에 차 있었다. 입구에서 빈 담배갑 열 장을 내고 들어갔다. 무대에는 미국기와 조선기를 그린 휘장을 쳐놓았고 그 앞에 굵은 줄을 가로 매놓고 소녀광대가 나와 줄을 탔다. 그 다음에 휘장을 걷어치우더니 여자가 나와 승무 등 몇 가지 춤을 추었고 이윽고 불이 꺼졌다. "이크, 드디어 활동사진이 나오는구나" 하고 기다렸더니, 한참이나 깜깜한 대로 있다가 시커먼 외투를 입은 서양사람들이 우뚝우뚝 서 있

는 것이 환하게 비추었다. 옆 사람이 "나와논대더니 어데 노나" 하고, 그 옆 사람은 "밤낮 그대로 서 있기만 하네 그려"하고 불만을 토로했다. 이때 뒷자리 사람이 아는 척을 하며 "저 허연 것은 눈이 와서 쌓인 것이고 사람들은 추워서 얼어죽는 것이오" 하자 모두 "오올치, 그렇길래 저렇게 꼼짝 못하고 섰지" 했다. 그런데 장면이 바뀔 때마다 얼어죽은 사람만 자꾸 나왔다. 나중에 알았지만 이것은 활동사진이 아니라 〈환등기〉 사진이었다.

아무 설명도 없이 얼어죽은 사람만 나오다가 드디어 활동사진이 나왔다. 자막도 없이 다짜고짜로 서양부인 하나가 방안에서 빨래를 하는 장면이 나왔다. 강아지 한 마리가 방안으로 들어와서 빨래를 더럽히자 부인이 강아지를 내쫓았다. 그러자 어떤 키 큰 남자가 사냥총을 들고 들어와서 총을 겨누었고 부인은 이리저리 도망 다니느라 발광을 했다. 이때 문득 호각소리가 나더니 불이 켜지고 모든 것이 끝났다. 환한 데서 보니 사진기사는 조선사람이었는데 사진이 이 귀퉁이에서 나왔다가 저 끝으로 쏠렸다가 야단법석이었다. 이 역시 나중에 알고보니 필름을 거꾸로 돌리는 것이었다.

사진이 나와노는 것이 신기하기는 했지만 지금 생각하면 돈 안받는다고 외국에서 망가져버린 필름 일부를 끊어가지고 와서 맛만 뵈준 것이 틀림없는 것 같다.

양계초의 「음빙실문집」 국내에 큰 반향

그가 소개한 사회진화론, 국제정세 정곡 찔러

1903년 일본에 망명 중인 중국 정치가 양계초의 「음빙실문집(飮氷室文集)」이 국내에 소개돼 국내 지식인에게 큰 영향을 미치고 있다. 양계초는 1898년 변법자강운동을 주도한 인물로서 이 운동의 실패로 일본에 망명하였는데, 이러한 그의 활동과 사상은 국내 지식인들의 주목을 받고 있었다. 이번에 소개된 「음빙실문집」은 그가 1896년 이후 쓴 글을 모아 1903년 간행한 것으로서 간

행 즉시 서울에 들어와 국내 지식인에게 광범한 영향을 미치고 있다.

이 책에서 가장 눈길을 끄는 것은 현재 세계적으로 유행하는 사조인 사회진화론이 체계적으로 소개되고 있다는 점이다. 사회진화론은 다윈의 생물진화론에 기초한 사회이론으로, 인간생활도 자연계와 마찬가지로 생존경쟁, 우승열패, 적자생존의 원리에 따라 이루어진다고 규정하고, 경쟁이야말로 사회진화의 원동

력이라고 보고 있다. 양계초는 이러한 논리에 입각하여 현재 세계는 약육강식의 국가간 경쟁의 시대이므로 중국이 경쟁에 이기기 위해서는 봉건적 인습을 타파하고 입헌군주제를 세워야 한다는 신민설을 주장하고 있다. 이러한 그의 주장은 국제질서의 본질을 꿰뚫어보고 있고, 한국의 현실을 개혁하는 데 시사하는 바가 많아 국내 지식인들에게 큰 공감을 얻고 있다.

제1회 노벨상 수여

물리학상 뢴트겐, 평화상 앙리 뒤낭

1901년 12월 제1회 노벨상 수상자로 뢴트겐, 앙리 뒤낭 등 6명이 선정되었다. 물리학상은 X선을 발견해 물리학 및 진단의학 발전에 크게 기여한 빌헬름 뢴트겐(독일)에게, 화학상은 반응속도, 화학평형, 삼투압 연구에 기여한 야코부스 반트 호프(네덜란드)에게 돌아갔다. 또 의학상은 혈청요법을 디프테리아 치료에 응용한 면역학의 창시자 에밀 폰 베링(독일)에게, 문학상은 낭만주의에 반대하고 시의 우아함과 미학적 기준의 회복을 주장한 시인 쉴리 프뤼돔(프랑스)에게 돌아갔다.

한편 평화상은 적십자사를 창설한 인도주의자 앙리 뒤낭(스위스)과 국제평화연맹을 창설해 국제분쟁의 중

재활동에 남다른 업적을 쌓은 프레데릭 파시(프랑스)가 공동으로 수상하게 되었다.

노벨상은 스웨덴출신의 과학자로서 다이너마이트와 그밖의 폭발물을 발명해 특허권을 따냄으로써 엄청난 부를 축적한 노벨이, 인류에 큰 공헌을 한 사람들에게 해마다 상을 주도록 유언을 남긴 데서 비롯되었다.

노벨은 또 유언장에서 수상자 선정기관으로 스웨덴 왕립 과학아카데미(물리학, 화학), 왕립 캐롤라인 의학연구소(의학), 스웨덴 아카데미(문학), 그리고 노르웨이 국회가 선임하는 노르웨이 노벨위원회(평화)를 지목했다.

인류, 새처럼 하늘을 날다

라이트 형제, 동력비행 최초 성공

1903년 12월 17일 아침 미국 킬데블 힐스에서 라이트 형제가 최초의 동력비행기인 '플라이어 1'(일명 '키티 호크')을 타고 공중에서 제어가능한 비행을 시도해 성공했다.

라이트 형제는 이날 첫 비행에서 12초를 날았고, 두 번째 비행에서 59초 동안 244m를 날았는데 역품을 감안한 실제 비행 거리는 800m가 넘는 것으로 알려졌다. 이로써 '영원한 희망사항'에 그칠 줄 알았던 인류의 하늘날기가 현실로 다가오게 되었다.

전문가들은 공기역학, 구조공학, 기관설계, 연료기술 등이 모두 어느 정도 발전된 수준에 있는 상황에서 라이트 형제가 이들 기술을 하나로

통합해 실제로 하늘을 날 수 있는 비행기를 제작할 수 있었다고 전제하고, 그러나 라이트 형제의 근면과 불굴의 의지, 그리고 기계에 대한 남다른 재능 덕택에 인류가 하늘을 정복하게 되었다고 설명했다.

라이트 형제는 복음주의 연합형제교회 주교의 아들로 태어나 자전거 설계 및 제작으로 얻은 수입으로 항공실험에 착수, 1899년 자신들이 만든 최초의 기계인 복엽기(複葉機)에 기계적으로 비틀 수 있는 날개를 부착해 3축에 대한 운동의 제어에 성공했다. 또 당대에 존재하지 않던 효율적인 프로펠러와 자동차기관보다 가벼워 비행기에 적당한 기관을 설계, 제작했다.

1904년 2월 8일 일본 함대가 여순항에 정박 중인 러시아 함대를 불의에 야습하면서 그간 유지되어 온 일본과 러시아간의 팽팽한 긴장과 대립이 드디어 전쟁으로 폭발하였다. 이어 2월 9일 새벽에는 일본 함대가 인천 해상에서 러시아 함대를 공격하여 2척을 격침시키는 한편 일본군 부대가 인천에 상륙하여 당일로 서울로 입성하였다. 이로써 서울은 일본군의 군사적 통제하에 놓이게 되었다. 일본은 이렇게 개전 초 러시아 함대의 주력을 무력화시키고, 서울 장악을 통하여 서전의 주도권을 확보한 것으로 보인다.

일본은 2월 6일 러시아에 대해 국교단절을 통고한 바 있어서 양국간의 전쟁은 이미 예상되고 있었지만, 일본은 정식 선전포고 없이 전쟁을 개시하여 국제법상 논란의 여지를 남기고 있다. 정통한 소식통에 의하면, 일본은 러시아와의 전쟁을 위한 최종 결정을 여순항을 기습하기 닷새 전인 2월 4일 내렸다고 한다. 일본은 러시아와 외교교섭이 진행되는 동안에도 전쟁준비에 몰두해왔으며 러시아를 가상적국으로 하는 작전계획이 연구된 바 있다. 이 계획에 따르면 개전과 동시에 바로 한국 전역 혹은 서울을 점령하고, 2차 작전으로 남만주를 주요 작전지로 한다는 것이다.

그런데 전쟁발발 후 러시아측이 압록강선을 주방어선으로 하고 있기 때문에 일본군은 서울 점령 후 바로 병력을 만주로 이동시키고 있으며, 우리나라는 전쟁의 주무대가 되지는 않을 것으로 예상된다. 그러나 정치분석가들은 일본군이 개전과 동시에 서울을 점령하였기 때문에 우리 정부의 자주적 정책결정에 큰 제약이 따를 것으로 예측하고 있다.

관련기사 2, 3면

러·일전쟁 … 일본 승리

여순에서 전쟁발발, 일본군 전격 서울 점령

포츠머드 강화조약, 일본의 승리 확정

1905년 9월 5일 미국 포츠머드에서 러·일간의 강화조약이 체결되어 러·일전쟁이 일본의 승리로 끝났다. 이 조약으로 러시아는 일본이 한국에서 갖는 정치·군사상 권리를 인정하며, 만주에서의 러시아의 이권과 북위 50도 이남의 사할린을 일본에 양도했다. 양국간에 강화교섭은 올 6월 미국 대통령 데어도어 루즈벨트의 알선에 의해서 이루어졌는데, 당시 러시아는 봉천전투 등에서 연이어 패한데다가 국내에서는 혁명파의 대두로 1905년 1월에 '피의 일요일' 사건이 일어나 곤경에 빠져 있었으며, 일본도 총력전을 펴서 승리는 했지만 기력을 소진하여 더 이상 전쟁을 계속할 수 없는 실정이었다.

한일의정서 강제 체결

정부의 중립 노력 허사 … 일본, 전쟁 협조 강요

1904년 2월 8일 러·일 전쟁이 발발하자 우리 정부는 즉각 이번 전쟁에서 엄정중립을 취할 것을 선포하였지만, 2월 23일 서울을 점령한 일본의 압력에 의해 일본의 전쟁수행에 협조한다는 내용의 한일의정서가 강제로 체결되어 우리 정부의 중립선포 노력은 무력화되었다. 일본은 나아가 5월 31일에는 '대한방침' 및 '대한시설강령 및 세목'을 확정, 시행하여 자신의 전쟁수행에 우리나라가 적극 협조할 것을 강요하고 있다.

일본은 전쟁발발 이전인 1904년 1월 21일 이미 한·일간에 비밀군사동맹을 맺을 것을 추진한 바 있다. 당시 일본공사 하야시는 친일파 이지용, 민영길, 이근택을 매수하여 이 공작을 추진하였는데, 이는 전쟁에 대비하기 위한 것이었다. 그러나 이는 고종황제와 이용익의 완강한 반대로 성립되지 않았다. 고종황제가 이 동맹에 반대한 것은 자신의 파트너로 일본보다는 러시아를 선택하고 있었기 때문으로 보인다. 정통한 소식통에 의하면, 지난해 8월 15일 고종은 러시아 황제에게 군사동맹을 제안하는 비밀친서를 보낸 바 있다고 한다.

이렇게 고종황제는 아관파천 때와 같이 러시아와 힘을 합쳐 일본을 견제하려는 복안을 갖고 있었지만, 일본군이 전쟁발발과 동시에 서울을 점령하였기 때문에 이러한 입장을 표면화시키지 못하고 단지 국외중립을 선포한 것이다. 그러나 일본의 군사적 압력에 의해 한일의정서가 맺어져 이것조차 관철시키지 못하였으며, 이로써 고종황제는 외교적으로 고립상태에 빠지게 되었다.

일본, 조선 정치 본격 간섭

외국인 고문 고빙(顧聘)에 관한 협정 등 체결

1904년 8월 22일 일본은 외국인 고문 고빙에 관한 내용을 담은 이른바 제1차 한·일협약을 강요하여 한국의 내정에 대한 본격적인 간섭을 시작하였다.

이 협정은 외부대신서리 윤치호와 일본공사 하야시간에 체결됐는데, 그 주요한 내용은 다음과 같다. 대한제국 정부는 일본 정부가 추천하는 일본인 고문 1명을 고빙하여 재무에 관한 사항을 관장케 하고, 외국인 고문 1명을 외교고문으로 고빙하며 외국과의 조약체결 및 기타 외교안건에 관해서는 미리 일본 정부와 상의한다는 것이다. 이에 따라 재정고문에 메가다, 외교고문에 스티븐스 등이 속속 입국했는데, 미국인 스티븐스는 20여 년간 일본 정부에 고용되어 충성을 바친 인물이다.

그런데 더욱 놀라운 것은 일본이 하등의 근거도 없이 자진 초청한다는 형식을 빌려 각부마다 고문을 차례로 입국시키고 있는 점이다. 군부에는 주한 일본 공사관 소속 육군중좌 노즈(野津鎭武)가, 내부에는 일본 경시청 경시 마루야마(丸山重俊)가, 궁내부에는 우리나라에서 영사를 지낸 가토오(加藤增雄)가, 학부에는 동경고등사범학교 교수 시데하라(幣原坦)가 고문으로 임명되었으며, 이들 고문 밑에는 보조관이란 명목으로 10여 명에서 100여 명의 일본인이 따라와서 우리 행정을 장악하고 있다. 이는 고문정치체제를 확립하여 식민지화 방안을 각부에서 공동으로 추진케 하기 위한 것으로 해석된다. 이 협약에서 가장 문제가 되는 것은 우리 외교권에 심각한 제약이 따를 것이며, 이 협약이 외교가에는 사실상 외교권을 일본에 양여한 것으로 받아들여지고 있다는 점이다.

일본, 전국의 황무지개척권 요구

반대운동 전국적으로 고조

1904년 6월 6일 일본은 우리 정부에 전국의 황무지개척권 이양을 요구했으며, 이에 대한 반대운동이 전국적으로 고조되고 있다. 황무지개척권 요구는 일본이 5월 31일 전쟁수행을 위해 우리 정부에 강요한 '대한시설강령 및 세목' 제6항의 규정에 따른 것으로, 전국토의 3할이나 되는 황무지의 개간·정리·척식 등 모든 경영권을 장악하여 일본인을 한국에 이주시키려는 의도에서 나온 것으로 알려지고 있다.

이러한 일본의 요구가 전해지자 전국 각계 각층에서 반대운동이 맹렬히 전개되어 지방 유생들의 상소문이 연이어 올라오고 있으며, 6월 중순경부터는 전국에서 궐기의 격문이 나붙기 시작했다. 이렇게 전국적인 여론이 들끓는 가운데 7월 15일 종로에서는 일본의 황무지개척권 요구에 반대하는 대규모의 집회가 열렸다. 이 집회는 전의관(前議官) 송수만, 심상훈 등이 조직한 보안회가 중심이 돼 이루어졌는데, 일부 정치관측가들은 이러한 보안회의 배후에 고종황제가 있는 것으로 추측하고 있다. 즉 고종황제가 이러한 배일여론을 부추겨 일본군의 서울 점령 후 자신의 정치적 고립을 타개하려 한다는 것이다.

관련기사 4면

역사신문

개혁인가, 개악인가?

조선 상인 생돈 빼앗아가는 '화폐개혁'

정부는 올 1월 기존에 쓰던 백동화와 엽전을 회수하고 새로운 화폐를 발행하는 화폐개혁을 단행했다. 여태까지 백동화가 너무 남발되어 화폐유통질서에 많은 문제가 있었기 때문에 이에 대한 수술이 불가피한 상황이었다. 이 점으로만 본다면 이번 화폐개혁은 마땅히 두손을 들고 환영해야 할 일이다. 그럼에도 항간에는 "개혁인가, 개악인가? 화폐개혁이 조선 상인 피말린다"는 원성만 높다고 한다.

이러한 원성은 대개 화폐 교환과정에서 일어나고 있는 것으로 알려지고 있다. 규격 이하의 함량 미달 백동화라고 교환을 거부하거나 소액은 바꾸어주지 않는 것 등이 그것이다. 이에 따라 어떤 사람은 그전에 가지고 있던 돈이 일거에 쓰레기뭉치가 되어버리는 경우도 있으며, 한편 일부지역에서는 시중에 공급된 새화폐가 부족하여 공황상태까지 초래하고 있다고 한다.

물론 어떠한 개혁이든 약간의 진통이 따르는 것은 당연하다. 근본적인 개혁일수록 이러한 진통이 더 큰 것도 사실이다. 그러나 지금 시중에 일어나고 있는 원성을 개혁에 따르는 일시적 진통으로 치부하기에는 미심쩍은 부분이 너무 많다. 그것은 조선에 거주하는 일본인 상인들은 이번 개혁으로 피해를 본 경우가 거의 없다는 점 때문이다. 오히려 일본인 상인들 중에는 화폐개혁이 있기 직전 백동화를 방매하여 한몫 건진 사람이 많다는 소문마저 나돌고 있는 실정이다.

여기서 우리는 이번 개혁을 주도한 것으로 알려진 일본인 재정고문 메가다에게 혐의를 두지 않을 수 없다. 그가 경제전문가로서 화폐제도의 개선에 일가견이 있다는 것은 인정하지만, 여러 정황을 볼 때 그가 사심없이 이번 일을 추진했다고는 볼 수 없다. 특히 그는 이번 화폐개혁을 통해 새로 발행하는 화폐의 제조와 관리를 일본 다이이치은행이 맡도록 하였는데, 이것은 우리의 재정권을 일본이 장악하도록 한 짓이라는 비판을 면할 수 없을 것이다. 근대적 개혁도 좋지만 그 개혁은 어디까지나 분명한 국적을 가지고 추진해야 한다. 이번 화폐개혁은 아무래도 그 국적이 우리가 아니라 일본이라는 의혹을 지울 수 없다.

나라의 힘은 군사와 재정에서 나온다고 할 만큼 재정은 국가의 기본축을 이룬다. 그런데 이번 화폐개혁을 통해 일본이 재정을 장악하는 것을 보면서, 러·일전쟁에서 승리한 일본이 이제 차근차근 우리나라를 접수하고 있는 순서를 밟아나가고 있는 것이 아니냐는 우려를 감출 수 없다. '화폐개혁'을 통해 조선 상인의 피를 말린 일본의 마수가 다음에는 어디로 뻗칠 것인가?

그림마당

이은홍

자, 이젠 누굴 믿어야 할까~?!

꽝

러·일전쟁 왜 일어났나?

의화단사건으로 만주 점령한 러시아, 일·영·미와 이해 갈려
한반도와 만주 지배를 둘러싼 제국주의 전쟁 벌여

이번에 일어난 러·일간의 전쟁은 충분히 예견되어오던 전쟁이다. 1902년 영·일동맹이 체결된 이래 양국은 한반도와 만주를 둘러싸고 팽팽히 맞서왔다. 이러한 긴장과 대립을 해소하기 위해 양측은 수차례 외교교섭을 시도하였지만 양측의 강경한 입장이 맞서 번번이 결렬되고 말았으며, 사태는 일촉즉발의 상황으로 치닫게 되었다. 그런데 양국이 이렇게 한치의 양보도 없이 팽팽히 맞서고 마침내 전쟁으로 치닫게 된 것은, 비단 양국간의 대립이라는 측면뿐만 아니라 국제적 대립구도를 배경으로 하고 있었기 때문이다. 따라서 이번 전쟁의 성격을 제대로 파악하기 위해서는 국제적 대립구도라는 측면에서 살펴보아야 한다.

1900년 의화단사건으로 러시아가 만주를 점령하여 지배하려 하자 이에 제일 크게 반발한 나라는 미국이었다. 중국에 뒤늦게 진출한 미국은 중국의 분할을 반대하고 문호개방을 주장하였는데, 러시아의 만주 독점은 이에 정면으로 대립하는 것이었으며, 특히 만주는 미국이 면직물시장으로 노리고 있던 지역이었다. 이에 미국은 전통적으로 러시아의 남진정책을 견제하고 있던 영국과 보조를 같이하게 되었으며, 만주에 대한 러시아의 남침위협을 저지하는 방법으로 일본을 지원하기로 하였다. 이렇게 러시아의 만주진출이 계기가 되어 영국, 미국, 일본의 해양세력의 결속이 이루어지게 되었으며, 이러한 결속의 일각이 1902년 체결된 영·일동맹으로 나타난 것이다. 이러한 해양세력의 외교공세에 대항하여 러시아는 이미 3국 간섭에서 위력을 발휘한 바 있듯이 독일, 프랑스와 동맹체제를 수립하려 하였다. 그리하여 1902년 3월 20일 러시아와 프랑스는 공동성명을 발표하여 영·일동맹을 견제하려 하였다. 그러나 프랑스는 유사시 극동에서 무력으로 러시아를 지원할 수 있는 입장이 아니었기 때문에 이는 러시아에게 심리적 만족밖에 는 줄 수 없었다. 더구나 독일은 러시아에 대해서 전통적으로 경계심을 갖고 있었기 때문에, 러시아가 극동에서 발목이 잡혀 있기를 기대할 뿐 적극적인 개입의지는 갖고 있지 않았다. 이번 전쟁은 극동을 둘러싸고 해양세력과 대륙세력의 대립이 초래한 제국주의전쟁이라고 할 수 있다. 그런데 해양세력의 결속은 강고한 반면 대륙세력의 결속은 그렇지 못하다. 국제관계의 구도가 이렇기 때문에 전쟁의 승패는 어느 정도 예견되고 있다. 일본은 영국과 미국의 적극적인 지원을 받으며 전쟁을 수행하고 있는 반면에 러시아는 혼자의 힘으로 싸울 수밖에 없기 때문이다.

러시아, 한국 내 모든 이권 취소당해

1905년 5월 18일 정부는 조·러간에 체결되었던 일체의 조약과 협정을 폐기한다고 선언하였다. 이는 일본 육군이 승승장구 러시아군을 격파하면서 1905년 5월 압록강을 넘어 만주의 구연성, 봉황성을 점령하고, 해군이 여순항구를 봉쇄했다는 전황이 들려오는 가운데 이루어진 것으로, 일본의 강요에 의해 이루어졌음은 두말 할 필요도 없다. 이로써 한국 내에 침투하였던 러시아세력의 모든 이권은 취소되었다.

영·미, 일본의 전쟁수행 적극지원
전쟁자금 지원, 발트함대 견제

이번 러·일간 전쟁의 전개과정에서 영국과 미국이 일본의 전쟁수행을 적극 지원하고 나서고 있기 때문에 이 전쟁이 영국과 미국의 대리전이 아닌가 하는 분석까지 나돌고 있다. 영국과 미국은 일본이 전쟁을 수행하기 위한 자금으로 8천 2백만 파운드의 차관을 반씩 부담하여 제공했으며, 영국은 영국에서 건조 중이던 순양함 2척을 일본에 팔아 일본의 해군력을 증강시켜주었다. 특히 일본의 발트함대 격파는 사실상 영국의 지원으로 가능했다. 발트함대가 크론슈타트항을 출발한 이래 영국은 이 함대를 견제하는 데 전력을 기울였다. 영국은 터키에 압력을 가해 흑해를 봉쇄하여 흑해함대가 발트함대와 합류하는 것을 저지했으며, 발트함대 항로상의 영국령에서는 이 함대에 대한 석탄보급을 거부했다. 또한 이 함대의 동정을 속속 일본에게 알려주어 일본이 이 함대를 격파하는 데 결정적인 기여를 하였다. 따라서 외교가에서는 러시아가 일본만을 상대로 싸우는 것이 아니라 그뒤에 버티고 있는 영국, 미국과 싸우고 있는 셈이라고 지적하는 사람도 있다.

가쓰라·태프트조약, 제2차 영·일동맹 체결
미·영, 일본의 한반도에 대한 지배권 공식인정

1905년 9월 5일 포츠머드 강화조약이 체결되기 앞서 일본은 미국, 영국과 일련의 조약을 체결하여 한반도에서 자신의 지배권을 양국으로부터 인정받았다. 이는 전쟁 이후 동아시아의 국제구도의 틀을 짜는 것으로서, 이로써 한국은 일본의 배타적 지배권에 편입되게 되었다.

1905년 7월 27일 미국과 일본은 이른바 가쓰라·태프트밀약을 체결했다. 이는 일본을 방문한 미국 육군장관 태프트와 일본 수상 가쓰라 사이에 맺어진 것으로 그 내용은 다음과 같다. 미국, 영국, 일본은 극동의 평화를 유지하기 위해서 실질적으로 동맹관계를 확보하며, 양국은 필리핀과 한국에서의 서로의 지배권을 승인한다는 것이다.

이어서 8월 12일에는 영국과 일본은 제2차 영·일동맹을 체결하였다. 이 조약은 일본이 한국에 있어서 정치·군사상 및 경제상의 특수한 이익을 가지며, 영국은 일본이 이 이익을 옹호·증진시키기 위하여 필요하다고 인정하는 지도·감리 및 보호의 조치를 한국에 대하여 취하는 것을 승인한다는 내용을 담고 있다. 지난 1902년 1월에 맺어진 1차 동맹 때에도 영국은 청에 있어서의 이권을 일본으로부터 승인받고, 그 대신 일본의 한국에서의 특수권익을 승인한 바 있는데, 이번 동맹은 이를 재확인하는 것이다.

러·일전쟁 상보　여순 기습에서 동해 해전까지

일본군, 여순 기습·한반도 점령으로 선제권 장악
영국 지원으로 발트함대 격파하여 승기 잡아

일본은 치밀한 전쟁준비를 하고 있었다. 1900년 러시아가 만주를 점령하자, 일본은 러시아를 가상적국으로 하는 작전계획을 연구하며 군사력을 증강시킨 것으로 알려졌다. 한편 러시아의 작전계획은 일본군의 만주진출을 저지하면서 시간을 벌고 본토에서 증원군을 파견하여 일본군을 제압한다는 것이었다.

선전포고 없이 여순 기습
전쟁은 2월 8일 일본이 해군을 출동시켜 러시아 함대가 정박 중인 요동반도 남단의 여순항을 공격하면서 시작됐다. 이는 불의의 기습으로 정식 선전포고가 있기 전이었다. 당시 여순항에는 러시아의 전함 7척, 순양함 6척, 구축함 15척이 있었는데 여순포대의 지원으로 3척의 군함만 피해를 입었을 뿐 치명적인 피해는 받지 않았다. 그러나 일본은 여순항을 봉쇄해서 러시아의 극동함대를 무력화시키고 제해권을 장악했다.

전쟁의 주무대는 만주로
일본군은 여순 기습에 이어 인천에 정박 중인 러시아 함대를 격파하고 병력을 인천에 상륙시켜 서울을 장악했다. 이는 러시아와 한국의 연결을 사전에 차단하기 위한 것이었다. 개전 초의 연이은 작전의 성공으로 일본은 황해의 제해권을 장악하고, 한반도에 대한 정치적 통제권을 획득하는 등 전세의 주도권을 쥐게 되었으며 러시아는 수세에 몰리게 되었다.

심양의 러시아군 진지를 일본군이 공격해오고 있다.

이에 따라 일본은 당초 병력을 한반도 남해안에 상륙시켜 한반도를 따라 북상하려던 계획을 변경, 인천에 상륙시켜 바로 만주로 향하도록 했으며 러시아는 압록강선을 주요방어선으로 설정할 수밖에 없었다. 이로써 전쟁의 주무대는 만주로 옮겨지게 됐다.

양측 총력전 펼친 봉천전투
여순에서 패배한 러시아군은 봉천에 최후방어선을 펴고 일본군을 맞이하였다. 이곳에서 맞선 양군은 일본측이 오오야마사령관 휘하의 25만 병력이었고 러시아측은 쿠로파트킨사령관 휘하의 32만 병력이었다. 3월 1일 전투가 시작되어 7일이 지나도 전투는 끝날 줄 몰랐다. 양측은 모두 포탄과 군수물자가 동나기 시작하여 기진맥진한 상태였는데, 때마침 러시아 국내에서 발생한 '피의 일요일'사건 등 내부 정치사정으로 러시아군이 퇴각하기 시작하여 전투는 일본의 승리로 돌아갔다.

동해 해전으로 러 패배 확정
육지 전투에서 계속 밀린 러시아는 발트함대를 극동에 파견하여 열세를 만회하려 하였다. 발트함대로 제해권을 회복하여 만주에서 작전하는 일본군의 배후를 차단, 고립시키겠다는 것이다. 이러한 목적으로 발트함대는 아프리카 남단 희망봉을 돌아 극동으로 향했다. 이 항로는 대부분 영국의 지배하에 있었기 때문에 함대는 중도에 기착하여 보급을 받는 것이 불가능했으며, 오히려 이 함대의 동정은 영국을 통해 속속 일본에 전해지고 있었다. 이러한 정보에 따라 일본 함대는 진해에서 대기하다가 대한해협에서 발트함대를 요격했다. 이 해전에서 발트함대는 38척 가운데 19척이 격침되고 5척이 나포되는 등 사실상 격멸되어 러시아는 이 전쟁의 흐름을 돌릴 수 없게 되었다.

러·일 양군 전력비교		
	일본	러시아
보병	156대대	220대대
기병	54중대	100중대
공병	38중대	2대대
포병	106중대	?
포	636문	456문
전함	152척	72척

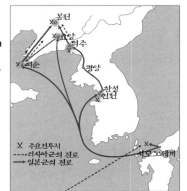

일본, 우리땅 독도 강탈

러시아와 동해 해전 앞두고
군사 목적으로 빼앗아

1905년 2월 22일 일본은 우리 영토인 독도를 강탈하여 자신의 영토로 편입시키는 만행을 저질렀다. 소식통에 의하면 일본국 시마네(島根)현 관리가 독도를 자기 현의 영역에 편입시키고 이를 지도에 표기하고 있다고 한다. 이는 일본이 동해에서 러시아 함대와의 대해전을 치르기 위한 작전상의 필요 때문에 저지른 것으로 분석된다.

독도는 우리나라 동쪽 끝에 있는 바위섬으로 옛 이름은 우산도(于山島)였다. 또 자산도(子山島)라고도 하여 울릉도와 자모(子母)관계에 있는 섬이라는 뜻을 나타낼 만큼 울릉도의 부속도서로 인식돼왔다. 우리측은 1714년(숙종 40) 강원도 어사 조석명이 왕에게 올린 보고에 "울릉의 동쪽으로 도서가 잇따라 있고 이 섬들은 왜경과 접하고 있다"고 하여 독도가 우리 영토임을 확인하였고, 이 무렵 정상기의 「동국지도」에도 울릉도와 독도의 위치와 크기가 정확하게 표기돼 있다. 이 점은 독도, 즉 마쓰시마(松島)에 관한 일본측의 고기록인 「은주시청합기(隱州視聽合記)」에 "일본의 서북경은 은주로 한계를 삼는다"는 기록과 일치한다.

우리 정부는 1898년 지방제도 개편 때 울릉도에 도감(島監)을 두었으며 1900년 울릉도를 울도로 개칭하고 군으로 승격시킨 바 있다.

이승만이 본 전쟁 후 정치기상도

일본, 친일정권 내세우거나 내정 직접 장악 가능성 커

일본과 결탁하려는 노력, 결국 일본에 이용당할 것

편집자주 : 1904년 7월 8일, 그간 오랜 수감생활을 하던 이승만씨가 석방되었다. 그는 독립협회운동 때 큰 활약을 하였으며 박영효계열의 쿠데타 음모에 연루되어 1899년 투옥되었던 인물로 대한제국의 최대의 정치범이라고 할 수 있다. 이번에 그가 석방되는 데는 민영환 등 정부 내 개혁당의 도움이 컸으며, 개혁당은 러·일전쟁 발발 이후 그를 통해 대미교섭을 꾀하고 있는 것으로 알려지고 있다. 이승만씨에게 러·일전쟁 후 정치정세가 어떻게 전개될지 들어보았다.

이번에 러시아와 일본간에 전쟁이 일어나고 일본군이 서울을 점령함에 따라 국내 정치구도에도 큰 지각변동이 있을 것으로 예측되고 있다. 그러나 이러한 변화의 방향은 너무도 오리무중이기 때문에 아무도 자신있게 단언할 수 없으며 다만 여러 가지 가능성만 점칠 수 있다. 먼저 서울을 점령하여 정치적 주도권을 장악한 일본이 취할 정책방향을 생각해보자. 일본이 친러파정권을 붕괴시키고 친일파로 정부를 새롭게 구성할 가능성이 가장 크다. 그러나 일본이 1894년 너무 조급히 서둘다가 실패한 까닭에 이번에는 점진적인 정책을 펼 수도 있다. 한편 정치세력 교체와는 별도로 일본인이 직접 와서 각 관서와 지방에 고문관으로 내정을 장악할 가능성도 있다. 그런데 가장 극단적인 경우, 일본이 한국이 개명하는 것을 바라지 않으므로 보수적인 현 정부를 그대로 내버려두고 이를 자기들 입맛에 맞게 조종하려 할 가능성도 배제할 수는 없다.

이렇게 일본은 한반도에 대한 군사적 주도권 위에서 폭넓은 운신의 폭을 가지고 있으므로 국내 정치세력의 대응방안도 이에 따라 다각도로 모색되지 않을 수 없다. 일본이 장차 정치간섭을 하여 현 정부를 몰아낼 것이므로 이 기회를 타서 집권하여 내정개혁을 통해 장차 독립을 도모하는 방안을 들 수 있다. 그러나 일본이 러·일전쟁에서 승리하고 나면 한국에 대한 태도가 달라질 가능성이 있다. 이 경우 일본은 한국에 대한 직접 장악을 도모할 것이고, 일시적으로 국내 정치세력이 일본과 손을 잡고 정권을 장악한다손치더라도 결국 일본에게 이용만 당하는 결과를 낳을 수도 있다. 이 경우 일본과 손을 잡지 말고 독자적인 길을 걷는 것이 장기적인 관점에서는 현명한 길일 수 있다. 그러나 아직까지 정치정세가 어떻게 전개될지 한마디로 단언할 수 없는 것이 사실이다. 다만 앞으로 일본이 취하는 태도를 예의주시하는 수밖에 없다.

화제

상업의 귀재 이승훈, 러·일전쟁으로 무너져

자수성가형 기업가의 전형이자 상업의 귀재로 명성이 높았던 남강 이승훈이 러·일전쟁 발발과 함께 군수품을 사재기했다가 실패해 화제가 되고 있다. 그는 11세 때부터 평북 정주 납청정의 한 유기상점에서 심부름꾼으로 일하다 근면과 정직성, 천재적인 상술 등을 인정받아, 24세 때는 납청정에 자신의 유기상점과 공장을 차리는 데까지 이르렀다. 그는 특히 공장을 운영하면서 근로조건과 노동환경을 개선하고, 파격적인 임금을 지불해 양심적인 자본가로도 이름이 높았다. 그러나 청·일전쟁이 벌어져 집과 상점, 공장이 모두 파괴돼 사람들에게 '불운의 대명사'로 회자되었다.

그러나 이승훈은 역시 큰 인물이었다. 평안도지역 거부들을 설득해 자본을 마련, 유기업계에서 '대부'로 발돋움했고 화물선을 이용한 운송업에 손을 뻗쳐 매점매석을 통해 큰 이익을 얻었다. 오죽하면 '이 아무개가 물건을 사들인다' 하면 물가가 오르고, '이 아무개가 물건을 낸다' 하면 물가가 내릴 지경이었다. 그는 이후 이탈리아 사람과 결탁해 파말양행(巴末洋行)이라는 국제무역회사를 차려 세계로 진출할 야심을 키웠다. 바로 그때 러·일전쟁이 일어났다. 그는 이를 두고 '하늘이 돕는다'고 생각했다. 러시아나 일본 모두 우리나라에 대한 야심이 대단해 전세가 어느 한편으로 쉽게 기울지 않을 것으로 판단해 군수품 사업에 손을 대기로 한 것이다. 그는 시세 좋은 소가죽을 대규모로 사들여 적당한 시기에 대련으로 가져가 팔 생각이었다. 그러나 예상외로 전쟁은 일본의 승리로 쉽게 끝났다. 상업의 귀재라는 그는 지금 아마도 '원숭이도 나무에서 떨어지는 때가 있다' 라는 말을 곱씹고 있을지도 모른다.

보안회, 종로에서 반일 성토대회 개최

"황무지개척권 요구, 즉각 철회하라"

정부, 수용방침 밝혀

1904년 7월 15일 일본의 황무지 개척권 요구에 분개한 국민들의 상소가 줄을 잇는 가운데 종로에서 대규모 항의집회가 열렸다. 이 집회는 바로 이틀 전 의관(議官) 송수만, 심상훈 등이 상소운동보다는 더욱 강력한 반대운동을 전개하기 위해 조직한 보안회가 중심이 되어 이루어졌는데, 이들은 종로에 있는 백목전(白木廛)에 본부를 두고 공개 성토대회를 열어 일제의 요구에 결사반대를 외치면서 전국에 통문을 띄우는 한편, 정부 요로에도 서한을 보내 황무지 요구에 대해 반대할 것을 강력하게 호소하였다.

보안회는 민중들로부터 열렬한 호응을 받고 있는데 전국 각지에서 모여든 회원만도 수십만이 되고, 하루에도 약속 없이 모여든 사람들이 만여 명씩이며, 또 이 모임에서 직접 연설한 사람만도 수천 명이나 되고 있다. 이 집회로 인해 종로 시전은 철시하고 전차는 통행할 수 없는 상황이 됐다.

보안회의 활동이 날로 커지자 당황한 일본측은 보안회의 해산과 집회금지를 정부에 강력히 요구함과 동시에 7월 16일에는 그들의 헌병과 경찰을 보안회의소에 출동시켜 신기선, 송인섭, 송수만, 원세성 등 많은 간부를 납치해갔다. 이어

보안회 본부를 폐쇄하고 일병에게 반항하는 회원에게는 총검을 들이대 사상자가 속출했다. 그러나 국민적 지지와 힘조에 힘을 얻은 보안회는 정부나 일본 공사관에 반대투쟁을 벌이는 한편 각국 공사에게도 서한을 보내 국제여론에도 호소했다.

한편 정부는 일경과 보안회의 충돌로 사태가 심각해지자, 일본 경찰의 즉시 철수를 요구하는 반면 보안회에도 역시 해산을 촉구하였다. 그러나 보안회는 종로에서 한어학교로 본부를 옮겨 태극기까지 높이 달고 항쟁을 늦추지 않았다.

결국 정부는 7월 23일 한 치의 땅도 외국인에게 절대 대여치 않겠다는 긴급고시를 종로는 물론 시내 각 요소요소에 게시하고, 이를 전신으로 전국 각 도에도 알렸다. 이에 따라 보안회는 정부의 확고한 방침에 만족하고 일단 해산하기로 했다. 이로써 일제의 황무지개척권 요구는 사실상 좌절되었고, 8월 10일 일제는 황무지에 대한 요구를 정식으로 철회하였다.

일부에서는 이번 보안회 사태는 고종황제가 일본의 황무지개척권 요구를 철회시키기 위해 막후에서 사주한 것으로 보고 있어 주목을 끌고 있다.

동학교도, 일본에 적극 협조
러·일전쟁에 북진수송대 등으로 참여
손병희 교주의 지시에 따른 듯

일본군의 군수품을 운반하고 있는 동학교도들

이번 전쟁이 발발한 후 동학교단이 일본의 전쟁수행에 적극 협조하고 나서 눈길을 끌고 있다. 이들이 수행하고 있는 일본군 지원활동은 크게 군용철도부설 노역과 일본군의 군량미, 군수물자를 운반하는 북진수송대 그리고 일본군의 밀정으로 러시아군에 기밀탐지를 위한 밀정, 첩보활동대로 이루어지고 있다.

동학교도들이 이렇게 일본군을 지원하고 나선 것은 일본에 머물고 있는 손병희 교주의 지시에 의한 것으로 알려지고 있다. 손병희는 1903년 러·일간에 전쟁이 발발할 기미가 보이자 일본 군부와 연결하여 일본군을 상인으로 변장시켜 조선에 은밀히 잠입시킨 뒤 국내의 동학교도와 합세하여 일제히 봉기, 경성을 점령하여 대한제국 정부를 전복하고 정권을 잡을 것을 음모하였다. 이를 토대로 일본과 동맹을 맺어 일본과 함께 러시아와 전쟁을 벌인다는 것이다.

이 음모는 일본군 참모 다무라가 급사함으로써 수포로 돌아갔지만 이러한 정황으로 미루어 볼 때 동학교도들의 일본군 지원활동은 그의 정치적 계산에 따른 것으로 보인다.

화폐개혁 단행

저질 백동화 회수, 새 화폐 나온다
시행·관리 주체는 일본, 재정 예속화 우려

1905년 정부는 연초에 발표한 새 〈화폐조례〉에 따라 기존 백동화와 엽전을 회수하는 대대적인 화폐개혁에 들어갔다. 7월 1일부터 서울, 평양, 인천, 군산, 진남포 등에 설치된 교환소에서 구화폐를 새로 제정된 신화폐로 감정가에 따라 교환해주고 있다. 새 화폐는 금화 3종류, 은화 3종류, 백동화 1종류, 청동화 2종류 등 총 9종으로서 일본 조폐국에서 제조된 것이다.

이번 조치는 그동안 정부가 백동화를 남발해 화폐가치가 폭락한데다 정부 이외에 개인들도 사적으로 백동화를 마구 주조해 화폐유통 질서가 극도로 문란해진 데 따른 것이다. 그러나 이번 조치는 일본인 재정고문 메가타의 지휘하에 실시되고 화폐도 일본 조폐국에서 주조해 다이이치(第一)은행을 통해 관리되기 때문에 사실상 재정권을 전면적으로 일본에게 넘겨준 것과 같다는 지적

이 많다.

한편 규격 이하의 백동화가 많은 상황에서 조선 상인들은 교환을 거부하는 경우가 많다.

1백 냥을 교환하면 50냥도 못받는 반면, 일본인들은 일본 화폐를 그대로 사용해 결과적으로 우리 상인의 재산이 강제적으로 일본인에게 빨려들어가는 조치라는 것이 상인들의 여론이다.

일본군, 국내 치안 담당

국가주권 유린 우려 높아

1904년 7월 21일 일본군은 '일본의 군사작전상 중요한 위치를 점한 한국의 치안유지'라는 구실을 들어 일본군이 한국 치안을 담당한다고 일방적으로 통고해왔다.

이로써 러·일전쟁으로 국내에 일본군이 치안유지를 빙자하여 사실상 우리나라의 경찰권을 장악할 것으로 우려된다. 이들 일본군은 얼마전 일본인의 황무지개척권 요

구에 반대하여 조직된 보안회를 직접 탄압한 바 있다. 따라서 앞으로도 국내의 항일운동을 탄압하는 데 이들 일본군이 앞장설 것으로 보인다.

친일단체 일진회 창립

일본군부 후원, 독립협회 일부 세력과 동학교도 손잡아
문명개화와 정치개혁 내걸고 친일활동 앞장설 듯

1904년 8월 20일 종로에서 일진회가 창립되어 독립협회에서 활동했던 윤시병이 회장에, 유학주가 부회장에 선출되었다. 세간에는 일진회 설립의 배후에 일본군부가 도사리고 있으며, 일본군 통역을 지냈던 송병준이 막후 실력자라는 소문이 파다하다. 일진회는 창립 이후 일제히 회원들의 단발과 양복착용을 실시하여 사람들을 놀라게 하고 있는데, 이들은 단발과 양복착용을 문명개화의 상징으로 내세우고 있다.

한편 9월 말 전국의 동학교도들이 일부는 상경하여 일진회에 가입하는

가 하면, 지방에서는 일진회와 똑같은 강령을 내걸어 진보라는 단체를 조직하고 일제히 단발을 시행하여 세상을 놀라게 하고 있다. 각 지방의 경우 지역에 따라 수백, 수천 명씩 모여 한꺼번에 단발을 실시하는 소동이 일어나 관리들이 단속에 나서기도 하는데, 동학교도의 이런 움직임은 동학교주 손병희의 지시에 따라 이용구가 통솔하고 있는 것으로 알려지고 있다. 동학교도의 이런 움직임은 주로 평안도와 함경도지역에서 극렬한 것으로 알려졌다.

또 12월에는 지난 8월과 9월 서울

과 각 지방에서 설립돼 상호 긴밀하게 활동해오던 일진회와 진보회가 통합하여 일진회로 단일화되었다. 두 단체가 통합되면서 그동안 각 지방의 진보회를 이끌어왔던 이용구는 13도 지방 총회장을, 막후에서 일진회를 움직였던 송병준은 평의원장을 맡아 표면에 두각을 나타내면서 일진회를 실질적으로 움직여나갈 것으로 예측된다. 일진회는 향후 일제 권력의 그늘 아래 한국 정부를 압박하면서 본격적인 친일활동을 전개할 것으로 관측되고 있다.

동학교도 어찌하여 친일의 전위대가 되었는가

손병희, 정치적 생존 위해 일본 힘 빌어 한국 정부 전복 기도
일본 우산 속에 '문명 개화' 내걸고 생존 모색 나서

지난 1894년 농민봉기에서 일본군에 맞서싸웠던 동학교도들이 오늘날 어찌하여 러·일전쟁에서 일본군을 지원하고 친일단체 일진회를 결성하게 되었을까? 이 의문을 풀기 위해선 우선 동학교도들이 어떤 사람들인가를 살펴볼 필요가 있다. 지금의 동학 지도부는 농민봉기 당시 주력군을 이루었던 전봉준의 남접계열이 아니라 봉기에 대해 소극적이었던 북접계열의 인사들이다. 이들은 농민봉기 당시 일제에 대한 저항에 적극적인 의지를 갖고 있지 않았다. 또 일반교도들도 대부분 호남지역에서 반일봉기에 참여했던 농민들이 아니라 농민전쟁 이후에 새로 포교

한 평안도, 황해도지역의 잡다한 계층의 무리들인 것으로 알려졌다.

농민전쟁 이후 동학교도는 남·북접을 막론하고 정부로부터 극심한 탄압을 받았다. 남접계열은 물론, 북접계열의 인사들까지도 체포, 처형되는가 하면 살아남더라도 지하에서 포교해야만 했다. 그리하여 동학의 3대 교주 손병희는 급기야 일본으로 망명하게 되었다. 따라서 이들은 자신들이 살아남기 위해서는 어떤 수단을 쓰더라도 동학을 탄압하는 한국정부를 약화시켜야만 했다. 그래서 손병희는 일본에 있는 동안 일본 군부와 연결하여 한국 정부를 전복하려고 시도했으나 좌절되었다.

마침 러·일전쟁이 일어나자 동학교도들은 일본군을 도와 일본이 승리하는 데 상당한 역할을 했다. 동학 지도부는 그래야만 일본의 도움으로 동학이 정치적 탄압을 피할 수 있을 것이라고 판단한 것으로 보인다. 이런 생각의 저변에는 조선이 아직 문명개화되지 않아서 그런 것이며 일본의 도움을 받아서라도 하루빨리 문명개화를 달성해야 한다는 생각이 도사리고 있다. 이들이 친일에 앞장서게 된 배경이 여기에 있는 셈이다. 장차 이들의 정치적 행로도 그런 연장선상에서 그려질 것이다.

경부철도 개통

일본, 군수물자 수송위해 완공 서둘러

1905년 1월 1일 남대문에서 부산 초량에 이르는 총연장 445km의 경부철도가 개통됐다. 경부철도는 일본인 회사인 경부철도주식회사가 지난 1901년 8월에 영등포와 9월에 초량에서 각기 기공해 3년 4개월만에 완공한 것이다. 우리 정부와 일본 정부는 지난 1898년 경부철도 건설에 관한 조약을 맺어 일본측은 자본과 기술을 대고 우리측은 용지를 제공키로 했다. 당시 정부는 일본에 이러한 이권을 넘겨주기가 쉽지 않았으나 이토 히로부미의 강력한 요구에 의해, 일정 기한이 지난 후 우

리측이 매입하는 조건으로 부설권을 허가해줬었다.

공사는 1902년이 다 되도록 진척이 안되다가 러 · 일전쟁이 임박하면서 일본측이 군수물자의 수송을 목적으로 공사를 서둘러 이번에 완공을 보게 된 것이다. 경부철도 노선은 남대문에서 대전과 대구를 거쳐 부산에 이르는 S자형을 그리고 있는데, 이는 지형지세를 고려한 측면도 있지만 충청, 전라, 경상도를 모두 거치게 함으로써 경쟁 철도의 등장을 사전에 막아버리겠다는 일본인들의 의도가 반영된 결과다.

1905년 남대문역에서 열린 경부철도 준공식. 우리 국기와 일장기가 함께 걸려 있어 이 철도가 누구를 위한 것인가를 읽게 해준다.

조선인의 땀과 피와 눈물로 만들어진 경부철도

철로 주변 부지 강제 몰수, 연인원 수천만 명의 농민 강제 노역 되기도

1905년 1월에 완공된 경부철도는 세계사상 유례가 없을 만큼 저렴한 비용과 짧은 기간으로 건설되었다. 이는 일본이 임박한 러 · 일전쟁에 대비하기 위한 것이었지만, 그것은 조선인의 방대한 토지와 노동력을 폭력적으로 동원했기 때문에 가능할 수 있었다.

철로를 부설한다면서 선로용지, 정거장 부지 등을 무상으로 또는 시가의 10～20분의 1로 수용해 사실상 약탈이라는 표현이 어울릴 정도다. 토지를 몰수당한 자는 1만 수천여

명에 달하고 있는 실정이고 의주에서 부산까지 연인원 수천만 명에 달하는 주민들이 강제동원되어 살인적인 노역에 시달렸다.

토지수용 문제는 특히 주요 정거장을 중심으로 불거지고 있는데, 일본인들은 정거장 주변을 단순히 정거장이 아니라 조선침탈의 교두보로 활용하려는 것으로 보인다. 즉 철도부설을 일본의 상업진출과 농업이민 문제와 결부시키고 있는 것이다. 대체적으로 일본은 정거장 부지로서 20만 평 이상을 요구하였는데, 이는

일본의 일급 정거장인 도쿄역, 우에노역 등이 3만 평 미만임과 비교할 때 그들의 의도가 무엇인가를 단정적으로 증명해주는 처사이다. 심지어 경의선 군용철도의 경우는 정거장 부지와 함께 군용지로서 300만 평 이상을 요구하였다. 철로가 들어서는 전국토 여기저기에서 가옥이 부서지고 묘지가 거덜나며, 전답이 찢겨지고 산림이 마구 베어졌는가 하면, 채 여물지도 않은 곡식은 일본군의 말먹이로 쓰이기도 했다.

경부 · 경의선 개통으로 조 · 일 무역 부산항에 집중

1905년 경부 · 경의선 개통 이후 경부선의 시발점인 부산항에서는 수출입액이 모두 크게 증가하고 있는 추세이다. 특히 철도편으로 부산에 쌀과 콩이 대폭 집산되고 있고, 인천으로 반출되던 황해도산 콩조차 부산으로 들어와 일본으로 수출되고 있어 일본 오오사카 시장에서는 부산콩이라 불리는 실정이다. 이렇게 부산에서 서울을 거쳐 의주까지

남북을 잇는 종단철도가 부설되면서 수운이 감소되고 철도운수가 비약적으로 증대되고 있어, 앞으로 이를 통해 많은 곡물이 일본으로 흘러나가고 국내용 곡물의 엄청난 부족현상이 야기될 전망이다. 한편 대외무역 면에서 급진전된 부산의 지위상승 및 인천의 지위하락과정은 인천을 거점으로 한 청상에 대해서도 커다란 타격을 주고 있다.

경의선철도도 완공 눈앞에

1905년 서울 - 신의주간 499km에 이르는 경의철도 전구간이 거의 완공됐다. 현재 청천강과 대동강 위의 철교공사만 남아 있는데 혹한으로 공사가 늦어지고 있다.

경의철도는 러 · 일전쟁으로 군수물자 수송이 다급해진 일본이 1904년 2월 공사를 시작해, 하루 평균 730 내지 900미터의 철도를 가설해나가는 경이적인 속도로 1년도 못돼 거의 완공에 이른 것이다.

한편 이번 공사는 워낙 급하게 건설돼, 사전답사와 측량을 생략한 채 5만분의 1 지도를 가지고 탁상에서 노선을 결정한 뒤 공사를 진행하며 측량도 동시에 진행했다.

하와이, 멕시코 이민 급증

1905년까지 7226명

하와이로 이민가는 행렬이 줄을 잇고 있다. 1905년 현재 하와이측의 공식문서에 의하면, 하와이로 이주한 한국인은 65차례에 걸쳐 총 7226명인 것으로 집계되고 있다.

원래 우리 정부는 해외이민에 대해 소극적인 입장을 취해왔으나, 지난 1901년의 대흉작으로 인한 극심한 기아사태 이후 적극적으로 검토하게 됐다. 그리고 주한 미국공사 알렌으로부터 이러한 정황을 보고받은 하와이 설탕재배자협회 비숍회장이 1902년 내한하여 정부와 이민협정을 체결하면서 하와이 이민이 본격화되기 시작했다. 정부는 협정에 따른 제반업무를 전담하는 독립

관청으로 수민원(綏民院)을 설치해서 이곳에서 하와이와 멕시코 이민업무를 담당하게 했다.

그러나 하와이 설탕재배자협회가 이민의 모집과 운송업무를 담당하기 위해 동아개발공사를 설립, 이민모집 선전문을 각 지방에 배포했을 당시 응모자는 그다지 많지 않았다. 그러다 인천에 살고 있던 미국인 목사 존스의 권유를 받고 50여 명의 남녀신도와 20여 명의 부두노동자를 포함한 97명이 1902년 12월 22일 인천항을 출발하면서 이민이 본격화되기 시작했다. 그후 1904년에 하와이로 120명이 떠났고, 1905년 3월에는 멕시코로 1033명이 떠났다.

대한매일신보 창간

개화자강과 자주독립 표방 … 항일여론 주도할 듯

1904년 7월 18일 한·영 합작의 민간신문으로 「대한매일신보」가 창간돼 개화자강과 자주독립을 내걸고 언론활동에 나섰다. 타블로이드판 6면으로 발행되고 있는데, 한글판 2면에 영문판 4면으로 구성되어 있다. 발행인이 영국인 베델이어서 러·일전쟁 발발 이후 계속되고 있는 일본측의 언론검열을 피할 수 있게 돼, 기존의 민간신문에 비해 이 신문의 논조가 강경해질 전망이다. 한편 양기탁이 편집과 경영의 실질책임자로서 주로 논설을 맡고, 박은식과 신채호 등 애국지사들이 주요 필진으로 합류할 것으로 알려져 더한층 민중의 관심이 모아지고 있다.

친일 경쟁에 여념 없는 쌍두마차

일진회의 쌍두마차 송병준과 이용구. 이들은 요즘 마치 친일을 위해 태어난 사람들처럼 정력적으로 일본의 하수인 노릇을 하고 다닌다. 이들은 그러면서도 자신의 장기를 각기 발휘하는 절묘한 협력관계를 유지하고 있다.

두 사람은 모두 일본에 체류하면서 일본 정치인들과 교류한 경력을 가지고 있다. 송병준은 일본 수상 가쓰라와 만나 "1억 엔이면 대한제국을 넘겨주겠다"고 했다. 이용구 역시 거물 정치인 타루이에게 "동아시아 국가들은 일본을 맹주로 하여 대동아연맹을 결성해야 한다"고 말했다. 최악의 매국 경쟁이다.

이들의 역할분담은 송병준은 정치, 이용구는 조직 식인데 이는 이들의 출세배경과 깊은 관련이 있다. 송병준은 고위관료인 민영환을 통해 정치권에 발을 들여놓은 자이고 훈련원 판관, 군수, 현감 등 관직경험이 풍부하다. 따라서 일진회의 정치활동은 정치권에 발이 넓은 그가 전담하고 있다. 반면 이용구는 최시형 밑에서 정통 동학교도로 커온 자로 갑오년 봉기 때 농민군으로 손병희의 참모를 역임한 경력이 있다. 당연히 그는 전국 동학교도들의 조직화를 담당하고 있다.

이들의 치부(致富) 경쟁도 볼만하다. 송병준은 러·일전쟁을 계기로 일군 장성의 통역관 자격으로 10여 년만에 귀국했는데, 이때 군납상인까지 겸업해 막대한 이득을 챙겼다. 이용구 역시 일본군 군수품 수송 및 철도건설에 일진회 회원들을 무상으로 노역동원하고 자신은 막대한 자금을 긁어모았다. 또 저동에 요리집 청화정을 내고 일본인 첩을 시켜 운영케 하고 있다.

이들의 협력관계가 언제까지 지속될지가 관심거리인데 경우에 따라서는 치열한 경쟁관계로 전화될 가능성도 크다는 주변의 얘기다.

송병준은 1858년 함남 장진 출생. 1884년 김옥균을 암살하러 도일했다 오히려 김옥균에 포섭됨. 이용구는 1868년생, 농민출신으로 일찍이 동학에 입교, 최시형 밑에서 손병희와 함께 활동했다.

인터뷰 「대한매일신보」 편집책임자 양기탁

"일제 침략 저지가 우리의 지상과제"

사장 베델과 자신의 경력을 소개해달라.

베델은 일본에서 16년 동안 상업에 종사하다 실패한 후, 1904년 3월 영국 「The Daily Chronicle」의 특별통신원으로 우리나라에 왔다. 러·일전쟁을 취재해 본사에 송고하기 위해서였는데 반봉건, 반외세의 기치하에 민중적 신문을 만들고자 하는 우리의 노력에 그가 흔쾌히 동의해주었다. 또 나는 독립협회에 가입해 활동한 적이 있고, 1902년에는 민영환, 이상재 등과 개혁당 조직운동을 벌인 적이 있었다. 최근에는 보안회의 운동에 참가해 일제의 황무지개척권 요구 반대운동을 벌였다.

구독자가 벌써부터 급격히 늘고 있다는데 그 이유는.

직접적인 원인은 우리 신문이 반일적인 논조를 펴도 일본이 제지하지 못하는 데 있는 것 같다. 영국인인 베델사장이 '방패막이'가 되어주고 있기 때문이다. 그러나 본질적으로는 우리 신문이 다른 신문과는 달리 '개화자강'의 측면보다 '자주독립'의 측면에 초점을 맞추고 있기 때문일 것이다. '개화자강'과 '자주독립'이라는 과제는 때로는 상호보완적이기도 하고, 또 때로는 상호모순적일 수도 있어 고민이 적지 않다. 우리는 반외세 문제에 보다 치중할 생각이다.

고종이 자금지원을 해준다는 설이 있는데.

베델은 원래 신문을 발행하면서 한국과 일본 및 러시아 세 나라로부터 가능한 한 많은 재정지원을 받을 계획이었다. 그런데 우리 신문이 창간 직후 일본의 황무지개간권 요구에 반대하는 주장을 실어 주한 일본 공사관과의 관계가 악화되었다. 반면에 정부는 우리 신문을 신뢰하게 되었고, 고종황제께서 손탁이나 심우택을 통해 우리에게 보조금을 지원해주고 있다.

남대문 밖에 세브란스 병원 문 열어

최신 시설의 서양식 종합병원

1904년 9월 3일 남대문 밖 복숭아골(桃洞)에 세브란스 병원이 완공돼 진료를 개시했다. 이 병원은 최첨단 시설을 갖추고 있으며 발달된 최신 서양의술을 시술하게 된다. 이 병원을 세우는 데 중추적 역할을 한 이는 캐나다 토론토 의과대학 출신의 에비슨박사이다. 에비슨박사는 지난 1893년 입국하여 당시 왕립병원이던 제중원에서 진료를 해왔다. 그는 선진 의료기술이 완비된 병원의 필요성을 느끼던 중, 지난 1900년 뉴욕에서 열린 만국선교사회의에 이를 요청해 세브란스라는 사람으로부터 1만 5천 달러의 기부금을 받는 데 성공했다. 이 기금으로 1902년 현재의 터를 구입, 공사를 시작해 오늘에 이른 것이다. 이 세브란스 병원은 앞으로 우리나라 근대의학의 선구자 역할을 할 것으로 기대된다.

이용익, 보성학교 설립

1906년 9월 대한제국의 '실세'였던 이용익이 서울에 보성학교를 설립했다. 그는 러·일전쟁 발발 직전 대외중립 선언을 주도하고, 일본이 한·일의정서 체결을 강요하자 완강하게 반대한 '죄과'로 일본에 끌려가 10개월간 감금됐었다. 그는 1905년 1월 귀국한 후 20개월 동안 신교육에 의한 인재양성을 통해 민족의 실력을 기르고자 근대식 민간학교 설립을 준비해온 것으로 알려졌다. 교장에는 신해영씨가 취임했다.

러시아 '피의 일요일' 이후

전국토 총파업 물결

'짜르 타도, 제헌의회 요구' 대투쟁

페테르부르크 궁전 앞의 노동자 평화시위에 발포하는 경찰

1905년 1월 22일 페테르부르크에서 노동자들의 평화시위를 총칼로 진압한 '피의 일요일' 사건 이후 광대한 러시아제국 전역에서 도시와 농촌마다 노동자는 총파업으로, 농민은 봉건영주에 대한 무차별 공격으로 봉기를 일으켜 전 세계를 놀라게 하고 있다.

이들은 전제적 짜르 정부가 즉각 퇴진할 것을 요구하는 한편, 인민에 의해 구성되는 제헌의회에서 민주적 헌법을 제정할 것을 요구하고 있다. 러시아 노동자들은 일부 대도시를 제외하고는 조직돼 있지 않았으나, 투쟁의 와중에서 산업별로 급속하게 조직력을 갖춰 파업에 나서고 있다.

9월에는 전국 노동조합이 총단결하는 협회를 결성했고, 지역별로는 소비에트라는 러시아 특유의 자치조직을 결성하는 사례가 목격되고 있다. 1905년 한 해에 러시아 전 노동자의 절반에 해당하는 280만 명의 노동자가 파업에 참가했다고 한다.

한편 농민들은 영주를 공격하여 몰아내고 영지를 불태우고 있다. 일부 지역에서는 농민들도 자체 조직을 구성해 토지를 농민들에게 재분배하는 등 혁명적 양상을 나타내고 있다. 학생들도 도처에서 투쟁의 선두에 서서 시위대열을 지도하고 있다.

손문, 일본에서 중국혁명동맹회 결성

1905년 8월 일본에서 중국 망명단체들이 모여 연합체 성격의 〈중국혁명동맹회〉를 결성했다. 흥중회, 화흥회, 광복회, 일지회 등 각 망명단체가 참석한 창립총회에서는 손문을 대표로 선출하고 "오랑캐를 몰아내고 중화를 부흥시키며, 민주국가를 창립하고, 토지소유를 균등히 한다"는 행동강령을 채택했다. 이 중화민국창립 주장은 사실상 공화제를 지칭하는 것이어서 입헌군주제를 지향해온 기존의 중국 개혁운동과는 차원을 달리하는 혁명적 주장으로 받아들여지고 있다.

동맹회 결성을 주도한 손문은 지난 1894년 중국의 개혁을 위해 이홍장에게 개혁안을 담은 상소문을 제출했으나 냉대를 당하고 나서 '밑'으로 하는 개혁운동은 공허하다는 것을 깨닫고 흥중회(興中會)를 결성, 산동과 광동 등지에서 무장봉기를 주도하다 망명한 인물이다. 그는 이번 동맹회의 운동노선도 중국 본토에서 인민들을 동원해 봉기를 일으키는 방식으로 전개할 것을 명확히 하고 있어 내외의 시선이 집중되고 있다.

역사신문

是日也 放聲大哭

을사조약 강제 체결, 일본의 보호국 되다
온 국민 분노 … 전국에서 국권수호투쟁

1905년 11월 18일 일본은 이토 히로부미를 특사로 파견, 한국의 외교권을 일본에 이양하는 것을 주요 내용으로 하는 이른바 을사조약을 강제 체결했다. 이로써 조선은 독립국으로서의 지위를 상실하고 사실상 일본의 보호국으로 전락했다.

이 조약의 체결은 하세가와가 지휘하는 일본군이 궁궐 내외를 물샐틈없이 경계하고 있는 가운데 이루어졌다. 11월 9일 입국한 이토 히로부미는 여러 차례에 걸쳐서 황제를 알현하면서 이 조약의 체결을 강요했다. 황제가 끝내 이를 승낙하지 않자, 이번에는 방향을 바꾸어서 대신들을 소집하여 조약체결을 강요하기 시작했다.

11월 18일 마침내 강압적인 분위기 속에서 학부대신 이완용 등의 찬성으로 조약이 체결되고 말았지만 황제는 끝내 조약에 대한 비준을 거부하고 있는 것으로 알려지고 있다.

이 조약은 모두 5개조로 이루어졌

는데 그중 중요한 내용은 일본 정부가 금후 한국의 외교사무를 통리·지휘하며, 통감을 임명하여 한국 정부의 외교를 관할하게 한다는 것이다. 이 조약의 체결로 한국은

외교권을 상실하여 일본의 보호국으로 전락하게 되었으며, 새로 임명될 통감은 외교사무뿐만 아니라 사실상 국정 전반에 걸쳐서 간섭하는 준통치자로 군림할 것으로 예상되

고 있다. 또한 황제가 이 조약의 비준을 거부함에 따라 이 조약의 유효성 문제를 놓고 논란이 계속될 것으로 전망된다.

이토, 초대통감에 취임
사실상의 통치자로 군림

이토 히로부미가 통감으로 부임, 사실상의 통치자로 군림하기 시작했다. 일본의 통감 임명은 을사조약 제3조에 의거한 것으로, 일본은 통감부 설치 준비를 위해 그동안 을사조약의 성사에 공이 큰 추밀원의장 이토 히로부미를 초대 통감으로 임명했다..

일진회, 외교권 대일위탁 주장

1905년 11월 6일 일진회는 '외교권을 일본에게 이양할 것'을 제창한 이른바 일진회선언서를 발표하여, 이것이 혹시 일본의 입장이 아닌가 하는 의구심과 함께 맹렬한 반발을 불러일으키고 있다.

을사조약 반대 상소, 자결 잇달아

시위대, 일본군과 충돌 … 전국에서 의병항쟁

을사조약의 체결 소식이 알려지면서 전국 각계 각층에서 맹렬한 반대투쟁이 전개되고 있으며 이로 말미암아 정국은 초긴장상태에 돌입했다. 이러한 반대투쟁은 11월 20일자 황성신문의 폭로기사로부터 비롯되었다. 일본은 이 조약의 체결 사실을 당분간 비밀에 붙여두고자 하였

으나, 「황성신문」은 조약체결 사실을 알아내고 이 사실과 함께 조약이 성립하기까지의 굴욕적인 과정을 소상히 보도해 국민의 분격을 불러 일으켰으며, 사장인 장지연은 "是日也放聲大哭"이라는 제목의 논설을 실어 일본의 침략성을 규탄했다.

황성신문의 폭로로 이 조약에 대

한 반대운동이 전개되었는데, 전현직 관리들과 유생들의 반대상소가 제일 먼저 터져나왔으며 이것이 민간에게까지 확산되어 상가는 철시하고 학생들은 휴학을 단행하였다.

11월 30일 발생한 시종무관 민영환의 할복은 타오르는 불길에 기름을 부은 격이 되어 한일간의 충돌은

더욱 격화되고 있으며, 민영환의 뒤를 이어 전 의정대신 조병세를 비롯한 각계 각층에서 순국사태가 이어졌다. 이상과 같은 반대여론을 기반으로 고종은 이 조약의 무효화 노력을 추진할 것으로 보이며, 일본의 침략성이 구체적으로 드러난 이상 국내의 정치구도도 이에 맞추어 재편성될 것으로 예상된다.

한편 을사조약의 체결로 도성에서 전개된 대대적인 반대운동에 뒤이어 지방도처에서 의병이 재기하여 일본군과 항전을 벌이고 있다.

을사조약을 보는 우리의 입장

올 것이 기어코 오고만 것인가?

올 것이 왔는가? 올 것이 기어코 오고 만 것인가? 지난해 전쟁이 일어난 후 우리는 가슴을 졸이면서 불길한 예감에 시달려왔다. 일본의 승전보가 거듭 전해질 때마다 이러한 불안감은 점점 커져 이제는 떨쳐버리려 해도 떨쳐버릴 수 없는 지경에 이르렀다. 일본이 전쟁에서 승리하면 우리를 어떻게 대접할 것인가? 여태까지 우리는 러시아와 일본의 세력균형 상태에서 근근히 나라

의 명맥을 유지해왔는데, 이번 전쟁으로 이러한 세력균형은 깨져버리고 일본이 더 이상 어느 누구의 눈치도 볼 필요가 없게 된 마당에, 일본은 도대체 우리를 어떻게 대접할 것인가?

얼마전 일진회에서 느닷없이 외교권 양여를 들고나왔을 때 우리는 소스라치게 놀랐다. 혹시 이것이 진정 일본의 뜻이 아닌가? 일본의 내심이 이제 이렇게 드러나는 게 아닌가? 두려움에 가슴

을 떨었다. 그러면서도 그것은 일부 맹동분자의 과잉충성의 소치일 것이라 애써 강변하면서 마음을 진정하려 했다. 이토 히로부미가 입국했을 때도 '설마'라는 말로 사실을 외면하려 했다.

그러나 이제 올 것은 왔다. 올 것은 기어코 오고 만 것이다. 우리가 애써 외면하려 했던 현실은 이제 우리 눈앞에 부딪쳐 오고 만 것이다.

을사조약 체결의 배경과 전망

일본, 한반도에 대한 배타적 지배권 구축
군사력과 행정권 장악이 다음 수순일듯

이번에 강제적으로 체결된 을사조약은 일본이 한반도에 대한 배타적 지배권을 구축하기 위한 일련의 노력을 마무리하는 작업으로서의 의미를 지니고 있다. 그러나 조약체결과정에서 결국 고종황제의 비준을 얻어내지 못해 이 조약의 유효성에 대한 논쟁은 계속될 전망이다.

일본은 이 조약을 맺기 위해 국제적으로 사전에 면밀한 준비를 하였던 것으로 알려지고 있다. 7월에 미국과 가쓰라·태프트 밀약을 체결하였고, 8월에는 영국과 제2차 영·일동맹을 맺어 한반도에 대한 자신의 배타적 지배권을 인정받았다. 마지막으로 포츠머드조약을 통해 러시아로부터 자신의 한반도에 대한 지배권을 인정받는 것으로 이 조약체결을 위한 국제적 환경을 조성하는 데 성공했다.

일본이 군사권이나 재정권에 앞서 제일 먼저 외교권을 빼앗아간 것은, 한편에서는 제국주의 열강이 한반도 문제에 개입하는 것을 차단하기 위한 것이며, 다른 한편에서는 아관파천에서 러·일전쟁에 이르기까지의 경험에서 볼 수 있듯이 한국이 다른 나라와 연합하여 일본에 대항하는 것을 차단하기 위함이다. 따라서 외교권 양여의 문제는 단순히 나라의 체통문제가 아니라, 예민한 현실정치적 의미를 가지고 있다. 일본은 이번 조약의 체결로 한반도에 대한 자신의 배타적 지배권을 국제적으로 인정받은 셈이다. 결국 이제 한국은 일본의 반식민지나 다름없게 됐다.

향후 일본은 이를 바탕으로 한국을 병합하기 위한 구체적 수속을 단계적으로 밟아갈 것으로 예측된다. 국가통치력의 기초인 군사력이나 행정권 장악이 다음 수순이 될 것인데, 이에 대한 국민들의 저항과 투쟁의 강도가 결국 병합의 시기를 결정할 것으로 보인다.

을사조약 조약문에 조약의 공식 명칭 없어

상식밖의 일 … 국제법상 무효

이번에 체결된 을사조약은 조약문에 공식 조약명칭이 빠져 있어서 법적으로 무효라는 지적이 제기되고 있다. 이렇게 조약문에 공식 조약명칭이 빠지게 된 것은 조약체결과정의 강제성 때문으로, 이는 법절차상에서도 치명적인 하자이며 결국 조약 자체가 무효라는 것이 국제법 전문가들의 공통된 견해이다.

이러한 지적에 따라 본사에서 조약문 원본을 확인해본 결과 조약문에는 조약의 명칭이 들어가야 할 첫줄이 비어 있으며 두번째 줄부터 조약문 본문이 기록돼 있었다. 조약문의 경우, 첫줄에 조약의 공식명칭을 기록하는 것이 정상이며 이러한 공식명칭은 양국간의 합의수준을 표현하는 것이기 때문에 매우 중요하다.

나라간의 외교적 합의의 형식은 여러 가지 있지만, 가장 대표적인 것으로는 양국 주무대신의 합의와 서명으로 효력을 가질 수 있는 협약(Agreement)과 국왕의 위임과 비준이 필요한 정식 조약(Treaty)이 있다. 따라서 당연히 협약에 비해서 조약이 비중이 높으며 외교권 위탁 같은 중대사안은 조약의 형식을 갖추는 것이 정상이다.

일본은 이점을 감안하여 애초에는 고종으로부터 공식 위임을 받아내기 위해서 무진 애를 썼지만 고종은 이를 완강히 거부하였다. 일본은 하는 수 없이 대신들을 협박하여 외부대신의 날인을 받는 데 그칠 수밖에 없었으며 황제의 비준을 얻어내지 못하였다. 이렇게 정식조약의 구비요건을 갖추지 못하자 일본은 조약문에 명칭을 기록하지 못하는 어처구니없는 일이 일어났다. 고종황제는 자신이 위임과 비준을 해준 적이 없다는 점을 들어서 이 조약이 무효임을 천명하고 있기 때문에 이 문제를 둘러싸고 앞으로 논란이 계속될 것으로 예상된다.

고종, 헐버트 미국에 파견
"조약 무효" 호소, 미국측 냉담

조약체결 4일 후인 11월 22일, 고종황제는 미국인 헐버트를 미국에 파견, 주불 한국공사 민영찬과 함께 미국무장관 루트에게 한국 정부의 입장을 전하도록 했다. 고종은 이들이 전달한 밀서에서 "짐은 총칼의 위협과 강요 아래 최근 한일 양국 사이에 체결된 소위 보호조약이 무효임을 선언한다. 짐은 이에 동의한 적도 없고 금후에도 결코 아니할 것이다."라고 하였다. 그러나 미국무장관 루트는 이 밀서를 정당한 절차를 밟지 않은 것이라 하여 접수를 거부하는 한편, 오히려 이 사실을 일본측에 통고해주었다.

을사조약 체결과정 전모

이토오의 강압에도 고종 끝내 거부
각료 의결만 거친 조약 아닌 조약

을사조약을 강제 체결한 일본군 장성과 공사관원들

11월 9일 입국한 이토 히로부미는 여러 차례에 걸쳐 고종을 알현하고 조약체결을 강요했으나 고종은 끝내 이를 거부했다.

고종의 완강한 거부에 부딪힌 이토는 궁궐 내외를 완전무장한 일본군으로 둘러싸고, 서울시내 각 성문에 야포와 기관총까지 걸어놓고 일본군이 총에 착검한 채 시내를 일주하며 무력시위를 하게 하는 가운데 각의를 열게 했다. 그러나 이런 공포분위기 속에서 궁내에서 개최된 각료회의조차 조약안을 거부했다. 그러자 이토와 주둔군 사령관 하세가와는 대신들을 위협하여 다시 강제로 회의를 열어 한사람씩 윽박질러 억지 동의 내지 기권을 받아내 11월 18일 오전 2시에 체결을 발표했다.

조약체결에 끝까지 반대한 대신은 참정대신 한규설, 탁지부대신 민영기였고, 을사오적들은 책임을 고종에게 밀면서 찬의를 표했다. 한편 궁내부대신으로부터 조인의 전말을 들은 고종은 "이렇게 중요한 조약이 그렇게 용이하고 급격히 체결된 것은 천만 유감이라"고 하며 "각 대신은 일본과 같은 편이 되어 짐을 협박하여 조약을 조인했으니 짐을 따르는 자는 일제히 일어나 이 비극을 함께 하라"고 했다.

을사조약 체결 현장 중계

"이번 일본의 요구는 대세이며 부득이한 것" - 이완용

11월 15일 고종·이토 면담

이토 (조약 원안을 들이밀며) 이 안은 절대 변경할 수 없다. 요는 폐하가 받아들이냐 반대하느냐에 남아 있다. 반대할 경우 귀국의 지위는 이 조약을 체결하는 것보다 더 곤란해질 것이다.

고종 우리는 중대사를 정부의 대소관리와 원로대신 등의 여론까지도 수렴하여 시행하는 것이 관례다. 짐이 자의로 결정할 수 없다.

이토 정부 대신들에게 자문을 구할 수 있으나 국민의 의향을 묻는것은 말이 안된다. 귀국은 입헌국가가 아니고 전제군주제 국가가 아닌가. 인민의 의사 운운 하는 것은 인민을 선동하려는 저의가 있는 것 같다.

고종 이 조약은 망국조약이니 결코 인정할 수 없다.

11월 17일 이토 참석 하에 열린 각료회의

박제순 (외부대신) 본 협약안은 이미 각료 전원이 단연코 거부키로 한 것이다. 따라서 내가 협상을 성격이 아니다. 그러나 만일 명령이 있다면 도리가 없다.

이토 그 명령이란 어떤 의미인가. 폐하의 명령이라면 조인한다는 말인가? 그렇다면 귀하는 절대적으로 반대한다고 볼 수 없다.

민영기 (탁지부대신) 본인은 대체로 협약에 반대하는 바이다.

이토 절대적으로 반대한다는 뜻인가?

민영기 그렇다.

이하영 (법부대신) 한일 양국 사이에 이미 의정서와 조약이 조인돼 있고, 외교상 긴요한 사항은 모두 귀국의 의견을 들게 돼 있어 신협약을 체결할 필요는 없다.

이토 어제는 신협약 체결이 타당하다고 인정하지 않았는가.

이하영 어제는 그랬다. 그러나 이미 외교에 관한 협약이 있는데도 우리가 그를 위반하는 행동을 해 귀국이 불가피하게 이번 제안을 하게 한 것은 우리의 잘못으로 유감이다. 우리 스스로 한 일이니 누구를 원망할 것인가.

이토 그렇다면 귀하는 우선 이 안건에 동의한 것으로 본다.

이완용 이번 일본의 요구는 대세이며 부득이한 것이다. 일본은 두 차례 전쟁을 치른 대가로 오늘날 한국에서의 지위를 획득했는데, 우리의 외교로 인해 동양평화가 문란해지고 한국이 위기를 맞게 되는 것은 부당한 일이다. 결국 이번 사태는 우리가 초래한 것이다.

일본은 결심한 바 있어 이 요구를 제출한 이상 반드시 관철시킬 것이다. 또 국력의 차이가 있어 우리에게는 거부할 힘이 없다. 다만 원안 중 일부 자구는 다소 수정이 필요하다고 본다.

이토 그렇다면 귀하는 전적으로 동의하는 것으로 알겠다.

이근택 (군부대신) 본인은 이완용 대신 의견에 대체로 찬동한다.

이토 귀하도 별로 반대한다고는 생각하지 않는다.

이지용 (내부대신) 본인은 이미 한일간 제휴가 필요하여 한일의정서를 체결한 당사자다. 이완용 대신과 의견을 같이 한다.

권중현 (농상공부대신) 본인도 이미 이완용 대신의 의견에 찬동했다.

이토 (한규설을 향해) 보는 바와 같이 반대하는 사람은 귀하와 민영기 대신뿐이다. 그런데도 한사코 안건을 거부하는 것은 결국 일본과 절교하겠다는 것인가? 나는 천황폐하의 명을 받들어 임무를 수행 중이다. 귀하들에게 우롱당하고 가만히 있을 사람이 아니다.

한규설 (참정대신) 안건을 부결시켜 일본을 배척하거나 일본과 절교한다는 것은 생각도 않고 있다. 본인은 일본을 배척하고서는 한국이 보전될 수 없다는 것을 열렬히 주장하는 사람이다. 그러나 이 협약에 대해서는 뜻을 바꿀 수 없다.

이토 지금 보는 바와 같이 내 각대신 중 두 대신을 제외하면 나머지는 이의가 없다. 이 사실을 고종께 보고하라.

이 각료회의 뒤 일본군들은 외무부에 보관돼 있던 옥새를 탈취, 조약안에 날인하고 체결을 선포했다. 이때 시각이 1905년 11월 18일 오전 2시.

"조약 무효" … 반대투쟁 폭발

종로에서 시민과 일본군 유혈 충돌…민영환 할복으로 순국 잇달아

시종무관장 민영환

조약 체결 소식이 알려지면서 비난, 반대의 소리가 빗발치고 곳곳에서 반대투쟁이 격렬하게 일고 있다. 더욱이 위로는 원로대신에서 아래로 일반 국민에 이르기까지 전국민이 저항하고 있어 을사조약의 파문은 엄청나게 확산될 조짐이다.

조약체결 반대상소 줄이어

조약체결 다음날인 19일 의정부 참찬 이상설의 조약폐기와 매국 적신(賊臣) 처단 상소에 이어 박제무, 이유승, 정명섭, 조세환, 고익상, 김종호, 윤태영 등의 연이은 상소. 뿐만 아니라 유생들도 서울에 대한13도 유약소(大韓十三道儒約所)를 두고 21일과 24일에 상소하였다. 24일 법부주사 안병찬이 상소 후 도끼를 메고 대안문 앞에 엎드려 황제의 회답을 기다렸는데, 그는 "황제의 승낙이 떨어지면 도끼로 매국 5적의 머리를 찍어버리겠다"고 비분강개하다가 경무청에 구금되었다.

상가는 철시, 학생은 동맹휴학

원로대신들의 상소운동이 전개되면서 조약반대항쟁은 민간에까지 확산. 서울 종로에 있는 육의전이 철시를 단행한데 이어 시내 전 상가가 차례로 철시. 종로에서 포목점을 하고 있는 박서방은 "일제에 의해 강제로 이루어진 조약은 무효화되어야 하고, 매국적 행위에 앞장선 대신들은 처벌되어야 한다"며 규탄했다. 각급 학교 학생들도 자진 휴학을 단행하고 있는데, 이에 대해 일제의 경찰고문 마루야마는 경찰을 동원, 철시한 상가를 찾아다니며 개점할 것을 강권하고, 각급 학교에도 훈령을 내려 개교할 것을 강요했으나 상인과 학생들은 항쟁을 계속.

종로 네거리에서 시민과 일본군 충돌, 시민 수백 명 체포돼

종로에서는 시민들이 "사수국권(死守國權)"이라는 글을 붙여놓고 군중들에게 격렬한 구국 연설을 전개. 시민들에게 일본헌병이 총검을 휘둘러 일본 헌병순사 수십 명과 시민 충돌. 구국연설을 하던 김하원 등이 일본군을 향해 "우리는 국가독립을 위해 죽어도 또한 영광이니 속히 죽이라" 소리치며 가슴을 치받자 일본군들이 총검으로 마구 찔러대 몇 명이 피를 흘리며 쓰러졌다. 이에 격분한 시민들이 기와쪽과 돌로 대항하자 일본군 발포. 총탄이 빗발치는데도 불구하고 시민들이 흩어지지 않자, 증파된 헌병들이 달려들어 일대의 상점을 부수고 시민들을 마구 체포하여 수백 명을 끌고감.

평양청년 5명, 대안문 앞에서 격문 살포

11월 27일 평양의 청년회원 최재학, 신상민, 이시영, 신석준, 김인즙 등 다섯 명이 경운궁 대안문 앞에서 상소 후 끓어 엎드려 있던 중 일본군 1개 소대에 의해 끌려감. 이들은 연행중에도 일병들을 꾸짖으면서 대한독립만세를 외쳤으며, 일본군은 이들의 입을 수건으로 틀어막고 칼로 등을 치면서 연행하여 보는 이의 마음을 아프게 했다.

상소한 대신들 구속 잇달아

11월 28일 대안문 앞에서 조병세가 일본 헌병에게 체포. 그는 바로 전날 원임의정부대신 자격으로 각부에 연락을 취해 각 관리들을 궁내부에 모이게 하여 함께 상소했다. 상소를 올린 그는 체포되는 광경을 지켜보는 시민들을 향해 격앙된 어조로 조약체결의 불법성을 외쳤으며 이를 들은 시민들은 모두 통곡.

조병세 체포소식은 상소운동을 격화시켜 민영환을 필두로 다시 조정의 백관들은 황제에게 조약철회를 강청하였다. 상소운동은 끊이지 않고 계속되고 있다.

시종무관장 민영환 할복

11월 30일 시종무관장(侍從武官長) 민영환은 고종과 2천만 동포에게 보내는 유서를 남긴 채 할복 자결하였다. 그의 자결은 2차에 걸친 상소가 아무런 성과를 보지 못한 결과, 죽음으로써 자신의 소신을 관철시키고자 한 것으로 알려졌다.

격분한 시민, 헌병파견소 습격

민영환의 순국 소식이 시민들에게 전파되면서 삽시간에 온 장안과 시민들은 '국가의 기둥이 쓰러지고 큰 별이 떨어졌다'고 울부짖으면서 민영환의 집에 몰려들어 통곡했다.

조병세 등도 잇따른 순국

민영환의 뒤를 이어 전 의정대신 조병세도 국민과 각국 공사에게 보내는 유서를 남기고 12월 1일 음독 자결하였다. 조병세의 자결과 같은 날 전참판 이명재도 음독 자결하였으며, 2일에는 평양진위대 병사 김태학이, 3일에는 학부주사 이상철이 순국하였다. 이외에 홍만식, 이설 등도 잇따라 순국하였다.

이토, 안양역 부근에서 돌맞아

12월 22일 오후 6시, 안양역 부근에서 통감 이토가 탄 열차로 돌이 날아와 얼굴에 찰과상을 입는 부상을 당했다. 이토에게 투석을 한 사람은 그 자리에서 체포되었는데 수원의 이름없는 한 농부 원태근으로 밝혀졌다.

을사조약 사전공작 이렇게 준비됐다

을사조약이 체결된 경운궁 중명전

러·일전쟁 우세 속에 일본 정부 한국 병합 전제로 군사, 외교, 재정 장악키로

을사조약은 1905년 11월 체결됐지만 일본은 오래전부터 한국 식민지화를 계획, 단계적으로 실행해왔다. 그 과정을 더듬어본다.

▲ 러·일전쟁이 일본에 우세해진 1904년 5월 이후, 일본은 한국의 보호국화를 노골적으로 천명. 5월 31일 각의에서 《(일본)제국의 대한국 방침》을 결의. 여기에서 이미 '한국을 완전히 병합한다'는 것을 전제로 '군사, 외교, 재정 등 모든 통치권을 남김없이 장악하기로' 했다.

▲ 1904년 10월에 역시 각의의 의결과 천황의 결재를 거친 《대한 시설강령 결정의 건》에서 일본군대를 영구주둔시키고, 외교권을 확실히 장악, 재정권을 완전히 탈취한다는 방침을 정했다. 나아가 철도를 비롯한 교통기관 강점, 통신기관 장악, 농업·임업·광업·수산업 등의 척식(拓植)도 계획했다.

▲ 러·일전쟁이 거의 일본의 승리로 굳어져간 1905년 4월 일본 정부는 드디어 공식적으로 '한국의 보호국화'를 결의했다.

▲ 일본은 주변 열강의 묵인을 확인하기 위해 미국과는 1905년 7월 27일 가쓰라·태프트 협약을 체결, 일본은 미국의 필리핀 지배를 용인하는 대신 미국으로부터 '러·일전쟁의 원인이 된 한국은 일본이 지배할 것을 승인' 받았다. 한편 8월 12일 영국과 제2차 영·일동맹을 체결, '일본이 한국에서 지도·감독·보호 조치를 행할 권리를 인정' 받았다.

▲ 마침내 1905년 11월 2일 일본공사 하야시가 귀국, 일진회로 하여금 "한국의 외교권을 일본에게 이양할 것"을 요구하는 《선언서》를 발표토록 해 여론조작 공작을 폈다. 한편 고종황제의 신임을 받는 원로대신 심상훈을 시켜 미리 고종의 의사를 떠보도록 했다. 아울러 이완용 등 각료들을 매수, 한국 정부가 사전대책을 세우지 못하도록 하고 일본군을 서울 일원과 경운궁 일대에 배치해 무력시위를 벌였다.

전국 도처에서 의병항쟁

을사조약 직후 상소를 통한 조약폐기운동과 자결로써 주권수호를 기도한 순국항쟁이 일어나고 있는 가운데 직접 일제와 싸워 주권을 되찾으려는 항쟁이 전국 도처에서 일어나고 있다. 유생과 농민으로 구성된 의병들은 일본군과 직접적인 항전을 전개하고 있는데 민종식, 최익현, 정환직, 임병찬 등이 인솔하는 의병부대가 강세를 보이고 있다. 한편 일본은 의병봉기를 막기 위해 1906년 6월 각 군에 일본군 20명씩을 파견했고 정부도 전주·남원 진위대에 의병토벌령을 내린 상태다.

민종식부대 홍주 장악

1906년 5월 19일 민종식이 이끄는 1천 1백여 병력의 의병부대가 대포 6문을 앞세워 홍주성 공격을 감행, 치열한 사격전 끝에 성을 점령했다. 일본군과 공주진위대는 다음날부터 수차례 공격해왔으나 의병의 기세를 꺾지 못했다. 이에 통감 이토가 직접 한국에 주둔하고 있는 대부분의 일본군으로 공격, 최익현 부대의 선봉인 곽한일의 400여 의병의 지원으로 잘 막았지만, 탄약이 떨어져 끝내 패하고 말았다.

최익현 어이없는 투항

9월 11일 고종황제의 명을 받은 남원과 전주의 진위대가 호남에서 위세를 떨치고 있는 최익현과 임병찬의 의병을 공격했다. 처음 의병들은 일본군이 습격하는 줄 알고 임전태세를 갖추었으나 이것이 우리 진위대 병사들인 줄 알자 퇴각을 권유하는 글을 보냈고, 최익현은 황제가 보낸 군대와 싸울 수 없다 하여 의병을 해산하고 스스로 체포되어 서울로 압송됐다.

최익현은 지난 6월 4일 태인에서 을사조약 폐기를 역설하는 상소문을 올리고 거병했었다.

태백산 호랑이 신돌석

의병장이 대부분 유생출신이지만 최근 평민출신 의병장이 속속 등장하고 있다. 태백산 호랑이로 불리는 신돌석이 대표적.

지난 1906년 4월 영해에서 봉기한 그의 부대는 3천 명의 막강한 군세.

그가 이끄는 의병부대는 경상·강원·충청도 접경지대를 중심으로 태백산맥 일대에서 일본군과 끈질기게 싸우고 있어 일본군은 신돌석 이름만 들어도 벌벌 떤다고 한다. 신돌석 부대는 빠른 기동력과 신출귀몰한 유격전술로 적에게 막대한 타격을 입히고 있다.

오늘 목 놓아 통곡하노라

지난번에 이토 후작이 한국에 오매 어리석은 우리 인민들이 서로 말하기를 "후작은 평소 동양 삼국의 정족(鼎足)하는 안녕을 주선한다고 자처하던 사람이었으니, 오늘날 한국에 온 것은 반드시 우리나라 독립을 공고히 부식(扶植)할 방략을 권고하리라"하여 경향간에 관민상하가 환영하여 마지않았더니, 세상 일이 측량하기 어렵도다. 천만 뜻밖에도 5조약은 어디에서부터 나왔는가? 이 조약은 비단 우리나라만이 아니라 동양 삼국이 분열하는 조짐을 빚어낼 것인즉 이토의 본래 뜻이 어디에 있느냐?

비록 그렇다 해도 우리 대황제 폐하는 강경하신 거룩한 뜻으로 이를 거절하여 마지않았으니, 이 조약이 성립되지 못한다는 것은 상상컨대 이토 후작이 스스로 알고 스스로 간파하였을 것이어늘 아, 저 개 돼지만도 못한 소위 우리 정부 대신이란 자들이 영달과 이득을 바라고 거짓된 위협에 겁을 먹고서 머뭇거리고 벌벌 떨면서 달갑게 나라를 파는 도적이 되어, 4천 년 강토와 5백 년 종사를 남에게 바치고 2천만 생령(生靈)을 몰아 다른 사람의 노예로 만들었으니, 저들 개 돼지만도 못한 외부대신 박제순 및 각 대신은 족히 깊게 나무랄 것도 없거니와 명색이 참정대신(한규설을 말함)이란 자는 정부의 우두머리라, 다만 부(否)자로 책임을 면하여 이름을 남기는 밑천이나 꾀하였는가? 김상헌이 국서를 찢고 통곡하던 일도 하지 못하고 정온(鄭蘊)이 칼로 할복하던 일도 못하고 그저 편안히 살아남아서 세상에 나서고 있으니, 무슨 면목으로 강경하신 황상 폐하를 대하며 무슨 면목으로 2천만 동포를 대하겠느냐.

아, 원통하고도 분하도다. 우리 2천만 남의 노예가 된 동포여! 살았는가, 죽었는가? 단군 기자 이래 4천만 국민 정신이 하룻밤 사이에 별안간 멸망하고 멈추겠는가? 아! 원통하고 원통하도다. 동포여! 동포여!
장 지 연

황성신문 무기정간,
사장 장지연 연행

황성신문 11월 20일자에 실린 이 신문사 사장 장지연의 논설 "시일야방성대곡(是日也 放聲大哭)"이 문제가 돼 장지연은 경무청으로 연행되고 황성신문은 무기정간을 당했다.

을사조약이 체결되자 황성신문은 이 사실을 즉각 보도하고 체결의 굴욕적인 과정을 폭로함으로써 국민의 분격을 사게 했다. 특히 장지연은 그의 논설에서 일본의 침략성을 규탄하고 조약체결에 조인한 매국 대신들을 통렬히 비난했다. 이번에 문제가 된 논설은 길지 않은 글이지만 한 독자는 '민족정기가 넘쳐흐르는 피맺힌 글로서 온 겨레의 폐부를 찌

르고도 남는 것'이라고 평했다. 장지연은 이 논설을 쓸 때 너무도 격분한 나머지 후반부는 다른 사람에게 대필시킬 정도로 흥분했었다고 하며, 일본의 검열과정에서 삭제당할 것을 우려해 검열을 무시하고 신문을 발행했다고 한다.

박제순, 이지용, 이근택, 이완용, 권중현
"찢어죽여도 시원찮다 …"

외부대신 박제순

을사조약의 사실상 체결당사자이다. 고종이 체결을 거부했기 때문에 그와 일본공사 하야시가 서명날인을 했다.

그러나 그는 애초에는 을사조약에 완강하게 반대했다. 처음 고종과 대신들이 모두 참석해 조약안에 대해 토의할 때 한규설에게 "우리의 생사가 달린 문제다. 물러서는 것은 곧 죽음이다. 여러 대신들의 의지와 기개와 지난 행적들을 살펴볼 때 확신할 수 없는 상태다. 우리 둘이라도 고집해서 물러서지 않는다면 이토도 자연히 돌아갈 수밖에 없을 것"이라며 비장한 각오를 보였다. 그러나 이때 말미에 "다만 여론이 어떻지 걱정"이라는 꼬리표를 달았다.

조약이 체결된 회의는 11월 17일 각의 때도 그는 다그치는 이토에게 "이미 단연코 거부하기로 한 일이다. 외부대신 한사람으로서 결행할 일이 아니다"라고 하면서도 말미에 "그러나 명령이 있다면 어쩔 수 없지 않은가"라며 꼬리를 뺐다. 이토는 바로 이 꼬리를 물고늘어져 궁지에 몰아넣었고 이에 현저하게 기가 꺾인 그는 결국 "나는 모르겠소. 마음대로 하시오"라고 했고, 이토는 "마음대로 하라고 했으니 찬성하는 것으로 간주"하겠다고 했다.

그는 경기도 용인출신으로 기호지방 유학의 전통 속에서 자랐다. 젊은 시절 주로 청나라와의 외교관계에 종사했다. 현재의 외부대신도 그러한 경력을 바탕으로 얻은 직책이다. 갑오농민봉기 때는 충청감사로 농민군 토벌에 나섰다.

만 그때마다 부정부패에 연루됐다. 그가 뇌물을 받고 관 군수직이 밝혀진 것만도 15개에 이른다. 최근 그의 부하인 내부 참서관 조남익이란 자가 그와는 도저히 같은 부서에서 일할 수 없다며 출근을 거부한 사건도 알만한 사람은 다 안다. 이번 을사조약 때도 일본으로부터 1만 엔(쌀 한가마값이 10원도 안되니 환율을 1:1로 쳐도 쌀 1만 가마가 넘는 돈이다)을 받았다고 한다.

최근에는 진주기생 산홍을 첩으로 삼으려고 했다가 "세상에서 대감을 오적의 우두머리라 하는데 내 비록 천한 기생이나 어찌 역적의 첩이 될 것이냐"며 보기좋게 거절당했다고 한다. 그는 요즘 한강변에 있는 저택에 틀어박혀 도박으로 날을 새고 있다. 한편 그의 부인 홍씨는 미모로 유명한데 요즘 일본인 이꿈 저놈과 정을 통하고 돌아다닌다는 소문이다.

그의 행태는 능력 없는 자가 중책에 앉았을 때 어떤 일이 벌어지는가를 보여주는 대표적인 사례라고나 해야 할 듯하다.

군부대신 이근택

분노한 국민들로부터 처단명부 1호로 올라 있는 인물. 이유는 대세에 따라 신속하게 처세를 바꾸는 카멜레온 같은 변신술이 특히 미움을 샀기 때문이다.

그는 원래 충주의 이름 없는 무인 가문에서 태어났고 학식도 별로 없다. 그러나 임오군란 때 명성황후가 충주로 피신오자 매일 신선한 생선을 갖다바침으로써 출세의 끈을 잡았다. 이를 계기로 지방관과 무관 자리를 전전하다가 대한제국 시절, 일본상점에 들렀다가 우연히 살해된 명성황후의 허리띠를 발견해 거금 6만 냥에 구입, 고종황제에게 갖다바치면서 또다시 한단계 더 높은 출세의 끈을 잡았다. 이후 황실의 군사책임자 자리를 두루 역임했고, 당시 고종이 친러정책을 취하자 그도 열렬한 친러주의자 행세를 했다.

그러나 러·일전쟁이 일본의 승리로 귀결되는 것을 보면서 그는 적극적으로 친일로 돌아섰다. 그는 일본군 사령관 하세가와의 의형제가 됐고 이토 히로부미의 양자가 됐다. 그리고 우리 정부의 모든 기밀사항을 낱낱이 일본에게 보고하였다.

그가 조약체결 후 집에 돌아왔을 때 부엌에서 일하는 계집종이 식칼을 내던지면서 "내 비록 천인이기로서니 개 돼지의 종이 될 수는 없다"고 외치며 밖으로 나갔다고 하니, 집안 종에게조차 존경받지 못하는 인물이다.

학부대신 이완용

을사조약 체결과정에서 가장 논리적으로 체결의 불가피성을 개진한 인물. 그는 을사조약은 대세이며 우리는 막을 힘이 없기 때문에 일본의 요구에 따를 수밖에 도리가 없다고 주장했다. 그의 말 그대로 그는 대세에 철저하게 순응하는 행적을 보여왔다.

독립협회 창립에 참여한 것은 독립협회가 유력한 출세통로가 될 수 있다는 바람에서였다. 따라서 고종이 독립협회를 탄압하자 발을 빼고 친러파 정치인으로 변모, 고종에게 접근해 정치생명을 이어나갔다. 그 후 다시 친일파로 변신한 것이다.

그가 자신의 대세론을 그럴듯한 논리로 포장할 수 있었던 것은 관계에 발을 들여놓으면서 규장각, 홍문관, 성균관 등을 거쳐 학부대신에 이른 그의 전력에서 알 수 있듯이 그가 이 시대의 최고 지식인이기 때문이다. 또 육영공원에서 영어를 배우고 미국에 다녀온 경험이 있는 이른바 개화파로서 탁월한(?) 국제 정치감각도 한몫을 했다.

이완용은 당대 최고의 지식인이 곧 당대의 역사적 지도자가 되는 것은 아니라는 점을, 오히려 최고의 역적이 될 수 있음을 웅변적으로 보여줬다.

내부대신 이지용

을사조약을 체결하고 집으로 돌아와서 그가 한 말이 "나는 오늘 병자호란 때 청과 화의를 주장한 최명길 같은 사람이 되고자 한다. 국가의 일을 우리가 아니면 누가 하겠는가"였다. 그는 고종의 조카뻘되는 왕실 종척(宗戚)으로서 각도 관찰사와 주일공사를 역임했지

농상공부대신 권중현

일생을 일본통으로 지내온 인물로 조약체결에 당연히 찬동할 것으로 예상된 인물. 충북 영동출신으로 일찍부터 일본어를 배워 주 일본공사를 지냈으며 이후 군부·법부·농상공부에서 두루 활약했다. 러·일전쟁 중에는 일본군 위문사의 자격으로 요양, 여순 등을 순방했다.

역사신문

고종황제 퇴위

헤이그사건 빌미로 일본 강압, 순종 즉위

1907년 7월 19일 일본 통감부는 헤이그 밀사사건의 책임을 물어 고종황제를 강제로 퇴위시키고 황위를 황태자에게 넘기도록 했다. 양위식은 20일 오전 8시 중화전에서 거행됐는데, 고종과 황태자 모두 참석하지 않고 대리인이 대신했다. 이번 고종황제의 퇴위로 그나마 유지되고 있던 황실의 정치적 위상은 소멸할 것으로 보인다.

일본 정부는 그동안 고종황제에게 황제의 비준이 없어야 유효성 논쟁을 일으키고 있는 을사늑약에 비준할 것을 강요해왔으나 고종이 이를 계속 거부하자, 이번 헤이그 밀사사건을 구실로 고종 퇴위의 각본을 짠

것으로 알려지고 있다. 일본 정부는 조선 통감부에 훈령을 보내 '이 기회를 놓치지 말고 한국 정부에 관한 전권을 장악하라'고 하였으며, 이러한 목적을 수행하기 위해 7월 18일 일본 외무대신이 서울에 도착하여 이토 통감과 함께 공작에 들어갔다. 이들은 직접 고종황제를 알현하여, 음모로 일본의 보호권을 거부하려면 차라리 일본에 선전포고를 하라고 협박하는 한편 이완용, 송병준을 동원하여 황제를 강압했다. 동시에 일본은 군대를 남산에 배치하고 포구를 궁궐로 향하게 하여 공포분위기를 조성하였다.

고종황제는 이런 압력을 면하기

위해 국정을 잠시 황태자에게 대리케 한다는 조치를 내려 다시 집권할 여지를 남겨두려 했으나, 이토 통감과 내각은 이를 양위한 것으로 굳히기 위해 황급히 순종 즉위식을 거행하는 한편, 일본 황제 명의의 즉위 축전에 답전을 보내게 하였다. 이러한 실력행사로 임시 국정대리가 영구적인 양위로 바뀌어버린 것이다.

이번 양위로 제한된 범위에서나마 유지되어오던 황제의 정치적 영향력이 완전히 소멸하여 일본의 침략은 아무런 견제없이 관철될 것으로 보이며 이에 따라 정치구도도 재편될 것으로 예상된다.

관련기사 2, 3면

일제가 고종 퇴위를 강요하기 위해 군대를 동원하여 무력시위를 벌이고 있다.

헤이그 만국평화회의에 대표파견

이준 분사 … 이위종, 기자협회에서 연설

1907년 7월 네덜란드 헤이그에서 개최된 만국평화회의에 고종황제의 밀명을 받은 이준, 이위종, 이상설 등 한국의 밀사들이 나타나 을사늑약이 무효임을 폭로하여 국제사회에 큰 충격을 주었으며 일본측을 당황하게 하였다. 이들 밀사들은 일본측의 집요한 방해공작으로 정식회의에는 참석하지 못하였다. 이에 이준은 울분을 참지 못하고 현지에서 순국했으며, 이위종은 만국기자회의 석상에서 '한국을 위하여 호소한다'는 제목의 연설을 하여 일본의 침략성을 세계에 폭로하였다. 일본측은 이 사건으로 국제적으로 위신을 손상당하게 되었고, 따라서 고종황제에게 이 사건에 대한 책임을 물을 것으로 예상된다.

고종황제는 1907년 4월 20일 이들을 헤이그로 파견한 바 있다. 이번 밀사파견은 고종황제가 그간 추진해온 일련의 비밀외교의 연장으로 이루어진 것이다. 고종황제는 1905년 을사늑약이 체결되기 이전부터 일본의 침략에 저항하는 비밀외교를 추진한 바 있다. 1904년 11월에는 이승만을 미국에 파견하였으며 이듬해 2월에는 밀사를 상해에 파견하여 러시아공사 파블로프를 통해 러시아 황제에게 밀서를 전달했다. 고종황제가 헤이그 만국평화회의에서 밝히려 했던 핵심은 을사늑약을 자신이 승인한 바 없으므로 이는 무효라는 점이다. 이 점은 을사늑약이 갖고 있는 가장 취약한 부분이며 따라서 일본측은 이에 매우 당황하고 있다.

관련기사 2면

이완용 내각 구성
친일성, 강화될 듯

1907년 5월 24일 이완용을 중심으로 한 새 내각이 구성됐으며, 내각관제도 개편되어 황제의 권한이 대폭 축소됐다. 이는 일본이 을사늑약 체결과정에서 공이 큰 이완용을 이용, 한국의 내정을 장악하여 앞으로 침략정책을 보다 본격화하기 위한 포석으로 평가되고 있다. 이완용이 수상에 임명된 것은 이토 통감의 강요에 의한 것으로 알려졌다.

새 내각은 참정대신 이완용, 내부대신 임선준, 학부대신 이재곤, 군부대신 이병무, 탁지부대신 고영희, 법부대신 조중응, 농상공부대신 송병준으로 구성되었는데, 이완용 외에 일진회의 송병준이 내각에 진출하고 있어 전반적으로 이토의 괴뢰정부라는 평가가 지배적이다.

국채보상운동
전국에 뜨거운 열기

일본, "국권회복운동의 일환" … '긴장'

1907년 2월 대구에서 시작된 국채보상운동이 전국적으로 확산되는 가운데 점차 국권회복을 주장하는 등 배일운동의 성격까지 드러내고 있어 통감부 당국을 긴장시키고 있다.

이 운동은 서상돈씨가 대구에서 '담배를 끊어 돈을 모아 나라에서 일본에 진 빚을 갚자'는 취지로 단연회(斷煙會)를 조직하면서부터 비롯되었다. 이러한 뜻이 국민들에게 받아들여져 2월 21일에는 대구에 민의소가 설치되었으며 다음날인 22일에는 서울에도 국채상환기성회가 조직되어 운동이 전국으로 확산되었다.

이 운동에는 대한매일신보·황성신문·제국신문·만세보 등 언론기관이 자금모집에 적극 참여하고 있는데, 4월 말까지 4만여 명이 성금을 냈고, 5월 말에는 230만 원 이상이 걷힌 것으로 알려졌다.

각지에서 이 뜻에 동의하는 단체가 생기고 여성들도 반지를 벗어 성금으로 내기 위해 부인탈환회(婦人脫環會)를 조직하는 등 남녀노소, 각계 각층에서 적극적인 호응을 보이고 있다. 고종황제도 이 운동의 취지에 공감하여 궁궐에서 금연하도록 조치하였으며, 각급 학교 학생들과 군인에 이르기까지 모두 담배를 끊고 있는 추세이다. 이 운동이 전국적으로 무섭게 파급되어가자 통감부 경무총감은 통감에게 이 운동이 표면상으로는 국채보상을 주장하고 있지만 배후에는 자강회, 청년회 등의 단체가 있고 궁중과도 암암리에 연결되어 있어서, 그 진정한 목적은 국권회복을 추구하는 배일운동이라고 보고했다고 한다. 통감부는 이에 따라 이 운동의 추이를 예의주시하고 있으며 이를 탄압하기 위해 모종의 조치를 준비 중이라는 소문이 돌고 있다. 관련기사 3면

대한자강회, 서북학회 등
자강운동단체 결성

실력양성론 표방, 의병 무력투쟁론과 대립

을사늑약 이후 일제 침략이 가속화되어 국권상실이 목전에 다가온 급박한 상황 속에 일본 유학생들을 중심으로 한 신지식인, 관료·지주층이 교육과 식산흥업을 통한 실력 양성을 표방하면서 자강운동을 전개하고 있다. 이들에 의한 자강운동은 1906년 서울의 대한자강회 창립을 시작으로 각 지역에서 서북학회, 함북흥학회, 기호흥학회, 관동학회, 호남학회 등이 잇달아 설립되면서 전국으로 확산되고 있다. 이 운동은 각 지역에 학교를 설립하여 신교육을 실시하거나 잡지를 발간, 언론을 통하여 대중을 계몽하는 것을 기본 방향으로 하고 있으며, 지주들에게 근대적인 상공업 부분에 투자전환을 권유하고 있다.

대한자강회는 헌정연구회를 확대 개편하여 창립되었는데 여기에는 과거 독립협회운동에 참여했던 윤치호, 윤효정, 장지연, 나수연 등이 주축이 되고 있다. 또 서우학회는 박은식, 정운복, 노백린 등 서울에 거주하는 평안도·황해도 출신 인사들이 조직한 것이다. 이밖에도 각 지

역의 지식인·지주들이 모여 학회를 결성하거나 서울에서 결성된 단체의 지회를 운영하고 있으며 이러한 추세는 더욱 확대될 전망이다.

이 운동을 주도하는 인사들은 현재 우리 실정은 독립할 힘이 없으므로 먼훗날 독립할 기초를 만들기 위해 교육과 식산흥업을 일으켜 실력을 양성하는 데 전념해야 한다고 주장하고 있다. 또 이들은 우리가 일본의 보호통치를 받는 것은 우리가 힘이 없기 때문이므로 일본과 대결할 것이 아니라 일본의 보호하에 문명개화에 힘써야 한다는 생각을 갖고 있는 것으로 알려졌다. 그래서 이들은 각 지역 의병들의 항일운동을 폭도들의 난동으로 규정하고 독립을 저해하는 행동으로 비난하고 있어 의병들의 습격을 받기도 한다는 소식이다. 이들이 이런 생각을 갖게 된 것은 제국주의의 침략을 침략으로 인식하지 못하고 근대화·문명화의 과정으로 이해하기 때문인 것으로 분석되는데, 여기에는 사회진화론이 강하게 작용하고 있다는 지적이 많다. 관련기사 2, 3면

1876 국교확대
1884 갑신정변
1894 갑오개혁·농민전쟁
1896 아관파천
1905 을사늑약
고종 퇴위·자강운동
1910 국권상실

103

역사신문

백 년 생각하는 교육을 하라

최근의 학교설립운동에 바란다

우리나라처럼 전통적으로 교육을 강조해온 나라도 없다. 500년이 넘는 문민통치의 경험이 이러한 전통을 낳았는지도 모르겠다. 최근 교육진흥을 통한 실력양성을 내걸고 자강운동론자들이 전국 방방곡곡에서 학교설립 붐을 일으키고 있는 것도 이러한 전통의 연장선상에서 해석할 수 있다. 그러나 한편에서는 이러한 학교설립운동은 지방유지들이 학교설립을 명분으로 지방사회의 주도권과 공공재산을 장악하려는 측면도 있다는 말이 나돌고 있어 우리를 당혹스럽게 한다.

이러한 주장을 하는 사람들은 "나라가 망해가는 판국에 당장 총을 들고 싸워도 모자란데 언제 한가롭게 학교나 설립하고 있을 것이냐"는 과격한 말도 하는 것으로 알려져 있다. 그래서 양양의 현산학교 피습사건의 예에서 볼 수 있듯이, 의병부대 가운데는 이렇게 설립된 신식학교를 공격하여 불태우는 사례까지 있다. 교육은 백년지대계라는 말도 있듯이 망해가는 나라를 되살리기 위해서는 당장의 투쟁도 중요하지만 장기적 계획의 일환으로 학교설립이 반드시 필요하다. 그렇다고 해도 올바르지 않은 교육은 오히려 해악을 끼칠 수도 있는 법이다. 최근의 학교설립운동에 대해 몇 가지 당부를 하지 않을 수 없다.

지방사회가 공동으로 학교를 설립하고 운영하는 것은 지방자치의 기본이며, 지방자치를 위한 기초적 훈련과정이라고도 할 수 있다. 따라서 학교설립을 통해 지방사회의 주도권과 공공재산을 장악하는 것을 반드시 부정적으로만 볼 것은 아니다. 그러나 이를 통해 지방사회가 분열하여 분쟁을 빚는다면 학교의 장기적인 운영에도 문제가 많을뿐더러, 이것은 무엇보다도 일본이 바라는 바일 것이다. 따라서 학교설립을 하되 이를 통해 지방사회 운영의 공정성을 유지하는 것이 자치적 기반을 확보하는 데 있어 반드시 필요하다.

또한 최근 설립된 학교들은 구학문 대신 신학문에 치중하고 있으며 그 가장 중요한 과목은 일어라고 한다. 개화된 세상에 하나의 지식으로 일어의 필요성은 누구나 인정하는 바이다. 그러나 이것이 자칫 자신의 전통을 무시하고 일본식 문물에 대한 무조건적인 숭배로 흐른다면, 또한 교육이 나라와 민족을 위한 것이 아니라 일신의 부귀영달을 위한 것으로 흐른다면 이러한 교육은 아무 쓸모없으며 장차 해악이 될 수도 있다.

부디 새로 세워진 학교의 설립자들은 교육 그 자체를 통한 자주독립과 부국강병에의 복무에 충실해야 한다. 새 학교들에서 유능한 인재가 양성되어 기울어가는 나라의 운명을 바로 세울 수 있기를 간절히 바란다.

그림마당
이은홍

이완용 이토
"새 황제 폐하 만…세!…"

고종 퇴위의 배경과 전망

을사늑약 비준 거부하는 고종황제, 일제의 눈엣가시
헤이그사건 빌미로 퇴위 당해 … 사실상의 식민지로 전락

1907년 7월 19일 고종황제는 모든 권한을 황태자에게 넘겨주고 퇴위하였다. 이번 양위로 일본은 고종황제를 정치적으로 무장해제하고 한국을 사실상 식민지화할 수 있는 기초를 마련한 것으로 평가되고 있다. 앞으로의 국내 정치구도도 일본의 본격적인 식민지화정책을 축으로 재편성될 것으로 보인다.

일본은 을사늑약을 통해서 한국정부의 자주권을 박탈하고 한국을 자신의 배타적 지배권에 넣는 데 성공했다. 그러나 을사늑약체제에 취약점이 전혀 없는 것은 아니다. 그것은 고종황제가 을사늑약에 비준하지 않음으로 인해서 국제법적으로 이 조약의 유효성 문제를 놓고 시비의 소지가 있기 때문이다. 따라서 일본은 계속해서 고종황제에게 추후 이 조약에 비준할 것을 강요하였지만 황제는 이를 완강히 거부하여온 것으로 전해지고 있다. 이러한 팽팽한 긴장관계 속에서 고종황제의 정치적 영향력은 일정하게 유지될 수 있었던 것이다. 한편 고종황제는 자신이 비준하지 않은 을사늑약 무효화의 꿈을 버리지 않았고, 이를 위해 미국과 러시아를 상대로 비밀외교를 추진한 바 있다. 이번 헤이그 밀사 사건도 그러한 비밀외교의 연장으로 일어난 것이다. 일본은 이번 기회에 식민지화정책의 최대 걸림돌인 고종황제의 정치적 영향력을 박탈하고 을사늑약체제를 기정사실화하기 위해 황제에게 지금이라도 을사늑약을 비준할 것을 강요하였다. 고종황제가 이를 완강히 거부하자 마침내 황제를 퇴위시키고 만 것이다. 고종황제의 퇴위로 황제가 그동안 제한된 범위에서나마 유지해온 정치적 영향력을 상실하게 되었으며 한반도는 사실상 일본의 식민지로 전락하였다. 이제 전국민이 각 분야에서 일제침략에 처절하게 대결해야 할 시점에 우리는 서 있는 것이다.

미니 해설

헤이그 만국평화회의란 ?

이번 고종황제의 양위를 불러일으킨 직접적인 계기는 헤이그 밀사사건 때문인 것으로 알려지고 있다. 따라서 밀사들이 참석하려 한 헤이그 만국평화회의는 도대체 어떠한 성격의 회의인지가 관심사로 떠오르고 있다. 만국평화회의는 세계 각국의 군비확장을 제한하고 전쟁을 방지하는 것을 목적으로 1899년 4월에 제1차 회의가 열린 바 있다. 이 회의에서는 군비축소와 중재재판소 설치문제가 다루어졌지만 각국 이해관계 대립으로 결의를 보지 못하고 폐막되었다. 이번 회의는 제2차 회의로서 러·일전쟁 후 국제분쟁의 위험성이 커지면서 전쟁방지를 위해 다시 열리게 된 것이다. 이 회의에는 세계 주요국가의 대표들이 모두 모이기 때문에 일본의 침략상을 고발하고 국제여론을 환기시키는 데는 절호의 기회라고 할 수 있다. 더구나 같은 기간에 만국기자협회가 개최되는 것도 이러한 목적을 달성하기 좋은 기회다. 그러나 외교전문가들은 이 회의의 기본성격이 말 그대로 세계평화를 위한 것이 아니라 주요 강대국들간의 식민지쟁탈을 둘러싼 분쟁을 방지하는 데 있는 것이기 때문에, 일본의 보호국으로 전락한 우리나라가 이 회의에 호소한다는 것은 애당초 바랄 수 없는 일이었다고 분석하고 있다.

'돌아오지 않는 밀사'
이준, 이위종, 이상설

이번에 정계에 큰 파란을 몰고온 헤이그 밀사들, 그들은 만국평화회의가 끝난 뒤에도 고국으로 돌아오지 못하고 있어서 그들이 누구인지 더욱 사람들의 궁금증을 불러일으키고 있다. 이준은 1858년 함남 북청 태생. 어려서부터 강직하여 불의와 타협할 줄 몰랐다. 1895년 법관양성소에 입학하여 법률공부를 시작했으며 이듬해에는 독립협회에 가담하여 활약했다. 1904년 보안회를 조직하여 일본의 황무지개척권 요구를 물리쳤으며 을사늑약 이후 국민교육회를 조직하여 교육을 통한 구국운동에 힘썼다. 고종황제가 이를 높이 사 밀명을 내리게 되었다고 전해진다. 이상설은 1870년 충북 진천에서 태어났다. 어려서부터 문재가 출중하고 담론에 능하여 1904년에 관직에 올랐지만, 을사늑약이 체결되자 관직을 내던지고 구국운동을 전개했다. 그는 이 무렵 망명하여 블라디보스톡에 머물고 있다가 고종황제의 밀명을 받았다. 이위종은 을사늑약으로 해외공사관이 철수하기 전까지 러시아 주재공사를 맡고 있던 이범진의 아들이다. 당시 페테르부르크에 머물고 있던 중에 밀명을 받게 되었다. 외국어에 능해서 밀사들의 대변인 역할을 맡았다고 한다.

자강운동의 실상과 허상

사회진화론 영향으로 일제에 저항보다 실력양성론 내세워
패배주의에 빠져 일제의 침략논리에 휘말릴 가능성 커

최근의 자강운동에 대해 일제의 국권강탈이 목전에 다가온 현 시점에서 일제와의 대결을 방기하는 이런 운동으로 과연 국권회복이 가능하겠느냐는 논란이 일고 있다.

소식통에 의하면 자강운동론자들의 이런 시국관은 그들의 출신기반과 무관하지 않다. 이들은 대부분 지주출신으로 대한제국하에서 관료를 지냈거나 일본유학 등을 통해 서구문물을 익힌 신지식인 및 독립협회 활동경력이 있는 인사들이다. 이들이 문명개화의 일환으로 지주들에게 산업자본으로 전환하여 식산흥업을 일으킬 것을 주장하는 것도 이런 기반과 관련이 있다. 이들은 개항 이후 일본과의 미곡무역을 통해 경제적으로 크게 성장한 입장이어서 일제 침략으로 경제적으로 몰락해가는 농민층과는 일본에 대한 이해관계가 다르다.

또 이들의 시국관에는 사회진화론의 영향이 크다. 세계는 생존경쟁과 약육강식 속에 발전한다는 사회진화론의 논리에 입각하여, 거기서 살아남기 위해서는 우리도 하루빨리 문명개화하여 경쟁할 수 있는 실력을 길러야 한다는 것이다. 실력양성론은 이런 생각에서 나온 것이다. 더구나 이들은 일제의 통감정치를 보호정치로 해석하여 일본을 적대시하는 반일운동은 오히려 실력양성에 방해가 된다고 주장하고 있다.

그러나 이런 생각에는 큰 함정이 있다는 것이 대체적인 평가다. 일제의 국권강탈이 기정사실화된 현시점에서조차 통감정치의 침략성을 꿰뚫어보지 못하고 실력양성만을 능사로 생각하게 되면, 우리가 침략당하는 원인을 민족내부의 미개로 돌리게 됨으로써 결국 패배주의와 현실순응주의에 빠지게 된다는 것이 일반적인 지적이다. 일제는 민족내부의 그런 논리를 바탕삼아, 미개한 한국을 문명개화시키기 위해 보호통치를 한다며 자신들의 침략을 합리화하고 있다.

여기서 유의할 것은 자강운동 인사들의 생각이 모두 이런 것만은 아니라는 점이다. 자강운동 내부에도 편차가 있어, 예컨대 대한매일신보쪽 인사들은 실력양성도 중요하지만 국권을 회복하기 위해 항일운동에 나서야 한다는 주장이다. 향후 일제 침략이 진전됨에 따라 이런 의견차이는 더욱 벌어질 전망이다.

고종양위 반대시위 현장　　양위조칙이 내려지던 날 밤

서울, 울분의 도가니 … 시위에 황제시위대 합류, 일경과 총격전

양위 발표일 ─ 시민들 종로에 모여 양위에 반대

순종으로의 양위가 있기 전날인 7월 18일 밤부터 서울 장안은 울분의 도가니였다. 장안에는 황제를 밀사 파견의 사죄라는 명목으로 일본으로 납치하려 한다는 소문이 파다하게 퍼졌다. 사람들은 울분 속에서 사태의 귀추를 파악하려고 종로와 대안문쪽으로 모이기 시작했으며, 밤 11시가 되자 종로는 인파로 가득 메워졌다. 한 젊은이는 "황제가 만약 동경으로 사죄하러 떠난다면 우리 국민 모두는 종로 위에 엎드려 죽자"는 연설을 해 군중들의 열기를 고조시켰다. 군중들은 결사대를 조직하고 총대위원 8명을 뽑아 이완용 등 7매국대신들에게 보내 이들을 군중들 앞에 출석케 하자고 의결했다.

이때 일본순사와 헌병들이 집회를 해산시키기 위해 총검으로 군중을 난타해 부상자가 여러 명 발생했다. 이에 성난 군중들은 "인민된 의무로 모인 것이니 때려죽여도 해산할 수가 없다"고 맞섰고 학도 2백여 명은 "우리는 죽어도 움직일 수 없다"고 하며 연좌시위를 벌이자 일본인들은 하는 수 없이 퇴각하고 말았다. 각 시전 시민까지 철시하고 모여들어 집회군중은 수천으로 늘어났다. 새벽 4시 양위조칙이 발표되자, 대안문 앞에 모인 시민들은 이 소식을

듣고 통곡하면서 매국대신들을 때려 죽이겠다고 분노하였으며, 격렬한 규탄연설이 잇따랐다.

이튿날(7월 19일) ─ 시위집회에 황제시위대 병정들도 합류

양위조칙이 발표된 이튿날 19일 오후 2시경, 다시 대안문 앞에 모인 결사대원들은 일본순사들이 집회를 극력 저지하자 이들과 충돌했다. 이렇게 시위집회가 격렬히 진행되는 가운데 황제를 경호하는 시위 3대 병정들이 완전무장을 하고 병영을

뛰쳐나와 시위대에 합류했고 이들과 일경간에 총격전이 벌어졌다. 총격전 끝에 일경 3명이 사살되고 군중 몇 명이 희생되었으며 많은 중경상자를 냈다. 시위대의 가세로 힘을 얻은 민중들은 노상에 나와 있는 일본인을 습격하여, 그 중 2명을 살해하고 7, 8명에게 부상을 입혔다. 민중의 분노는 밤까지 계속되어 일본인 거주지 황금정(을지로)을 습격하였다. 이러한 군중의 시위는 서울 곳곳에서 일어났다.

양위식날(7월 20일)

오전 8시에 거행된 양위식은 고종과 순종 모두 참석하지 않고 대신들 두세 명만 참석해 양인을 대리해 약식으로 순식간에 해치워버렸다.

이날도 시위가 계속되는 가운데 대신들은 신변의 위협을 느껴 귀가하지도 못한 채 헌병의 호위 아래 처자식을 데리고 일본인 거리로 피신했다. 이날 시위는 주로 매국대신들 타도에 초점이 맞추어져 시위군중들이 소의문 밖 약현으로 몰려가 이완용의 집을 불살라버렸다.

시위군중들의 또다른 공격목표는 일진회원들이었다. 양위결정이 이루어진 날 밤부터 분노한 시민들은 "일진회원들은 모두 왜놈들이다"라며 등을 들고 궁성을 포위하고 있는 일진회원들에게 달려들었다. 시민들의 곤봉과 칼이 난무하는 속에서 이날 밤 일진회원 수십 명이 맞아 죽고 중경상을 입은 자가 수없이 많았다. 일진회원들은 그만 겁에 질려 그 부근에 있는 국민신보사로 도망하여 숨자 울분한 시민들은 국민신보사를 습격하였다. 일진회원들은 그동안 줄곧 회원복과 회원모자를 쓰고 다녔는데, 이날 이후부터는 거리에서 그런 차림을 볼 수 없다.

양위반대시위, 지방에도 번져

양위를 반대하는 시위는 지방에까지 번져나가기 시작했다. 평양, 개성

등의 지방에서는 철시하고 수천 민중이 항의집회를 열었다. 서강지역의 주민들은 집집마다 한 사람씩 돈의문 밖에 나아가 통곡하며 성토연설을 하고 있으며, 한강지역의 주민 수백 명은 백사장에 모여 규탄연설을 하였다. 대전에서는 장날인 23일 장시에서 일본의 만행을 규탄하는 연설이 있었고, 안성에서는 수백 명의 민중이 전 궁내부대신 이재극의 별장과 일진회 지부를 습격하여 파괴하였다. 동래에서는 23일에 학도 3백여 명이 모여 밀서격문을 작성하여 일본인을 배척하였으며, 초량 학생들은 동맹휴학으로 항거하였다. 24일에는 동래온천장 향교 부근의 주민들이 회합하여 상경, 항거하기 위한 동지를 규합하고 군의 군기창을 습격, 소총 7자루를 탈취하였다. 대구에서도 상민들이 일제히 휴업, 항거하였다.

자살로 항거하는 열사 잇따라

자살로써 양위반대의 입장을 표명하는 열사들이 잇따르고 있다. 양주의 예수교목사인 홍태순은 대안문 앞에서 약을 먹고 자살했으며, 전 중추원의관 이규응은 매국대신 성토의 글을 남기고 자살했다. 한편 시위대 병정들 중에는 군인으로서 무력함을 한탄하고 군복을 벗는 사람도 늘고 있다.

인터뷰　국채보상운동 주도하는 서상돈

"2천만 동포가
석 달만 담배를 끊으면,
나라빚 1300만 원
무난히 갚을 수 있다."

최근 세인의 관심을 주목시키고 있는 국채보상운동을 주도하고 있는 서상돈씨를 만나보았다. 그는 지난 1907년 1월 대구에서 단연회(斷煙會)를 조직하여 이 운동의 물꼬를 연 바 있다.

단연회를 조직하게 된 취지는?

수년 동안 우리 정부가 일본에서 얻은 빚은 약 1300만 원에 달하고 있다. 그런데 이 빚을 갚지 못하면 장차 우리 국토가 일본의 담보가 되리라고 생각하지만 우리 백성들의 입장에서는 속수무책이었다. 이에 궁리 끝에 전국 2천만 동포가 일제히 담배를 끊는다면, 한 사람의 한 달 담배값을 신화(新貨)로 20전으로 추산하여 3개월이면 국액액에 도달하리라고 계산하였다.

이 운동에 대한 반응은?

부인들이나 어린아이들까지 이 취지에 호응해 귀한 가락지를 빼주고 코묻은 푼돈을 내줄 때면 일의 보람을 더 크게 느끼게 된다. 양반집 종들도 몇 푼 안되는 보수를 전부 의연금으로 바치고 있으며, 가난한 나무꾼으로부터 행상을 하는 영세상인들도 애써 번 조그마한 돈을 아낌없이 바치고 있다. 이 작은 애국심이 바로 어려움에 처한 나라를 구하는 시작이 아니겠는가.

이 운동이 가지는 의미는?

지금처럼만 운동이 진행된다면 머지않아 일본에 진 빚을 깨끗이 청산할 수 있을 것이다. 그러나 이 운동은 단지 나라의 빚을 갚는 데만 목적을 두고 있는 것은 아니다. 우리는 이 운동을 통해서 국민들의 애국심을 불러일으키려 하고 있으며, 이렇게 결집한 국민의 힘은 장차 국권을 회복하는 운동의 초석이 될 것이다.

국채보상운동 이모저모

여자와 기생들까지 참여, 일진회는 국채보상운동 조롱

국채보상운동이 전국적으로 확산되면서 기생과 작부들까지 성금을 기탁하여 화제가 되고 있는 반면, 일진회는 이 운동이 어리석은 짓이라고 조롱하고 나서 국민들이 분노하고 있다.

패물폐지부인회 포부 대단해

진남포에서는 이 지역 여성들이 국채보상운동의 일환으로 삼화항패물폐지부인회를 결성하여 화제가 되고 있다. 이들 회원들은 모두 금·은 등의 패물을 일체 쓰지 않기로 결의하였으며, 패물을 사용하다가 발각되면 벌금을 10원씩 징수한다는 벌칙까지 마련하였다고 한다. 이 단체에서는 전국의 1천만 여성이 2원 이상의 의연금을 바치면 3천만 원 정도가 될 것이니, 이 가운데 1천만 원은 국채를 상환하고 1천만 원으로는 은행을 설립하며, 남은 1천만 원으로는 학교설립을 제의하는 등 대단한 포부를 보였다.

재일 유학생 800명도 참여

국내의 국채보상운동이 확대되면서 일본에까지 파급되어 일본에 유학 중인 800명의 유학생들도 이에 참가하였다. 유학생들은 모두 담배를 끊어 절약한 담배값을 보내왔다.

보상금 모금에 기생들도 한몫

국채보상운동이 전국으로 확산되

는 가운데 기생들까지 이 운동에 참여하고 있어서 눈길. 평양 작부 31명은 "우리들이 비록 천한 직업에 종사하고 있으나 국민된 의무는 같을지니 어찌 이것을 간과하겠느냐"며 의연금 32원을 냈고, 이 지역 기생 18명도 50전씩 납부했다. 한편 진주기생 부용도 진주애국부인회를 조직하여 모금운동을 전개하고 있으며, 서울기생 39명도 머리의 비녀

를 빼어 의연금으로 기증했다.

일진회, 국채보상운동 조롱

1907년 5월 2일 일진회는 정부에 대해 탄핵을 제출하여 국채보상운동을 조속히 진정시킬 것을 요구했다. 일진회는 이 탄핵에서 국채보상의 불가능한 점 세 가지를 들어 이 운동이 어리석은 짓이라고 조롱하면서 이런 모든 사태가 우리 정부의 잘못이라고 공격했다.

양기탁 구속 … 성금횡령 혐의
국채보상운동 탄압 일환인 듯

대한매일신보사의 양기탁씨가 국채보상금 횡령혐의로 전격 구속되었다. 이 사건은 일제가 전국적으로 전개되고 있는 국채보상운동을 장차 국권회복을 지향하는 배일운동으로 파악하고 이를 탄압하려 하고 있는 가운데 발생하여 그 귀추가 주목되고 있다.

양기탁씨는 국채보상운동이 전국적으로 확산되면서 국채보상을 위한 단체가 각지에서 속출하자, 이들간의 분규나 부정이 없도록 국채보상연합회의소를 조직한 인물. 그는 이 단체에서 규약을 정하여 주관하는

일을 도맡아하였는데, 일제는 이 과정에서 횡령혐의가 있다는 이유로 그를 구속한 것. 이는 궁극적으로 국채보상운동의 확대발전을 억압하기 위한 방해책동으로 분석된다.

국채보상금에 대한 헌금수납은 대한매일신보사 이외에도 황성신문사와 보성사에서도 추진하고 있으며 그 금액도 수십만 원에 달하고 있다. 이들 언론사에서는 이번 양기탁씨 구속이 모금운동에 찬물을 끼얹기 위한 책동이라고 규정하고 운동 탄압을 즉각 중단하라는 반박성명을 냈다.

시론

자강운동자들이여
사회진화론의 망령에서 벗어나라

지금 우리 지성계에는 사회진화론의 광풍이 휘몰아치고 있다. 이 광풍은 어디서 몰려오는가. 저 멀리 바다 건너 서양에서 일본열도를 넘어 불어오고 있다. 이 광풍은 을사늑약으로 나라의 장래가 한치 앞을 점치기 어려워지자, 더욱 기승을 부려 이제 우리 사회 지식인치고 이 바람 한번 안쐬어본 사람이 없다. 신사상깨나 머리에 담고 행세깨나 한다는 사람치고 '생존경쟁·우승열패·약육강식'을 구두선으로 읊조리지 않는 사람이 없다. 너나없이 이 사회진화론의 망령에 사로잡혀 있는 꼴이다.

저 영국의 학자 스펜서가 주장했다는 사회진화론의 정체가 뭐길래 그렇게도 대단한 위력을 발휘하는가? 사람 사는 세상도 자연계와 마찬가지로 생존경쟁 속에 강한 자만이 살아남고 약한 자는 도태되는 것이고, 결국 이런 경쟁과정을 거듭하면서 인간사회가 진화 발전하게 된다는 말씀이다. 이 주장은 일견 우리가 처한 국제적 현실을 적나라하게 설명해주고 있는 것처럼 보인다. 그런데 문제는 이 말을 누가 어떤 입장에서 하고 어떻게 받아들이느냐에 따라 그 내용은 천양지차가 있다는 점이다.

사회진화론에 따르면 자본주의 근대문명을 이룩한 제국주의국가가 식민지를 침략하는 것은 생존경쟁의 과정이고, 결국 그 과정을 통해 식민지의 문명이 발전한다는 말이 된다. 따라서 이 입장에 서면 제국주의 침략은 침략이 아니라 근대화·문명화의 일환이 되는 것이다. 제국주의의 입장을 이보다 더 잘 미화시켜주는 말이 또 있을까.

그런데 문제는 제국주의의 침략을 받고 있는 우리가 이런 침략의 논리를 그대로 자신의 논리로 삼고 있다는 데에 있다. 우리 편에서 이 말을 자신의 논리로 받아들이게 되면 서구문명은 지고지순한 가치를 갖게 되는 것이고, 그렇지 못한 우리 자신은 열등하기 그지없는 존재가 되어 도저히 스스로 문명화할 힘이 없으므로 문명국의 경쟁(침략)을 받아들여야 한다는 생각이 저절로 싹트게 된다. 이런 생각 속에서는 제국주의 침략이 침략으로 인식되는 것이 아니라 문명화의 일환으로 받아들여질 것임에 틀림없다. 우리는 그 극단적인 예를, 일제의 침략을 보호로 착각하고 일제의 보호 아래 문명개화를 달성해야 한다고 떠들어대는 일진회의 논리에서 발견하게 된다. 자기도 모르게 가치가 전도되어 국가의 독립은 뒷전이고 문명개화만이 유일한 목표가 된 셈이다. 그래서 급기야 일제의 침략을 물리치고자 일어선 의병들을, 우방 일본과의 선린관계를 해치고 문명화를 방해하는 폭도로 몰아붙이고 있는 것이다. 그러나 문제의 심각성은 정도의 차이는 있을망정 자강운동에 뛰어든 대다수 인사들의 머릿속에 이런 생각이 자리잡고 있다는 점이다. 의병들이 각 지역 자강운동단체들을 습격하는 일이 비일비재한 것이 이를 웅변으로 입증하고 있지 않은가.

일제의 침략을 물리쳐 먼저 국권을 확립하지 않고서 어찌 민족의 실력양성이 가능할 것이며, 백보 양보해서 실력을 양성한들 일제의 손바닥 안에서 노는 그런 실력양성으로 독립이 가능키나 할 것인가. 남의 종이 되어서 그 주인을 하늘처럼 떠받들던 자는 주인의 그림자도 밟지 못한다는데 그 꼴에 독립인들 꿈이나 꾸겠는가. 문명개화에 사로잡힌 자강운동자들이여, 하루빨리 사회진화론의 망령에서 벗어나라.

최익현 대마도에서 단식, 아사

"일본놈이 주는 밥은 먹을 수 없다"
장례 행렬 수만 명, 반일시위로 이어져

최익현은 1906년 12월 30일 유배지 대마도에서 단식 끝에 아사하였다. 호남에서 반일의병을 일으켜 체포, 서울로 압송된 그는 군률위반으로 대마도에 유배되어 일본경비대에 구류됐다. 그는 일본군이 요구하는 관건(冠巾)을 벗을 것, 경비대장 앞에서는 기립할 것, 일본측의 식사제공을 받을 것 등을 단호히 거부했다. 일본 경비대장은 "당신의 식비는 모두 한국 정부에서 오기 때문에 우리들은 감시하는 데 지나지 않는다. 식사를 들기 바란다"고 했지만 그는 끝내 거부하고 단식하다 아사한 것이다.

폭 1척, 길이 4척의 붉은 천에 '대한국정헌대부 의정부찬정 면암선생최공지구(大韓國正憲大夫 議政府贊政 勉菴先生崔公之柩)'라 쓰인 최익현의 영구가 부산에 도착했을 때 영구를 잡고 통곡하는 남녀노소가 수만에 이르고 시를 지어 슬퍼하는 자가 헤아릴 수 없었으며, 정산군 목면의 사택에 이르는 장례의 행렬은 일대 반일데모의 행렬이 되었다. 경상도 창원에서는 일본인 10여 명이 영구를 빼앗아 기차에 실으려고 했으나 실패했으며, 창녕에서도 조선주둔군 사령관 하세가와의 명령으로 헌병대가 영구를 탈취했으나 밤새 격투를 벌여 탈환했다.

5적 암살단, 동시 테러
을사5적들, 피신에 급급

1907년 3월 25일 시내 5개소에서 을사5적이 일시에 습격당하는 조직적 테러사건이 발생했다. 주모자는 나철(羅喆)이란 자로 그의 주도하에 결성된 5적 암살단이 행동대로 활약한 것으로 밝혀졌다.

이날 오전 시내 사동(寺洞)에서 일본군 6~7인의 경호를 받으며 인력거를 타고 출타하던 군부대신 권중현은 이홍래와 강원상으로부터 총격을 받았다. 권중현이 나타나자 이홍래가 앞을 가로막으며 "역적놈아, 네 죄를 아느냐"고 꾸짖으면서 권총을 꺼내들었다. 이때 일본군이 달려들어 이홍래를 잡아제치자 옆에 있던 강원상이 권총을 뽑아 권중현을 향해 발사했다. 그러나 총탄은 명중치 못했고 놀란 권이 민가로 도망하니 다시 강원상이 한발을 쏘았으나 역시 빗나갔다.

이에 앞서 광화문 해태상 근처에서는 나철과 오기호가 박제순을 기다렸으나, 일본군 7~8명의 호위를

나철 등 5적 암살단

받으며 사인교(四人轎)를 타고 나타난 박제순을 우물쭈물하다 놓쳐버렸다. 또 돈의문 근처에서는 이완용 암살 결사대가 지키고 있다, 시장기를 면하고자 주막에 간 사이 이완용이 지나가는 바람에 기회를 놓쳐버렸다. 법부대신 이하영도 너무 삼엄한 호위를 받으며 지나갔기 때문에 거사를 실천 못하고 말았다. 한편 좀 늦게 집을 나서려던 이근택은 권중현이 저격당했다는

소식을 듣고 겁을 먹고 나오지 않으므로 이근택을 기다리던 결사대는 허탕치고 말았다.

이번 5적 암살단의 지도자인 나철은 지난 2월 28일 폭탄장치가 된 상자를 선물상자로 가장, 박제순과 이지용의 집에 보냈다가 상자가 폭발하지 않아 실패한 후, 다시 다섯 매국대신을 일시에 죽이기로 작정하고 동지포섭에 나선 것으로 밝혀졌다.

이용구 등 일진회 간부
천도교에서 축출당해

동학세력, 일진회와 천도교로 양분

1906년 9월 천도교 대도주(大道主) 손병희는 이용구, 송병준 등 일진회 간부 62명을 천도교에서 축출했다. 손병희는 일본에 체류하고 있던 지난해 12월 1일, 동학을 천도교로 개칭하고, 이어 올 2월에 귀국해 천도교 대헌(大憲)을 반포하고 중앙 및 각 지방 지부를 정비하는 등 활발한 활동을 해왔다. 그러나 이용구와 송병준이 이끄는 기존 일진회가 손병희의 지시와 지원에 힘입어 구성되고 활동해온만큼 천도교와 일진회는 사실상 같은 계열로 알려져왔기 때문에 이번 사건에 의아해하는 이들이 많다.

손병희가 이용구 등을 축출한 표면적 이유는 일진회가 정치활동과 종교활동을 동시에 수행하는 것은 옳지 못하기 때문이라는 것으로 알려졌다. 그러나 동학은 이미 갑오봉기 때부터 정치적 성격을 띠어온 것이 주지의 사실인데다 손병희

자신의 활동 역시 정치성을 짙게 띠고 있는 것이 사실이어서 이러한 표면적 이유에 고개를 갸우뚱하는 이들이 많다.

이쨌든 이번 조치로 동학세력은 이용구, 송병준 주도의 일진회와 손병희, 권동진, 오세창 등의 천도교세력으로 분열됐다. 그리고 이들의 정치노선도 각기 다른 방향을 택할 것으로 전망된다.

손병희는 왜 일진회에 등돌렸나

동학조직에 대한 주도권 다툼과 정치노선의 차이가 결별 불러

손병희가 이용구, 송병준 등 일진회 간부들을 교문에서 축출한 데는 복잡한 정치적 계산이 있었던 것으로 볼 수밖에 없다. 왜냐하면 일진회와 손병희는 이전까지 전혀 갈등을 보인 바가 없기 때문이다. 최근에만 보더라도 손병희는 일본에서의 망명생활을 마치고 귀국하자마자 일진회에 금화 1천 원을 기부했을 뿐 아니라 일진회는 그의 귀국을 축하하는 환영회를 성대하게 개최했다.

그렇다면 손병희는 무엇 때문에 일진회와 결별한 것일까. 손병희는 일본에 망명해 있는 동안 국내조직을 이용구, 송병준 등 대리인을 통해 관리토록 하였다. 그러나 정세가 변해 자신을 탄압하던 대한제국

정권이 을사조약 이후 사실상 무력화된 상황에서 당당히 귀국하게 되자 더 이상 대리인이 필요치 않게 된 것이다. 그러나 이미 일진회를 장악, 자파 세력화해놓은 이용구 등이 말을 듣지 않자 천도교라는 새 조직을 결성해 일진회 무력화를 시도한 것이라는 해석이 가능하다.

그러나 이번 사태를 단지 조직 주도권 다툼으로만 해석할 수 없는 측면도 강하다. 일진회는 러·일전쟁에서 일본의 승리를 위해 봉사하고, 을사조약을 적극 옹호하고 나서는 등 친일 일변도 활동을 해왔고, 이에 따라 일진회에 대한 국민들의 여론은 극도로 악화된 상태다. 이는 일본을 적당히 활용해 자신의 정치력을 유지하려는 손병희

의 구도와는 다른 것일 수 있다. 이 점에서 손병희와 노선을 함께하는 권동진, 오세창, 양한묵 등이 구 관료출신이라는 점은 매우 시사적이다. 정가에서는 이들과 고종황제 사이에 모종의 정치적 거래가 있었을 것으로 추측하고 있다.

즉 손병희는 고종의 정치적, 재정적 지원과 일진회 해체를 맞바꾸려 했다는 것이다. 고종이 천도교당 건립터를 하사하고, 천도교계 신문인 「만세보」 창간에 1천 원을 하사한 것 등도 이런 맥락에서 이루어졌다는 것이다. 손병희의 능수능란한 정치술이 격동하는 정치현실에 과연 어떤 변수로 작용할지 귀추가 주목된다고 하겠다.

통감부, 징세제도 바꿔 우리 세금 장악
세무공무원도 모두 일본인 일색

1906년 10월　통감부는 정부를 강압하여 〈관세관 관제(管稅官官制)〉를 발포, 징세권을 장악했다. 이번 관제에 따라 앞으로 기왕 군수 등 지방관이 갖고 있던 전통적인 징세권은 전면 폐지되고 전국 13도에 세무감을 두어 세금징수 업무를 전담토록 할 예정이다. 또 각 도의 세무감 밑에는 세무관과 세무주사가 배치돼 일선에서 직접 세금징수 업무를 수행한다.

이번 조치를 주도한 통감부측은 한국의 기존 징세제도가 지방관의 자의에 맡겨짐에 따라 온갖 부정부패가 발생했다며, 이번 조치는 조세제도 근대화를 향한 큰 걸음이라고 밝혔다. 우리의 기존 징세제도가 농민봉기의 주요원인으로 작용할 만큼 문제가 있다는 것은 이미 상식에 속하는 일이다. 그러나 이번 조치가 통감부가 말하는 대로 올바른 개혁 조치로 연결될지에 대해서는 의문이다. 우선 추진되고 있는 상황을 보면 맨 위 세무감에서 말단 세무주사까지 일본인 일색으로 임명되는데다 인원도 너무 많아 인건비 부담이 엄청날 것으로 예상된다. 더구나 현재 임명된 일본인 세무공무원들은 세무전문가가 아닌 자들이 많은 것으로 드러나고 이들은 불량기마저 있어 주민들에게 폭력을 예사로 휘두른다는 제보가 속출하고 있다.

한편 기존 지방관들은 징세권을 몰수당한 데 대한 반감이 극에 달해 있고 반일의병항쟁에 가담하는 자들도 늘어나고 있다는 소식이다.

광업법 공포
광산개발권 일본인에게 대폭 넘어갈 듯

1906년 6월　의정부와 농상공부는 광업법을 공포했다. 이 광업법은 기존의 번거로운 채광절차를 정리한 것으로 앞으로 광산채굴은 물론 광업권의 매매, 양도, 저당 등은 모두 농상공부대신의 허가를 받아야 한다. 그러나 정작 중요한 대목은 황실재산 관리부서인 궁내부 소속 광산에 대해서는 별도규정을 둔다는 조항과 외국인도 차별없이 채광권을 획득할 수 있게 된 조항이다.

현재까지 전국 대부분의 광산개발권은 궁내부에 집중돼 있었는데, 이는 개항 이후 열강들의 이권침탈이 잇따르자 황실이 외국인에게의 이권양도를 엄금하면서 궁내부로 속속 귀속시킨 결과다. 따라서 사실상 통감부의 강요에 의해 발표된 이번 법령은 일본들이 궁내부 소속 광산을 자신들이 차지하기 위한 수순이라는 분석이 유력하다.

현재 통감부 소속으로 우리 외부와 농상공부의 고문을 맡고 있는 메가타, 고오치, 타나카 등은 〈궁내부 소속 광산 건에 관한 규정〉을 마련하고 있는데, 이에 따르면 궁내부 소속 황실직영 광산 43개소를 대략 절반으로 줄이고 그 광업권은 일본인들에게 넘겨주게 돼 있는 것으로 알려졌다.

압록·두만강유역
산림 훼손 심각

일본인들 마구잡이 벌채

1906년 10월　〈압록강 및 두만강 산림경영에 관한 협동약관〉이 체결된 이후, 통감부의 벌목작업에 의해 이 지역의 산림자원이 마구 훼손되어 심각성을 더해가고 있다. 당초 일본은 조선과의 '협동경영'이라는 이름 아래, 경영자본으로 조선이 60만 원, 일본이 60만 원을 내고 수익금은 공동분배하기로 했으나, 압록강과 두만강연안의 산림은 사실상 일본측의 독점적 소유물이 되어가고 있다. 더욱이 통감부는 1907년 4월에 〈통감부 영림창관제〉를 제정하여 통감부 영림창을 신의주에, 그 지청을 혜산, 중강진, 신갈파에 두었으며, 출장소를 무산 외 3곳에 설치했다. 이를 통해 1907년에만도 13만 그루에 달하는 홍송과 낙엽송을 벌채했으며, 98,600여 원에 달하는 산림수입금을 올린 것으로 알려졌다.

일본인 거류민 10만 명
토지소유 2억 3천 평에 달해

부산의 일본인 거류지

1907년 6월　현재 국내에 거주하고 있는 일본인은 약 10만 명에 달하고, 이들이 소유한 토지는 2억 3천여 평에 달한다는 통계조사가 나왔다. 이는 현재 서울인구가 20여 만을 헤아리는 이외에 전국 어디에도 인구 10만이 넘는 도시가 없다는 사실과 2억 3천 평은 서울 면적의 거의 3배에 달한다는 것을 볼 때 어마어마한 규모다.

원래 한국에서는 외국인의 토지소유를 인정하지 않고, 외국인에게 토지를 매매하는 자는 극형에 처하는 법이 엄히 지켜져왔다. 이에 일본들은 한국의 전근대적 토지제도를 개혁해 근대적 토지소유제도를 확립한다는 미명 아래 토지가옥 증명규칙, 토지가옥 저당규칙 등의 법령을 제정해 자신들이 한국의 토지를 소유할 수 있는 법적인 뒷받침을 마련한 바 있다. 일본인들은 이들 법령을 앞세워 토지매매를 강요하면서 토지소유를 늘려왔다. 이 과정에서 사기와 협박을 자행하는 경우가 허다했고, 또 고리대금을 이용해 토지를 저당잡아 탈취하는 사례도 빈번했다.

기독교 대부흥운동, 전국 확산
내세신앙 치중, 반일의식 약화시킬 듯

1907년　평양에서 시작된 기독교 대부흥운동이 빠른 속도로 전국 각지로 확산되고 있어 관심을 끌고 있다. 이 운동은 1903년 원산에서 열린 한 기도회에서 감리교 선교사 하디가 자신의 신앙적 무능과 과오를 고백하면서 시작되어 수년간 계속되어왔는데, 이해 1월 6일 평양 장대현교회에서 열린 기도회를 통해 대부흥운동의 '불길'이 본격적으로 솟아올랐다는 것이 기독교계의 설명이다. 특히 조선 최고의 부흥사로 손꼽히는 길선주 장로의 인도로 열린 새벽 기도회에서 '성령의 역사'가 강하게 나타난 것이 기폭제가 되었다는 소식이다.

한편 이러한 소식이 '입광고'를 통해 빠른 속도로 알려지면서 전국 각지의 기독교인들이 평양으로 몰려들었고, 2월에 서울 승동교회에서 길선주 장로의 부흥회가 개최되는 등 부흥운동과 회개운동이 전국 각 지역으로 확산되고 있다. 기독교의 이런 부흥운동은 외국인 선교사들의 교회 비정치화 방침과 밀접한 관련이 있는 것으로 알려졌다. 그래서 선교사들은 이번 대부흥운동을 통해 한국교회와 교인들이 일제에 저항하는 항일운동에서 벗어나, 종교 본연의 자세로 돌아오게 돼 '천만다행'이라고 입을 모으고, 이 운동을 통해 교세확장이 이뤄질 것이라며 흡족해했다. 그러나 대부흥운동으로 인해 조선 기독교가 민족현실에 대한 관심을 버리고 내세지향적 신앙노선 일변도로 흐르게 돼, 민족적 성향의 교인들이 본격적으로 이탈할 가능성이 높다는 지적이 많다.

개화기 만화경

"밑 빠진 독에 물 채우기"
이바구

자, 다시 물을 채웁시다!!

망국의 한 이국땅에 묻은 밀사

'고독한 방랑자 마침내 이곳에 닻을 내리다.'

헤이그에서 숨을 거둔 이준의 묘비에 새겨넣었음직한 글이다. 이 시대에 이준만큼 뜨거운 가슴과 맹렬한 활동력을 보여준 사람도 드물 것이다. 따라서 그는 어느 곳에서도 편안히 안주하지 못했으며 늘 혼자일 수밖에 없었다. 그러한 그가 이번에 마침내 고난에 찬 여정에 종지부를 찍은 것이다.

그가 이번에 밀사로 파견된 것에 대해서 의아해하는 사람도 있다. 아니 어떻게 독립협회시절 반정부운동의 맹장이었던 인물이 황제의 밀사가 될 수 있단 말인가? 이 말도 일리는 있는 말이다. 실제 그는 와세다대학에 유학하면서 박영효일파와 어울리는 등 일본과 가까운 인물이었으며 독립협회시절 투옥된 적도 있다. 러·일전쟁이 일어난 후에도 이러한 활동을 계속하여 공진회와 헌정연구회를 조직하여 독립협회시절과 같이 민권운동을 전개하였다. 이준은 이러한 인물이기에 결코 고종으로서도 달가운 인물일 수 없었다.

그가 고종의 밀사가 된 것은 민영환과의 깊은 인연 때문인 것으로 보인다. 그는 독립협회시절에도 민영환과 몇 차례 접촉할 기회가 있었지만 1902년 조직된 이른바 개혁당을 통해서 그와 정치적 운명을 같이하게 되었다. 그는 을사조약으로 민영환이 죽고 난 후 민권운동에서 손을 떼고 교육활동에만 전념하였다. 한때나마 일본에 우호적인 생각을 가졌던 그가 이에 환멸을 느낀 것일까? 이 지점에서 그는 고독해질 수밖에 없었다.

그러나 그의 불타오르는 구국에의 정열은 그를 이곳에 붙잡아두지 못하였다. 그는 결국 이번 헤이그 밀사를 자청하게 되었는데 이미 죽은 민영환의 망령이 그와 고종을 만나게 해준 것은 아닐까. 그의 삶을 통해 우리는 개화와 근대화의 길을 가다 자신도 모르게 일본에 기울었던 한 지식인이 점차 그것의 본질을 깨달아가는 모습을 발견할 수 있다.

본관은 전주, 호는 일성, 태조 이성계의 형인 이원계의 후손이다. 1859년생으로 함경남도 북청에서 태어났다.

숙명여학교 학생들

1906년에 들어오면서 보통학교와 중등학교의 설립이 전국적으로 급증하고 있다. 이러한 학교설립 붐은 공립과 사립 모두에서 일고 있어 더욱 폭발적 증가세를 보이고 있다.

올해에만 서울에 교동, 재동, 미동 등 관립보통학교 9개교가 문을 연 이래 각 지방 대도시에도 13개의 공립보통학교가 설립됐다.

공립 및 관립학교는 주로 실용적 지식을 전수하는 데 중점을 두고 있다. 이는 통감부가 학교설립을 관장하면서 '교육과 정치의 분리', 즉 '실용교육'을 교육목표로 설정한 데 따른 것이다. 최근 〈보통학교령〉, 〈고등학교령〉, 〈사범학교령〉, 〈외국어학교령〉을 일시에 발표해 보통학교의 수업연한을 기존 6년제에서 4년제로 바꾸고 보통학교의 교감과 중등학교의 학감은 반드시 일본인이 맡도록 했다. 사립학교는 1906년 한 해에만 해도 중동학교, 휘문의숙, 진명여학교, 숙명여학교가 설립돼 이전에 설립된 것까지 합치면 수십 개교에 이르고 있다. 또 1905년 을사늑약 이전의 사립학교가 주로 외국인 선교사들에 의해 설립돼 근대교육을 해오던 것에 비해 1905년 이후의 사립학교는 우리나라 사람에 의해 설립된 것이 많다. 설립자들은 주로 나라의 부강을 위해서는 실력을 양성해야 한다는 생각에서 학교 설립에 나서고 있다.

학교설립, 폭발적 증가

"부강한 나라는 배움 통한 실력양성으로부터"

신소설 「혈의 누」 첫선

1906년 「만세보」에 이인직이 이제까지와는 전혀 다른 형태의 소설 「혈의 누」를 연재하여 화제를 모으고 있다. '피눈물'이라는 뜻의 「혈의 누」는 여주인공 옥련이 러·일전쟁의 와중에서 집안이 풍비박산되고 나서 겪는 파란만장한 이야기를 실감나게 엮은 것으로, 그 표현법과 문장서술양식이 기존의 「춘향전」이나 「홍길동전」 같은 전통소설과 확연히 구별된다. 인물의 성격이나 사건을 묘사하는 데 있어 직접 눈으로 보고 귀로 듣는 듯한 이러한 새 기법은 작가 이인직이 일본에 유학하면서 서양식 근대소설로부터 배운 것이다. 한편 이인직은 「혈의 누」가 인기를 끌자 연이어 「귀의 성」이란 작품을 곧 선보일 예정이라고 한다.

문예시평 : 이인직의 작품세계와 표절시비

분별없이 외국 작품 표절하는 것은 '범죄'

'최초'라는 말이 안붙으면 행세 못하는 판에 또 하나의 '최초' 신소설이 등장했다. 이 신소설은 우리 문학계에 획기적인 사건임에 틀림없다.

그러나 이 '최초'라는 말을 잠시 접어두고 작품내용과 세계관을 들여다보면 뒷맛이 씁쓸하다. 러·일전쟁으로 가정이 풍비박산난 주인공 옥련을 구출해 보살펴주는 자가 굳이 일본인 군의관일 게 무엇인가. 작가가 러·일전쟁에 일본군 통역관으로 참전한 데서 비롯된 것인가. 작가도 좀 심했다는 것을 깨달았는지 말미에서 옥련의 후견인 구완서라는 우리 청년으로 바뀌지만, 그 둘이 향하는 곳은 우리나라가 아니라 미국이다. 결국 작가는 우리 민중이 불쌍한 처지에 있기는 한데 구원자는 일본이요, 미국이라고 생각하는 걸까.

더욱 문제가 되는 것은 이 「혈의 누」와 똑같은 제목의 소설이 일본에서 이미 서너 권 간행된 바 있다는 사실이다. 물론 내용은 다르다. 그러나 러·일전쟁이라는 소재와 가련한 여주인공을 등장시키는 수법 등은 거의 같아 그가 이 소설들을 참조했다는 의혹을 지울 수 없다. 아무리 '최초'가 판치는 세상이지만 치열한 시대정신과 창작의 고통없이 적당히 외국 것을 모방해 내놓고 행세하는 풍토는 비판받아야 할 것이다.

세계 곳곳에 큰 재앙

지진, 화산으로 천여 명 사망

1906년 4월 10일 이탈리아 남부 베스비우스 화산이 폭발한데 이어 4월 18일 미국 샌프란시스코에 대지진이 발생하여 전 시가지가 잿더미로 변하고 최소한 1천여 명 이상이 사망하는 대참변을 겪었다. 또 8월 8일에는 칠레의 발파라이소항에도 지진이 발생하여 5천 명의 인명피해를 내는 등 전세계가 화산과 지진의 공포에 떨고 있다.

수백 명의 사상자를 낸 베스비우스화산은 인근 마을 타야노를 휩쓸었고 나폴리시에서도 큰 건물이 무너지는 바람에 백여 명이 숨진 것으로 알려졌다.

샌프란시스코는 지금 시내 전역에 계엄령이 내려진 가운데 공포에 질린 시민들이 배나 철도를 이용하여 탈출하고 있는 것으로 알려졌다.

서양 운동 도입 활발 ··· 축구와 야구 '인기 폭발'

"축구 열기 뜨겁다"

학교체육 주종목, 동호단체 결성

1906년 3월 현양운, 신봉휴, 한상우 등 축구동호인들이 〈대한체육구락부〉를 결성, 축구인구의 저변확대에 발벗고 나섰다. 축구가 처음 소개된 것은 1890년경으로 당시 외국어학교의 외국인 교사들이 학생들에게 축구를 가르쳤다. 지난 1899년에는 동소문 밖 삼선평에서 황성기독교청년회와 오성학교 사이에 공식경기가 치러져 많은 인기를 모은 바 있다. 이후 각급 학교에 축구팀이 결성되는 등 축구보급에 적극적인 자세를 보이고 있다.

문지기 위로 공 넘기면 득점, 지칠 때까지 계속 경기

O사 절 앞마당에서 O학교 팀과 O학교 팀이 친선경기를 벌이기로 해 찾아가보았다. 선수들이 경기장에 입장하는데 갓은 모두 벗었으나 망건은 그대로 둔 채였다. 망건까지 벗으면 상투머리가 흩어지기 때문인 듯 했다. 저고리는 뛰면서 앞자락이 풀어지는 것을 방지하기 위해 조끼나 배자를 덧입었다. 대부분 바지를 걷어올리고 짚신을 신었으나 개중에는 외국인에게 얻은 운동화를 신은 사람도 더러 눈에 띄었다.

한 팀은 조끼로, 다른 팀은 배자로 통일해 편을 구분했다. 때로는 조끼의 색깔로 구분하거나 한쪽이 조끼를 뒤집어 입음으로써 팀을 구분하기도 한다. 양팀 선수의 수는 제한이 없어 대충 열댓 명이 한 팀을 이뤘다. 골대가 없어 공이 문지기의 머리 위를 넘어가면 득점으로 인정했다. 따라서 선수들은 길게 차는 것보다는 될 수 있으면 높게 차는 데 신경을 썼다. 현재 장안에서 소문난 선수들은 모두 공을 높게 차는 선수들이다. 경기시간은 제한이 없어 한 팀이 지칠 때까지 계속 경기를 한다. 지친 쪽이 백기를 들면 경기가 끝나지만 이날 경기는 어느 쪽도 백기를 들지 않은 채 동점을 이뤄 결국 벌칙을 더 많이 받은 O팀이 진 것으로 판정이 났다.

"방망이로 치고 달려라"

훈련원에서 최초의 야구경기

1906년 2월 17일 훈련원 마동산(馬東山)에서 황성기독교청년회와 덕어(德語: 독일어)학교 사이에 최초로 서양식 운동경기인 야구경기가 열렸다. 경기는 덕어학교의 승리로 끝났는데, 이를 지켜본 이들은 "이렇게 재미있는 경기는 처음"이라며 감탄해마지 않았다. 우리나라에 최초로 야구가 소개된 것은 1905년 미국인 선교사 질레트가 황성기독교청년회원들에게 야구를 지도하면서부터다. 양팀 각 9명으로 구성된 선수들이 투수가 던지는 공을 방망이로 때리고 다이아몬드형의 운동장을 도는 방식으로 경기를 진행한다. 이 경기의 기원은 미국의 베이스볼이라는 설과 영국의 크리켓이라는 설로 나뉘어 있지만, 오늘날과 같은 야구경기가 정착된 것은 1845년 미국 뉴욕에서 니커보커 야구협회가 결성되면서부터다.

역사신문

일제, 정미조약 체결

행정권 완전장악, 군대해산 추진

1907년 7월 24일 일제가 우리 정부와 정미조약을 체결하고 행정권을 완전 장악했다. 조약내용에 따르면 앞으로 우리 정부의 법령 제정 및 행정처분은 먼저 통감의 승인을 거쳐야만 한다. 또 고위관리의 임명과 해임, 외국인의 고용 등에 대해 통감의 동의를 받아야 하며, 통감이 추천한 일본인을 관리에 임명하게 된다. 이날 밤 이완

용 내각은 일본측의 원안을 이의 없이 채택하여 순종황제의 재가를 얻어냈으며, 곧바로 이완용이 이토를 방문해 조약을 체결했다. 특히 하루 전인 23일만 해도 일본측이 내놓은 원안에 대해 내각 일부에서 반대론이 제기된 바 있어, 하루 사이에 일본측의 강력한 '공작'이 있었던 것으로 보인다.

한편 이날 밤 이토와 이완용이

비밀리에 정미조약의 부속각서를 작성한 것으로 알려졌다. 그런데 조약원문이 다소 추상적인 내용을 담고 있는 데 반해 이 각서에는 우리의 국권과 직결되는 주요사항이 구체적으로 적시돼 있어 큰 파문이 예상된다. 지금까지 확인된 주요내용은 일본인 차관 임용, 사법권 이양, 한국군대 해산 등이다.

관련기사 2면

동양척식주식회사 설립

한국 식민통치의 '선봉대'

1908년 12월 일본 정부와 재계의 주도로 설립된 동양척식주식회사가 이듬해 1월 서울에 본점을 설치하고 본격적인 업무에 들어갔다.

이 회사는 일본 농민의 조선 이주를 목적으로 하는 국책회사로서, 조선 내에서의 토지, 건물의 매매 및 임대차는 물론 일본 정부가 허가하는 부대사업 등을 총괄하게 된다. 이 회사는 자본금 천만 원의 주식회사로 설립되었는데, 일본 정부의 압력에 굴복해 우리 정부도 설립자본금 30%에 해당하는 국유지를 출자

한 것으로 알려졌다. 또 창립주에 대한 일본 국내의 인기가 치솟아 응모주 수가 공모주 수의 35배에 달한 것으로 확인되었다.

그러나 국내에서는 이 회사가 일본 농민의 조선 이주와 토지수탈을 본격화함으로써 일본의 조선통치의 '선봉대' 역할을 하게 될 것이라는 견해가 지배적이다. 한편 일부 자강운동세력은 우리 국민이 회사의 운영에 적극 참여해 이익을 공유하는 것이 현명한 처사라고 주장해 물의를 빚기도 했다.

군대 강제해산 … 해산 군인, 의병 합류
의병전쟁 전국 확산 … 일본, '무차별 진압'

1907년 8월 1일 일제는 우리의 군대를 강제로 해산시켰으며, 이에 분노한 군인들이 서울과 지방 곳곳에서 항전을 벌이고 있다. 군대해산은 이완용과 이토 사이에 비밀리에 체결된 정미7조약의 부속각서에서 비롯된 조치로서, 서울시위대의 해산을 시작으로 지방의 진위대, 지방의 파견부대인 분견대로 이어져 약 1개월에 걸쳐 진행될 예정이다. 그러나 서울에서의 군대해산식이 만반의 준비에도 불구하고 끝내 무산되었으며, 우리 군대의 항전이 쉽사리 꺾일지 불투명한 상태여서 귀추가 주목된다. 한편 군대해산에 분노한 서울시위대의 군인들이 도심지역에서 일본군과 교전을 벌인 후 주력부대가 무사히 시외로 빠져나간 것으로 전해졌다.

군대해산과 서울시위대 항전 소식이 지방으로 퍼지고 있는 가운데, 8월 5일 원주진위대가 군사행동에 돌입하여 군대해산으로 비롯된 대치정국이 새로운 국면으로 접어들게 되었다. 소식통에 따르면 원주진위대는 대대장 홍유형의 지휘하에 1200정의 소총과 4만 발의 탄환을 확보하고 원주 주민들과 함께 우편취급소, 군아, 경찰분서 등을 습격하여 원주를 장악하는 데 성공하였다. 또 항전군과 주민들은 이튿날 일본군 충주수비대의 공격을 받았으나 2시간의 교전 끝에 이를 격퇴하고, 일본군 2개 중대의 급파에 따라 원주성에서 철수하여 본대를 두 개로 나누어 각각 충주·제천·죽산·여주 방면과 평창·강릉·양양 방면으로 진출해 의병전쟁을 준비하고 있는 것으로 전해졌다. 아울러 홍주분견

대는 군대해산에 반대하여 집단 탈영을 시도했으며, 진주진위대도 봉기계획을 추진하고 있다는 설이 공공연히 나돌고 있다.

이처럼 해산 군인들이 의병부대에 합류하여 의병의 전력이 강화되면서 의병전쟁이라는 새로운 국면이 형성되기 시작했다. 군사 전문가들에 따르면 기존의 의병들은 훈련 한번 받지 못한 채 구식 화승총이나 창에 의존해 전투를 벌였으나, 해산된 군인들은 무기와 전술면에서 일정 정도의 수준을 유지하고 있어 의병의 전력이 크게 향상된 것으로 보인다. **관련기사 2, 3면**

13도 창의군, 서울진공작전 실패

의병전쟁이 전국적으로 확산되는 가운데 관동 의병대장 이인영을 중심으로 한 13도 창의군의 서울진공작전이 끝내 실패로 돌아가 많은 아쉬움을 남겼다. 1908년 1월 창의군의 선봉장 허위는 300명의 선발대를 이끌고 서울 동대문 밖 30리 지점에 도착했다. 그러나 이 계획을 사전에 탐지한 일본군이 대대적인 선제공격을 가해 선발대는 후속부대와의 연락이 단절되어 패퇴하고 말았다. 게다가 총대장 이인영이 부친이 사망하자 "3년상을 입어 효도를 마친 후 재기하겠다"며 고향인 문경으로 내려가 사태를 악화시켰다.

이에 앞서 1907년 9월 원주에서 관동 창의대장으로 추대된 이인영은 서울의 각국 공사관에 격문을 보내 의병의 합법성을 국제적으로 호소한 바 있다.

일본군이 한국 시위대의 병영을 접수하여 지키고 있다.

자강운동 '기우뚱기우뚱'

"친일이냐, 반일이냐" 대한협회, 신민회로 분화

1907년 일본의 침략정책이 노골화되는 가운데 일제의 통감정치를 인정하면서 실력양성을 해야 한다는 대한협회가 결성되는 한편, 항일을 도모하는 신민회가 지하에서 조직되는 등 자강운동세력 내에 미묘한 분화의 움직임이 나타나 정계의 주목을 끌고 있다. 대한협회는 1907년 11월 대한자강회세력과 천도교세력이 연합하여 조직한 것으로서 이 과정에서 일본인 오가끼가 중요한 역할을 한 것으로 알려지고 있다. 회장은 남궁억, 부회장은 오세창, 총무는 윤효정이 맡고 있으며 강령으로는 교육의 보급, 산업의 발전, 생명재산의 보호 등을 내걸고 있어서 과

거 실력양성을 내걸은 대한자강회의 그것과 별반 다를 바 없다는 것이 일반적인 분석이다. 그러나 대한자강회는 표면적으로나마 후일 독립의 기초를 만드는 것을 목표로 하고 있다고 천명하고 있음에 비해서, 이 단체는 국권회복에 관해 전혀 언급하지 않는 등 친일적 색채가 농후한 것으로 지적되고 있다.

한편 1907년 양기탁, 안창호 등의 주도로 새로운 형태의 정치조직이 결성된 것으로 전해지고 있다. 이 단체는 비밀리에 활동을 하고 있기 때문에 그 실상을 자세히 파악할 수 없지만 조직의 명칭은 신민회이며 양기탁, 전덕기, 이동휘, 이동녕, 신

채호 등이 그 중심인물인 것으로 알려지고 있다. 이들이 비밀리에 활동하고 있는 것은 일본의 탄압을 의식한 것으로 그만큼 반일적인 성격이 강한 것으로 분석되고 있다. 이 단체의 중심인물들은 대체로 대한협회에 비해서 소장파로 알려지고 있으며, 내부적으로 의견의 차이가 전혀 없지는 않지만 일본의 지배에 비판적이라는 데에는 모두 동의하고 있다고 한다. 이렇게 서로 성격이 다른 대한협회와 신민회의 조직은 1907년의 시점에서 일본에 대한 입장을 놓고 자강운동세력이 분화되고 있다는 것을 의미한다는 것이 일반적인 분석이다. **관련기사 2면**

역사신문

신세대문학 어떻게 볼 것인가

근대지상주의 경계해야

이른바 근대를 청년의 시대라고 한다. 전통보다는 변화를 숭상하며 어제보다는 내일을 중시하는 근대사회에 늙는다고 하는 것은 더 이상 아름다움이 아니며, 다만 쇠퇴하고 소멸해가는 과정일 뿐이다. 이러한 근대사회의 새로운 총아로 떠오르는 것이 바로 청년이다. 모두들 외친다. "청년들이여, 야망을 가져라! 이 시대는 너희의 시대다. 청년의 사고방식, 청년의 감성, 청년의 욕망, 모두들 해방되어라. 구시대의 압제로부터 ……"

이러한 청년의 시대를 맞이하여 문단에도 일군의 신세대작가들이 화려하게 등장하여 주목을 끌고 있다. 이미 이인직이 「혈의 누」라는 새로운 형식의 소설을 발표하여 화제가 된 적이 있지만, 이번에는 최남선이 새로운 형식의 시를 발표하여 신세대문학은 가히 전성기에 이른 듯하다. 특히 최남선은 「소년」이란 잡지를 창간하여 청년시대의 대표주자임을 자처하고 나섰다. 모든 것이 바뀌는 세상에 문학이라고 바뀌지 않을 도리가 없으며, 이를 청년들이 주도하겠다는 것은 있음직한 이야기다.

바꾸는 것은 좋다. 당연히 바꾸어야 할 것이다. 그런데 더욱 중요한 것은 바꾸는 것 그 자체가 아니라 어떻게, 무엇으로 바꾸느냐이다. 이 문제를 염두에 둘 때 최근 신세대문학에 대해 몇 가지 문제를 제기하지 않을 수 없다. 문학평론가들은 이인직이 쓴 「혈의 누」는 같은 제목의 일본소설에서 표절한 흔적이 있으며, 최남선이 시도한 새로운 형식의 시, 즉 신체시라는 것도 일본식 율격의 모방에 지나지 않는다고 하는 점을 공통적으로 지적하고 있다. 이렇게 신세대작가들의 일본베끼기는 이들이 일본식 문명개화론의 아류에 빠져 있기 때문이 아닌가 생각된다.

어떻게 바꿀 것인가를 생각하게 될 때 제일 중요한 것은 자신에 대한 성찰이다. 그리고 이 지점에서 자신의 전통이 문제로 된다. 전통에 대한 전면적 부정이 아니라 전통을 토대로 하면서 그 한계를 극복하는 것이 올바른 길일 것이다. 즉 주체적 기반 위에서 바꾸기를 생각하게 될 때 비로소 어떻게 바꿀 것인가가 제대로 시야에 들어오게 되는 것이다.

최근 신세대문학은 대체로 덮어놓고 바꾸기주의, 이른바 근대지상주의에 빠져 있는데 그것은 그들이 물주체적 사고방식을 갖고 있기 때문이다. 이러한 사고방식을 갖고는 한때 대중의 스포트라이트를 받을 수는 있을지언정, 나라와 민족을 위한 올바른 대안 도출은 힘들다고 말할 수밖에 없다.

이들이 유포하고 있는 것은 말하자면 근대지상주의라고 할 수 있다. 그러나 무국적·타국적 근대지상주의는 우리 민족독립에 오히려 불행을 가져올 수 있음을 우리는 경계하지 않을 수 없다.

그림마당
이은홍

의병전쟁의 성격

국권침탈 위기 속에 의병들 일본과 전면대결 나서
농민층이 중심, 해산 군인 합세하여 전투력 대폭 향상돼

1907년 고종의 강제퇴위, 일제의 정미조약 체결, 군대해산 등을 계기로 의병항쟁이 '의병전쟁'이라는 새로운 국면으로 접어들고 있다. 우선 의병활동이 전민중의 차원으로 확산되고 전투력이 강화되면서 일본과의 전면적인 전쟁으로 발전해가고 있다. 이전부터 의병활동에 나섰던 농민들에 더하여, 대부분 빈민출신으로 그 처지가 농민들과 다를 바 없는 해산 군인들이 새로 참여하고 있다. 또 포수들이 '총포 및 화약단속법'의 제정으로 생업을 잃고 대거 의병에 참여했고, 금광이나 철도건설 공사장에서 일하던 노동자들도 집단적으로 의병활동에 참여하고 있다.

이와 같이 전민중층이 의병활동에 합류함으로써 의병활동지역이 경기·황해·충북·강원·경북 외에 전남북·함남지역까지 확대되고 있다. 더욱이 군인층의 합류로 화력과 개인 전투력 및 부대전술이 상승되어 일본군과의 '전쟁'으로 계속 확산되고 있다.

또한 의병전쟁이 발전되어나가면서 종래의 명망있는 유생층은 점차 탈락하고 민중적인 입장을 견지한 새로운 유교적 지식인이나 평민출신 의병장의 활약이 두드러지고 있다. 특히 이러한 추세는 양반 의병장이 주도한 서울진공작전이 실패한 후, 그 실질적인 전투지휘층이던 젊은 유생들이 소단위의 부대를 독자적으로 지휘하게 되면서 본격화되었다는 분석이 유력하다.

이들은 유교적인 신분의식이나 기존의 척사론적 관점을 극복하고 일제의 재정수탈과 경제침략에 대해 보다 확고한 저항의식을 갖게 되었던 것이다.

이에 따라 의병전쟁에서는 일제 미곡수출을 반대하고 농촌시장을 보호하기 위한 투쟁이나 수입된 서양 또는 일본상품에 대해 불매를 요구하는 의병부대가 늘고 있다.

또 외세의 이권침탈에 저항하여 광산을 습격하거나 철도 파괴, 전선 절단 등의 의병활동이 벌어지고 있다. 의병은 또 정부와 황실의 지주경영과 지주보호에 대해 항쟁하고 지주와 부민의 농민수탈에 대해서도 반대의사를 분명히 하고 지주의 추수곡을 탈취해 빈민구휼에 나서는 사례가 늘고 있다.

요컨대 의병전쟁은 이제 민중들이 주체가 되어 반일반봉건 항쟁으로 발전하고 있는 것이며, 이에 따라 일본과의 전면적인 대결이 예상된다.

정미조약 및 부속각서의 내용과 의미

대한제국의 행정권 완전 장악, 식민지배 위한 법적 장치

헤이그밀사사건을 빌미삼아 고종황제를 강제퇴위시킨 일본이 며칠만에 정미조약 및 부속각서를 체결해 대한제국의 행정권을 장악함으로써 큰 충격을 주고 있다.

일제는 조약 본문에서 우리 정부의 법령제정 및 행정처분에 대해 통감의 승인을 거치도록 했다.

또 부속각서를 통해 중앙정부 및 지방관서에 일본인을 임명해야 하는 직책의 범위를 규정했는데, 여기에는 각부 차관, 내부 경무국장, 경무사를 비롯해 각 부처의 서기관 등이 포함되어 있다.

각 부처 업무의 실세라 할 수 있는 차관과 치안관련 고위관리 및 각 부처의 공문서 및 관인(官印)을 관리하는 책임자인 서기관 등에 일본인을 임명한 것은 모든 법적 절차를 일본인 중심으로 처리하겠다는 속셈이 깔려 있는 것으로 분석된다.

결국 통감이 모든 법령제정 및 행정처분에 관한 것을 사전에 감독·승인하고, 각 부처 법령제정 사무를 주관해 행정권을 완전 장악함으로써 통치체제를 구축하는 것이 정미조약 체결의 기본의도다.

한편 부속각서에는 군대해산 및 사법권 이양에 관한 내용을 담고 있어 더욱 충격적이다.

을사조약을 통해 외교권을 박탈한 일제는 이제 안보와 치안에 직결되는 사항마저 마음껏 주무르게 된 것이다.

이 점에서 정미조약은 대한제국의 물리력과 행정력을 박탈, 식민지배를 본격화하기 위한 법적 장치라고 할 수 있다.

자강운동 분화의 배경

일본과의 타협성 여부를 기준으로 갈라서기 가속
반일 색채 뚜렷한 자강운동단체 '신민회' 행보 주목돼

1907년 대한협회와 신민회의 조직으로 자강운동세력의 분화양상이 드러나고 있는데 이러한 분화에는 일본과의 타협성 여부가 주요한 계기가 되고 있는 것으로 보인다. 즉 일본에 타협적인 세력이 대한협회를 중심으로 집결하는 한편, 이에 동의할 수 없는 세력이 신민회라는 비밀조직을 결성한 것이다.

여태까지 자강운동을 주도한 주축세력은 대체로 대한협회쪽으로 흡수되었는데, 이들 세력이 이렇게 일본과 타협적인 방향으로 흐르는 것은 이미 예견되어오던 일이다. 자강운동이 표방한 '실력양성'이란 일제 침략과의 대결을 포기하고 일제의 통감정치를 인정한 가운데 먼훗날 독립할 실력을 기른다는 것이어서, 일제 침략의 강도가 커진다하더라도 일제에 저항할 개연성은 희박한 것이었다. 따라서 1907년 고종이 퇴위당하고 정미7조약이 체결되는 등 한국이 사실상 식민지로 전락하여 합법적인 항일활동이 전혀 불가능한 상황에서, 그것도 일본인 오가키를 고문으로 추대하여 결성되었다는 점에서 대한협회는 일제에의 저항을 완전히 포기한 것으로 봐도 무리가 없다.

그러면 자강운동세력이 이 시점에서 대한협회를 결성한 이유는 무엇일까. 대한협회가 스스로를 '정당'이라고 표방한 데서 알 수 있듯이, 이들은 하나의 정치세력으로 단합하여 통감정치하에서 권력에 참여하고자 한다는 것이 일반적인 지적이다. 대한협회 부회장 오세창은 "일본이 한 손으로는 러시아의 침략을 막고 또 한 손으로는 우리의 문명개화를 돕는다"는 소리를 공공연히 하는 실정이다.

그런데 자강운동에 참가한 사람 가운데는 이와는 다른 입장을 가진 사람들도 있었다. 특히 소장파들이 그러하였는데 이들이 결집한 것이 바로 신민회다. 신민회는 표면상 미국에서 귀국한 안창호와 서북지역 인사들이 중심이 되고 있지만, 여기에는 이동휘·이동녕·전덕기 등 상동 청년학원에 결집한 청년세력과 대한매일신보의 양기탁·신채호 등 여러 세력들이 함께 참여하고 있다. 이들은 대체로 자강운동의 제2세대에 해당하는 인물로서 당연히 자강운동 상층부와는 다른 입장을 취할 수밖에 없었다. 이 가운데 안창호 같은 인물은 개인의 실력양성을 강조하면서 장기론적인 태도를 취하고 있음에 비해서 신채호 같은 인물은 국가정신의 보존을 주장하면서 보다 직접적인 행동을 강조하는 등 노선상의 편차를 보이고 있지만, 궁극적으로 일본과의 대립전선에 서있다는 점에는 모두 동의하고 있는 것으로 알려지고 있다.

분노한 사병들, 일본인 교관 난사 후 시가전
대대장 박승환 자결 신호탄으로 치열한 총격전, 양측 2백여명 사상

시가전에서 포로로 잡힌 시위대 병사들

1907년 8월 1일 군대해산에 얽힌 상황전개는 숨 한번 제대로 내쉴 수 없는 긴장의 연속이었다. 당초 서울에서의 군대해산은 각 대대장과 일본인 교관에게 비밀리에 명하여 군인들을 빈손으로 훈련원에 집합시켜 거행될 예정이었다. 이에 따라 훈련원에는 이른 아침부터 군부협판 한진창(韓鎭昌) 및 일본주둔군 고위인사들이 나와 해산식 준비상황을 점검하였으며, 불의의 사태에 대비하기 위해 일본 기병·보병·공병의 혼성부대로 하여금 식장 안팎을 경비하도록 조치함으로써 삼엄한 광경이 연출되었다.

그런데 아침 8시경 서울시위대 제1연대 제1대대장 박승환은 전 사병을 무장해제하고 해산식에 참가하라는 명령을 전달받고 곧바로 군대해산에 불복하는 뜻으로 유서를 작성한 후 권총으로 자결하였다. 이 총성과 '대한제국 만세'의 절규가 온 병영을 뒤흔들었다. 그는 자신의 목숨과 대한제국 군대의 최후를 맞바꾸려 했던 것이다.

해산식에 참가하기 위해 무기를 반납하고 운동장에 모여 있던 사병들은 대대장의 자결 소식을 접하는 순간 목이 메인 것도 잠시, 대열을 벗어나 질풍노도처럼 무기고로 달려가 총기와 탄환을 확보하였다. 이어 무장해제를 감시하기 위해 기병을 인솔하고 병영에 들어선 일본군 교관을 향해 총을 난사했는데, 당황한 교관과 기병은 황급히 도주하였다. 또 분노한 병사들은 대대장의 시신을 차에 싣고 슬그머니 빼소니치려던 부위(副尉) 안봉수에게도 사격을 가했는데, 가까스로 기어가 민가에 몸을 숨겨 목숨을 부지한 것으로 알려졌다. 분노한 사병들은 병영을 점령한 후 이 사실을 이웃에 있는 제2연대 제1대대에 알려 동참을 호소, 마침내 2연대 1대대 병사들도 합세하여 사기가 하늘을 찌를 듯했다.

서울시위대 제1, 2연대의 군인들은 곧 시내로 진출하여 남대문에 설치된 일본군 기관포의 집중사격 속에서도 일본군과 치열한 총격전을 벌였으며 탄환이 동이 나자 백병전을 벌였는데, 68명의 전사자와 100여 명의 부상자를 냈다. 그러나 일본군도 여순 공략에 참가하여 역전의 용사라고 불리운 제9대장 가지하라(梶原)대위 이하 3명의 전사자와 27명의 부상자를 낸 것으로 전해졌다. 전투가 끝난 후 일본 군경은 거류민까지 동원하여 민가를 수색했으나 항전군의 대부분은 시민의 비호를 받으면서 시외로 빠져나간 것으로 알려졌다.

이날 벌어진 시가전으로 인해 시내 상점은 모두 철시하였고, 교통이 완전 두절되었다. 또 시가전에 놀란 시민들이 허둥지둥 몸을 피하는 대소동이 벌어졌으며, 집안에 있던 시민들도 두려움에 휩싸인 채 바깥 상황을 몰라 애를 태우는 모습이 역력했다.

전국 각 지역 의병활동

이인영, 신돌석, 유인석부대 등 맹활약

충북과 경북의 접경지역 소식
1907년 8월 5일 충북 보은군 속리산에서 기병한 노병대부대는 당초 2백여 명의 응모자로 구성되었으나, 군대해산과 함께 군인 수백 명이 합류하여 수일만에 1천여 명의 대부대로 발전한 것으로 알려졌다. 이 부대의 중핵은 서울시위대의 해산병이며 보은, 상주, 청주 등 충북과 경북의 접경지역에서 활약하고 있는 것으로 보인다.

강원도 소식
강원도 원주에서는 원주진위대와 별도로 유생출신의 의병장들이 기병하여 이인영을 총대장으로 추대하고 일본군을 격파하면서 양주 방면으로 진격해오고 있다는 소식이다. 1907년 8월 원주진위대의 봉기로 비롯된 강원도 지역의 의병활동은 약 2개월 사이에 충북과 경기도 동부지역으로 확산되고 있는 것으로 분석된다.

경상도 북부 소식
경상북도 북부지역에서는 1906년부터 봉기한 '태백산 호랑이' 신돌석부대가 일월산을 중심으로 한 강원도와의 접경지역에서 확고한 대중적 기반을 굳힌 가운데 강력한 의병활동을 벌이고 있다. 정환직·정용기부대가 경북 중부의 동대산을 중심으로 의병활동을 계속하고 있는 것으로 알려졌으며, 을미의병 때 유인석부대의 유격장으로 활약했던 이강년부대가 민긍호의 봉기에 호응하여 문경을 중심으로 하는 충북과의 접경지역에서 활동을 시작했는데 이 부대에 안동분견대의 해산병이 참가함으로써 부대 전체의 사기가 한껏 고무되어 있는 것으로 예상된다. 한편 일본군은 이름높은 신돌석 및 이강년부대를 뿌리뽑기 위해 이 지역에 대한 포위망을 압축해왔으나, 이들 부대는 민중의 비호를 받아 포위망을 뚫고 사정거리에서 벗어난 것으로 추정된다.

임진강유역 일대 소식
민긍호와 이강년에 호응하여 경기도 포천에서 봉기한 의정부 전 참판 허위는 강화의 봉기군을 포섭하여 임진강유역에 강력한 기반을 형성한 것으로 보이며, 권준과 왕희종부대는 일본군 토벌대가 추격하면 춘천, 양구 등지에 나타나 양동작전을 전개하는 등 일본군을 농락하고 있는 것으로 전해졌다.

황해도 소식
소식통에 따르면 유인석의 제자들이 황해도 평산지방에서 기병하여 박정빈을 대장으로 의병부대를 조직하고, 강화에서 진출해온 지홍윤부대와 호응하여 항전을 계속하고 있다고 한다. 또 황해도에서는 평민출신의 김수민부대가 일본군 열차를 기습하는 등 활약이 날이 갈수록 대단한데, 농민 대중을 포섭하여 경기도 장단으로부터 황해도 서흥일대에 걸쳐 막강한 세력을 형성하고 있다. 특히 이 부대는 탄약을 스스로 만들어 사용하고 군량미를 비축하였을 뿐만 아니라, 행상을 모아 정찰활동을 펴는 등 체계적인 군사행동을 벌이고 있는 것이 거듭되는 승전의 비결이라는 평가.

전라도 소식
전라도에서는 이전에 민종식, 최익현, 양한규의 의병항쟁에 참가한 바 있는 고광순이 의병활동을 하여 명맥을 이어왔는데, 1907년 말 지리산에서 전사한 것으로 밝혀져 많은 아쉬움을 자아냈다. 한편 1907년 9월에는 기삼연을 중심으로 한 유생들이 장성에 호남창의회맹소를 설치하고 장성·임실·함평·무주 등지에서 의병항쟁을 벌이기 시작했다.

함경남도 소식
함경남도에서의 의병투쟁은 1907년 10월에 가장 활발하게 진행되었는데, 그 발단은 이 해 9월 6일에 일제가 발포한 〈총포화약류단속법〉에 의한 총기 및 화약류의 압수였던 것으로 드러났다. 이 지역은 수렵을 주업으로 하는 사람이 많아 그에 대한 불만이 고조된 것이다. 평민 의병장 홍범도는 백두산일대의 포수들을 모아 일본군 수비대를 공격, 큰 전과를 올렸다. 일본군은 사격술에 능한 포수의 존재와 이들이 서양식 총을 많이 갖고 있다는 점 때문에 크게 불안해하고 있다. 또 이 지역의 일진회가 주민들에게 단발을 강요하고 시장세를 징수하여 착복하는 한편, 일진회 가입을 강요함으로써 많은 반발을 샀던 것이 의병활동을 폭발시켰다는 지적도 있다.

군대해산에 죽음으로 맞선 박승환

1869년 서울에서 태어나 어려서부터 지혜와 용기가 남달랐으며, 군 복무 10여년만에 육군 참령에 올랐다. 1895년 10월 명성황후 시해사건에 분개하여 일본인에게 보복하고자 하였으나 기회를 놓쳤고, 1907년 7월 고종황제가 강제퇴위하자 궁중에서 거사하여 이를 저지하고자 하였으나 황제에게 화가 미칠 것을 염려하여 중단한 예가 있을 정도로 애국심과 항일의식이 투철하였다. 1907년 8월 1일 당시 시위대 제1연대 제1대대장으로 있었으며, 일제의 군대 강제해산 소식을 접하고는 "군인으로 나라를 지키지 못하고 신하로서 충성을 다하지 못하였으니 만 번을 죽어도 아까울 것이 없다"는 내용의 유서를 남기고 권총으로 자결했다. 그의 자결은 대한제국 군인의 진면목을 보여주었을 뿐만 아니라 해산된 군인의 의병활동 가담을 고무하여 의병운동이 의병전쟁으로 전환하는 데 기여했다는 평가가 지배적이다.

"대한협회는 의병활동을 비난 말라"

이른바 '자강운동' 추진세력인 대한협회의 주요인사들이 의병을 폭도로 규정하고, 심지어는 일진회의 자위단이나 그 후원회에 참여해 의병진압작전을 거들고 있다는 소식을 들었다. 기가 막힐 노릇이다. 폭력을 행사했다고 해서 민중들의 피땀어린 숭고한 투쟁이 겨우 폭도로밖에는 보이지 않는단 말인가. 국민의 한 사람으로서 대한협회에 경고한다. 의병전쟁에 대한 왜곡된 비난을 삼가라.

순박하기만 한 농민이나 노동자, 빈민, 군인들이 손에 화승총과 죽창을 들고 나선 것은 사실 생존차원의 최후 방어수단, 곧 '정당방위'라 생각한다. 그들이 토지를 비롯한 자신들의 삶의 터전에서 쫓겨난 것은 다 일제의 '폭력적'인 경제침략 때문이고 그에 빌붙은 친일세력과 봉건 지주층 때문이다. 의병들은 또 일제의 이권침탈이나 재정수탈에 대해서도 저항하면서 나라를 걱정하고 있다. 그런 가운데 자신의 고귀한 목숨을 바쳐 전장에 나서고 있다. 그런데 대한협회는 의병에게 속히 폭력행사를 중지하고 각자의 본업으로 돌아가 국민의 의무에 충실히 하고 자신들에게 국가의 전도를 맡기라고 경고했다. 민중을 깔보는 심히 불순한 언사가 아닐 수 없다. 차라리 대한협회는 자신들이 일제에 빌붙어 권력의 한자리를 차지하고 싶다라고 솔직히 속마음을 털어놓는 게 좋지 않을까. 그렇다면 국민들에게 일말의 동정은 사지 않을까 생각한다.

통감부 촉탁 스티븐스 샌프란시스코에서 피살

한국 모독 망언에 분노한 한인 청년들의 의거

장인환

전명운

1908년 3월 23일 아침 9시, 샌프란시스코 근처의 오클랜드역에서 전 한국 정부 고문 겸 통감부 촉탁 스티븐스가 한국인 청년 장인환과 전명운의 총격을 받아 사망하는 테러 사건이 발생해 미국 정계에 충격을 던지고 있다. 스티븐스는 1904년 이래 한국 정부 외부 고문으로 재직하면서 일본의 이익을 충실하게 대변해온 인물로, 특히 최근 언론을 통해 일본의 한국 지배를 노골적으로 찬성하고 나서 한국인들의 격분을 사고 있었다. 이날 아침 스티븐스는 워싱턴행 열차를 타고자 일본 영사관에서 마련해준 자동차로 연락선창에 닿아 자동차에서 막 내리는 순간 변을 당했다. 목격자에 따르면 그가 차에서 내리는 순간 전명운이 달려들어 쇳덩이로 그의 얼굴을 가격했다. 스티븐스는 전명운을 뒤따라가 잡으려고 했는데 그 순간 등 뒤에서 장인환이 권총 3발을 발사했다. 그중 두 발은 스티븐스를, 한 발은 전명운의 어깨를 관통했다. 두 사람 모두 병원으로 후송됐으나 전명운은 생명에 지장이 없고, 스티븐스는 이틀 후 사망했다.

장인환과 전명운은 미국 유학생들로서 둘은 서로 전혀 모르는 사이이며, 우연히 같은 날 같은 행동을 결심하게 된 것이라고 한다. 현재 미국 교포들과 미국의 양심 인사들이 두 사람의 재판에 대비해 법정투쟁을 준비 중이다.

미주 한인 동포 법정투쟁에 나서

美 변호사 무죄 주장, 이승만 '살인자'라며 통역 거부

○… 장인환, 전명운 두 의사(義士)가 스티븐스를 저격한 오후부터 미국의 교포단체인 공립협회와 대한보국회는 공동으로 회의를 열고 즉각 구명운동에 돌입하기로 결의했다. 이날 일본에 보내는 경고문을 작성, 발표했으며 이 자리에서 우선 의연금 7백 달러를 모금하고 7명의 재판전담위원을 선출했다.

○… 미국인 변호사 코크란, 바렛, 페랄 등 세 사람이 두 의사의 무료 변론을 자청해 화제. 교포들은 두 의사의 의거가 미국 시민들로부터도 감동을 불러일으켰다고 환호하고 있다는 후문.

한편 이들 인권변호사들은 두 의사의 무죄를 주장하겠다고 밝혔다. 그 근거는 사건현장에서 스티븐스가 전명운을 추격하는 광경을 보고 장인환이 전명운의 위급을 구하기 위해 발포했으므로 정당방위에 해당한다는 것이다. 또 스티븐스의 사인은 의사의 부주의 때문이라는 것을 입증하겠다고 한다. 전명운도 스티븐스와 똑같이 폐 관통상을 입었는데 치유됐기 때문이다. 특히 장인환의 경우는 일제의 한국병합 기도에 극도로 흥분하고 좌절감을 느껴 정신이상을 일으킨 상태로 봐야 하기 때문에 위법성을 따질 수 없다고 주장할 예정이다.

○… 한국의 유력한 독립운동가로 미국에 체류중인 이승만이 두 의사의 미국인 변호사에 대한 통역을 맡아달라는 교포들의 요구를 거절해 작은 파문이 일었다. 이승만은 자신은 기독교 신자이기 때문에 살인자를 옹호하는 일에 관여할 수 없다고 말했다. 또 한국의 독립은 열강들과의 외교를 통해 보장받는 것이 순리이며 테러라는 비인도적 수단에 호소하는 것은 오히려 독립에 방해가 된다는 것이 이승만의 평소 지론인 것으로 알려졌다.

스티븐스의 전력과 망언

외부 고문 지낸 일본 하수인 "일본 지배, 한국의 행복"

스티븐스는 지난 1904년 한국의 행정부에 외국인 고문을 두기로 일본과 맺은 협정에 따라 외부 고문을 맡아온 자로, 미국인이지만 일관되게 일본의 이익을 위해 일해온 것으로 유명한 인물이다. 이번에 미국으로 귀국한 것도 최근 미국 내에서 일고 있는 반일감정을 무마하고, 아울러 미국 내 한인들의 독립운동 상황을 사찰하기 위해서였던 것으로 알려졌다.

특히 사건 이틀 전인 1908년 3월 21일 샌프란시스코에서 가진 기자회견에서 한국인을 모욕하는 발언을 하여 재미 한국인의 분노를 산 바 있다. 그는 이 회견에서 "일본이 한국을 보호한 후로는 한국에 유익한 일이 많고, 일본이 한국을 다스리는 법은 미국이 필리핀을 다스리는 법과 같고, 일본에 반대하는 것은 정계에 참여치 못한 자들뿐이고 농민과 일반 백성들은 전부 일본을 환영한다"라고 말했다. 이 내용이 신문에 보도되자 미국 내 한인단체인 공립협회와 대동보국회에서는 곧 임시연합총회를 열어 총대 4명을 선출, 스티븐스가 투숙하고 있는 페어몬트호텔로 가서 강력하게 항의한 바 있다. 이 자리에서도 스티븐스는 우리측 대표에게 "한국에 이완용과 같은 충신이 있고, 이등박문이 있는 것은 한국과 동양의 행복이다. 내가 한국을 보니 고종황제는 실덕(失德)이 심하고, 수구당은 백성의 재산을 수탈하고 민중은 우매하여 독립할 자격이 없다. 일본이 차지하지 않았다면 러시아에게 병합되었을 것이다"고 폭언을 해 총대 4명은 분통한 나머지 의자로 스티븐스를 쳐서 상처를 입혔었다.

멕켄지의 의병 인터뷰

"일본의 노예 되느니 자유민으로 죽겠다"

일본군이 병력을 증강하고 의병부대에 대한 무력진압에 적극 나서고 있는 가운데 영국 언론인 멕켄지가 의병활동을 취재하기 위해 입국, 충청도일대를 직접 둘러보았다. 그는 러·일전쟁 때도 영국신문「데일리메일(Daily Mail)」지 특파원으로 종군취재를 해 세계 각지로부터 찬사를 들은 인물이다. 그때를 계기로 그는 한국에 대해 남다른 애정을 갖게 됐고 이번에 의병전쟁에 종군하기로 결심했다고 한다.

원주를 지나 양평으로 가던 도중 어느 마을에 묵게 됐다. 그동안 이천, 제천 등지를 돌아봤는데 일본군의 무차별 토벌에 폐허로 변한 마을은 수없이 목격했지만 의병은 만나보지 못했다. 양평 쪽으로 가보면 의병을 볼 수 있다는 주민의 말에 따라 그쪽으로 가는 중이었다.

해질 무렵, 저녁을 짓던 사동이 그릇을 떨어뜨리며 달려와 소리쳤다. "선생님, 의병이 나타났습니다. 여기 군인들이 왔어요." 순간 5, 6명의 의병들이 뜰로 들어섰다. 나이는 18세에서 26세 사이였고 그중 얼굴이 준수하고 훤칠한 한 청년은 구식군대의 제복을 입고 있었다. 나머지는 낡은 한복차림이었다. 그들은 각기 다른 종류의 총을 들고 있었는데 하나도 성한 것이 없어 보였다. 그 중 인솔자인 듯한 사람에게 말을 걸었다.

당신들은 언제 전투를 했습니까.

… 오늘 아침에 저 아랫마을에서 전투가 있었습니다. 일본군 4명을 사살했고, 우리측은 2명이 전사했고 3명이 부상을 입었습니다.

두 배의 전과를 올리고도 쫓기는 이유는 무엇입니까.

… 일본군은 무기가 우리보다 훨씬 우수하고 훈련이 잘돼 있는 정규군입니다. 우리 의병 2백 명이 일본군 40명에게 공격당해 패배한 적도 있습니다.

일본을 이길 수 있으리라 생각합니까.

… 이기기 힘들다는 것을 알고 있습니다. 우리는 어차피 싸우다 죽게 되겠지요. 그러나 좋습니다. 일본의 노예가 되어 사느니 자유민으로 죽는 것이 훨씬 낫습니다. 그런데 한 가지 부탁 드려도 되겠습니까.

말씀하십시오.

… 우리 의병들은 말할 수 없이 용감하지만 무기가 없습니다. 총은 낡아 쓸모가 없고 화약도 거의 떨어졌습니다. 당신은 원하면 아무 곳이

나 다닐 수 있는 사람이니 우리에게 무기를 좀 사다주십시오. 돈은 5천 달러건 1만 달러건 필요한 대로 드리겠습니다.

애석했지만 나는 이 요구를 거절할 수밖에 없었다. 종군기자로서 어느 한쪽에 이익을 제공하는 것은 기자윤리에 어긋나는 것이었기 때문이다. 나중에 일본군으로부터 내가 본 의병들의 상황에 대해 정보를 요청받았으나 그때도 같은 이유로 거절했다. 다음날 내가 가진 비상의약품으로 부상당한 의병들을 응급처치해주고 마을을 떠났다. 한 아낙네가

다가와 "우리는 한 서양인이 우리의 참상을 보기 위해 이곳에 온 것을 기쁘게 생각합니다. 당신이 본 것을 세계에 전하여 우리 현실을 알려주기를 바랍니다"라고 말했다. 나는 솔직히 한국에 오기 전에는 한국보다는 일본에 호감을 가지고 있었다. 그러나 직접 한국을 돌아본 결과 내 생각이 잘못이었음을 깨달았다. 일본군은 양민을 무차별 학살하고 부녀자를 겁탈하는 비인도적 만행을 서슴지 않았다. 반면 한국인은 비겁하지도 않고 자기 운명에 대해 무심하지도 않다. 한국인들은 애국심이 무엇인가를 몸으로 보여주고 있다.

신민회

어떤 단체인가

1907년 초에 결성된 것으로 알려진 신민회는 철저히 점조직으로 운영되어 일반회원들은 종적으로만 연결돼 횡적으로는 누가 같은 회원인지도 모른다고 한다. 탐문한 바에 의하면 양기탁, 전덕기, 이동휘, 이동녕, 이갑, 유동열, 안창호 등이 설립위원이라고 한다. 회원들은 주로 평안도지역의 기독교인들로 신흥상공업자 및 신지식인들이며 여기에 대한매일신보 등에서 활동하는 애국인사들이 참여한 것으로 알려졌다. 이 회의 조직목적은 1. 민족의식과 독립사상 고취, 2. 동지의 규합과 국민운동 역량 축적, 3. 청소년의 교육진흥, 4. 상공업의 증진 등으로, 자본주의적 산업발전과 근대적 시민양성을 통한 국권회복을 일차적 목표로 한 것으로 짐작된다. 신민회에서는 이러한 목적을 달성하기 위해 그 표면기관으로 청년학우회를 두고 대성학교, 오산학교 등을 설립·운영하고 있으며, 사업체로서 태극서관과 도자기회사를 경영하고 있는 것으로 알려졌다.

사립학교령 반포

사립학교 통제 통해 지방사회의 일원적 장악 노려

1908년 9월　사립학교령이 반포되고 아울러 기부금품 모집 취체규칙과 지방비법(地方費法)이 공포되어 사립학교의 설립과 운영이 관의 통제하에 놓이게 되었다. 그간 전개된 사립학교 설립운동은 지방사회의 자치적 기반을 구축하려는 움직임의 일환이었는데, 일본은 위의 법률을 통해서 이 운동을 통제하여 지방사회를 중앙집권적으로 장악하려는 것으로 보인다.

그간 설립된 사립학교는 대부분 한 개인이 설립한 것이 아니라 지방 주민의 모금과 향교의 재산이나 도선세(渡船稅), 시장세와 같은 지방의 공공재원을 기초로 한 민립학교라고 할 수 있다. 민립학교의 설립은 곧 지방사회의 자치적 기반을 구축하기 위한 것이었다.

그런데 이번 사립학교령은 학교 설립에 학부대신의 인가를 받도록 했고 교과서도 학부대신의 인가를 받도록 했다. 일제가 이 조치를 취한 것은 한편에서는 우리나라의 교육을 통제하겠다는 뜻도 있지만 다른 한편 학교설립운동을 통해서 발현되는 지방자치의 움직임을 조기에 차단해서 중앙집권적인 지방통제를 이루겠다는 의도도 담겨 있다.

안창호, 대성학교 세워

1908년　안창호가 민족의 실력양성을 위한 중등교육기관으로 대성학교를 평양에 세웠다. 이 학교는 평양의 김진후, 선천의 오치은, 철산의 오희원 등 재력가의 지원으로 세워졌으며, 윤치호가 교장, 안창호가 대변교장을 맡고 있는데 개교 당시 입학생이 90여 명이었다고 한다. 이 학교는 교육구국의 이념 아래 실력을 구비한 인재양성을 목표로 하고 있다. 이에 따라 건전한 인격함양과 건강한 체력훈련을 강조하고, 이를 위해 군인출신인 정인복을 체육교사로 초빙, 체육시간에 군사교육을 시키고 있어 주목을 끌고 있다.

이승훈, 오산학교 설립

1907년 12월　남강 이승훈이 평북 정주에 오산학교를 세워 인재양성에 나섰다. 그는 안창호의 연설을 듣고 뜻한 바 있어 자강운동의 일환으로 학교설립을 추진, 지난 7월에 소학교 과정의 근대식 학교로 강명의숙을 세운 바 있다. 이번에 설립된 오산학교는 중학과정이다. 초대교장에는 평안도에서 이름높은 유생인 백이행이 취임했으며, 학생은 이운영, 김도태 등 7명인 것으로 알려졌다. 그러나 교육전문가들은 평안도지역이 자강운동이 가장 왕성한 지역인 데다 이승훈의 저력이 만만치 않아, 수년 내에 이 학교가 명문으로 자리잡게 될 것이라고 내다봤다.

대성학교 체조교육 탐방

군사훈련 방불케 하는 사립학교 체조시간

최근 들어 각 사립학교에서는 체조시간을 강건한 신체와 정신을 단련하는 과목으로 중요시하고 있어 많은 학생들과 교육자들, 심지어 일제까지도 이를 주목하고 있다. 이에 관해 취재차 평양에 위치한 대성학교를 찾아보았는데 역시 듣던 대로 대성학교의 체조교육은 군사훈련을 방불케 하고 있었다.

마침 운동장에서 곤봉을 둘러멘 학생들이 〈행보가〉를 부르며 행진하고 있는데 그 사기와 기상이 우렁찼다. 한 학생을 붙잡고 "체조시간이 힘겹지 않느냐"고 물어보았더니 "일본의 무력 앞에 힘없이 쓰러지는 망국의 비운을 눈앞에 둔 우리들에게 가장 필요한 것은 강병입니다. 그러나 현실적으로 이미 군대는 해산되어 강병정책의 수행이 전혀 불가능

한 때이므로 이와 같은 민족적인 염원과 과제를 학교교육의 체조시간을 통해서나마 시도하는 길밖에 없지 않겠습니까"라며 당연한 듯 받아들이고 있었다. 대성학교의 교사와 학생들은 체조시간에 대해 대단한 자부심을 갖고 있었다. 한 교사는 "우리 학교에서는 눈 덮인 광야에서도 체조를 시키며 쇠를 녹일 듯한 폭염하에서도 전술강화훈련을 하고 있다. 또한 이따금 야간에 비상소집령을 내려 험산준곡에서 담력을 기르게 하며, 달밤에 빙상에서 '장하도다, 우리 학도'라는 〈병식행보가(兵式行步歌)〉를 부르며, 씩씩한 행진을 하여 활기를 길러주고 있다"고 말했다. 그의 말에 따르면 평안도의 사립학교 중에는 다른 과목은 가르치지 않고 나팔 불고 북 치는 수업

만 하는 학교도 있다고 한다.

한편 군사훈련을 방불케 하는 사립학교의 병식교련은 일본인들에게 있어서는 눈엣가시가 아닐 수 없어 곳곳에서 충돌사건이 일어나고 있다. 지난 1906년 의주에서는 병식체조 교련을 위해 근교를 행보하던 학도와 일본군대 사이에 충돌하는 사례가 있었고, 1908년 5월에도 의주 일본군 수비대와 학생간의 충돌 사건으로 4명의 학생이 부상을 입은 바 있다. 얼마전 학부차관은 "그들이 수업이 끝난 뒤에도 나팔을 불고 북을 두들기는 등 병식체조에 열중하는 일은 교육의 본지에 어긋날 뿐 아니라 나아가서는 국내의 질서를 교란하여 치국의 기반을 위태롭게 하는 것이라 하지 않을 수 없다"고 하며 못마땅해했다.

항일운동 탄압 위해 보안법제정

집회와 결사 금지, 가혹한 태형 등 규정

1907년 7월　일본 통감부는 날로 치열해져가는 항일운동을 탄압하기 위해 집회와 결사를 금지할 목적으로 한국정부에 '보안법'을 제정케 했다. 전문 10조로 이루어진 이 법은 결사·집회의 제한, 금지 및 해산, 그리고 무기 및 폭발물의 휴대 금지 등을 그 내용으로 담고 있어, 주로 최근 치열해지고 있는 한국민의 반일시위와 의병운동을 탄압하

기 위한 것으로 평가되고 있다. 특히 이 법은 위반자에게 가혹한 태형을 가하도록 하는 등 한민족을 탄압하기 위한 야만적인 것으로, 장차 일제가 한국의 국권을 강탈하고 우리민족을 지배하는 데 전가의 보도처럼 휘두를 것으로 예상된다. 최근 자강운동단체인 대한자강회와 동우회가 이 법에 저촉되었다는 혐의로 해산되고 말았다.

사전검열 규정 '신문지법' 제정

"악랄한 언론통제법이다" 비난 여론 높아

1907년 7월　정부는 '신문지법'을 공포, 신문발행을 허가제로 전환하고, 신문기사의 사전검열을 규정했다. 이 법에 따르면 신문 발행은 정부의 허가를 받아야 하며, "사회 안녕질서를 방해하거나 풍속을 어지럽히는 신문에 대해 정부가 배포금지 및 압수는 물론 발행정지"도 할 수 있다. 각계에서는 이에 대해 악랄한 언론탄압법이라며 강하게 비판하고 있다. 이 법은 '국내 한국인 신문'에 적용돼 현재 최대 발행부수를 기록하는 영국인 사장의 「대한매일신보」는 이 법의 적용을 받지 않는다.

한편 정부는 1908년 4월 이 법을 개악해 '외국에서 발행한 국문 또는

국한문의 신문 중 치안을 방해하는 것은 국내에서의 발매, 반포를 금지하고 압수한다'는 것으로 바꿨다. 이는 지난 1907년에 제정된 '신문지법'에서 법의 규제를 받지 않게 된 재외한국인 발행신문을 규제하려는 것이다. 앞으로 노령이나 미주 등지에서 국내로 들어오는 「대동공보」(블라디보스톡)나 「공립신보」(샌프란시스코) 등을 보기 힘들게 될 것으로 보인다.

이번 호의 인물 — 양기탁

일제의 폐부 찌르는 날카로운 필봉

한 민족이나 국가가 위기에 놓였을 때, 올바른 안목으로 침략자의 본질을 폭로하고 민족이 나아갈 바를 제시하는 참된 언론인이 있다면 그나마 불행중 다행일 것이다. 「대한매일신보」의 편집과 경영을 책임지고 있는 양기탁, 그가 바로 그러한 인물이다.

선교사 게일의 한영사전 편찬작업 조수, 독립협회 활동, 일본유학, 미국인 주관의 한성전기회사 근무. 이같은 경력의 소유자라면 지금은 십중팔구 미국이나 일본을 모델로 한 개화를 외치며 일제와 타협하는 모습을 보일 것이다.

그러나 양기탁은 오직 자주적 근대화의 외곬수로 활동하고 있다. 그는 서양인들과 많은 접촉을 가졌고 일본유학도 다녀왔지만, 언제나 한복차림에 상투를 틀고 다닌다. 선교사 게일을 통해 기독교를 배우며 신사상과 신문화를 접했지만, 기독교계가 일본에 대해 호의적인 태도를 취하자 선교사들은 물론 기독교 자체에 대한 통렬한 비판에 나선다.

러·일전쟁이 발발하고 일본군이 우리의 민간신문에 대한 사전검열을 통해 언론자유를 봉쇄하자 그는 오히려 일본과 동맹을 맺고 있는 영국 사람 베델과 교섭해 「대한매일신보」를 창간, 일본측의 언론탄압을 방어하며 항일언론을 마음껏 구사해 민중의 전폭적인 지지를 받았다. 그는 고종이 을사조약 체결을 거부했음에도 불구하고 일제가 강압적으로 조약체결을 이끌어냈다는 사실 등 일제의 침략성을 구체적으로 보도했고, 일진회와 같은 친일파들의 반민족적 행위를 강도높게 공격했다. 또 황성신문마저도 폭도라 표현하던 의병활동을 대대적으로 보도하면서 우리의 민족적, 민중적 항일투쟁을 국내외에 알렸다. 최근에는 신민회를 결성해 주도인물로 활약하면서, 만주에 독립운동기지를 건설해 무장항일투쟁을 체계적으로 벌인다는 전략을 수립한 것으로 알려졌다.

1871년 평양 출생. 1905년 「대한매일신보」 창간.

해외 소식

오스트리아, 헝가리·보스니아·헤르체코비나 등 합병

1908년 6월 오스트리아가 인접한 헝가리와 발칸반도의 보스니아, 헤르체코비나를 합병해 그동안 내연해오던 유럽 각국간의 암투가 일촉즉발의 위기로 치닫고 있다. 오스트리아는 얼마전 터키에서 청년 터키당이 혁명봉기를 일으키자, 터키 국왕이 헌법제정을 약속한 데 대해 이러한 여파가 자국에 미칠 것을 극도로 두려워했고 이에 대한 대응으로 이번 합병조치를 단행했다. 이에 대해 독일은 즉각 오스트리아측에 서서 지원을 약속한 반면, 프랑스와 러시아는 독일·오스트리아의 팽창에 제동을 걸고 나왔다. 따라서 유럽의 정치지형은 독일과 오스트리아를 한편으로 하고, 그 주위를 프랑스·러시아·영국이 포위하는 형세가 됐다. 한편 보스니아, 헤르체코비나의

영유권을 주장하는 세르비아는 이번 조치에 대해 이곳에 사는 사람들이 모두 슬라브민족인데 이민족 오스트리아가 지배하려 한다며 결코 승복할 수 없다고 했다. 이 지역은 원래 슬라브민족의 대제국인 터키제국의 지배하에 있다가 지난 1878년, 베를린회의에서 터키의 종주권은 인정하면서도 행정적으로 오스트리아에 귀속되도록 한 바 있다.

일제가 날조한 식민사관 판치고 있어, 더 이상 두고 볼 수 만은 없었다. 일제에 맞서기 위해 민족주의 이념으로 무장해야

1908년 8월 27일부터 대한매일신보에 〈讀史新論〉이 발표되어 국적없는 문명개화론이 판치는 지식계에 큰 충격을 주고 있다. 이 글은 전통적인 유교사관을 통렬히 비판하는 한편, 새롭게 침투해 들어오고 있는 일본인들의 식민주의사관에 대해서도 날카롭게 비판하고 있는데 본지는 이 글의 필자인 신채호씨를 만나보았다.

이 글을 쓰시게 된 계기는.

얼마전에 현채씨가 쓴 「동국사략」을 읽고 매우 충격을 받았습니다. 그책에 임나일본부설(任那日本府說)과 신공왕후침공설(神功王后侵攻說)이 버젓이 실려 있는 것이 아니겠습니까. 이것은 일본이 한국을 침략하기 위해 날조한 식민사관에 근거한 것인데 근대적 역사서술이라는 명목하에 이러한 낭설을 버젓이 싣고 있는 것을 보고 더 이상 가만히 있을 수 없다고 생각했습니다.

그러면 근대적 역사서술에 대해 부정적으로 보시는지.

그렇지는 않습니다. 저도 중세적 역사관은 불식되어야 하며 역사의 전개를 발전적으로 서술해야 한다고 봅니다. 진화론적 역사관이 바로 그것이라고 할 수 있는데, 저는 그 글에서 인류의 역사를 동물 중에서 인류가 이루어지는 단계, 금수와 경쟁하여 승리를 얻는 단계, 사회생활을 영위하는 단계, 국가적 생활을 영위하는 단계, 세계공통적 시대라는 다섯 단계로 나누었습니다. 이렇게 역사를 발전적으로 이해해야 역사 속에서 우리가 나아갈 길을 알 수 있습니다.

역사를 서술하자면 역사에 있어서 주체의 문제가 제기될 수 있는데.

저는 역사서술사의 주체를 민족으로 설정해야 한다고 봅니다. 따지고 보면 역사란 민족의 소장성쇠의 상태를 시기적으로 서술한 것이 아니겠습니까? 따라서 민족을 버리면 역사가 없으며 역사를 버리면 민족이 국가에 대한 관념을 잃게 되니 역사와 민족은 이렇듯 서로 뗄 수 없는 관계에 있는 것이지요. 앞서 말한 현채씨의 오류는 역사의 주체문제를 빼놓고 겉껍질로만 근대의 흉내를 낸 데 있다고 봅니다.

평소 민족주의란 말을 즐겨 쓰신다고 들었는데.

그렇습니다. 저는 「대한매일신보」에 〈민족주의와 제국주의〉란 글을 실은 적도 있지만 현대는 분명히 제국주의와 민족주의의 대결시대라고 할 수 있습니다.

항간에는 사회진화론의 영향으로 우리도 문명개화하여 실력만 기르면 강한 나라가 될 듯이 떠들어대고 있습니다. 그러나 이것은 하나만 알고 둘은 모르는 소리지요. 현재와 같은 일제 침략하에서는 우리 실력이 하나가 늘면 제국주의의 실력은 열이 늘어납니다. 쓸데도 간도 없는 지금의 문명개화론, 실력양성론은 우리 민족이 자주적으로 발전하고 독립할 수 있는 가능성을 부정하기 때문에 가면 갈수록 일제의 침략논리에 휘말릴 수밖에 없어요. 지금은 무엇보다도 우리가 일본제국주의 침략과 대결하여 자주적으로 발전할 수 있는 신념과 논리가 필요하다고 봅니다. 민족주의가 바로 그것이라는 생각입니다.

'신세대' 최남선, 문화계에 '화려한' 등장

최초의 교양잡지 「소년」 창간, "청소년에게 새로운 지식 보급"
"그릇된 문명개화관 심어 줄 수 있다" 신중한 비판론도 제기돼

1908년 11월 '신세대의 선두주자' 최남선이 우리나라 최초로 교양잡지 「소년」을 창간하여 화제가 되고 있다. 「소년」 창간호는 최남선과 그의 형 최창선이 집필·편집·제작을 도맡아 한 것으로 알려졌으며, 최남선이 지난해 여름에 설립한 신문관에서 발행되었다. 최남선은 편집방침을 묻는 기자에게 "청소년에게 새로운 지식을 보급하고 건강한 정서와 의식을 함양하기 위해 애쓸 것"이라고 말했다.

한편 최남선은 이번 「소년」 창간호에 신체시 '해에게서 소년에게'를 발표해 문단에 신선한 충격을 주었다. 이 시는 우선 고시가나 창가와 같은 정형률에서 벗어나 자유로운 형식을 취하고 있어 파격적이라는 설명이 있다.

그러나 각 행마다 행수·음보수·음절수가 일정하고 후렴구가 있어 창가의 형식에서 완전히 탈피하지 못했다는 분석이 지배적이다. 특히 한 평론가는 이 시에서 주로 사용되고 있는 7·5조의 율격이 일본식 율격이어서 오히려 우리의 전통시가에 잠재되어 있는 자유시로의 발전 가능성을 가로막는다고 주장해 주목을 끌고 있다.

또 서구 및 일본의 선진문화 수용을 통해 새 사회를 건설하자는 내용을 담고 있어 자신의 지론인 문명개화론을 문학적 차원에서 표현했다는 평가도 나오고 있다. 그러나 서구문물 찬양 일변도의 국적없는 문명개화론을 담고 있어 청소년층에게 문명개화에 대한 그릇된 환상을 심어 줄 수 있다는 분석도 제기되고 있는 실정이다.

일제, 석전금지령 내려

"한국인 전투훈련장 될까 우려"

1908년 일제 경찰은 음력 설날을 맞아, 고구려 이래 우리의 상무적 전통이요 관습인 석전(石戰)을 금지한다고 발표했다. 이에도 불구하고 우리 청년들이 세시풍속이라며 석전을 벌이려 하자, 일본 경찰이 발포까지 하면서 해산시키는 등 파문이 일고 있다.

그동안 이 석전행사는 서울의 경우, 정월 보름에 남대문 밖 및 한강 연안에서 두 패로 나누어 돌을 던지며 패싸움을 하여 내기를 했고 사상자가 나더라도 예사로 알았으며 싸움은 10여 일에 걸쳐 계속되었다. 청소년들은 앞다투어 이 전투적인 편싸움에 나섰고 그 투석기술은 유사시에 대비한 훈련이 될 만큼 전투적이었다.

일제 경찰은 이 석전의 풍습이 한국인의 씩씩한 기상과 전투기술을 배양하는 것이 된다 하여 엄금하기로 한 것으로 알려졌는데, 일제는 봉건적 구습에 대해서는 무관심하고 방관적이면서도 그들이 우리나라를 지배하는 데 방해가 되는 것이면 이렇듯 여지없이 탄압을 가하고 있다.

역사신문

서울에 일본군 집결 '계엄상황'

강경파 데라우치 통감 부임 … 각 신문 정간, "정국 초긴장"

1910년 7월 일본군이 속속 용산에 집결하고, 일본의 헌병경찰이 언론과 통신을 엄중 단속해 각종 신문을 정간시키는 등 서울은 완전히 계엄상태에 돌입했다. 이는 신임 데라우치 통감 부임후 벌어지고 있는 일로, 그가 무엇인가 큰일을 저지르려 한다는 소문이 나돌고 있다.

일본 정계에서 초강경파로 알려진 데라우치는 지난 5월 30일 한국 통감에 임명됐지만 임명 후 거의 두 달 동안 서울에 부임하지 않고 동경에 머물러 있었으며, 서울에 부임한 이후에도 관저에 틀어박혀 외부와의 접촉을 끊고 있어서 그의 의중이 무엇인지 사람들의 의구심을 자아내고 있다.

한국에 주둔하고 있는 일본군은 6월 중순에서 7월에 걸쳐 전국 각지에서 용산으로 집결하고 있다. 명목상으로는 각 부대의 훈련과 기타 검열을 위한 것이라고 밝히고 있지만, 시내와 궁궐 주변에 집중적으로 병력이 배치되어 삼엄한 분위기를 조성하고 있는 것으로 미루어볼 때 통상적인 훈련을 위한 것은 아닌 것으로 보인다. 한편 아까시 경무총감 지휘하의 헌병경찰은 한국의 경찰권을 접수하여 각 정치인의 행동을 감시하고, 일체의 정치적 집회를 불허하고 있다. 또 한국어 신문은 물론 일본어 신문까지 발행정지시키는 등 계엄상태에 준하는 조치를 취하고 있어 서울은 마치 전시와 같은 상태에 돌입했다. 이러한 가운데 정국은 초긴장 상태에 돌입했으며 데라우치 통감이 비밀리에 모종의 일을 도모하고 있다는 관측이 대두되고 있다. 따라서 정국의 초점은 그의 일거수 일투족에 모아지고 있다.

관련기사 2면

일제 호남의병 추적
남한대토벌작전

호남벌판 피로 물들어

1909년 호남지역을 중심으로 의병투쟁이 계속되는 가운데, 일제가 이의 완전진압을 위해 '남한대토벌작전'을 벌여 호남벌판이 피로 물들고 있다. 올들어 전라도전역을 통틀어 의병이 봉기하지 않은 곳이 없다고 할 정도로 호남지역 의병투쟁의 열기는 거센 상태다. 지난해 2월 기삼연 부대가 호남 서부 평야지대를 중심으로 재봉기한 이후, 의병투쟁은 호남 동부 산악지대는 물론 남부해안으로까지 확산되었다. 이들 의병부대들은 소부대를 중심으로 유격전을 전개, 화력의 열세에도 불구하고 선전하고 있다. 일제는 이에 대해 9월 1일자로 전라도지역을 대상으로 한 이른바 '남한대토벌작전'을 개시해 지역 내 모든 가옥과 주민들에 대해 무자비한 토벌을 자행하고 있다. 일본군이 휩쓸고 지나간 마을은 온통 잿더미로 변하고 있으며 산으로 피난한 일반민까지도 토벌대상이 돼 학살당하고 있다. 일본군은 9, 10월 두 달 동안 103명의 의병장과 4138명의 의병을 살육 또는 체포한 것으로 자체 집계했다는 소식이다.

관련기사 2면

일진회, 합방요구 성명서 발표

1909년 12월 3일 일진회는 임시총회를 열고, "한국 정부를 폐지하고 일본이 직접 통치할 것"을 포함한 4개항을 결의한 뒤 이를 황제와 통감 그리고 총리대신에게 전달하는 한편 일본수상 가쓰라에게도 한일합방건의서를 제출했다.

이번 일진회의 망발에 대해 정계에서는 일진회 배후의 일본이 한국인들의 여론을 떠보기 위해 시도한 것이라는 설과 일진회 자체가 정국의 주도권을 잡기 위해 선수를 치고 나온 것이라는 설 등 다각도의 분석이 나돌고 있다.

안중근, 이등박문 사살
하얼빈에서 저격, 일제 심장부 관통

안중근 의사가 하얼빈 역에서 이등박문을 사살하는 현장

관련기사 3면

신민회계열 인사 해외망명 잇달아
"국외에 독립운동기지 건설하겠다"

1910년 4월 안창호, 이갑, 이종호, 유동열, 조성환, 신채호 등 신민회계열 인사들이 속속 해외로 망명하고 있고 이시영, 이회영, 이동녕, 김구 등도 곧 망명할 계획인 것으로 알려져 이들의 움직임에 관심이 모아지고 있다. 이들이 해외망명을 선택하게 된 것은 일본의 침략이 본격화되면서 국내에서의 운동이 한계에 도달했다는 판단 때문인 것으로 알려지고 있다. 이러한 움직임은 지난해 9월 대한협회, 서북학회 등 유력한 자강운동단체가 친일단체인 일진회와의 연합을 도모하면서 더 이상 이들과 한 배를 탈 수 없다는 판단도 크게 작용한 것으로 보인다.

한편, 이들의 해외망명은 개별적으로 이루어진 것이 아니라 신민회차원에서 조직적으로 이루어진 것으로 알려지고 있다. 지난 봄 신민회는 국내에서의 실력양성이 더 이상 불가능하다고 판단하고 그 대안으로서 국외에 독립운동기지를 창건하려는 계획을 세웠다고 한다. 특히 교민이 집단적으로 거주하고 있는 연해주와 간도를 근거지로 독립군을 양성하여 독립전쟁을 준비한다는 운동노선이 채택되었다.

한편, 상해의 은행에 예치돼 있는 이종호의 예금이 이들의 자금원이라고 한다. 이종호는 고종황제의 재정 관리인이었던 이용익의 손자이므로 이 자금은 과거 고종황제가 조성해 놓은 비자금 중의 일부가 아니겠느냐는 소문이 돌고 있다.

관련기사 3면

일부 자강운동단체 본색 드러내
대한협회, 서북학회, 일진회와 연합 시도

1909년 9월 자강운동단체인 대한협회와 서북학회가 친일단체인 일진회와의 연합을 추진하고 있는 것으로 알려져 충격을 주고 있다. 이러한 연합 움직임은 이완용 내각에 대한 반대세력의 규합이라는 명분을 가지고 추진되기 시작했으며 이를 주도하는 자들은 윤효정, 정운복, 최석하 등인 것으로 알려졌다. 이들은 매우 권력지향적인 인물들로, 정운복의 경우 3단체 연합을 통해 일진회내각이 구성되면 학부대신을 약속받았다는 소문이 나돌고 있다.

그러나 이들 몇몇 사람만이 아니라 대한협회 자체가 매우 강한 권력지향성을 갖고 있기 때문에 이러한 일이 벌어졌다는 분석도 있다. 대한협회는 1908년 7월 임원진 개편으로 김가진, 오세창, 윤효정 등이 협회의 주도권을 잡으면서 운동방향을, 배일보다는 정권장악에 두게 되었으며 정권장악 차원에서 일진회와의 연합도 불사하게 되었다는 것이다.

이번 연합시도는 일진회가 한일합방 성명서를 발표하면서 대한협회 내에 반대의견이 높아져 성사되지는 않았지만, 대한협회 내의 연합추진파는 협회를 집단탈퇴하여 서북지역 출신을 중심으로 독자 정당을 추진할 예정이라고 한다.

1876 국교확대

1884 갑신정변

1894 갑오개혁·농민전쟁

1897 대한제국 선포

1905 을사늑약

1910 합병전야 국권상실

115

역사신문

2천만 동포여, 일어나거라

전민족의 항일 총궐기를 호소한다

심상치 않다. 도무지 심상치가 않다. 1904년 일본군이 서울에 들어온 이후, 하루라도 심상하게 넘어간 적이 없지만 이번에는 무언가 큰일이 나려는가 보다.

일본 내에서도 초강경파로 알려진 데라우치가 통감으로 부임하면서 공포의 바람이 불고 있다. 이 바람은 서울에 일본군이 집결하여 경계태세에 들어가고, 각 신문을 정간하는 등 계엄상황을 조성하면서 삼천리 방방곡곡을 휩쓸어 이제 사태는 돌아올 수 없는 강을 건넌 것이 아니냐는 소문마저 나돌고 있다.

안중근이 하얼빈에서 이등박문을 사살하고 이재명이 매국노 이완용을 공격했으며, 전국 각지에서 의병들이 들고 일어났지만 불행히도 이미 기울어버린 나라의 운명을 돌이키기에는 역부족인 것 같다.

이 나라는 망하려는가? 진정코 망하려는가? 나라가 아직 망하지 않았지만 이미 망했고, 이미 망했지만 아직 망하지 않았다. 이미 망했다 함은 아직 망국의 형식적 절차가 남아 있다고 하나 우리나라는 실질적으로 1904년 일본군이 서울에 진주한 이후 망국의 길로 치닫고 있었음을 뜻한다. 우리나라는 한일의정서로 망했고, 을사늑약으로 망했으며, 정미7조약으로 사실상 나라가 없어진 것이나 마찬가지였다. 특히 1907년 고종황제가 강제로 퇴위한 이후 조선왕조의 정치적 의미는 소멸하여 나라가 망한 거나 진배없는 상태다. 그래서 나라가 아직 망하지 않았지만 이미 망했다고 한 것이다.

그러면 나라가 이미 망했지만 아직 망하지 않았다 함은 무슨 뜻인가? 우리 민족이 다 죽어 없어지지 않는 한 희망은 있다는 뜻이다. 역설적으로 이야기한다면 나라가 이미 망해왔으므로 여기서 더 이상 망할 것이 없다는 뜻이기도 하다. 이미 빼앗길 것 다 빼앗긴 나라에서 새로 망국의 도장을 하나 더 찍는다고 무엇이 달라질 것인가? 나라가 없어진다고 해서 일본이 우리 민족 하나하나를 다 없애지는 못할 것이다. 우리 민족의 가슴속에 나라를 되살리려는 마음이 남아 있는 한, 나라는 아직 망하지 않았다는 뜻이다.

그렇다! 나라는 이미 망했지만 아직 망하지 않았다. 이제부터 새 출발이다. 세계 약소민족의 일원으로서 제국주의 침략에 반대하는 투쟁의 깃발을 힘차게 올려야 한다. 침략과 수탈이 아닌 평등과 평화의 자주적 근대화 모델을 우리가 보여줘야 한다. 2천만 동포 하나하나가 나라를 회복하려는 마음으로 모두 들고 일어날 때이다. 먼 훗날 피와 땀으로 얼룩진 가운데 솟아오르는 밝은 햇살을 받으며 웃음짓는 우리 한민족의 모습을 이루어보자.

그림마당
이은홍

받으시오!

데라우치 어떤 임무 띠고 왔나

경찰권장악, 계엄상황 연출, 모종의 중대조치 준비해온 듯

새로 통감으로 온 데라우치는 군 출신으로 참모총장과 군부대신을 지낸 자로서 예사로 보아넘길 인물이 아니다. 이는 그가 통감에 임명된 후 취한 조치들만 봐도 그렇다.

정통한 소식통에 의하면 그는 5월 30일 통감에 임명되자마자 한국 주둔 일본군 참모장 아까시를 동경에 불러 한국의 경찰권을 장악할 것을 명령하고 그를 한국 주둔 헌병대장에 임명했다. 이렇게 경찰권을 제일 먼저 챙기는 것은 그가 모종의 중대 사태를 준비하기 때문이 아닐까.

또 그는 비밀리에 한 위원회를 설치했다고 한다. 이 위원회는 외무성 정무국장, 내각 서기관장, 법제국장, 통감부 외사국장 등 일본 정부의 실무관료와 통감부 국장이 참여하고 있는 것은 대한국정책을 개편하기 위한 모종의 구체적 실행방안을 마련하기 위한 것일 가능성이 높다.

데라우치가 취할 중대조치가 무엇일까에 대해서 아직 확실한 판단을 할 수는 없다. 더구나 그는 부임 후 외부접촉을 일체 끊고 있다. 그러나 지난해 일진회의 합방청원을 상기한다면, 그리고 일진회의 배후에 일본 군부가 있고 데라우치가 무관파라는 것을 생각한다면 그 실체는 자못 심각한 것일 수 있다.

이와 관련해 그는 대외정책에 있어서 이토, 이노우에, 고무라 등 문관파와 대립되는 무관파의 대표적 인물로서 시종 한국침략에 강경한 입장을 견지해왔다는 점에 유의할 필요가 있다. 그가 통감에 임명된 지 두 달 가까이 부임을 미루며 일본에서 모종의 조치를 강구했고 부임 후에도 외부와의 접촉을 끊고 한국에 공포분위기를 조성하고 있는 것은 이러한 그의 정치적 입지와 관련해서 하나의 추론이 가능해 보인다.

일본은 데라우치라는 군부 강경파를 통감에 임명하면서 그에게 한국을 일본에 병합시키라는 밀명을 내렸을 거라는 추론이 그것이다. 조국의 앞날은 겨울을 앞둔 시절마냥 음산하기만 하다.

일제의 '대토벌작전' 무엇을 노리나

의병투쟁은 일제의 한국병합 속셈에 눈엣가시
호남 민중 항일 의식 치열해 토벌 쉽지 않을 듯

일제의 '남한대토벌작전'은 한국을 병합하기 위한 전초작업의 하나다. 일제는 이미 한국을 병합하기로 방침을 정한 바 있고, 그에 가장 큰 장애가 되고 있는 의병에 대해 전면적 공세에 나선 것이다.

지난 1907년 군대해산을 계기로 전국 각 지역에서 의병전쟁이 활발하게 일어났으나 일제의 잔혹한 진압으로 1909년에 접어들면서 의병부대들이 전반적으로 분산화, 소규모화의 경향을 띠면서 소강상태로 접어들었다. 그러나 유독 호남지방, 특히 전라남도에서는 전지역에서 의병투쟁이 발생해 수많은 군소부대의 활동이 '활화산'처럼 타올랐으며,

일부에서는 200명을 넘는 대부대의 활동도 전개됐다.

이렇게 전국적인 양상과는 달리 호남지역에서 유독 의병전쟁이 강고하게 진행되고 있는 것은 이 지역의 경제적 특수성 때문이다. 호남지역은 전국적으로 일제의 경제적 침략이 가장 극심한 지역이다. 호남지역은 근래 쌀과 면화를 중심으로 한 일제의 식량 및 원료의 공급기지가 되었다. 따라서 이 지역 농민들의 반일의식은 다른 지역에 비해 훨씬 높다. 특히 일본인 지주들이 진출해 토지를 늘려가면서 농민들의 분노는 더욱 커졌다.

이런 상황에서 호남지역의 의병투쟁은 장기화됐던 것이고, 한편 일제로서는 이들 호남의병을 제거하지 않고는 한국을 병합할 수 없다는 판단에 이른 것이다.

실제로 호남지역에서는 의병들의 투쟁으로 지방행정이 마비되는 사태가 속출하고 있고 일본인들이 본국으로 철수하는가 하면, 두 나라간의 무역량이 급격히 감소하는 등 일본의 이익을 직접적으로 위협하는 심각한 문제가 발생하고 있다. 일본군의 토벌작전이 작전에 참가하고 있는 일본군 내부에서도 너무 심하다는 말이 나올 정도로 무자비하게 진행되고 있는 것도 이러한 위기의식에서 비롯된 것이라 할 수 있다.

인터뷰 망명 떠나는 안창호

"국권회복운동 위해 망명 결심"

국권 상실이 현실로 다가오자, 뜻있는 인사들의 해외망명이 줄을 잇고 있다. 본지에서는 신민회 핵심회원으로 동지들과 함께 망명을 떠나는 안창호선생을 만나 현재의 심정과 장차의 계획을 들어보았다.

망명을 결심하게 된 계기는.
그동안 신민회를 결성하고 청년학우회와 대성학교 등을 만들어 실력양성을 위한 준비작업을 해왔으나 일제의 강점이 기정사실화된 지금 국내에서의 국권회복운동이 불가능하다. 그래서 신민회 동지들과 상의한 끝에 해외로 나가 우리 동포들을 기반으로 본격적인 국권회복운동을 준비하기로 했다.

신민회원들 사이에서 국권회복의 방략에 이견이 있다는데.

신채호나 이동휘 같은 이들은 일본과 독립전쟁을 할 수 있는 독립군 양성을 강조하고 있다. 일제와 직접 항쟁을 하자는 것이다. 그러나 내 입장은 다르다. 우리는 장차 독립전쟁을 치를만한 준비가 안돼 있다. 언젠가 독립할 수 있도록 힘을 기르기 위한 준비에 전념해야 한다. 중국 청도에서 회의를 열어 앞으로의 방략을 논의할 것이다.

우리가 일제의 식민지가 되면 정치·경제·교육·문화 등 각 분야가 철저히 일본의 손아귀에 장악될텐데 실력을 길러야 한다고 외치기만 한다면 언제 독립할 수 있겠느냐는 반론이 많다. 그래서 일제와의 직접 항쟁론이 나오는 것이 아닌가.

우리나라의 독립은 일본과 전쟁으로 되는 것이 아니고 우리 민족 스스로 독립할 역량을 갖춰야 가능한 일이다. 그러자면 무엇보다 우리 동포 한사람 한사람이 깨우쳐서 능력 있고 성실한 인간으로 다시 태어나야 한다. 그런 바탕 위에 자본도 모으고 산업도 일으켜 발달된 사회가 되어야 독립할 수 있을 것이다.

망명을 떠나는 지금의 심정은.
내 심정은 이 시 한 수로 표현하고 싶다.

간다 간다 나는 간다 / 너를 두고 나는 간다 / 잠시 뜻을 얻었노라 / 까불대는 이 시운이 / 나의 등을 떠밀어서 / 너를 떠나가게 하니 / 간다 한들 영 갈소냐 / 나의 사랑 한반도야

하얼빈역에 울려퍼진 분노의 총성

안중근, 이토 히로부미 저격 사살

1909년 10월 26일 만주 하얼빈 역에서 전 통감 이토 히로부미가 의병장출신 안중근의 권총저격에 명중, 현장에서 사살되는 대사건이 발생했다. 이번 사건은 일본이 을사늑약 이후 또다시 정미7조약을 강요하는 등 한국을 병합하겠다는 의도를 노골적으로 드러내는 시점에서 발생해 동북아정세에 엄청난 파장을 몰고올 것으로 보인다.

10월 26일 오전 9시 하얼빈역에는 이토 일행을 실은 특별열차가 플랫폼으로 들어오고 있었다. 플랫폼에는 러시아와 청의 군악대 및 의장대가 도열해 있었고 러시아 재무대신 코코프체프를 비롯한 하얼빈 주재 각국 외교관들도 나와 있었다. 일본 민간인들도 일장기를 들고 환영준비를 갖추고 있었다.

이윽고 열차가 멈추자 코코프체프가 열차에 올라 이토와 악수를 하고 같이 플랫폼으로 내려섰다. 둘이 의장대를 사열하고 각국 외교관과 인사를 나눈 이토는 환영대열에게 손을 흔들며 출구쪽으로 향했다.

바로 이때 러시아군 의장대 뒤쪽에서 6발의 총성이 울려퍼졌다. 이토는 비틀거리며 쓰러졌다. 수행원들과 코코프체프가 달려가 이토를 부축하려고 할 무렵 권총을 든 키작은 사람이 의장대 뒤에서 달려나와 "대한 만세"를 몇 번이나 소리 높이 외쳤다. 의병장 안중근이었다. 그의 눈은 용광로처럼 불타오르고

있었고 얼굴은 분노로 일그러져 무시무시했다. 안중근은 러시아 군인에게 체포됐다. 그는 연행되면서도 줄곧 이토가 죽었는가를 물었다. 한편 이토는 급히 열차 안 침대로 옮겨져 응급치료를 받았으나 폐와 복부에 총탄이 명중돼 10여분만에 즉사했다. 안중근은 그가 죽었다는 소식을 듣고는 "천주님이여, 마침내 포악한 자가 죽었습니다. 감사합니다"라며 얼굴이 밝아졌다.

이토가 이날 하얼빈을 방문한 것은 러·일전쟁 후 일본의 만주 진출이 활발해지는 가운데, 이에 대해 사사건건 제동을 걸어오는 청을 제압하기 위해 러시아와 모종의 협상을 하기 위한 것으로 알려졌다.

안중근, 어떤 인물인가?

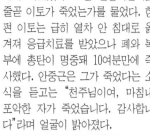

의병활동 후 비밀결사 조직, 암살계획 세워

안중근은 1879년 황해도 해주에서 진사 안태훈의 장남으로 태어나 어려서 한학을 배우고 특히 사냥에 재주를 발휘해 명사수로 이름을 날렸다. 1895년 천주교 신자가 되어 신학문과 불어를 배웠으며 1906년 평남 진남포에 삼흥학교와 돈의학교를 설립하여 인재양성에 전념하였다.

그 이듬해에 블라디보스톡으로 건너가 이범윤과 함께 의병활동을 전개, 두만강유역에서 혁혁한 전과를 올리기도 했다. 그러나 1908년 회령전투에서 중과부적으로 처참한 패배를 당한 후 천신만고 끝에 탈출에 성공하였으며, 1909년 3월 노브키에프스크에서 김기룡, 엄인섭, 활병길 등

12명의 동지와 함께 단지회(斷指會)라는 비밀결사를 조직하고 이토 암살계획을 세웠다. 그후 9월에 이르러 「대동공보」의 기사를 통해 이토가 하얼빈을 방문하여 러시아 재무장관과 회견한다는 사실을 알고 만반의 준비를 갖춰 마침내 10월 26일 오전 9시 30분경 거사에 성공했다.

이토 히로부미

메이지유신 일등공신, 우리에겐 '침략 원흉'

임종 직전 자신이 한국 독립운동가로부터 공격받았다는 말을 듣고 그는 "바보 같은 놈이군"이라고 했다. 일본에서 자기만큼 한국을 생각해주는 정치가가 없다는 자만심의 표현이다. 그가 이런 자만심을 가진 데는 이유가 있다. 그는 1899년 메이지헌법을 기초해 메이지정권을 반

석 위에 올려놓은 일본 정계의 최고위급 정치인이다. 또 열강과 맺은 불평등조약을 개정하고 이어 청·일전쟁을 승리로 이끌어 일본의 지위를 열강과 대등한 수준으로 끌어올렸다. 그러나 러·일전쟁 이후 그의 영향력은 예전에 비해 현저하게 떨어졌고 때마침 정한론이 더욱 기승

을 부리기 시작했다. 그는 정한론 자체에는 반대한 적이 없지만 무리한 수단을 동원해 열강의 신경을 거슬리는 것보다는 보호국의 형태로 지배하는 것이 최선이라고 주장해왔다. 그는 이러한 '온건론' 때문에 정치적으로 궁지에 몰렸고 한국 통감직을 사임하기에 이르렀다.

안중근 의사 법정투쟁 현장

"나는 전쟁포로다"

추상같은 공박에 일인 검사 쩔쩔매

거사 직후 러시아 관헌에 체포된 안중근 의사는 일본과의 관계악화를 두려워한 러시아측에 의해 일본 관동도독부로 넘겨졌다. 동포들이 변호사를 주선했으나 거부당해 일본인 국선변호인으로 재판이 이루어졌다. 그러나 안 의사는 시종 당당한 논리로 검사를 논박해 재판부는 끝내 공개재판을 취소, 비밀재판으로 마감하는 파행을 감수해야 했다.

범행동기가 무엇인가.

나는 일본재소서에서 재판받을 의무가 없다는 점을 먼저 말하겠다. 나는 의병의 참모장으로 독립전쟁을 하는 중이고 그 일환으로 이토를 죽였다. 따라서 나는 형사범이 아니라 전쟁포로다.

범행 후 자살을 기도했는가.

나의 목적은 한국의 독립과 동양평화의 유지에 있다. 이토를 죽인 것도 사적 원한에서가 아니라 그런 목적에서 죽였다. 그러나 아직 목적이 달성되지 않았기 때문에 이토 하나 죽이고 자살한다는 것은 생각지도 않았다.

일본이 한국을 병합하려 한다고 말하지만 세계 만방이 감시하고 있는 한 그건 불가능한 일이라는 걸 아는가.

나는 일본이 한국을 병합하려 하는 이유도 알고, 열강들이 이를 쳐다보고만 있는 이유도 다 알고 있다.

한국이 문명개화하고 능력을 갖추면 일본이 보호할 필요가 없어지지만 당신과 같이 스스로 망치는 행동을 하면 통감제도는 영구히 존속되지 않겠는가.

한국의 흥망은 한국인의 생각에 달려 있는 것이다. 한국은 오늘날까지 진보해왔다. 현재 독립과 자위(自衛)를 할 수 없는 것은 상층 위정자들 때문이지 아래 인민들의 책임은 아니다.

이토를 죽인다고 통감제도가 폐지되리라고 보는가.

그렇지 않다는 것을 잘 알고 있다. 그러나 이번 사건으로 일본 국민과 세계 각국은 우리 민족의 뜻을 알게 됐을 것이다.

청이나 러시아에 대항할 힘이 없는 한국을 그대로 두면 망하지 않았겠는가. 그래서 일본이 보호해주겠다고 한 것이다.

그렇다면 을사조약을 우리 황제를 협박해서 강제로 체결케 한 이유가 뭔가. 또 통감제도 실시 이후 수많은 우리 인민을 무참히 학살하고 있는 이유는 뭔가. 도대체 이토는 우리를 보호해준 것이 아무것도 없다. 일본은 우리를 집어삼키려 하고 있다 ….

이즈음에서 재판부는 안 의사의 발언을 중지시키고 이후 비공개재판으로 진행했다. 사형은 3월 26일 오전 10시 여순감옥 사형장에서 집행됐다. 사형 직전 마지막으로 면회온 동생들에게 안 의사는 "고향에서 부쳐온 한복을 가져왔느냐"고 묻고 "늙으신 어머님을 너희에게 부탁한다"고 말했다. 교수대 앞에서 마지막으로 할 말이 없느냐는 질문에 "동양평화만세"를 외치고 싶다고 했으나 허락되지 않았다. 평소와 다름없는 태연자약한 모습으로 교수대에 올라 최후의 순간을 맞이했다. 집행 후 동생들이 시신을 돌려줄 것을 강력하게 요청했으나 이 역시 허락되지 않았고 여순감옥 내의 공동묘지에 묻혔다.

해외망명 인사, 그 면면

안창호 실력양성 부르짖는 점진론자
신채호 항일지 대한매일신보의 논객
이동휘 육군 참령 출신의 강경파
이회영 일찍이 만주에 독립운동 기지 마련
이종호 이용익의 손자로 신민회 자금줄

신채호   이동휘   이회영   이시영

1910년 봄부터 신민회계열의 인사들이 속속 해외로 망명하여 정계의 주목을 받고 있다. 그들은 도대체 어떠한 인물인지 그 면면을 살펴보았다.

안창호 33세, 평안도 강서출신. 18세 때 상경하여 언더우드가 경영하는 구세학당에 입학했다. 이후 독립협회에 가입하여 맹렬히 활동한 바 있다. 독립협회가 해산되자 1900년 미국으로 건너가 샌프란시스코에서 공립협회를 조직하여 교포들의 생활향상과 의식계몽에 힘썼다. 1905년 11월 귀국하여 명연설가로 활약하였으며 평양에 대성학교를 설립하고 자기회사를 경영하는 등 서북지역의 핵심인물로 등장했다. 이러한 지위 때문에 통감 이토와

면담을 한 바도 있다. 1909년에는 청년학우회를 조직하는 등 조직의 대가이며 이번에 신민회에서도 조직적인 망명을 주도했다.

신채호 31세, 충청도 대덕출신. 18세 때 학부대신 신기선의 천거로 성균관에 입학했다. 25세 때 향리로 내려가 신규식, 신백우 등과 함께 산동학원을 설립, 교육운동을 전개한 바 있다. 1905년 성균관 박사가 되었으나 관직에 나가지 않고 「황성신문」에 들어가 언론활동을 전개하였으며, 이후 「대한매일신보」로 옮겨 날카로운 논설로 필명을 날렸다. 신민회 내의 대표적인 논객이다. 역사학에도 조예가 깊어 〈독사신론(讀史新論)〉을 발표, 민족주의 사학을 제창했으며 요즘도 그 이론

을 정립하는 데 여념이 없다.

이동휘 39세, 함경도 단천출신. 어려서 지방관의 사환으로 있다가 18세 때 서울로 올라가 같은 함경도 출신인 이용익의 소개로 군관학교에 입학했고, 졸업 후 육군 참령을 지냈다. 강화도 진위대장으로 있을 때 미국인 선교사 벙커와 힘을 합쳐 학교설립운동을 맹렬히 전개하였으며 군대해산 후 봉기를 기도하다가 체포되기도 했다. 이때 벙커의 도움으로 풀려나 이후 함경도 일원을 순회하면서 교육진흥을 부르짖어 그가 가는 곳마다 학교가 생긴다는 신화가 생기기도 했다. 신민회 내에서 강경파로 알려졌다.

이회영·이시영 형제 이들은 서울출신으로 이조판서를 지낸 이

유승의 아들들이다. 신민회 회원 가운데는 드물게 명문가 출신이지만 두 사람이 살아온 길은 사뭇 다르다. 아우인 이시영은 영의정 김홍집의 딸과 결혼하였으며 형조좌랑, 홍문관 교리, 외부 교섭국장, 평안도 관찰사 등 주요관직을 역임했다. 1908년 이후에도 한성재판소장, 고등법원판사 등 관계에 굳건한 위치를 굳히고 있어서, 이런 사람이 신민회에 가담했다는 것이 의아할 정도. 이에 비해서 형인 이회영은 별다른 관직을 하지 않고 재야에서 활동한 것으로 알려지고 있다. 특히 그는 이미 여러 차례 만주로 건너가 용정촌에 서전서숙을 설립하는 등 독립운동의 근거지 마련에 부심하고 있다고 한다. 이번 신민회계열

의 해외망명도 그의 사전작업이 큰 기반이 됐다고 한다.

이종호 26세, 함경도 명천출신. 이용익의 손자로 이용익이 세운 보성학교의 2대 교장을 지낸 자. 신민회 내에서는 거의 유일한 재력가로 알려지고 있다. 통감부 당국의 보성학교 관립화 압력에 완강히 반발하면서 신민회계열의 인사들과 가까워졌으며 안중근사건 연루혐의로 안창호, 이갑 등과 함께 체포된 바 있다. 그는 상해의 모 은행에 거액의 비밀계좌를 갖고 있는 것으로 알려져 있다. 이는 그의 조부인 이용익이 조성한 것인데 일부에서는 고종황제의 비자금 중 일부라는 얘기도 있다. 신민회의 운동자금을 대고 있다.

극에 달한 경제침탈, 곳곳에서 무력충돌

평안도 순천군민 3천여 명 시장세 징수 반대데모

물품 거래액의 1%를 세금으로 떼 … 이익의 1할 넘는 액수

1910년 1월 29일 평안도 순천에서는 시장세 징수에 반대하는 3천여 명의 군중이 재무서와 경찰서, 군청을 습격하고 이어 일본인 점포를 습격하여 불을 지르고 일본인을 살해하는 큰 사건이 발생했다.

시장세는 지난 1909년 4월 1일, 법률 제12호 지방비법이 발표되면서 연초세, 도장세(屠場稅)와 함께 생긴 신규 세목이다. 순천에서 시장세를 징수하기 시작한 것은 그해 11월부터였으며, 세액은 모든 물품거래액의 1%라는 고율이었다. 매매가의 1%라면 실이익 중 1할이 넘게 되므로 상인들은 엉터리 고율과세라 하여 처음에는 철시로써 납세를 거부하였다. 연말에는 40여 명의 상인들이 시장관리인의 집을 습격하고, 또 100여 명의 상인들은 관아에 몰려가 욕설을 퍼부으며 항의하는 사태로 발전됐다. 마침내 상인들은 납세거부운동을 조직적으로 전개하기 위해 상민회를 만들어 올 1월 내내 철시로 납세거부투쟁을 하다가 1월 29일에 가서야 처음으로 개시를 결의하

여 장이 서게 된 것이며, 이날 바로 이 사건이 발생한 것이다.

이번 사건의 중심지인 순천은 460여 호에 2천여 명의 인구를 가진 읍인데 그중 3분의 1 정도가 농사와 상업을 겸하는 가구이며, 장날이면 수천 명의 상인이 이곳으로 모여든

다. 거래상품은 양곡·잡화·연초·비단·목면·마·물·건어물·소금 등이며 그중 주거래 품목은 비단이다. 이러한 화물집산지라 시장세 설정에 대한 반응은 대단히 예민할 수밖에 없었다.

해설　신세 반대투쟁의 배경

한국 상권 장악하려는 일제 음모에 상인들 궐기

일본은 한국의 시정개선이라는 명목으로 지난 1906년 10월, 징세기관을 별도로 설치하여 종래 지방관이 장악하고 있던 징세권을 빼앗음과 동시에 조세징수규정을 제정·공포한 바 있다. 일본관리에 의하여 징수되는 이 새로운 세금제도는 국민들이 한국인에게서 징수한 세금을 일본으로 유출할 것이라고 믿어 납세에 응하지 않는 등 강한 반발을 샀다. 더구나 지난 1909년 4월 1일에 발포된 지방비법에 따라 연초세, 도장세, 시장세 등 새로운 세목이

증가하자 지방 민중의 감정이 극도로 악화됐다. 특히 시장세는 한국의 전통적인 상업체제를 뒤엎고 한국의 상권을 장악하려는 일본의 제국주의적 침략정책으로 지목돼왔다. 1909년 현재 국내에 들어와 정착한 일본상인은 무려 1만 7천여 호에 다달아 전국 곳곳에 일본상가가 들어서지 않은 곳이 없다. 전통적인 상업술에 의지하고 있는 한국상인은 일본상인의 침투에 대항하여 곳곳에서 악전고투하던 차에 시장세 징수가 불에 기름을 부은 격이 된 것이다.

황해도 안주, 함경도 종성에서도 납세거부투쟁

일본상인, 순사 사상자 속출

순천 시장세 반대데모에 앞서 안주에서도 납세거부투쟁이 일어났다. 안주주민은 징세 단행을 강행하는 일본인 재무주사 노사와(野澤)와 언쟁을 벌이다 안되자 투석전으로 대항했고, 당황한 일본인이 군중을 향해 발포하여 6명을 사살하고 12명을 다치게 했다. 이에 성난 군중들은 군청을 불사르고, 재무주사 노사와를 때려죽였으며, 이어 농사시험소 주임 모리, 우편취급소장 다이노 등 일본인 관리와 일본인 상인 수 명을 살해했다.

한편, 함경도 종성에서는 지방비법이 공포된 지 반년이 되도록 동민이 일치단결하여 연초세 납세거부투쟁을 벌이고 있다. 종성 재무서에서는 종성경찰서의 협조를 얻어 일본인, 한국인 순사 1명씩 모두 2명의 순사를 주민 설득차 파견하였으나 주민들은 "추호도 그런 세금을 낼 수 없으며 특히 연초세는 지세를 납부한 땅에 경

작하는 것이므로 2중으로 세금을 낼 수 없다"며 버텼다. 이 와중에서 학생, 부녀자들 수십 명이 모여 발을 쿵쿵 구르고, 찬송가를 소리높여 부르면서 납세를 설득하는 순사를 방해했고, 급기야 곤봉으로 순사를 구타하였다.

명동성당에서 이완용 피습

청년 이재명 의거, "안타깝게도" 가벼운 부상에 그쳐

일진회의 합방성명에 대한 국민의 분노가 타오르고 있는 가운데 1909년 12월 22일 친일내각의 우두머리 이완용을 암살하려다 미수에 그친 사건이 발생했다. 총리대신 이완용을 습격한 사람은 이재명이란 청년으로, 이날 오전 이완용 등 여러 대신들이 명동성당의 벨기에 황제 서거 추도미사에 참석하는 것을 기다려 거사를 감행했다. 이재명과 몇 명의 동지들은 학생복 차림으로 새벽부터 성당

부근에 대기하고 있다가 추도식에서 나와 인력거를 타려는 이완용에게 달려들어 칼을 휘둘렀다. 그런데 이재명이 너무 흥분하고 당황한 탓이었던지 그의 칼은 이완용을 내리덮은 자기의 두루마기 자락을 치고 말아 이완용은 약간의 상처를 입는 정도에 그쳤다. 이재명 등은 그 자리에서 경찰에 연행돼 조사를 받고 있다.

지금까지 밝혀진 바로는 이재명은 평양출신의 청년으로, 일찍이

하와이에 가서 노동을 하다가 1907년 10월에 귀국한 후로는 평양과 서울을 왕복하면서 이완용 암살을 위한 동지를 포섭해온 것으로 알려졌다. 그는 이완용, 이용구 등 매국노들의 암살계획 착수를 위해 자금조달, 무기구입, 암살대상자의 동정탐지 등의 임무를 분담하여 용의주도하게 거사계획을 진행하여왔고, 그러던 중 벨기에 황제 추모식을 거사 기회로 포착했다고 한다.

삼림법 발포

홍삼제조권 일본에 넘어가

1908년 1월 24일 통감부는 삼림법을 반포, 마을 공동소유의 삼림까지 약탈하려 들고 있다. 삼림법 제19조에 의하면, "삼림, 산야 소유자는 본법 시행일로부터 3년 이내에 면적과 지적도를 첨부하여 농상공부대신에게 신고하라. 이 기간 내에 제출이 없을 경우에는 국유로 한다"라고 되어 있다. 이에 대해 충주 향교의 한 관리자는 "전통적으로 우리의 삼림이나 산야는 부락의 공동소유로 돼왔는데 이제 이 풍습을 일편의 법령으로 파괴함은 이를 매매대상이 될 수 있도록 하는 동시에, 방대한 국유림을 만들어 일본인에게

불하하려고 하는 의도가 아니냐"며 분노했다. 특히 임야의 측량은 소유자의 책임인데 측량기값은 비싸고 기술자는 적어 웬만한 땅은 측량 비용이 땅값보다 더 비싸 측량을 포기하는 사람이 늘고 있다.

한편 지난 7월 통감부는 홍삼전매법을 발표해 탁지부 사세국(司稅局)에 삼정과(蔘政科)를 신설하고 홍삼수매를 이곳에서 전담하도록 했다. 소식통에 의하면 정부에서 전매한 홍삼은 일본의 재벌 미쓰이 물산이 독점 불하받아 국내외에 판매할 예정이라고 한다. 기존에는 궁내부에서 홍삼전매를 담당했었다.

노령에 연합의병부대 결성
국내진공작전에 힘 붙을 듯

1910년 6월 러시아령 연해주에서 유인석, 이범윤, 이상설 등이 이 지역에서 활동하는 의병부대들을 통합해 '13도 의군(義軍)'을 결성했다. 이로써 압록강상류 및 두만강유역에서의 무장독립운동에 힘이 붙을 것으로 보인다. 유생 의병장으로 유명한 유인석은 이미 1907년에 백두산 일대의 지리적 조건, 간도지방의 물적·인적조건 등을 들어 이 지역에서 지구전을 펼 것을 주장했었다. 또 이범윤은 1908년에 러시아와 만주 국경지역에 전초기지를 두고, 100명 내외로 수십여 개의 소부대를 편성해 기습적으로 국내진공작전을

펼쳐 큰 전과를 올렸었다. 특히 이범윤 부대는 러시아 연발총으로 무장해 화력이 좋은데다 러시아 퇴역교관으로부터 군사훈련까지 받아 전력이 대단한 것으로 알려졌다.

한편 1909년에는 함경도지역에서 활동하던 의병부대들이 속속 해외로 건너가 근거지를 마련하고 국내진공작전을 펼치고 있다. 일례로 포수출신으로 유명한 홍범도부대는 북간도로 이동해 수시로 기습적인 국내진공작전을 펼쳐 많은 전과를 올렸다. 이들은 대체로 독자적으로 부대를 유지하지만 경우에 따라서는 연합활동도 벌이고 있다.

친일인사들,
'도일사죄 13도 인민대표 임시회의소' 설립
한성부민회도 이토 추도회 열어

1909년 11월 26일 친일인사들이 안중근의 이토 사살과 관련해 13도 대표로 구성된 사과단을 일본에 파견하자며 '도일사죄 13도 인민대표 임시회의소'를 설립하는 한편, 한성부민회는 이토를 위한 추도회를 열어 물의를 빚고 있다. '임시회의소'는 이날 사동에 사무실을 차리고 회장에 윤대섭, 총무에 황응두, 회계에 김태환, 서기에 양정환을 선출했다. '임시회의소'는 3천 원을 모금하여 13도 대표를 일본에 파견, 일본 정부에 정식으로 사죄하고 이토의 산

소에 참배할 계획을 세웠다고 하는데 그 실현 여부가 주목된다.

한편 한성부민회는 이날 전 한성부윤 장헌식의 주도로 이토를 위한 추도회를 열었다. 한성부민회는 지난 1907년 10월 일왕 다이쇼가 왕자 자격으로 조선을 방문했을 때 그 환영행사를 위해 조직되어 남대문역에 환영아치를 설치한 바 있으며, 초대 장헌식에 이어 지금은 유길준이 회장을 맡고 있다.

경찰권 일본에 넘겨줘
사법 및 감옥사무도

1910년 6월 24일 통감 데라우치와 내각총리대신 서리 박제순 사이에 경찰권 위탁에 관한 각서가 교환, 조인되었다. 각서의 제1조에는 "한국의 경찰제도가 완비하였음을 인정할 때까지 한국 정부는 경찰사무를 일본 정부에 위탁한다"고 돼 있어 일제가 사실상 조선의 경찰권을 장악하게 됐다.

이에 따라 '한국 경찰관제'가 폐지되고 일본군 헌병사령관 아까시가 통감부 경무총장에 취임하여 일본군 헌병이 한국의 치안을 담당하는 헌병경찰제도가 시행된다.

일본 헌병들은 군사경찰, 의병토벌, 정보수집의 고유직책 이외에 검사직무 대리, 민사소송의 조정, 범죄의 즉결, 집달리 업무, 산림감시, 호적조사, 법령의 보급, 납세의 독촉, 공금·우편물 호위, 도로개수, 일본어 보급, 묘지취체에 이르기까지 광범위한 권한을 갖게 돼 이들의 횡포가 벌써부터 우려되고 있다.

또 1909년 7월 12일 정부는 '사법 및 감옥사무'를 일본에 위탁하는 기유각서를 일본과 체결하였다. 이처럼 감옥사무를 일본인이 전담한 것은 항일세력에 대한 탄압과 감시를 철저히 하려는 조치로 분석된다.

출판법 공포
반일 서적 및
교과서 통제

1909년 정부는 〈출판법〉을 제정하고 출판서적에 대한 대대적인 탄압에 나서고 있다. 특히 이 법은 학교 교과서를 집중대상으로 하고 있는 데다 소급입법을 적용, 이전에 출판된 모든 서적을 대상으로 해 파문이 일고 있다.

통감부의 한 관계자는 "출판서적에 대해서는 지금까지 손을 대지 않았기 때문에 국정을 비판하는 출판물이 속출하고 있다. 특히 학교 교과서가 심각하다. 앞으로 치안을 방해할 우려가 있는 서적은 모두 압수할 예정"이라고 말했다. 이에 따라 현재 시중에서는 「동국사략」, 「월남망국사」, 「유년필독」, 「금수회의록」 등이 일제히 압수되고 있다.

간도협약 체결
우리땅 간도
청에 넘어가

1909년 9월 일제는 비밀리에 청과 간도협약을 맺어 그동안 우리 동포들이 살아왔던 한국땅 간도를 청나라에 넘겨주었다. 간도는 두만강과 토문강 사이의 땅으로 1712년(숙종 38) 조선과 청 사이에 백두산 정계비를 세울 때 양국의 국경을 동쪽으로 압록강, 서쪽으로 토문강으로 명기하여 이 지역이 조선의 영토임을 분명히 했었다. 그래서 일제도 1907년 간도에 조선통감부 간도파출소를 세우고 간도의 한국인은 청나라에 납세의무가 없다고 발표했다.

그러나 1909년 일제는 청으로부터 남만주 철도부설권과 무순 탄광개발권을 얻는 대신, 청이 간도를 영유하여 간도의 한국인을 청의 법률 관할하에 두기로 한 협약을 맺었다. 이 협약에 당사자인 우리 정부는 간여하지도 못한 채 불법적으로 영토를 뺏기고 말았다.

나철, 대종교 창시
삼신일체 신앙 선포

국권상실 위기 속에
민족의식 고양

1909년 1월 15일 나철이 단군교(대종교)를 창시하고 국조신앙을 통한 민족운동에 나섰다. 그는 오기호, 이기 등과 함께 서울 재동에서 단군대황조신위(檀君大皇朝神位)를 모시고 제천의식을 거행한 후 환인·환웅·환검을 받드는 삼신일체의 신앙을 선포했다. 그는 이날을 중광절(重光節)이라 명명했는데, '중광'이라는 용어를 사용한 것은 자신이 교를 처음 창립한 것이 아니라 면면히 내려오는 민족신앙을 다시 밝힌 것이기 때문이라고 설명했다. 단군교는 곧 교리를 체계화하고 교단조직을 마련해 본격적으로 선교사업에 나설 것으로 알려졌다. 종교전문가들은 단군교의 창시가 국권상실의 위기 속에서 민족의식을 드높이고 민족의 결집력을 강화하려는 노력의 일환이어서 민중 사이에 급속도로 확산될 가능성이 높다고 내다보고 있다.

나철은 1904년 오기호, 이기 등 호남출신 인사들과 유신회를 조직하고 동양평화를 위해 한·중·일 3국이 친선동맹을 맺어야 한다는 의견을 일본 정계에 전달한 바 있으며, 1907년 3월에는 을사조약 체결에 협조한 매국노들을 암살하려다 실패했었다.

간도, 연해주로 해외이주 잇달아
교민사회 형성, 항일운동의 기반될 듯

최근 일본의 침략이 노골화되고 농촌사회의 해체가 급격히 진행되는 가운데 한인들의 간도·연해주로의 이주가 대폭 늘어나 현지에 교민사회를 형성하고 있으며, 앞으로 이곳이 독립운동의 기반이 될 것으로 보인다. 이들 지역으로의 이주는 이미 1860년대부터 시작됐는데 최근 그 규모가 대폭 늘어나 현재 정확한 통계는 확보할 수 없지만 대략 수십만을 상회할 것으로 추산되고 있다. 이들 이주 한인들은 현지에서 집단적으로 거주하며 교민사회를 형성하고 있는데, 최근 국내에서의 활동에 제약을 느끼고 있는 독립운동가들이 이곳을 운동의 근거지로 주목하여 이곳에 망명교민 조직화에 힘쓰고 있는 것으로 알려지고 있다. 특히 이회영 등이 북간도의 용정촌에 서전서숙을 설립한 것을 비롯하여 여러 학교들이 설립되었으며 홍범도, 채응언 등 의병부대도 이곳에 근거지를 마련하여 국내진공작전을 준비하고 있다. 연해주에는 교민들이 일찍부터 신한촌을 형성하고 있었으며, 간도관리사를 역임한 이범윤은 교포부호인 최재형과 힘을 합쳐 이곳을 근거지로 의병부대를 편성하여 국내진공작전을 준비중인 것으로 알려지고 있다. 일본의 침략이 노골화됨에 따라 국내인사들의 해외망명이 잇달을 것으로 보이는 가운데 이들 지역이 이러한 망명인사들의 주 활동무대가 될 것으로 예측된다.

하와이 이민 동포, 가죽 채찍 아래 노예생활
하루 10시간 넘게 노동 … 힘든 일에 강제 동원돼

좀더 나은 생활을 꿈꾸며 하와이로 이주한 한국 노동자들이 노비문서와 다름없는 명부에 얽매여 가죽 채찍 아래에서 노예와 다름없는 생활을 하고 있는 것으로 알려져 충격을 주고 있다. 우리 노동자들은 4년간의 계약기간 동안 돈을 벌기는커녕 머나먼 이국 땅에서 목숨마저 잃는 경우가 많다는 소식이다. 이들은 한 방에서 5~6명이 함께 지내며, 새벽 4시 30분에 일어나 6시부터 오후 4시 30분까지 꼬박 일하고 있다. 작업시간에는 담배를 피우지 못하며 옆사람과 이야기하는 것도 금지돼 있다. 식사는 형편없는데다 사탕수수 농장일 이외에 개간, 철도부설, 운반 등 갖가지 힘든 일에 동원되는 일이 많다. 사탕수수 농장 주인들은 노동자들이 일을 거부하면 투옥하여 고통을 주는 등 강제로 일을 시키면서 숙식비는 봉급에서 제하고 있다. 이러한 고된 노동과 열악한 환경을 피해 1905년부터 1907년 사이에 수천 명의 한국인 노동자가 하와이를 탈출하여 미국의 캘리포니아로 이주하거나 멕시코 등지로 이주한 것으로 알려졌다. 그러나 그곳에서의 생활도 그리 낫지 못해 멕시코 이주 교포 중 일부는 다시 쿠바로 옮기기도 한다는 소식이다.

가장 많이 읽는 책 '월남망국사'

통감부, 베스트셀러 조사, 민심동향 파악 일환

역사서	신문류	소설류
1위 월남 망국사	1위 대한매일신보	1위 구운몽
2위 폴란드 망국사	2위 황성신문	2위 사씨남정기
3위 미국 건국사	3위 제국신문	3위 처원전(處院傳)
4위 스위스 건국사	4위 국민신보	4위 몽견법(夢見法)
5위 이태리 건국사	5위 대한신문	5위 심청전

1909년 통감부에서는 현재 일반에 널리 읽히고 있는 역사서, 소설, 신문의 베스트셀러 순위를 조사한 것으로 알려졌다. 이번 조사는 한국민들의 민심동향을 알아보기 위해 비밀리에 실시된 것이다.

역사서는 전통적으로 사기와 통감류가 많이 읽혀왔으나, 최근에는 월남과 폴란드의 망국사가 단연 1, 2위로 올랐고 그뒤를 미국, 스위스, 이태리의 건국사가 차지하고 있다. 이는 말할 것도 없이 현재 한국의 상황을 이들 나라와 비교해보고 거기에서 교훈을 얻으려는 욕구가 강렬하다는 것을 보여준다. 특히 「월남망국사」는 지난 3월 발효된 출판법에 의해 금서로 지정돼 압수대상 도서에 올라 있는 책이다.

신문에서는 「대한매일신보」가 발행부수가 다른 신문의 수십배에 달할 정도로 압도적 우위를 차지하고 있는 것으로 밝혀졌다. 2위는 「황성신문」이 차지했다. 친일단체로 비판의 표적이 되고 있는 일진회의 기관지인 「국민신보」와 사실상 이완용 내각의 기관지인 「대한신문」은 발행부수가 극히 적고 독자호응도가 낮은 것으로 드러났다.

「대한매일신보」와 「황성신문」이 호응도가 높은 것은 이들 신문이 정부와 일제에 대해 신랄한 비판을 가하는 데서 비롯된 것으로 분석된다. 특히 「대한매일신보」의 경우 전라도 의병장 김율이란 사람이 이 신문을 보고 의병을 일으켰다고 자백한 예가 있고, 최근에는 이 신문이 요동 지방 문제로 청일간에 다시 전쟁이 일어날 것이라고 보도하여 평양시장의 한·청 상인거래가 일시에 공황을 일으킬 정도로 영향력이 대단한 것으로 평가되고 있다.

소설류에서는 김만중 등의 고전명작이 여전히 인기를 누리고 있다.

역사의 대의 앞에 목숨 바친 민족영웅

나라가 위기에 처했을 때 목이 터져라 입으로 애국을 외치는 사람은 많지만 정작 행동으로 민중의 울분을 대변하는 사람은 드물다. 안중근은 그 드문 사람 중 하나다.

안중근은 관동지방법원에서 사형선고를 받을 때도, 여순 감옥에서 교수형을 집행당할 때도 평상심을 잃지 않은 평온한 태도로 일관해 주위 사람들을 숙연케 했다. 한 사람이 이렇게 죽음 앞에서 평상심을 유지할 수 있다는 것은 개인적 성품만의 문제는 아닐 것이다. 그만큼 이 시대가 엄중한 자기 결단을 촉구하고 있는 것이다. 안중근은 이러한 시대의 요구에 기꺼이 응해 자기 한 몸을 역사 속에 던졌다.

그가 얼마나 강직한 성품을 가졌는가는 그가 어렸을 때 부친이 청국 상인으로부터 행패를 당했다는 소식을 듣고 황해도 안악까지 쫓아가 그를 엽총으로 쏴 죽인데서도 여실히 드러난다. 또 그가 일찍이 16세에 결혼하였으나 가정을 돌보지 않고 오로지 북간도를 떠돌며 무장독립운동에 열을 올린 것도 이 시대가 요구하는 바에 충실하려 한 때문일 것이다. 그는 1908년 연해주 지방에서 의병을 모아 정제악이 이끄는 부대에 들어가 두만강 부근 홍의동을 공격 일본헌병수비대를 초토화시키는 혁혁한 전과를 올린 바 있다.

최근에는 미국 샌프란시스코에서 장인환, 전명운 두 의사의 스티븐스 사살 거사 소식을 접하고는 "장하도다 두 의사여, 제2의 전명운, 장인환이 반드시 또 나올 것이다"며 기뻐했고 결국 그 자신이 그 제2의 장인환이 됐다.

이번 이토 사살 거사 직전에는 김기룡, 유치자, 엄인섭 등과 단지회(斷指會)를 결성, 새끼손가락을 자르고 그 피로 태극기에 '대한독립만세'를 혈서하는 굳은 의지를 다졌다. 그의 독립운동 의지는 사형 직전 아우들에게 "내 시체는 우리나라가 독립하기 전에는 고국 땅에 들여놓지 말라"고 할 만큼 철저한 것이었다. 그의 이러한 철저함을 우리 모두가 귀감으로 삼는 한 독립의 그날이 멀지는 않을 것이다.

1879년 황해도 해주 출생. 1897년 가족이 모두 천주교에 귀의.

창경궁 동물원과 식물원 일반에 공개

"왕궁의 존엄성을 격하시키려는 정략적 계획"

1909년 11월 1일 창경궁에 동물원과 식물원의 개원식이 거행되고 이를 창경원으로 부르는 한편, 일반인의 관람이 허용돼 세간의 화제를 모으고 있다. 동물원 시설은 순종황제가 창덕궁으로 옮긴 이듬해인 1908년 봄부터 시작하여 그해 가을까지 제1단계의 시설을 끝냈는데 선인문 안 보루각 터에 동물원을 짓고 그 안에 곰, 호랑이, 원숭이, 사슴, 공작, 학, 타조 등 각종 동물을 들여놨다. 또 춘당대 부근에는 식물원을 설치하였다. 또한 춘당대 앞에는 연못을 파 고기를 기르고, 연을 심어 춘당지라 부르고, 그 북쪽에는 일본식 정자도 세웠다.

지난 1907년 11월 순종황제는 덕수궁에서 창덕궁으로 이전한 후 우울하게 기거해 왔는데, 일제는 이러한 순종 황제를 위로할 겸 이 작업을 진행시킨 것으로 알려지고 있다. 그러나 창경궁에 창경원을 만든 것은 "민족 정신의 지주이자 국권의 상징인 왕궁을 오락장으로 삼아 민족 정신과 민족 문화 유산을 말살하려는 책동이며, 일제는 창경궁 경내에 동물원과 식물원을 설치하고 진기한 동물을 기르며 화목을 재배하여 관람케 함으로써 황제로 하여금 국가와 민족에 대한 생각을 잊게 하고 아울러 왕궁의 존엄성을 격하시키려는 정략적인 계획"이라는 거센 비판이 일고 있다.

덕수궁 석조전 준공

1910년 6월 덕수궁 석조전이 준공됐다. 지난 1898년 영국인 하딩이 설계, 10여 년의 공사 끝에 완공된 석조전은 서양식 건물 가운데 가장 크다. 18세기 유럽의 궁전건축을 모방하여 돌로만 지었다. 정면 17간(54.2m), 측면 10간(31m)인 3층 건물로 1층은 시중인들의 거실, 2층은 접견실 및 홀, 3층은 황제의 침실, 거실. 석조전은 덕수궁 안에 있는데, 덕수궁은 1907년 고종이 제위를 순종에게 양위하고 태상황이 되면서 경운궁을 덕수궁으로 바꿔부른 것이다.

연합대운동회 금지

재정난 구실로 집회 봉쇄 의혹

1909년 12월 27일 학부는 재정난을 핑계로 관이 주도하는 연합운동회를 중지한다는 통첩을 내려 체육계는 물론 국민 일반의 의혹을 자아내고 있다. 소식통에 의하면 이번 조치는 일제가 한국민들의 집회를 가급적 봉쇄하려는 의도에서 정부에 강요한 것으로, 정국 전반에 대한 모종의 조치와 연계돼 있는 것으로 보인다.

우리나라에서 운동회의 효시는 지난 1896년 5월 삼선평에서 열린 영어학교의 '화류회(花柳會)'로, 주로 육상경기를 겨루는 방식이었다. 이 대회는 오늘날까지 매년 열리고 있고, 이 대회가 자극제가 돼 1907년 이후에는 각 지방의 사립학교가 주축이 돼 도별로 연합운동회가 성황리에 개최돼왔다. 이렇게 각 학교의 연합운동회가 학생들은 물론 지방주민들이 모두 참여하는 잔치로 각광을 받자 1907년부터 학부에서도 관·공·사립 연합운동회를 개최, 학부대신과 황제폐하 내외는 물론 이토 통감도 참석해 관람해왔다.

한편 이번 관주도 연합운동회 중지조치에도 불구하고 보성, 배제, 경신 등 8개 사립학교는 계속 연합운동회를 개최할 방침이라고 입장을 밝혔다.

미국 흑인 총단결

인종차별 철폐투쟁에 나서기로

1909년 미국에서 흑인지도자 두보이스의 영도 아래 〈전미유색인 지위향상협회(NAACP)〉가 결성돼 인종차별 철폐를 위한 전국적 정치투쟁에 나서기로 해 미국 사회의 관심이 고조되고 있다. 이 조직에는 흑인뿐 아니라 이 운동에 동의하는 백인단체도 포함돼 있어 앞으로 미국 사회에 상당한 영향력을 미칠 것으로 관측된다.

이 기구의 지도자 두보이스는 흑인운동 중에서도 강경투쟁을 이끌고 있는 자로 알려져 있으며, 지난 1905년부터 최근까지 이른바 '나이아가라 운동'을 지도해온 인물이다. 이 운동은 흑인들에게 완전한 정치적·시민적·사회적 권리를 보장할

것을 요구하는 강령을 가지고 전국에 지부를 설치하며 정력적으로 활동해왔으나, 흑인운동 내 온건파인 워싱턴일파의 방해로 별 성과를 거두지 못해왔다. 워싱턴은 당장의 흑백평등은 일단 유보하고 교육과 경제력을 통해 실력을 갖추는 일에 전념한 뒤, 점진적으로 흑백평등을 이뤄나가자는 주장을 하는 인물이다.

미국 흑인들은 아프리카로부터 노예상태로 아메리카대륙에 끌려왔으나, 지난 1860년대 남북전쟁 시기에 법률적으로는 신분해방이 된 상태다. 그러나 남부는 물론 북부에서도 흑인들의 실질적인 처지는 하층빈민층을 형성하고 있으며 사회적 차별 또한 여전한 상태이다.

국 내		국 외	
연 대	내 용	연 대	내 용
1873.11	고종의 친정 선포, 대원군 실각	1874. 3	프·베, 제2차 사이공조약 체결
1875. 8	일본 군함 운요호, 강화도 불법 침입	1875.11	영국, 이집트로부터 수에즈운하 매수
1876. 1	최익현, 척사소 올리고 일본과의 통상조약 체결 반대		
2	조·일수호조규(강화도조약) 체결로 문호개방 단행		
4	일본에 수신사 김기수 파견	1876. 5	독·오·러, 발칸문제 조정안으로 베를린각서 작성
7	조·일수호조규부록 및 통상장정 조인	7	발칸전쟁 발발
11	경복궁, 화재로 830여 간 소실	12	터키, 제국헌법 공포
12	박규수 별세	1877. 1	영국, 인도제국 성립을 선언
		4	러·터전쟁 발발
1878. 4	서원복설을 청하는 상소를 일체 금지시킴	1878. 1	러·터, 휴전협정 조인
6	일본 다이이치은행, 부산에 지점 설치	6	영국, 터키와 비밀협정 체결해 키프로스 점령권 획득
11	일본, 부산에서 관세조치에 항의하는 무력시위 도발		일본, 육군사관학교 개설
		7	루마니아, 베를린회의에서 독립 결정됨
1879. 7	원산항 개항	1879.10	청·러, 이리조약 조인
12	지석영, 충주에서 최초로 종두 실시		
1880. 8	수신사 김홍집 귀국, 고종에게 황준헌의 「조선책략」을 바침	1880. 3	일본, 동경외국어학교에 조선어학과 설치
9	이홍장, 조선에 서구 열강과의 통상을 권고		
10	유원식, 「조선책략」 배척 상소 올림		
12	삼군부 폐지, 통리기무아문 설치		
1881. 2	이만손 등 경상도 유생, 〈만인소〉 올림	1881. 2	파나마운하 건설공사 개시
4	일본에 신사유람단 파견, 별기군 창설	3	러시아 황제 알렉산더 2세, 인민의지파에 의해 암살됨
5	고종, 전국에 척사윤음 반포	6	비스마르크 주도로 독·오·러의 3제동맹 성립
6	최시형, 「용담유사」 간행	7	알제리, 대프랑스 반란 발발
8	대원군 서자 이재선 옹립 음모 발각됨		
9	청에 영선사 김윤식과 유학생 파견	10	일본에 자유당 결성됨
12	5군영 폐지, 2영 설치		
1882. 4	조·미수호통상조약 조인, 조·영수호조약 조인		
5	조·독수호조약 조인	1882. 5	독·오·이, 3국동맹 성립
6	임오군란 발생, 대원군 재집권		
7	청군, 대원군 납치해 텐진으로 호송		
	일본과 제물포조약 및 수호조규속약 체결		
8	박영효, 일본행 선상에서 태극기 고안		
	조·청상민수륙무역장정 조인		
11	통리아문 신설, 외무에 관한 업무 시작		
12	묄렌도르프, 교섭통상사무협판에 임명됨		
1883. 1	태극기를 국기로 결정	1883. 1	영국, 이집트를 속령으로 함
2	재정난 타개 위해 당오전 발행	3	마르크스, 런던에서 사망
4	기기창 설립	11	청, 베트남에 대한 종주권 주장
	초대 주미공사 푸트 내한		
5	동래에서 민란 발생		
6	조·일통상장정 및 해관세목 체결		
	김옥균, 차관교섭차 도일		
8	보부상 단체인 혜상공국 설치		
10	박문국, 최초의 신문 「한성순보」 발간		
	서울에 사진관 최초로 등장		
1884. 3	우정총국 창설	1884. 1	영국에서 페비언스협회 결성됨
5	조·러통상조약 조인	2	남아프리카공화국 성립
10	갑신정변 발발, 김옥균 등 일본으로 망명	6	청·프전쟁 발발
11	일본과 한성조약 체결	11	유럽 열강, 베를린회의 열어 아프리카 분할 논의
		12	영국에서 제3차 선거법 개정안이 통과됨
1885. 2	독일 총영사 부들러, 조선에 영세중립국 선언을 권고	1885. 3	후쿠자와 유기치, 〈탈아론〉 발표
	광혜원 설치		
3	영국 함대, 거문도 불법점령		
	청·일, 텐진조약 체결로 조선에서 공동철병 합의		
4	황해도 장연에 최초의 개신교회인 소래교회 설립	6	프랑스, 청과의 전쟁에서 승리하고 강화조약 체결
	선교사 언더우드·아펜젤러 내한		
7	조·러밀약설 파문으로 묄렌도르프 실각		
8	대원군, 청으로부터 귀국		
	아펜젤러, 정동에 학교(배재학당) 설립		
10	원세개, 주차조선총리교섭통상사의로 부임	12	일본에 내각제도 확립됨(총리에 이토 히로부미)
			인도 국민회의파, 창립대회 개최
1886. 1	노비세습제 폐지	1886. 1	영국, 제3차 버마전쟁에서 승리
3	미국인 데니, 내부협판에 임명됨		
	선교사 스크랜튼, 여성 교육기관(이화학당) 설립		
5	조·불수호통상조약 체결		
	일본 정부, 김옥균 추방 명령		
6	육영공원 설립		

국 내		국 외	
연 대	내 용	연 대	내 용
7	심순택, 러시아공사 웨베르에게 친러항청책에 관한 국서 전달		
1887. 2	영국 함대, 거문도에서 철수	1887. 1	미국, 하와이로부터 진주만 사용권 획득
3	조선전보총국 설치		
6	박정양, 주미공사에 임명됨		
9	언더우드, 최초의 조직교회(새문안교회) 설립		
10	아펜젤러, 정동교회 설립	10	프랑스령 인도차이나연방 성립
			포르투칼, 청으로부터 마카오 할양
1888. 7	조·러육로통상장정 조인, 경흥 개시	1888.12	청, 북양해군 창설
1889. 9	조병식, 함경도에 방곡령 선포	1889. 5	프랑스, 파리 만국박람회 개최
		7	제2인터내셔널 창설
		11	브라질공화국 수립
1890. 1	서울 시전상인, 연좌시위 및 철시투쟁		
1891. 3	제주도에서 민란 발생	1891. 8	제2인터내셔널 제2회 대회, 전쟁준비 반대 결의
1892.12	동학교인, 삼례에 집결해 교조신원 요구	1892. 6	미국의 철강파업 전국으로 확산
		11	쿠베르탱, 올림픽 부활 제창
1893. 2	손병희 등 동학교인, 광화문에 복합상소	1893. 5	영국에서 공황 발생
3	동학교도, 보은과 금구에서 대규모 집회		
4	일본과 방곡령 배상문제 11만 원에 합의		
10	부산과 원산에서 방곡령 실시	12	프랑스, 라오스를 보호령으로 함
1894. 1	고부 군민, 고부관아 점령	1894. 5	영·이, 동아프리카에 관한 협정 조인
2	홍종우, 상해에서 김옥균 암살		
4	농민군, 전주성 점령		
5	정부와 농민군, 전주화약 체결		
6	전라감사 김학진, 농민군 집강소 공인		
	정부, 폐정개혁을 위해 교정청 설치		
	일본군, 무력 앞세워 경복궁 점령		
	청·일전쟁 발발		
	군국기무처 설치		
7	제1차 김홍집내각 성립		
	조·일양국맹약(조·일공수동맹) 체결		
8	일본군, 평양전투에서 청군 대파	8	청·일, 선전포고
9	동학농민군, 반외세의 기치하에 전국적으로 재봉기		
10	농민군, 우금치전투에서 일본군에 패배	10	프랑스 장교 드레퓌스, 스파이 혐의로 체포됨
	대원군, 정계은퇴 성명 발표		일본군, 압록강 건너 청 본토로 진격
11	제2차 김홍집내각 성립, 박영효 참여		
12	전봉준·김개남 등 농민군 지도자 체포됨	12	손문, 하와이에서 흥중회 결성
	홍범14조 제정 반포		
1895. 3	을미개혁 단행	1895. 2	청, 일본에 항복
	정부, 일본은행과 300만 원의 차관조약 체결		
	전봉준 등 농민군 지도자 처형됨		
4	유길준의 「서유견문」이 일본에서 간행됨	4	청·일, 시모노세키조약 조인
	경운궁에 최초로 전등 사용		프·독·러, 일본에 요동반도 반환 요구
5	지방행정구역 개편, 23부제 도입	5	일본, 요동반도 포기
		6	일본, 타이완에 총독부 설치
7	제3차 김홍집내각 성립		
	일본공사 미우라 부임		
8	일본 낭인들, 민비 시해		
9	태양력 사용		
	친위대 및 진위대 창설		
10	춘생문사건 발생		
11	최초로 근대적 예산편성	12	뤼미에르 형제, 최초로 영화 상영
	단발령 단행		
1896. 1	전국에서 의병봉기	1896. 1	영·프, 태국의 독립존중에 합의
2	고종, 러시아 공사관으로 거처를 옮김		
	유인석 의병, 충주 점령		
3	미국인 모스에게 경인철도부설권 허가		
4	서재필, 「독립신문」 창간	4	아테네에서 제1회 근대올림픽 개최
5	민영환, 러시아 외상 로바노프와 회담		
6	최초의 신문광고 출현	6	청·러, 일본의 공격에 대한 공동방위를 밀약
7	서재필·윤치호 등 독립협회 결성		러·일, 로바노프·야마가타 협정 체결
9	러시아 회사에 압록강유역, 울릉도 삼림재벌권 허가		
11	독립협회, 독립문 정초식 거행		
	배재학당에 협성회가 결성됨		
1897. 1	서울에 최초의 가로등 등장	1897.6	미국, 하와이 합병조약 조인
2	고종, 경운궁으로 환궁		
	김종한 등 한성은행 발기		
3	인천에서 경인철도 기공식 거행	8	스위스에서 제1회 시오니스트회의 개최
10	대한제국 선포, 고종의 황제 즉위식 거행		
	러시아인 알렉세예프, 재정고문에 임명됨		
	장로교, 평양에 숭실학당 설립		

국 내		국 외	
연 대	내 용	연 대	내 용
12	손병희, 동학의 제3대 교주가 됨		
1898. 1	한성전기회사 설립	1898. 3	1898.3 러시아, 여순·대련 조차
2	대원군 별세		
	독립협회, 종로에서 만민공동회 개최		
4	최초의 일간지 「매일신문」 창간	4	미국·스페인전쟁 개시
			러·일, 니시·로젠협정 조인
5	종현성당(명동성당) 준공	6	영국, 구룡반도 조차
7	보부상들, 황국총상회(황국협회) 결성		청 광서제, 변법자강 선포
8	순한글 일간지 「제국신문」 창간		
9	경부철도부설권을 일본인에게 허가	9	청 서태후, 무술정변으로 정권 장악
	김홍륙 일당, 고종 독살 기도		
	「황성신문」 창간		
10	독립협회, 헌의6조 건의		
	황국협회 회원, 독립협회 본부 습격		
11	독립협회 주요회원 17명 검거됨	12	미국, 스페인과의 전쟁에서 승리하고 필리핀 획득
1899. 3	관립의학교 설립	1899. 9	청 의화단, 산동에서 봉기
5	영학당, 전라도에서 봉기		
	서대문 - 청량리간 전차 개통		
8	대한국제 반포	9	미국, 영·독·러에 청의 문호개방 각서 통고
		10	보어전쟁 개시
1900. 4	활빈당, 충북일대에서 활동 개시	1900. 5	일본, 동경에서 전차운전 개시
7	한강철교 준공	8	서구 열강, 의화단의 난과 관련해 북경 점령
	서울 - 인천간 시외전화 개통		
11	경인철도 개통식 거행	11	러시아, 하얼삔 - 여순간 철도부설권 획득
		12	청 의화단의 난이 진압됨
1901. 2	신식화폐조례 공포	1901.11	청 이홍장 사망
5	제주도 대정에서 도민과 천주교도 충돌		미국, 파나마운하 건설·관리권 획득
		12	양리뒤낭·뢴트겐 등, 제1회 노벨상 수상자로 선정됨
1902. 3	독일인 손탁, 정동에 손탁호텔 개관	1902. 1	영·일동맹 체결
6	이상재 등 개혁당사건에 연루되어 체포됨	5	영국, 보어전쟁에서 승리
	아펜젤러, 목포 부근에서 익사		쿠바공화국 성립
1903.5	러시아, 용암포 토지 매수 및 삼림채벌	1903.6	미국에 포드 자동차회사 설립됨
10	황성기독교청년회(YMCA) 창립	7	제2회 러시아 사회민주노동당 대회, 볼셰비키와 멘셰비키로 분열
11	목포 부두노동자 전면파업	10	미·캐, 알래스카 국경 확정
	영왕 생모 엄비, 황귀비에 진봉됨	12	미국 라이트 형제, 동력비행 최초 성공
1904. 1	정부, 러·일전쟁 발발에 앞서 국외중립 선언	1904. 2	러·일전쟁 발발
2	러·일전쟁 발발	4	영·프협상 조인, 이집트와 모로코에 대한 상호권익 승인
	한·일의정서 강제 체결		
5	일본 정부, 한국 보호국화 방침 의결		
7	보안회 결성되어 일본의 황무지 개척권 요구를 규탄		
	베델·양기탁, 「대한매일신보」 창간		
8	이용구, 진보회 결성		
	송병준, 일진회 결성		
	제1차 한·일협정 강제 체결, 고문정치 시작됨		
10	주한 일본군 사령관 하세가와 부임		
	상동청년학원 설립		
11	경부철도 완공		
12	일진회와 진보회 통합		
	친일 외교관 스트븐스가 외교고문에 임명됨		
1905. 1	화폐정리사업 실시	1905. 5	일 해군, 동해에서 러시아 발틱함대 격파
5	이준·윤효정 등, 헌정연구회 결성		
	경부철도 개통		
7	이승만, 미국 대통령 루즈벨트에게 독립을 청원하려 했으나 거절당함	7	미·일, 가쓰라·태프트밀약 체결
	일본 다이이치은행 서울지점, 조선의 중앙은행 업무 담당	8	제2차 영·일동맹 체결
			손문, 동경에서 중국혁명동맹회 결성하고 삼민주의 제창
9	이용익, 보성전문학교 설립	9	러·일, 포츠머드 강화조약 체결
11	을사조약(제2차 한·일협약) 강제 체결		
	장지연, 「황성신문」에 〈시일야방성대곡〉 발표		
	민영환 자결		
12	손병희, 동학을 천도교로 개칭		
1906. 2	한국 최초의 야구경기 개최	1906.12	인도 국민회의파, 스와데시(국산품 애용) 등 4개항 결의
3	초대통감 이토 히로부미 내한		
	윤효정·장지연 등, 대한자강회 결성		
	축구 동호인들, 대한체육구락부 결성		
5	민종식 의병, 홍주성 장악		
6	최익현, 신돌석 등 의병부대 봉기		
	광업법 공포		
10	윤치호, 개성에 한영서원 설립		
	천주교, 「경향신문」 창간		
	통감부, 지방행정제도 개편 및 지방관의 징세권 폐지		

국 내		국 외	
연 대	내 용	연 대	내 용
12	최익현, 쓰시마섬에서 아사		
1907. 1	기독교 대부흥운동이 평양에서 시작되어 전국으로 확산	1907. 6	제2회 헤이그 평화회의 개최
	서북학회 결성됨		
	서상돈·김광제, 대구에서 국채보상운동 시작		
3	5적 암살단, 을사5적에 대한 동시다발 테러 감행		
	이인직의 「혈의 누」 간행됨		
5	이완용내각 성립		
6	헤이그밀사의 평화회의 참석 기도 좌절됨		
7	이준, 헤이그에서 순국		
	고종, 강제 퇴위		
	정미조약(한·일신협약) 강제 체결, 차관정치 시작됨		
	신문지법 제정		
8	대대장 박승환 자결, 군인봉기로 의병전쟁 본격화	9	뉴질랜드, 영국의 자치령이 됨
	순종의 황제 즉위식 거행		
11	대한자강회 후신으로 대한협회가 결성됨		
	일진회, 의병에 대항해 자위단 조직		
12	이승훈, 정주에 오산학교 설립		
1908. 1	13도 연합의병의 서울진공작전 좌절	1908. 6	오스트리아, 헝가리·보스니아 합병
	삼림법 공포		
3	전명운·장인환, 샌프란시스코에서 스티븐스 사살		
8	양기탁, 국채보상운동 기금 횡령혐의로 기소됨		
9	안창호, 대성학교 설립		
11	최남선, 월간지 「소년」 창간 및 신체시 〈해에게서 소년에게〉 발표		
	최초의 신극 「은세계」가 원각사에서 공연됨		
12	동양척식주식회사 설립		
1909. 1	나철, 대종교 창시		
2	미주 한인단체, 국민회로 통합됨		
7	일본 각의, 한국합병 실행에 관한 건 의결		
	기유각서 강제 체결, 사법권을 빼앗김		
9	일본군, 남한대토벌작전 개시		
	청·일, 간도협약 체결		
10	안중근, 하얼빈에서 이또 히로부미 사살		
11	한성부민회, 이토 추도회 개최		
	창경궁에 동물원과 식물원 개원		
12	이재명, 이완용을 칼로 찔러 중상을 입힘		
	일진회, 한일합방성명서 발표		
1910. 1	평남 순천주민, 시장세 징수 반대투쟁 전개	1910. 7	러·일, 제2차 협약 조인
3	안중근, 여순감옥에서 처형됨		
4	이시영·이동녕, 서간도 삼원보에 경학사와 신흥강습소 설치		
6	유인석·이범윤·이상설, 연해주에서 의병부대 통합		
	덕수궁 석조전 준공		
7	데라우치 통감 부임		
8	한일합방조약 조인 공포		

신문으로 엮은 한국 역사 5

역사신문

1996년 7월 30일 1판 1쇄
2022년 6월 30일 1판 34쇄

지은이 | 역사신문편찬위원회

편집 관리 | 인문팀
제작 | 박흥기
마케팅 | 이병규 · 양현범 · 이장열
홍보 | 조민희 · 강효원

출력 | 블루엔
인쇄 | 천일문화사
제책 | J&D바인텍

펴낸이 | 강맑실
펴낸곳 | (주)사계절출판사
등록 | 제 406-2003-034호
주소 | (우)10881 경기도 파주시 회동길 252
전화 | 031) 955-8588, 8558
전송 | 마케팅부 031) 955-8595   편집부 031) 955-8596
홈페이지 | www.sakyejul.net   전자우편 | skj@sakyejul.com
페이스북 | facebook.com/sakyejul   트위터 | twitter.com/sakyejul
블로그 | blog.naver.com/skjmail

ⓒ 사계절출판사, 1996

ISBN 978-89-7196-307-4 04910

第五卷

大韓每日申報

대한매일신보

月曜及慶節歲時日休刊

檀君開國四千二百四十年
箕子元年三千二十九年
大韓開國五百十六年
日本明治四十年
清國光緒三十三年
◎陰曆丁未正月小十四日壬午

論說

日本及韓國

日本크로늬클新報에記載된說法氏의寄書

所稱韓日新條約을拒斥ᄒᆞᄂᆞᆫ스토리氏의帶去書를關係ᄒᆞ야日本크로늬클新報上에有一寄書인바頗多着味處러라

記載員 陛下

韓國政府를教導宣言ᄒᆞ야스토리氏의報告를全歸無稽케ᄒᆞᄂᆞᆫ日本官人의用力이有志之人에게ᄂᆞᆫ不將遠及ᄒᆞᆯ지니今此宣言之人은伊時所遇之事를一無所知라但能實言ᄒᆞᆯ거ᄉᆞᆫ如彼交涉을未得知悉이라ᄒᆞᆯ것이어니와本人은 皇帝께셔스로리氏의게親書ᄒᆞ시ᄃᆞᆫ其時에參列之人과接見談話ᄒᆞᆷ이有ᄒᆞ니一人의目擊事實ᄒᆞᆫ確證의效力이千人之不見을豈其不能當이리오스토리氏가蒙受此書ᄒᆞ던時日에本人은在於華盛頓ᄒᆞ야 皇帝께셔該地國務院으로傳送ᄒᆞ라신電信을本人이蒙受ᄒᆞᆫ바其辭意가스토리氏의受函과實際上으로同一ᄒᆞ얏스니此電信의函路ᄅᆞᆯ本人은知悉ᄒᆞᄂᆞᆫ지라 皇帝께셔卽發ᄒᆞ신술을確然無疑로다

께셔今日當行之務로華盛頓에論非之書가到達됨을合中國官[illegible]言ᄒᆞ실거시是也니惟其秘密을應用ᄒᆞᆷ은其計策의破裂을預防ᄒᆞᆷ이라本人이今此發言ᄒᆞᆷ은若用熟思之策이런들此書를不送ᄒᆞ얏겟다ᄂᆞᆫ風說이既有ᄒᆞᆷ을因ᄒᆞᆷ이로라

盖日人思想에華盛頓으로送函ᄒᆞᆷ이掠取한國을妨礙ᄒᆞᆯ줄노計算ᄒᆞ얏ᄂᆞᆫ지ᄂᆞᆫ如左事實노可以量度이라其帶書之人이發行前夜에漢城內日本高等官人을接見ᄒᆞ야陰謀之旨를得聞ᄒᆞ얏스니若傾聽其言이런들停止其行ᄒᆞ얏슬거시오橫濱港出帆之際에日本偵探者(非日人)를逢着언바其人은自己所事를完全隱諱ᄒᆞᆫ手術이未有러라

其次ᄂᆞᆫ漢城에셔締約을威脅ᄒᆞ기에何如急速手段을運用ᄒᆞ얏ᄂᆞᆫ지記憶ᄒᆞᆯ거시니二日之際에極甚活動이有ᄒᆞ얏스나似無成效라及其末也ᄒᆞ야ᄂᆞᆫ只人이人於闕內이되成事以前에ᄂᆞᆫ不復退闕ᄒᆞ기로誓ᄒᆞ얏도다

其書函이華盛頓에到着ᄒᆞ던同夕에所稱條約이締結되얏스니此但偶然一致나然이나惟其奇異ᄒᆞᆫ거ᄉᆞᆫ 皇帝께셔此書函

야責國公議와法律上權限을拒棄케ᄒᆞ셧도다所謂其條約은非依法調印ᄒᆞᆫ거시오 皇帝의自意認許를不得ᄒᆞᆫ거시며非特止此라不可泛視ᄒᆞᆯ且一事端은其條約이依規召集된內閣會議에셔不得調印ᄒᆞᆫ거시니日人이使首席大臣으로開催會議ᄒᆞ기를試圖ᄒᆞ얏스나同大臣은拒絕ᄒᆞ얏고日人이召集權限을得ᄒᆞ기前에內閣大臣을召集ᄒᆞᆫ거시是也로다或將有言호ᄃᆡ華盛頓寄書가運命極点에墮落케ᄒᆞ얏스니反生危害라ᄒᆞᆯ더이나日本이何如事機로던지同点을得ᄒᆞ얏슬줄을有誰疑訝耶아其不法手段이使彼行動으로찬奪을未免矣오締約은不着矣니由是로此한國人民은惟其能行ᄒᆞᆯ時機가至ᄒᆞ면此條約을拒斥ᄒᆞᆯ法律上完全恕容이自有ᄒᆞᆫ지라如此時日이將至ᄒᆞᆯ지ᄂᆞᆫ其機甚密하야諸人이不見하ᄂᆞ니誰能預言이리오

未完

官報

●三千六百九十八號 光武十一年二月廿五日

◎敍任及辭令

命宮內府特進官敍勅任官三等
懿孝殿提調金德漢
命懿孝殿提調敍勅任官二等
宗簿司長李載德
命宗簿司長敍勅任官三等
從二品리達鎔
江原道觀察道參書官鄭海運
延日郡守리圭鎔

免本官
東萊府主事리규東
右ᄂᆞᆫ該員이偏聽巡檢構捏ᄒᆞ고本港警署食主人을勒稱處役ᄒᆞ고討錢夥多ᄒᆞ야既露府査ᄒᆞ니挾以事端에極爲該悖이기是以로免本官
綾州郡守朴龍勳
善山郡守洪鎭裕
洪州郡守孫永吉
依願免本官

外報

●日人의售賣軍械 長春通信을據ᄒᆞᆫ즉日本人이寬城子에在ᄒᆞ야公然히街市廣衆之中의셔匪徒를結連ᄒᆞ야銃械를售賣ᄒᆞ되自國의名譽와官吏의禁令을不顧ᄒᆞ고爲時未幾에寬城에運入ᄒᆞᆫ銃械가四萬餘柄之多에至ᄒᆞ여中已售出ᄒᆞᆫ지라此等奸商이已與胡匪結連ᄒᆞ야秘密交接이有ᄒᆞᆫ즉將來北滿地方에無窮之害가되리라고合爾賓報에揭布ᄒᆞ얏더라

●海軍預算 倫敦電을據ᄒᆞᆫ즉米國元老院은一億七萬弗에海軍預算案을可決ᄒᆞ야더라

●張氏頑冥 北京電을據ᄒᆞᆫ則張之洞은司法權獨立이目下의時勢에不適ᄒᆞᆯ뿐아니라甚히危險ᄒᆞ다ᄂᆞᆫ理由로反對ᄒᆞ더라

●日人捕縛 合爾賓에셔日本人二名이果物箱十四個에彈丸을盛ᄒᆞ야所持ᄒᆞᆫ者가發覺ᄒᆞ야被縛되얏다더라

雜報

●國債演說 中署長[illegible]債報償事의對ᄒᆞ야不勝感賀ᄒᆞ야農圃의居主ᄒᆞᄂᆞᆫ同胞들을招集ᄒᆞ야一場演說ᄒᆞ되今日我한國債一千三百萬圓借款ᄒᆞᆫ事의對ᄒᆞ야日日月月히利息이漸至增加ᄒᆞ야我한形勢가殆至急桑之境키로不勝恐惶ᄒᆞ야每嘗與歎더니今聞大丘廣文社副會長徐相敦氏가熱血發起ᄒᆞ야斷烟同盟ᄒᆞ야我한國債은期死報償ᄒᆞᆫ다發論ᄒᆞ미同聲相應者ㅣ不知其數라ᄒᆞ얏스니吾儕ᄂᆞᆫ齊聲發起의多小를不拘ᄒᆞ고義金을募集ᄒᆞ야아모조록一千三百萬圓國債을報償코ᄌᆞ注意ᄒᆞ야如是會集ᄒᆞ니惟我同胞의게抵死勸告ᄒᆞ노니大한帝國國民의堂々ᄒᆞᆫ義務를勿失ᄒᆞ기를切望ᄒᆞ노라齊聲相應者ㅣ多數ᄒᆞ야出義金이乃至貳拾圓假量이募集되얏다더라

●H醫高明 廣濟院外科醫師內田徒志씨에高明術法은新報에屢揭어니와前主事최榮喜씨가十餘年耳病으로東西醫家에盡誠治療ᄒᆞ되毫無佳效러니日前에內田씨의게一次診察後某脉에浮氣가有ᄒᆞ다ᄒᆞ여針破惡血ᄒᆞᆫ즉卒地聽聞이如前詳聽ᄒᆞ니히씨ᄂᆞᆫ一世華扁이라고稱贊不已ᄒᆞᆫ다더라

●三部遺漏 今番奏本에各部久勤之人을分排ᄒᆞᆫ다더니학部와法部와軍部에셔ᄂᆞᆫ銓考所에履歷書를繕送치아니ᄒᆞᆫ故로히三部官人은遺漏가되얏다ᄒᆞ라

●丕씨陞任 內部秘書課主事丕漢철씨가히部文書課長으로

뎨일권 뎨일호

독닙신문

죠선 셔울 건양 원년 ᄉ월 초칠일 금요일

광고

독닙신문이 본국과 외국 사졍을 자셰이 긔록ᄒᆞᆯ터이요 �정부속과 민간 소문을 다 보고 ᄯᅩ 외국 사졍도 자셰이 긔록ᄒᆞᆯ터이라 갑슨 일년에 원삼십젼 ᄒᆞᆫ쟝에 동젼 독닙신문 본국 지졍도 평양 강 화 등지에 잇더라

독닙신문이 본국과 외국 사졍을 자셰이 긔록ᄒᆞᆯ터인 고로 갑슬 젹게 ᄒᆞ엿고 누구든지 이 신문을 가져다 가 노코 팔고져 ᄒᆞ거든 여기와셔 신문을 가져다가 팔면 열쟝에 여돏쟝만 셰음홈

논셜

우리가 독닙신문을 오늘 처음으로 출판ᄒᆞᄂᆞᆫ데 죠션속에 잇ᄂᆞᆫ 너외국 인민의게 우리 쥬의을 미리 말ᄉᆞᆷᄒᆞ여 아시게 ᄒᆞ노라

우리ᄂᆞᆫ 첫지 편벽 되지 아니한고로 무ᄉᆞᆷ 당에도 상관이 업고 상하귀쳔을 달니 ᄃᆡ졉 아니ᄒᆞ고 모도 죠션 사ᄅᆞᆷ으로만 알고 죠션만 위ᄒᆞ며 공평이 인민의게 말 ᄒᆞᆯ터인ᄃᆡ 우리가 셔울 ᄇᆡᆨ셩만 위ᄒᆞᆯ게 아니라 죠션 젼국 인민을 위ᄒᆞ여 무ᄉᆞᆷ일이든지 ᄃᆡ언ᄒᆞ여 주랴홈 정부에셔 ᄒᆞ시ᄂᆞᆫ 일을 ᄇᆡᆨ셩의게 젼ᄒᆞᆯ터이요 ᄇᆡᆨ셩의 졍셰을 졍부에 젼ᄒᆞᆯ터이니 만일 ᄇᆡᆨ셩이 졍부일을 자셰이 알고 졍부에셔 ᄇᆡᆨ셩의 일을 자셰이 아시면 피ᄎᆞ에 유익ᄒᆞᆫ 일만히 잇슬터이요 불평ᄒᆞᄂᆞᆫ 마음과 의심ᄒᆞᄂᆞᆫ 생각이 업서질 터이옴

우리가 이 신문 출판 ᄒᆞ기ᄂᆞᆫ 취리ᄒᆞ랴ᄂᆞᆫ게 아니 고로 갑슬 헐허도록 ᄒᆞ엿고 모도 언문으로 쓰기ᄂᆞᆫ 남녀 상하귀쳔이 모도 보게 홈이요 ᄯᅩ 귀졀을 ᄯᅦ여 쓰기ᄂᆞᆫ 알 어 보기 쉽도록 홈이라 우리ᄂᆞᆫ 바른 ᄃᆡ로만 신문을 ᄒᆞᆯ터인 고로 졍부 관원이라도 잘못ᄒᆞᄂᆞᆫ이 잇스면 우리가 말ᄒᆞᆯ터이요 탐 관오리 들을 알면 셰상에 그 사ᄅᆞᆷ의 ᄒᆡᆼ젹을 펴일터이요 ᄉᆞ ᄉᆞᄇᆡᆨ셩이라도 무법ᄒᆞᆫ 일 ᄒᆞᄂᆞᆫ 사ᄅᆞᆷ은 우리가 차져 신문에 셜명 ᄒᆞᆯ터이옴

우리ᄂᆞᆫ 죠션 대군쥬폐하와 죠션졍부와 죠션인민을 위ᄒᆞᄂᆞᆫ 사ᄅᆞᆷ드린고로 편당 잇ᄂᆞᆫ 의논이든지 ᄒᆞᆫ쪽만 ᄉᆡᆼ각코 ᄒᆞᄂᆞᆫ 말은 우리 신문상에 업실터이옴 ᄯᅩ ᄒᆞᆫ 쪽에 영문으로 긔록ᄒᆞᆯ터이니 죠션 인민이 외국 인민이 죠션 ᄉᆞ졍을 자셰이 몰은즉 혹 편벽 된 말만 듯고 죠션을 잘못 ᄉᆡᆼ각ᄒᆞᆯ까 보아 실샹 ᄉᆞ졍을 알게 ᄒᆞ고져 ᄒᆞ여 영문으로 조금 긔록홈

그리ᄒᆞᆫ즉 이 신문은 ᄯᅩ 외국 인민이 죠션 ᄉᆞ졍을 자셰이 알 터이옴 ᄯᅩ 외국 ᄉᆞ졍도 죠션 인민을 위ᄒᆞ여 간간이 긔록ᄒᆞᆯ터이니 그걸 인연ᄒᆞ여 외국은 가지 못ᄒᆞᆯ터이니 그걸 인연ᄒᆞ여 외국 ᄉᆞ졍도 알터이옴 오날은 처음인 고로 대강 우리 쥬의만 셰샹에 고ᄒᆞ고 우리신 문을 보면 죠션 인민이 소견과 지혜가 진보 ᄒᆞᆷ을 밋노라 논셜 긋치기젼에 우리가 대군쥬 폐하ᄭᅴ 송덕ᄒᆞ고 만셰을 부르ᄂᆞ이

우리신문이 한문은 아니쓰고 다만 국문으로만 쓰ᄂᆞᆫ거슨 상하귀쳔이 다 보게 홈이라 ᄯᅩ 국문을 이러케 귀졀을 ᄯᅦ여 쓴즉 아모라 도 이 신문 보기가 쉽고 신문속에 잇ᄂᆞᆫ말 을 자셰이 알어 보게 홈이라 각국에셔ᄂᆞᆫ 사ᄅᆞᆷ들이 남녀 무론ᄒᆞ고 본국 국문을 몬 저 ᄇᆡ화 능통ᄒᆞᆫ 후에야 외국 글을 ᄇᆡ오ᄂᆞᆫ 법인ᄃᆡ 죠션셔ᄂᆞᆫ 죠션 국문은 아니 ᄇᆡ오 드리고 한문만 공부ᄒᆞᄂᆞᆫ 까ᄃᆞᆨ에 국문을 잘 아ᄂᆞᆫ 사ᄅᆞᆷ이 드물미라 죠션 국문ᄒᆞ고 한문ᄒᆞ고 비교ᄒᆞ여 보면 죠션 국문이 한 문 보다 얼마가 나흔거시 무어신고ᄒᆞ니 첫지ᄂᆞᆫ ᄇᆡ호기가 쉬흔이 됴흔 글이요 둘지ᄂᆞᆫ 이 글이 죠션 글이니 죠션 인민 들이 알어셔 ᄇᆡᆨᄉᆞ을 한문 ᄃᆡ신 국문으로 써야 상하귀쳔이 모도 보고 알어 보기가 쉬흘터이라 한문만 늘써 버릇ᄒᆞ고 국문은 페ᄒᆞᆫ 까ᄃᆞᆨ에 국문